अवध संस्कृति विश्वकोश-1

अवध संस्कृति विश्वकोश

(भूगोल, इतिहास, समाज, अर्थ-व्यवस्था एवं लोक प्रशासन)

(खण्ड-एक)

प्रो. सूर्यप्रसाद दीक्षित

वाणी प्रकाशन

वाणी प्रकाशन

4695, 21-ए, दरियागंज, नयी दिल्ली 110 002

शाखा

अशोक राजपथ, पटना 800 004

फ़ोन : +91 11 23273167 फ़ैक्स : +91 11 23275710

www.vaniprakashan.in
vaniprakashan@gmail.com
sales@vaniprakashan.in

Ayodhya Shodh Sansthan

presents

AWADH SANSKRITI VISHWAKOSH-1
by Prof. Suryaprasad Dixit

ISBN : 978-93-5229-573-9
Encyclopedia

प्रथम संस्करण

मूल्य : ₹995

सिटी प्रेस, दिल्ली-110 095 में मुद्रित

वाणी प्रकाशन का लोगो मक़बूल फ़िदा हुसेन की कूची से

अवध संस्कृति विश्वकोश-1

प्राक्कथन

अवध क्षेत्र भारत का एक सुप्रसिद्ध सांस्कृतिक अंचल है। प्राचीन काल में इसे 'कोसल' 'महाकोसल' कहा जाता था। मध्यकाल में इसे 'सूबा ए औध' कहा गया। ब्रिटिश काल में 'यूनाईटेड प्राविंसेज ऑफ आगरा ऐण्ड अवध' बनाया गया। उसका संक्षिप्तीकरण हुआ—यू.पी. के रूप में जो 'उत्तर प्रदेश' का वाचक बना हुआ है। तात्पर्य यह है कि अवध कभी एक समूचा राष्ट्र था, कभी स्वतन्त्र सूबा था और कभी संयुक्त राज्य था। आज वह उत्तर प्रदेश का एक विशिष्ट अंचल है, जिसमें लगभग 2 दर्जन जिले शामिल हैं। इनकी संख्या निरन्तर बढ़ती जा रही है। इस अवध की सीमा रेखा किसी भौगोलिक अथवा प्रशासनिक प्रणाली द्वारा निर्धारित नहीं की जा सकती। इसके निर्धारण का एक मात्र आधार है उत्तर प्रदेश के अवधी भाषा भाषी क्षेत्र का भूगोल। अवधी भाषी जिलों के भी दो वर्ग हैं—1. पूर्णतः अवधी भाषी जिले, 2. अंशतः अवधी भाषी जिले, जैसे—जौनपुर, बस्ती, रविदास नगर, बाँदा, कानपुर देहात, हरदोई आदि। इस कोश में मेरा यह प्रयास रहा है कि अवध की भौगोलिक सीमाओं का अतिक्रमण न होने पाये। इस कार्य में दो प्रकार की कठिनाइयाँ झेलनी पड़ी हैं—

1. अवध क्षेत्र की कई उल्लेखनीय विभूतियों की जन्मभूमि कहीं अन्यत्र थी, किन्तु कर्मभूमि कोई दूसरी हो गयी। ऐसी स्थिति में उनके अवधवासी होने का प्रश्न विवादास्पद हो सकता है।
2. अवध के अनेक स्थान राज्यों के पुनर्गठन में इधर-उधर हो गये हैं, किन्तु मैं उनके वर्तमान स्वरूप में ही केन्द्रित रहा हूँ। यहाँ के प्राचीन भूगोल एवं इतिहास में कई ऐसे पर्वतों, नदियों, स्थानों और महापुरुषों के नामोल्लेख हुए हैं, जिनका आज अस्तित्व नहीं है अथवा जिनको लेकर खींचा-तानी हो रही है (जैसे—वाल्मीकि आश्रम के कई दावेदार हैं या तुलसीदास के कई जन्म-स्थान घोषित कर दिये गये हैं) मेरा प्रयास रहा है कि निःसंग भाव से सारे तथ्य सामने रख दिये जायें। यथा समय उनका निर्णय स्वतः हो जायेगा।

यह अध्ययन विश्वकोश (इन्साइक्लोपीडिया) की शैली में प्रस्तुत किया गया है। इसे विषयानुसार आठ अध्यायों में विभाजित किया गया है। प्रथम खण्ड में भौगोलिक परिदृश्य प्रस्तुत किया गया है। इसके अन्तर्गत जलवायु, मौसम, विशिष्ट स्थल, नदियाँ-पहाड़, पशु-पक्षी, जीव-जन्तु, वन-उपवन, वनस्पतियाँ और विशिष्ट स्थानों की अकारादिक्रम से प्रविष्टि की गयी है। दूसरे अध्याय में अवध का इतिहास विकास है। इसमें प्राचीन राज्य, युद्ध, प्रमुख पौराणिक ऐतिहासिक पात्र एवं घटनाएँ प्रस्तुत की गयी हैं। तृतीय अध्याय 'अवध की सामाजिक संरचना' के अन्तर्गत यहाँ का खानपान, जाति-वर्ण-व्यवस्था, बोली-बानी, रीति-रिवाज, लोकाचार, व्यसन, संस्कार, सामाजिक नाते-रिश्ते और सामाजिक विसंगतियाँ चर्चित हुई हैं। चतुर्थ अध्याय है अर्थ-व्यवस्था से सम्बन्धित। इसमें यहाँ के उद्योग-धन्धे, खेती-पाती, कराधान, नाप-तौल, वाणिज्य, सिक्के और आर्थिक समस्याएँ प्रस्तुत की गयी हैं। पंचम अध्याय में प्राचीन राजन्य व्यवस्था और रजवाड़ों के साथ-साथ समकालीन आवास व्यवस्था, खेलकूद,

प्रशासन, यातायात, परिवहन, न्याय प्रणाली, शिक्षा, सहकारिता, सुरक्षा, सैन्य व्यवस्था और विभिन्न विचारधाराएँ अकारादिक्रम से रखी गयी हैं।

इस विश्वकोश के द्वितीय खण्ड में अवधांचल की साहित्य-सम्पदा, भाषा-सम्पदा, हिन्दी, उर्दू, अरबी, फारसी, संस्कृत, अंग्रेजी आदि से जुड़े साहित्यकारों, संस्थानों और आन्दोलनों की चर्चा की गयी है। इसमें पत्रकारिता, जनसंचार और लोकवाङ्मय का भी सन्निवेश किया गया है। दूसरे अध्याय 'कला-साधना' में संगीत, नृत्य, नाट्य, चित्रकला, मूर्तिकला, स्थापत्य कला और हस्तकलाओं का उल्लेख किया गया है। यहाँ अकारादिक्रम से नये-पुराने शास्त्रीय एवं लोक कलाकारों, प्राचीन संस्थाओं, महत्त्वपूर्ण भवनों तथा प्रत्येक क्षेत्र के कलाकारों एवं उपकरणों का परिचय दिया गया है। इस खण्ड में तीसरा अध्याय 'धर्म और दर्शन' से सम्बन्धित है। इसमें अवध में विद्यमान विभिन्न सम्प्रदायों, उपासना-पद्धतियों, आराध्य देवी-देवताओं, साधक वर्गों और उनकी धर्मचर्याओं का विवेचन किया गया है। 'समाहार' के रूप में अवध की सांस्कृतिक विरासत को रेखांकित करते हुए मुख्य सांस्कृतिक, ऐतिहासिक स्थलों का महत्त्व प्रतिपादित किया गया है।

उपर्युक्त आठ अध्यायों में वर्गीकृत यह अध्ययन यों तो एक आंचलिक संस्कृति की झाँकी प्रस्तुत करता है, किन्तु कुल मिलाकर यह समूचे उत्तर भारत का सांस्कृतिक परिदृश्य है। इसमें वर्तमान स्थितियों का चित्रण है और विलुप्त अथवा लुप्तप्राय परम्पराओं की जानकारी देने का प्रयास भी है।

इतने बड़े विश्वकोश में इतने सारे विषयों का विवेचन-विश्लेषण करते हुए कुछ तथ्यों का समावेश न हो पाना अथवा अनचाहे कुछ त्रुटियों का रह जाना असम्भव नहीं है। विश्वकोश एक लेखक के बूते का होता भी नहीं है। यदि प्रचुर साधन होते तो विशेषज्ञों से प्रविष्टियाँ मँगवाकर उनका सम्पादन कर देना अपेक्षाकृत बड़ा सुविधाजनक होता। अस्तु; भरसक पूरी क्षमता और निष्ठा के साथ किया गया यह कार्य प्रबुद्ध पाठकों के समक्ष प्रस्तुत है। इस कार्य में अयोध्या शोध संस्थान के निदेशक डॉ. योगेन्द्र प्रताप सिंह से जो मुझे सहायता मिली है, तदर्थ मैं आभारी हूँ। मेरी भूलों से जो मुझे अवगत करायेंगे, उनके प्रति मेरा अग्रिम आभार।

गुरु पूर्णिमा : 2016
'साहित्यिकी'
डी-54, निराला नगर, लखनऊ

साभिवादन

(प्रो. सूर्यप्रसाद दीक्षित)

अनुक्रम

भौगोलिक परिदृश्य 11

अवध के जनपद, अवध क्षेत्र से पृथक् किन्तु अवध संस्कृति से सम्बद्ध प्रमुख स्थान, जलवायु एवं मौसम, दर्शनीय स्थल, नदियाँ-झीलें, पर्यावरण, पशु-पक्षी एवं जीव-जन्तु, पहाड़ और टीले, वन-सम्पदा, वनस्पतियाँ, विशिष्ट स्थान

अवध का इतिहास-विकास 76

अवध का राजनीतिक इतिहास, सांस्कृतिक इतिहास, अवध के नवाब, अवध की बेगमें, अवध पर अंग्रेजी राज्य, गदर एवं स्वातन्त्र्य-आन्दोलन, हमारे गौरव : पौराणिक ऐतिहासिक पात्र

सामाजिक संरचना 151

अभिवादन, आतिथ्य सत्कार, नारी-जीवन, खानपान, जन-जीवन-दर्शन, जातीय व्यवस्था, पहनावा, बर्तन-भाँड़े, प्रजातियाँ/जनजातियाँ, बोली-बानी, लोक-विश्वास, वर्ण-व्यवस्था, व्यसन, संस्कार, सामाजिक नाते-रिश्ते, सामाजिक विसंगतियाँ, समाहार

अर्थ-व्यवस्था 240

उद्योग-धन्धे, कराधान, खेतीपाती, गरीबी, नापतौल, पशु-पक्षी एवं जीव-जन्तु पालन, बागवानी, बेरोजगारी, मजदूरी, वाणिज्य व्यापार, सिक्के, सूद एवं बैंकिंग

लोक प्रशासन 274

आवास व्यवस्था, खेलकूद, चिकित्सा एवं जनस्वास्थ्य, प्रशासन प्रणाली, प्रमुख पद, पुस्तकालय वाचनालय, यातायात व्यवस्था, रजवाड़े एवं ताल्लुके, राजकीय सम्मान, राजधानियाँ, राजनीतिक दल, राजनीतिक विचारधाराएँ, राजनेता, योजनाएँ, प्रशासनिक ढाँचा, वाहन व्यवस्था, विधि-व्यवस्था, शिक्षा व्यवस्था, समाज कल्याण, सरकारी संस्थाएँ, सहकारिता आन्दोलन, सुरक्षा व्यवस्था, सूचना एवं जनसंचार, सैन्य संचालन एवं अस्त्र-शस्त्र

भौगोलिक परिदृश्य

अवध के जनपद

अवध क्षेत्र उत्तर प्रदेश का एक महत्त्वपूर्ण भू-भाग है। 600 वर्ष ईसा पूर्व उत्तर भारत में 16 महाजनपद थे, जिनमें काशी, कोसल, मल्ल, चेदि, वत्स, कुरु, पांचाल क्षेत्रों को मिलाकर वर्तमान उत्तर प्रदेश का गठन हुआ था। कालक्रम में इसके कई अंचल चिह्नित किये गये, जैसे—अवध, कान्यकुब्ज, काशी, रुहेलखण्ड और बुन्देलखण्ड। मुगलों ने इसमें कई सूबे बनाये थे, जिनमें एक सूबा था अवध। अंग्रेजों ने आगरा तथा अवध को जोड़कर 'यूनाइटेड प्राविंस' (यू.पी.) का गठन किया। 1947 ई. के बाद यू.पी. को उत्तर प्रदेश कहा गया। स्थूल रूप से आज अवध के दो अर्थ हैं—(1) प्राचीन अयोध्या राज्य (2) अवधी भाषी क्षेत्र। इन दिनों अवधी भाषा प्रान्त की सीमा लाँघ करके छत्तीसगढ़, बिहार और नेपाल के कई क्षेत्रों तक फैल गयी है, इसीलिए उत्तर प्रदेश के अवध क्षेत्र का परिसीमन कर दिया गया है। आज अवध का अर्थ है—लखनऊ, बाराबंकी, फ़ैज़ाबाद, अम्बेडकर नगर, बस्ती, गोण्डा, बहराइच, बलरामपुर, अमेठी, श्रावस्ती, लखीमपुर खीरी, सीतापुर, कानपुर, उन्नाव, सुलतानपुर, रायबरेली, प्रतापगढ़, इलाहाबाद, कौशाम्बी। साथ ही जौनपुर, हरदोई, और मिर्जापुर का कुछ क्षेत्र। पहले अवध की राजधानी अयोध्या और श्रावस्ती थी। अंग्रेजी शासन में इलाहाबाद राजधानी बनी। 1920 ई. से लखनऊ राजधानी हो गयी है। इस अंचल की उत्तरी सीमा नेपाल से जुड़ी हुई है, पश्चिम में रुहेलखण्ड और ब्रज भूमि है। पूर्व में भोजपुरी भाषी पूर्वांचल है और दक्षिण में बुन्देली, बघेली, छत्तीसगढ़ी भाषी क्षेत्र हैं। उत्तर में तराई क्षेत्र है, शेष मैदानी भाग है। दक्षिण में कुछ पठारी भूमि है। यहाँ की तीनों ॠतुएँ गर्मी, जाड़ा और वर्षा अपनी अति पर रहती हैं। इस क्षेत्र में गंगा, यमुना, गोमती, घाघरा, सरयू, शारदा, राप्ती, गण्डक, सई, बेतवा, केन आदि कई नदियाँ हैं। उत्तरी क्षेत्र में, चिकनी और बलुई मिट्टी पायी जाती है। कहीं-कहीं ऊसर बंजर भूमि है। उत्तरी भाग काफी वनाच्छादित है। दक्षिणी क्षेत्र में इलाहाबाद, मिर्जापुर के बीच चूना पत्थर जैसे खनिज प्राप्त होते हैं। इस क्षेत्र की जनसंख्या है लगभग सात करोड़। कानपुर, इलाहाबाद, लखनऊ लगभग 50 लाख की आबादी के शहर हैं। यहाँ शहरों में साक्षरता लगभग 80 प्रतिशत है। आर्थिक दृष्टि से यह कृषि और कुटीर उद्योग पर आधारित है। इस क्षेत्र में अनेक दर्शनीय स्थल हैं। जगह-जगह मेले और महोत्सव होते हैं। कवि, कलाकारों से सम्बन्धित स्थान यहाँ भरे पड़े हैं। बीच-बीच में अनेक ऐतिहासिक अवशेष हैं। इधर यहाँ कई बड़े उद्योग विकसित हुए हैं। यहाँ के स्थानीय निकायों और ग्राम पंचायतों की अपनी व्यवस्था है। सड़क परिवहन, संचार, शिक्षा, चिकित्सा तथा नियोजन का यहाँ काफी विकास हुआ है। ऊर्जा का संकट अभी विद्यमान है, अतः वैकल्पिक ऊर्जा का प्रयास किया जा रहा है।

इस प्रकार स्पष्ट है कि भौगोलिक संरचना की दृष्टि से यह एक विशिष्ट क्षेत्र है। कई विद्वानों ने इसे 'मध्य देश' कहा है। कई प्राचीन ग्रन्थों में गंगा, यमुना के इस मैदान को 'अन्तर्वेद' कहा गया है। समय-समय पर जो विदेशी यात्री यहाँ आये थे, उन्होंने भाव-विभोर होकर इसका वर्णन किया है। 'वाल्मीकि रामायण' में विस्तारपूर्वक इसका परिचय दिया गया है। सांस्कृतिक सम्पदा की दृष्टि से यह अंचल अति समृद्ध माना जाता है। समतल उपजाऊ भूमि होने के कारण इस पर बराबर विदेशियों के आक्रमण होते रहे हैं। काफी कुछ ध्वस्त हो जाने के बावजूद युग-युग से इसका यश अक्षुण्ण बना हुआ है।

प्राचीन अवध के अन्तर्गत इन आठ राज्यों का उल्लेख प्राप्त होता है—1. वत्स 2. कौशाम्बी 3. कोसल-साकेत 4. श्रावस्ती 5. कान्यकुब्ज 6. अन्तर्वेद 7. भारशिव (बैसवारा) 8. शर्की (जौनपुर)। यही रामराज्य की वास्तविक परिधि थी। यद्यपि कवियों ने रामराज्य को देश-देशान्तर तक व्याप्त दिखाया है, किन्तु वह मंगलाशा मात्र है। गोस्वामी जी ने लिखा है—"सप्तद्वीप सागर मेखला" किन्तु यह कथन एक प्रकार की कवि प्रौढ़ोक्ति है।

अकबर ने पूरे मुगल राज्य को 1590 ई. में कुल 12 सूबों में बाँटा था। सूबाए औध में 5 सरकारें थीं—लखनऊ, फ़ैज़ाबाद, खैराबाद, बहराइच, गोरखपुर। बाद में गोरखपुर अलग कमिश्नरी से जुड़ गया। इसमें कई महाजनपद समय-समय पर जुड़े, जैसे—खान, असगर अजीज खाँ, महावत खाँ आदि।

कालान्तर में फारस मूल के शिया नवाब सआदत खाँ के वंश क्रम में शुजाउद्दौला और आसफ उद्दौला ने अपनी राज्य व्यवस्था यहाँ स्थापित की।

मध्यकाल में अयोध्या पर समय-समय पर कई वंशों ने राज्य किया, जिनमें मुख्य हैं—

1. खिलजी वंश 2. तुगलक वंश 3. मुगल वंश 4. सोलंकी राजा 5. कान्यकुब्ज नरेश 6. परिहार वंश 7. लोदीवंश 8. गहरवार वंश 9. नवाबी शासन।

यह भी सुविदित है कि यहाँ कई पीर औलिया भी समय-समय पर हुए हैं। मराठा नरेशों का भी अवध पर कुछ वर्षों तक आधिपत्य रहा है। यहाँ सिखों का भी कुछ वर्षों तक शासन चला है।

अंग्रेजी शासन में अवध के भीतर सुल्तानपुर, जौनपुर, प्रतापगढ़, टाँडा और मानिकपुर को सम्मिलित कर लिया गया और गोरखपुर को पृथक कर दिया गया। बाद में अयोध्या पर शाकद्वीपीय राजाओं का अधिकार रहा। लाला सीताराम ने 'अयोध्या का इतिहास' में इन सबका विस्तृत विवरण दिया है।

इस विशाल क्षेत्र का भौगोलिक परिवेश अत्यन्त बहुरंगी तथा सुरम्य है। इसकी अधिकांश भूमि वनों से ढकी है। भूवैज्ञानिक संरचना की दृष्टि से यह क्षेत्र कई हिस्सों में बँटा है। इस क्षेत्र का काफी भाग हिमालय की तराई (गाँजर) क्षेत्र में आता है। खीरी, बहराइच, गोण्डा, बलरामपुर, सीतापुर, श्रावस्ती जिले इसी गाँजर क्षेत्र के जिले हैं। उत्तर में यह हिमालय की एक समानान्तर श्रेणी है। दूसरा क्षेत्र गंगा यमुना का मैदान (दोआबा) कहलाता है। लखनऊ, कानपुर, उन्नाव, हरदोई, रायबरेली, प्रतापगढ़, फतेहपुर, बाराबंकी, फ़ैज़ाबाद, अम्बेडकरनगर, अमेठी आदि जिले इसी दोआबा के अन्तर्गत गणनीय हैं। इस भाग के दक्षिण में विंध्य की पहाड़ियाँ हैं। मिर्जापुर का अग्रेतर क्षेत्र बघेलखण्ड कहलाता है। जौनपुर का क्षेत्र पूर्वांचल में आता है।

अवध क्षेत्र को उत्तर वैदिक काल में मध्यदेश तथा ब्रह्मर्षि देश कहा जाता था। यह रामायण के नायक राम की लीलाभूमि है। महा जनपद काल के 16 जनपदों में 2 जनपद इसकी सीमाओं से जुड़े थे। यह क्षेत्र मौर्यकाल, गुप्तकाल और हर्षकाल में शक्ति एवं समृद्धि का क्षेत्र रहा है।

जनपद : सम्प्रति अवध एक महामण्डल है, जहाँ अवधी मुख्य विभाषा है। इनमें जौनपुर, मिर्जापुर, बस्ती, हरदोई की कुछ तहसीलें भाषायी दृष्टि से आज अवधीतर हैं, शेष भू-भाग अवध में गण्यमान है।

इन जिलों का परिचय अकारादि क्रम से निम्नवत् है—

अम्बेडकर नगर : यह उत्तर प्रदेश का एक नव स्थापित जनपद है, जो अकबरपुर, टाँडा क्षेत्र को जोड़कर 2496 वर्ग कि.मी. में बनाया गया है। इसकी आबादी 22 लाख के आस-पास आँकी जाती है। यहाँ साक्षरता अपेक्षाकृत अच्छी है। इस जिले में कुल गाँव हैं 1782। तहसीलें हैं चार—अकबरपुर, टाँडा, आलापुर, जलालपुर और विकास खण्ड हैं नौ—कटेहरी, जहाँगीर गंज, मियावाँ, भीटी, रामनगर आदि। इस जनपद का मुख्य हस्त शिल्प है हैंडलूम। यहाँ रघुराज एग्रो और एन.टी.पी.सी. दो औद्योगिक इकाइयाँ स्थापित हैं। यहाँ के प्रमुख पर्यटनस्थलों में श्रवण क्षेत्र और किछौछा, गोविन्द साहब उल्लेखनीय हैं। यहाँ थर्मल पावर का बड़ा प्लांट है। जिले में एक चीनी मिल, एक चावल मिल तथा एक सीमेंट फैक्ट्री है। जीविका का मुख्य साधन है कृषि। यह जिला पहले फ़ैज़ाबाद और सुल्तानपुर का अंग था। स्वतन्त्र जिला हो जाने के बाद इसकी विकास दर बढ़ती हुई दिख रही है।

अमेठी : इसका मुख्यालय है गौरीगंज। यह क्षेत्र पहले अमेठी राज्य के अन्तर्गत था। अमेठी में जो बच्छ गोत्री राजवंश विद्यमान है, उसके पूर्वजों में महाराजा भूपति, राजर्षि रणंजय सिंह आदि कई गुण गरिमा सम्पन्न शासक समय-समय पर हुए हैं। इन्हीं के राज्याश्रय में महान सूफी कवि मलिक मोहम्मद जायसी रहते थे। उनका स्मारक अभी यहाँ रामनगर के निकट द्रष्टव्य है। अमेठी दरबार से रीतिकाल के कई कवि जुड़े हुए थे, जैसे—कालीदास, कविन्द, दूलह आदि।

पुनर्गठन करते हुए रायबरेली के सलोन-तिलोई क्षेत्र और सुल्तानपुर के मुशाफिरखाना क्षेत्र को मिलाकर यह जिला बनाया गया है। इसका क्षेत्रफल है 3063 वर्ग किलोमीटर। जीविका का मुख्य साधन है खेती। पहले यह क्षेत्र चिकन उद्योग के लिए प्रसिद्ध था। अब यह राजनीतिक क्षेत्र में चर्चित है। यहाँ नेहरू परिवार के राजीव गाँधी, राहुल गाँधी समय-समय पर जनप्रतिनिधि चुने गये हैं। अभी यह पिछड़ा हुआ जिला माना जाता है।

इलाहाबाद : उत्तर प्रदेश की पूर्व राजधानी इलाहाबाद अवध क्षेत्र का अत्यन्त प्रसिद्ध जनपद है। जनसंख्या के अनुसार यह प्रदेश का सातवाँ और देश का छत्तीसवाँ बड़ा जिला है। इसे भारत का द्वितीय प्राचीनतम नगर माना जाता है। इसके कई नाम समय-समय पर प्रचलित हुए हैं। चूँकि ब्रह्मा जी ने यहाँ यज्ञ किया था, इसलिए इसे 'प्रयाग' अथवा 'प्रयागराज' कहा जाता है। इसकी स्थापना हस्तिनापुर के कुरु ने की थी, इसलिए इसे पहले कुरु नाम दिया गया, फिर इसका नामकरण हुआ वत्स और कौशाम्बी। कुछ समय तक इसे दक्षिण बुन्देलखण्ड कहा जाता था। अकबर ने इसको इलाहाबाद नाम दिया। इसका वैदिक कालीन नाम था इलावर्त। पुरा कथाओं के अनुसार यह आर्यों का मूल स्थान रहा है, अतः इसे 'आर्यावर्त' भी कहा गया है। इलाहाबाद को गंगा, यमुना के मैदान (दोआब) का केन्द्र तथा 'मध्य देश' कहा जाता है। यहाँ से राजा ययाति ने सप्त सिन्धु को जीता था। ययाति के पाँच पुत्र थे—ध्रुव, पुरु, अनु, यदु, तुर्वशु। ये ऋग्वेद के रचयिता भी थे। मौर्य काल, गुप्तकाल तथा कुषाणकाल में इसको 'अन्तर्वेद' कहा गया और इसका विस्तार कन्नौज तक बताया गया। यहाँ अर्से तक मराठों का राज्य रहा, फिर यहाँ दिल्ली सल्तनत का कब्जा रहा। जहाँगीर के शासनकाल में यहाँ मुगल सत्ता स्थापित हुई। अकबर ने 1883 या सन् 1575 में यहाँ किला बनवाया। शुजाउद्दौला ने यहाँ नवाबी शासन स्थापित किया। बक्सर की लड़ाई के बाद यह अंग्रेजों के अधिकार

में आ गया। 1902 से 1920 तक यह संयुक्त प्रान्त की राजधानी रहा।

इलाहाबाद 63 किलोमीटर लम्बे-चौड़े क्षेत्र में व्याप्त है। इस जनपद में कई तहसीलें हैं—सदर, फूलपुर, करछना, हंडिया, बारा, कोरांव, मेजा, सौरांव। यहाँ गाँव हैं कुल 3074, साक्षरता है 65 प्रतिशत, आबादी है लगभग पचास लाख।

इलाहाबाद एक मण्डल भी है, जिसके अन्तर्गत कई जिले आते हैं। इस जिले के प्रमुख कस्बे हैं— धनपुर, प्रतापपुर, सैदाबाद, बहादुरपुर, बहरिया, कोलागढ़, कौडिहार, मऊ, चाका, उसरा, शंकर गढ़, हनुमानगंज, कौंचिहारा, मण्डापुरवा, फाफामऊ आदि। यह नगर राजनीतिक दृष्टि से बहुत महत्त्वपूर्ण है। देश के कई प्रधानमन्त्री इस जनपद से अथवा इलाहाबाद विश्वविद्यालय से सम्बन्धित रहे हैं, जैसे—जवाहरलाल नेहरू, लाल बहादुर शास्त्री, इन्दिरा गाँधी, गुलजारी लाल नन्दा, विश्वनाथ प्रताप सिंह, चन्द्रशेखर आदि। यहाँ 1834 ई. में उच्च न्यायालय की स्थापना हुई, जिससे देश के बड़े-बड़े न्यायविद् सम्बन्धित रहे हैं। इलाहाबाद विश्वविद्यालय देश के प्राचीनतम विश्वविद्यालयों में से है। विभिन्न विषयों के विद्वान इस विश्वविद्यालय से जुड़े रहे हैं। इस नगर में लोक सेवा आयोग, उच्चतर शिक्षा सेवा आयोग, माध्यमिक शिक्षा आयोग, यू.पी. बोर्ड, पुलिस हेड क्वाटर, महालेखापाल आदि कई संस्थाएँ कार्यरत हैं। यहाँ 1888 ई. में कांग्रेस का महत्त्वपूर्ण अधिवेशन हुआ था। 1930 ई. में यहाँ इकबाल ने मुस्लिम लीग की नींव डाली थी। यहीं अल्फ्रेड पार्क में चन्द्रशेखर आजाद ने 1931 ई. में अंग्रेजी सत्ता से लड़ते हुए आत्म बलिदान किया था। मोती लाल नेहरू का आनन्द भवन (स्वराज्य भवन) वर्षों तक स्वातन्त्र्य-आन्दोलन का केन्द्र रहा है।

इलाहाबाद महाकुम्भ के कारण विश्वविख्यात है। इस क्षेत्र को 'तीर्थराज' कहा जाता है। विगत कई शताब्दियों से प्रति छह वर्षों पर अर्द्धकुम्भ और बारह वर्षों के बाद महाकुम्भ का आयोजन किया जा रहा है। इसे विश्व का सबसे बड़ा मानव-मेला माना जाता है। इस नगर में अनेक दर्शनीय इमारतें (स्थान) हैं, जैसे—अशोक स्तम्भ, इलाहाबाद संग्रहालय, उच्च न्यायालय, जवाहर तारा मण्डल, विश्वविद्यालय (1876), आनन्द भवन, अक्षय वट, उल्टा किला, सरस्वती कूप, गुफाएँ, हंस तीर्थ मन्दिर, वेणीमाधौ मन्दिर, नागवासुकि, हनुमान मन्दिर, भरद्वाज आश्रम, दयाराम कोट, अलोपी मन्दिर, शेख तकी की मजार, मेडिकल कालेज, हरिश्चन्द्र रिसर्च इंस्टीट्यूट, साइंस इन्स्टीट्यूट, कैथड्रल, अल्फ्रेड पार्क, प्रतिष्ठानपुर (झूँसी), त्रिवेणी संगम, खुसरोबाग, मिंटो पार्क, अमिताभ स्पोर्ट्स कॉम्पलेक्स, विज्ञान परिषद्, मदन मोहन मालवीय स्टेडियम, इन्स्टीट्यूट ऑफ इंजीनियरिंग एण्ड रूरल टेक्नोलाजी, हिन्दी साहित्य सम्मेलन, हिन्दुस्तानी अकादेमी, प्रयाग संगीत समिति, महिला विद्यापीठ, राजर्षि टण्डन मुक्त विश्वविद्यालय, शंकर विमान मण्डपम, दुर्वासा आश्रम, पातालपुरी मन्दिर, कान्तेश्वर मन्दिर, मोतीलाल नेहरू इंजीनियरिंग कालेज आदि। यहाँ के प्रमुख मोहल्ले हैं—चौक, जानसनगंज, सिविल लाइन्स, लूकरगंज, जार्जटाउन, दारागंज, फाफामऊ, मम्फोर्डगंज, टैगोर टाउन, दरियाबाद, अल्लापुर, रामबाग, झूँसी, नैनी, खुल्दाबाद, अशोक नगर आदि।

इलाहाबाद जनपद का मुख्य आर्थिक स्रोत हैं—कृषि, पर्यटन तथा उद्योग। यहाँ की मुख्य उपज हैं—धान, गेहूँ, बाजरा, दाल, अरहर, उरद, मूँग, तरबूज, खरबूजा और सब्जियाँ। इलाहाबादी अमरूद तो बहुत ही प्रसिद्ध है। यहाँ मत्स्य पालन भी काफी विकसित है। इलाहाबाद में दस हजार छोटे-बड़े कारखाने हैं, जिनमें उल्लेखनीय हैं—स्टील एथारिटी आफ इंडिया, इफको, त्रिवेणी सीतल ग्लास, हिन्दुस्तान केबल, फूड कार्पोरेशन, जीप, रिलायन्स, रेमेण्ड, भारत पेट्रोलियम आदि। इलाहाबाद बैंक 1865 ई. से पूरे देश में कार्यरत है।

इलाहाबाद को पूरे देश की 'साहित्यिक राजधानी' कहा जाता है। यहीं से 1902 ई. में आचार्य महावीर प्रसाद द्विवेदी के सम्पादकत्व में चिन्तामणि घोष द्वारा स्थापित लीडर प्रेस के प्रबन्धन में 'सरस्वती' नामक पत्रिका का प्रकाशन हुआ था। समय-समय पर यहाँ लीडर प्रेस, इण्डियन प्रेस, लोक भारती प्रकाशन, किताब महल, साहित्य भवन लिमिटेड, नीलाभ प्रकाशन जैसे कई प्रेस (प्रकाशन) स्थापित हुए। प्राचीनकाल में मण्डन मिश्र, वल्लभाचार्य, महाकवि माघ, नागेश भट्ट, प्रभुदत्त ब्रह्मचारी जैसे विद्वान यहाँ साधनारत रहे। मध्यकाल के प्रसिद्ध हिन्दी कवि तोष निधि यहाँ से जुड़े रहे हैं। आधुनिक युग में सदासुखलाल नियाज, श्रीधर पाठक, काशीनाथ खत्री, बालकृष्ण भट्ट, मदनमोहन मालवीय, पुरुषोत्तमदास टण्डन, चिन्तामणि राव, बालकृष्ण राव, महाप्राण निराला, सुमित्रानन्दन पन्त, महादेवी वर्मा, सुभद्रा कुमारी चौहान, बच्चन, प्रभात शास्त्री, उपेन्द्रनाथ अश्क, फ़िराक़ गोरखपुरी, अकबर इलाहाबादी, धीरेन्द्र वर्मा, रामकुमार वर्मा, डॉ. रसाल, डॉ. बाबूराम सक्सेना, माताप्रसाद गुप्त, धर्मवीर भारती, उदयनारायण तिवारी, ब्रजेश्वर वर्मा, डॉ. वार्ष्णेय, डॉ. रघुवंश, रामस्वरूप चतुर्वेदी, जगदीश गुप्त, लक्ष्मीकान्त वर्मा, विपिन कुमार अग्रवाल आदि साहित्यकार महत्त्वपूर्ण हैं। अंग्रेजी के विद्वान प्रो. देव, इतिहास के विद्वान ईश्वरीप्रसाद, ताराचन्द, बेनीप्रसाद सक्सेना, गणितज्ञ गोरखप्रसाद, वैज्ञानिक डॉ. रामचरण मेहरोत्रा, मेघनाद शाहा आदि सुविख्यात हैं। सदी के महानायक अमिताभ बच्चन यहीं की देन हैं। इलाहाबाद विश्वविद्यालय ने देश को सर्वाधिक आई.ए.एस. तथा पी.सी.एस. अधिकारी दिये हैं। आज भी इलाहाबाद से उच्चस्तरीय पत्र-पत्रिकाएँ तथा पुस्तकें प्रकाशित हो रही हैं।

उन्नाव : यह बैसवारा का केन्द्रीय भू-भाग है। 1857 के गदर के बाद अंग्रेज सरकार ने बैसवारा जिला को विघटित करके उन्नाव तथा रायबरेली जिले बनाये थे। यों, यह बहुत पुराना क्षेत्र है। यह पहले कोसल महाजनपद का अंग था। इस पर बहुत समय तक कन्नौज का अधिकार रहा। मुगल शासन काल में उसके गवर्नर खाण्डे सिंह को मारकर उन्वन्त बिसेन ने यहाँ एक किला बनवाया था। इस क्षेत्र की खोज राजपूत योद्धा पारस चौहान ने की थी। हुमायूँ के शासनकाल में शाहिर मिर्जा ने इसका इतिहास लिखा था। उस समय जलालाबाद इसका मुख्यालय था।

पुराख्यानों में वर्णित यहाँ कई प्राचीन स्थानों के अवशेष पाये जाते हैं। बक्सर यहाँ का बड़ा प्राचीन स्थान है, जहाँ चन्द्रिका देवी का प्रसिद्ध मन्दिर है। डौंडियाखेरा राज्य का खजाना आज भी कुतूहल का विषय बना हुआ है। बदरका गाँव चन्द्रशेखर 'आजाद' के कारण चर्चित है। चीनी यात्री ह्वेन साँग, इतिहासकार कनिंघम, फ्यूहरर आदि ने जो विवरण दिये हैं, उनके अनुसार आग्नेय और द्रविड़ परिवार की कई आर्येतर जातियाँ—कोल, निषाद, भर, नाग आदि यहाँ के मूलनिवासी थे। रामायण काल में यह क्षेत्र, 'करुष' राज्य में था। ऐसा कहा जाता है कि द्वितीय वनवास के समय 'परियर' में सीता जी ने प्रवास किया था। 'महारन' गाँव में लव-कुश ने राम की सेना से युद्ध किया था। 'परसन्दन' में परशुराम का आश्रम था। कुशुम्बी की स्थापना कुश ने की थी। सरवन समोधा में श्रवण कुमार और मौरावाँ में मोरध्वज रहते थे। डांडियाखेरा और बाँगरमऊ सचानकोट में महात्मा बुद्ध की काफी आवाजाही थी। विहार कस्बे में बौद्ध बिहार बना हुआ था, जिसके आचार्य थे वसुबन्धु। 1030 ई. में सैयद सालार गाजी का इस क्षेत्र पर आक्रमण हुआ था। अवध गजेटियर के अनुसार यहाँ गुर्जर, प्रतिहार, वत्सराज, राष्ट्रकूट, शेरशाह आदि से कई युद्ध हुए हैं। उन्नाव का नामकरण या तो उन्वंत सिंह के नाम पर हुआ है या लक्ष्मण की चौदहवीं पीढ़ी के राजा उन्नाभ के नाम पर। इस जिले का नव निर्माण 1869 ई. में हुआ। पहले अवध में 12 चकले (जिले) थे, जिनमें एक चकला बैसवारा था। 1867 ई. में उन्नाव में 12 परगने थे। आज यह क्षेत्र 4558 वर्ग

किलोमीटर में व्याप्त है। इसकी तहसीलें हैं—उन्नाव, सफीपुर, हसनगंज, पुरवा, बीघापुर। अन्य बड़े कस्बे हैं—सिकन्दरपुर, बिछिया, फतेहपुर, बाँगरमऊ, गंजमुरादाबाद, मगडायर, मियाँगंज, नवाबगंज, असोहा, तकिया, भगवंतनगर, मोहान, भदायन, काँथा, सुमेरपुर, मौरावाँ आदि। यहाँ कुल 1800 गाँव हैं। उन्नाव में गंगा, सई, लोनी, तनई, नौराही, कल्याणी, रवार, मराही आदि कई नदियाँ, झीलें तथा सरोवर हैं। बक्सर, तकिया, सिकन्दरपुर (गंगाघाट) पर प्रतिवर्ष मेले लगते हैं। इस समय इस जिले की आबादी 28 लाख और साक्षरता 60% है। यहाँ नवाबगंज का पंछी विहार एक दर्शनीय स्थल है। कानपुर के सन्निकट होने के कारण यहाँ का चमड़ा उद्योग बहुत विकसित है। इसके अतिरिक्त लिहाफ, मशेहरी और कपड़े की छपाई का काम भी उल्लेखनीय है।

उन्नाव साहित्यकारों का गढ़ रहा है। निराला, भगवती चरण वर्मा, प्रतापनारायण मिश्र, सनेही, हितैषी, द्वारका प्रसाद मिश्र, नन्ददुलारे बाजपेयी, रामविलास शर्मा, सुमन, सुमित्रा कुमारी सिन्हा, रमई काका आदि विभूतियाँ यहाँ की विशिष्ट देन हैं।

कानपुर : पुरातत्त्व विभाग ने 2009 ई. में जाजमऊ टीले की जो खुदाई की, उसमें प्राप्त अवशेषों की कार्बन डेटिंग कराने पर यह सिद्ध हुआ कि यह क्षेत्र 2300 ईसा पूर्व अर्थात् उत्तर वैदिक कालीन सभ्यता से जुड़ा हुआ है। गंगा के तट पर स्थित इस नगर पर राजा ययाति और उनके पुत्र पुरु ने वर्षों तक राज्य किया था।

पौराणिक मतानुसार कानपुर को कर्णपुर कहते हुए महाभारत के कर्ण से जोड़ा जाता है, जबकि बिठूर का सम्बन्ध त्रेता युग से है। दूसरे, इसको सूफी सन्त साह मदार के सन्दर्भ में 'मकनपुर' कहा जाता है। कुछ लोगों के अनुसार कानपुर के संस्थापक संचेड़ी के राजा हिन्दू सिंह रहे हैं। कुछ लोगों का यह मत है कि कानपुर के संस्थापक चन्देल राजा कृष्ण देव थे। इसका आरम्भिक नाम था 'कान्हपुर'। बहुत दिनों तक यह मुगलों, मराठों और नवाबों के अधीन रहा। 1765 ई. में शुजाउद्दौला की पराजय के बाद 24 मार्च 1803 ई. में इसको जिला बनाया गया। 1857 में यह अंग्रेजों के अधीन हो गया।

कानपुर देश के दस बड़े नगरों में से एक है। इसका क्षेत्र लगभग 3015 वर्ग किलोमीटर का है। आबादी ढाई मिलियन के आस-पास है। आबादी की दृष्टि से पूरे विश्व में इसका 75 वाँ स्थान है। इस नगर में 110 वार्ड हैं। इसका प्रशासन 6 जोन्स में बँटा हुआ है। अब इसके तीन जिले बन गये हैं—1. कानपुर शहर 2. कानपुर देहात तथा 3. औरैया।

कानपुर एक व्यापारिक नगर है। इसे 'मैनचैस्टर आफ इण्डिया' कहा जाता रहा है। यहाँ काटन होजरी के 476 कारखाने हैं, जो लगभग प्रतिवर्ष 6 करोड़ का निर्यात करते हैं। रेडीमेड कपड़ों का निर्यात 50 करोड़ के आस-पास है। साबुन के कारखानों का धन्धा लगभग 600 करोड़ का है। चमड़ा उद्योग से सम्बन्धित यहाँ 350 कारखाने हैं। यहाँ का प्लास्टिक उद्योग भी अतिविकसित है। कानपुर टेक्सटाइल का बहुत बड़ा केन्द्र है। यहाँ स्टील फर्नीचर के 685 कारखाने हैं, जिनका टर्न ओवर 981 करोड़ के लगभग है। इस नगर में 100 के आस-पास कोल्ड स्टोरेज हैं। इनका टर्न ओवर 50 करोड़ है। इनसे लगभग 2000 लोगों को नौकरी मिलती है। कपड़ा मिलों में 40000 लोगों को नौकरी मिली हुई है। कानपुर में दवाओं के 75 कारखाने हैं, जिनका टर्न ओवर 70 करोड़ है और वे लगभग 2300 लोगों को नौकरी देते हैं। यहाँ पेण्ट बनाने की 50 यूनिटें हैं।

कानपुर के प्रसिद्ध औद्योगिक स्थल हैं—आई.आई.टी, हारकोल बटलर टेक्नोलॉजी, रणवीर सिंह इन्स्टीट्यूट, कानपुर टेक्सटाइल्स, जे.के. सिन्थेटिक्स, जे.के. आयरन, कमलापत सिंघानिया का जे.के. काटन मिल, जे.पी. श्रीवास्तव का न्यू विक्टोरिया मिल, जयपुरिया का स्वदेशी मिल, इन्द्रसिंह सरदार

का स्टील रोलिंग मिल, पैरासूट फैक्ट्री, एच.ए.एल., आर्डिनेन्स फैक्ट्री, घड़ी डिटर्जेण्ट पाउडर, लाल फीता, लेक्स शू कम्पनी, रूपानी शू कम्पनी, गोल्डी मसाले, लाल इमली ऊलन मिल, एलगिन मिल, लोहिया मशीनरी, सुपरग्लू, ब्रिटिश इण्डिया कार्पोरेशन आदि। यह उल्लेखनीय है कानपुर को 'लेदर सिटी' भी कहा जाता है। यहाँ भारत का सबसे बड़ा कृत्रिम अंग-निर्माण कारखाना है। पनकी के थर्मल पावर का भी अपना विशिष्ट स्थान है। कानपुर में दो बड़े विश्वविद्यालय हैं और कई महाविद्यालय तथा शोध केन्द्र हैं, जैसे—दलहन रिसर्च सेंटर, एच.वी.टी.आई. नवाबगंज, गवर्नमेंट रिसर्च इन्स्टीट्यूट, गणेशशंकर विद्यार्थी मेमोरियल मेडिकल कालेज, चन्द्रशेखर आजाद कृषि टेक्नोलॉजी यूनिवर्सिटी, टेक्सटाइल टेक्नोलॉजी इन्स्टीट्यूट, लेदर इन्स्टीट्यूट, शुगर इन्स्टीट्यूट आदि। यहाँ कृषि, इंजीनियरिंग, मेडिकल और प्रबन्धन की लगभग 70 संस्थाएँ हैं।

कानपुर के प्रमुख मोहल्ले अथवा क्षेत्र हैं—जाजमऊ, चकेरी, गोविन्दनगर, परेड, सिविल लाइन, कर्नलगंज, फैजलगंज, कम्पनी बाग, टी.टी.नगर, घण्टाघर, चुन्नीगंज, किदवईनगर, चमनगंज, जनरलगंज, स्वरूपनगर, लाजपतनगर, अनवरगंज, कलेक्टरगंज, रावतपुर, कल्याणपुर, मोतीझील, पनकी पुखरायाँ आदि। कानपुर देहात की तहसीलें हैं—अकबरपुर, भोगनीपुर, सिकन्दरा, डेरापुर, रसूलाबाद। कानपुर (शहर) की तहसीलें हैं—सदर, बिल्हौर, घाटमपुर।

कानपुर देहात के प्रमुख कस्बे हैं—बिल्हौर, बिठूर, चौबेपुर, अरौल, मलाशा, श्रवणखेड़ा, मेंथा, झींझक, संदलपुर, राजपुर, अमरौधा, बिथुना, सरसौल, कल्याणपुर, भीतरगाँव, शिवराजपुर, ककवन आदि। यहाँ मेट्रो पालीटन पुलिस के 73 थाने हैं। गाँवों की संख्या है 3032 (लगभग)।

कानपुर के दर्शनीय स्थानों में ये पार्क अत्यन्त महत्त्वपूर्ण हैं—ग्रीन पार्क, मोतीझील, नानाराव पार्क, बुद्ध पार्क, तुलसी उपवन, जापानी गार्डेन, कटेहरी बाग, फूलबाग, ब्रजेन्द्र स्वरूप पार्क, किदवई पार्क, परशुराम पार्क, पालिका स्टेडियम, केशव वाटिका आदि। इस जिले के अन्य दर्शनीय ऐतिहासिक स्थल हैं—1. भीतर गाँव का मन्दिर 2. जाजमऊ टीला 3. नानाराव किला 4. सरसैया घाट 5. सिद्धनाथ घाट 6. बूढ़ा बरगद (जहाँ 1857 में 144 लोगों को फाँसी दी गयी थी।) 6. बालेश्वर महादेव आदि।

इस नगर में बड़े पुराने और अत्यन्त प्रसिद्ध कई मन्दिर हैं, जैसे—पनकी का हनुमान मन्दिर, खेरेपति का विष्णु शेष नाग मन्दिर, गंगा तट पर स्थित आनन्देश्वर मन्दिर, लवकुश बैराज, आईकान, बिठूर, बिठूरनाथ का सिद्ध आश्रम, बड़ा देवी मन्दिर, गुरुद्वारा, मैथोडिस्ट चर्च, जे.के. का राधाकृष्ण मन्दिर आदि। कुछ अन्य दर्शनीय स्थल हैं—गाँधी हाल, संग्रहालय, कानपुर मेमोरियल, गोरा कब्रिस्तान, ऐलन फारेस्ट जू आदि।

कानपुर उत्तर रेलवे का बहुत बड़ा जंक्शन है। इस नगर में कुल 10 स्टेशन हैं। पहली रेल सेवा यहाँ से 1859 में शुरू हुई थी।

कानपुर के निकटवर्ती कस्बा बिठूर को ब्रह्मावर्त माना जाता है। ऐसी आस्था है कि यहाँ वाल्मीकि जी का आश्रम था, जहाँ सीता जी ने वनवास किया था। वहीं लव-कुश का जन्म हुआ था। नाना साहब एवं तात्या टोपे ने यहाँ से 1857 के गदर का संचालन किया था। स्वतन्त्रता आन्दोलन के बीच यहाँ 'प्रताप' के सम्पादक गणेशशंकर विद्यार्थी, 'प्रभा' के सम्पादक बालकृष्ण शर्मा 'नवीन' तथा 'झंडा ऊँचा रहे हमारा' के रचयिता श्यामलाल गुप्त 'पार्षद' का बहुत बड़ा योगदान रहा है। कानपुर के प्राचीन कवियों में भूषण, चिन्तामणि, मतिराम की त्रयी प्रसिद्ध है। हिन्दी के प्रथम समाचार-पत्र 'उदन्त मार्तण्ड' के सम्पादक युगल किशोर शुक्ल यहीं के रहने वाले थे। आचार्य महावीर प्रसाद

द्विवेदी ने यहाँ रहते हुए कई वर्षों तक 'सरस्वती' का सम्पादन किया था। 'ब्राह्मण' के सम्पादक प्रताप नारायण मिश्र और 'सुकवि' के सम्पादक गयाप्रसाद शुक्ल 'सनेही', देवी प्रसाद पूर्ण, मुंशीराम शर्मा, (सोम) यहाँ के गौरव रहे हैं। कानपुर नौटंकी, लावनी और नाटक मंचन का बहुत बड़ा केन्द्र रहा है। यहाँ रेडियो, टी.वी. के कई केन्द्र हैं। यह मीडिया का बहुत बड़ा सेंटर है। विश्व में सर्वाधिक पढ़े जाने वाले हिन्दी दैनिक समाचार-पत्र 'जागरण' का यहीं मुख्यालय हैं। इसके अतिरिक्त खाद्य पदार्थों तथा दैनिक आवश्यकता की वस्तुओं के थोक बाजार में यह नगर सर्वोपरि है। इस शहर में समय-समय पर सांस्कृतिक कार्यक्रम, कवि सम्मेलन, मुशायरे, देवी जागरण, मेले-ठेले आदि होते रहते हैं। यहाँ का गंगा महोत्सव अति प्रसिद्ध है। कानपुर की जनभाषा है अवधी, जिसमें बुन्देली, कन्नौजी का पुट भी दिखाई देता है।

कानपुर जनपद का ग्रामीण क्षेत्र गंगा, यमुना, बेतवा, पाण्डु जैसी नदियों से अभिसिंचित है। वनाच्छादित भूमि कम है, कृषि भूमि ज्यादा है। यहाँ गेहूँ, धान, चना, दलहन और तिलहन की अच्छी पैदावार होती है। फलों में आम-अमरूद की बागें बहुत हैं। गाँवों में कुछ कुटीर उद्योग भी पाये जाते हैं। साक्षरता का अनुपात सन्तोषजनक है। कुल मिलाकर कानपुर जनपद का सामाजिक, सांस्कृतिक और आर्थिक स्तर सन्तोषप्रद है।

कौशाम्बी : यह एक अत्यन्त प्राचीन राज्य रहा है। अब यह स्वतन्त्र जिला हो गया है। ऐतिहासिक दृष्टि से यह जनपद बहुत महत्त्वपूर्ण है। यहाँ जैनों, बौद्धों से सम्बन्धित अनेक अवशेष हैं, इसलिए यह जैन तीर्थ के रूप में बहु विख्यात है। प्राप्त तथ्यों के अनुसार राजा शतानिक और मृगावती के पुत्र वत्सराज उदयन की राजधानी थी कौशाम्बी। महावीर स्वामी ने प्रभु सूरि के साथ इसकी चार बार यात्रा की थी। यहीं चन्दन बाला ने उन्हें भोज दिया था। मुनि विद्याविजय की खोज के अनुसार शहजादपुर के पास सालकमऊ में जो प्राचीन अवशेष प्राप्त हुए हैं, वे इसके ऐतिहासिक गौरव के साक्षी हैं।

इस जनपद में सिंगरौर अथवा शृंगबेरपुर नामक प्रसिद्ध स्थान है, जो गंगा के तट पर स्थित है। वनवास के लिए जाते हुए श्रीराम ने यहीं केवट की सहायता से गंगा नदी पार की थी। यहाँ पर 'रामचौरा' नामक एक स्थान है। ऐसी आस्था है कि वनवासी राम, सीता, लक्ष्मण पहली रात इसी चौरे पर सोये थे। अभी तक एक पत्थर पर उनके पद चिह्न बने हुए हैं। यहीं उन्होंने अपने जटाजूट बनाये थे। गोस्वामी जी के अनुसार–

'सुचि सुजान बट क्षीर मँगाये। अनुज सहित प्रभु जटा बनाये।'

यहीं सीता कुंड है, जिसमें सबने स्नान किया था। बाद में बहन शान्ता ने यहाँ निवास किया। उनके पति शृंगी ऋषि की यहीं समाधि बनी हुई है। वे विभांडक के पुत्र थे। शृंगी ऋषि तिरहुत के रहने वाले थे। उन्होंने दशरथ का पुत्रेष्टि यज्ञ किया था। राम कथा के अनुसार यहीं से श्रीराम दस कोस दूर स्थित प्रयागराज पहुँचे थे। इतिहासकार कनिंघम के सर्वेक्षण के अनुसार यहाँ खुदाई से कई महत्त्वपूर्ण साक्ष्य प्राप्त हुए हैं। उनका मत है कि यहाँ पहले बहुत बड़ा सूर्य-मन्दिर था।

कौशाम्बी जनपद का इतिहास वत्सराज उदयन के कारण महत्त्वपूर्ण है, साथ ही रामकथा के कारण भी। इसे प्रसेनजित की राजधानी होने का गौरव प्राप्त है। यह जनपद पहले इलाहाबाद जनपद का अंग था।

यह एक वैदिक कालीन नगर था। संस्कृत नाटककार भास ने 'स्वप्नवासवदत्तम्' तथा 'प्रतिज्ञा

यौगन्धरायण' में उदयन कालीन कौशाम्बी का विस्तृत वर्णन किया है।

कुछ विद्वानों का मत है कि कौशाम्बी के संस्थापक थे कुश के पुत्र कुशांब। एक मान्यता यह है कि राजा कुशनाभ ने 'महोदय' जनपद की स्थापना की थी। इसके दो अन्य प्राचीन नाम मिलते हैं—गाधिपुर और कुशिक। ज्ञातव्य है कि कुशनाभ के पौत्र थे—कौशिक विश्वामित्र।

यत्र तत्र वत्स जनपद को 'कुसुंबा' भी कहा गया है। यह पहले प्रयाग, काशीराज और अवन्ती से भी जुड़ा रहा है। जैन अभिलेखों के अनुसार यह छठे तीर्थंकर पद्मप्रभु की जन्मभूमि है। यहाँ से जन्मेजय का भी सम्बन्ध रहा है। महात्मा बुद्ध इस नगर में कई बार आये। यहाँ बुद्ध की प्रतिमा अभी विद्यमान है। अशोक का एक स्तम्भ भी द्रष्टव्य है। यहाँ के राजाओं में मणिप्रभा और प्रद्योत का भी उल्लेख प्राप्त होता है।

यमुना तट पर स्थित यह नगरी 'वत्सपत्तन' नाम से प्रसिद्ध थी। यह धन धान्य पूर्ण व्यापारिक क्षेत्र और संगीत कला का क्षेत्र था। उदयन के लिए प्रसिद्ध है कि वे पहले बुद्ध विरोधी थे। कहा जाता है कि उन पर उन्होंने बाण से वार किया था, पर निशाना चूक गया था। महात्मा बुद्ध प्रायः यहाँ निवास करते थे।

इस राज्य पर समय-समय पर मौर्य, कुषाण, गुप्त सम्राट, हर्षवर्धन और मुगल बादशाहों ने राज्य किया। वर्तमान में कौशांबी का क्षेत्रफल 1903 वर्ग किमी. है। यहाँ की जनसंख्या लगभग 16 लाख है। साक्षरता का अनुपात है 64 प्रतिशत। अभी यह अर्द्धविकसित जिला है। यहाँ के प्रसिद्ध स्थान हैं—मंझनपुर, शिराहदू, चायल आदि। यह इलाहाबाद, प्रतापगढ़, फतेहपुर और चित्रकूट के बीच स्थित है। इसकी उत्तरी सीमा गंगा द्वारा और दक्षिणी सीमा यमुना द्वारा निर्धारित है।

गोंडा : कुछ लोगों का मत है कि गोंडा शब्द 'गोनर्द' का अपभ्रंश है। वहीं के गाँव कोडर (निकट वज़ीरगंज) को कुछ लोग पतंजलि की जन्म भूमि मानते हैं। गोण्डिका कन्या की कोरव से उपजने के कारण वे गोनर्द कहलाये। अवधी में गोण्डा का अर्थ है पशुशाला। जनश्रुति है कि यहाँ राजाराम की गायें रहती थीं। यह मूलतः बाराह क्षेत्र (सूकर खेत) है। यहाँ नरहरि आश्रम से तुलसीदास का घनिष्ठ सम्बन्ध रहा है। यहाँ के पारासराय गाँव को पराशर की तपस्थली माना जाता है। यह भी मत है कि यहाँ गोंड जाति का बाहुल्य था तथा पहले थारू, पासी, भर आदि जातियों का वर्चस्व था। सम्भव है, इसीलिए इसका नाम गोंडा पड़ा हो। इसे पंच गौड़ (सारस्वत, कान्यकुब्ज, मैथिल, उत्कल और गौड़ ब्राह्मणों, मूलतः सरयूपारीण ब्राह्मणों) का केन्द्र माना जाता है। यह भी मत है कि यहाँ के आदिवासी घोटक (टट्टू) बेचते थे, अतः इसे गोंडा कहा गया।

गोंडा जिला देवी पाटन कमिश्नरी का अंग है। यह समय-समय पर बहराइच के सैयद सालार, तुगलक बादशाह तथा जौनपुर के मलिक सरदार के अधीन रहा। 1336 ई. से 1605 ई. तक इस पर मुगलों का राज्य रहा। 1856 ई. में अंग्रेजों ने नवाबों से इसे जीतकर स्वतन्त्र जिला बनाया।

गोंडा की तहसीलें हैं—रनैलगंज, तरबगंज, मनकापुर और गोंडा। यहाँ आबादी है लगभग 35 लाख। साक्षरता है 61 प्रतिशत। कुल गाँव हैं 1821 (लगभग) गोंडा के महत्त्वपूर्ण कस्बे हैं—कटरा, हलधरमऊ, रूपाडीहा, झँझरी, पंड़री, इटिया, थोक, भुजहना, छपिया, परसपुर, मनकापुर, करनैलगंज, बिल्सर, वजीरगंज, बभन ज्योत, नवाबगंज आदि।

गोंडा के सम्बन्ध में यह भी साक्ष्य मिलता है कि प्राचीन काल में यह क्षेत्र पहले श्रावस्ती का अंग था। फिर यह बौद्धों का केन्द्र बना। यहाँ की सृवगी जाति सूर्यास्त के बाद भोजन नहीं करती थी। एक दिन कुछ खा लिया तो नगर उलट पलट कर सहेट महेट हो गया। इस जिले में जीविका

का मुख्य साधन है खेती। यहाँ वनाच्छादित भूमि काफी है, जिससे तरह-तरह की वनस्पतियाँ प्राप्त होती हैं।

यहाँ के मुख्य उद्योग हैं—चीनी मिल, चावल मिल, मिट्टी के बर्तन और दरी निर्माण।

आर्थिक दृष्टि से यह पिछड़ा हुआ जिला है, किन्तु साहित्यिक-सांस्कृतिक दृष्टि से बहुत सम्पन्न जनपद है। यहाँ के कलाकारों में जे.पी. श्रीवास्तव, अदम गोंडवी आदि प्रसिद्ध रहे हैं।

जौनपुर : इस जिले का कुछ भाग अवध के बाहर है। अधिकांश भू-भाग में अवधी बोली जाती है, जबकि कुछ तहसीलें भोजपुरी भाषी हैं। जौनपुर बहुत पुराना जनपद है। इसकी स्थापना 1359 ई. में फीरोज शाह तुगलक द्वारा की गयी थी। इसका नामकरण जौनखान के नाम पर हुआ था। पहले यह क्षेत्र दिल्ली सल्तनत के अधीन था। तैमूर लंग के आक्रमण के बाद यह सल्तनत से अलग हो गया। यहाँ का राजा मुबारक शाह अपने समय में बहुत शक्तिशाली था। उसके पास बहुत बड़ी सेना थी, किन्तु वह बहलोल लोदी से पराजित हो गया। यहाँ लगभग 85 वर्षों तक शर्की वंश का शासन रहा। नवाबों ने भी यहाँ राज्य किया फिर यह अँग्रेजी सत्ता में शामिल हो गया।

पुराख्यानों और जनश्रुतियों के अनुसार यहाँ परशुराम के पिता जमदग्नि का निवास रहा है। इसका एक पुराना नाम 'जमदग्निपुर' भी मिलता है।

जौनपुर जिले का क्षेत्रफल 2038 वर्ग किलोमीटर है। आबादी 45 लाख के आस-पास है। प्रमुख स्थान हैं—मछलीशहर, मडियाहू, केराकत, शाहगंज, जाफराबाद, त्रिलोचन महादेव आदि। साक्षरता यहाँ 72 प्रतिशत के लगभग है। यहाँ छोटे-बड़े कई उद्योग भी हैं। इनमें मुख्य है इत्र का उद्योग। वाराणसी के निकट होने के कारण यह पूर्वांचल के विशिष्ट सांस्कृतिक केन्द्र के रूप में विकसित हुआ। जौनपुर सूफी साधना का केन्द्र रहा है। यहाँ का स्थापत्य बहुत प्रसिद्ध है, विशेषतः अटाला मस्जिद, जामा मस्जिद, लाल दरवाजा, किला और गोमती का पुल। जौनपुर में ऐसे कई महत्त्वपूर्ण अभिलेख प्राप्त हुए हैं, जिसमें इसके इतिहास के कई सूत्र प्राप्त होते हैं।

प्रतापगढ़ : यह इलाहाबाद मण्डल का जिला है, जो इलाहाबाद वाराणसी के निकट है। इसका क्षेत्रफल है 3717 वर्ग किलोमीटर। यहाँ की आबादी 28 लाख के आस-पास बतायी जाती है। साक्षरता आज 60 प्रतिशत है। इस जिले में पाँच तहसीलें हैं—1. सदर 2. पट्टी 3. रानीगंज 4. कुण्डा 5. बेल्हा, लालगंज। यहाँ के कुछ अन्य महत्त्वपूर्ण कस्बे हैं—मानधना, साँडीपुर, संदवा, रामपुर, लक्ष्मणपुर, आसपुर, कालाकाँकर, शिवगढ़, संग्रामगढ़, विजयीमऊ, बिहार, बाबूगंज, बलेश्वरनाथ, मगरौरा, गौरा आदि।

इस जनपद के विशेष दर्शनीय स्थल हैं—घुइसर नाथ मन्दिर, भयहरन नाथ, आदीश्वर नाथ, चन्द्रिका देवी, कालभक्षिणी, चौहर्जन देवी, बेलहा देवी, ज्वाला देवी, कालभक्षिणी (विजयीमऊ कोट)। 1960 में श्री राजेन्द्र प्रताप सिंह ने कालभक्षिणी देवी मन्दिर के प्रांगण में कुश्ती व नौटंकी के कार्यक्रम करवाने प्रारम्भ किये जो आज भी शारदीय एवं चैत्र नवरात्र में मेले के रूप में आयोजित होते हैं।

प्रतापगढ़ में आँवला उद्योग इतना विकसित हो गया है कि इसे 'आँवला नगर' कहा जाने लगा है। यहाँ फलसंरक्षण, अचार, मुरब्बा और फूड प्रोडेक्ट का धन्धा काफी चल पड़ा है। उसरीली भूमि होने के कारण कृषि कार्य पूर्णतः विकसित नहीं हो पाया है, इसीलिए इसकी गणना पिछड़े जिलों में होती है। यहाँ के कवियों में आचार्य भिखारीदास बहुत महत्त्वपूर्ण हैं।

फतेहपुर : यह अवध के दक्षिणी भाग का जनपद है, जिसका कुछ हिस्सा बुन्देलखण्ड में आता है। इसका क्षेत्रफल है 4152 वर्ग किलोमीटर। जनसंख्या है लगभग 24 लाख। यहाँ के मुख्य कस्बे हैं—बिन्दकी, खागा, भिटौरा, असोथर, पहुआ, अमोली, खजुहा, हथगवाँ, द्याता, देवमयी, विजयीपुर आदि। गाँवों की संख्या 1516 है। आज भी इस जिले में अनेक ऐतिहासिक अभिलेख देखे जा सकते

हैं। विशेष रूप से भिटौरा, बावन इमली और असनी में।

उद्योग धन्धे की दृष्टि से भी यह जिला उल्लेखनीय हैं। यहाँ स्टील के कई कारखाने हैं। धागा बनाने और खिलौना बनाने की कला भी काफी विकसित है। कानपुर का निकटवर्ती जिला होने के कारण यहाँ चमड़ा उद्योग भी बहुत है। फतेहपुर मुख्यतः कृषि प्रधान जनपद है। गंगा-यमुना के कछार में स्थित होने के कारण यहाँ दलहन, तिलहन, मूँगफली आदि की अच्छी फसल होती है। यहाँ बालू मौरंग का उद्योग काफी फैला हुआ है। पहले इसे दोआबा तथा 'अन्तर्वेद' कहा जाता था। यहाँ हर्षवर्धन के शासनकाल में काफी समृद्धि थी। साहित्यिक दृष्टि से भी यह जिला चर्चित रहा है, विशेष रूप से असनी के कवियों के कारण।

इस जिले की उत्तरी सीमा गंगा द्वारा और दक्षिणी सीमा यमुना द्वारा निर्धारित की गयी है। यह रायबरेली, उन्नाव, बाँदा, कौशाम्बी आदि जिलों से घिरा हुआ है।

फ़ैज़ाबाद : मुगलकाल में अवध को सूबा बनाया गया था। फिर फ़ैज़ाबाद स्वतन्त्र जिला बना दिया गया। सम्प्रति यह एक मण्डल है, जिसमें फ़ैज़ाबाद, बाराबंकी, सुल्तानपुर तथा अंबेदकर नगर जिले आते हैं। इसके पूर्ववर्ती रूप 'अयोध्या' पर कई वंशों का राज्य रहा है। जैसे कनिष्क, कुषाण, गुप्तवंश, मौर्यवंश, मौखरीवंश, प्रतिहार आदि। बीच-बीच में तुगलक, लोदी, खिलजी, दिल्ली सल्तनत, शर्की आदि के हमले इस पर होते रहे हैं। बहुत दिनों तक शासन चला मुगलों, नवाबों और अंग्रेजों का। मध्ययुगीन इतिहास साक्षी है कि 1526 ई. में बाबर ने यहाँ आक्रमण किया /कराया था। उसके आदेश से मीर कासिम द्वारा राम जन्म भूमि पर बाबरी मस्जिद बनवायी गयी। कालान्तर में औरंगज़ेब ने अयोध्या पर कई आक्रमण करके रामकोट, नागेश्वर नाथ मन्दिर, चन्द्रहरि मन्दिर आदि का ध्वंस किया। अस्तु, यहाँ बराबर संघर्ष होता रहा। यहाँ नवाबों का भी बहुत दिनों तक शासन रहा। नवाब मंसूर खाँ ने फ़ैज़ाबाद को अपनी राजधानी बनाया था। उस पर सआदत खाँ का कई वर्षों तक राज्य चला। बंगाल में केन्द्रित नवाब शुजाउद्दौला भी अयोध्या से जुड़ा रहा। आसफउद्दौला ने यहाँ कई भवनों का निर्माण कराया। उसने अपनी नयी राजधानी कालान्तर में लखनऊ को बना लिया। फिर यह कम्पनी राज्य में आ गया। अंग्रेजों ने इस जिले का पुनर्गठन किया।

वर्तमान में फ़ैज़ाबाद जिले का क्षेत्रफल 2015 वर्ग किलोमीटर में व्याप्त है। यहाँ की जनसंख्या 22 लाख के आस-पास और साक्षरता 60 प्रतिशत के लगभग है। इस जिले में 5 तहसीलें हैं—सदर, मिल्कीपुर, सोहावल, रुदौली और बीकापुर। फ़ैज़ाबाद में तीन नगर पालिकाएँ हैं—1. फ़ैज़ाबाद 2. अयोध्या 3. कैन्टोंमेंट। इस जिले के मुख्य कस्बे हैं—मसोधा, पुराबाजार, सोहावल, मयाबाजार, बीकापुर, तारुन, हैरिंगटनगंज, अमानीगंज, मिल्कीपुर, रुदौली, मवई आदि। यहाँ गाँव हैं लगभग 1300। इस जिले में अनेक पौराणिक ऐतिहासिक स्थल हैं तथा अनेकानेक दर्शनीय स्थान हैं, जैसे—अयोध्या, सूरज कुंड, भरत कुंड (नन्दीग्राम), बिल्वहरिघाट, गुप्तारघाट, राम की पैड़ी, रत्न गिरि मन्दिर (रौनाही), राम जन्म भूमि, कनक भवन, हनुमानगढ़ी, लक्ष्मण किला, मणिपर्वत, नागेश्वर नाथ मन्दिर, राम सीता मन्दिर, वाल्मीकि रामायण भवन, लवकुश भवन, सुग्रीव टीला, कुबेर टीला, मणिराम की छावनी, मिलेट्री मन्दिर आदि। यह नगर मुख्यतः मन्दिरों, सरयू के घाटों, कुण्डों और प्राचीन भवनों का नगर है। इनका विस्तृत वर्णन कोसल, अवध तथा अयोध्या के सन्दर्भ में यथा स्थल द्रष्टव्य है।

फ़ैज़ाबाद यों तो सनातन धर्मावलंबियों का केन्द्र है, फिर भी इस पर बौद्धों, जैनों, सिक्खों, नवाबों (मुसलमानों) का भी गहरा प्रभाव दिखाई देता है। यहाँ ललित कलाओं, विशेष रूप से स्थापत्य, नृत्य, संगीत का काफी विकास हुआ है। रामानन्द जी के शिष्य सुरसुरानन्द जी ने शास्त्रीय संगीत

में अपनी विशेष छाप छोड़ी है। साथ ही रामपदारथ, धनुषधारी जी, सियारामदास, छेदा, सन्तशरण, सत्य स्नेही, गौरीशंकर आदि गायकों ने ध्रुपद, मल्हार, धमार, भजन, कीर्तन, बधाई, नवाह, गजल, ठुमरी आदि में अपनी निजी पहचान बनायी है। मृदंग और पखावज में कोदऊ सिंह, रामकुमार दास, पागलदास आदि ने इस घराने की गौरव वृद्धि की है। मुस्तरी बाई तथा बेगम अख्तर की गायकी शिखर पर पहुँची। यहाँ कथक और रामलीला दोनों का सम्पोषण हुआ है। रसिकोपासना में इनकी महत्त्वपूर्ण भूमिका रही है।

फ़ैज़ाबाद का साहित्यिक शैक्षिक वातावरण सराहनीय है। डॉ. लोहिया, आचार्य नरेन्द्र देव, सीतारामशरण, युगल अनन्य आदि प्रतिभाएँ यहीं की देन हैं। यहाँ दो विश्वविद्यालय और कई महाविद्यालय तथा तकनीकी संस्थाएँ हैं। धार्मिक त्योहार, मेले, अनवरत रामलीला-प्रदर्शन, सांस्कृतिक समारोह, परिक्रमाएँ, प्रवचन आदि यहाँ निरन्तर होते रहते हैं। नयी पीढ़ी के रचनाकार भी काफी सक्रिय हैं। पत्र-पत्रिकाएँ बराबर निकलती रहती हैं। विभिन्न आश्रमों, अखाड़ों और सम्प्रदायों में काफी सौहार्द हैं। वे इन दिनों रामजन्म भूमि और बाबरी मस्जिद को लेकर चिन्तित तथा सतर्क हैं, ताकि राजनीतिक दल इन परिस्थितियों का शोषण न करने पायें। इस जिले में कई प्रकार की सरकारी योजनाएँ चल रही हैं। खेती और कुटीर उद्योग की स्थिति सामान्य है, इसलिए आर्थिक स्तर यथेष्ट समुन्नत नहीं है।

बलरामपुर : यह राप्ती नदी के तट पर स्थित अवध का एक पूर्वी जनपद है। कनिंघम के अनुसार चीनी यात्री ह्वेन सांग ने छठी शताब्दी में इस क्षेत्र का भ्रमण करते हुए यहाँ के अनेक प्राचीन स्थलों का उल्लेख किया है। इस जनपद में कुषाण काल के कई स्तूप हैं और गुप्तकाल के अनेक मन्दिर भी। यहाँ अनेक प्राचीन स्थल हैं, जैसे—सुदत्त की कुटी, स्वर्णगंध कुटी और आनन्द बोधि वृक्ष। यहाँ शोभानाथ का एक बड़ा प्रसिद्ध मन्दिर है। इस जनपद में जैन धर्म के तीसरे तीर्थंकर सम्भवनाथ का जन्मोत्सव मनाया जाता है। यह भी जनश्रुति है कि आठवें तीर्थंकर चन्द्र प्रभु को यहीं ज्ञान प्राप्त हुआ था। बलरामपुर नगर से 27 किलोमीटर की दूरी पर देवी पाटन (तुलसीपुर) एक बहुत बड़ा शक्ति पीठ है। ऐसी आस्था है कि सती की भुजा यहीं जल कट कर गिरी थी। यहाँ दुर्गा जी का बड़ा प्रसिद्ध मन्दिर है। झारखण्ड मन्दिर का भी बड़ा माहात्म्य है। इस जनपद में मुसलमानों की जनसंख्या अच्छी खासी है, इसलिए यहाँ मुहर्रम बड़ी धूमधाम से मनाया जाता है। उर्दू के अनेक शायर इस जनपद से जुड़े हुए हैं, जैसे—अली सरदार जाफरी, कर्रतुल-एन हैदर, मेहदी रिजवी, वेकल उत्साही आदि। यहाँ मस्रिया, रुबाई, नौहा आदि का बड़ा प्रचलन है।

बलरामपुर बहुत बड़ा रजवाड़ा रहा है। यहाँ का राजवंश स्वयं को जनमेजय का वंशज मानता है। इन्हें जनवार क्षत्रिय कहा जाता है। इस राजवंश ने कई कालेज, अस्पताल आदि बनवाये हैं, जिनमें महारानी लक्ष्मी कुँवर पी.जी. कालेज प्रसिद्ध है।

बलरामपुर जिला हिमालय के तराई क्षेत्र से जुड़ा हुआ है। यह कृषि प्रधान क्षेत्र है, जहाँ धान, गेहूँ, गन्ना आदि की अच्छी उपज होती है। यहाँ की चीनी मिलें भी प्रसिद्ध हैं। इस जिले की आबादी एक लाख के आस-पास है। यह अपेक्षाकृत पिछड़ा हुआ जिला है। बहुत अर्से तक यह क्षेत्र गोंडा जिले से सम्बद्ध था। इसका काफी बड़ा हिस्सा अब श्रावस्ती में चला गया है।

बलरामपुर का क्षेत्रफल है—3457 वर्ग किलोमीटर। जनसंख्या है लगभग 17 लाख। तहसीलें हैं—बलरामपुर, तुलसीपुर, उतरौला। अन्य प्रमुख कस्बे हैं—दत्तगंज, रेहरा बाजार, धरवा, पचपेड़वा, गैंडास। यहाँ के दर्शनीय स्थल हैं—देवीपाटन, बिजलेश्वरी देवी, दुःखहरन नाथ, पाटेश्वरी देवी हुर्मतशाह।

तुलसीपुर में यहाँ बड़ा मेला चैत के महीने में लगता है। तराई से जुड़ा यह भू-भाग काफी उपजाऊ है। वनाच्छादित भूमि बहुत है। फर्नीचर (लकड़ी) का उद्योग काफी विकसित है। हथकरघा उद्योग भी अच्छा है। साक्षरता कम है। अभी यह अर्द्धविकसित जिला है।

बस्ती : यह उत्तर प्रदेश का एक मण्डल है, जिसमें बस्ती जिले के अतिरिक्त सिद्धार्थ नगर और सन्त कबीर नगर (खलीलाबाद) जिले आते हैं। इसका इतिहास बहुत पुराना है। प्राप्त तथ्यों के अनुसार शेरशाह सूरी ने यहाँ एक सराय बनवायी थी। इसका पुराना नाम था पक्का बाजार। अंग्रेजी शासन काल में यह पहले गोरखपुर कमिश्नरी से जुड़ा, फिर 1801 में इसे एक तहसील बनाया गया और 1865 में यह जिला हो गया। पिछली जनगणना के अनुसार इस जिले की आबादी लगभग 25 लाख है। यहाँ साक्षरता लगभग 69 प्रतिशत है। इस जिले में अवधी तथा भोजपुरी, दोनों भाषायें बोली जाती हैं। उर्दू भाषियों की संख्या भी काफी है। बस्ती जिले के प्रमुख कस्बे हैं—रामनगर, हरैया, परशुरामपुर, विक्रम ज्योति, गौर, कप्तानगंज, वनकटी, रुदौली, गोपालपुर, कुद्रहा, बभनान, बहादुरपुर आदि। यहाँ बाँस, धान, गेहूँ, जौ, आलू, मक्का, गन्ना आदि की काफी पैदावार होती है। कई काटन मिलें तथा चीनी मिलें भी इस जिले में हैं। इस बीच नवोदय विद्यालय, कान्वेंट स्कूल और कई कॉलेज बस्ती में खुल गये हैं। इस क्षेत्र में कोबरा, करैत, मगर, घड़ियाल आदि जीवों की बहुतायत है। इस जिले की विशिष्ट विभूतियों में उल्लेखनीय हैं—कवि लछीराम, द्विजेश, आचार्य रामचन्द्र शुक्ल, सर्वेश्वर दयाल सक्सेना, पूर्व मुख्यमन्त्री जगदम्बिका पाल आदि।

प्राचीन काल में बस्ती जिला कपिलवस्तु का अंग था। पियरहवा में अभी कई प्राचीन अवशेष द्रष्टव्य हैं। जमथा नामक स्थान को कुछ लोग जमदग्नि का आश्रम मानते हैं और श्रृंगी नारी को श्रृंगी ऋषि से जोड़ते हैं।

यहाँ के दर्शनीय स्थल हैं—बद्रीश्वर नाथ, पेड़ा, मरवेणि, मगहर, अमोघ आदि।

बस्ती की तहसीलें हैं—सदर, भानपुर, हरैया। जिले के कुल गाँव हैं—335। यहाँ मगहर में प्रतिवर्ष बड़े धूम-धाम से कबीर मेला आयोजित किया जाता है।

बहराइच : यह जिला काफी पुराना है। इसे ब्रह्म यज्ञ का अपभ्रंश माना जाता है। यह नामकरण, सम्भव है, भरों का राज्य होने के कारण किया गया हो। इसकी तीसरी व्युत्पत्ति बहरे आसाइस से मानी जाती है, जिसका अर्थ है—सूर्य पूजन का केन्द्र। यहाँ एक बहुत प्राचीन बालार्क मन्दिर है। प्राचीन ग्रन्थों के अनुसार बहराइच मूलतः गन्धर्व वन था।

बहराइच की तहसीलें हैं—बहराइच, कैसरगंज, नानपारा और महसी। अन्य प्रमुख कस्बे हैं—रूपिडिहा, कतरनिया घाट, जरबल, पयागपुर, बलहा, शिवपुर, निहीपुर, चित्तबौरा, तेजवापुर, फकरपुर, रिसिया आदि।

बहराइच का क्षेत्रफल है, 4492 वर्ग किमी.। जनसंख्या 25 लाख के आस-पास है। इस जिले में वनाच्छादित क्षेत्र काफी है। उसमें लकड़ी, फल-फूल और कई प्रकार के खनिज प्राप्त होते हैं। विशेषतः शहद, लाख और कत्था। मुख्य धन्धा है कृषि। मुख्य फसलें हैं—धान, गेहूँ के साथ-साथ गन्ना, मूँगफली, सोयाबीन, सूरजमुखी। यहाँ कई चीनी मिलें हैं। चिकन उद्योग भी काफी विकसित है। आर्थिक दृष्टि से यह पिछड़ा जिला माना जाता है। साक्षरता यहाँ कम है, मात्र 50 प्रतिशत के आस-पास।

ऐतिहासिक साक्ष्य के अनुसार महमूद गजनवी के भतीजे सैयद सालार मंसूर गाजी ने 11वीं शती में इस पर आक्रमण किया था। बाद में वे सूफी सन्त हो गये थे। उनके मन्दिर-ध्वंस और धर्मान्तरण से क्षुब्ध होकर राजा सुहेल देव ने उनका वध कर दिया था। उनकी दरगाह पर प्रतिवर्ष बहुत बड़ा

उर्स होता है। हिन्दू, मुसलमान सब उनकी मजार पर चादर चढ़ाते हैं और मिन्नतें करते हैं। ऐसा जन विश्वास है कि गाजी मियाँ की कब्र से जो पानी निकलता है, उससे अन्धों को आँखें और कोढ़ी को स्वस्थ काया मिल जाती है। गोस्वामी जी ने इसलिए प्रबोध देते हुए लिखा था–

''लही आँखि कब आँधरे बाँझ पूत कब पाय।
कब कोढ़ी काया लही, जग बहराइच जाय।''

गाजी मियाँ का सम्बन्ध काला पहाड़ से बताया जाता है। लोक जीवन में इन्हें 'बालेमियाँ' कहा गया है। प्रसिद्ध उक्ति है–

''हाथ भर के बालेमियाँ नौ हाथ की पूँछ।
जहाँ जायें बालेमियाँ तहाँ जाये पूँछ।।''

बहराइच में एक पवित्र स्थान है सीता जोहार। यहाँ कुछ पर्यटन स्थल भी हैं।

बाराबंकी : यह जिला पूर्वांचल का द्वार है और फ़ैज़ाबाद मण्डल में घाघरा गोमती के मध्य स्थित है। इसका क्षेत्रफल 3900 वर्ग कि.मी. के लगभग है। आबादी 30 लाख के आस-पास है। साक्षरता 50 प्रतिशत है। इसमें 6 तहसीलें हैं–सदर, फतेहपुर, रामनगर, हैदरगढ़, रामसनेहीघाट, सिरौली गौसपुर। बाराबंकी के अन्य प्रमुख कस्बे हैं–देवा, बंकी, नवाबगंज, रुदौली, सूरतगंज, बिटौली, निन्दूरा, बुढ़वल, हरक, मसौली, सिद्धौर, त्रिवेदीगंज, दरियाबाद, मवई, गौसपुर, बन्नी आदि। गाँवों की संख्या है 1843 मात्र। यहाँ का मुख्य आर्थिक स्रोत है–कृषि। बाराबंकी में धान, गेहूँ के साथ-साथ पिपरमिण्ट, अफीम, गन्ना आदि की व्यावसायिक खेती काफी विकसित है। यहाँ के उद्योगों में प्रमुख हैं–हैण्डलूम, सोमायाँ केमिकल, जारदोजी, रबर इण्डस्ट्री आदि। बाराबंकी में एक बुनाई मील है। रोजा हैदरगढ़ में चीनी मिलें हैं। एक सोलर पावर प्लांट है। देवा रोड पर टाटा संस्थान हैं। चूँकि यह क्षेत्र लखनऊ से जुड़ा हुआ है, इसीलिए उसका परिविस्तार बाराबंकी तक इस तरह हो गया है कि बाराबंकी लखनऊ में समाविष्ट हो गया है।

बाराबंकी के दर्शनीय स्थल हैं–पारिजात वृक्ष, देवा शरीफ, लोधेश्वर महादेव, औसानेश्वर, कुन्तेश्वर, नागेश्वर नाथ, सतरिख दरगाह आदि।

प्राचीन भारतीय इतिहास के अनुसार बाराबंकी का पुराना नाम है जसनोल। भर राजा जस ने इसकी स्थापना 1000 ई. में की थी। इसे 12 वनों का क्षेत्र और बाराह क्षेत्र भी कहा जाता है। मुगलकाल में यहाँ 12 बाँके थे। कुछ लोगों का मत है कि उन्हीं पर यह नामकरण हुआ है। इसका मुख्य केन्द्र कभी दरियाबाद था, जिसे मोहम्मद शाह शर्की दरीब खाँ ने बसाया था। 1856 ई. में अंग्रेजों ने बाराबंकी को जिला बनाया। इसके पूर्व मुख्यालय नवाबगंज में था।

पुराख्यानों के अनुसार यह पहले अयोध्या के सूर्यवंशियों के अधीन था। ऐसा माना जाता है कि सतरिख में वशिष्ठ जी ने श्रीराम को दीक्षा दी थी। महाभारत काल में यह क्षेत्र चन्द्रवंशी राजाओं के गौरव राज्य का हिस्सा था। यहाँ पारिजात वृक्ष और कुन्तेश्वर महादेव मन्दिर है, जहाँ कुन्ती के साथ पंच पाण्डव बहुत दिनों तक रहे। कहा जाता है कि देवी की भस्म से यह पारिजात उगा था। यह भी मत है कि यह पारिजात अर्जुन के द्वारा स्वर्ग के नन्दन कानन से लाया गया था। बाराबंकी का लोधेश्वर मन्दिर लगभग 5000 वर्ष पुराना बताया जाता है। बाराबंकी कोसल रथ के पश्चिम का हिस्सा था। मध्यकाल में उसने कई युद्ध झेले। 1030 ई. में मुस्लिम शासकों ने सतरिख पर कब्जा कर लिया। 1030 ई. में सैयद सालार ने आक्रमण किया। कन्नौज के चन्द्र राठौर से यहाँ विकट युद्ध हुआ। 1049 ई. में इस पर कुतुबुद्दीन ने अधिकार कर लिया। यहाँ समय-समय पर शेख

निजामुद्दीन, अलाउद्दीन, फतेहखान आदि का राज्य रहा। यहाँ के ताल्लुकेदारों में रामनगर के राजा अनूप सिंह, चहलारी नरेश बलभद्र सिंह आदि गदर में काफी सक्रिय रहे।

आजादी की लड़ाई में यहाँ रफी अहमद किदवई की बड़ी भूमिका रही है।

बाराबंकी की विशिष्ट विभूतियों में महत्त्वपूर्ण हैं—सूफी हाजी अलीशाह, सतनामी सम्प्रदाय के जगजीवन दास, राजेश्वरबली, हाकी के विश्व विजेता कुँवर दिग्विजय सिंह, प्रसिद्ध क्रिकेटर आर. पी. सिंह, कवि बाबा बैजनाथ, चतुर्भुज दास, सूफी सन्त काशिम शाह, अवधी कवि मृगेश, जन नेता मोहसिना किदवई, बेनीप्रसाद, फिल्म कलाकार नसीरुद्दीन, खुमार बाराबंकवी आदि।

मिर्जापुर : यह लगभग 5000 वर्ष ई. पूर्व का प्राचीन क्षेत्र है। इसका वह क्षेत्र, जहाँ अवधी बोली जाती है, अवधाचंल के अन्तर्गत आता है। पूरे जिले का क्षेत्रफल 4522 वर्ग कि.मी. और जनसंख्या लगभग 23 लाख है। इसकी तहसीलें हैं—मिर्जापुर, चुनार, लालगंज, मणिहाव। अन्य प्रसिद्ध कस्बे हैं—मझगवाँ, रवलिया, नरायनपुर, जमालपुर, कोना, राजगढ़, शिखर, विन्ध्याचल। यहाँ के दर्शनीय स्थानों में प्रमुख हैं—विंध्याचल देवी, सिद्धनाथ, वियजगढ़, गेरुवा तालाब, नौघट, शक्तेश गढ़ लाल भैरव, कालभैरव, कालीखोह, नोतिया तालाब अष्टभुजा, सीताकुंड, ललाही, लखनिया, रोहिताश्व मठ, बिंडम फाल, रिहन्द बाँध आदि। मिर्जापुर की पहाड़ियों के दृश्य बड़े रमणीय हैं। यहाँ के दो उद्योग बहुत प्रसिद्ध हैं—दरी और बर्तन निर्माण। मानसून की समस्या के बावजूद यहाँ सोयाबीन, तिल, अलसी की अच्छी उपज होती है। यहाँ का नवरत्न मेला अत्यन्त प्रसिद्ध है। इस जनपद से जुड़े हुए प्रमुख साहित्यकारों में उल्लेखनीय हैं—बद्रीनाथ चौधरी 'प्रेमघन', बंग महिला, पाण्डेय बेचन शर्मा उग्र आदि। आचार्य रामचन्द्र शुक्ल ने भी यहाँ कई वर्ष बिताये थे। यह आदिवासी बहुल क्षेत्र है। उनके बीच कजरी, लोरिक, करमा आदि लोक गीतों, लोक गाथाओं का काफी प्रचलन है। मिर्जापुरी कजरी का दंगल सुविख्यात है।

रायबरेली : यह जनपद पहले बैसवारा जिले का अंग था। 1857 ई. के गदर के बाद इसे उन्नाव के साथ स्वतन्त्र जिला बनाया गया था।

पौराणिक मान्यताओं के अनुसार यह क्षेत्र बहुत महत्त्वपूर्ण रहा है। यहाँ यत्र-तत्र ऐसे कई अवशेष प्राप्त हुए हैं, जो इस जनपद की प्राचीनता के प्रमाण हैं। गंगा तट पर स्थित डलमऊ यहाँ का प्रसिद्ध तीर्थ स्थान है। यहाँ प्रतिवर्ष कतकी मेला लगता है। यों, इसके संस्थापक थे राजा डाल। यहीं गेगासों नामक स्थान को यदुवंशियों के आचार्य तथा 'गर्ग संहिता' के रचयिता गर्ग मुनि का आश्रम कहा जाता है। महाभारत काल के भी यहाँ कई अवशेष हैं। यह पहले कान्यकुब्जेश्वर का शासित प्रदेश रहा है। यहाँ कभी गोप राजाओं का आधिपत्य था, जिन्हें 'बैस' कहा जाता था। ये माण्डलिक 12वीं शती में मौखरियों से अलग हो गये थे। यवनों से गहरवारों की पराजय के बाद यहाँ भरों ने अधिकार कर लिया था। चौदहवीं शती में यहाँ बैसों, विशेषतः त्रिलोक चन्द का राज्य स्थापित हुआ। यह मान्यता है कि राजभरों की भरौली से रायबरेली शब्द विकसित हुआ है। वैसों के पूर्वज शालिवाहन माने जाते हैं, जो शक संवत के प्रवर्तक थे। बैस लोग स्वयं को शेषनाग का वंशज कहते हैं। डलमऊ को दालिभ्य ऋषि का क्षेत्र माना जाता है, जिन्होंने भूत-बाधा निवारण हेतु 'अपामार्जन स्तोत्र' की रचना की थी। यहाँ एक स्थान है सिंधौर तारा, जिसे शृंगी ऋषि का स्थान कहा गया है। डलमऊ में एक स्तूप है, जिसे वसुबन्धु का संघाराम कहा जाता है। ह्वेनसांग ने इस क्षेत्र को 'अश्वमुख' की संज्ञा प्रदान की थी। बाद में इस पर शर्की राजाओं का शासन रहा। तात्पर्य यह है कि इसका इतिहास बड़ा गौरवपूर्ण है।

रायबरेली जिले का क्षेत्रफल है 4500 वर्ग किलोमीटर। जनसंख्या 27 लाख के आस-पास है। इसमें पाँच तहसीलें हैं—रायबरेली, डलमऊ, लालगंज, महराजगंज, ऊँचाहार। यहाँ के प्रमुख कस्बे हैं—राही, हरचन्दपुर, अमावाँ, सरैनी, खीरों, जगतपुर, बछरावाँ, शिवगढ़, सिंहपुर, बहादुरपुर, गौरा, सताँव, रोहानियाँ, डीह आदि।

दर्शनीय स्थानों में हैं मुंशीगंज का शहीद स्मारक, समसपुर का पंछी विहार। इस शहर में कई पुरानी मस्जिदें हैं। अन्य स्थलों में बड़ा कुआँ, इन्दिरा गाँधी बोटैनिकल गार्डन, रेवती राम का तालाब, किला आदि भी महत्त्वपूर्ण हैं।

इस जिले की आई.टी.आई., थर्मलपावर, रेलडिब्बा कारखाना, नेशनल इन्स्टीट्यूट आफ फैशन टेक्नोलाजी, राजीव गाँधी एन.आई.पी., राष्ट्रीय उड़न एकेडमी, फुटवियर डिजाइन एण्ड डेवलपमेण्ट इन्स्टीट्यूट, फर्टिलाइजर, ग्लास हाउस, भवानी पेपर मिल आदि संस्थाएँ भी महत्त्वपूर्ण हैं।

यहाँ के सांसदों में फिरोज गाँधी (1960), इन्दिरा गाँधी (1977), सोनिया गाँधी आदि के नाम उल्लेखनीय हैं। सम्प्रति एक महिला विश्वविद्यालय और पी.जी.आई. निर्माणाधीन हैं। यहाँ सई नदी से लिफ्ट कैनाल निकाली गयी है। जन साधारण की जीविका का मुख्य साधन है, कृषि। जमीन उपजाऊ है, उसके बावजूद अभी यह आर्थिक दृष्टि से पिछड़ा हुआ जिला है। राजनीतिक क्षेत्र में यह जिला निरन्तर सक्रिय रहा है। 1857 की क्रान्ति में राना बेनी माधव ने जो योगदान किया, वह चिरस्मरणीय है। आजादी की लड़ाई के बीच नेहरू जी ने यहीं से किसान आन्दोलन की शुरुआत की थी। मुंशीगंज का गोली काण्ड आज भी इतिहास में सुरक्षित है। यहाँ की साहित्य सम्पदा अतुलनीय है। प्रथम सूफी कवि मुल्ला दाऊद, महाकवि जायसी, आचार्य महावीर प्रसाद द्विवेदी आदि कवि, लेखक तथा पत्रकार यहाँ के गौरव स्तम्भ हैं। स्पष्ट है कि रायबरेली अवध का बड़ा महत्त्वपूर्ण जिला है।

लखीमपुर खीरी : सैयद खुर्द के नाम से जुड़ा यह जिला 1856 ई. में बना था। इसमें खीरी, निंघासन, मोहम्मदी, धौरहरा, गोला, पलिया नामक तहसीलें हैं। अन्य महत्त्वपूर्ण कस्बे हैं—बाँकेगंज, बेहजम, दुधवा, नकहा, बिजुआ, पसगवाँ, मित्तौली, कुम्भी, फुलवेहड़ा, ईशानगर, मलानी, सम्पूर्णानगर, ओयल, रमियाँ आदि। गाँवों की संख्या है 1811। इसका क्षेत्रफल है 7680 वर्ग किमी.। जनंसख्या है तैंतीस लाख (लगभग) इसमें हिन्दू, मुस्लिम, सिख, बौद्ध, आदिवासी थारू तथा अन्य कई जातियाँ रहती हैं। यहाँ साक्षरता 50 प्रतिशत के लगभग है। यह आर्थिक दृष्टि से पिछड़ा जिला है। जीविका का मुख्य स्रोत है खेती। यहाँ की मुख्य पैदावार है—गन्ना, दलहन, मूँगफली, तिल, सूरजमुखी, धान, गेहूँ आदि। उद्योग में प्रसिद्ध है—पीतल बर्तन का कुटीर धन्धा। यहाँ कुछ चीनी मिलें भी हैं। यह जिला नेपाल की तराई से जुड़ा है। इसमें सुहेली और शारदा दो बड़ी नदियाँ बहती हैं। यहाँ दुधवा, किसानपुर और कतनियाँ घाट में बड़ी झीलें हैं, घने जंगल हैं, जिसमें अनेक प्रकार के जीव-जन्तु पाये जाते हैं। इन्हें रिजर्व फारेस्ट बनाया गया है। इसे गाँजर क्षेत्र कहते हैं। यहाँ अवधी और थारू बोली जाती है। खीरी जिले का प्रसिद्ध तीर्थ है गोला गोकर्णनाथ, जहाँ शिवरात्रि पर बड़ा मेला लगता हैं। खीरी के कवियों में सबसे प्रसिद्ध हैं वंशीधर शुक्ल। यहाँ का लोक साहित्य काफी समृद्ध है। इस जनपद का वर्णन करते हुए वंशीधर जी ने एक कविता लिखी थी—जहाँ पर लिहिन राम अवतार वहै है गाँजर देसु हमार।

लखनऊ : जनश्रुति के अनुसार लगभग 8000 वर्ष पूर्व रामानुज लक्ष्मण जी ने इसे बसाया था। पहले यह अयोध्या का उपनगर था, जिसका शासन लक्ष्मण को सौंपा गया था। मूल नाम लक्ष्मण पुरी था। कहा जाता है कि चन्द्रिका देवी का मन्दिर लक्ष्मण के पुत्र चन्द्रकेतु ने निर्मित कराया था।

यह भी जनश्रुति है कि लखनऊ के पश्चिम में हिरण्यकश्यप का राज्य था। वह अत्याचारी तथा हरि द्रोही था। उसका वध करने के लिए नृसिंह-अवतार हुआ था। नृसिंह जी ने उसका पेट फाड़ करके यहाँ गोमती के कुड़िया घाट पर आकर अपने नखों पर लगा लहू धोया था। वह 'नख लहू' शब्द बिगड़ कर लखनऊ हो गया।

यह भी जनश्रुति है कि राम के आदेश पर सीता जी को बिठूर (वनवा) में छोड़कर लौटते हुए लक्ष्मण ने कुछ समय यहाँ बिताया था। उन्होंने एक टीले पर शेषनाग का मन्दिर और एक दुर्ग बनवाया था। लखनऊ गज़ेटियर में इसे लक्ष्मण टीला कहा गया है। बाद में उसे गिराकर मस्जिद बनायी गयी। यह भी कहा जाता है कि, लक्ष्मण ने ही यहाँ कोणेश्वर महादेव मन्दिरा की प्रतिष्ठा की थी।

यह भी जनश्रुति है कि लव ने यहाँ शीतला देवी का मन्दिर स्थापित किया था।

महाभारतकाल में लखनऊ पर यदुवंशी लोगों का अधिकार था। कुछ लोग मानते हैं कि नगराम कस्बा राजा नल द्वारा बसाया गया नलग्राम था। निगोहा नहुष द्वारा बसाया गया था। लखनऊ के उत्तर-पश्चिम में वाणासुर नामक गाँव है, जहाँ आज भी वाणासुर की पूजा होती है। उसकी पुत्री उषा ने अभिमन्यु का अपहरण करके लखनऊ में छिपा दिया था। उसकी खोज में कृष्ण तथा अर्जुन यहाँ आये थे। अर्जुनगंज ग्राम उसी घटना का साक्षी है। सिन्दोहन देवी का मन्दिर 'सिन्धु वन' का अपभ्रंश कहा जाता है। जुगोर गाँव, ऐसी कथा है कि जनमेजय द्वारा जागदेव जोगी को दान में दिया गया था। यहाँ के प्रतिहार क्षत्रिय स्वयं को लक्ष्मण का वंशज मानते हैं। कहा जाता है कि कुड़िया में कौंडिल्य का आश्रम था। यह भी कहा जाता है कि लखनापासी ने लखनावती या लखन मऊ की स्थापना की थी, जो बाद में लखनऊ हो गया।

लखनऊ का सम्बन्ध बौद्धों तथा जैनियों से भी रहा है। सिकन्दर के आगमन के बाद यहाँ इस्लाम धर्म के साथ यूनानी चिकित्सा-पद्धति शुरू हुई। हकीमों की पूरी बस्ती बसायी गयी। उन दिनों लखनऊ मगध राज्य के अधीन था। यूनानी आक्रमण काल में लखनऊ पर शुंग वंश का कुछ दिनों तक अधिकार रहा। चौथी और छठी शताब्दी के मध्य लखनऊ गुप्तवंशी राजाओं और कन्नौज के राजा हर्षवर्धन के अधिकार में रहा। 740 ई. में कश्मीर के ललितादित्य ने यशोवर्मन को परास्त करके लखनऊ पर कुछ दिनों राज्य किया। कुछ वर्षों तक इस क्षेत्र में पालवंश और गुर्जर प्रतिहार वंश ने राज्य किया।

1030 ई. में सैयद सालार मसूर गाजी के प्रयास से इस्लाम का यहाँ प्रवेश हुआ। सल्तनत काल में कन्नौज की पराजय के बाद लखनऊ सुल्तानों के अधीन हो गया। यहाँ अमौसी के निकट बिजनौर गाँव शेखजादों और मलिहाबादी पठानों का गढ़ बन गया। 1440 ई. में शर्की वंश के महमूद शाह ने लखनऊ पर आक्रमण किया। बहलोल लोदी ने इस पर अधिकार करके अपने पौत्र हुमायूँ को इस क्षेत्र का सूबेदार नियुक्त किया। मुगल शासन के बीच अफगान सरदारों का भी यहाँ कुछ दिनों तक कब्जा रहा। लखनऊ कुछ दिनों तक शेरशाह सूरी के शासन में रहा। उसने कादिर खाँ को लखनऊ का शासक नियुक्त किया और चौपटिया के निकट एक टकसाल स्थापित करके चाँदी का सिक्का 'जर्ब-ए लखनऊ' जारी किया। अकबर के शासन काल में रहीम ने लक्ष्मण टीले के पास एक किला बनवाया और 'मच्छीबावन' का निर्माण कराया, जिसे आज 'मच्छी भवन' कहा जाता है। इसी बीच तुलसीदास लखनऊ आये। उन्होंने छाछी कुआँ के हनुमान मन्दिर और लक्ष्मण टीले के शेषनाग

मन्दिर में पूजा-अर्चना की। यह भी कहा जाता है कि अकबर के पुत्र सलीम द्वारा चौक के निकट मिर्जा मण्डी नामक मोहल्ला बसाया गया था। जहाँगीर ने फ्रांसीसियों के सहयोग से यहाँ घोड़ों का व्यापार शुरू किया और 'फिरंगी महल' का निर्माण कराया। शाहजहाँ ने अलीशाह को यहाँ का सूबेदार नियुक्त किया। कुली खाँ के भाई अशर ने अशर्फाबाद और मुशर्रफ ने मुशर्फाबाद मोहल्ले बसाये। गुरु तेग बहादुर जी 1675 ई. में लखनऊ के अहियागंज मोहल्ले में ठहरे। आज भी वहाँ गुरु द्वारे में कुछ अवशेष रखे हुए हैं। औरंगज़ेब ने 1685 ई. में शेषनाग मन्दिर को ध्वस्त करके एक मस्जिद बनवायी और आलम नगर मोहल्ला बसाया। 1722 ई. में यहाँ नवाबी शासन शुरू हुआ। नवाब शब्द अरबी शब्द 'नायब' का अपभ्रंश है। यहाँ आकर ही सफदरगंज ने स्वयं को नवाब कहना शुरू किया। उसने पंचमहल का निर्माण कराया। पहले फ़ैज़ाबाद अवध की राजधानी थी। सफदरगंज के पुत्र शुजाउद्दौला ने 1762 ई. में लखनऊ को अपने अधिकार में किया। उसके बाद आसफउद्दौला ने लखनऊ को अपनी राजधानी बनाया। अंग्रेजों ने 1857 में नवाब वाजिद अली को अपदस्थ करके लखनऊ पर अपना अधिकार कर लिया। नवाबों ने लखनऊ में कई शाही महल, इमामबाड़े, मस्जिदें, मकबरे, दरगाह, कर्बला और बारादरियाँ वनवायीं। राजा टिकैतराय ने राजा बाजार और टिकैतगंज मोहल्ले बसाये तथा टिकैत राय तालाब का निर्माण कराया। यहाँ बड़े-बड़े बाग विकसित किये गये, जिससे यह बागों का शहर कहलाने लगा। नवाबी दरबार में कश्मीरी पण्डितों को काफी महत्त्व दिया गया। उन्होंने कश्मीरी मोहल्ला बसाया। इसी बीच फ्रांसीसी मार्टिन ने लखनऊ में ला मार्टिनियर कॉलेज का निर्माण किया। नवाब सआदत अली खाँ ने 1801 में अंग्रेज रेजीडेण्ट के लिए 'रेजीडेन्सी' का निर्माण कराया। गाजीउद्दीन हैदर ने कानपुर से गंगा का पानी लाने के लिए एक नहर (हैदर कैनाल) खुदवायी। उसने शाहनजफ का इमामबाड़ा बनवाया। मोहम्मद अली शाह ने हुसैनाबाद का इमामबाड़ा, अमजद अजी ने हजरतगंज, तथा वाजिद अलीशाह ने परीखाना, कैसरबाग का निर्माण कराया। अंग्रेजों द्वारा इनकी सत्ता जब छीन ली गयी तो बेगम हजरत महल ने रानी विक्टोरिया तक से सम्पर्क किया, पर सफलता नहीं मिली, जिससे वे गदर के लिए विवश हुईं। अन्ततः लखनऊ पर ब्रिटिश सरकार का अधिकार हो गया।

लखनऊ का क्षेत्रफल 80 वर्ग किलोमीटर और आबादी लगभग 40 लाख है। साक्षरता है 70 प्रतिशत। इसकी तहसीलें हैं—माल, मोहनलाल गंज, बक्सी का तालाब, मलिहाबाद, काकोरी, सरोजनीनगर। यह नगर अपनी नफासत और नजाकत के लिए बहुत प्रसिद्ध है। पुराने चौक में बेले की कलियों से गुँथी लड़ी पहने दुपल्ला टोपी, अचकन, कुर्ता, सदरी और हल्की जूतियाँ धारण किये नवाबजादों का चोखी और चटकीली भाषा में बोलने का अन्दाज और तहजीबदार पहनावा, अभी कुछ-कुछ दिख जाता है। चिकन उद्योग यहाँ काफी लोकप्रिय है। मलीहाबाद का दशहरी आम तथा लखनऊ का बरिया (खरबूजा) बहुत पसन्द किये जाते हैं। यहाँ के व्यंजनों में कवाब, बिरियानी, पुलाव, कोरमा, चाट, मिठाई, खेड़ी, मलाई, बालाई, शरबत आदि काफी लोकप्रिय हैं। यहाँ का हस्तशिल्प प्रसिद्ध है। मिट्टी के खिलौने, मीनाकारी, जारदोजी, गोटे का काम, चिनहट पाटरी, हाथीदाँत की कारीगरी, कढ़ाई, तम्बाकू, हुक्का, इतर, चाँदी के वर्क, जेवर-निर्माण, चाँदी के बर्तनों की कारीगरी, आतिशबाजी आदि की काफी ख्याति है।

लखनऊ की इमारतों का स्थापत्य सर्वथा सराहनीय है। लक्ष्मण के नाम से बना लक्ष्मण किला लखनऊ का प्राचीनतम स्थल है। यहाँ से प्राप्त टेराकोटा और पुरातात्त्विक अवशेष सातवीं सदी ई.पू. तक के बताये जाते हैं। इसी से जुड़ी हुई है टीले वाली मस्जिद।

लखनऊ की वास्तुकला सर्वथा विशिष्ट है। 18 वीं शती के निर्मित कई भवनों पर इण्डोसरासेनिक शैली का प्रभाव दिखायी पड़ता है और 19वीं शती के भवनों पर यूरोपियन वास्तुकला का। इण्डोसरासेनिक शैली के शौकीन थे नवाब आसफुद्दौला। उन्होंने 1784 से 1786 के बीच आसफी इमामबाड़ा और **रूमी दरवाजा** का निर्माण करवाया। इसे लखनऊ का 'हस्ताक्षर भवन' माना जाता है। इसमें कहीं लोहे एवं लकड़ी का प्रयोग न करके केवल लखौरी ईंट और बादामी चूने का प्रयोग किया गया है। दरवाजे की ऊँचाई 60 फीट है। ऊपर आठ पहल वाली छतरी है। पूर्व दिशा से देखने पर यह पंच महला लगता है। पश्चिमी सिरे से देखने पर यह त्रिपोलिया प्रतीत होता है। दरवाजे के दोनों ओर तीन मंजिल का हवादार परकोटा है, जिसके सिरे पर आठ पहलू बुर्ज है। दरवाजे का आकार शंख जैसा है। मेहराबें धनुषाकार हैं। ऊपर नागर कला के बेलबूटे हैं, जिसे शाहजहाँनी शैली कहते हैं। इसके शिखर पर एक कमल पुष्प है। मेहराब के नीचे ईरानी ज्यामितीय चिह्न हैं।

इमामबाड़े में दो प्रवेश-द्वार हैं। दक्षिणी प्रवेश-द्वार के आगे आँगन है, जिसके पीछे तीन द्वारों का मण्डप, फिर आँगन, फिर इमामबाड़ा और आसफी मस्जिद है। इस भवन की सबसे बड़ी विशेषता है—163 फीट लम्बा, 53 फीट चौड़ा और 50 फीट ऊँचा तल, जिसकी छत कमानीदार डाटों से बनायी गयी है। इसमें न कोई खम्भा है और न लोहा लकड़ी का स्तम्भ। इस हाल में आसफुद्दौला और बेगम की कब्रें हैं। हाल की दीवालों में भूलभुलैया है। पूरी भूलभुलैया मधुमक्खी के छत्ते जैसी है। उसमें एक जैसे 489 द्वार हैं। मस्जिद का आकार नाशपाती जैसा है। उसमें 8 पहल वाली मीनारें हैं।

शाहानजफ तथा **छोटा इमामबाड़ा** का निर्माण गाजिउद्दीन हैदर ने कराया था। इस भवन को एक चबूतरे पर बनाया गया है। इसका गुम्बद बहुत बड़ा है। इसकी हाल में की गयी सजावट अद्भुत है। पिक्चर गैलरी का महत्त्व तो सर्वाधिक है।

लखनवी भवनों में काफी प्रसिद्ध है—**सआदतअली का मकबरा।** इसका गुम्बद और उस पर लगी सुनहरी कलगी विशिष्ट है। इसके चारों ओर पाँच-पाँच दरवाजों वाले बरामदे हैं। भीतर आठ पहलू का गोलकक्ष, ऊपर मजार और तहखाने में कब्रें हैं।

लखनऊ की एक प्रसिद्ध इमारत है **कैसरबाग बारादरी**। इसमें मुगल शैली और अवध शैली का सम्मिश्रण है। इसकी सजावट के लिए शाहजहाँनी राजपूती में मेहराबों और जालीदार अलंकृत खम्भों का प्रयोग किया गया है। दीवारों पर फूलदार ताख हैं। मेहराबों को फ्रांसीसी शैली में काँच से सजाया गया है। पश्चिमी भाग को राजपूत शैली में सजाया गया है। इस बारादरी को 1850 में वाजिद अली शाह ने बनवाया था। **सिकन्दरबाग** में वाजिद अली शाह ने जो महल बनवाया था, उसमें मुख्य द्वार पर चिकन की जैसी कढ़ाई दिखायी गयी है। इसके दोनों सिरों पर पगौड़ा शैली के चौकोर गुम्बद हैं। इस बाग के बुर्ज तथा परकोटे 1857 के गदर में काफी कुछ नष्ट हो गये। नवाब गाजिउद्दीन हैदर और नासिरुद्दीन द्वारा निर्मित है—**छतरमंजिल**। इसमें बेगमें रहती थीं। यहाँ एक दीवान खाना, तहखाना और कई सुरंगें हैं। वर्षों तक यहाँ औषधि अनुसंधान संस्थान (CDRI) रहा। अब यह संस्कृति विभाग के अधिकार में है।

हुसैनाबाद का घण्टाघर ब्रिटिश शैली से प्रभावित है। इसमें केवल लाल ईंटों का प्रयोग हुआ है। मीनार की आकृति का यह घंटा घर 221 फीट ऊँचा और 20 फीट चौड़ा है। ऊपर चढ़ने के लिए भीतर-भीतर सैकड़ों सीढ़ियाँ इसमें बनी हैं। प्रवेश-द्वार पर कई बेलबूटे भी हैं। ऊपर कुतुबशाही का गुम्बद है, जिस पर एक सुनहला छत्र लगा है।

लखनऊ में हिन्दू-मुस्लिम एकता का एक नमूना है 'मच्छी भवन'। इसे अंग्रेजी सैनिकों ने

गदर के बीच ध्वस्त कर दिया था। इसी के एक हिस्से पर सन् 1905 में जार्ज पंचम द्वारा मेडिकल कालेज का शिलान्यास किया गया था, जो अब किंग जार्ज चिकित्सा विश्वविद्यालय बन गया है। इस परिसर में इण्डोसरासेनिक स्तर के कई भवन हैं। लखनऊ विश्वविद्यालय के भी कई भवन इसी शैली में निर्मित किये गये हैं।

लखनऊ का **लामार्टिनियर** कालेज भवन इटैलियन वास्तुकला का नमूना है। इसे फ्रांस के क्लाट मार्टिन ने बनवाया था। अब उसी में लामार्टिनियर स्कूल चल रहा है। 1857 के गदर की साक्षी है रेजीडेन्सी। इसके प्रांगण में कई भवन हैं, जैसे—बैंक्वेट हाल, कोशागार, गार्ड चिकित्सालय, गाथिक गिरजाघर, आवास आदि। 1857 के गदर में यहाँ 5 माह तक गोलाबारी हुई, जिसके निशान दीवारों पर अभी द्रष्टव्य हैं। यूरोपियन शैली से प्रभावित इमारतों में महत्त्वपूर्ण है लखनऊ का चारबाग रेलवे स्टेशन। इसका नक्शा जैकब ने बनाया था। इसमें कई छतरीदार गुम्बद हैं, जिससे भीतर की आवाज सड़क पर सुनाई नहीं देती है।

लखनऊ के भवनों में विधान भवन भी विशिष्ट है। इसका निर्माण 1922 में हुआ था। इसमें गाथिक शैली का विशाल गुम्बद है। लखनऊ की गंगा-जमुनी संस्कृति का प्रतीक है—अलीगंज का हनुमान मन्दिर। यहाँ की राष्ट्रीय संस्कृति का सूचक है शहीद स्मारक। नवीन भवनों में महत्त्वपूर्ण है अम्बेडकर स्मारक, काशीराम स्मारक, रमाबाई पार्क, इकोफ्रेंडली पार्क, गाँधी सेतु, परिवर्तन स्थल, जनेश्वर मिश्र पार्क आदि। अन्य दर्शनीय स्थलों में हैं—चिड़ियाघर, संग्रहालय, बुद्धा पार्क, हाँथी पार्क, नीबू पार्क, सूर्य कुण्ड, आँचलिक विज्ञान केन्द्र, मूसा बाग, कुकरैल सेन्चुरी, बेगम हजरत महल (ग्लोब) पार्क, लोहिया पार्क, दीनदयाल उपाध्याय पार्क, के.डी. सिंह बाबू स्टेडियम, दिलकुशा पैलेस, बिवियापुर कोठी, तारावाली कोठी, कोठी फरहत बक्श, खुर्शीद मंजिल, बटलर पैलेस, उच्च न्यायालय, निर्माणाधीन अन्तरराष्ट्रीय स्टेडियम आदि। इस नगर में मेट्रो सेवा और गोमती के सुन्दरीकरण का कार्य तेजी से चल रहा है।

लखनऊ हिन्दी और उर्दू साहित्यकारों का महत्त्वपूर्ण केन्द्र है। यहाँ के प्राचीन कवियों में सूरदास लखनवी, ललकदास, बेनी प्रवीन, बेनी भट्ट, ललित किशोरी, आचार्य नन्दराम आदि स्मरणीय हैं। आधुनिक युग के प्रमुख साहित्यकार हैं—इंशा अल्ला खाँ, मीर लखनवी, शरूर, मिर्जा हादी रुसवा, शरर, मिश्रबन्धु, भगवतीचरण वर्मा, यशपाल, नागर, चकबस्त, आरजू, शौक, मजाज, उफुक, नाशिख, आतिश, जोश मलिहाबादी, रूपनारायण पाण्डेय, श्रीनारायण चतुर्वेदी, शिवानी, सुमित्रा कुमारी सिन्हा, विद्यावती कोकिल, चकोरी, लली, कुँवर नारायण, रघुवीर सहाय, श्रीलाल शुक्ल, डॉ. पीताम्बर दत्त बडथ्वाल, देवराज, डॉ. भगीरथ मिश्र, रमई काका, गजेन्द्रनाथ चतुर्वेदी आदि।

यहाँ से समय-समय पर कई पत्र-पत्रिकाएँ प्रकाशित हुई हैं, जैसे—अवध अखबार, आनन्द, राजेश्वरी, चकल्लस, त्रिपथगा, माधुरी, सुधा, संघर्ष, विप्लव, साहित्य भारती, उत्कर्ष, पाँचजन्य, राष्ट्रधर्म, नवजीवन, स्वतन्त्र भारत, हमदम, कौमी आवाज, अतएव, ज्ञानशिखा, अधिकार, विचार कथाक्रम, खोज, तद्भव आदि। इन दिनों यहाँ से लगभग दो दर्जन दैनिक समाचार-पत्र निकल रहे हैं। इसे 'प्रेस सिटी' कहा जाता है।

प्रकाशन के क्षेत्र में मुंशी नवल किशोर के छापाखाने का और दुलारे लाल भार्गव की 'गंगा पुस्तक माला' का ऐतिहासिक महत्त्व है। यह भी उल्लेखनीय है कि 1936 ई. में 'प्रगतिशील लेखक संघ' का यहाँ पहला अधिवेशन हुआ था। गद्य-पद्य की विभिन्न विधाओं तथा प्रवृत्तियों के विकास में लखनऊ के साहित्यकारों की विशिष्ट भूमिका रही है। निराला, प्रेमचन्द, गिरिजाकुमार माथुर, कैफी

आज़मी, सुमन, कैलाश बाजपेयी आदि यहाँ से काफी जुड़े रहे हैं।

संगीत, नृत्य और नाट्य के क्षेत्र में लखनऊ सदैव से अग्रणी रहा है। नवाब वाजिद अली शाह उच्च कोटि के शायर, नर्तक, अभिनेता और निर्देशक थे। वे 'अख्तर पिया' के नाम से रचनाएँ करते थे। उन्होंने यहाँ 'रहस' नाट्य नृत्य की शुरुआत की थी। लखनऊ के आगा हसन अमानत ने 'इन्दर सभा' नाम का नाटक 1853 ई. में लिखा और मंचित किया था, जो हिन्दी का अपना पहला नाट्य प्रयोग था। लखनऊ घराने में ख्याल, ध्रुपद, ठुमरी, दादरा, टप्पा और गजल-गायकी का बड़ा विकास हुआ है। प्रमुख कलाकारों में थे—गुलाम हुसैन, बब्बन, चिन्मय, गनपतराव, नासिर खाँ, अमीर अली, अहमद खाँ, मोहम्मद खाँ, काशिम अली, यूसुफ, रहीम, वजीर खाँ, आदि।

यहाँ की गायिकाओं में मशहूर रही हैं—बेगम अख्तर, रहीमन बाई, शराफो, धन्नो, खुर्शेद, चन्दा बाई आदि। वाद्यकला के क्षेत्र में यहाँ गुलाम मोहम्मद, रहीम, बरकत, असम खाँ, हसन खाँ, नवाब अली जैसे श्रेष्ठ सितारवादक रहे हैं। वीणावादन तथा सारंगी में शादिक अली तथा एवज अली का बड़ा नाम रहा है। पखावज में सखाराम, पं. अयोध्या प्रसाद, कोदऊ सिंह आदि को बड़ी ख्याति मिली है। कथक के क्षेत्र में पं. बिन्दादीन, शम्भू, लच्छू, बिरजू महाराज अग्रगण्य हैं। भातखण्डे संगीत समविश्वविद्यालय की इस क्षेत्र में बहुत बड़ी देन रही है। प्रसिद्ध गायक नौशाद, तलक महमूद, अनूप जलोटा आदि यहीं की देन हैं। लखनऊ के कला एवं शिल्प महाविद्यालय से बड़े-बड़े चित्रकार और मूर्तिकार जुड़े रहे हैं, जैसे—मदन नागर, सुधीर खास्तगीर लिटिल, योगी आदि। सिनेमा के क्षेत्र में भी लखनऊ के कलाकारों का अपना स्थान है। जावेद अख्तर, बीना राय, मुजफर अली, मजहर कामरान, अमृत लाल नागर, अचला नागर आदि का योगदान सर्वथा सराहनीय है। लखनऊ के जनजीवन पर दर्जनों श्रेष्ठ फिल्में बनी हैं। आज भी 'फिल्म बन्धु' इस दिशा में सक्रिय हैं।

लखनऊ उच्च शिक्षा और शोध का केन्द्र है। यहाँ एक दर्जन विश्वविद्यालय और शताधिक महाविद्यालय हैं। शोध संस्थानों में उल्लेखनीय हैं—1. केन्द्रीय औषधि अनुसंधान संस्थान (1951), 2. राष्ट्रीय वनस्पति अनुसंधान संस्थान (1948), 3. आई.टी.आर.सी. (1965), 4. डॉ. बीरबल साहनी पोलियोबाटनी (1946), 5. गन्ना अनुसंधान संस्थान, 6. औषधि एवं सुगन्ध पादप अनुसंधान (सिमैप), 7. आयुर्वेद अनुसंधान, 8. एस.जी.पी.जी.आई. आदि।

एक बड़े प्रान्त की राजधानी होने के कारण यहाँ केन्द्र सरकार के अनेक उपक्रम हैं, जैसे—सी. बी.आई., सेण्ट्रल एक्साइज, सेण्ट्रल ब्यूरो नारकोटिक्स, फूड रिसर्च सेंटर, ग्राऊंड वाटर बोर्ड, इण्डस्ट्रियल ट्रिब्यूनल, हार्टीकल्चर बोर्ड, सेण्ट्रल मेडीसिनल प्लांट, प्लास्टिक इंजीनियरिंग सिल्क बोर्ड—टेक्सटाइल्स, जियोलाजिकल सर्वे, नागरिक उड्डयन, सी.एस.आई.आर., वायु सेना, खादी ग्रामोद्योग, पासपोर्ट, हैण्डी क्राफ्ट बोर्ड, एच.ए.एल., केन्द्रीय संस्कृत विद्यापीठ, केन्द्रीय विद्यालय संगठन, अम्बेडकर प्रौद्योगिक विश्वविद्यालय, आई.आई.एम. आदि। यहाँ स्पोर्ट्स कालेज, मेडिकल यूनिवर्सिटी, संगीत विश्वविद्यालय, विकलांग विश्वविद्यालय, उर्दू-फारसी अरबी विश्वविद्यालय, नक्षत्रशाला, संगीत नाटक अकादेमी, भारतेन्दु नाटक अकादेमी, नौटंकी कला केन्द्र, ललितकला अकादेमी, हिन्दी संस्थान, भाषा संस्थान, संस्कृत संस्थान, बौद्ध संस्थान, उर्दू, पंजाबी, सिन्धी, भोजपुरी अकादेमी, कथक अकादेमी, साक्षरता निकेतन, मीडिया सेण्टर, सूचना केन्द्र आदि अनेक संस्थाएँ हैं। लखनऊ का टाटा आटो उद्योग बहुत बड़ा है। गँजरिया फार्म (गोसांईगंज) यहाँ का एक 'इण्डस्ट्रियल हब' है।

यहाँ समय-समय पर साहित्यिक, सांस्कृतिक एवं सामाजिक समारोह होते रहते हैं, जिनमें विशिष्ट हैं—लखनऊ महोत्सव, रामलीला की झांकियाँ, गणेश चौथ, दुर्गा पूजा, विश्वकर्मा पूजा, जेठ के प्रति

मंगलवार को होने वाले हनुमान मेले और भण्डारे, दशहरा, कतकी मेला, लोहड़ी, झूलेलाल उत्सव, अम्बेडकर जयन्ती, ताजिये, मास्त्रिमाखूवानी, मोहर्रम, क्रिसमस आदि।

लखनवी कल्चर के चिन्तन क्रम में यहाँ के फकीर, बाँके, शोहदे, भाँड, नक्कारा वादक, तवायफें, मस्त्रिया मजलिस के कलाकार, बावर्ची यहाँ तक कि ताँगे-इक्केवाले भी स्मरणीय हैं। इनके अन्दाजेबयाँ और रहन-सहन की अपनी अदा है। महानगर हो जाने के कारण अब लखनवी तहजीब (नफासत-नजाकत) दिनोंदिन पश्चिमी चकाचौंध में विलुप्त होती प्रतीत हो रही है, अतः उस सांस्कृतिक विरासत के स्मृति चिह्नों को सुरक्षित संरक्षित कर लेना श्रेयस्कर होगा।

सुलतानपुर : इसका पुराना नाम कनिंघम और ह्वेनसांग के अनुसार कुशपुर या कुशभुवनपुर बताया गया है। पहले यहाँ महात्मा बुद्ध का बड़ा प्रभाव था। उन्होंने यहाँ छह माह तक तपस्या की थी, इसीलिए अशोक ने वहाँ एक स्तूप बनवाया था। कहा जाता है कि अलाउद्दीन ने आक्रमण करके यहाँ के बौद्ध मठ को नष्ट कर दिया था। वर्तमान में सिविल लाइन के पास एक स्थान है—सीताकुंड। ऐसी जनश्रुति है कि सीता जी ने उसमें स्नान किया था। चौदहवीं शती में इस क्षेत्र पर चौहान वंशी हम्मीर देव ने राज्य किया। फिर बादल घोटी, राजवार बछगोती का राज्य रहा। स्वतन्त्रता संग्राम के बीच कालाकाँकर के राजा हनुमत सिंह के छोटे भाई माधौ सिंह, जो विजयीमऊ के निवासी थे, भतीजे युवराज लाल प्रताप सिंह और बरियार सिंह के साथ मिलकर कम्पनी सरकार से चाँदा में प्रसिद्ध युद्ध किया। सभी वीरगति को प्राप्त हुए। किन्तु अन्ततः 1861 ई. में अँग्रेज सरकार में इसका विलय हो गया। दियरा रियासत व बनी का भी स्वतन्त्रता संग्राम में महत्त्वपूर्ण योगदान था, यहाँ राजकुमार राजपूतों का वर्चस्व था।

यहाँ के दर्शनीय स्थल हैं कंकाली देवी, सप्तसरोवर बुद्धनाथ, तारकेश्वर नाथ आदि।

इस जनपद का क्षेत्रफल 4000 वर्ग किलोमीटर है। जनसंख्या लगभग 33 लाख और साक्षरता 60 प्रतिशत बतायी जाती है। इसकी तहसीलें हैं—सदर, कादीपुर और लम्भुवा। प्रमुख कस्बे हैं—जगदीशपुर, भादर, भेटुवा, सुकुल बाजार, जयसिंहपुर, धनपतगंज, बलदीराय, दुबेपुर, प्रतापपुर, अखण्डनगर आदि।

औद्योगिक दृष्टि से जगदीशपुर क्षेत्र काफी विकसित है। यहाँ गल्फ फर्टिलाइजर, भेल, एच.ए.एल., सीमेण्ट फैक्ट्री, भारत गैस आदि महत्त्वपूर्ण सस्थाएँ हैं। यहाँ का के.एन.आई. इंजीनियरिंग कालेज और स्थानीय संग्रहालय भी महत्त्वपूर्ण है। राजनीतिक दृष्टि से यह बड़ा जाग्रत क्षेत्र है। हिन्दी के कई साहित्यकार इस जिले से जुड़े रहे हैं।

श्रावस्ती : अवध क्षेत्र का एक नवनिर्मित छोटा जिला है, जो 2186 वर्ग किलोमीटर क्षेत्र में फैला हुआ है। इसकी आबादी लगभग 12 लाख है। तहसीलें हैं—इकोना, भिनगा (मुख्यालय) । प्रमुख कस्बे हैं—गिलौला, हरिहरपुर, जमुनहा, सिरसिया। यहाँ साक्षरता है, लगभग 45 प्रतिशत। यह देवी पाटन मण्डल में आता है। राप्ती यहाँ की मुख्य नदी है। यह जिला नेपाल की तराई से लगा हुआ है।

श्रावस्ती का इतिहास बहुत पुराना है। प्राचीन ग्रन्थों में इसके तीन नाम मिलते हैं—1. कुशावती 2. श्रवंती 3. श्रावस्ती। ऐसा कहा जाता है कि श्रीराम ने कुश को यहाँ का राज्य सौंपा था अथवा इसकी स्थापना कुश के द्वारा की गयी थी।

दूसरा मत है कि पहले यहाँ कोई श्रावत्य नामक ऋषि रहते थे, इसलिए इसका नाम श्रावस्ती पड़ा। एक तर्क यह है कि राजा प्रथु की छठी पीढ़ी में श्रावस्तक नाम के कोई राजा हुए थे, जिन्होंने इसे बसाया था। कुछ लोगों का मत है कि यह नाम 'सावत्थी' शब्द से निकला है, जिसका तात्पर्य है, वह स्थान, जहाँ सब कुछ मिलता हो।

श्रावस्ती उत्तर कोसल की राजधानी रही है। यह उल्लेख वाल्मीकि रामायण में हुआ है। इसके अन्तिम सम्राट थे बृहद्‌बल। महाभारत के अनुसार चक्रव्यूह-युद्ध में वे अभिमन्यु द्वारा मारे गये थे।

बाद में श्रावस्ती बौद्धों का केन्द्र बन गया। चूँकि बुद्ध सूर्यवंशी (शाक्य मुनि) थे, शायद इसीलिए श्रावस्ती में उन्होंने 16 वर्ष तक निवास किया। श्रावस्ती का राजगृह कई राजवंशों की स्पर्धा का केन्द्र भी रहा है। यहाँ का राजा प्रसेनजित बौद्धों का प्रतिद्वन्द्वी था, जबकि बिम्बिसार बुद्ध का घोर अनुयायी था। इस राज्य का एक व्यापारी पिण्डक बुद्ध का भक्त था। उनके लिए उसने जेतवन का निर्माण कराया था। सहेट महेट नामक स्थान इसकी ऐतिहासिक महत्ता के साक्षी हैं। यहाँ का शोभनाथ मन्दिर और सम्भवनाथ के अवशेष भी महत्त्वपूर्ण हैं।

इस क्षेत्र में पूर्वाराम, मलिकाराम, गन्ध कुटी, स्तूप आदि का निर्माण समय-समय पर हुआ। यज्ञों का अनुष्ठान भी होता रहा है। यहाँ स्वामी महावीर भी आये और चीनी यात्री भी। इस पर चन्द्रगुप्त विक्रमादित्य का शासन भी रहा। उन्होंने बौद्धों को उखाड़ कर यहाँ फिर से वैष्णव ब्राह्मण सम्प्रदाय को स्थापित कर दिया था।

श्रावस्ती आर्थिक दृष्टि से पिछड़ा हुआ जनपद है। वन सम्पदा और खेती योग्य जमीन के बावजूद इसका पूरा विकास नहीं हो पाया है। दर्शनीय स्थानों में श्रावस्ती के पुराने अवशेष जैसे—बौद्ध स्तूप, अँगुलिमाल, कई खण्डहर, सीताद्वार, हथिया कुंड आदि महत्त्वपूर्ण हैं।

सीतापुर : यह लखनऊ के उत्तर में 80 कि.मी. दूर स्थित एक पड़ोसी जिला है। इसका क्षेत्रफल 5743 वर्ग कि.मी. है। इसकी आबादी लगभग 40 लाख है। इस जिले की तहसीलें हैं—सीतापुर, बिसवाँ, मिश्रिख, लहरपुर, महमूदाबाद, सिधौली। अन्य प्रसिद्ध कस्बे हैं—महोली, एलिया, परसेंडी, बेहटा, रेउसा, सकरन, कसमण्डा, पहला, रामपुर, मथुरा, मछरेहटा, गीदलामऊ, बिसवाँ, नीमसार, हरगाँव, खैराबाद, धौरहा, कमलापुर, मोहनलाल गंज आदि। यह जिला दुआबा का महत्त्वपूर्ण जनपद है। इसमें कई छोटी-बड़ी नदियाँ हैं, जैसे—आदि गंगा-गोमती, घाघरा, केवनी, गरिया, कथना, हराइन, पिरायी, सरायन, शारदा आदि। यहाँ की मिट्टी काफी उपजाऊ है, पर उसमें रेह ज्यादा है। यहाँ की मुख्य फसलें हैं—गेहूँ, चावल, दलहन, तिलहन, गन्ना, मूँगफली और सब्जियाँ। इस जिले में कई चीनें मिलें हैं, जैसे—बिरला की हरगाँव शुगर मिल, डालमिया की रामगढ़ शुगर मिल, जवाहरपुर मिल (रामकोट), किसान सहकारी फैक्ट्री बिसवाँ (1965), महमूदाबाद शुगर मिल (1982), कमलापुर शुगर मिल। इनके अतिरिक्त यहाँ पेपर मिल और प्लाई वुड के कई कारखाने हैं। यहाँ का सीता प्लाई काफी प्रसिद्ध है। अन्य कुटीर उद्योगों में दरी का कार्य, मिट्टी के बर्तनों का उद्योग, लकड़ी में नक्काशी की कला और मलमल वस्त्र का उत्पादन भी प्रसिद्ध रहा है।

साहित्यिक सांस्कृतिक दृष्टि से सीतापुर अत्यन्त सम्पन्न है। बाड़ी के निवासी कवि नरोत्तमदास मध्यकालीन कवियों में अत्यन्त लोकप्रिय हैं। यहाँ सूफी साधना का बड़ा प्रचार रहा है। बिसवाँ का सूफी मेला इस कथन का साक्षी है। सीतापुर में अनेक धार्मिक अखाड़े और तीर्थ हैं, जैसे—नीमसार, मिश्रिख, हत्याहरण। फाल्गुन में होने वाली 14 दिनों की 84 कोसी परिक्रमा में जगह-जगह कई मन्दिरों के दर्शन होते हैं। यह क्षेत्र संस्कृत भाषा, आयुर्वेद तथा ज्योतिष विद्या का केन्द्र रहा है। यहाँ खैराबाद का आँख का अस्पताल पूरे देश में प्रसिद्ध है। सीतापुर के आधुनिक साहित्यकारों में आशुकवि बलदेव अवस्थी, चक्रधर, पढ़ीस, चतुर्भुज शर्मा, अखिलेश, सारस्वत, मधुप, सुजान आदि चिरस्मरणीय हैं।

सीतापुर की आर्थिक स्थिति विकासोन्मुख कही जा सकती है। एक गणना के अनुसार देश के 640 जिलों में इसका 38वाँ स्थान है। यहाँ साक्षरता लगभग 63 प्रतिशत है। जनजीवन में संस्कृति बोध और राष्ट्रीय चेतना का यत्किंचित् प्रभाव इसी तथ्य द्वारा रेखांकित किया जा सकता है कि यहाँ

के गौर क्षत्रियों ने सआदत अली नवाब से जूझते हुए अपनी अस्मिता की रक्षा की थी।

हरदोई : इसका कुछ अंश अवध के बाहर है। हाँ, इसकी मात्र चार तहसीलें—हरदोई, शाहाबाद, बिलग्राम, सण्डीला अवध क्षेत्र में हैं। इसका क्षेत्रफल है लगभग 5000 वर्ग किलोमीटर। जनसंख्या 30 लाख के आस-पास है। मुख्य कस्बे हैं—बावन, टडियवा, टोडरपुर, अहिरोरी, भरखनी, मल्लावाँ, साँडी, माधवगंज, हरपालपुर, भरावन, कछौना आदि। गाँवों की संख्या 1983 है।

पुराख्यानों के अनुसार इसका पुराना नाम था हरिद्रोही। ऐसा कहा जाता है कि यहाँ का राजा था हिरण्यकशिपु, जो भगवान विष्णु का बैरी था। दूसरा मत है कि इसका वास्तविक नाम था, हरिद्वय। क्योंकि यहाँ दो ईश्वर थे। एक भगवान वामन, जिन्होंने दैत्यराज बलि को पराजित किया था। दूसरे थे भगवान नृसिंह, जिन्होंने हिरण्यकश्यप का वध किया था। इस क्षेत्र पर बहुत दिनों तक मुस्लिम राज्य रहा। 1028 ई. में इस पर सैयद सालार का आक्रमण हुआ था। गोपामऊ में बहुत दिनों तक सैयद साकिर का कब्जा रहा। यहाँ बिलग्राम में शेरशाह सूरी ने हुमायूँ को हराया था। हुमायूँ ने एक भिश्ती की मदद से गंगा नदी पार की थी, इसलिए बाद में हुमायूँ ने उसे एक दिन का राजा बना दिया था। 1856 ई. में कम्पनी सरकार ने इसे अवध राज्य में मिला लिया था। पहले मल्लावाँ इसका मुख्यालय था।

हरदोई कृषि प्रधान जनपद है। यहाँ की मुख्य नदियाँ हैं—गंगा और गर्रा। मुख्य उपज है—धान, गन्ना, गेहूँ, दलहन, तिलहन, साग, सब्जी, आम, अमरूद आदि। यहाँ कई शिक्षा संस्थाएँ हैं। साक्षरता 70 प्रतिशत के आस-पास है। वन क्षेत्र भी काफी है। सण्डीला साहित्यिक दृष्टि से बड़ा महत्त्वपूर्ण केन्द्र है। हरदोई के कवियों में सूरदास, मदनमोहन, मुबारक, रसलीन आदि स्मरणीय हैं।

अवध क्षेत्र से पृथक् किन्तु अवध संस्कृति से सम्बद्ध प्रमुख स्थान

अंगदेश : यह पूर्वी बिहार का प्राचीन राज्य था। इसकी राजधानी गंगा के किनारे भागलपुर के निकट चम्पा नामक नगरी थी। पाँचवीं शती ईसा पूर्व में यह राज्य मगध में विलयित हो गया। पहले इसमें पटना, गया आदि नगर शामिल थे। मगध से जुड़कर यही कालान्तर में बिहार कहलाया।

अगस्त्य आश्रम : वनवास की अवधि में श्रीराम ने अनुज और भार्या के साथ अरण्य में स्थित इस आश्रम में सुतीक्ष्ण के साथ कुछ समय व्यतीत किया था। अगत्स्य ने ही राम को वहाँ से दो योजन दूर गोदावरी तट पर स्थित पंचवटी की जानकारी दी थी।

अत्रि आश्रम : यह दण्डक वन में स्थित था। यहीं अत्रि मुनि सपत्नीक रहते थे। उनकी पत्नी अनसूया ने सीता को पतिव्रत धर्म की शिक्षा दी थी और वस्त्र प्रदान किये थे। इस आश्रम में राम ने तीन दिन बिताये थे। अनसूया ने अपनी तपस्या से यहाँ मन्दाकिनी की धारा प्रकट कर दी थी। इससे ईर्ष्यान्ध होकर त्रिदेव ने उसके पतिव्रत को भंग करने का षडयन्त्र रचा था। बाद में त्रिदेवियों ने आकर अपने पतियों को मुक्त कराया था। यहीं पर विराध नामक राक्षस का राम-लक्ष्मण ने वध किया था।

अशोक वाटिका : यह लंका में स्थित एक विशिष्ट उपवन था, जिसमें अधिकतर अशोक के वृक्ष लगे हुए थे। ऐसी मान्यता है कि अशोक वृक्ष की निकली वायु के स्पर्श से व्यक्ति कामातुर हो जाता है। इसीलिए रावण ने सीता के हृदय परिवर्तन के उद्देश्य से उन्हें यहाँ रखा था। इसमें भाँति-भाँति के फल-फूल लगाये गये थे। पूरा दृश्य अत्यन्त सम्मोहक था। हनुमान ने इसके रक्षकों को मारकर वाटिका को उजाड़ दिया था। श्रीलंका में अभी इसके अवशेष द्रष्टव्य हैं।

ईरान : कुछ विद्वानों ने 'आर्यन' से ईरान की व्युत्पत्ति सिद्ध करते हुए बताया है कि हुकरात के तट पर स्थित सूर्यमन्दिर में लगी राजाओं की वंशावली में श्रीराम का नाम अंकित है। ईरान के शासक अपने को 'मिहिर' अर्थात् सूर्य कहते थे। वे स्वयं को सूर्यवंशी क्षत्रियों का वंशज मानते हैं।

कंबोडिया : यह कांबोज नाम से प्रख्यात रहा है। ऐसे तथ्य मिले हैं कि कौण्डिल्य ने यहाँ दीर्घकाल तक शासन किया था। आज भी यह रामकथा से जुड़ा हुआ है। इसका अवध से पुराना नाता है। कुंडिपुरवासी, दक्षिणी वैष्णव भक्त कौडिन्य सूर्यवंशी थे। इन्होंने कम्बोज की निर्वस्त्र सोमवंशी आदिवासी रानी से विवाह किया था। उनके पुत्र थे भवनर्मन। कौडिन्य के गुरु थे अश्वत्थामा। दक्षिण पश्चिमी एशियाई देशों में रामकन (रामकेतन) काफी लोकप्रिय है। सिद्ध है कि अयोध्या और रामकथा की व्याप्ति अनेक देशों में रही है।

कारूपथ : इसमें मल्ल जाति के योद्धाओं का शासन था। वे बड़े अत्याचारी हो गये थे। लक्ष्मण पुत्र अंगद ने उन्हें परास्त करके वहाँ चन्द्रकान्ता पुरी बसायी थी। फिर चित्रकेतु को उसका राजा बनाया था।

किमहे : यह कोरिया गणराज्य का एक शहर है, जहाँ अयोध्या राज-परिवार से गयी रानी 'हौ' का स्मारक बना हुआ है। यहाँ कोरिया गणराज्य और भारत सरकार की ओर से एक पार्क की स्थापना की जा रही है। ऐसे साक्ष्य मिले हैं कि लगभग 2000 वर्ष पूर्व इस राजकुमारी का कोरिया के किमसूरो से विवाह हुआ था। उनके वंशज आज कोरिया के कराक वलेन के सदस्य हैं। उत्तर प्रदेश और क्याम सैंग, इन दो प्रान्तों के दोनों नगरों को 'सिस्टर सिटी' बनाने की योजना है।

कुशपुर : एक प्राचीन नगर का नाम है। यह नगर कुशपुर या कुशभवनपुर नाम से भी प्रसिद्ध है। इस नगर के विषय में कई प्रकार की किंवदन्तियाँ प्रचलित हैं। कोई कहता है, रामचन्द्र जी के पुत्र कुश ने इस नगर की स्थापना की थी। कोई कहता है, यह कुशनाभ की राजधानी थी। परन्तु चीनी यात्री हुएनत्संग लिखते हैं कि कौशाम्बी से उत्तर की ओर 116 मील चलने के बाद उन्हें कुशपुर मिला था। शायद अयोध्या से 28-30 मील की दूरी पर यह नगर था।

केकय : महाराज दशरथ की रानी कैकेयी केकय देश की थीं। भरत यहीं अपनी ननिहाल गये हुए थे। भरत को लाने के लिए अयोध्या से दूत भेजे गये थे और जब भरत वहाँ से लौटे, उनके मार्ग का विस्तृत वर्णन रामायण में किया गया है। केकय राज्य में जाने के लिए राजदूत अयोध्या से पश्चिम की ओर गये थे। वे अपर ताल और प्रलम्ब नामक जनपद के बीच में बहने वाली नदी मालिनी के तीर से होकर निकले थे, फिर इक्षुनदी को पार करके बाल्हीक देश के बीच से होकर सुदामा पर्वत पर पहुँचे थे। विपाशा और शाल्मली आदि नदियों को पार कर वे गिरिव्रज में प्रविष्ट हुए थे। रामायण में ननिहाल से भरत के लौटने का जो मार्ग लिखा गया है, वह इससे नहीं मिलता। इसलिए ऐसा प्रतीत होता है कि या तो भरत दूसरे मार्ग से आये अथवा केकय राज्य अयोध्या के समीप ही था। सम्भवतः केकय विपाशा और शतद्रु के मध्य में बाल्हीक नामक जनपद के दक्षिण में था। केकय की राजधानी राजगृह अथवा गिरिव्रज थी।

कैलाश मानसरोवर : यह हिमालय का सर्वाधिक पवित्र शिखर है। इसकी दूरी मानसरोवर से लगभग 20 मील नापी जाती है। कैलाश शिखर की आकृति विराट शिवलिंग जैसी दिखती है। यह हिमालय शृंखला में षोडशदल कमल की तरह दिखता है। एवरेस्ट के बाद यह सबसे ऊँचा शिखर है। इसकी 32 मील की परिक्रमा प्रायः तीन दिनों में पूरी होती है। इसके ऊपरी भाग पर डेढ़ मील

सीधी चढ़ाई करके जाया जा सकता है। इसी से जुड़ा हुआ है—मानसरोवर, जो चीन की सीमा में है। कैलाश शिखर की ऊँचाई लगभग 19000 फीट है।

कैलाश शब्द की व्युत्पत्ति है—'कै' अर्थात् जल में जिसका आशय हो। दूसरी व्याख्या है—"केलीनाम समूह कैलम् तस्य आस-निवास कैलासम्।" यहाँ शिव-पार्वती केलि क्रीड़ा करते हुए निवास करते हैं और उनके गण किलोल किया करते हैं। पुराणों के अनुसार यह माना जाता है कि कैलाश पर्वत सुमेरु पर्वत के दक्षिण में है। इस क्षेत्र के स्वामी हैं—यक्षपति कुबेर। उनकी राजधानी है अलकापुरी, जो घाटी में है और जो अगोचर है। उसके शिरोभाग पर शिव का निवास है। कैलाश संहिता, शिव पुराण, रुद्र संहिता आदि में इसका विस्तृत विवरण प्राप्य है।

गंगासागर : बंगाल की खाड़ी में यहाँ गंगा और सागर का संगम हुआ है। कलकत्ता से 38 मील दक्षिण डायमण्ड हार्बर हैं। वहाँ से 90 मील पर गंगासागर है। यहाँ कपिल मुनि का आश्रम था, जिनके शाप से सगर के साठ हजार पुत्र भस्म हो गये थे। उनके उद्धार के लिए भगीरथ जी यहाँ तक गंगा जी को लेकर आये थे। यहाँ संक्रान्ति पर बहुत बड़ा मेला लगता है। चूँकि यह यात्रा दुर्गम है, इसलिए अवध क्षेत्र में यह कहावत बहुप्रचलित है कि

"सारे तीरथ बार-बार, गंगा सागर एक बार।"

गया : यह बिहार का एक प्रसिद्ध तीर्थ है, जहाँ पितरों का श्राद्ध किया जाता है। इसे ब्रह्मा, विष्णु, शिव और धर्मराज का प्रमुख स्थान कहा जाता है। ऐसी मान्यता है कि विष्णु ने यहाँ गयासुर को पैरों तले दबा रखा है। यहाँ लोग उन्हें गदाधर के रूप में पूजते हैं। अवध क्षेत्र में लोग पितरों की गया करने को पुत्र धर्म की पराकाष्ठा मानते हैं। तीर्थ यात्रा में जाने के पूर्व पूरे गाँव में और सभी रिश्तेदारों के घरों में अक्षत छिड़के जाते हैं। यात्रीगण यम-नियम पूर्वक कम से कम तीन दिन रहकर गया में पिण्डा पारने का यह अनुष्ठान पूरा करते हैं तथा लौटकर भोज देते हैं।

चम्पा (वियतनाम) : यहाँ रामकथा के कई अवशेष प्राप्य हैं। रामलीला आज भी प्रचलित है।

चक्रांकपुरी : रामायण में लिखा गया है कि रामचन्द्रजी के यज्ञ का जो घोड़ा छोड़ा गया था, वह घूमता-फिरता चक्रांकपुरी में गया था। उस समय इस पुरी के राजा सुबाहु थे। सुबाहु के पुत्र दमन ने उसको अपने यहाँ बाँध लिया था। शत्रुघ्न और दमन में युद्ध हुआ था। शत्रुघ्न की सेना कट-कट कर गिरने लगी, तब भरत के पुत्र पुष्कर ने दमन को परास्त किया। दमन के परास्त होने पर सुबाहु और उनके छोटे भाई चित्रांग युद्ध करने लगे। एक दिन रामचन्द्र ने सुबाहु को स्वप्न में दर्शन दिये, जिससे उसके हृदय में भक्ति जागी और उसने युद्ध करना छोड़ दिया।

जर्मनी : हिटलर स्वयं को आर्यवंशी मानता था। स्वस्तिक उसका राज चिह्न था। यहाँ संस्कृत का पर्याप्त प्रचलन है।

जार्डन : इस नगर को आज भी रामल्ला कहा जाता है। रामकथा से इसका घनिष्ठ सम्बन्ध है।

जावा इंडोनेशिया : यहाँ अनेक राम मन्दिर हैं और रामलीला का काफी प्रचलन है।

निकुम्भिला : यह लंका में स्थित एक मन्दिर था, जहाँ मेघनाद तांत्रिक क्रियाएँ करता था। लक्ष्मण ने इसमें प्रवेश करके मेघनाद का यज्ञ ध्वंस किया था, क्योंकि यहाँ पर पशुओं की बलि दी जा रही थी।

नेपाल : भारत की उत्तरी सीमा पर स्थित यह एक हिन्दू राष्ट्र है। तीसरी शताब्दी ईसा पूर्व में यह अशोक के साम्राज्य का अंग था। चौथी शताब्दी में इस पर समुद्रगुप्त का राज्य रहा। फिर इस पर तिब्बत का और नेपाल के ठाकुर वंश का अधिकार हो गया। यहाँ गोरखों और अंग्रेजों के बीच

बहुत अर्से तक युद्ध हुआ। एक सन्धि के अन्तर्गत यह भारत का बफर स्टेट हो गया। अब वह पूर्ण स्वतन्त्र देश है। 1857 की क्रान्ति के बाद लखनऊ की बेगम हजरत महल, राना बेनी माधव, नाना साहब आदि के नेपाल चले जाने का उल्लेख प्राप्त होता है।

पंचवटी : रामचरितमानस के अरण्यकांड में एक ऐसे स्थान का वर्णन हुआ है जिसमें इन पाँच वृक्षों का बाहुल्य था—1. पीपल, 2. बट, 3. आँवला, 4. बेल, 5. अशोक। इसे पंचवटी कहा गया है। रामकथा में इसका बारंबार उल्लेख हुआ है, जैसे—

'पंचवटी बस श्री रघुनायक', 'पंचवटी सो गयी इकबारा।'

पंपासर : इसे पंचासर भी लिखा गया है। यह जनश्रुति है कि यहाँ मांडकर्णि नामक मुनि साधना करते थे। एक बार यहाँ पंच अप्सरायें आयीं। उन्होंने अपने रूप और नृत्य से मुनि को इस तरह मोहित कर लिया कि वे सरोवर में उनके साथ कूद गये और फिर निकल नहीं पाये। इस सरोवर का क्षेत्रफल एक योजन का बताया गया है। रामकथा की कई घटनाएँ पंपासर से जुड़ी हुई हैं।

प्रस्रवन गिरि : यह किष्किन्धा का पर्वत शिखर था। राम-लक्ष्मण ने वर्षा ऋतु में यहीं निवास किया था। यहाँ चातुर्मास सत्संग हुआ था। हनुमान, अंगद, सुग्रीव यहाँ प्रायः आते रहते थे। यहीं से सीता की खोज का अभियान शुरू हुआ था।

मटियाबुर्ज : नवाब वाजिद अली शाह को 13 फरवरी 1856 में अंग्रेजों द्वारा कोलकाता के मटियाबुर्ज में रखा गया था। वहाँ एक इमामबाड़ा है, जिसमें उनको दफ़न किया गया था। इस इमामबाड़े में प्रतिपक्ष मुशायरा होता है, जिसके वर्तमान संयोजक हैं मोहम्मद शहीद और आरबी। यहाँ प्रायः पतंगबाजी होती है। नवाब वाजिद अली शाह, कला प्रेमी, स्थापत्य प्रेमी और तहजीबी नवाब थे। इसीलिए इस इमामबाड़े को उन्होंने बड़े शौक से बनवाया था। एक चिड़िया घर भी बसाया था। उनकी तमाम बेगमें काफी दिनों तक यहाँ रहीं। केवल बेग़म हज़रत महल लखनऊ में रहकर अंग्रेजी सेना से लोहा लेती रहीं। 1859 में वे नेपाल चली गयीं। अभी मटियाबुर्ज सुरक्षित है। 1974 तक इस पर यूनियन जैक लहराता रहा। नवाब के दो प्रपौत्र इस विरासत को सम्भाल रहे हैं।

मथुरा : यमुना-तट पर स्थित मथुरा शूरसेनों की राजधानी थी। वर्तमान मथुरा नगर से 5 मील दक्षिण-पश्चिम की ओर स्थित महोली से मथुरा का समीकरण किया जाता है। मद्रास में वैगाई नदी के तट पर स्थित पाण्ड्य राज्य की दूसरी राजधानी मदुरा से यह पृथक् है। प्राचीन यूनानी लेखकों ने शूरसेन देश को सूरसेनोइ (Soursenoi) और इसकी राजधानी को मेथोरा (Methora) कहा है। कई शताब्दियों तक मथुरा में बौद्ध धर्म प्रबल रहा। महाकच्चायन ने मथुरा में जाति-विषय पर एक प्रवचन दिया था। मथुरा से वेरन्जि की ओर जाते समय बुद्ध ने एक पेड़ के नीचे विश्राम किया था, जहाँ पर अनेक गृहस्थों ने उनकी पूजा की थी।

राम के अनुज शत्रुघ्न ने मथुरा की स्थापना की थी। शत्रुघ्न के एक पुत्र का नाम शूरसेन था, जिनके नाम पर इस देश का नाम शौरसेन पड़ा। कंस द्वारा यादवों को आक्रान्त करके मथुरा का अधिपति बनने की और श्रीकृष्ण द्वारा उसका वध करने की कथा कई महाकाव्यों एवं पुराणों में उल्लिखित है। इसका वर्णन पतंजलि ने किया है। जातकों में भी इसका वर्णन किया गया है।

मथुरा आज कृष्ण लीला स्थली के रूप में प्रसिद्ध है। मथुरा का संग्रहालय मूर्ति शिल्प का प्रमुख केन्द्र है। फाह्यान के अनुसार यहाँ पहले कई बौद्ध विहार थे। 1028 ई. में मथुरा पर महमूद का आक्रमण हुआ था। अब्दाली ने भी इस पर भीषण आक्रमण किया था। जहाँगीर के शासनकाल में यहाँ बुन्देलों ने कई मन्दिर बनवाये। जाट राजा सूरज मल ने इसे अपनी राजधानी बनाया। मथुरा

ब्रज भूमि का केन्द्र है। यहाँ एक से एक सुन्दर मन्दिर हैं। कृष्ण जन्म-भूमि मन्दिर को तोड़कर औरंगज़ेब ने जो मस्जिद बनवायी थी, वह आज भी द्रष्टव्य है। मथुरा का कृष्ण जन्माष्टमी समारोह विश्व प्रसिद्ध है।

मलय-मलेसिया : यहाँ रामकथा से सम्बन्धित अनेक अवशेष प्राप्य हैं।

महेन्द्र गिरि : रामकथा में यह उल्लेख आया है कि यह पर्वत समुद्र तट के निकट था। यहीं से उछलकर हनुमान ने लंका में प्रवेश किया था। यहाँ से समुद्र की दूरी शतयोजन बताई गयी है। हनुमान की उड़ान के साथ ही यह पर्वत बिखरकर समुद्र में समा गया था।

मिथिला : यह राजा मिथि के द्वारा स्थापित राज्य था, जो सदानीरा गण्डकी के उस पार स्थित था। इसकी प्रसिद्धि राजर्षि जनक के कारण चारों ओर फैल गयी थी। इसके कई नामान्तर हैं, जैसे—विदेह नगर, मिथिला पुरी, जनकपुर। यहाँ राजा निमि ने वैजयन्त नाम का सुन्दर नगर स्थापित किया था जो बाद में मिथिला की राजधानी बना। यहीं सीतामढ़ी में सीता का जन्म हुआ था। ऐसी प्रसिद्धि है कि विवाह के पूर्व सीताजी यहीं सीताकुण्ड में स्नान करती थीं। मिथिला नगर उपनिषद की मीमांसा के लिए बहुत प्रसिद्ध रहा है। राजर्षि जनक को विद्वत्ता के कारण ब्राह्मणत्व प्राप्त हो गया था। सम्प्रति यह क्षेत्र तिरहुत और नेपाल से जुड़ा हुआ है।

निमि इक्ष्वाकु के बारहवें पुत्र थे। उनके पुत्र जनक अथवा मिथि थे। रामायण के अनुसार निमि के पुत्र मिथि और मिथि के पुत्र जनक थे। भागवत में जनक के पुत्र का नाम उदावसु तथा नन्दीवर्धन लिखा गया है। पुराणों में जनक को सीरध्वज कहा गया है। रामायण के अनुसार सीरध्वज सीता जी के पितामह थे। हरिवंश पुराण में सीरध्वज के भाई थे कुशध्वज। भागवत में सीरध्वज के पुत्र हैं कुश।

मिस्र : प्राप्त प्रमाणों के अनुसार मिस्र के प्रथम सम्राट थे मनस (मनु), लगभग 14500 वर्ष पूर्व।

रामसेतु : ऐसी मान्यता है कि यह रामेश्वरम् से जाफना (श्रीलंका) के बीच मन्नार की खाड़ी में है। राम की बानरी सेना द्वारा यह सेतु त्रेता युग में लंका विजय के समय बनाया गया था। नासा के जैमिनी उपग्रह के डिजिटल इमेज रिफलेक्शन द्वारा 18.12.1986 को पृथ्वी पर प्रेषित चित्रों के अनुसार रामेश्वरम् से जाफना तक जुड़ा यह क्षीण स्थल मार्ग समुद्र में डूबा हुआ है। भारतीय दूर संवेदी उपग्रह ने भी इसकी पुष्टि की है। यह मानव निर्मित है। वाल्मीकि रामायण के अनुसार यह 5 दिनों में बना था। इसके निर्माता थे नल-नील। इसके निर्माण में अश्वकर्ण, धन, बाँस, कुटज, अर्जुन आदि वृक्षों और शिलाखण्डों का उपयोग हुआ था। यह 3500 वर्ष से लेकर लगभग साढ़े सत्रह लाख वर्ष तक पुराना बताया जाता है। 1803 ई. में प्रकाशित 'ग्लोसरी ऑफ मद्रास प्रिसीडेन्सी' में इसे 'एडम्स ब्रिज' कहा गया है। यह सेतु धनुष्कोटि से मन्नार तक 1480 तक जुड़ा हुआ था। बाद में किसी तूफान में यह टूट गया। श्रीलंका के इतिहास में कहा गया है कि पहले यह जल के ऊपर था। 6000 ई. पूर्व धरातल के धँसने से यह जल मग्न हो गया। इसके ऊपर 9 मीटर तक पानी है। कुछ लोगों का तर्क है कि यह एक प्राकृतिक रचना है और कुछ लोग मानते हैं कि प्रयासपूर्वक चट्टानों को जोड़कर यह बनाया गया था। इससे 15वीं शती तक आवागमन होता रहा है। बाद में किसी सुनामी के कारण यह खण्डित हो गया। अभी यह मदुरै जिले में रामनाडु के निकट 48 मील की दूरी पर द्रष्टव्य है। इसकी लम्बाई 30 मील और चौड़ाई 1 मील है। अंग्रेजों ने इसे राष्ट्रीय स्मारक घोषित कर दिया था। इधर इसके तोड़ने का विवाद चल रहा है।

ऋष्यमूक पर्वत : यह दण्डकारण्य में दक्षिण-पश्चिम दिशा में स्थित बताया जाता है। इसके पास ही किष्किन्धा राज्य था, जहाँ बालि-सुग्रीव रहते थे। बालि को यह शाप दिया गया था कि वह

ऋष्यमूक पर्वत में प्रवेश नहीं करेगा। इसीलिए बालि से परास्त होकर सुग्रीव ऋष्यमूक पर्वत पर ही आ छिपा था। इसी के निकट मतंग मुनि का आश्रम था। उसमें शबरी रहती थी। मतंग ऋषि जब बहुत वृद्ध हो गये तो उन्होंने अपने आश्रम में ही सप्त सागर बना लिए थे। सीता की खोज करते हुए यहाँ राम-लक्ष्मण ने चौमासा बिताया था।

लंका-पलंका : लंका की भौगोलिक स्थिति इतिहासकारों के बीच विवादास्पद रही है। जनमत के अनुसार आज इसे श्रीलंका द्वीप (सीलोन) माना जा रहा है। मलिक मोहम्मद जायसी ने पद्मावत में 'लंका और पलंका' का उल्लेख किया है, जिन्हें विद्वानों ने एलोरा के निकट कैलास पर्वत की दो गुफाएँ कहा है। इसके लिए 'पाताल लंका' शब्द का भी प्रयोग किया जाता है।

लाओस : कुछ विद्वानों का मत है कि यह लव द्वारा शासित मूलतः लव देश रहा है। यहाँ रामलीला का बड़ा प्रचलन है।

लाहौर : कुछ विद्वानों का मत है कि इसकी स्थापना लव ने की थी और यहाँ तक उनका शासन व्याप्त था।

बर्मा : यह बृहत्तर भारत का अंग रहा है। यहाँ रामकथा से सम्बन्धित कई तथ्य प्राप्य हैं।

स्याम देश (थाईलैण्ड) : यहाँ अजुधिया नगर है, राम और हिन्दू देवताओं के कई मन्दिर हैं और रामलीला की कई शैलियाँ प्रचलित हैं।

सूडान : ईरान-इराक के बीच स्थित कुशद्वीप का केन्द्र है सूडान। इसे 'शिवदान' शब्द का अपभ्रंश माना जाता है।

इसके अतिरिक्त जापान, चीन, कोरिया, मारिशस, त्रिनिनाद, गुयाना, फिजी आदि कई देशों में रामकथा और रामलीला के कई रूप द्रष्टव्य हैं।

होंडुरास : अमरीका के हास्टन यूनिवर्सिटी के वैज्ञानिकों ने लाइडर विधि से इस स्थान का जो 3डी नक्शा तैयार किया है, उसके अनुसार यहाँ जमीन में बहुत नीचे ऐसे कई अवशेष हैं, जिन्हें रामायण में पाताललोक कहा गया है। यहाँ का राजा अहिरावण राम-लक्ष्मण का हरण करके यहीं ले आया था। हनुमान जी ने उसके चंगुल से इन्हें मुक्त कराया था। इसकी खोज 1940 से की जा रही है। यहाँ मसकीटिया नामक स्थान में एक शहर का पता चला है, जिसमें मानव निर्मित कई वस्तुएँ दिखाई देती हैं। खोजकर्ता थियोडोर मोर्ड को हाथ में गदा लिए एक वानर की मूर्ति दिखायी दी थी। इस प्राचीन नगर में पहले वानर देवता की पूजा होती थी। वैदिक विज्ञान केन्द्र के प्रभारी प्रो. भरतराज सिंह का स्पष्ट मत है कि यह रामकथा में चर्चित अहिरावण का पाताललोक है।

(दैनिक हिन्दुस्तान 25 मार्च 2016)

जलवायु एवं मौसम

अवध क्षेत्र समशीतोष्ण है। यहाँ वर्षा, सर्दी, गर्मी, तीनों अपनी अति पर होती हैं। शरद, बसन्त, हेमन्त इन्हीं के अन्दर समाविष्ट हैं। अवध के सूफी कवियों ने बारहमासा का वर्णन करते हुए इन सभी ऋतुओं का वर्णन किया है। तबसे आज प्रकृति में काफी परिवर्तन भी दिखायी देता है, जो ऐतिहासिक भूगोल का विषय है। यह उल्लेखनीय है कि सूफी बारहमासा में उनका वर्षारम्भ आषाढ़ के महीने से हुआ है। मलिक मोहम्मद जायसी ने पावस ऋतु का बड़ा विस्तृत वर्णन किया है। उन्होंने एक-एक नक्षत्र का विवरण दिया है। इसके सहारे अवध के प्राचीन भूगोल, एवं फ्लोराफौना का परिचय प्राप्त किया जा सकता है। यहाँ पर मार्च से जून तक गरमी पड़ती है, जुलाई से सितम्बर तक वर्षा होती

है और अक्टूबर से फरवरी तक सर्दी। लू और कोहरा दोनों महाकष्टप्रद हैं। तापमान औसतन 48 डिग्री और सर्दी 3 डिग्री तक पहुँच जाती है, फिर भी कुल मिलाकर यहाँ की प्रकृति बड़ी सुहावनी है।

अवध का ऋतु विज्ञान : यहाँ लोक विज्ञान, ज्योतिष और मौसम विज्ञान में काफी कुछ भाव साम्य है। ज्योतिष के अनुसार 36 नक्षत्रों, 12 राशियों, 7 ग्रहों की जो मान्यता है, उसकी पुष्टि लोक ने की है। इनके अतिरिक्त अन्तरिक्ष विज्ञान और खगोल तथा प्रकृति-परिवेश के सूक्ष्म पर्यवेक्षण द्वारा घाघ भड्डरी जैसे लोक पण्डितों ने कई नये निष्कर्ष निकाले हैं, जैसे वर्षा के सम्बन्ध में उनके अनुभव हैं कि–

'दिन माँ बदरी राति तरैंया। जानै ईसुर कौन करैया।'

अर्थात् दिन में बदली छायी रहे, पर रात में नक्षत्र टिमटिमाते दिखें तो मान लीजिए कि अनावृष्टि रहेगी। इसी प्रकार रंगबिरंगे बादल आ जायें तो मान लेना चाहिए कि वर्षा ऋतु अब बीत गयी–

'लाल पीर जब होय अकास, तो छाडौ बरखा कै आस'।

अतिवृष्टि के सम्बन्ध में लोकमत है कि जब चन्द्रमा के चारों ओर मण्डल छा जाये और सूर्य अपनी कक्षा में बैठ जाये तो बाढ़ का आना अवश्यंभावी है–

'चन्दा बैठो मंडला सूरज बैठो कच्छ। ऐसो बोलै जोतिसी बंजर लोटै मच्छ।'

यह भी लोकमत है कि कम वृष्टि तब होती है, जब सावन में पुरवाई और भादों में पछवा चलती है। तब तिल्ली ही पैदा हो सकती है। लोक पण्डित कहता है–

'सावन चलै पुरवाई तालन तिली बुवाई'।
फागुन मास चलै पुरवाई तब गेहूँ का किरवा खाईं

यह भी कहा जाता है कि

'जै दिन भादौ पछवा बहै, तै दिन पाला माघ माँ परै।'

इसी प्रकार माघ में बरसने से पत्थर पाला की आशंका विद्यमान रहती है। एक कहावत के अनुसार–

'माघे बादल लाल घिरै। साँची मानों पाथर परे।'

वर्षा की भविष्यवाणी दिनों के अनुसार भी की गयी है, जैसे–

'शुक्रवार की बादरी रहै सनीचर छाय।
गुरु कहै सुनु बालका बिनु बरसे नहि जाय।'

लोकपण्डितों ने एक एक नक्षत्र से वर्षा का सम्बन्ध स्पष्ट किया है। लोकमत है कि हस्तिनक्षत्र के जल से गेहूँ की उपज बढ़ जाती है–

'जो जल बरसै हाथी, गेहूँ लागै छाती।'

अथवा–'हाथी पूछ डुलावै, तो टका पसेरी आवै।' इसके विपरीत स्वाति की वृष्टि से कपास की फसल नष्ट हो जाती है–

'जो आ बरसै स्वाति बिसांत, चलै न रौंटा बजे न ताँत।'

यहाँ महवट वृष्टि को बहुत लाभप्रद माना गया है, किन्तु चैत की वृष्टि को हानिकारक कहा गया है–

'मघा न बरसै भरे न खेत। माता न परसै भरे न पेट।'
'चैत में पानी, सावन धूल उड़ानी।'

लोक पण्डितों ने अपने सूक्ष्म निरीक्षण द्वारा कुछ निष्कर्ष निकाले हैं, जैसे वर्षा के आरम्भ से सम्बन्धित ये लक्षण–

'कलसन पानी गरम हो चिरी नहावै धूर।
अण्डा लै चींटी चलै, तब बरखा भरपूर।'

वस्तुतः इस कृषि प्रधान क्षेत्र में धान्य (फसल) और धन की प्राप्ति सुवृष्टि द्वारा ही सम्भावित है। इस क्षेत्र में बादल को 'दैवा' या 'दयू' कहते हैं। पूरा वर्ष (संवत्सर) वर्षा पर निर्भर होता है। अकाल पड़ने पर छोटे-छोटे बच्चे 'काले मेघा पानी दे' की गुहार लगाते हैं। स्त्रियाँ निर्वस्त्र होकर खेत जोतती हैं, ताकि इन्द्रदेव प्रसन्न हो जायें। यह यक्ष देव संस्कृति का अवशेष प्रतीत होता है।

इसी प्रकार प्रतिकूल जलवायु के बारे में भी लोक पण्डितों ने अपनी कुछ टिप्पणियाँ प्रस्तुत की हैं। उनका मत है कि जेठ जितना तपता है, वर्षा उतनी ही अच्छी होती है। यदि पुष्य, पुनर्वसु नक्षत्रों में अच्छा पानी नहीं बरसता तो फिर अगले वर्ष की ही सम्भावना की जा सकती है–

'जेठ मास जो तपै अकासा। तो जानौ बरखा कै आसा।
पुस्स पुनर्वस भरै न तालु। तो फिरि निरखौ अगले सालु।।'

स्पष्ट है कि ये कहावतें ऋतुचक्र से गहरे स्तर पर जुड़ी हुई हैं। कुछ अतिवृष्टि अनावृष्टि से जुड़ी हुई हैं, जैसे–

जब बहै पछुवा कोन। तौ बनिया लादै लोन।

अर्थात् वर्षा में पुरवाई की जगह पछुआ चलने से अकाल पड़ता है।

जब बरखा चित्रा माँ होय। सारी खेती जावे सोय।

(चित्रा नक्षत्र की वृष्टि हानिकारिणी होती है)

जै दिन भादों बहै पछार। ते दिन पूस परै तुषार।

(भादों की पछुआ से शीतकाल में तुषारपात होता है)

फागुन बदी दूज बिन बादर होय न बीज
बरसै सावन भादों झिलमिल खेलौ तीज।

(फागुन में वृष्टि न होगी तो सावन-भादों में अच्छी बारिश अवश्य होगी)

माघ मास कै बादरी और कुवारी घाम।

(माघ की बदली और क्वार की धूप कष्टकारक है)

चन्दा बैठो मंडला सूरज बैठो कच्छ
ऐसो बोलै भड्डरी नाचै मागर मच्छ।

(इस ग्रह दशा में इतनी अतिवृष्टि होगी कि घर में मरगमच्छ घुस आयेंगे)

चित्रा स्वाति बिसाखा छड़ी। बरसै असाढ़ तो परदेस पड़ी।

(इन ग्रहों में वृष्टि होने से परदेस भागना पड़ता है)

चैत मास दसमी खड़ी जो कहुँ कोरी जाय।
चौमासे भर बादरी भली भाँति बरसाय।।

(चैत्र में वृष्टि न होने से वर्षा के चारों माह तक पानी बरसता है)

चैतमास उजियारी पाख। आठ दिवस जो बरसा राख।
नौ बरसै नित बिजली होय। तो दस दिसा अकाले होय।

(चैत्र की वर्षा से आगे अकाल अवश्य पड़ता है। इसी कथन की पुष्टि अगली दो कहावतों में की गयी है)

चैत न पछुवा भादों जाला। भादों पछुवा माघ का पाला।

चैत बरखा आई तो सावन सूखा जाई।

एक बूँद चैत मा परै। सहस बूंद सावन की हरै।

भड्डरी का मत है कि "गुरु शुक्र की बादरी बिन बरसे ना जाय" अर्थात् वृष्टि अवश्यंभावी होती है।

शीतऋतु के सम्बन्ध में यह कथन है कि माघ पूस के 40 दिन कड़ाके की सर्दी के होते हैं—

चिल्ला जाड़ा दिन चालीसा। पूस के पन्द्रह मकर पचीसा।

भड्डरी का मत है कि इस ऋतु में सिर तथा पैर को गरम रखने से हम नीरोग रहते हैं। उनका यह भी मत है कि एक पखवारे में दो बार ग्रहण पड़ने से किसान और स्वामी दोनों का अनिष्ट होता है—

एक पाख दुइ गहना। राजा मरै कि किसना।

ये कहावतें पर्यवेक्षण पर आधारित हैं, जिन पर लोक की बड़ी आस्था है। इनका मौसम विज्ञान से कुछ साम्य भी है। पर्यावरण के बदल जाने से कभी-कभी कुछ अन्तर भी पड़ता है। इनमें कुछ कहावतें स्थानीय ऊसर और तालावों से सम्बन्धित भी हैं, जैसे—

"जो न होत अमेठी का ऊसर तो राजा होत दयू का दूसर।

जो न होत तिलोई का ताल। राजा होत दैव का लाल।।"

तात्पर्य यह है कि इन कहावतों का स्थानीय मौसम विज्ञान तथा भौगोलिक संरचना से घनिष्ठ सम्बन्ध है।

खनिज पदार्थ : इस क्षेत्र में बहुत अधिक खनिज तो नहीं मिलते, फिर भी इलाहाबाद, मिर्जापुर क्षेत्र में चूना, पत्थर, सोप-स्टोन, जिप्सम, फास्फेराइट, बाक्साइट, फायरक्ले आदि न्यूनाधिक मात्रा में पाये जाते हैं। यहाँ ऊसर क्षेत्र काफी है, जिसमें रेह सर्व सुलभ है।

दर्शनीय स्थल

अवध क्षेत्र में अनेक प्रकार के दर्शनीय स्थल हैं, जिन्हें पाँच भागों में वर्गीकृत किया जा सकता है—

उपासना स्थल : तीर्थ, मन्दिर, मस्जिद, मजार, गुरुद्वारा, चर्च, आश्रम, अखाड़ा आदि। अयोध्या के प्रसिद्ध अष्टतीर्थ हैं—1. रामजन्म भूमि, 2. हनुमान गढ़ी, 3. नागेश्वर नाथ, 4. सरयू नदी, 5. लक्ष्मण घाट (विमोचन घाट) 6. सहस्रधारा, 7. सप्त सागर, एवं 8. कनक भवन।

1. **पौराणिक ऐतिहासिक स्थल :** स्मारक, किला, महल, पुरातात्विक अवशेष आदि।
2. **सुरम्य प्राकृतिक स्थल :** जैसे—पर्वत, शिखर, घाटी, झरने, नदियाँ, घाट, झीलें, सरोवर आदि।
3. **पर्यटन स्थल :** (पिकनिक स्पाट) वन, उपवन, पार्क आदि।
4. **मेले-ठेले :** इनका अकारादि क्रम से संक्षिप्त विवरण यथा स्थान द्रष्टव्य है।

प्रमुख पौराणिक-ऐतिहासिक स्थल

1. पाण्डुपुरी, उन्नाव : यहाँ मन्दिरों का एक ग्राम है पड़री कलाँ। इसका संस्कृत नाम है पाण्डुपुरी। पड़री गाँव पाण्डवों के निवास स्थल के रूप में प्रसिद्ध है। पाण्डवों की माता कुन्ती के साथ वारणावत नगर एकचक्रा बकासुर (बक्सर) गंगातट से पंचाल अहिछत्रा कम्पिल यात्रा का महाभारत में वर्णन हुआ है। इस मार्ग में स्थित असनी-फतेहपुर के पास पड़री, लालपुर, पड़री कलाँ, खुर्द व नेवन्न। ये पाँच गाँव पाण्डवों की यात्रा के स्मारक हैं। पड़री कलाँ ग्राम के प्राचीन मन्दिरों में सगरेश्वर

तथा बालेश्वरी इस घटना के साक्षी हैं। सगरेश्वर अयोध्या नरेश सगर की जन्मभूमि थी। बालेश्वरी में पाण्डवों की माता कुन्ती का स्मारक है। यह समय था सरस्वती सिन्धु घाटी सभ्यता का।

पुराणेतिहास के अनुसार वनवासी राजकुमार सगर को और्वमुनि ने आग्नेयास्त्र की शिक्षा प्रदान कर विश्व विजेता बनाया था। उत्पलारण्य परियर में श्री राम के पुत्र कुश लव द्वारा स्थापित बलखण्डेश्वर, उन्नाव नगर में स्थापित सिद्धेश्वर तथा पुरवा में राजा दशरथ द्वारा स्थापित बिल्वेश्वर के मध्य में स्थित सगरेश्वर तथा और्वाश्रम की भी स्मृति अभी ताजा है। ब्रह्मावर्त (बिठूर, कानपुर) में स्वायम्भुव मनु के पौत्र भक्त ध्रुव द्वारा निर्मित दुर्ग, विश्व की प्रथम राजधानी बर्हिष्मती, बराहकला में मनुशतरूपा की समाधि, नैमिषारण्य के मार्ग में ध्रुव की जन्मभूमि, माता सुनीति का वनवास कुटीर तथा और्वाश्रम सगरेश्वर मन्दिर स्थित है। जीर्णशीर्ण शिवलिंग के ऊपर निर्मित गुफा मन्दिर, मौर्य, शुंग गुप्त एवं राजपूत काल के कई शिल्प के अवशेषों से युक्त आँट-टीला यहाँ की इतिहास गाथा का अस्त-व्यस्त संग्रहालय है।

2. पारिजात : इसे कल्प वृक्ष माना जाता है। यह वृक्ष कुन्तूर ग्राम (बाराबंकी) में घाघरा के तट से 2 किलोमीटर की दूरी पर स्थित है। महाभारत में यह उल्लेख है कि इन्द्र के पुत्र अर्जुन ने द्रौपदी के आग्रह पर इन्द्र की राजधानी अमरावती के नन्दनकानन से इसकी एक डाली लाकर एक कूप में लगायी थी। कहा जाता है कि जब लाक्षागृह जलाया गया था तो व्यास जी ने लौह दण्डों की सहायता से एक सुरंग हस्तिनापुर से इस गाँव तक बनवायी थी। उसी से चलकर सभी पाण्डव यहाँ सुरक्षित रूप से पहुँचे थे। अज्ञात वास काल में वे बहुत दिनों तक यहाँ रहे। उसकी स्मृति में यह परिसर यहाँ तैयार किया गया है। यह पारिजात विश्व का सबसे प्राचीन (लगभग पाँच हजार वर्ष पुराना) स्वर्गिक वृक्ष है। इसे देखने के लिए द्वारका से श्रीकृष्ण जी यहाँ सपरिवार आये थे। आज भी देश-देशान्तर के पर्यटक इसे देखने आते हैं।

3. लक्ष्मण टीला, लखनऊ : यह लखनऊ का प्राचीनतम अवशेष है। यहाँ से प्राप्त वस्तुएँ 7वीं शती की बताई जाती हैं। इस पर कोशल वंश, गुप्त वंश, मौखरि, गुर्जर प्रतिहार, गहडवाल, सल्तनत और मुगलों का समय-समय पर आधिपत्य रहा है, पर सर्वाधिक वर्चस्व रहा है अवध के नवाबों का। यहाँ टीले वाली मस्जिद बनवायी गयी, जबकि पहले यहाँ लक्ष्मण का दुर्ग था। इस टीले की खुदाई से पुरातात्विक महत्त्व की कई वस्तुएँ प्राप्त हुई हैं। जनश्रुति के अनुसार इसके भीतर नवाबी खजाना है और मीलों लम्बी सुरंग का प्रवेश-द्वार भी।

4. पर्यटन स्थल वन-उपवन पार्क : अवध क्षेत्र में वनों का बड़ा महत्त्व रहा है। यहाँ के जनजीवन में नन्दनवन, कदलीवन, लुंविनी वन, कामवन, दण्डकवन, महावन, अंजनवन, अन्धवन, जालिनी वन, कंटिकी वन, प्रमोद वन, कथक वन, शृंगार वन, तमालवन, रसाल वन, चम्पक वन, चन्दन वन, पारिजात वन, अशोक वन, विचित्र वन, नागेश्वर वन, वाराह वन आदि की निरन्तर चर्चा होती रही है। प्राप्त प्रमाणों के अनुसार जिला बाराबंकी वाराह वन का अपभ्रंश है। इसे पहले सूकर खेत के अन्तर्गत गिना जाता था। पहले अयोध्या के चारों ओर बड़े-बड़े वन थे। श्रावस्ती के जेतवन का उल्लेख कई बौद्ध ग्रन्थों में हुआ है। बैसवारे को पहले 'वनौधा' कहा जाता था। खीरी से बहराइच तक के तराई क्षेत्र में आज भी अनेक वन हैं, जैसे—दुधवा, किसनपुर, कर्तनिया घाट आदि। इस क्षेत्र की लगभग 17 प्रतिशत भूमि वनाच्छादित है। इस क्षेत्र में कई 'रिजर्व फारेस्ट' और सेंचुरी हैं, जैसे—

दुधवा : यह शिवालिक से घिरा हुआ 680 वर्ग क्षेत्र का विशाल वन है, जो किरनपुर, वनकटी,

चन्दन चौकी, किला, भीरा, कोठिया, मैलानी और कैतया के बीच फैला हुआ है। इसके मध्य मोहाना, शारदा और सुहेली नामक नदियाँ हैं। इसमें 63 प्रतिशत वन हैं, 10 प्रतिशत घास के मैदान हैं और 18 प्रतिशत नम भूमि है। इसकी खोज 1984 ई. में ओलिवर नामक एक वैज्ञानिक ने की थी। फरवरी 1977 में संरक्षित वन के रूप में इसकी स्थापना हुई। 1987 ई. से यहाँ 'बाघ परियोजना' शुरू हुई, क्योंकि यहाँ के ऊडलैण्ड में सर्वाधिक बाघ पाये जाते हैं। खरगोश की कई दुर्लभ प्रजातियाँ पहले केवल यहीं सुलभ थीं। यहाँ हिरनों की कई प्रजातियाँ हैं, साथ ही बाघ, तेन्दुआ, गैण्डा, हाथी, भालू, नीलगाय, घड़ियाल आदि की भी। स्तनपायी जीव 500 के आस-पास हैं। पक्षियों की प्रजातियाँ लगभग 450 हैं। इसके अतिरिक्त मछलियों की 79 प्रजातियाँ हैं और सरीसृप (रेंगने वाले जीव) लगभग 35 हैं।

इस अंचल में कई और महत्त्वपूर्ण सेंचुरी हैं, यथा—

- नवाबगंज वन्य जीव विहार, उन्नाव (1984) इसका क्षेत्र 2 वर्ग कि. है।
- कैमूर वन्य जीव विहार, मिर्जापुर।
- किसनपुर वन्य जीव विहार (1972) यह खीरी जिले के 227 वर्ग कि. क्षेत्र में व्याप्त है।
- समसपुर वन्य जीव विहार, रायबरेली (1984) इसका क्षेत्र 8 वर्ग कि. है।
- घड़ियाल सेंचुरी, लखनऊ।
- साँड़ी वन्य जीव विहार, हरदोई (1990) यह तीन वर्ग कि. क्षेत्र में व्याप्त है।
- करतनियाघाट वन्य जीव विहार, यह बहराइच जिले के 450 वर्ग कि. क्षेत्र में व्याप्त है।
- सुहेलवा वन्य जीव विहार (1988) यह श्रावस्ती जिले में 452 कि. में फैला हुआ है।
- पार्वती सरंगा वन्य क्षेत्र विहार (1990) जो 11 वर्ग कि. में व्याप्त है।
- कानपुर प्राणी उद्यान (1974) जो 80 एकड़ की झील में व्याप्त है। यहाँ पहले चमड़े की रँगाई हेतु बबूलवन विकसित किया गया था। इन दिनों यह उद्‌विलाव के लिए प्रसिद्ध है।
- प्रिन्स ऑफ वेल्स जूलोजिकल गार्डेन, (लखनऊ जू) (1921) यहाँ काला हिरन, सफेद बाघ, जेब्रा, हिप्पो आदि जीव द्रष्टव्य हैं।

वन सम्पदा की दृष्टि से यह क्षेत्र बहुत समृद्ध नहीं है। यहाँ वनाच्छादन मात्र 2 प्रतिशत है। अभी सामाजिक वानिकी को विकसित करने की बड़ी आवश्यकता है। नगरीकरण और कृषि विकास के उद्‌देश्य से यहाँ जंगलों को विगत शताब्दियों में बड़ी निर्ममता के साथ काटा गया है। अब आवश्यकता है कि वानिकी का सुनियोजित विकास किया जाये। इससे अनेक लाभ होंगे, जैसे—

1. भाँति-भाँति की लकड़ी (इमारती, फर्नीचर वाली, जालन वाली और बाँस जैसे औद्योगिक प्रयोजन वाली) की उपलब्धता।

2. कागज, रेआन, प्लाई बोर्ड आदि का उत्पादन।

3. चरागाह का विकास।

4. बीजोत्पादन और नर्सरी का विकास।

5. आखेट एवं पर्यटन उद्योग का विकास।

6. पर्यावरण संरक्षण।

7. विभिन्न प्रकार की वनस्पतियों की प्राप्ति।

8. पशु-पक्षियों का पुनर्वास आदि।

अवध क्षेत्र में अनेक प्रकार की वनस्पतियाँ पायी जाती हैं। यहाँ के कुछ प्रसिद्ध वृक्ष हैं—साल,

सागौन, साखूँ, आम, जामुन, महुवा, यूक्लिपटस, शीशम, पीपल, बरगद, गूलर, नीम, बबूल, पापुलर, हल्दू, खैर, सिरसा, छितवन, बेल, कैथा, अमलतास, पलास, पाकड़, इमली, बड़हल, कटहल, अशोक, आँवला, बाँस आदि।

इन पौधों से कई प्रकार की वनौषधियाँ एवं फल-फूल प्राप्त होते हैं। इनकी खोज के लिए नेशनल बटानिकल रिसर्च इन्स्टीट्यूट (लखनऊ) कार्यरत है। सुगन्धित पुष्पों की खोज की दिशा में 'सिमैप' (लखनऊ) काफी सक्रिय है। इनके अतिरिक्त जो उद्यान इस क्षेत्र में विकसित हुए हैं, उनका संक्षिप्त विवरण भी द्रष्टव्य है–

1. **कम्पनी बाग :** ईस्ट इण्डिया कम्पनी जिस क्षेत्र पर कब्जा कर लेती थी, वहाँ अंग्रेजों के उपयोग हेतु 'कम्पनी बाग' नामक पार्क विकसित करती थी। उदाहरणार्थ–इलाहाबाद का कम्पनी बाग (अल्फ्रेड पार्क), कानपुर का कम्पनी बाग।

2. **जूलॉजिकल गार्डेन :** इन प्राणी-उद्यानों की शुरुआत अंग्रेजी शासनकाल में हुई थी। अवध में ऐसे कई प्राणी उद्यान द्रष्टव्य हैं।

3. **पब्लिक पार्क :** यहाँ के सभी जनपदों और बड़े कस्बों में ऐसे मैदान हैं, जो सार्वजनिक समारोहों के काम आते हैं, जैसे–कानपुर का गणेश उद्यान, लखनऊ का जनेश्वर मिश्र पार्क, काशीराम स्मारक, इको फ्रेंडली पार्क, अम्बेडकर पार्क, लोहिया पार्क, दीनदयाल उपाध्याय पार्क, रमादेवी पार्क, लक्ष्मण पार्क, झूलेलाल पार्क आदि। पहले यहाँ झण्डे वाला पार्क (अमीनाबाद), बनारसी बाग, बुद्धा पार्क, नीबू पार्क, हाथी पार्क, सूरज कुंड, मूसाबाग, कुकरैल सेंचुरी, विक्टोरिया पार्क, (चौक) बेगम हजरत महल पार्क आदि स्थानों में सार्वजनिक भाषण, प्रदर्शनी, सर्कस, मेले-ठेले आदि आयोजित किये जाते थे। इन दिनों प्रत्येक बड़ी बस्ती में ऐसा कोई न कोई बड़ा स्थल दिख जाता है, जहाँ धार्मिक सम्मेलन, मुशायरा, कवि सम्मेलन, विवाहोत्सव आदि होते हैं। इधर महापालिकाओं की ओर से कई कम्युनिटी सेंटर विकसित किये गये हैं, जो किराये पर विभिन्न सामाजिक-सांस्कृतिक कार्यक्रमों के लिए प्राप्त किये जा सकते हैं। इलाहाबाद के इस पब्लिक पार्क को अल्फ्रेड पार्क और चन्द्रशेखर पार्क भी कहा जाता है। शहर के मध्य कई किलो वर्ग मीटर क्षेत्र में फैला हुआ, हरे-भरे फलदार पेड़-पौधों और पार्कों से सुसज्जित इस स्थान का दूसरा कोई शानी नहीं है। अमर शहीद चन्द्रशेखर आजाद के बलिदान से जुड़कर यह भी एक तीर्थ स्थल बन गया है। इसमें भीतर इलाहाबाद संग्रहालय, संस्कृत विद्यालय जैसी कई संस्थाएँ कार्यरत हैं। यहाँ का खुसरोबाग, मिंटोपार्क और रामबाग भी विशिष्ट हैं।

अ. स्थानीय निकायों द्वारा स्थापित कुछ पार्कों में खेलकूद, नौकायन, वाचनालय आदि की व्यवस्था है।

ब. इस बीच कई वाटर पार्क विकसित किये गये हैं, जहाँ लोग पिकनिक के लिए जाते हैं।

4. **धार्मिक पार्क :** धार्मिक उद्देश्य से यहाँ कई उद्यान बनाये गये हैं, जिनमें द्रष्टव्य हैं–

क. तुलसी उद्यान : अयोध्या के उद्यानों में इसका विशेष महत्त्व है। पहले इसे विक्टोरिया पार्क कहा जाता था। 1960 में इसका नामकरण तुलसीदास पर कर दिया गया।

ख. रामकथा पार्क अयोध्या।

5. **ऐतिहासिक पार्क :** इसे क्षेत्र में कई ऐतिहासिक घटनाओं और महापुरुषों से सम्बन्धित पार्क हैं, जैसे–

1. **कोरियन पार्क :** नया घाट के निकट अयोध्या की राजकुमारी और कोरिया की रानी हो का जन्म स्थान चिह्नित किया गया है।

2. रामकी पैड़ी : यह सरयू के नये घाट पर स्थित है। बहुत पहले यहाँ पक्का घाट था जो नदी प्रवाह में बह गया। सन् 1984 में इसका पुनरुद्धार किया गया। इसका प्रबन्धन प्रदेश का सिंचाई विभाग करता है।

3. गुलाब बाड़ी : फ़ैज़ाबाद में स्थित इस उद्यान में नवाब शुजाउद्दौला की स्मृति में एक मस्जिद निर्मित की गयी थी, जिसका प्रबन्धन मुस्लिम वक्फ़ बोर्ड करता है। इसमें भाँति-भाँति के गुलाबों की खेती होती है।

4. ऋषभदेव उद्यान : यह अयोध्या के राजघाट पर स्थित है। यहाँ ऋषभदेव की भव्य प्रतिमा स्थापित की गयी है।

5. बायोटेक्नोलोजी पार्क (इकोफ्रेण्डली) : भारत सरकार के बायोटेक्नोलाजी विभाग, प्रदेश के विज्ञान एवं प्रौद्योगिकी विभाग और उत्तर प्रदेश लघु उद्योग विकास निगम के संयुक्त तत्वावधान में बायोटेक्नोलोजी पार्क/सिटी की स्थापना लखनऊ में हुई है। इसका मुख्य उद्देश्य प्रदेश में जैव-प्रौद्योगिकी पर आधारित औद्योगिक विकास करना है।

स्पष्ट है कि कई प्रकार के वनों-उपवनों से परिपूर्ण है यह क्षेत्र।

मेले-ठेले

अवध क्षेत्र में समय-समय पर कई मेले होते हैं, यथा—

1. प्रयाग का माघमेला, अर्द्ध कुम्भ, महाकुम्भ
2. परिक्रमा (14 कोसी) मेला
3. इलाहाबाद का दशहरा मेला
4. नैमिष का पंच कोसी-परिक्रमा मेला
5. नैमिष का 84 कोसी परिक्रमा मेला—(मखौड़ा मनोरमा तट से सीता कुण्ड तक फाल्गुन प्रतिपदा से तेईस दिवसीय मेला)
6. रामनवमी मेला, चैत्र शुक्ल 9, अयोध्या
7. चित्रकूट का रामायण मेला
8. हनुमान मन्दिर, पनकी (कानपुर) का मेला
9. पाटेश्वरी देवी मन्दिर, देवी पाटन का मेला
10. मिर्जापुर का नवरत्न मेला
11. विन्ध्यांचल का नवरात्र मेला, होरहा गदेरी, भंडारी, लोहड़ी, ओझाला और कजरी के मेले
12. बिसवाँ का सूफी मेला
13. शृंगबेरपुर का अमावस्या एवं पूर्णिमा का मेला
14. बिठूर मेला (कार्तिक पूर्णिमा)
15. कानपुर का गंगा मेला (फाल्गुन पूर्णिमा)
16. मगहर मेला, बस्ती
17. त्रिलोचन मन्दिर (जौनपुर) मेला—श्रावण एवं फाल्गुन मास में
18. रथ यात्रा मूला, आषाढ़ 2, अयोध्या।
19. उर्स, देवा (बाराबंकी)
20. गोविन्द साहब मेला (अम्बेडकर नगर)

21. मनकामेश्वर मन्दिर का शिवरात्रि मेला, लखनऊ
22. लोधेश्वर (बाराबंकी) का महादेव मेला (शिवरात्रि)
23. उस्र, सैयद मसूद गाजी की दरगाह (बहराइच)
24. गोलागोकरन नाथ (लखीमपुर) का मेला
25. बाँगरमऊ (उन्नाव) का मेला
26. सिकन्दरपुर, गंगा घाट (उन्नाव) का मेला
27. कोटवा धाम (बाराबंकी) का मेला
28. कतकी मेला (डलमऊ), रायबरेली
29. चन्द्रिकादेवी बक्सर (उन्नाव) का मेला
30. देवी हिंगला का मेला, दादरा, अमेठी (शारदीय नवरात्र)
31. आठौं का मेला, शीतला देवी मन्दिर, मेंहदीगंज (लखनऊ) होली के 8 दिन बाद
32. शान्ता मन्दिर, शृंगबेरपुर (कौशाम्बी) का मेला
33. पौष मेला, पसका, सूकर खेत, गोंडा
34. सूर्य कुण्ड का मेला, अयोध्या
35. भादों बड़ा मंगल का मेला, सण्डीला, हरदोई
36. मणिपर्वत का मेला, श्रावण शुक्ल 3, अयोध्या
37. झूलनोत्सव मेला, श्रावण शुक्ल 3 से 15, अयोध्या
38. गुप्तार घाट का मेला, आश्विनमास, अयोध्या
39. चौदह कोसी परिक्रमा मेला, कार्तिक शुक्ल 9, अयोध्या
40. 5 कोसी परिक्रमा मेला, कार्तिक शुक्ल 15, अयोध्या
41. मत्तगजेन्द्र मेला, अयोध्या
42. भरत कुण्ड मेला, अयोध्या
43. उन्नाव में तकिया का मेला
44. कार्तिक पूर्णिमा मेला, गोमती तट, लखनऊ
45. पार्वती देवी मेला, सताँव, रायबरेली
46. लखनऊ में जेठ के मंगलवारों पर हनुमान मेले
47. मिर्जापुर का जुतिया मेला आदि।

कुम्भ मेला : (प्रयाग) में सैकड़ों वर्षों से 12 वर्षीय महाकुम्भ और 6 वर्ष बाद अर्द्धकुम्भ का मेला लगता है। ज्योतिष गणना के अनुसार 12 वर्ष बाद वृहस्पति जब मेष राशि में और सूर्यचन्द्र मकर राशि में आ जाये तो एक कुम्भ बनता है। इस समय प्रयाग में गंगा-यमुना-सरस्वती के संगम में अमृत वृष्टि होती है। उसमें स्नान करने से अमरत्व मिलता है तथा पाप ताप शाप शमित होता है। इस अवधि में पौष पूर्णिमा, मकर संक्रान्ति, मौनी अमावस्या, बसन्त पंचमी, माघी पूर्णिमा एवं महाशिवरात्रि—ये 6 पर्व स्नान विशेष महत्त्व रखते हैं।

इस मेले में कई पन्थों, सम्प्रदायों तथा संस्थाओं के शिविर आश्रम बनते हैं। पूरे देश से नागाओं के 13 अखाड़े आते हैं। उनकी पेशवाइयाँ धूम-धाम के साथ शाही स्नान करती हैं, फिर जन साधारण को अवसर मिलता है।

कुम्भ मेले में सनातन धर्मावलम्बियों के धर्मतन्त्र का महाधिवेशन होता है। इसमें विभिन्न

सम्प्रदायों का पंजीयन होता है, मठाधीशों का चयन होता है और धार्मिक प्रशासन प्रबन्धन आदि को सुनिश्चित किया जाता है।

कुम्भ मेलों की यह व्यवस्था हरिद्वार, उज्जैन, नासिक आदि में भी की जाती है, किन्तु इनमें प्रयाग कुम्भ सर्वोपरि है। यह परम्परा हर्षवर्धन काल से चल रही है। इसके प्रवर्तक शंकराचार्य जी माने जाते हैं। इस मेले में सत्संग, शास्त्रार्थ, कल्पवास, अन्नक्षेत्र और धर्म, साहित्य, संस्कृति से जुड़े अनेक कार्यक्रम होते हैं। विपणन की दृष्टि से भी यह महत्त्वपूर्ण है। इसमें करोड़ों की संख्या में स्नानार्थी सम्मिलित होते हैं, जिनमें सैकड़ों विदेशी भी होते हैं। जनसम्पर्क का यह सबसे बड़ा माध्यम है। राष्ट्रीय भावैक्य एवं मानवीय आस्था इसका बड़ा प्रदेय है।

नक्षत्र : उत्तर भारत की जलवायु में सत्ताईस नक्षत्रों की मान्यता है—1. घनिष्ठा 2. शतभिषज 3. पूर्व भाद्रपाद 4. उत्तर भाद्रपाद 5. रेवती 6. पुनर्वसु 7. पुष्य 8. अश्लेषा 9. मघा 10. पूर्व फाल्गुनी 11. उत्तर फाल्गुनी 12. हस्ती 13. चित्रा 14. स्वाती 15. विशाखा 16. अनुराधा 17. ज्येष्ठा 18. श्रवण 19. पूर्वाषाढ़ 20. उत्तराषाढ़ 21. आर्द्रा 22. अभिजित 23. अश्विनी 24. भरणी 25. कृत्तिका 26. रोहिणी 27. मृगशिरा।

मोटे तौर पर एक मास में दो नक्षत्र पड़ते हैं। मृगशिरा में सबसे ज्यादा गरमी होती है और आर्द्रा में भीषण वर्षा होती है। जायसी ने लिखा है—"तपनि मृगशिरा जे सहैं, ते आर्द्रा पलुहन्ति।" हस्ती को अवध के जनजीवन में 'हथिया' कहा जाता है। स्वाति नछत्र के सम्बन्ध में यहाँ लोक विश्वास है कि इस बीच जल की बूँदें केले पर पड़ती हैं तो वे कपूर बन जाती हैं, सीप पर पड़ती हैं तो मोती हो जाती हैं, साँप के मुँह पर पड़ती हैं तो विष बन जाती हैं, बाँस के कल्ले पर पड़ती हैं तो बंशलोचन हो जाती हैं, हाथी के मस्तक पर पड़कर 'गज मुक्ता' हो जाती हैं, गाय के मस्तक पर पड़कर गोरोचन हो जाती हैं और साँप के फन पर पड़ने से नागमणि बन जाती हैं। कविवर रहीम के शब्दों में—"कदली सीप भुजंग मुख स्वाति एक गुन तीन ।"

पंचांग : इस क्षेत्र में हिन्दू, मुस्लिम और ईसाइयों के तीन कैलेण्डर प्रचलित हैं। हिन्दू पंचांग में बारह मास होते हैं, क्रमशः 1. चैत्र 2. वैशाख 3. ज्येष्ठ 4. आषाढ़ 5. श्रावण (सावन) 6. भाद्रपद (भादों) 7. आश्विन (क्वार) 8. कार्तिक 9. मार्गशीर्ष (अगहन) 10. पौष (पूस) 11. माघ (माह) 12. फाल्गुन।

मुस्लिम हिजरी के अनुसार साल में ग्यारह महीने होते हैं—1. मुहर्रम 2. सफर 3. रवि-उल-अटवल 4. रवि-उल-आखर (रवि उस्सानी) 5. जमादि-उल-अव्वल 6. रज्जब 7. सावान 8. रमज़ान 9. सल्वाल 10. जिल्काद 11. जिल्हेज (जिल्हिज)।

ईसाई कैलेण्डर के अनुसार ये बारह महीने प्रचलित हैं—1. जनवरी 2. फरवरी 3. मार्च 4. अप्रैल 5. मई 6. जून 7. जुलाई 8. अगस्त 9. सितम्बर 10. अक्टूबर 11. नवम्बर 12. दिसम्बर।

हिन्दू पंचांग में प्रत्येक माह के दो पक्ष (पाख) होते हैं। पहले कृष्णपक्ष (अंधरा पाख या बदी) फिर शुक्लपक्ष (उजेर पाख या सुदी)। यहाँ विक्रमी संवत् के साथ-साथ राष्ट्रीय पंचांग के रूप में शक संवत् भी प्रचलित है। विक्रमी संवत् ईसाई कैलेण्डर से 57 वर्ष आगे चलता है। हिन्दू कैलेण्डर में हर महीना प्रतिपदा से अमावस्या तक 15+15=30 दिनों का होता है। बीच-बीच में एक अधिक मास/मलमास या पुरुषोत्तम मास पड़ जाता है। कृषि-राजस्व की दृष्टि से यहाँ मुगल काल में फसली वर्ष चलाया गया था, जो सरकारी कागजात में दर्ज किया जाता है।

नदियाँ-झीलें

अवध क्षेत्र में प्रवाहित नयी-पुरानी नदियाँ अकारादि क्रम से इस प्रकार हैं—

अनोमा : अयोध्या की नदियों में इसका उल्लेख यत्र-तत्र पाया जाता है।

अलकनन्दा : गंगा की चार प्रमुख धारायें हैं। इनमें से एक धारा अलकनन्दा है, जिसे शिव ने अपनी जटाओं में सौ वर्षों तक रखा था। राजा सगर के पुत्रों के उद्धार हेतु भगीरथ जी की प्रार्थना पर शिवजी ने अपनी अलकों (केशराशि) को निचोड़कर धरती पर उतारा था, ऐसी पुराकथा प्रचलित है।

करू : यह नदी सुल्तानपुर में है।

कल्याणी : यह अवध की नदी है। इसका उल्लेख प्राचीन ग्रन्थों में हुआ है।

कुआनो नदी : यह नदी बहराइच, बलरामपुर, श्रावस्ती, बस्ती, सन्त कबीर नगर आदि जिलों में बहती है। इसका उद्‌गम सुहेलवा वन क्षेत्र के एक कुएँ से हुआ है। इसमें आगे जैदा, पिरार जैसे नाले मिलते हैं। पूर्वांचल की यह मुख्य नदी है। इसी नदी से टेढ़ी नदी का उद्‌गम हुआ है।

कुटिल नदी : इसका उल्लेख भी यत्र-तत्र अवध के भूगोल में किया जाता रहा है।

कोकलोहित : अयोध्या की प्राचीन नदी के रूप में इसका नामोल्लेख हुआ है।

कौडियाला : यह गोण्डा में प्रवाहित एक नदी है।

खार : यह उन्नाव में प्रवाहित है।

गंगा नदी : यह केवल नदी ही नहीं, बल्कि भारतीयों की एक पूज्य देवी है, जिसमें स्नान करने से समस्त पाप, शाप, ताप शान्त हो जाते हैं। इसका उद्‌गम ब्रह्मा के कमण्डल से हुआ है। इसकी तीन धाराएँ स्वर्ग, पाताल और भूतल में व्याप्त हैं, इसलिए यह त्रिपथगा कही जाती है। पृथ्वी की गंगा का एक नाम है भागीरथी, क्योंकि इन्हें भगीरथ जी अपने पूर्वजों का उद्धार करने के लिए धरती पर लाये थे। अवध क्षेत्र के कई महत्त्वपूर्ण तीर्थ गंगा के तट पर स्थित हैं, जैसे—बिठूर, कानपुर, डलमऊ, प्रयागराज, मिर्जापुर, प्रतापगढ़, कौशाम्बी आदि।

गंगा भारत की अत्यन्त प्रसिद्ध एवं पवित्र नदी है। शास्त्रों में इसका मानवीकरण किया गया हैं। वाल्मीकि रामायण में लिखा मिलता है कि गिरिराज हिमालय की दो कन्याएँ थीं। एक का नाम गंगा और दूसरी का नाम उमा था। सुमेरु की कन्या मेनका से हिमालय का विवाह हुआ था। उसी मेनका के गर्भ से हिमालय की कन्या गंगा का जन्म हुआ था। देवताओं ने विशेष कार्य के लिए गंगा को हिमालय से भिक्षा रूप में माँगा था। ऐसी कथा है कि गंगा में महादेव का वीर्य डाला गया था। परन्तु उसे धारण करने में असमर्थ होकर गंगा ने उस वीर्य को हिमालय के समीप एक शरवन में फेंक दिया। इससे देवता और ऋषि चिन्तित हुए और उन लोगों ने महादेव के वीर्य की रक्षा करने के लिए छः कृत्तिकाओं को वहाँ भेजा। इन्हीं लोगों ने उसकी रक्षा की और उससे कुमार कार्तिकेय उत्पन्न हुए। गंगा अपना गर्भ निकाल कर, ब्रह्मा के कमण्डलु में रहने लगी। फिर सगर वंशीय राजा भगीरथ ने गंगा को लाकर अपने साठ हजार पूर्वजों का उद्धार किया था। गंगा का एक नाम विष्णुपदी और एक अन्य नाम जाह्नवी भी है। इसका दूसरा प्राकट्य जह्नु की जाँघ से हुआ था, इसलिए इन्हें जाह्नवी कहा जाता है।

आदित्य पुराण के अनुसार हिमालय से गंगा का अवतरण बैशाख शुक्ल तीज को हुआ था और मैदानी भाग विशेषतः प्रयाग काशी के बीच इसका आगमन गंगा दशहरा के दिन हुआ था। ऋग्वेद के नदी सूक्त, महाभारत, पद्‌म पुराण, स्कन्द पुराण आदि ग्रन्थों में इसके माहात्म्य का विस्तार से

वर्णन हुआ है। इसकी तीन धाराओं का उल्लेख मिलता है।

1. मंदाकिनी (स्वर्गंगा) 2. भागीरथी (पृथ्वी की गंगा) 3. भोगावती (पाताल गंगा)

ये तीनों क्रमशः स्वर्ग, भूतल और पाताल गंगा हैं। एक पुराख्यान के अनुसार जब बावन रूप में विष्णु ने राजा बलि से दान लेकर तीनों लोकों का परिमापन करते हुए अपना पैर ब्रह्म लोक में पहुँचाया तो ब्रह्मा ने उनका चरणोदक अपने कमंडल में रख लिया। कालान्तर में सगर के 1000 पुत्रों को जब आस्तीक मुनि ने शाप देकर भस्म कर दिया और भगीरथ ने उनके उद्धार का संकल्प लिया तो ब्रह्मा जी ने अपने कमण्डल की धारा पृथ्वी पर छोड़ी, जिसे शिव जी ने अपनी जटाओं में रोका और बाद में जटाजूट को निचोड़कर पृथ्वी पर भेजा। भगीरथ उन्हें उत्तर भारत (गंगोत्री) से होते हुए गंगासागर तक ले गये। विष्णु पुराण, भविष्य पुराण, मत्स्य पुराण, गरुड़ पुराण, पद्म पुराण, वाराह पुराण आदि में गंगा को पतितोद्धारिणी माना गया है। उनके स्मरण और दर्शन मात्र से पापों का नाश हो जाता है। यहाँ गंगा दशहरा को 'गंगा-जयन्ती' मनायी जाती है। इसके उद्गम स्थल 'गंगोत्री धाम' का विशेष महत्त्व है।

गण्डक/गण्डकी : इसे प्राचीन ग्रन्थों में सदानीरा कहा गया है। इसकी एक दूसरी धारा है, जिसे छोटी गण्डक कहा जाता है। उसका दूसरा नाम है हिरण्यवती तथा नारायणी। इसके तीव्र प्रवाह से घिसकर पत्थर के टुकड़े शालिग्राम बन जाते हैं। यह नदी अवध क्षेत्र से होती हुई पटना के पास गंगा नदी में जा मिली है। इसमें स्नान करना पुण्य माना जाता है।

गर्रा : यह नदी हरदोई में साँडी के पास दिखती है।

गिरवा : यह नदी बहराइच के बड़े क्षेत्र को आच्छादित किये हुए है।

गोमती : ऋग्वेद के नदी सूक्त में इस नदी को सिन्धु की सहायक नदी कहा गया है। इसका प्राचीन नाम 'गोमंती' था। कुछ लोगों ने इसे 'गुमती' तथा गोमल कहा है और इसे कुरुक्षेत्र में स्थित बताया है। कुरुक्षेत्र में सरस्वती की भी एक धारा है। इन दोनों धाराओं के क्षेत्र को वैदिक संस्कृति का केन्द्र स्थल कहा गया है। वर्तमान गोमती का उद्गम पीलीभीत की एक झील से हुआ है। यह नदी सीतापुर, नैमिषारण्य, हरदोई, लखनऊ, सुलतानुपर, जौनपुर होती हुई गंगा से मिलती है। लखनऊ में कई घाट हैं—गऊ, गुलाला कुंडिया (कौडिल्य) घाट आदि। महाभारत, स्कन्द पुराण, देवी भागवत आदि ग्रन्थों में कहीं गोमती को गंगा का पर्याय माना गया है, कहीं उसे देवी रूप में स्थापित किया गया है।

इस नदी को 'आदि गंगा' भी कहा गया है—''यो वायुना यजति गोमतीशु''

अर्थात् जो वायु से गोमती में होम करता है, वह कल्याण का भागीदार होता है। इसे धेनुमती भी कहा गया है। गोमती नामक एक नदी द्वारका में भी है।

घाघरा : इसका पुराना नाम है कुकत्था तथा घर्घर। यह बहुत बड़े पाट वाली नदी है। अयोध्या के पूर्व इसका संगम सरयू से हुआ है। यह बस्ती, लखीमपुर, खीरी, सीतापुर, अम्बेडकरनगर, फ़ैज़ाबाद, गोण्डा, बहराइच के मध्य प्रवाहित है।

चौका : यह एक लघु सरिता है, जो गोलागोकर्णनाथ (लखीमपुर खीरी) सीतापुर, देवी पाटन में द्रष्टव्य है। आगे यह घाघरा में मिल जाती है।

जमुरिहा : यह बाराबंकी का एक नाला है, जो कहीं-कहीं नदी जैसा दिखता है।

टेढ़ी : सरयू की छोटी बहन कही जाने वाली टेढ़ी नदी का फैलाव कुआनो से अयोध्या तक है। बहराइच जिले में कुआनो नदी को ही टेढ़ी का उद्गम स्थल माना गया है। 70 किलोमीटर के इस

फैलाव में टेढ़ी नदी के कई घाटों पर श्रद्धालुओं का मेला भी प्रतिवर्ष लगता है।

त्रिवेणी संगम : भारत में गंगा एवं यमुना अपनी विशिष्टता के लिए सुविदित हैं। ये दोनों नदियाँ हिमालय से निकलती हैं और इस देश के मध्य भाग में संगम करती हैं। यह संगम प्राकृतिक एवं भौगोलिक दृष्टि से अत्यन्त महत्त्वपूर्ण है। कालान्तर में इस स्थान का धार्मिक एवं आध्यात्मिक महत्त्व इतना बढ़ गया कि इसकी यशोगाथा से भारतीय वाङ्मय पटा पड़ा है। शुंग काल के पूर्व इस स्थल को 'संगम' शब्द से अभिहित किया जाता रहा है। गुप्तकाल में इस स्थान को 'प्रयाग' नाम से पुकारा गया है। प्रयाग नाम रखे जाने का कारण यह था कि वहाँ बहुत से यज्ञ हुए थे। वाल्मीकि और कालिदास के अनुसार संगम प्रयाग का हृदय है। यह पतितपावनी गंगा एवं यमुना नामक देव नदियों की संगम स्थली है। पद्म पुराण में इस स्थान का विस्तार 20 धनुष (120 फीट) बतलाया गया है। प्रयाग में गंगा और यमुना की धाराएँ अलग-अलग दिखाई पड़ती हैं। यमुना का जल नीले रंग का है और गंगा का सफेद।

प्रयाग में गंगा-यमुना के संगम को 'त्रिवेणी' कहा जाता है, क्योंकि मान्यता यह है कि सरस्वती नदी भी यहाँ अन्तःसलिला होकर मिलती है।

गंगा-यमुना एवं सरस्वती के पावन संगम पर स्थित प्रयाग को 'तीर्थराज प्रयाग' की संज्ञा से अभिहित किया गया है, जहाँ सरस्वती रजोरूपा, यमुना तमोरूपा एवं गंगा निर्गुण ब्रह्म को प्राप्त कराने वाली सत्वरूपा हैं। ब्रह्म पुराण में पश्चिमाभिमुख गंगा का कालिन्दी (यमुना) से संगम की महत्ता का दिग्दर्शन कराते हुए पुराणकार ने तीर्थराज, गंगा नदी एवं माधवदेव को त्रैलोक्य में श्रेष्ठ बताया है। 'त्रिस्थलीसेतु' के अनुसार तीनों नदियों का संगम 'ओंकार' से सम्बन्धित माना गया है। ओंकार शब्द ब्रह्म का प्रतीक है तथा अ, उ एवं म् क्रमशः सरस्वती, यमुना एवं गंगा के द्योतक हैं। तीनों के जल क्रमशः प्रद्युम्न, अनिरुद्ध एवं संकर्षण हरि के प्रतीक हैं।

टोंस : इसका प्राचीन नाम है 'तमसा'। इसी के किनारे वाल्मीकि का आश्रम था। वहीं साधनारत वाल्मीकि ने क्रौंच वध से प्रेरित होकर लौकिक काव्य का आविष्कार किया था और यहीं रामायण की रचना की थी।

तनई : यह उन्नाव जिले की नदी है।

तिलोदकी : इस नदी का अस्तित्व अयोध्या के निकट बताया गया है।

तेनधा : यह सुल्तानपुर में दिखती है।

नौराही : यह उन्नाव जिले की नदी है।

पयस्विनी : यह चित्रकूट के पास की नदी है, जो यमुना में मिलती है।

पिली : यह सुल्तानपुर की नदी है।

पाण्डु : यह कानपुर से होकर निकलती है।

बेतवा : यह बुन्देलखण्ड की प्रसिद्ध नदी है, जो कानपुर, फतेहपुर जिलों से होकर जाती है।

मनोरमा : इसके तट पर बस्ती जिला है। इसका एक प्रसिद्ध पौराणिक स्थल है—मनवौड़ा, जहाँ दशरथ ने पुत्रेष्टि यज्ञ किया था।

बेलन : यह नदी इलाहाबाद करछना के पास गंगा में मिल गयी है।

मराही : यह उन्नाव जिले की नदी है।

मही : इस नदी का भी उल्लेख अयोध्या के सन्दर्भ में किया गया है।

यमुना : व्युत्पत्ति के अनुसार यमुना का अर्थ है युग्म में से एक। यहाँ गंगा और जमुना का

युग्म माना जाता है, क्योंकि दोनों समानान्तर बहती हैं। प्राचीन ग्रन्थों में यह उल्लेख है कि भरतों को प्रायः यमुना के तट पर ही विजय प्राप्त हुई है। इन्हें सूर्य की पुत्री और यम की बहन के रूप में बहुत पवित्र माना गया है। कृष्ण चरित से यमुना का बड़ा घनिष्ठ सम्बन्ध है। यमुनोत्री से निकलकर प्रयाग में यमुना ने गंगा से संगम किया। यह नदी इलाहाबाद, कौशाम्बी, चित्रकूट, कानपुर, फतेहपुर के बीच से बहती हुई आगे गयी है।

इस नदी का वर्णन ऋग्वेद (X. 75; V. 17; 18.19; X. 75, 5) अथर्ववेद (IV. 9, 10) तथा ऐतरेय ब्राह्मण (VII. 14, 4) में किया गया है। कलिन्दगिरि से निकलने के कारण यह कलिन्दकन्या नाम से विश्रुत हैं। ऋग्वेद (VII. 18, 19) के अनुसार तृत्सुओं और सुदास ने अपने शत्रुओं को इस नदी के तट पर पराजित किया था। तृत्सुजन का प्रदेश पूर्व में यमुना एवं पश्चिम में सरस्वती नदी के मध्य स्थित था। ऐतरेय (VIII.23) एवं शतपथ ब्राह्मणों (XIII.5, 4, 11) में यमुना के तट पर भरतों को विजय कीर्ति मिली थी। पंचविंश ब्राह्मण (IX. 4,11;10,24,13,4), सांख्यायन श्रौतसूत्र, (XIII.29, 25, 33), कात्यायन श्रौतसूत्र (XXIV. 6, 10, 39), लाट्यायन श्रौतसूत्र (X. 19,9,10) एवं अश्वलायन श्रौतसूत्रों (XII. 6, 28) में इस नदी का वर्णन मिलता है। पतंजलि ने अपने महाभाष्य (I,I. 9, पृ. 436; 1, 4, 2, पृ. 670) में इसका वर्णन किया है। योगिनी-तन्त्र (2, 5, 139-140) एवं कालिका पुराण (अध्याय 15, 8) में इसका उल्लेख किया गया है। कालिन्दी नाम से भी विश्रुत इस नदी का वर्णन भागवतपुराण (III. 4, 36; IV. 8, 43; VI, 16; VIII. 4, 23; IX. 4, 30; IX. 4, 37; X. 58-22) तथा महावस्तु (III. 201) में हुआ है। बाण ने अपनी कादम्बरी (पृ. 62) में इसे कालिन्दी कहा है, क्योंकि इसका जल काला प्रतीत होता है। यह नदी यमुना-गंगा के मध्यवर्ती पनढर पर स्थित बन्दरपूँछ नामक एक शिखर के ढालों से निकलती है। यमुनोत्री का मन्दिर बन्दरपूँछ के पाद प्रदेश में स्थित है। गंगा की पहली और बड़ी पश्चिमी सहायक नदी खास यमुना ही है, जो कामेत पर्वत के नीचे हिमालयी पर्वत माला से निकलती है। उत्तर भारत के मैदानों में प्रवेश करने के पहले यह शिवालिक पर्वतमाला और गढ़वाल में घाटी बनाती है और तब दक्षिण दिशा में गंगा के समानान्तर बहती है। मथुरा के आगे प्रयाग या इलाहाबाद में गंगा के संगम तक यह दक्षिण-पूर्व की दिशा में प्रवाहित होती है। देहरादून जिले में इसमें पश्चिम की ओर से दो सहायक नदियाँ मिलती हैं, जिनमें से ऊपरी का नाम उत्तरी टोंस नदी है। आगरा और इलाहाबाद के मध्य बायीं ओर से इसमें चर्मण्वती (आधुनिक चंबल), कालीसिन्ध, वेत्रवती (आधुनिक बेतवा), केन और पयष्णी (आधुनिक पैसुनी) नामक चार सहायक नदियाँ मिलती हैं। इस नदी के तट पर अनेक पवित्र स्थान हैं। गंगा-यमुना के बीच में स्थित यमुना को येन-मोक-ना (Yen-mok-na) नाम दिया गया है। यह शूरसेन एवं कोसल तथा और आगे वंश के बीच की सीमा थी। शूरसेन प्रदेश की राजधानी मदुरा (मथुरा) तथा वंश की राजधानी कौशाम्बी इसके दाहिने तट पर स्थित थी। यमुनोत्री को जो कुरसोली से 8 मील दूर है, यमुना नदी का स्रोत माना जाता है। इसे यूनानी इरैन्नेबोस (Erannabos) से समीकृत किया जाता है। प्राचीन बौद्ध ग्रन्थों में वर्णित पाँच महानदियों में से यमुना एक है। स्कन्द पुराण में वालुवाहिनी को इस नदी की एक सहायक नदी बतलाया गया है।

राप्ती : इसे प्राचीन ग्रन्थों में अचिरावती कहा गया है। यह पूर्वांचल की महत्त्वपूर्ण नदी है। गोरखपुर नगर इसके तट पर बसा हुआ है, जो पहले अवध का हिस्सा था। राप्ती गोण्डा, बलरामपुर, बस्ती, गोरखपुर से होकर गयी है।

रामगंगा : यह गंगा की उपधारा के रूप में अवध क्षेत्र में पायी जाती है। मूलरूप से इसका अस्तित्व गढ़वाल में है। आज भी यह नदी कार्बेट पार्क और पतली दूनघाटी के बीच प्रवाहित है।

रिन्द : यह फतेहपुर में प्रवाहित होती दिखती है।

रेथ : यह नदी बाराबंकी में विद्यमान है।

रेन : यह बाँदा के पास की छोटी नदी है।

रोहिणी : यह नदी पहले अयोध्या के निकट विद्यमान थी। ऐसा उल्लेख प्राचीन ग्रन्थों में मिलता है।

लोना : उन्नाव जिले में यह नदी एक नाले के रूप में दिखाई देती है। इसको लेकर कई दन्तकथाएँ जनजीवन में प्रचलित हैं। वहाँ लोग लोना चमारिन की दुहाई देते हैं।

वरुणा : यह नदी वाराणसी, जौनपुर, सन्त रैदास नगर और इलाहाबाद नगर के बीच प्रवाहित है। वरुणा और असी के कारण काशी का नामकरण वाराणसी हुआ है।

वसुही : यह जौनपुर में बहने वाली एक नदी है।

वेद श्रुति : इसकी गणना भी अयोध्या के प्राचीन भूगोल में की गयी है।

शारदा : यह नदी भारत-नेपाल के तराई क्षेत्र से निकली है। अवध के कई जिलों की सिंचाई व्यवस्था शारदा से निकली नहरों पर निर्भर है।

सई : इसका पुराना नाम है स्यंदिका। यह छोटी नदी है, जो हरदोई की झील से निकली है और आगे गंगा में मिल गयी है। रामवनगमन मार्ग में इसका उल्लेख 'रामचरितमानस' में किया गया है। चित्रकूट से लौटते हुए भरत ने यह नदी पार की थी—'सई उतरि गोमती नहाये।'

रामरेखा : यह अयोध्या में विद्यमान एक नदी रही है।

सरयू : आज यह घाघरा से जुड़ी नदी कही जाती है, जो बलिया के पास गंगा में मिल गयी है। ऋग्वेद के पाँचवें मण्डल (नदी सूक्त) में इस नदी का चार बार उल्लेख हुआ है। वाल्मीकि रामायण में विश्वामित्र और राम के संवाद से ज्ञात होता है कि सरयू जी कैलाश, मानसरोवर में स्थित ब्रह्मा के मनः संभवा से प्रकट हुई थीं। एक प्रसिद्ध कथन है—

''सर प्रवृत्ता सरयूः पुण्या ब्रह्म सरश्चयोला।''

ब्रह्माण्ड पुराण के अनुसार वैद्युत गिरि के नीचे मानसरोवर है। वहीं से सरयू निकली है। स्कन्द पुराण के अनुसार इसका प्राकट्या ब्रह्म के दायें अँगूठे से हुआ है। एक कथा यह भी है कि ब्रह्माजी की तपस्या से विष्णु जब प्रकट हुए तो उनके नेत्रों से आँसू निकल पड़े जिन्हें ब्रह्मा ने कमण्डल में भर लिया। वही सरयू बन गये, इसीलिए इन्हें नेत्रजा तथा मानस नन्दिनी भी कहते हैं। इनके दर्शन से पाप, ताप, शाप का क्षरण हो जाता है। सरयू की धारा में अयोध्या के निकट घाघरा नदी का समावेश हो गया है। पसका जिला गोण्डा में इन दोनों के संगम को 'तिमुहानी' कहा गया है। गोस्वामी जी के शब्दों में—'सकल पाप नासक तिमुहानी।'

उन्होंने सरयू की वन्दना भाव विभोर होकर की है। उनके आराध्य श्रीराम कहते हैं—

उत्तर दिसि सरजू बह पावन।।
जा मज्जन ते बिनहि प्रयासा। मम समीप नर पावहिं बासा।।

अयोध्या में सरयू तट पर अनेक घाट हैं। (दे. घाट)

यहाँ 'राम जी की पौड़ी' नामक विस्तृत क्षेत्र है, जहाँ पर्वोत्सवों पर भारी मेले लगते हैं। वर्तमान सरयू नेपाल की तराई क्षेत्र और बहराइच जिले से प्रकट हुई है। इसके तट पर अयोध्यापुरी स्थित है। इसे यहाँ गंगा की धारा माना जाता है। अवध क्षेत्र में सरयू स्नान का बड़ा महत्त्व है। ऐसी आस्था

है कि नर लीला समाप्त करके इसी में श्रीराम ने जल समाधि ली थी और अपने परिजनों के साथ यहीं से बैकुण्ठ के लिए प्रस्थान किया था।

वस्तुतः यह बड़ी पवित्र नदी है। ऋग्वेद में इसके सम्बन्ध में कहा गया है—'मावः परिष्ठान सरयुः' अर्थात् सरयू हमारे लिए सुखदायी सिद्ध हो।

इस सरिता का विशिष्ट पौराणिक महत्त्व है। इसे नेत्रजा, रामगंगा, वाशिष्ठी, घाघरा आदि नाम भी दिये गये हैं। रामायण में कहा गया है "कोसलो नाम मुदितः स्फीतो जनपदो महान। विविष्टः सरयू तीरे।" "मनुना मानवेन्द्रण या पुरी निर्मिता स्वयम्।।" यह भी मान्यता है कि वशिष्ठ जी की प्रार्थना पर ज्येष्ठ शुक्ल पूर्णिमा को सरयू मानसरोवर से प्रकट हुई

कोसल जनपद में (जो धनधान्य से परिपूर्ण है) वहाँ सरयू के तट पर अयोध्यापुरी स्थित है, जिसको मनु महाराज ने बसाया था। वशिष्ठ जी सरयू को मानसरोवर से लाये थे, इसलिए इसे वाशिष्ठी कहते हैं। भगवान के नेत्रों से आविर्भूत यह ब्रह्म के नेत्रों का करुणा जल है, अतः सरयू ब्रह्म द्रव है। सर से निकलने से इसे सरयू कहते हैं—"सरन्ति पापानि अनयाइति सरयूः" सरजू में वह पावनता है जो प्राणिमात्र को पवित्र कर देती है—"बन्दौ अवध पुरी अति पावनि। सरजू सरि कलि कलुष नसावनि। मज्जहिं सज्जन वृंद बहु पावन सरजू नीर। जपहिं राम धरि ध्यान पुर सुंदर श्याम शरीर।" सरयू के किनारे कार्तिक में अयोध्या तथा पौष माह में सूकरखेत में श्रद्धालु कल्पवासीगण पुण्य अर्जन करते हैं। गोस्वामी जी ने लिखा है—'त्रिविधि तापत्राशक तिमुहानी।' पसका, सूकरखेत (गोण्डा) में सरयू-घाघरा संगम के बाद त्रितापहर्ता सरयू एकाकार होकर अयोध्या की ओर उन्मुख हो जाती है। अयोध्या के किनारे वास करने से व्यक्ति के जन्म-जन्मान्तर के अर्जित पाप-ताप तथा सन्ताप मिट जाते हैं—

'षष्टि वर्ष सहस्राणि भागीरथ्या वगाहनात्।
तत्फलम् समवाप्नोति सरयू दर्शनेकृते।।'

सरस्वती : यह भारत की आद्या संस्कृति है। प्रसिद्ध उक्ति हैं—

प्रजापति मुखोद्भूते प्रणताविं प्रभंजनी
प्रयाग मिलिते देवि सरस्वती नमोस्तुते।

सरस्वती का उद्गम प्रजापति के मुख से हुआ है। वे प्रयाग में गंगा-यमुना के साथ आ मिली हैं। इसलिए सरस्वती को ब्रह्माणी, ब्रह्मापुत्री, ब्रह्मभूता, ब्राह्मी आदि कहा गया है। पुराणों में उल्लेख है कि सरस्वती और गायत्री सपत्नी हैं। गंगा उनकी सखी हैं या भगिनी हैं। उन्हीं के शाप से वे सरिता रूप में धरती पर उतरी हैं। यह भी उल्लेख है कि सरस्वती विष्णु की पत्नी अर्थात् लक्ष्मी की सपत्नी हैं।

महाभारत में सरस्वती को दक्ष प्रजापति की पुत्री कहा गया है। कुछ वैदिक ऋचाओं में उन्हें 'वेदमध्या' सहोदरा भी कहा गया है। एक कथा यह भी मिलती है कि ऋषि दुर्वाषा के शाप से उनका जन्म कश्मीर में शारदा रूप में हुआ था। यों शारदा का अर्थ है शारं अर्थात् 'ज्ञानं ददाति', यानि जो ज्ञान प्रदान करती हो। इसी भाव से सरस्वती को विद्या, बुद्धि तथा कला की अधिष्ठात्री माना गया है।

ब्राह्मण ग्रन्थों में सरस्वती को वाग्देवता, अक्षरब्रह्म और 'प्रज्ञानं ब्रह्म' कहा गया है। वे परा-अपरा विद्या हैं, जो हृदय में पश्यन्ती, कंठ में मध्यमा और जिह्वा में बैखरी रूप में विराजमान हैं। कालक्रम में मानवीकरण करते हुए उन्हें चतुर्मुखी रूप दिया गया। वे वीणा वादिनी हैं अर्थात् संगीत कला की अधिष्ठात्री साक्षात नादब्रह्म हैं। उनका स्फटिक माल पारदर्शिता का प्रतीक है। वे पुस्तक धारिणी हैं, अर्थात् शक्ति, बुद्धि, समृद्धि तथा शुचिता की प्रतीक हैं। वे हंसवाहिनी हैं, अर्थात् 'नीर क्षीर'-विवेक

से सम्पन्न हैं। राजस्थानी कला में उन्हें बहुशः मयूर वाहिनी रूप में अंकित किया गया है और गुजरात में बकरे को भी उनका वाहन बताया गया है। बौद्धमत में ये वागीश्वरी हैं और सिंहवाहिनी भी। तात्पर्य यह कि देशकाल के अनुरूप उनके प्रतीक परिवर्तित होते रहे हैं।

सरस्वती की उपासना बौद्धों-जैनियों में भी प्रचलित रही है। चीन में उन्हें नील सरस्वती, तिब्बत में वीणा सरस्वती और कुछ वैष्णव शाखाओं में उन्हें नौ लक्ष्मियों की सहचरी रूप में प्रस्तुत किया गया है। तात्पर्य यह कि सरस्वती विषयक अवधारणा निरन्तर विकसित एवं परिवर्तित होती रही है। हाँ, एक यह आस्था बराबर सुदृढ़ रही है कि ये सृष्टि के आरम्भ से प्रलय पर्यन्त विद्यमान रहती हैं। इनके आराधक 'सारस्वत या सरस्वतीक' कहलाते हैं। माघ शुक्ल पंचमी पर आयोजित बसंत पंचमी इनकी उपासना का पुण्य पर्व है। ऋतुराज रूप में बसंत प्रकृति की उर्वरता का प्रतीक है, इसलिए बसंत पंचमी मदनोत्सव पर्व भी बन गयी है।

पुरातत्त्ववेत्ताओं का मत है कि सरस्वती अपने मूल रूप में एक सरिता थी, जिसकी उर्वरता के कारण यह मानवीकरण किया गया, बल्कि उन्हें भगवत्ता तक प्रदान की गयी। ऐसा हिमालय, विंध्याचल, समुद्र, गंगा, यमुना आदि अनेक नदियों तथा पर्वतों के साथ हुआ है। ये हमारी मिथकीय भाषा की रहस्यपूर्ण कथानक रूढ़ियाँ हैं।

किन्तु सरस्वती मात्र प्रागैतिहासिक पुराख्यानों और जनश्रुतियों तक सीमित नहीं हैं। पिछले लगभग सवा सौ वर्षों की अनवरत खोज के बाद अब पुराविदों तथा भूगर्भशास्त्रियों को उनका भौतिक अस्तित्व दिखने लगा है। सी. ओल्डाहम ने 1886 में सरस्वती के प्रागैतिहासिक मार्ग का मानचित्र तैयार करके सिन्धु घाटी की तरह 6000 वर्षों की 'सरस्वती घाटी सभ्यता' की ओर संकेत किया है। लगभग 15 सौ वर्ग कि.मी. में फैला यह क्षेत्र वैज्ञानिकों की जिज्ञासा का विषय बन गया। उन्होंने मिस्र की नील घाटी सभ्यता के परिप्रेक्ष्य में इसकी पड़ताल की और यह खोज कर ली कि सुमेर, इराक, ईरान से गोदावरी तक यह सभ्यता व्याप्त रही है। उन्होंने लगभग 1400 स्थलों का सघन निरीक्षण किया, जिनमें आज 917 स्थल भारत में हैं, शेष अफगानिस्तान तथा पाकिस्तान में हैं। उनके अनुसार हड़प्पा सभ्यता सिन्धुघाटी से प्राचीन है और उससे भी पुरानी है सरस्वती घाटी सभ्यता। सरस्वती की खोज करते हुए उन्हें ये संकेत मिले कि घघ्घर और हाकरा नदी के समानान्तर सरस्वती कभी शिवालिक से कच्छ के रण तक बह रही थी, गुजरात के घौलाबीरा के पास तक। कालान्तर में यह नदी लगभग 2000 वर्ष ईसा पूर्व विलीन हो गयी थी। 1996 में नेशनल साइंस फाउण्डेशन, नासा का जो अन्तरराष्ट्रीय सम्मेलन अटलांटा में आयोजित हुआ, उसमें कई भूगर्भशास्त्रियों ने यह सिद्ध किया कि यह हिमालयी नदी सतलज तथा यमुना के बीच पंजाब, हरियाणा, राजस्थान तथा गुजरात में अन्तस्सलिला के रूप में आज भी विद्यमान है। कुछ वैज्ञानिकों ने गंगानगर, जैसलमेर में किये गये ड्रिलिंग कार्य के हवाले से यह बताया कि वहाँ 50 मीटर नींचे एक भूजल धारा है। मरुस्थली जलवायु के बावजूद उस पट्टी पर बराबर हरियाली रहती है। रेडियो कार्बन डाटा द्वारा उस जल का परीक्षण करने पर सिद्ध हुआ कि यह हजारों साल पुरानी है। इसी बीच कुछ हाइड्रोजन फासिल्स प्राप्त हुए। अमेरिकी सैटेलाइट 'लैण्ड सेंट', फ्रांसीसी उपग्रह 'स्पाट' और सरस्वती सिन्धु विज्ञान केन्द्र चेन्नई (मद्रास) द्वारा प्राप्त सोनरस-चित्रों से यह सिद्ध हुआ कि सरस्वती का उद्‌गम गढ़वाल के हरिकीदुन ग्लेशियर से हुआ था। पहले इसमें यमुना का पानी भी गिरता था। इसका पाट कभी 6 कि.मी. का था। यह भीमताल से सोमनाथ सौराष्ट्र तक प्रवाहित होती थी और लोथल के पास अरब सागर में गिरती थी। बंकाकर, कल्याण, रमण, श्रीकांतिया, राजाराम, विमल घोष और फ्रेंकफोर्ट ने उपग्रहों

से प्राप्त श्वेतश्याम चित्रों द्वारा यह सिद्ध किया कि कुछ भूभौतिक कारणों से यहाँ संरचनात्मक बदलाव आया, जिससे यह नदी सूख गयी। सूखने के 3 कारण बताये गये। पहला कारण–इस बीच अरावली की ऊँचाई बढ़ गयी, जिससे ग्लेशियर से आने वाला पानी दूसरी ओर मुड़ गया। दूसरा कारण था–यमुना की धारा का पूर्वाभिमुखी हो जाना अर्थात् उससे पानी न मिलना। तीसरा कारण था–इस क्षेत्र में लगभग 2000 वर्ष पूर्व पड़ने वाला महा अकाल, जिससे हरा भरा क्षेत्र (राजस्थान) मरुस्थल में बदल गया और सरस्वती रेतीली आँधियों के आवर्त से ढक गयी।

सरस्वती के लुप्त हो जाने का विवरण हमारे कई प्राचीन ग्रन्थों में भी प्राप्त होता है। महाभारत की एक कथा के अनुसार अब ये 'अपाया' अर्थात् निर्जला है। उतथ्य ऋषि के शाप से इसका जल सूख गया था। मनु ने इसका लोप सिरसा के निकट बताया है। मार्कण्डेय पुराण और स्कन्द पुराण के अनुसार यह द्वारावती (द्वारका) के धर्मारण्य में भूमिगत हो गयी। शिव पुराण के अनुसार यह 'विश्वरूपकल्पा' है, इसलिए कलियुग के आते ही क्षीण हो गयी। कुछ प्राकृत ग्रन्थों में सरस्वती को 'सरसइ' नाम दिया गया है। गोस्वामी तुलसीदास ने 'सरसइ ब्रह्म विचार प्रचारा' कहकर इसी सरस्वती का स्मरण किया है। ऋग्वेद तो सरस्वती की स्तुति से भरा पड़ा है। उसमें सरस्वती विषयक 69 मन्त्र हैं, जबकि गंगा से सम्बन्धित मात्र 9 मन्त्र हैं। उसके अनेक मन्त्रों में सरस्वती को 'नदियों की माता' कहा गया है। वे 'अंबितांबे' 'नदिताम्बे' 'दिविताम्बे' हैं। वे नहुष-पुत्रों अर्थात् कुरुवंशियों की पालिका हैं। सरस्वती एक वेगवती धारा रही है। वैदिक सूत्रों के अनुसार उसकी सात बहिनें हैं, जिन्हें सप्त सिन्धु की तरह 'सप्त सरस्वती' कहा गया है। वाजसनेयी संहिता के अनुसार सरस्वती ने वाचा देवी द्वारा इन्द्र को शक्ति प्रदान की थी। यह भी जनश्रुति है कि इसने ही वाडवाग्नि को समुद्र में विसर्जित किया था। यद्यपि ऋग्वेद को सरस्वती घाटी सभ्यता के अवसानकाल की रचना माना जाता है, फिर भी सरस्वती और 'वृषद्वती' दुआबा का काफी विवरण उसमें मिलता है। यहं विवरण देवी सरस्वती के विवरण से अभिन्न है। स्फुट रूप से यह भी संकेत दिया गया है कि सरस्वती नदी अपने सारस्वत प्रदेश से लुप्त होकर अदृश्य रूप में प्रयाग संगम में आ मिली हैं। इनका वर्ण श्वेत है। कहीं इनके जल का रंग लाल भी कहा गया है। शायद सौराष्ट्र में प्राप्त रंगभूमि (रंगीन भूतल) के स्पर्श से ये लाल रंग की दिखती रही हैं। भारत के प्राचीन पुरातात्विक भूगोल के आधार पर डॉ. रामविलास शर्मा ने सिद्ध किया है कि सरस्वती ही आर्य जाति या वैदिक समाज की मूल जीवनधारा रही है। इस प्रकार भारतीय मिथक और प्राचीन वाङ्मय में जहाँ सरस्वती छायी हुई है, वहीं आज के भूगर्भ विज्ञान में भी उनकी विद्यमानता महसूस की जा रही है। उपग्रह विज्ञान द्वारा इस बीच कई विलुप्त नगरों की खोज की गयी है। दक्षिण अरब के नगर कंबार की खोज इसका ज्वलन्त उदाहरण है। भारतीय समुद्र में बेट द्वारका और कच्छ नगर की खोज भी हमें आश्वस्त करती है। भुज त्रासदी में जो जलस्रोत फूट निकला, उसके सरस्वती होने की बड़ी सम्भावना है। आवश्यकता है भूगर्भ में विद्यमान सरस्वती को पुनः धरातल तक खींच लाने की। इससे आर्य संस्कृति का पुनरुत्थान होगा। कभी गंगा को आकाश से धरती पर उतारा गया था। आज सरस्वती को पाताल से भूतल पर खींच लाने की चुनौती विज्ञान के सामने है।

सरस्वती को कई लोग सतलज की एक सहायक नदी मानते हैं, जो आगे चल कर व्यास नदी से मिल गयी और राजस्थान के समुद्र तक प्रवाहित होती रही। इसे प्रखर वेगवती नदी कहा गया है। इसकी एक सहायक धारा है वृषद्वती या दृषद्वती। इन दोनों का मध्य क्षेत्र है ब्रह्मावर्त। उसे सारस्वत प्रदेश भी कहा जाता है। यह क्षेत्र वैदिक कर्म काण्ड, यज्ञ, मन्त्रोच्चारण और साधना से

युक्त बताया गया है। भारती, इड़ा आदि देवता भी इसी के अंग हैं। सरस्वती को विद्या और कला की देवी कहा गया है। प्राचीन वाङ्मय में सरस्वती कहीं ब्रह्मा की पुत्री हैं, तो कहीं पत्नी। सरिता रूप में इनकी एक धारा प्रयाग राज तक प्रवाहित बतायी जाती है, जो ऊपर से अदृश्य है। वे केवल अन्तःसलिला रूप में विद्यमान हैं। दूसरी धारा भूगर्भ में समाहित है।

इसको लेकर कई विवाद हैं। कुछ लोगों का मत है कि यह नदी सप्त सिन्धव प्रदेश में 4000 वर्ष पूर्व प्रवाहित थी। अब वह अन्तःसलिला रूप में विद्यमान है। इसे कुछ लोग कुरुक्षेत्र में और कुछ राजस्थान में प्रवाहित मानते हैं। नासा ने इस पर काफी शोध किया है। इतिहासकार सरस्वती घाटी सभ्यता से भारतीय संस्कृति का आरम्भ मानते हैं, जो सिन्धु घाटी से पहले की है।

सरायन : यह एक बरसाती नदी है, जो सीतापुर में गोमती से मिल जाती है।

सिखी : यह गोंडा में दिखाई देती है। कहा जाता है कि सरस्वती की भी एक धारा इसमें समाविष्ट हो गयी है।

सुन्दरिका : यह अयोध्या में प्रवाहित कोई पुरानी नदी थी।

सुहेली : यह लखीमपुर की शारदा की एक सहायक नदी है।

सोन : यह मिर्जापुर की महत्त्वपूर्ण नदी है, जो मध्यप्रदेश से झारखण्ड तक प्रवाहित है। इसका संगम रिहन्द नदी से हुआ है। मिर्जापुर की कहर और बिजूल नदियाँ सोन से जुड़ी हैं।

ह्लादिनी : रामायण में सात नदियों के नाम पाये जाते हैं। उनमें एक नदी का नाम है ह्लादिनी। इनमें से गंगा और सिन्धु को छोड़कर अन्य पाँच नदियों का पता नहीं लगा है।

हिरण्याक्ष : अयोध्या की पुरानी नदी के रूप में इसका नाम आया है।

इस प्रकार स्पष्ट है कि अवध क्षेत्र सर-सरिताओं से रस सिंचित रहा है। हमारे अधिकतर तीर्थ नदियों के तट पर हैं। तीर्थ का तात्पर्य है तैर कर जाना। वहाँ जाकर स्नान करने से साधक तर जाता है और सतीर्थ हो जाता है। ये नदियाँ सिंचाई, जल आपूर्ति के साथ परिवहन का साधन रही हैं। बड़े-बड़े व्यापारिक नगरों के सार्थवाह जलपोतों के माध्यम से वनिज व्यापार करते रहे हैं, इसलिए बड़े तटों को 'पत्तन' नाम दिया गया है। इनको अब जीवन रेखा (लाइफ लाइन) मानते हुए यह प्रयास किया जा रहा है कि इन्हें प्रदूषण मुक्त किया जाये और परस्पर जोड़ दिया जाये।

पर्यावरण

वर्तमान विश्व की सबसे बड़ी समस्या यह है कि प्रकृति और परिवेश की स्वच्छता नष्ट होती जा रही है और दिनोंदिन सृष्टि का सन्तुलन भंग होता जा रहा है। जिस अनुपात में जनसंख्या बढ़ रही है, आवागमन-परिवहन बढ़ रहा है तथा औद्योगीकरण बढ़ता जा रहा है, उसी अनुपात में प्रदूषण बढ़ता जा रहा है। इसके कारण मानव जाति के अस्तित्व के समक्ष संकट उपस्थित हो गया है। पर्यावरण प्रदूषण के मुख्य छह प्रकार हैं–

1. जल प्रदूषण : इस भूमण्डल का 70 प्रतिशत भाग जलयुक्त है। इसके बावजूद पेय जल का बड़ा अभाव है। कारण यह है कि जल में आवश्यकता से अधिक खनिज लवण, कार्बनिक-अकार्बनिक पदार्थ और गन्दगी भर गयी है। नदियों तथा झीलों में जो लाशें प्रवाहित की जाती हैं, कल कारखानों के जो अवशिष्ट रसायन उनमें बहाये जाते हैं और फसलों पर जो कीटनाशक दवाइयाँ छिड़की जाती हैं, उनसे जल हानिकारक हो जाता है। प्रदूषण के कारण जल का ताप 3°c तक बढ़ जाता है और आक्सीजन 75 प्रतिशत घट जाती है। कारखानों के गन्दे प्रवाह के कारण हाइड्रोजन सल्फाइड, गन्धक,

अम्ल, क्लोराइड, नाइट्रेट, सल्फेट आदि की इतनी मात्रा वृद्धि हो जाती है कि उसे पीने से अनेक प्रकार के रोग फैल जाते हैं। कीटनाशकों तथा रासायनिक खादों के कारण 40 फीट गहरे तक का पानी पीने योग्य नहीं रह गया है। समुद्र में होने वाले परमाणु परीक्षणों के कारण अनेक समुद्री जीव नष्ट हो गये हैं। आवश्यकता यह है कि सीवर का पानी और कूड़ा-करकट नदियों में न जाने पाये।

2. वायु प्रदूषण : स्वच्छ वायु मण्डल में 78 प्रतिशत नाइट्रोजन, 20.9 प्रतिशत आक्सीजन, 0.4 प्रतिशत कार्बनडाइआक्साइड और 0.96 प्रतिशत निष्क्रिय गैस एवं नमी होनी चाहिए। इन दिनों गाड़ियों के धुएँ से, कारखानों की भट्ठियों से, जंगलों में लगी आग से, आँधी, बवण्डर, ज्वालामुखी और कोहरे से तथा घरेलू चूल्हों से निकली ये गैसें वातावरण में भर गयी हैं–सल्फरडाइआक्साइड, कार्बनमोनोआक्साइड, नाइट्रोजन के आक्साइड, ओजोन गैस आदि। धातु के कारखानों से धुएँ के रूप में जो लेड (सीसा) सिल्कान, जिंक, लोहा आदि निकलता है, उससे वातावरण प्रदूषित हो जाता है। इन गैसों के कारण कैंसर जैसे रोग बढ़ रहे हैं। अनेक जीव-जन्तु, प्राचीन भवन और वनस्पतियाँ नष्ट होती जा रही हैं और ओजोन की परत को क्षति पहुँच रही है। पृथ्वी से 100 किलोमीटर के ऊपर 20 से 30 कि.मी. तक छायी हुई ओजोन की परत कवच का काम करती है। इसके आहत होने से सूर्य की पराबैंगनी किरणों को झेलना पड़ रहा है। इस समय प्रति व्यक्ति को प्रतिदिन 16 किलो आक्सीजन की आवश्यकता है। इसकी पूर्ति अधिकाधिक पौध-रोपण द्वारा की जा सकती है। वैज्ञानिकों के अनुसार 33 प्रतिशत भूमण्डल वनाच्छादित होना चाहिए। इसके बिना वायु प्रदूषण को नियन्त्रित नहीं किया जा सकेगा।

3. थल अथवा मृदा प्रदूषण : वैज्ञानिकों का मत है कि 9 सेंटीमीटर उर्वरक भूमि बनाने के लिए पृथ्वी को चार सौ वर्ष लगते हैं। उसे हम रासायनिक खादों तथा कीटनाशकों द्वारा क्षण भर में नष्ट कर देते हैं।

4. रेडियो धर्मी प्रदूषण : इन पदार्थों से थोरियम, कोबाल्ट, अल्फा, बीटा, गामा नामक जो किरणें निकलती हैं, उनसे जीवों के गुण सूत्र और जीन बदल जाते हैं। नाभिकीय शस्त्रों के विस्फोट से जो विकिरण होता है, उससे हमारी आनुवंशिकी बिगड़ती जा रही है। इसको नियन्त्रित करने की बड़ी आवश्यकता है।

5. ध्वनि प्रदूषण : इन दिनों कारखानों, जहाजों, रेलगाड़ियों, संचार साधनों और लाउड स्पीकरों से जो तीव्र ध्वनियाँ निकलती हैं, उनसे मानसिक सन्तुलन बिगड़ता जा रहा है। 75 डेसीबल से ऊपर जब शोर पहुँच जाता है, तब हृदय रोग एवं गर्भपात की स्थिति आ जाती है। इसे नियन्त्रित करना आवश्यक है।

6. ताप प्रदूषण : नाभिकीय ऊर्जा और रियेक्टरों में प्रयुक्त रेडियो धर्मी पदार्थों और आवश्यक रूप से जलायी गयी आग, आतिशबाजी आदि से हमारा वातावरण अस्त-व्यस्त हो गया है। इसे भी नियन्त्रित करना जरूरी है।

अवध के प्राचीन समाज में होम, यज्ञ, तीर्थ, पौधरोपण आदि को महत्त्व देते हुए पृथ्वी शान्ति, द्यावा शान्ति, वनस्पतयः शान्ति और ओषधयः शान्ति का जो पाठ किया जाता है, वह पर्यावरण शुद्धि की दिशा में प्रेरक रहा है। यहाँ इस अभियान को पुनः चलाने की आवश्यकता है।

पशु-पक्षी एवं जीव-जन्तु

अवध क्षेत्र के प्रमुख पशु हैं :

गाय : यह दुधारू पालतू पशु है, जो इस क्षेत्र में विशेष पूज्य है। इसकी अनेक प्रजातियाँ हैं, जैसे—देशी, साहीवाल, अम्बरसरी, जर्सी आदि। यहाँ पहले गाय केवल खाद और बछड़े देने के लिए पाली जाती थी। दिन भर वे चरागाह में रहती थीं। घरों में उन्हें बाँध कर खिलाया नहीं जाता था। गाय का दूध भी केवल पथ्य (मरीजों की खुराक) के रूप में काम आता था। इधर पछाहीं और जर्सी गायों पर ज्यादा जोर दिया जाता है। गाय का घी दवाओं में प्रयुक्त होता है। इन दिनों पशुपालन विभाग की ओर से प्रजनन केन्द्रों और चिकित्सालयों की व्यवस्था चल रही है। गोवंश की रक्षा और सेवा के लिए कई स्वयं सेवक संस्थाएँ सक्रिय हैं। जैविक खेती हेतु लोग गोबर और गोमूत्र पर जोर दे रहे हैं। पहले यहाँ हलबैल की खेती होती थी तो बछड़ों का बड़ा महत्त्व था। अब बछिया अधिक महत्त्वपूर्ण मानी जाती है। बछड़ों में कुछ को साँड़ बना दिया जाता है। ज्यादातर कसाई के हाथों बिक जाते हैं।

खच्चर : यह गधे की एक प्रजाति है, जिसे बेसर भी कहते हैं। गोस्वामी जी के शब्दों में ''बेसर ऊँट वृषभ बहु जाती।''

घोड़ा : इस क्षेत्र में दो प्रकार के घोड़े पाये जाते हैं, एक लदुआ टट्टू दूसरा कलाराशि। इन्हें ताँगे में जोता जाता है। कुछ घोड़े सजावट के काम आते हैं। विवाह में घुड़चढ़ी के अवसर पर घोड़ियों को बड़ी सजधज के साथ तैयार किया जाता है। यहाँ कलाराशि 'कोतल' घोड़ों का बड़ा चलन रहा है। तुलसी के शब्दों में ''कोतल संग जाहिं डोरियाये।'' प्राचीन काल के युद्धों में अश्व सेना की बहुत महत्त्वपूर्ण भूमिका रही है। अश्व शावक को बछेड़ा कहते हैं। घुड़सवारी के लिए लगाम, काठी, रकाब आदि के साथ इन्हें विधिवत् प्रशिक्षित किया जाता है। इसके रक्षक को सईस कहा जाता है। प्राचीन साहित्य में घोड़ों की कई जातियाँ चित्रित हुई हैं। कवियों ने प्रायः ये दस जातियाँ गिनायी हैं—हंस, हाँसुल, भवर, कररिया, सुरराहा, सेत, कियाह, कार, हरीमात, तुखार। इनमें केकान और तुखारी घोड़े बोलन बिलोचिस्तान से मँगाये जाते थे। ये अश्वसेना के लिए बेहतर माने जाते थे। प्राचीनकाल में हाथी, घोड़े की पहचान और चिकित्सा के लिए 'शालिहोत्र' नामक विद्या चलती थी, जिसके विशेषज्ञ होते थे कविराज।

नीलगाय : इसे प्राचीन ग्रन्थों में 'शेष' कहा गया है।

भैंस : पालतू पशुओं में प्रमुख है भैंस। अनब्याई भैंस को 'वासर' कहा जाता है। मंदराजी मस्त दुधारू भैंस को कहते हैं। प्रथम ब्यात को पहला तथा दूसरे-तीसरे को दोहला, तेहला और बाँझ को बहेतू कहा जाता है। दूध देते-देते छटक जाने वाली भैंस को 'बकैन' कहते हैं। छुटा जाने का अर्थ है दूध न देना। गर्भाधान के पूर्व भैंस गरमाती है। वह 'उठी हुई' कही जाती है, फिर गाभिन होती है। प्रसव के पूर्व की स्थिति को 'कोराना' कहते हैं। उस बीच उसका 'ऐन' निकलता है और थन का विस्तार होता है। ब्याते हुए यह ध्यान दिया जाता है कि वह अपनी झर न खाने पाये। उसके पेट की सफाई के लिए धान और बाँस के पत्ते खिलाये जाते हैं। ब्याने के तीन दिन तक उसका दूध पीले रंग का होता है, जिसको 'पियाउस' कहते हैं। उससे खिजरा बनता है। अवध के दीक्षा प्राप्त भक्त जन इसका सेवन नहीं करते, यद्यपि यह बहुत पौष्टिक होता है। यहाँ की देशी भैंसें औसतन

4-5 लीटर दूध देती हैं और बड़ी प्रजाति जैसे मुर्रा भैंसें अच्छी खिलायी पर अच्छा दूध देती हैं। ये छह-सात बार ब्याती हैं। प्रतिवर्ष ब्याने वाली को बरसैल कहा जाता है।

बन्दर : यह हनुमान जी का प्रतिनिधि जीव है। मदारी इसे प्रशिक्षित करके जगह-जगह इसका नाच दिखाते और उसी के सहारे अपनी जीविका चलाते हैं। इसकी दो प्रजातियाँ हैं। काला मुँह वाला लंगूर, लाल मुँह वाला ललमुँहा। इसकी मृत्यु हो जाने पर यहाँ लोग इसकी शव यात्रा बड़ी धूमधाम से निकालते हैं। मंगलवार को इनकी बड़ी आवभगत की जाती है।

बैल : यह अवध के कृषि कार्य और परिवहन व्यवस्था का एक प्रमुख शक्ति स्रोत रहा है। इस बीच यन्त्रों का प्रचलन हो जाने के कारण इसका उपयोग कम हो पा रहा है। यहाँ बैलों की कई कोटियाँ हैं। छोटे बच्चे को बछड़ा तथा छोटे आकार वाले बैलों को 'डिस्टा' और नाटा कहा जाता है। बड़े डीलडौल वाले 'पछाही' कहलाते हैं। पहले यहाँ बैल भगाने की प्रतियोगिता बहुत चलती थी। लोग उनकी बड़ी साज-सज्जा करते थे। काले रंग से उनकी सींगे रंगते थे। दोनों सींगों के बीच साफा और मछहरी बाँधते थे। शरीर पर रंग-बिरंगी झूल डालते थे। बीच-बीच में उन्हें नमक खिलाया जाता था और घी पिलाया जाता था। चारे में चना, चोकर, खली, गुड़, महुवा जैसी शक्ति वर्धक चीजें डालकर खिलायी जाती थीं। बीच-बीच में उन्हें नहलाया जाता था, खरहरा किया जाता था और तेज भागने के लिए भाँग खिलायी जाती थी। गोवर्धन पर इनकी पूजा होती है। कहीं-कहीं बैल को कौड़ियों से सजाकर उसका उपयोग फलित ज्योतिष के लिए किया जाता है। प्राप्त प्रशिक्षण के अनुसार हर प्रश्न का उत्तर यह नकार या स्वीकार मूलक सिर हिलाकर देता है और दक्षिणा प्राप्त करता है। इनकी नाक छेद करके 'नाथ' डाली जाती है। इन्हें बधिया भी किया जाता है। इनके नाखून काटकर 'नाल' बाँधी जाती हैं। अन्यथा खुरपक (खुरहा) रोग हो जाता है। रथ, रहकला, लढ़िया और रब्बा खींचने वाले बैल बड़े दर्शनीय होते हैं। इन दिनों बैलों की वह गोई उपेक्षित सी है।

भैंसा : अवध में इसे यमराज का वाहन कहते हैं। बैलों की अपेक्षा यद्यपि यह सस्ता पड़ता है। ज्यादा ताकतवर भी है, किन्तु सवर्ण समाज में जो भैंसे से खेती करते हैं उनको 'भैंसहा' कहकर उपहास किया जाता है। इनका प्रचलन अब कम हो गया है।

रीछ/भालू : इसे जामवंत का प्रतीक माना जाता है। मदारी लोग इसकी नाक में नाथ डाल करके नृत्य के लिए प्रशिक्षित करते हैं। लोग बच्चों को इस पर दुआ प्राप्ति हेतु बिठाते हैं और मदारी को इनाम देते हैं।

शरभ : वह शार्दूल जैसा कोई बलवान पशु था, जिसकी सहायता से हाथी पकड़े जाते थे। जायसी ने इसका उल्लेख किया है।

हाथी : यह गणेश जी का प्रतीक है। पहले राजाओं-रईसों के यहाँ ये पाले जाते थे। इसके चालक को महावत कहते हैं। इसके रातिब (भोजन) के रूप में कई सेर आटे के रोट बनते हैं। यह हरे पेड़ों की पत्तीदार डालें बहुत खाता है। इस पर सवारी करना गर्व का विषय माना जाता है। इसे बरात या जुलूस की शोभा माना जाता है। युद्ध में गजसेना की बड़ी भूमिका हुआ करती थी।

हिरन : इसकी अनेक प्रजातियाँ अवध क्षेत्र में पायी जाती हैं, जैसे—चीतल, साँभर, बारहसिंगा, नीलगाय। इनका मृगचर्म बहुत पवित्र माना जाता है। अवध के कई रिजर्व फारेस्ट और अजायब घर इन प्रजातियों से भरे हुए हैं।

यहाँ के अन्य पालतू या जंगली जीव हैं—भेड़िया, लोमड़ी, सूअर, सियार, भेड़, बकरी, बिल्ली, बिज्जो, स्याही, खरगोश, मगर, गोह, कछुआ, शेर, बाघ, गैंडा, चूहा, नेवला, गिलहरी, गिरगिट,

लकड़बघ्घा, छिपकली, बिच्छू आदि। भेड़िया जंगलों में भाठ बनाकर रहता है। कभी-कभी बस्ती में आ जाता है और छोटे बच्चों को, बकरी के मेमनों तथा पालतू घरेलू पशुओं को उठा ले जाता है। चलते हुए उसके पैर से चटकने की आवाज आती है। लोमड़ी को यहाँ धूर्तता का प्रतीक माना जाता है। बस्ती में आकर वह छिप करके कभी-कभी छोटे घरेलू पशुओं पर आक्रमण कर देती है। सूअर के मांस और बालों की इन दिनों बड़ी खपत है। यह जंगली होता है और पालतू भी। भेड़ से ऊन प्राप्त होता है। इसके पालक गड़रिया लोग इसका मांस भी बेचते हैं और खाल भी। लोग खेत में खाद के लिए इसकी लेहड़ बिठलाते हैं। अवध के नवाब भेड़ों, साँड़ों, फाख्ता, तीतर, मुर्गा आदि की लड़ाई के बड़े शौकीन थे। बकरी पालतू तथा दुधारू पशु है। इसकी खाल और मांस की बड़ी खपत है। देवी की पूजा में यहाँ बकरे के छौने की बलि देने का बड़ा रिवाज रहा है। गीदड़ को 'स्यार' भी कहा जाता है। यह एक जंगली पशु है, जो फसलों को हानि पहुँचाता है। ऊँट को रेगिस्तान का जहाज कहा जाता है। अवध के पूर्वांचल में इससे खेती भी की जाती है। यह गाड़ी खींचता है और सवारी के काम आता है। कुत्ता घरेलू पालतू जीव है। यहाँ इसकी अनेक प्रजातियाँ हैं। रक्षक के रूप में इसकी बड़ी भूमिका है। यह इन दिनों शोभा की वस्तु बन गया है। इसके शावक को पिल्ला पिल्ली कहते हैं। गधा/खच्चर सामान लादने के काम आता है। धोबी लोग इस पर कपड़ों की लादी लेकर चलते हैं। कुछ लोग बालू, मिट्टी, बजरी, मौरंग, ईंटा आदि लादते हैं। इनमें पहाड़ी खच्चर ज्यादा ताकतवर होता है। इसकी पीठ पर लादी गयी गठरी को 'गोनि' कहते हैं।

इसी प्रकार के अन्य अनेक पालतू या जंगली पशु इस क्षेत्र में प्राप्त होते हैं।

यहाँ जनजीवन में पशुओं से सम्बन्धित एक लोक विज्ञान प्रचलित है। उसके अनुसार उत्तम कोटि का बैल वह होता है, जिसकी पूँछ पतली हो और जो हिरन जैसे लिंग वाला हो—

हिरन मुतान पतली पूँछ। बैल बेसाहौ कंत बेपूछ।

इसी प्रकार छोटी सींग वाली गाय चिर युवा दिखती है—

डूँडी गाय सदा कलौर।

मरकहे दुर्बल बैल और भैंसे की खरीद का यहाँ निषेध किया गया है—

ताका भैंसा मरियल बैलु, नारी कुलच्छन बालक हैलु।

एक प्रसिद्ध कहावत है कि सात दाँतों वाला, काली सफेद बरौनी वाला तथा महुवे के रंग वाला मुँह जिसका हो, वह बैल नहीं लेना चाहिए—

इनको कबहुँ न लीजिए मुफ्त देंय जो कोय।

हाथी-घोड़े की पहचान और उपचार से सम्बन्धित 'शालिहोत्र' ग्रन्थ भी यहाँ कई राज कवियों-कविराजों ने लिखे हैं, जिनके आधार पर कहा जा सकता है कि अवध के लोक जीवन में बेटनरी साइंस काफी विकसित रहा है।

इस अंचल के पक्षी विहारों में विश्वभर के परिन्दे एकत्र होते हैं, जिनका नामोल्लेख सम्भव नहीं। स्थानीय नये-पुराने पक्षियों के जो नाम कवियों ने गिनाये हैं, वे हैं—शुक, सारिका, चील्ह (क्षेमकरी), गृद्ध, सारस, क्रौंच, काग, कबूतर, पेढुकी (पण्डुक), लवा, बया, गौरैया, महर, मयूर, घुघ्घू, हारिल, तिलोर, कटनास, कठफोड़वा, भुजैल, खूसट (उल्लू), धनेश, फुदकी, बगुला, सवन, बत्तख, पनडुब्बी, पिद्दी, टुइयाँ (तोता), कोयल, सुर्खाब, खरज (खंजन), पपीहा, चक्रवाक, जलमुर्गी, नीलकंठ, ककनू आदि।

जायसी ने कई पक्षियों के नाम गिनाए हैं, जैसे—

- भयी पुछारि लीन बनवासू

- घिरिन परेवा होय पिय
- दही-दही करि महरि पुकारा
- बैरिन सवति दीन चिलवासू
- भाई कर मुखी नैन तन राखी
- भोर होत बोलत चुहचुही।

यहाँ के जीव-जन्तुओं में प्रमुख है मछली। उसके कई प्रकार हैं, जैसे—

टेंगनि या टेंगना : इस मछली की पीठ का काँटा बहुत बड़ा और मजबूत होता है। इसका थूथन काफी चौड़ा होता है और ऊपरी जबड़ा निचले जबड़े से कुछ आगे बढ़ा हुआ रहता है।

मेह : यह पतले शरीर के कारण 'पतरा' भी कही जाती है।

सिंगी : यह मछली जब अपना काँटा किसी के बदन में गड़ा देती हैं तो उससे बिच्छू की सी जलन होती है। इसके शरीर का रंग गाढ़ा सिलेटी होता है।

बाँब : इसे बाम भी कहते हैं। यह साँप की शक्ल से मिलती-जुलती है।

बंगरे : चौड़े मुँह की यह समुद्री मछली है। संस्कृत में इसे भंगिका कहते हैं।

मंगुरी : यह पानी के बाहर भी काफी देर तक रह लेती है। इसका रंग हरा या भूरा होता है।

नरिया : इसे नयना एवं नैनीया भी कहते हैं। इसकी लम्बाई 2-3 फीट तक पहुँच जाती है।

चरक : इस मछली को चरखी भी कहा जाता है।

चेल्हा, चाल्ह : यह एक छोटी मछली है। इसे चेल्हवा भी कहते हैं।

परहाँसी : यह मछली आकार में काफी छोटी होती है।

पढ़िना/पहिना : यह 5-6 फीट लम्बे-चौड़े मुख और पतले शरीर की मछली है।

रोहू : यह ढाई-तीन फीट लम्बी होती है। इसके ऊपर का रंग ललछौंह रहता है।

संघ : इसे सेंधा, सुंभा या संधा मछली भी कहते हैं।

यहाँ प्राप्य मछलियों के अन्य नाम हैं—डाँस, डंडही, नैनी, गौंछ, लपची, झींगा, मलीक, भाकुर, करकच्ची, गोंजर, जुगनू, ग्वालिन, सँवर, गेरई, कटिना आदि।

अन्य जीव-जन्तुओं में हैं—जोंक, झींगुर, टिड्डी, टिड्डा, पतिंगा, तिल, भँभीरा, ऊसर सांड़ा, भँगरा, गुजवा, गुबरैला, घिनौरी, गिरगिट, विशखोपरा, बर्र, बिच्छू, मक्खी, मधुमक्खी, मच्छर, डाँस, भँवरा, चपटी, चीलर, तिलोना, जुँआ, लीख, माहू, दीमक, सिल्वर फिश, कुकर मच्छी, किलनी, चौगड़िया, बीर बहूटी, मेढ़क, केंचुआ, चूहा, छछूँदर, गिलहरी, लखोरी, बेलनी, चींटा-चींटी, बेमटा, गोह, मगर, बभन बीहछी, खनखजूरा आदि।

यहाँ पाये जाने वाले साँपों की कई प्रजातियाँ हैं, जैसे—करिया (कोबरा), पनिहा, मटिहा, फेटारा, डोंडहा, धमिना, गेहुअन, करैत, अजगर, दो मुँहा, मजगीदवा, गड़ैता, बरजतिया, घोर कवाइच आदि।

स्पष्ट है कि भाँति-भाँति के पशु-पक्षी तथा जीवजन्तु इस अंचल में प्राप्य हैं। सूफी कवियों और यहाँ के प्राचीन भक्तों-सन्तों ने इनमें कई जीवों का उल्लेख किया है। कुछ प्राणी विलुप्त भी हो गये हैं। इनका संरक्षण तथा विश्लेषण परिस्थिति विज्ञान की दृष्टि से उपयोगी है।

पहाड़ और टीले

अवधांचल प्रायः समतल भूमि है। यहाँ पर्वत न के बराबर हैं। केवल मिर्जापुर एवं इलाहाबाद जनपद में कुछ पहाड़ियाँ दिखाई देती हैं। वहाँ कुछ झरने भी हैं। इसे मोरहाना पहाड़ कहते हैं। यह क्षेत्र 5000 वर्ष ईसा पूर्व का माना जाता है, इसलिए यहाँ समय-समय पर बहुत से पर्यटक आते हैं। चित्रकूट की पर्वत शृंखला भी यात्रियों के आकर्षण का केन्द्र है। अयोध्या में मणिपर्वत नामक एक टीला है, जिसके बारे में यह ख्याति है कि हनुमान जी जब द्रौणाचल सहित संजीवनी लिए हुए जा रहे थे तो उसका एक टुकड़ा टूटकर अयोध्या में गिरा था। कुछ लोग इसे कुबेर का खजाना मानते हैं। यहाँ बड़ी छावनी का मुख्यालय स्थापित है, जिसे अयोध्या का केन्द्र माना जा सकता है। अयोध्या में कुछ टीले आज भी विद्यमान हैं, जैसे—1. सुग्रीव टीला 2. नल-नील टीला 3. कुबेर टीला 4. लक्ष्मण टीला आदि।

यहाँ से सम्बन्धित पुराख्यानों में कुछ पर्वतों के उल्लेख हुए हैं, जैसे—हेमकूट, हेमन्त आदि। अलबरूनी के अनुसार यहाँ उत्तर में मेरु या सुमेरु पर्वत था। इसके चारों ओर पर्वत शृंखलाएँ थीं—श्वेत, गौर, शृंगवन्त और निवध। गौर शृंखला बंगाल तक व्याप्त थी, इसीलिए उसको गौड़ प्रदेश कहा जाता है। इस क्षेत्र के कुछ पर्वतों के नाम जायसी ने 'पद्मावत' में अंकित किये हैं, किन्तु वे भौगोलिक अस्तित्व के बजाय कवि-कल्पना के उपज प्रतीत होते हैं।

वन सम्पदा

अवध क्षेत्र विभिन्न प्रकार के वनों से परिपूर्ण है। यहाँ के पुराने पौराणिक नाम, जैसे—नैमिषारण्य, सिद्धाश्रम, नन्दनवन, कदली वन, ताडक वन, दण्डक वन, कजली वन इस कथन के साक्षी हैं कि पहले यहाँ वनाच्छादित भूमि बहुत थी। जनसंख्या वृद्धि, कृषि, औद्योगीकरण और विकास कार्यों से इन वनों को बड़ी क्षति पहुँची है। 1947 ई. के बाद यहाँ वन महोत्सव शुरू किया गया, फिर एक वन नीति लागू की गयी। उसके अन्तर्गत वन संरक्षण संवर्धन की योजनाएँ चलीं। प्रशिक्षण और अनुसंधान संस्थान, लखनऊ के प्रयास से जंगलों की अवैध कटान तथा खनन पर रोक लगायी गयी है। यहाँ जो आपरेशन ग्रीन योजना चल रही है, साथ ही सामाजिक वानिकी, वन्य जीव संरक्षण, औद्योगिक वृक्षारोपण, ईंधन, चारा प्रोजेक्ट, पक्षी विहार विकास, प्रोजेक्ट टाइगर आदि के जो कार्यक्रम चलाये गये हैं, उनसे वन विकास का एक माहौल बना है। अवध के कई जनपदों, जैसे—लखीमपुर खीरी, बलरामपुर, बहराइच, श्रावस्ती, गोण्डा, इलाहाबाद में वन निगम अधिनियम के अन्तर्गत कई पौध शालाओं की स्थापना हुई है, जड़ी-बूटी संग्रह को बढ़ावा दिया गया है और वनोपज की ओर ध्यानाकर्षण हुआ है।

यहाँ जालन वाले जंगली पेड़, फर्नीचर वाली लकड़ी के पेंड़ और फलदार वृक्षों की इधर कई प्रजातियाँ विकसित हुई हैं। इसी नीति के अन्तर्गत उद्यानों का विकास किया जा रहा है, जो बागवानी के अन्तर्गत द्रष्टव्य है। अवध क्षेत्र में यों तो अनेक प्रकार की वनस्पतियाँ पायी जाती हैं, किन्तु यहाँ के कुछ विशेष वृक्ष हैं, जिनका संक्षिप्त विवरण द्रष्टव्य है।

वनस्पतियाँ

अवध क्षेत्र की प्रमुख वनस्पतियाँ हैं–

आँवला : हर्र, बहेड़ा, आँवला को त्रिफला कहा जाता है। इसका आयुर्वेद में बड़ा महत्त्व है। इससे कई लाभकारी खनिज मिलते हैं। अवध क्षेत्र में आँवला अष्टमी को इस वृक्ष की पूजा होती है। यहाँ प्रतापगढ़ जनपद को 'आँवला नगर' का नाम दिया गया है। लोगों ने आँवले से कई प्रकार के चूर्ण, मिष्ठान्न अवलेह अर्थात् अनेक प्रकार के स्वास्थ्यवर्धक खाद्य तथा पेय पदार्थ बना लिए हैं।

आम : यह पूज्य वृक्ष है। आम्र पल्लव पूजा और सज्जा के काम आता है। सूखी लकड़ी से होम होता है। इसकी कच्ची अमिया से चटनी अचार जैसे कई व्यंजन बनते हैं। पके आम को टपका कहते हैं। अधपके को सीपी, कोइली और गदरा कहते हैं। इसे पाल से भी पकाते हैं। नमकीन पानी में इसे कई महीने रखा जा सकता है। अवध में इसकी कई प्रजातियाँ हैं जैसे दशहरी, देशी, सफेद, चौसा, लँगड़ा आदि। मलिहाबाद (लखनऊ) आम का प्रमुख केन्द्र है। इस क्षेत्र में एक शोध केन्द्र कार्यरत है। आम से कई पदार्थ बनते हैं, जैसे रस, अमावट, मुरव्वा, जेली आदि।

इसकी मंजरी (बौर) के रस से विषशमन बताया गया है। सहकार (आम्र) के साहचर्य से संतति लाभ का उल्लेख हुआ है। इसे कामदेव का प्रिय आयुध माना जाता है। बसंत पंचमी में बौर का दर्शन शुभ माना जाता है।

नीम : ऐसी मान्यता है कि इसकी उत्पत्ति देवताओं के अमृत से हुई है। यह संक्रमण रोग नाशक है। इसकी गन्ध से साँप नजदीक नहीं आता। इसकी छाल और तेल से त्वचा के रोग दूर हो जाते हैं। अवध में इसे देवी का प्रतीक माना जाता है। कन्याएँ ग्रीष्म ऋतु में प्रति सन्ध्या नीम के वृक्ष पर जल चढ़ाती हैं। लोग इसकी पत्तियों को उबालकर उस जल से स्नान करते हैं। चेचक की बीमारी में इसकी पत्तियाँ बहुत लाभ पहुँचाती हैं। नीम से बने साबुन, टूथपेस्ट और दातून का यहाँ बहुत प्रचलन है।

पीपल : इसे संस्कृत में 'अश्वत्थ' कहा जाता है। गीता में श्रीकृष्ण ने कहा है कि मैं वृक्षों में पीपल हूँ। यह विष्णु का प्रतीक है। इस पर ब्रह्मा और शिव का भी वास रहता है। इसके नीचे विभिन्न प्रकार के संस्कार किये जाते हैं। हिन्दू (सनातनी) कभी इस वृक्ष को नहीं काटता है, बल्कि वह इसकी पूजा करता है। स्त्रियाँ पुत्र प्राप्ति हेतु इसके चारों ओर धागा लपेटती हैं। इसके बीज जुलाब का काम करते हैं और छाल से मसूढ़ों की दवा की जाती है।

बरगद : यह अपनी विशालता के कारण पूजनीय है। स्त्रियाँ पति की दीर्घ आयु के लिए वट सावित्री पर्व पर इसकी पूजा करती हैं। इसके दूध से गठिया का रोग और पेट के कीड़े नष्ट होते हैं। छाल से मधुमेह में लाभ होता है। इसकी पत्तियों को लोग घावों में पुलटिस के रूप में बाँधते हैं।

अशोक : यह कामदेव का प्रिय वृक्ष माना जाता है। ऐसी मान्यता है कि कोई सुन्दरी इस पर जब पदाघात करती है तो यह फूल उठता है। अशोक वाटिका में सीता जी के रहने के कारण इसे 'सीता अशोक' भी कहा जाता है। महात्मा बुद्ध का जन्म इसी के नीचे माना जाता है। इसका रस प्रसव पीड़ा में काम आता है और वह बिच्छू का जहर शान्त करता है। अवध में यह वृक्ष उर्वरता का प्रतीक माना जाता है।

तुलसी : इसे कृष्णा तुलसी और वृन्दा भी कहते हैं। तुलसी प्रत्येक वैष्णव घर में प्रतिदिन पूजी जाती है। इसका रस बुखार, खाँसी, जुकाम, दस्त तथा कान के दर्द में लाभकारी होता है।

महुवा : यह बड़े आकार का वृक्ष होता है। इसका फूल ग्रीष्म ऋतु में टपकता है। इसकी गन्ध बड़ी मादक होती है। इसके फूल से कई प्रकार के खाद्य पदार्थ बनते हैं। यह बड़ा बलवर्द्धक होता है। इससे शराब बनायी जाती है। इसकी गुठली से निकाला गया तेल खाद्य भी है और यह दवा दारू के काम में आता है। इसकी लकड़ी बड़ी मजबूत होती है और वह फर्नीचर के काम आती है। प्राचीन ग्रन्थों में इसे मधूक कहा गया है। अवध में जगह-जगह महुवारी बागें दिखाई देती हैं।

अमरूद : इसका फल बड़ा स्वादिष्ट और स्वास्थ्यवर्द्धक होता है। यहाँ इसकी दो प्रजातियाँ दिखती हैं। पीला अमरूद दूसरा लाल चित्तीदार। इलाहाबाद का अमरूद बहुत प्रसिद्ध है।

केला : अवध में इसकी खेती व्यापक स्तर पर की जा रही है। यहाँ छोटे आकार वाला कलकतिया केला भी बहुत प्रसिद्ध है। कच्चे केले से कई प्रकार के व्यंजन बनाये जाते हैं। केले के फल, तने और पत्ते पूजा-पाठ के काम में भी आते हैं।

इमली : यह बड़े आकार का वृक्ष है। इसकी दो प्रजातियाँ हैं—एक देशी खट्टी इमली, दूसरी विलाइती मीठी इमली। इसकी लकड़ी बहुत मजबूत होती है। इसे जलाकर कोयला बनाया जाता है।

फूल-पौधे : इस क्षेत्र में अनेक प्रकार के फूल-पौधे पाये जाते हैं, जिनसे प्राप्त फूल, फल, बीज, पत्ता, गोंद आदि का प्रयोग विभिन्न प्रयोजनों में किया जाता है। इनकी नामावली अकारादिक्रम से दी जा रही है—

अगस्त, आम्र मंजरी, अमलतास, कदम्ब, केवड़ा, कुसुम, कुब्जक, कनेर (सफेद, लाल, पीला), केतकी, कुन्द, कमल, कोका बेली, कैक्टस, गुलाल, गुंजा, गुर्च, गुलाब, गुलमोहर, गेंदा, गुलमेंहदी, गुलाबास, गाँजा, गुलदोपहरी, गुड़हल, चम्पक, चमेली, जूही, धतूरा, नाग केसर, नेवारी, नागफनी, बेला, गुल बकावली, बेहया, भाँग, मालती, मोगरा, मौलश्री, मदार, रातरानी, विष्णुकान्ता, शेफाली, सेवती, सूरजमुखी, शिवकान्ता, हरसिंगार आदि। जायसी ने पद्‌मावत में यहाँ होने वाले कई पुष्पों के नाम गिनाये हैं, जैसे—

कदम्ब सेवती चंप चवेली।
केवरा चम्पा कुंद नवेली।
सुरंग गुलाल, कदब और कूँजा।
सुगंध बकौरी गंध्रप पूजा।।

तुलसी ने भी 'पाटल, पनस, पलास, रसाला' जैसी कई वनस्पतियों का उल्लेख किया है।

फल, साग-सब्जी एवं मसाले : यहाँ प्राप्य फूलों और सब्जियों के नाम हैं—अमरख, अदरक, अँबरा, अमरूद, आलू, अंगूर, अनार, अजवाइन, अड़हुल, कटहल, करेला, कलौंजी, कुल्फा, करेमू, करौंदा, ककड़ी, कैथा, कचेलवा, केला (कच्चा, पक्का), कमल गट्टा, कुंदुरू, कद्‌दू, खरबूजा, खिरनी, खीरा, खेखसा, गूलर, गाजर, गाँठगोभी, गन्ना, गुल्लू (गदिया कोलइया), घुइयाँ के पत्ते, चना, चना साग, चुकन्दर, छोले, जीरा, टेमसा (पाकड़ का), टमाटर, टिंडा, तरबूज, तरोई, धनिया (हरी पत्ती एवं दाना), नीबू, नासपाती, निमकौरी, पपीता (कच्चा-पक्का), पुदीना, परवल, प्याज, पत्ता गोभी, पेठा, पोय, पालक, पेहटुवा, फालसा, फूट, फूलगोभी, बेर, बेल, बंडा, बैंगन, बथुवा, बहकला, भसिंडा, भिंडी, मरसा, मटर, मटरी, मटर का साग, ममीरा, मिर्च, मुसम्मी, मकोय, माल्टा मेंथी (दाना एव साग), रसभरी, राई, रत्तालू, रामदाना, लीची, लौकी, लोबिया, लसौढ़ा, शकरकंद (गंजी), शरीफा, संतरा, आड़ू, सीताफल, सोंठ, सोयाबीन, सेब, सोया (साग), शहतूत, शलजम, सागा (प्याज लहसुन), सेम, सूरज मुखी आदि।

स्पष्ट है कि वनस्पतियों की दृष्टि से यह क्षेत्र बड़ा समृद्ध है।

विशिष्ट स्थान

अवध में ऐसे कई नगर, कस्बे, जनपद और क्षेत्र हैं, जिनका ऐतिहासिक, सांस्कृतिक, धार्मिक, आर्थिक, राजनीतिक एवं साहित्यिक दृष्टि से बड़ा महत्त्व है। इन स्थानों में कानपुर, इलाहाबाद, लखनऊ, कौशाम्बी, श्रावस्ती आदि का परिचय जिलेवार विवरण में द्रष्टव्य है। शेष महत्त्वपूर्ण स्थानों का परिचय यहाँ अकारादि क्रम में प्राप्य है। इस क्रम में अयोध्या, प्रयाग तथा नैमिष का विवरण इसलिए प्रस्तुत किया जा रहा है कि जनपद के अलावा इनका अपना स्वतन्त्र अस्तित्व भी है।

अयोध्या : वाल्मीकि रामायण के अनुसार इस नगर की स्थापना मानव जाति के प्रवर्तक महाराज मनु द्वारा की गयी थी। अनेक शताब्दियों तक अयोध्या सूर्यवंशियों की राजधानी रही। यहीं भगवान राम का अवतार हुआ था। अथर्ववेद के अनुसार इस नगर का निर्माण देवताओं द्वारा कराया गया है। इसका पुराना नाम था कोसल। यों इसके कई नाम हैं, जैसे—अवध, साकेत, विनीता। बौद्ध साहित्य में इसे अयुधा कहा गया है। फाह्यान ने इसे साँची और टाल्मी ने इसे सोचोड़ा कहा है। ब्राह्मण ग्रन्थों में इसे गाँव बताया गया है। भागवत पुराण में इसे नगर कहा गया है। स्कन्द पुराण में इसे इच्क्ष्वाकुभूमि, रामपुरी, कोसलपुरी और साकेत कहा गया है। यह हिन्दू, जैन, बौद्ध, सिक्ख आदि कई मतावलम्बियों का प्रमुख केन्द्र रहा है।

सूर्य वंश के छठे राजा थे पृथु। उनकी भूमि होने के कारण इसे पृथ्वी कहा गया था। इसी वंश में मानधाता और सत्यवादी हरिश्चन्द्र का जन्म हुआ था। सूर्य वंशी राजा सगर ने यहाँ अश्वमेध कराया था। उनके पौत्र भगीरथ जी अपने तपोबल द्वारा पृथ्वी पर गंगा जी को लाये थे। फिर इस वंश को रघुवंश कहा जाने लगा। रघु के पौत्र थे राजा दशरथ, जो भगवान राम के पिता थे। उनके समकालीन महाकवि वाल्मीकि ने रामायण की रचना की थी। पौरणिक परम्परा के अनुसार इच्क्ष्वाकु की 93 वीं पीढ़ी में ब्रहद्बल नाम के राजा हुए। उन्हें इस वंश का अन्तिम राजा माना जाता है। प्राचीन साहित्य में अयोध्या का जो विवरण मिलता है, उसके अनुसार यह बारह योजन लम्बी और तीन योजन चौड़ी नगरी थी। इस क्षेत्र को 14 कोसी परिक्रमा द्वारा पूरा किया जाता है। इसके एक सिरे पर था राम कोट और दूसरे सिरे पर है सरयू नदी। रामकोट के 20 द्वार बताये गये हैं। मुख्य फाटक पर हनुमान जी का पहरा था। उसके दाहिनी ओर सुग्रीव और उनके निकट अंगद तथा सुषेण रहते थे। पूर्व की ओर नवरत्न नामक एक मन्दिर था। पश्चिम द्वार पर दधिचक्र रहते थे। उसके निकट शतिबल, गंधमादन, शरभ और पनास थे। दुर्ग के उत्तर द्वार पर विभीषण रहते थे। पूर्व में मत्तगजेन्द्र और दुविध का वास था। दक्षिणी भाग में जामवन्त और केसरी रहते थे। इनमें सम्प्रति चार स्थान अभी विद्यमान हैं—1. हनुमान गढ़ी 2. सुग्रीव टीला 3. अंगद टीला 4. मत्तगजेन्द्र। कोट के भीतर कई महल हैं, जैसे—1. कनक भवन 2. रत्न सिंहासन भवन 3. शृंगार भवन 4. कैकेयी कोप भवन 5. सीता रसोई 6. भरत राजमहल 7. रंगमहल 8. राम कचहरी 9. दशरथ जी का इच्छा भवन।

ऐसा उल्लेख है कि इनका पुनरुद्धार चन्द्रगुप्त विक्रमादित्य द्वितीय द्वारा किया गया था। इस नगर कोट के बगल में अनेक कुण्ड हैं। नगर की किलेबन्दी के लिए विशाल चारदीवारी या परकोटा था और बड़ी गहरी खाई थी। परकोटे में तोरण युक्त विशाल द्वार थे। नगर के भीतर चौड़ी सड़कें, बस्तियाँ और बाजार थे। इनकी प्रतिदिन सफाई होती थी और फूल बिखेरे जाते थे। रात में दीप वृक्षों द्वारा प्रकाश किया जाता था।

श्रीराम के बाद अयोध्या नगर का प्रताप कम हो गया। बुद्ध काल का जो इतिहास मिलता है,

उसके अनुसार यद्यपि गौतम बुद्ध का इस नगर से विशेष सम्बन्ध था और अयोध्या में बुद्ध के अनेक अनुयायी भी थे, पर यह नगर श्रीहीन हो गया था। गौतम बुद्ध ने यहाँ बहुत दिनों तक निवास किया था। बौद्ध ग्रन्थों में इसे 'विशाला' की संज्ञा दी गयी है और साकेत भी कहा गया है।

नंदवंश के शासन काल में यह नगर समृद्धिशाली प्रतीत होता है। 'कथा सरित् सागर' के अनुसार यहाँ नंदों की एक सेना निरन्तर रहा करती थी। मौर्य काल की कुछ मुद्राएँ यहाँ प्राप्त हुई हैं, जिनसे अनुमान होता है कि उस समय अयोध्या एक राजनीतिक केन्द्र था। प्रथम शताब्दी ई. पूर्व में अयोध्या राज्य कुषाणों के अधीन रहा। तीसरी-चौथी शताब्दी में अयोध्या नगर उजड़ गया था। विक्रमादित्य ने उसका जीर्णोद्धार कराया। उस समय अयोध्या को पाटलिपुत्र से महत्तर राज्य माना जाता था। विक्रमादित्य ने यहाँ ताँबे के सिक्के चलाए थे। उन्होंने इसे पुनः राजनीतिक-धार्मिक केन्द्र बना दिया था। छठी शताब्दी में गुप्त साम्राज्य के ह्रास के बाद अयोध्या का पतन हो गया। सातवीं सदी में ह्वेनसांग यहाँ आया था। उसने यहाँ कुछ स्तूप और अवशेष देखे थे। साथ ही लगभग सौ बौद्ध विहार भी। तबसे कई शताब्दियों तक यह नगर उजड़ा पड़ा रहा। मुस्लिम काल में यह हिन्दुओं का धार्मिक केन्द्र बना रहा। उन दिनों यहाँ तीन प्रमुख मन्दिर थे—1. जन्म स्थान 2. स्वर्गद्वार 3. त्रेता के ठाकुर।

इसी बीच 1528 ई. में जन्मभूमि मन्दिर को ध्वस्त करके बाबरी मस्जिद का निर्माण किया गया। तबसे यह साम्प्रदायिक संघर्ष का मुद्दा बन गया है।

कालान्तर में यहाँ नवाबों का शासन हुआ। नवाब सफदरजंग के समय अयोध्या का पुनर्निर्माण हुआ। नवाब के मन्त्री नवल राय ने नागेश्वर नाथ और लक्ष्मण जी का मन्दिर बनवाया। आसफउद्दौला के मन्त्री टिकैतराय ने हनुमान गढ़ी बनवायी। बीच-बीच में अन्य मन्दिरों का निर्माण होता रहा। यहाँ एक ओर रामचरितमानस की लोकप्रियता बढ़ती गयी। दूसरी तरफ मुसलमानों की बस्ती भी बढ़ती गयी। 1756 ई. में शुजाउद्दौला ने फ़ैज़ाबाद को अपनी राजधानी बनाया तो इसका राजनीतिक महत्त्व बढ़ गया। ब्रिटिश काल में यहाँ रेल मार्ग का और कई सड़कों का निर्माण हुआ। कई मन्दिरों का जीर्णोद्धार भी हुआ। रानी ओरछा, रानी टीकमगढ़ और अन्य कई राजाओं ने इस कार्य में योगदान किया।

स्वतन्त्रता के बाद यहाँ शासन द्वारा कई शैक्षणिक संस्थाओं, पार्कों, उद्योगों और घाटों की स्थापना की गयी। सम्प्रति यह जनपद फ़ैज़ाबाद का अंग है। तीर्थ के रूप में इसकी बड़ी महिमा है।

अरैल (अलर्कपुरी) : इलाहाबाद नगर से 11 किमी. दूर यमुना नदी के उस पार स्थित अरैल एक ऐतिहासिक स्थान है। प्राचीन ग्रन्थों में इसका उल्लेख अलर्कपुरी के नाम से मिलता है। अलर्क एक प्राचीन कालीन राजा थे, जिनके बारे में प्रसिद्ध है कि उन्होंने सत्य की रक्षा के लिए अपनी आँखें निकलवा दी थीं। तारीख आइन-ए-अवध में लिखा है कि जलालुद्दीन खिलजी के समय (1288-1395) में अरैल में राजा रामदेव का राज्य था। यहाँ स्थित आदि वेणी माधव मन्दिर एवं सोमेश्वरनाथ मन्दिर की चर्चा पुराणों में मिलती है। यहाँ के अन्य मन्दिरों में प्रमुख हैं—शनिदेव मन्दिर, नृसिंह मन्दिर, ललिता देवी मन्दिर आदि। यहाँ स्वामी बल्लभाचार्य से लेकर प्रभुदत्त ब्रह्मचारी तक कई सन्त रहे हैं।

कोंडर : यह गोंडा जिले का एक गाँव है, जहाँ महर्षि पतंजलि का जन्म हुआ था। महाभाष्य में उन्हें 'गोनर्दी' कहा गया है। एक जनश्रुति के अनुसार त्रिजट नामक एक ब्राह्मण ने श्रीराम के निर्देशानुसार अपना डंडा जहाँ तक फेंका था, उतना क्षेत्र उसे दे दिया गया था। वहीं त्रिजट सूत्रकार, वृत्तिकार, भाष्यकार के रूप में विकसित होकर पतंजलि हो गये। महर्षि पतंजलि शेषनाग के अवतार थे। कोंडर ग्राम में वे पर्दे के पीछे से शिष्यों को पढ़ाते थे। एक बार किसी शिष्य ने कोंडर (कोने)

से झाँककर उन्हें देख लिया, अतः वे विलीन हो गये। योग विद्या उन्हीं का प्रतिरूप है। यहाँ उनका एक स्मारक है।

गौड़ देश : अयोध्या कोसल प्रदेश की राजधानी थी, जो दो भागों में बँटी हुई थी, उत्तर कोसल और दक्षिण कोसल। उत्तर कोसल भी दो विभागों में विभाजित थी—गौड़ और कोसल। राप्ती नदी के दक्षिणी प्रदेश को गौड़ देश कहते हैं। श्रावस्ती नगरी इसी गौड़ देश में है। इसी का अपभ्रंश माना जाता है—गोंडा।

चित्रकूट : यह अवध अंचल का एक सीमान्त कस्बा और मण्डल है। बाँदा-करबी के निकट मंदाकिनी के तट पर स्थित यह एक पवित्र तीर्थ है। वनवास के लिए जाते हुए श्रीराम यहाँ कुछ समय तक रहे थे। यहीं भरत मिलाप हुआ था। कभी वाल्मीकि जी भी यहाँ रहते थे। इस तीर्थ में कई छोटी-छोटी पहाड़ियाँ हैं। बीच में मंदाकिनी (पयस्विनी) हरे-भरे जंगलों के बीच बहती दिखती है। इस तीर्थ में रामघाट, हनुमत्धारा, कैलाश घाट, राघव प्रयाग, घृत कल्प घाट, कामतानाथ, सीतापुर, अनसूया आश्रम, मन्दराचल, जानकीकुण्ड, स्फटिक शिला, भरत कूप आदि अनेक दर्शनीय स्थल हैं। यहाँ अत्रि, अनसूया, दत्तात्रेय और हनुमान जी के कई मन्दिर हैं। यहाँ अनेक आश्रम, सत्संग भवन, अतिथि गृह और धर्मशालाएँ बनी हुई हैं। गोस्वामी तुलसीदास के अनेक सन्दर्भ इस तीर्थ से जुड़े हुए हैं। चित्रकूट मेले में प्रतिवर्ष रामायण मेला का आयोजन होता है। चित्रकूट धाम में रामभद्राचार्य द्वारा स्थापित विकलांग विश्वविद्यालय है और नाना जी देशमुख द्वारा स्थापित ग्रामोद्योग संस्थान भी। यहाँ कई शोध केन्द्र हैं। चित्रकूट का कुछ अंश उत्तर प्रदेश से जुड़ा हुआ है और कुछ मध्यप्रदेश से। सम्प्रति यह उत्तर प्रदेश का एक मण्डल है। यहाँ अवधी और बुन्देली का मिलाजुला प्रयोग दिखाई देता है। यह स्मरणीय है कि चित्रकूट गोस्वामी तुलसीदास को बहुत प्रिय था। उन्होंने बीच-बीच में यहाँ दीर्घकाल तक निवास किया था। प्राप्त प्रमाणों के अनुसार उन्होंने चित्रकूट के निकट 'राजापुर' गाँव बसाया था और एक मन्दिर का निर्माण भी कराया था। इसी क्षेत्र में रहीम से उनकी भेंट हुई थी। देश निष्कासन के बाद रहीम ने भी यहाँ कुछ समय बिताया था। रामकथा में चित्रकूट का माहात्म्य सर्वविदित है। आर्थिक दृष्टि से यह एक पिछड़ा हुआ क्षेत्र है, किन्तु सांस्कृतिक दृष्टि से यह एक पुण्य स्थली है। इसे विचित्र पर्वतों का स्थान कहा गया है। इसका क्षेत्रफल दस योजन का बताया गया है। यहाँ पहले बहुत से साधक रहते थे। यहीं श्रीराम ने वल्कल वस्त्र और मुनि वेश धारण किया था। यहीं भरत-मिलाप हुआ था। इन्द्र पुत्र जयन्त ने यहीं सीता को चोटिल किया था, फलतः वह दण्डित किया गया था।

छपइया : यह गाँव गोंडा-बस्ती के सीमान्त पर स्थित है। इसका सबसे बड़ा महत्त्व यह है कि शिवनारायणी सम्प्रदाय के प्रवर्तक और अक्षर धाम मन्दिरों के संस्थापक सन्त शिवनारायण जी का यहाँ जन्म हुआ था।

डलमऊ : यह रायबरेली जनपद की एक तहसील है। इसको भर राजा डाल की राजधानी माना जाता है। राजा डालदेव पराक्रमी शासक थे। जौनपुर के शाह शर्की ने होली की रात किले पर आक्रमण करके डालदेव की हत्या कर दी थी। इसीलिए आज भी यहाँ जनमानस में होली पर्व तीन दिन तक नहीं मनाया जाता है। गंगा के तट पर बसा यह कस्बा एक ऐतिहासिक स्थान है। यहाँ किले के साथ-साथ कई प्राचीन मठ और घाट हैं। एक जनश्रुति के अनुसार यहाँ 52 मण्डियाँ और 56 बाजारें लगा करती थीं। नौकायन के कारण यह एक प्रमुख व्यावसायिक केन्द्र रहा है। सनातन धर्मावलम्बियों का प्रमुख तीर्थ होने के साथ-साथ यहाँ कई सूफी सन्तों की दरगाहें हैं, जिनमें बाबा

शेरशाह और कबूलअलक की दरगाहें मुख्य हैं। यहाँ हर वर्ष उर्स होता है। दूरदराज से लोग यहाँ आकर चादरें चढ़ाते हैं, सिजदा करते हैं और मन्नतें मानते हैं। यहाँ कई बौद्ध मठ भी हैं। कन्नौज के राजा जयचन्द के बैठकों के अवशेष अभी यहाँ विद्यमान हैं, जिनमें जयचन्दी, दहचन्दी और चमेलीहार मुख्य हैं। शाह शर्की की मजार भी यहाँ हैं। डलमऊ में एशिया की सबसे बड़ी पम्प कैनाल है। यहाँ का कार्तिक मेला बहुत प्रसिद्ध है। महाकवि निराला की ससुराल होने के कारण डलमऊ नगर काफी चर्चित रहा है। इसे कभी छोटी काशी कहा जाता था। इसकी आबादी दस हजार के आस-पास है। क्षेत्रफल लगभग साढ़े पाँच वर्ग किलोमीटर है। यह दस वार्डों में विभाजित है। यहाँ थाना, स्वास्थ्य केन्द्र और कई विद्यालय हैं। इस नगर के सबसे प्राचीन कवि रहे हैं मुल्ला दाऊद, जिन्होंने 1379 ई. में 'चन्दायन' नामक काव्य की रचना की थी।

रायबरेली की दक्षिणी दिशा में गंगा तट पर स्थित डलमऊ एक अत्यन्त प्राचीन स्थान है। किसी समय इसे बैसवारा की राजधानी होने का गौरव प्राप्त था। इसका एक पुराना नाम था नौरंगा। यह मूलतः डालभ्य ऋषि का क्षेत्र रहा है, जिन्होंने भूत-बाधा निवारण के अनेक उपक्रम किये थे। आज भी इस क्षेत्र में मृतक संस्कार करते हुए डालभ्य ऋषि की प्रतीक कुशडाभ की स्थापना एकादशाह स्थल पर की जाती है। डलमऊ में एक बड़े प्राचीन दुर्ग के अवशेष हैं। इस पर समय-समय पर वर्धन राजाओं, राजभरों और बैस राजाओं का अधिकार रहा है। यह स्थान सांस्कृतिक-धार्मिक दृष्टि से बहुत महत्त्वपूर्ण माना जाता है। यहाँ कई शक्तिपीठ हैं। यहाँ के दर्शनीय स्थानों में संकट मोचन मन्दिर, पथवारी देवी का मन्दिर, रानी का शिवाला, डलमऊ किला आदि मुख्य हैं। निराला जी ने 'प्रभावती' नामक उपन्यास में इसका विस्तृत वर्णन किया है।

देवीपाटन : पूर्वोत्तर अवध में बलरामपुर से 14 मील पर स्थित यह तीर्थ दर्शनीय है। यहाँ पाटेश्वरी देवी का मन्दिर है। ऐसी प्रसिद्धि है कि देवी की मूर्ति-प्रतिष्ठा महाराज विक्रमादित्य ने की थी। यह भी जनश्रुति है कि परशुराम जी से यहीं कर्ण ने ब्रह्मास्त्र प्राप्त किया था। इस स्थान पर नवरात्र में बहुत बड़ा मेला लगता है। ऐसी मान्यता है कि यहाँ देवी सती की दाहिनी भुजा जल कट कर गिरी थी। कहा जाता है कि गोरखनाथ के कई भक्त यहाँ पहले रहते थे। इसका सम्बन्ध कर्ण से था, ऐसा पौराणिक मत है। सम्प्रति यह उत्तर प्रदेश का एक मण्डल है।

नन्दि ग्राम : यह स्थान फ़ैज़ाबाद इलाहाबाद मार्ग पर 13 किमी. की दूरी पर है। जब भरत के आग्रह पर श्रीराम वन से अयोध्या नहीं लौटे तो भ्रातृ भक्ति वश भरत ने यह संकल्प लिया कि वे राज्य का दायित्व वहन करते हुए इसी वन में कुटी बनाकर वनवासी जीवन जियेंगे। नन्दि ग्राम में इसके कई ऐतिहासिक साक्ष्य विद्यमान हैं।

दोआब : उत्तर प्रदेश में गंगा, यमुना के मैदान को दोआब कहते हैं। डॉ. धीरेन्द्र वर्मा ने इसे 'मध्य देश' कहा है। यह अवध का सर्वाधिक उपजाऊ भू-भाग है, इसलिए इस पर अधिकार पाने के लिए अनेक राज्य बराबर प्रयास करते रहे हैं। आज यह इलाहाबाद, फतेहपुर, रायबरेली, उन्नाव, हरदोई के बीच व्याप्त है।

नैमिषारण्य : यह लखनऊ से लगभग 90 किलोमीटर की दूरी पर जिला सीतापुर के अन्तर्गत, गोमती नदी के तट पर स्थित एक अत्यन्त प्रसिद्ध प्राचीन तीर्थ है। जनजीवन में लोग इसे नैमिष, नीमसार एवं नीमखार कहते हैं। इसका उल्लेख वेदों और पुराणों में विस्तारपूर्वक हुआ है, जिससे सिद्ध होता है कि यह तीर्थ सतयुग में भी विद्यमान था। यह पृथ्वी का पहला तीर्थ, आठवाँ अरण्य और आठवाँ बैकुंठ माना जाता है। ऐसा कहा जाता है कि यहाँ भगवान का द्रव रूप प्रकट विग्रह

है। यह देवताओं की प्रिय यज्ञ भूमि है। भगवान राम ने इसकी तीन बार यात्रा की थी। अयोध्या में राजतिलक होने के बाद उन्होंने यहीं पहला अश्वमेध किया था, जिसमें वाल्मीकि जी के साथ सीता जी भी आयी थीं और फिर यहीं भूमि में समा गयी थीं। इस तीर्थ में शौनक ऋषि ने 88000 ऋषियों के साथ बारह वर्षों का महायज्ञ सत्र पूरा किया था। इस यज्ञ के कुल दो सत्र यहाँ त्रेता युग में सम्पन्न हुए थे। द्वापर में यदुवंश (चन्द्रवंश) का भी इससे सम्बन्ध रहा है। यहीं मनु शतरूपा ने 23000 वर्षों तक तपस्या की थी, जिससे प्रसन्न होकर नारायण ने उनके पुत्र रूप में अर्थात् मनु के वंशज रूप में रामावतार लेने का वरदान दिया था। यहाँ वेद व्यास जी ने 18 पुराणों की रचना की थी और सूत जी ने यही प्रथम बार सबको भागवत्-कथा सुनाकर भागवत् धर्म की शुरुआत की थी। व्यास जी ने यहीं वेदों का सुव्यवस्थित वर्गीकरण किया था। लिपि के आविष्कारक गणपति जी और महाकाव्य कला के आविष्कारक व्यास जी ने यहीं महाभारत की रचना की थी। सर्वोपरि यह कि यहीं श्रीमद्भगवद्गीता का प्राकट्य हुआ था।

ऐसी कथा आती है कि ब्रह्मा जी ने विष्णु जी से एक बार पूछा था कि पृथ्वी के कष्टों को दूर करने के लिए यज्ञ कहाँ किया जाये? विष्णु जी ने अपना दिव्य चक्र फेंकते हुए कहा कि जहाँ इसकी नेमि शीर्ण हो जाये, वही यज्ञ का सर्वोत्तम स्थान होगा। ऐसी मान्यता है कि यहीं 'चक्र' की वह नेमि शीर्ण हुई थी, इसलिए इस स्थान को चक्रतीर्थ कहा गया। इसे अनिमेष अर्थात् प्रत्येक निमिष में चिर जाग्रत अरण्य (अर्थात् वह वन जहाँ रण न किया जाये) यानि नैमिषारण्य नाम दिया गया। यहाँ की गोमती को वेद वाङ्मय में आदि गंगा कहा गया है।

यहाँ के प्रसिद्ध स्थान हैं—चक्रतीर्थ, ललितादेवी मन्दिर, व्यासगद्दी, सूतगद्दी, शृंगी ऋषि की समाधि, हनुमानगढ़ी, पाण्डव किला, भूतनाथ मन्दिर, मिश्रिख, हत्याहरण आदि। मिश्रिख (मिश्रित क्षेत्र) यहाँ से 10 किलोमीटर दूर है। यह मुनि दधीचि की तपस्थली थी। उन्होंने वृत्तासुर का वध करने के लिए वज्र बनाने हेतु इन्द्र को अपनी हड्डियाँ दान में दे दी थीं। उनकी इच्छा के अनुसार इस तीर्थ में सभी तीर्थों का जल एकत्र किया गया था, जिसमें उन्होंने अस्थिदान के पूर्व स्नान किया था। यहाँ सभी तीर्थों को बुलाकर उन्हें चौरासी कोस की परिधि में स्थापित किया गया था। इसलिए यहाँ प्रतिवर्ष लोग नैमिष से मिश्रिख तक 84 कोस की यात्रा करके चौरासी लाख योनियों से मुक्ति प्राप्त करते हैं।

यह भक्त प्रहलाद की साधना स्थली है, जिनके तप से द्रवित होकर, नृसिंह रूप धारण करके श्री विष्णु ने हरिद्रोही हिरण्यकशिपु की दानवी सत्ता का विनाश किया था।

हत्याहरण को 'इन्द्रसर' भी कहा जाता है। यह नैमिष के निकट हरदोई जिले में है। वृत्तासुर का वध करके इन्द्र ने यहाँ स्नान किया था, जिससे वे ब्रह्म हत्या के पाप से मुक्त हो गये थे। ऐसी आस्था है कि यहाँ स्नान करने से प्रत्येक व्यक्ति को हत्या के पाप से मुक्ति मिल जाती है। यह भी जनश्रुति है कि रावण का वध करने से श्रीराम पर ऋषियों ने ब्रह्म हत्या के पातक का जो अभियोग लगाया था, उसका प्रायश्चित्त करने के उद्देश्य से श्रीराम ने इस क्षेत्र में दो बार अश्वमेध किये थे। इस क्षेत्र का अयोध्या से बड़ा घनिष्ठ सम्बन्ध रहा है।

ललितादेवी का मन्दिर यहाँ का प्रसिद्ध शक्तिपीठ है। उन्होंने नेमि के गिरने से फूटी हुई जलधारा को रोक कर इस धरती को महाजल प्रलय से बचा लिया था। वे त्रिपुर सुन्दरी हैं। ऐसी मान्यता है कि यहाँ सती का चिन्मय अंग गिरा था। यहाँ ललितेश्वरी की बड़ी महिमा है। प्रत्येक सोमवती अमावस्या को यहाँ बड़ा मेला लगता है।

इस तीर्थ में अनेक मन्दिर, धर्मशालाएँ, आश्रम, विद्यालय आदि हैं। अस्तु, सिद्ध है कि यह अवध का अत्यन्त प्राचीन तथा महामहिमामंडित परम पवित्र तीर्थ है।

प्रयाग : प्रयाग को तीर्थराज कहा जाता है। यहाँ गंगा-यमुना और सरस्वती का पावन संगम है। यहाँ प्रतिवर्ष माघ मेला, छठे वर्ष अर्द्ध कुम्भ एवं बारहवें वर्ष महा कुम्भ का मेला होता है। पुराणों के अनुसार ब्रह्मा द्वारा निर्मित तीर्थ वेदियों में मध्यम वेदी है प्रयाग अर्थात् विशिष्ट यज्ञ। यहाँ के सभी तीर्थों में जप, पूजा-पाठ तथा दान होता है, किन्तु कुछ तीर्थों में विशेष यज्ञ कर्म होते हैं। प्रयाग में क्षौर कर्म (मुण्डन) बहुत होता है। यहाँ वेणीदान की भी प्रथा है, जो पति की अनुमति से सम्पन्न होता है। प्रयाग के मुख्य देवस्थान हैं :

''त्रिवेणी माधवं सोमं भरद्वाजं च वासुकिम्।
वन्देअक्षयवटं शेषं प्रयागं तीर्थनायकम्।।''

त्रिवेणी को 'संगम' भी कहते हैं। यहाँ बारह माधव हैं, जिनमें प्रधान है—शंखमाधव (छतनगा के पास), आदि माधव (अरैल ग्राम में), श्री वेणी माधव (दारागंज में), सोमनाथ या सोमेश्वर का मन्दिर (अरैल में), भरद्वाज-आश्रम (कर्नलगंज में), नागवासुकि (दारागंज से लगे बस्की मुहल्ले में, गंगातट पर), अक्षयवट (किले के भीतर) तथा शेष या बलदेव जी नागवासुकि से आगे लगभग तीन किलोमीटर पश्चिम गंगा के किनारे। इनके अतिरिक्त और भी कई दर्शनीय स्थल हैं, जैसे—किले के पास लेटे हुए हनुमान जी का मन्दिर, शिवकुटी का कोटि तीर्थ, अलोपी देवी (ललिता देवी), झूँसी में समुद्र कूप, हंस कूप, ज्योतिष्पीठ शंकराचार्य आश्रम (अलोपीबाग) आदि।

प्रयाग में प्रतिवर्ष रामायण मेला होता है, जिसमें दूर-दूर के सन्त और विद्वान पधारते हैं। इसमें मुख्य सहायक हैं—महानिर्वाणी पंचायती अखाड़ा तथा श्री निरंजनी पंचायती अखाड़ा। यहाँ त्रिवेणी का विशेष महत्त्व है। पूरा संगम ऊँ की आकृति का है। यहाँ कल्पांत में शिवजी बेणी माधौ रूप में कल्पवृक्ष पर स्थिर रहते हैं, ऐसी मान्यता है।

ब्रह्मा की प्रथम यज्ञस्थली प्रयाग में कई माह तक चलने वाला विश्व प्रसिद्ध कुम्भ मेला लगता है। इस लोकपर्व का कब से शुभारम्भ हुआ है, यह अनिश्चित है, किन्तु यह निर्विवाद है कि इसके संकेत हर्षवर्धन (617-647 ई.) के समय में प्राप्त होते हैं। कालान्तर में आदि शंकराचार्य तथा उनके प्रमुख शिष्य सुरेश्वराचार्य ने दसनामी संन्यासी अखाड़ों के साथ होने वाले कुम्भपर्व के प्रति लोकमानस की गहरी आस्था पैदा कर दी। खगोलीय गतिविधि पर आधारित इस पर्व ने सामाजिक सामरस्य को प्रगाढ़ता प्रदान की। सौरमंडल के विशिष्ट ग्रहों के विशेष राशियों में प्रवेश करने से बने खगोलीय संयोग ही इस पर्व के मुख्य आधार हैं। कुम्भ पर्व की यह मूल चेतना पुराणों में वर्णित है। यह पर्व सागर मन्थनोपरान्त प्राप्त अमृत घट के लिए हुए देवासुर संग्राम से जुड़ा है। समुद्र मन्थन से प्राप्त 14 रत्नों में सबसे अन्त में धन्वन्तरि अमृत कलश लेकर प्रकट हुए। अमृतकुम्भ पाने की होड़ से देव-दानव युद्ध शुरू हो गया। इन्द्रपुत्र जयंत अमृत कलश लेकर उड़ गये। दानवों ने उनका पीछा किया। यह युद्ध 12 दिनों तक चला। देवताओं का एक दिन मानवों के एक वर्ष के बराबर होता है। इस दौरान सूर्य, चन्द्र, गुरु और शनि ने इस कुम्भ की रक्षा में सहयोग किया। इन 12 दिनों में 12 स्थानों पर जयंत द्वारा अमृत कलश रखे जाने के कारण अमृत की कुछ बूँदें छलक गयीं। उन्हीं स्थानों पर ग्रहों के संयोग पर कुम्भ पर्व मनाया जाता है। इन बारह स्थलों में से आठ पवित्र स्थान देवलोक में हैं और चार (प्रयाग, हरिद्वार, उज्जैन, नासिक) पृथ्वी पर हैं। इस अमृत कुम्भ की रक्षा में सूर्य, चन्द्र, गुरु और शनि का योग किसी न किसी रूप में बनता है। प्रयाग में कुम्भ का आयोजन

तब होता है जब गुरु मेष वृष राशि में हो तथा माघ मास के दौरान सूर्य और चन्द्र मकर राशि में हों। चैत्र मास में सूर्य मेष राशि में और वृहस्पति कुम्भ राशि में हो तो कुम्भ हरिद्वार में सम्पन्न होता है। जब बैशाख मास में गुरु और सूर्य तुला राशि में हों और सूर्य मेष राशि और वृहस्पति सिंह में हो तो महाकाल की नगरी उज्जैन में सिंहस्थ कुम्भ होता है। नासिक में कुम्भ पर्व भाद्रमास में सूर्य और वृहस्पति के सिंह राशि में होने पर मनाया जाता है।

कुम्भ के छह स्नान पर्व होते हैं। इनमें तीन शाही स्नान होते हैं। 13 अखाड़ों के साधु सन्त कुम्भ स्थल में एकत्र होते हैं। प्रमुख स्नान पर्वों पर वे शानदार शोभायात्रा निकालते हैं।

पिण्डारक : स्कन्द पुराण के वैभव खण्ड में वर्णित अयोध्या माहात्म्य और दसवें अध्याय में वर्णित 'अयोध्या की लोक परम्परा' के अन्तर्गत अयोध्या के कई मन्दिरों और तीर्थ स्थलों का उल्लेख किया गया है। इनमें एक स्थान है पिण्डारक। ऐसा विधान है कि सरयू में स्नान करके यदि पिण्डारक का पूजन किया जाये तो सुमति प्राप्त होती है। इसकी यात्रा नवरात्र में की जाती है। यहाँ के पूजनीय देवता हैं विघ्नेश्वर। इसमें स्पष्ट लिखा हुआ है कि विघ्नेश्वर से ईशान कोण में राम का जन्म स्थान है। पूर्व भाग में वशिष्ठ आश्रम है। उत्तर भाग में लोमस का आश्रम है। भारतीय पुरात्तव सर्वेक्षण, नयी दिल्ली द्वारा की गयी खुदाई से प्राप्त अवशेषों से इसकी पुष्टि हुई है।

सम्प्रति जहाँ राम जन्म भूमि चिह्नित की गयी है, उसके चारों तरफ अनेक पुरावशेष हैं। जैसे—नल, नील, सुग्रीव के किले, हनुमान गढ़ी, कुबेर पर्वत, रत्नमण्डप, रंग महल, कनक भवन, कैकेयी भवन, कौसल्या भवन, लस्करी भवन, गोकुल भवन, ऋषभ देव का मन्दिर आदि।

स्कन्द पुराण में उल्लेख है कि 1 हजार कपिला गायों का प्रतिदिन दान करने से जो पुण्य प्राप्त होता है, वही राम जन्म भूमि के दर्शन से मिलता है।

महाराज दशरथ के शासनकाल में अयोध्या के रामकोट की जो भौगोलिक स्थिति थी, उसी के अनुसार महाराज विक्रमादित्य ने 57 वर्ष ई.पू. में रामकोट का पुनर्निर्माण कराया था। इस भू-भाग का पुनरुद्धार गहडवाल राजा चन्द्रदेव ने भी करवाया था। रुद्रायामल में लिखा है कि राज सभा की पश्चिमी दिशा में राम दुर्ग है। राजद्वार पर हनुमान हैं। दक्षिण में नल, नील का किला है। पास ही सुग्रीव और अंगद के दुर्ग हैं। इसकी पुष्टि उच्च न्यायालय द्वारा भी की जा चुकी है। भारतीय पुरातत्व सर्वेक्षण की रिपोर्ट में 235 फोटोग्राफ हैं, जिनके द्वारा यह सिद्ध किया गया है कि यह जन्म भूमि मन्दिर दसवीं शताब्दी का है।

प्रतिष्ठानपुर, झूँसी : इलाहाबाद नगर से 9 कि.मी. दूर इलाहाबाद-वाराणसी मार्ग पर स्थित झूँसी क्षेत्र गौरवशाली इतिहास का साक्षी है। प्राचीनकाल में यह स्थान प्रतिष्ठानपुर के नाम से प्रसिद्ध था। यह चन्द्रवंशी राजाओं की राजधानी थी। महाभारत में इस स्थान के राजा ययाति की चर्चा मिलती है। गुप्तवंशी राजाओं के शासनकाल में भी प्रतिष्ठानपुर को काफी महत्त्व प्राप्त था। सन् 1876 में यहाँ कुमारगुप्त के समय की 24 अशर्फियाँ मिली थीं। समुद्रगुप्त द्वारा निर्मित अवशेष अभी यहाँ द्रष्टव्य हैं।

पिसोकिया : यह कोसल की एक प्राचीन राजधानी थी, जो श्रावस्ती में प्रसेनजित द्वारा स्थापित की गयी थी। यहाँ आरम्भ में वैष्णवों और बौद्धों के बीच काफी संघर्ष रहा। चीनी यात्री ह्वेनसांग के अनुसार इस क्षेत्र में पहले बौद्धों ने एक राजधानी बनायी थी। यहाँ मौर्यों का भी बहुत दिनों तक शासन रहा। अशोक, बिम्बसार, अजातशत्रु आदि राजे बौद्ध धर्म के समर्थक थे। नन्दवंश के बाद सेनापति पुष्यमित्र जब यहाँ का राजा बना तो उसने अश्वमेध करके बौद्ध धर्म को यहाँ से उखाड़ दिया।

बिठूर : कानपुर का निकटवर्ती यह तीर्थ गंगा के किनारे बसा हुआ है। इसके शासक थे

बाजीराव पेशवा। वे 1857 में अंग्रेजों से परास्त हो गये। बाद में नाना साहब यहाँ बसे। 1857 के गदर में उनकी बड़ी महत्त्वपूर्ण भूमिका रही है। यहाँ कई मन्दिर हैं और अनेक घाट हैं। इनमें ब्रह्मा घाट, बाल्मीकेश्वर महादेव का मन्दिर अति प्रसिद्ध हैं। इस स्थान पर प्रतिवर्ष कार्तिक पूर्णिमा को बहुत बड़ा मेला लगता है। बिठूर को स्वायंभुव मनु की राजधानी और ध्रुव की जन्म स्थली माना गया है। इसका प्राचीन नाम ब्रह्मावर्त बताया जाता है।

बिलग्राम : यह हरदोई जनपद का प्राचीन एवं प्रख्यात नगर है। यहाँ के साहित्य-साधकों ने अविस्मरणीय सेवा की है। आइने-अकबरी के लेखक अबुल फजल ने बिलग्राम के बारे में लिखा कि यह ''कस्बए खुशआवोहबा'' यानि अच्छी जलवायु का नगर है।

बिलग्राम के बारे में एक कहावत प्रसिद्ध है कि यहाँ के सहजन नाम के कुएँ का पानी चालीस दिन तक पीने वाला कुशल गायक बन जाता है। तात्पर्य यह कि बिलग्राम के पानी में कलात्मक क्षमता विद्यमान है। बिलग्राम के कवियों में मुख्य हैं—मुबारक, महानायक, रहमत, मोर जलील प्रेमी, रसलीन आदि। इन कवियों का मुख्य विषय श्रृंगार रहा है। इन्होंने श्रृंगार के संयोग, वियोग दोनों रूपों में श्रेष्ठ काव्य रचना की है। रूप वर्णन नख-सिख परम्परा के अनुरूप किया गया है।

बैसवारा : यह उन्नाव और रायबरेली का मिलाजुला सांस्कृतिक अंचल है। पौराणिक सन्दर्भों के अनुसार, सृष्टि के प्रथम चरण में मधु कैटभ नामक असुरों ने जब ब्रह्मा जी से वेद छीन लिए तो विष्णु जी ने पाताल जाकर हयग्रीव का रूप धारण करके और असुरों को अपने सामगान से सम्मोहित करके वे वेद प्राप्त कर लिए, जिससे सृष्टि का क्रम पुनः शुरू हुआ। हयग्रीव का अवतरण बैसवारे के इसी गंगा तट पर हुआ था। उन्होंने अश्विनी क्षेत्र (वर्तमान असनी) से ब्रह्मावर्त (बिठूर) तक वेद विद्या के कई प्रशिक्षण केन्द्र शुरू कराये। उनकी जन्म स्थली द्रोणिक्षेत्र (डौंडियाखेरा) में थी। बक्सर और अश्विनी, दोनों प्रसिद्ध तपस्थल थे। सूर्यपुत्र अश्विनी कुमार का यही जन्म क्षेत्र रहा है। डौंडियाखेरा का खजाना आज भी कुतूहल का विषय बना हुआ है।

बैसवारा का इतिहास बहुत पुराना है। कहा जाता है कि महाराज सातनदेव ने शर्की सुलतान को हराकर यहाँ बैस क्षत्रियों का राज्य स्थापित किया था। राजा त्रिलोक चन्द्र ने इसका बड़ा परिविस्तार किया था। यह भी तथ्याधारित है कि इस क्षेत्र पर भरों (राज भरों) का शासन था। भरौली में उनका किला था, जो बाद में रायबरेली हो गया। उनकी सेना में पासी जाति के कई वीर थे। चौदहवीं शती के अन्त में राजा डाल देव और बाल देव ने गंगा और सई के इस मध्यवर्ती क्षेत्र में अधिकार कर लिया। बीच-बीच में दिल्ली के तुगलक, लोदी राजाओं तथा जौनपुर के इब्राहिम शर्की आदि का भी यहाँ अधिकार रहा। बाद में यह नवाबों के अधिकार में आ गया। 1857 की क्रान्ति में यहाँ शंकरपुर के राना बेनीमाधव और डौंडियाखेरा के राव राम बक्स के नेतृत्व में अंग्रेजों से दीर्घ काल तक युद्ध चला। इन्होंने अवध को स्वतन्त्र करके छः माह तक बेगम हजरत महल को अवध की रानी बनाये रखा। बाद में यह ब्रिटिश राज्य के अन्तर्गत आ गया और इस बैसवारा जिला को उन्नाव और रायबरेली के नाम से उपविभाजित कर दिया गया। पहले बैसवारे में 13 परगने और 22 मुहाल थे। नये बन्दोबस्त में इसके कई क्षेत्र लखनऊ, कानपुर और बाराबंकी में जोड़ दिये गये।

बैसवारा का सांस्कृतिक इतिहास बड़ा गौरवपूर्ण है। यह कोसल महाजनपद का महत्त्वपूर्ण अंग रहा है। यहाँ एक से एक प्राचीन स्थल हैं। रामायण काल में यह क्षेत्र 'करुष' राज्य में सम्मिलित था। दुर्गा सप्तशती के राजा मेघस की घटना यहीं से जुड़ी हुई है। ऐसी लोक मान्यता है कि 'परियर' (उन्नाव) में सीता जी ने वनवास किया था। 'महारन' गाँव में राम की सेना और लवकुश के बीच

युद्ध हुआ था। 'परसन्दन' में परशुराम का आश्रम था। सरवन-समोधा में श्रवण कुमार और मौरावाँ में मौरध्वज रहते थे। 'कुशुम्भी' की स्थापना कुश ने की थी। डलमऊ में दालिभ्य ऋषि रहते थे। गेगासों में गर्ग मुनि का आश्रम था। सिंधौर तारा में शृंगी ऋषि रहते थे। यहाँ आज भी वसुबन्धु का संघाराम और कई बौद्ध स्तूप हैं। यहाँ के बैस क्षत्रिय स्वयं को शेष नाग का तथा शक संवत् के प्रवर्तक शालिवाहन का वंशज मानते हैं। इस क्षेत्र पर बहुत दिनों तक कान्यकुब्जेश्वर का अधिकार रहा है।

बैसवारा हिन्दी साहित्य का महत्त्वपूर्ण केन्द्र है। मुल्ला दाऊद, जायसी, बेनी भट्ट, आचार्य सुखदेव मिश्र, औध, चन्द्रशेखर बाजपेयी, नरहरि महापात्र, भौन कवि, प्रताप नारायण मिश्र, सनेही हितैषी, निराला, द्वारका प्रसाद मिश्र, नन्ददुलारे वाजपेयी, सुमन, भगवती चरण वर्मा, सुमित्रा कुमारी सिन्हा, रामविलास शर्मा, महावीर प्रसाद द्विवेदी, रमई काका, अशोक बाजपेयी, कैलाश बाजपेयी, चित्रा मुद्गल आदि रचनाकार यहीं की देन हैं। रूपनारायण पाण्डेय, चन्द्रशेखर आजाद, रघुनन्दन शर्मा, बलदेव प्रसाद मिश्र, राम नाथ ज्योतिषी आदि भी यहीं के गौरव हैं। यहाँ स्थान-स्थान पर ऐतिहासिक अवशेष, मन्दिर, किले, तीर्थ और औद्योगिक प्रतिष्ठान द्रष्टव्य हैं। निष्कर्ष यह है कि यह भू-भाग अवध का एक अत्यन्त महत्त्वपूर्ण अंचल है।

बिहार : यह उन्नाव रायबरेली के सीमान्त का एक पुराना गाँव है। कनिंघम ने इसे बौद्ध कालीन गाँव माना है। इसकी पुष्टि ह्वेनसांग के यात्रा विवरण और फ्यूहरर की रिपोर्ट से भी होती है। इस क्षेत्र में सम्राट हर्षवर्धन का और भरों का राज्य रहा है। बाद में बैस राजाओं का यहाँ अधिकार हो गया।

भीतर गाँव : यह कानपुर जिले की नरवल तहसील में स्थित है। यहाँ चन्द्रगुप्त द्वितीय द्वारा निर्मित एक गुप्तकालीन मन्दिर है, जिसमें कई मृण्मयी मूर्तियाँ हैं। वे गुप्तकालीन कला की देन हैं। ईंटों से बना हुआ यह मन्दिर प्राचीन वास्तुकला का श्रेष्ठ नमूना है।

मखौड़ा : बस्ती जनपद में कटरा से 12 किलोमीटर की दूरी पर मनोरमा नदी के तट पर स्थित यह एक विशिष्ट स्थान है। यहाँ दशरथ ने शृंगी ऋषि के नेतृत्व में पुत्रेष्टि यज्ञ किया था।

इसी के निकट शृंगीनारी नामक स्थान है, जहाँ शृंगी ऋषि की पत्नी और दशरथ की पुत्री शान्ता देवी रहती थीं।

राजापुर : सूकरखेत, पसका जिला गोण्डा में सरयू-घाघरा संगम है, जहाँ नरहरिदास का आश्रम है। उससे पाँच किमी. पश्चिमोत्तर दिशा में यह गाँव स्थित हैं। यहाँ आत्माराम दुबे के नाम लगभग नौ एकड़ का 'आत्माराम का टेपरा' अथवा तुलसीवन है। उसके निकट ही तुलसी धाम नामक भवन बना हुआ है।

सूकर खेत : यह गोण्डा जिले में सरयू-घाघरा संगम के मध्य स्थित एक प्राचीन तीर्थ है। यहाँ प्रतिवर्ष पौष मेला लगता है, जहाँ लोग कल्पवास करते हैं। यहीं पसका ग्राम में नरहरिदास का आश्रम है। गोस्वामी जी ने 'रामचरितमानस' में लिखा है—'मैं पुनि निज गुरुसन सुनी कथा सु सूकर खेत।'

आचार्य रामचन्द्र शुक्ल ने 'हिन्दी साहित्य का इतिहास' में लिखा है कि गोस्वामी जी की जन्म भूमि यहीं सूकरखेत है, जिसे भ्रमवश सोरों मान लिया गया है। यहाँ घाघरा-सरयू के संगम को 'तिमुहानी' कहा जाता है। गोस्वामी जी के अनुसार—'त्रिविधि ताप त्रासक तिमुहानी।'

जिला गज़ेटियर गोण्डा में उल्लेख है कि तुलसी के एक सखा और शिष्य बेनी माधवदास जी (जिन्होंने 'गोसाांई चरित' नामक तुलसी की जीवनी लिखी थी) इसी पसका के निवासी थे। सूकरखेत लखनऊ-गोण्डा मार्ग पर स्थित करनैलगंज से 21 किलोमीटर दक्षिण में स्थित है।

कहा जाता है कि यहाँ सिरगी नदी के तट पर उद्दालक ऋषि का आश्रम था। सूकरखेत

मुख्यतः बाराह उपासना का क्षेत्र है। यहाँ दीर्घकाल तक प्रतिहारों का राज्य रहा है। उनके उपास्य बाराहदेव और बाराही देवी के कई मन्दिर यहाँ स्थापित हैं। सूकरखेत का महत्त्व स्कन्द पुराण में विस्तारपूर्वक बताया गया हैं—

सहस्राणि दशकोटि शतानि च।
तीर्थाणि सरयू नद्या घर्घरोदक संगमे।।

'रुद्रायामल तन्त्र' के अयोध्या खण्ड में कहा गया है कि यह पुराण क्षेत्र है। देवी भागवत में बाराह और बाराही का जो उल्लेख किया गया है, वह यहाँ का 'उत्तरी भवानी' नाम का सिद्ध पीठ है। यह अयोध्या की चौरासी कोस परिक्रमा से जुड़ा हुआ है। सन्त कवि बनादास ने इसका गुणगान करते हुए लिखा है—नीमसार धावै अति ही हरषावै क्षेत्र सूकर अन्हावै मनोरमा पर जवाई।

सिद्धाश्रम : यह विश्वामित्र की साधना-स्थली थी। यहीं विश्वामित्र ने ताड़का वध हेतु राम-लक्ष्मण को बला और अतिबला विद्याओं का ज्ञान कराया था और शस्त्र संचालन का प्रशिक्षण दिया था।

सीतामढ़ी : इलाहाबाद और भदोही के सीमान्त पर स्थित इस स्थान को 'सीता समाहित स्थल' कहा जाता है। ऐसी लोक मान्यता है कि यहीं सीता जी ने द्वितीय बनवास पूरा किया था। उन्होंने 'दोहद' के रूप में यहाँ रहने की अनुमति प्राप्त कर ली थी। इस क्षेत्र का पुराना नाम था कायारण्य। यहाँ साधनारत वाल्मीकि के शरीर में दीमक लग गयी थी। बाद में इसका नाम कोरोना हो गया। कामदेव ने यहीं वाल्मीकि की समाधि को भंग करने की चेष्टा की थी। बगल का गाँव मदनपुर इस घटना का साक्षी है। चूँकि वाल्मीकि की पत्नी और सीता जी की माता जी सगी बहनें थीं, इसलिए पुत्र प्रसव हेतु सीता जी ने यही स्थान चुना था। यहाँ से सीता जी को वापस ले जाने के लिए रामजी ने बहुत प्रयास किया, पर वे वहीं धरती में समा गयीं। भूमि में प्रवेश करती हुई सीता जी के कुछ केश रामजी की पकड़ में आये, जो बाद में घास बन गये। आज भी उस स्थान से लाल पानी निकलता रहता है। यहाँ 'बगही माता' का मन्दिर है, जो वैदेही शब्द का अपभ्रंश है। वनकट गाँव इस कथन का प्रमाण है कि यहाँ पहले जंगल था। यहाँ तमसा, सीतावट, धर्मशाला, सीताधाम आदि अनेक स्मारक हैं, जिनमें आषाढ़ नवमी और रामनवमी पर विशेष आयोजन होते हैं।

शृंगीनारी : यह परशुरामपुर परसा मार्ग पर स्थित शृंगी ऋषि की पत्नी शान्ता देवी का स्थान था, जो आज भी विद्यमान कहा जाता है।

शृंगबेरपुर : यह निषादराज गुह की राजधानी थी, जो आज प्रयाग से 10 कोस दूर पश्चिम में गंगा तट पर स्थित है। रामकथा के अनुसार वनगमन करते हुए श्रीराम ने यहाँ एक रात्रि निवास किया था। यहाँ शृंगी ऋषि और उनकी पत्नी दशरथ नन्दिनी शान्ता का एक मन्दिर है। एक मन्दिर में प्रभु के चरण चिह्न अंकित हैं। यहीं से वे प्रयाग गये थे। यहाँ पूर्णिमा और अमावस्या पर मेले लगते हैं।

इस प्रकार स्पष्ट है कि अवध का भौगोलिक परिदृश्य वैविध्यपूर्ण है।

अवध का इतिहास-विकास

इसका पुराना नाम कोसल है। इसकी स्थिति इलाहाबाद के उत्तर-पश्चिम में है। इसका विस्तृत वर्णन वाल्मीकि रामायण में हुआ है। श्रीराम के पिता राजा दशरथ कोसल के राजा थे और अयोध्या उनकी राजधानी थी। ऐतिहासिक साक्ष्यों के अनुसार भारत के सोलह महाजनपदों में कोसल का विशिष्ट स्थान था। इसकी राजधानी श्रावस्ती और साकेत थी। इसका राजा प्रसेनजित मगध राज अजातशत्रु का प्रतिस्पर्धी था। इसे मगध ने जीतकर मौर्य साम्राज्य में मिला लिया था। धीरे-धीरे कोसल अयोध्या के रूप में परिणत हो गया। लगभग 150 वर्ष ई.पू. इस पर दुरात्मा वीर यमन ने आक्रमण किया। चौथी-पाँचवीं शताब्दी में अवध गुप्त साम्राज्य की राजधानी बना। सातवीं शताब्दी में इस पर हर्षवर्धन ने राज्य किया और नवीं शताब्दी में यह गुर्जर प्रतिहार साम्राज्य का अंग हो गया। 1192 ई. में मो. गोरी के सहायक आबुलबख ने अवध को जीत लिया। सुल्तान मुहम्मद तुगलक के शासनकाल में यहाँ बहुत से मुसलमान आकर बस गये। 1340 ई. में यहाँ तुगलक के खिलाफ बगावत हुई, फलतः इसे दिल्ली सल्तनत से जोड़ दिया गया और इसका काफी बड़ा हिस्सा जौनपुर से मिला दिया गया। 1526 ई. में इब्राहिम लोदी को बाबर द्वारा परास्त किये जाने के बाद अवध पर मुगलों का शासन स्थापित हो गया। अकबर ने अपने राज्य के जो 15 सूबे बनाये, उनमें एक अवध भी था। 1724 ई. में सूबेदार सआदत खाँ ने स्वतन्त्र रूप से यहाँ नवाब वंश की स्थापना की। यहाँ तीन नवाबों ने क्रमशः शासन किया–

1. सआदत खाँ–1724 से 1739 ई. तक।
2. सफदरजंग–1739 से 1754 ई. तक।
3. शुजाउद्दौला–1754 से 1775 ई. तक।

सन् 1764 ई. में अंग्रेजों ने बक्सर की लड़ाई में सिराजुद्दौला को परास्त कर दिया और अवध पर अधिकार कर लिया। 1775 से 1795 ई. के बीच इसका शासन आसफुद्दौला ने सम्भाला। वे ब्रिटिश शासन और मराठा शासन के बीच वर्षों तक सेतु बने रहे। 1798 ई. से 1814 ई. तक सआदत खाँ ने कम्पन्नी से सन्धि करके अवध पर राज्य किया। इस सन्धि के अन्तर्गत इलाहाबाद कम्पनी के अधिकार में चला गया। रुहेलखण्ड से लेकर गंगा-यमुना के मैदान का बहुत बड़ा हिस्सा धीरे-धीरे कम्पनी के अधिकार में आ गया। कम्पनी के हस्तक्षेप और नवाबी शासन की गलत नीतियों के कारण अवध का प्रशासन बिगड़ गया। इस बीच गाजिउद्दीन हैदर, नसीरुद्दीन हैदर, अलीशाह और वाजिद अली शाह ने राज्य किया। 1856 ई. में वाजिद अली शाह पर कुप्रशासन का अभियोग लगाकर बर्खास्त कर दिया गया और अवध को ब्रिटिश साम्राज्य में मिला लिया गया। नवाबों ने पहले फ़ैज़ाबाद को अपनी राजधानी बनाया था, फिर उन्होंने लखनऊ को राजधानी बनाया। उनके शासनकाल में यहाँ कई सुन्दर मस्जिदें तथा इमारतें बनीं और लखनऊ मुस्लिम संस्कृति, कला, संगीत

तथा ऐश्वर्य विलास का केन्द्र हो गया। 1868 में यहाँ कास्तकारी कानून बना। उसके अन्तर्गत कई तालुकेदार नियुक्त किये गये। इस व्यवस्था के अन्तर्गत कास्तकारों का बुरी तरह शोषण किया गया। इसके पहले 1857 में यह गदर का केन्द्र बना।

कोसल के दो अलग-अलग क्षेत्र माने जाते हैं। एक की राजधानी अयोध्या श्रावस्ती के आस-पास और दूसरा, दक्षिण कोसल महानदी की उत्तरी परिधि अर्थात् विलासपुर, रायपुर, सम्भलपुर आदि का क्षेत्र। इसकी राजधानी श्रीपुर थी जो आज भी रायपुर जिले में है।

उत्तरकोसल काफी विशाल साम्राज्य था। छठी शताब्दी के आस-पास इसके तीन प्रसिद्ध नगर थे—1. अयोध्या 2. साकेत और 3. श्रावस्ती। इसके राजा इक्ष्वाकु कहलाते थे। इक्ष्वाकु का तात्पर्य है ईख वाला। कोसल के जो प्राचीन सिक्के मिले हैं, उनमें धनुर्धारी राम और सीता की पृष्ठभूमि में गन्ने के पौधे दिखाए गये हैं। इस वंश का काफी उल्लेख वेदों में हुआ है। यहाँ का पहला राजा प्रसेनजित माना जाता है, जो गौतम बुद्ध का समसामयिक था। कोसल और मगध में बराबर प्रतिस्पर्धा चलती रही है। बाद में इस पर मगध ने अधिकार कर लिया। कालान्तर में यह क्षेत्र मुगलों के अधिकार में आ गया। मुगल सत्ता के कमजोर हो जाने पर यहाँ नवाबों ने अपना राज्य स्थापित कर लिया।

अयोध्या का कुछ सम्बन्ध मुस्लिम समाज से भी है। यहाँ मुस्लिम पैगम्बर, नाह, सेत के मकबरे पाये जाते हैं। यही राम मन्दिर और बाबरी मस्जिद के विवाद का प्रमुख कारण है।

इसका इतिहास कई हजार वर्षों में व्याप्त है। यह उल्लेख मिलता है कि इसमें सूर्य वंशी 118 पीढ़ियों ने राज्य किया। 56वीं पीढ़ी में श्रीराम का अवतार हुआ था। इसके अन्तिम राजा थे सुमित्र। 16वीं सदी में सैयद सालार मसूद ने इसे दिल्ली सल्तनत से जोड़कर इसे सूबाए औध का नाम दे दिया। कालान्तर में 1711 ई. में सादात खाँ और सफदरजंग ने इसे फ़ैज़ाबाद नाम दिया। 1857 ई. के गदर के दौरान अंग्रेजों ने इसे बुरी तरह लूटा। यह सारा इतिहास विदेशी यात्रियों और इतिहासकारों द्वारा लिखे गये विवरणों में द्रष्टव्य है। प्रमुख लेखक हैं—कनिंघम, हेमिल्टन, बिसेंट स्मिथ, मैक्समूलर, वेवर, लूथर, इलियट, इरविन आदि।

1754 ई. में गवर्नर हुए उनके पुत्र शुजाउद्दौला। इन तीनों का मुख्यालय था, फ़ैज़ाबाद। बक्सर की विजय के बाद हुई इलाहाबाद सन्धि के अनुसार उत्तर भारत के कई राज्य कम्पनी सरकार ने अवध से छीन लिए। कम्पनी बहुत दिनों तक नवाबों का दोहन करती रही। इसके नायक थे बेगम हजरत महल, मौलवी अहमद उल्ला, राना बेनी माधव, गोण्डा के राजा देवी बक्स सिंह, चहलारी नरेश बलभद्र सिंह, सण्डीला के गुलाब सिंह, सेमरी के शिवरतन सिंह, बक्सर के रावराम बक्स, राम सनेही आदि।

इस क्रान्ति में बलरामपुर, अयोध्या और नेपाल राज्य ने अंग्रेजों का साथ दिया था, जबकि प्रत्येक वर्ग और जाति के लोगों ने अर्थात् अवध की जनता ने इस आन्दोलन में सहभागिता की थी।

अवध का राजनीतिक इतिहास

अवध का इतिहास मुख्यतः त्रेतायुग से जुड़ा हुआ है। अयोध्या, नैमिषारण्य आदि कई स्थान इसके प्रमाण हैं। महाभारत काल में यहाँ यदुवंशियों का भी शासन रहा। बौद्धकाल में श्रावस्ती, कौशाम्बी आदि का काफी विकास हुआ। अयोध्या में वैष्णवों के साथ जैनियों और बौद्धों की भी काफी व्याप्ति रही है। यहाँ समय-समय पर नन्दवंश, मौर्यवंश, शक, प्रतिहार, गाहड़वाल वंश आदि ने भी शासन किया। ग्यारहवीं सदी में महमूद के आक्रमण के बाद यहाँ सैयद सालार मसूर का आक्रमण हुआ। कालक्रम में तुगलक, लोदी, अफगान, मुगल आदि शासकों ने यहाँ कब्जा किया। मुगल शासकों में

अकबर ने अवध को सूबा बनाया। मुगलों के पराभव के बाद यहाँ की सत्ता नवाबों के पास आ गयी। बीच-बीच में इस पर भरों और पासियों ने राज्य किया।

पासी तथा भर राज्य : अवध क्षेत्र के कई स्थानों पर 8वीं सदी से 12वीं सदी के बीच पासी राजाओं का अधिकार रहा है। 1850 के आसपास कासिमगंज के पासी राजा गंगा बक्स रावत का शासन देवा क्षेत्र में बताया जाता है। ऐसा मत है कि सूर्यवंशियों के बाद अवध का शासन ऋषियों-मुनियों ने संभाला। उस बीच हिमालय की तलहटी की दो जातियों-भरों और पासियों ने अवध पर अधिकार कर लिया। बाद में उनसे मुसलमानों ने यह राज्य छीना। मुसलमानों से 1857 ई. के बाद अंग्रेजों ने इसकी राज्यसत्ता हड़प ली।

अवध के जिन बाईस परगनों में पासियों का राज्य था, उनमें मुख्य थे—दरियाबाद, रुदौली, रामनगर, घींगरा, देवा, जहाँगीराबाद, जगदीशपुर, हैदरगढ़, रायबरेली, प्रतापगढ़ आदि। बाराबंकी का पुराना नाम था—'जसनोल', जो बिजली पासी के बहनोई जस द्वारा स्थापित किया गया था। इनके दो मुख्य किले थे—'जरवल' तथा 'जसमण्डा'। पासी राजा महादेव ने लखनऊ में भी किला बनवाया था। इनके दो सेनानायक थे—कमाल और जमाल, जो सैयद सालार मसूद से युद्ध करते हुए शहीद हुए थे। सुहेल देव के नेतृत्व में भर पासी राजाओं ने सालार मसूद को मारा था। इतिहासकारों का मत है कि अकबर के शासनकाल में अवध में चार सरकारें थीं—(1) अयोध्या (2) लखनऊ (3) खैराबाद (4) बहराइच। पासी परिवार के जग्गा ने जुग्गौर को तथा मल्लो ने मल्हौर (लखनऊ) को बसाया था। कुल पैंसठ वर्ष तक इन भर-पासी राजाओं ने यहाँ राज्य किया। 1850 में पासी राजाओं ने सेनापति एलडर स्टोन, कैप्टन विल्सोन और ब्यालू को मार भगाया था। फलतः कम्पनी का राज्य होने के बाद 1871 ई. में पासी जाति पर क्रमिनल ऐक्ट लगा दिया गया और इसे परिगणित घोषित कर दिया। भरों के सम्बन्ध में यह मत है कि यह अवध की मूल निवासी जाति थी। कुछ लोग भर और डोम को एक मानते हैं। कुछ इन्हें राजभर कहते हैं। रायबरेली शब्द को राजभरौली और भदोही को भरदोही से जोड़ते हैं। इन दोनों जातियों का शासन अवध क्षेत्र में कई सदियों तक माना गया है। लखनऊ, बाराबंकी, कानपुर, श्रावस्ती, रायबरेली से लेकर नेपाल की तराई तक इनके राज्य विस्तार के अवशेष यत्र-तत्र प्राप्त हुए हैं।

गदर के बाद यहाँ अंग्रेजी सत्ता स्थापित हुई। 1947 में देश स्वतन्त्र हुआ, तो अवध क्षेत्र में कई मण्डल और जिले गठित किये गये, जिनका विवरण यथा स्थल द्रष्टव्य है।

अवध क्षेत्र गंगा-यमुना के मैदान का चूँकि बड़ा उपजाऊ हिस्सा रहा है, इसीलिए इसका इतिहास भी बहुत उर्वर है। मिर्जापुर में हुई खुदाई में नवीन पाषाण काल के जो हथियार मिले हैं, उनके आधार पर इस क्षेत्र को वैदिक काल से जोड़ा जा सकता है। शतपथ ब्राह्मण में कोसल का काफी वर्णन किया गया है। इसे बाद में 'मध्यदेश' की संज्ञा प्राप्त हुई। रामायण और महाभारत की कई घटनाओं का यहाँ से घनिष्ठ सम्बन्ध रहा है। प्राचीन ग्रन्थों में यहाँ के निवासियों को सुसंस्कृत आर्य कहा गया है। पुराने जनपदों में यहाँ के दो राज्यों की गणना की गयी है—1. वत्स (निकट इलाहाबाद) जिसकी राजधानी थी कौशाम्बी 2. कोसल (राजधानी साकेत-अयोध्या और श्रावस्ती का सहेट-महेट)। कोसल का अधिकार पहले काशी पर भी था, फिर ये सब मगध के अधीन हो गये। यहाँ नन्दवंश का अरसे तक राज्य रहा। 323 ईसा पूर्व इस पर मौर्यों ने शासन किया। चन्द्रगुप्त से लेकर अशोक तक कई राजाओं के उल्लेख इलाहाबाद, कौशाम्बी, बस्ती, मिर्जापुर के शिलालेखों में प्राप्त होते हैं। ईसा पूर्व सन् 185 में यहाँ पुष्यमित्र शुंग ने शासन किया। उसी बीच यहाँ पतंजलि

का आविर्भाव हुआ। उसके बाद यहाँ कर्ण वंश का राज्य चला। कभी इस पर शकों और कुषाणों ने भी अधिकार कर लिया था। कुषाण राजा कनिष्क के साकेत युद्ध का वर्णन इतिहास में आया है। इस बीच नागों की एक जाति भारशिव सत्ता में आयी। चौथी सदी में यहाँ गुप्त वंश का शासन हुआ और फिर कन्नौज के मौखरियों ने यहाँ शासन किया। हर्षवर्द्धन का भी यहाँ से गहरा सम्बन्ध रहा है। नौवीं-दसवीं शताब्दी में यहाँ गुर्जर प्रतिहारों ने राज्य किया। कुछ समय तक चन्देलों का राज्य रहा। इसके बाद विदेशी आक्रमण शुरू हुए, जिनमें विशेष उल्लेखनीय हैं—गजनवी, गोरी, गुलाम वंश, खिलजी, तुगलक वंश आदि। 1394 ई. में जौनपुर में शर्की साम्राज्य स्थापित हुआ। फिर चौदहवीं सदी में लोदी वंश सत्तारूढ़ हुआ। पानीपत की लड़ाई (1526 ई.) के बाद यहाँ मुगलों का शासन शुरू हुआ। बीच में कुछ समय शेरशाह सूरी का राज्य रहा। अकबर के शासन काल में अवध को एक सूबा बना दिया गया। कुछ समय यहाँ मराठों का भी राज्य चला। 1732 ई. में अवध का सूबेदार सआदत खाँ मुगल सत्ता से स्वतन्त्र हो गया। उसने नवाब की पदवी धारण की। इन नवाबों का राज्य 1856 ई. तक चला। अन्तिम नवाब वाजिद अली शाह को बर्खास्त करके अंग्रेजों ने अवध को अपने राज्य में मिला लिया। प्रतिक्रिया स्वरूप यहाँ 1857 ई. में गदर छिड़ गया, जिसमें अवध की बेगम हजरत महल, नाना साहब, राना बेनी माधव, अजीम उल्ला खाँ और कई राजाओं ने भाग लिया। 1858 ई. में अंग्रेजों ने संयुक्त प्रान्त आगरा एवं अवध का गठन करके इलाहाबाद को राजधानी बनाया। उसी वर्ष 1921 से 1747 तक समय-समय पर कई गवर्नर नियुक्त किये गये। 1937 ई. में यह क्षेत्र संयुक्त प्रदेश के अन्तर्गत आ गया और 12 जनवरी 1950 को अवध उत्तर प्रदेश का अंग हो गया। 1921 ई. में लखनऊ इसकी राजधानी बनी। स्वाधीनता आन्दोलन में अवध के नवाबों ने भरसक भागीदारी की। उन्होंने मराठों और बुन्देलों की सहायता से जाजमऊ कानपुर में अंग्रेजों से युद्ध किया, किन्तु सफलता नहीं मिली। इन्हें दण्ड रूप में इलाहाबाद का क्षेत्र अंग्रेजों को सौंपना पड़ा।

1857 की क्रान्ति में हिन्दू और मुसलमान दोनों सैनिकों ने अंग्रेजों से भारी टक्कर ली। उस समय कानपुर पर पेशवाओं का राज्य था। वहाँ नाना साहब ने विद्रोह का नेतृत्व सँभाला। तात्या टोपे जैसे सेनापति उनके साथ थे। लखनऊ का नेतृत्व बेगम हजरत महल कर रही थीं। लगभग 50,000 नागरिक इस युद्ध में सक्रिय थे। छह माह तक यह गदर चला। पराजय के बाद कुछ विद्रोही विदेश चले गये और कुछ को फाँसी दे दी गयी।

गदर के बाद इस क्षेत्र में नवजागरण की लहर आयी। ब्रह्म समाज, प्रार्थना समाज, रामकृष्ण मिशन, आर्य समाज, कांग्रेसी आन्दोलन आदि का ऐसा मिला-जुला प्रभाव इस क्षेत्र पर पड़ा कि यह अंचल स्वतन्त्रता आन्दोलन से जुड़ गया। सुरेन्द्र नाथ बनर्जी, रास बिहारी घोष आदि की प्रेरणा से लखनऊ के गंगा प्रसाद वर्मा, विशन नारायण, प्राण नाथ, हामिद अली, नवाब रजा, इलाहाबाद के मुंशी काशी प्रसाद, मदन मोहन मालवीय आदि इस दिशा में सक्रिय हो गये। इसी बीच इलाहाबाद में कांग्रेस का चौथा अधिवेशन हुआ। 1899 का अधिवेशन लखनऊ में हुआ। कालान्तर स्वदेशी आन्दोलन शुरू हुआ और मुस्लिम लीग का जन्म हुआ। हिन्दू-मुस्लिम-विघटन तथा दमन का काफी प्रयास अंग्रेजों ने किया, किन्तु यह आन्दोलन रुका नहीं, बल्कि 1916 में कांग्रेस मुस्लिम लीग समझौता हो गया। गाँधी जी के नेतृत्व में इस आन्दोलन को विशेष गति मिली। गाँधी जी ने चम्पारन तथा खेड़ा के किसान आन्दोलन, नमक आन्दोलन (डांडी यात्रा), सत्य अहिंसा, खादी ग्रामोद्योग, अनशन असहयोग, सविनय अवज्ञा, हड़ताल और उपवास के द्वारा 'अंग्रेजो भारत छोड़ो' का आन्दोलन छेड़ दिया, जिससे 15 अगस्त 1947 को स्वतन्त्रता प्राप्त हुई।

सांस्कृतिक इतिहास

वर्तमान में लखनऊ और फ़ैज़ाबाद मण्डल के जिन जिलों को 'अवध' कहा जाता है, वे अवध का सांस्कृतिक स्वरूप—बोध कराने की दृष्टि से अपर्याप्त हैं। वस्तुतः गंगा-यमुना की घाटी और सरयू के आस-पास का समतल क्षेत्र अवध है, जिसे प्राचीनकाल में कोसल और मुस्लिम शासनकाल में अवध या 'औध' नाम से जाना गया। यह दोआबा अर्थात् गंगा-यमुना और सरयू का (अन्तर्वेदी) क्षेत्र भारत का हृदय-प्रदेश है। यहाँ द्रविड़, आर्य, ईरानी, यवन (ग्रीक), पल्लव, शक, कुषाण, हूण, मुसलमान और यूरोप की न जाने कितनी जातियों की जन-परम्पराओं द्वारा एक समेकित अवध संस्कृति का विकास हुआ है। उसमें सहिष्णुता, सह-अस्तित्व और अनेकत्व में एकत्व स्थापित करने की प्रवृत्ति थी। अनेकता में एकता की खोज करने की विशेषता अवधी संस्कृति की शक्ति तो है ही, प्राकृतिक परिस्थितियों के कारण उसकी मजबूरी भी रही है, इसलिए कि विदेशी संस्कृतियों का दबाव इस भू-भाग पर ज्यादा पड़ा है। यहाँ की समतल और उपजाऊ जमीन तथा जलवायु ने इसे सदैव धनधान्य से परिपूर्ण रखा। इसीलिए यह विदेशियों के लिए आकर्षण का कारण बनी रही। भूमि की समतलता ने यहाँ प्रायः आक्रामकों को विजयी बनाया। प्रागैतिहासिककाल में अवध क्षेत्र में निषाद अथवा शबर-संस्कृति का विस्तार था। निषादों का मुख्य केन्द्र गंगा-सरयू की इसी घाटी में था। निषाद, भर, पासी, थारू यानि आदिम जाति के लोग इसी निषाद-संस्कृति के अवशेष हैं। शालि (चावल) सभ्यता का प्रसार निषादों की सबसे बड़ी विशेषता थी। अवध के प्रतापगढ़ जिले में चावल की खेती के जो प्रमाण मिले हैं, वे लगभग आठ हजार वर्ष ईसा पूर्व के हैं। निषादों के बाद सिन्धु, गंगा-यमुना और सरयू घाटी में भूमध्यसागर के तटवासी मनुष्यों के कई समूह (बाबुली, सुमेरियन आदि) यहाँ आये। उनकी संस्कृति दजला-फरात की घाटी में ईरानी मूल के लोगों के साहचर्य में ढली थी। उनकी संस्कृति मूल रूप में समन्वित संस्कृति थी। यहाँ आकर उसका नये सिरे से समन्वय हुआ। इसे द्रविड़-संस्कृति कहते थे। उस काल में भारत और मेसोपोटामिया (बाबुल और सुमेर) के बीच काफी सांस्कृतिक आदान-प्रदान था। तात्पर्य यह कि प्रागैतिहासिक काल में इस प्रदेश में एक समन्वयात्मक जीवन-पद्धति थी।

अवध का अपना सांस्कृतिक इतिहास सही अर्थों में आर्यों के साथ प्रारम्भ होता है। यह सर्वमान्य है कि आर्यों का मुख्य केन्द्र सप्तसिन्धु प्रदेश में स्थापित था। किन्तु आर्य-संस्कृति का पूर्ण विकास मध्यदेश यानि गंगा-यमुना और सरयू की घाटी में तथा विशेष रूप से अवध क्षेत्र में हुआ, जिसे प्रारम्भ में कोसल नाम से जाना जाता था। अवध का बैसवाड़ा क्षेत्र मध्यदेश का केन्द्रीय स्थल था। आर्यों को यहाँ बसने के लिए काफी संघर्ष करना पड़ा। आर्यों की इस विजय के बाद भी विजयी और विजित संस्कृतियों का संघर्ष चलता रहा। देवासुर-संग्राम इसी दीर्घकालीन संघर्ष की प्रतीक कथा है। बहुत समय तक आर्यों ने कृष्णाः, अनासाः, दास, दस्यु, असुर आदि कहकर विजितों के प्रति घृणा भाव प्रकट किया, किन्तु बाद में उन्हें अपना लिया। दोनों संस्कृतियों के सम्मिलित दाय से भारतीय संस्कृति की आधारशिला निर्मित हुई। यही समन्वयात्मक संस्कृति सम्प्रति अवध के जन-जीवन में रची बसी है। इस आर्य-संस्कृति का सबसे बड़ा केन्द्र था अयोध्या राज्य। अयोध्या को विश्व का प्रथम राज्य-केन्द्र होने का गौरव मिला था, इसलिए कि आदि पुरुष मनु ने ही अयोध्या नगरी को बसाया था। 'वायुपुराण' में मनु को भरत कहा गया है। 'निरुक्त' में भरत का अर्थ सूर्य लिखा हुआ है। इससे यह प्रमाणित होता है कि सूर्यवंशी मनु ही भरत थे, जिनके नाम से इस देश को भारत

की संज्ञा मिली। इसी अयोध्या से महाराज प्रथु ने समस्त पृथ्वी पर शासन किया था। सत्यनिष्ठा के प्रतीक-पुरुष हरिश्चन्द्र, दानवीरता के आदर्श रघु, लोक-कल्याण के आयोजक भगीरथ, गोरक्षार्थ अपना शरीरार्पण करने वाले दिलीप तथा रावण जैसे लोकपीड़क का वध करने वाले श्रीराम ने इसी भूमि पर जन्म लिया था। कालान्तर में अयोध्या के सूर्यवंशी राजाओं ने जापान, तिब्बत, श्याम, इण्डोनेशिया, कम्बोडिया, चीन आदि देशों में पहुँचकर भारतीय संस्कृति की ध्वजा फहरायी।

महाभारत युद्ध के पश्चात् अवध की सांस्कृतिक गरिमा काफी धूल-धूसरित हो गयी। कोसल का साम्राज्य छोटे-छोटे राज्यों में विभक्त हो गया। सामाजिक व्यवस्था जर्जर हो गयी। उस समय समाज में 363 मत प्रचलित थे। उस बीच जैन धर्म ने सांस्कृतिक नेतृत्व की बागडोर सँभाली। उसके सभी चौबीस तीर्थंकर इक्ष्वाकु वंशी राजकुल में ही हुए थे। महावीर स्वामी ने सम्यक् ज्ञान के साथ सम्यक् चरित्र पर बल दिया। 'स्याद्वाद' के सिद्धान्त द्वारा जैन धर्म ने एक प्रकार से मध्य मार्गी जीवन-दृष्टि का प्रचार कर मानवमात्र के लिए आशा का सन्देश और श्रमण संस्कृति (स्वावलम्बन) की शिक्षा दी। जिस आचार-मार्ग का प्रवर्तन जैन-धर्म ने किया, वह कालान्तर में कठोर नियमों में उलझ गया। इस प्रपंच से उद्धार और सहज शील का लक्ष्य लेकर कोसल में बुद्ध का आविर्भाव हुआ। अपने को 'साकेतक' कहलाने में गौरव का अनुभव करने वाले 'तथागत' ने अपनी वाणी से न केवल भारत का मार्ग दर्शन किया, वरन बर्मा, लंका, चीन, जापान आदि दूरवर्ती देशों को भी प्रभावित किया। गौतम बुद्ध ने अपने जीवन के सर्वाधिक वर्षा-मास इसी क्षेत्र में व्यतीत किये। बुद्ध के नेतृत्व में एक नयी चेतना का उदय हुआ। उनकी करुणा में उदारता की भावना जुड़ गयी कोसल क्षेत्र में आठ ऐसे राज्य बने, जो लोकतांत्रिक पद्धति से शासित होते थे। इन गणतन्त्रों का प्रधान राजा होता था, पर इनका शासन अधिनायकवादी नहीं था। सारी व्यवस्था उपराजा, सेनापति, भाण्डागारिक, अष्टकुलक जैसे अधिकारियों के एक केन्द्रीय संगठन के हाथ में थी, जिसे 'संस्थागार' कहा जाता था। यह संगठन विविध विषयों पर विचार-विमर्श के बाद बहुमत के आधार पर मतदान पद्धति से निर्णय लेता था। कभी-कभी निर्णयों की विवेचना के लिए उन्हें प्रवर समितियों (उद्वाहिका) को भी सौंपा जाता था। ये गणतन्त्र अपने में स्वतन्त्र थे, साथ ही कोसल महाजनपद की अधिसत्ता को स्वीकार करते थे। विश्व में लोकतन्त्र का पहला प्रयोग अवधभूमि पर हुआ था।

ललित कलाओं के इतिहास से स्पष्ट होता है कि स्थापत्य, मूर्ति और चित्रकला में कोसल अथवा अवध की अर्से तक कोई पहचान नहीं बन पायी। कारण यह कि कला का पहला अंकुर पत्थर से निकला था, जिसका इस क्षेत्र में अभाव था। अवध में भवन निर्माण पहले मिट्टी से और फिर ईंटों से हुआ। मुगल काल से पूर्व का स्थापत्य अवध में कम ही मिलता है, फिर भी श्रावस्ती, कुशीनगर, अयोध्या आदि के अवशेष उसका न्यूनाधिक परिचय देते हैं।

कालक्रम में बौद्ध धर्म भी अनेकानेक विकृतियों से ग्रस्त हो गया। शाक्तों के प्रभाव में आकर उसमें तांत्रिक आचार और भोगवृत्ति की प्रधानता हो गयी। इस विषम परिस्थिति में अयोध्या में वैदिक संस्कृति का पुनर्जागरण हुआ। बौद्ध धर्मावलम्बी अपनी खोई हुई शक्ति को लौटाने के लिए कटिबद्ध थे। बौद्ध विहार षड्यन्त्र के केन्द्र बन गये थे। विदेशियों से मिलकर बौद्धों ने शुंगों पर आक्रमण करवाये। मगध पर शक-सम्राट मिनांदर का आक्रमण बौद्धों से प्रेरित था, जिसकी प्रतिक्रिया में पुष्यमित्र ने पाटलिपुत्र से जालन्धर तक के बौद्ध विहारों को जलवा दिया और यह घोषणा की कि जो मुझे एक श्रमण का सिर देगा, उसे मैं सौ सोने के सिक्के दूँगा। ''ऐसे संक्रमण काल में आभीर, गुर्जर, जाट, चौहान, प्रतिहार आदि शताब्दियों से दबी हुई देशी-विदेशी शक्तियों के सम्मिलन से ब्राह्मण

संस्कृति के विरुद्ध वातावरण निर्मित हुआ। दूसरी ओर ग्रीक, पल्लव, शक, कुषाण, हूण, किरात आदि विदेशियों के आक्रमणों से देश का सांस्कृतिक संकट और घनीभूत हो गया। बौद्ध धर्मानुयायी तप द्वारा वासनाओं को जीतने की जगह भोग से उनका निराकरण करने में प्रवृत्त हो गये। इस बीच कापालिक, औघड़ आदि कई मत-पन्थ उठ खड़े हुए। अतः गुप्तकाल में एक बार फिर चन्द्रगुप्त विक्रमादित्य और समुद्रगुप्त जैसे प्रतापी सम्राटों के द्वारा सांस्कृतिक पुनर्निर्माण का आयोजन अवध में हुआ, जो नैमिष आन्दोलन के रूप में विख्यात है। वैदिक साहित्य, वर्णाश्रम-व्यवस्था, पशु बलि, यज्ञयागादि कर्मकाण्ड को महत्त्व देने वाली ब्राह्मण-संस्कृति और आत्मचिन्तन, तप, दान, उपवास, सत्य, अहिंसा, और समभाव को महत्त्व देने वाली श्रमण संस्कृति के अन्तिम रूप में समन्वय का कार्य नैमिषारण्य में हुआ। इन परस्पर विरोधी विचारधाराओं के क्रोड से अनेकता में एकता की खोज करने वाली एक राष्ट्रीय संस्कृति का उदय हुआ। 88 हजार ऋषियों, मुनियों, ब्राह्मणों और सन्तों ने उस सम्मेलन में भाग लिया। उस सम्मिलन से जो सांस्कृतिक ज्योति फूटी, उसके फलस्वरूप शताब्दियों का अज्ञानान्धकार तिरोहित हो गया। विभिन्न पुराणों तथा महाभारत आदि ग्रन्थों के वाचन से कूर्म, मत्स्य, वराह, वामन, नृसिंहादि अलग-अलग देवताओं को मानने वाली जातियों-प्रजातियों तथा अनेक प्रकार के आस्तिक एवं नास्तिक धर्म-सम्प्रदायों के सम्मिलन से एक-दूसरे के प्रति ऐसी समझदारी उत्पन्न हुई कि अवतारवाद की मान्यता के भीतर सबको एक समान ऊँचा आसन प्राप्त हो गया। नैमिष आन्दोलन से भारतीय धर्म, संस्कृति तथा समाज का जो स्वरूप उभरकर सामने आया, वही इस क्षेत्र के सामान्य जनजीवन में कमोवेष उसी रूप में अब तक बना हुआ है। आज अयोध्या की चौरासी कोसी परिक्रमा में नैमिषारण्य को सम्मिलित कर उस सांस्कृतिक सम्मेलन की पुण्यस्मृति को चिरस्थायी बना दिया गया है।

गुप्तवंश के बाद एक बार फिर उत्तरी भारत में बिखराव की प्रवृत्ति बढ़ी। हर्षवर्धन के पश्चात् सम्पूर्ण भारतीय समाज के साथ अवध को भी मूल्यों का संकट झेलना पड़ा। राजनीतिक क्षेत्र में केन्द्रीय शक्ति के अभाव के कारण छोटे-छोटे राज्यों का उदय हुआ। सामन्त वर्ग जीवन के उदात्त लक्ष्यों से च्युत हो गया। पारस्परिक कलह के कारण जन जीवन तो अस्तव्यस्त था ही। आध्यात्मिक क्षेत्र में पौराणिक धर्म फिर अर्थ शून्य बाह्य विधि-विधान में फँस गया था। बौद्ध धर्म अपनी विकृतियों के कारण पहले से ही बदनाम था। जैन आश्रमों में भी वामाचार और कटु व्रतानुष्ठान का बोलबाला था। पाशुपत, कापालिक जैसे धर्म सम्प्रदाय पतित हो चुके थे। इस स्थिति से समाज को मुक्त कराने वालों में गोरखनाथ का नाम महत्त्वपूर्ण है। गोरखनाथ की साधना और कर्म की स्थली ब्राह्मण संस्कृति के केन्द्र गोरखपुर में थी। गोरखनाथ ने बहिर्जगत में भटकने की अपेक्षा काया का शोधन कर अन्तर में सत्य को ढूँढ़ने की सलाह दी। योग का जो सन्देश उन्होंने दिया, वह प्रभावी सिद्ध हुआ। इससे विविध साधनाओं में यौगिक क्रियाओं को स्वीकृति मिली। एक समय था जब उत्तर से लेकर दक्षिण तक समस्त भारत में नाथ पन्थ का प्रभाव था। अस्तु, साहित्य, राजनीति, कला और लोकजीवन पर उसकी जबरदस्त छाप पड़ी।

किन्तु इसकी भी प्रतिक्रिया हुई। शंकराचार्य के अनुयायियों, वैष्णव भक्तों और गोरखनाथ के शिष्यों में लोकमानस पर प्रभाव स्थापित करने की होड़ में थोड़े दिनों बाद परस्पर टकराव हो गया। गोरख के चेले आम आदमी को चमत्कृत करने के लिए तान्त्रिक क्रियाओं और रसायन-पद्धतियों के प्रचारक बन गये। राजनीतिक बिखराव अभी पहले जैसा ही बना हुआ था। सामाजिक जीवन में वर्ग-जातिगत भेद-भाव दूर होने का कोई सवाल ही नहीं था। ऐसे समय भारतीयों की भेंट आक्रामक

मुस्लिमों से हुई। हमारी सांस्कृतिक विशृंखलता का लाभ लेते हुए मुस्लिम आक्रामक पूरे देश में छा गये। सामन्ती ऐश्वर्य लुट गया। मन्दिर ध्वस्त किये जाने लगे। देव विग्रह खण्डित होने लगे। धर्म परिवर्तन के लिए मुसलमान शासकों ने भय और लोभ की नीति से काम लिया। ऐसे समय में अवध को ही केन्द्र बनाकर सूफी कवियों ने जन-मानस में प्रेम की पीर जगायी और सद्भाव का रास्ता बनाया। सूफियों की शाखाएँ वैसे तो पूरे देश में स्थापित हुईं, किन्तु, फ़ैज़ाबाद, बहराइच, बाराबंकी, रायबरेली, सुल्तानपुर, प्रतापगढ़, आजमगढ़ और जौनपुर में उनका व्यापक विस्तार था। किछौछा के निकटवर्ती, जहांगीरगंज, आदमपुर, नसीरपुर, शहाबुद्दीनपुर, अलाउद्दीनपुर जैसे ग्रामों के नामकरण उस क्षेत्र में सूफी प्रभाव की कहानी आज भी कहते हैं। सूफी सन्त अपने विचार और व्यवहार में उदार थे, किन्तु वे इस्लाम के प्रचारक भी थे। वेद बाह्य कहे जाने वाले नाथपन्थी साधकों के सामूहिक स्तर पर धर्मान्तरण करने से एक नया संकट खड़ा हो गया था। यह स्मरणीय है कि जोगी जयपाल के नेतृत्व में उत्तर प्रदेश के सबसे बड़े नाथपन्थी जत्थे ने जौनपुर में सामूहिक धर्मान्तरण किया था। किछौछा (फ़ैज़ाबाद) के जोगी दर्पननाथ और कमाल के धर्मपरिवर्तन वृत्तान्त भी इसी काल के हैं। हिन्दू समाज का जाति, वर्ण और धर्मगत भेदभाव उभरकर सामने आ गया था।

इस बीच अवध की भूमि से एकता का नया स्वर गूँजा। सन्त मत के प्रवर्तक कबीर ने 'मध्य को मारग' पर चलते हुए सांस्कृतिक एकत्व के लिए प्रयास किया। जन-जन के बीच सद्भाव स्थापित करने के उद्देश्य से उन्होंने जाति-पाँतिगत संकीर्णता पर प्रहार किया। कबीर की वाणी में यथार्थ के साथ वस्तु जगत् का निषेध, परम्पराओं पर चोट करने की प्रवृत्ति और मुस्लिम संस्कृति के साथ सामंजस्य स्थापित करने का प्रस्ताव था। अतएव मुस्लिम शासकों द्वारा सताये हुए सवर्ण हिन्दू समाज को वे मान्य नहीं हुए। हाँ, सूफियों और सन्तों के प्रयत्न से हिन्दू-मुस्लिम संस्कृतियों के बीच परस्पर संवाद की स्थिति कायम हुई। सद्भाव का बीज वपन हुआ, जो आगे चलकर अवध के नवाबी शासन में पल्लवित और पुष्पित हुआ। 'हनुमानगढ़ी' (अयोध्या) के निर्माण में नवाब के शाही खजाने से काफी धन प्राप्त हुआ। इस नवाबी शासन में भाषा, साहित्य, संगीत, चित्र एवं स्थापत्य कलाओं के स्तर पर जो हिन्दू-मुस्लिम समन्वय घटित हुआ, वह भारतीय संस्कृति की अमूल्य निधि है। जौनपुरी, हुसेनकान्हरा और टप्पा जैसे राग, लखनऊ, फ़ैज़ाबाद और जौनपुर की शानदार इमारतें, लखनऊ की चित्र शैली तथा उर्दू एवं अवधी भाषा-साहित्य के रूप में हिन्दू-मुस्लिम संस्कृतियों की सम्मिलित धरोहर आज भी हमारे बीच मौजूद है।

इस अवधि में गोस्वामी तुलसीदास का विशेष योगदान रहा। हिन्दू-मुस्लिम सह-अस्तिव के प्रारम्भिक दिनों में उन्हें लगा कि सम्पूर्ण भारतीय संस्कृति के लिए अस्तित्व का संकट उत्पन्न हो गया है। सन्तों की वाणी समाज को एकता के सूत्र में बाँधने के बजाय 'बाँभन' और 'सूद' का भाव जगाने लगी थी। कृष्ण भक्ति राधिका और कन्हाई के सुमिरन के बहाने भोग विलास में पड़ गयी थी। देश की इस सांस्कृतिक भेद बुद्धि के संकट को गोस्वामी जी ने पहचाना। उन्होंने रामकथा के माध्यम से डूबते हुए हिन्दू समाज को बचाया। उन्होंने जीवन को उसकी समग्रता में देखा। अन्तर्जगत और वस्तु जगत की एकता में जीवन की ऋजुता का दर्शन किया। उनकी साधना में निर्गुण-सगुण, ज्ञान-भक्ति, ब्राह्मण-शूद्र तथा आत्म-पर के मध्य अभेद स्थापित हुआ। जीवन की सम्पूर्णता का इतना बड़ा विचारक, सांस्कृतिक चेतना का ऐसा उद्गायक किसी समाज को कई सहस्राब्दियों के बाद भी मुश्किल से मिलता है। गोस्वामी जी के इस विराट समन्वयवाद के प्रेरक थे स्वामी रामानन्द, जिन्होंने सबको अपने मत में स्थान दिया और जाति-पाँति के भेदभाव को समाप्त कर दिया। अंग्रेजों ने इस

स्थिति को फिर बिगाड़ दिया। वे बाहर से आये और अन्त तक 'बाहरी' ही रहे। इन्हें देश से निकाल बाहर करने का जो अभियान स्वतन्त्रता-आन्दोलन के रूप में छिड़ा उसमें अवध का सर्वाधिक योगदान रहा है। अंग्रेज चले गये, यूरोप की सांस्कृतिक विरासत लेकर। आधुनिक भारत का निर्माण-स्वप्न सँजोने वाले महापुरुषों की मनोरचना में अवध की मिट्टी की सोंधी गन्ध थी। महात्मा गाँधी के सुराज की परिकल्पना में रस्किन और टालस्टाय के चिन्तन से समन्वित रामराज्य की सर्वोदय भावना जुड़ी हुई है। उन्होंने ईश्वर और अल्लाह को एक बताते हुए मुस्लिम समन्वय पर जिस प्रकार बल दिया, उसके नाते उन्हें भारत की सन्त परम्परा के साथ रखकर देखा गया। पं. जवाहरलाल नेहरू का व्यक्तित्व यूरोपीय विज्ञानवाद, तकनीकी, समाजवाद तथा गौतम बुद्ध के 'पंचशील' के रेशमी धागों से बुना हुआ था। भारत में समाजवादी चिन्तन के जनक आचार्य नरेन्द्रदेव और डॉ. राममनोहर लोहिया अवध के ही सपूत थे।

निष्कर्ष यह है कि भारत के सांस्कृतिक क्षितिज पर जब-जब संकट गहराया, अवध के तेजोमय व्यक्तित्व-मण्डित महापुरुषों ने इस समाज को दुर्दिन से बचाया।

अवध के नवाब

मुगल साम्राज्य में अकबर ने जो 12 सूबे बनाये, उसमें एक था सुबाए अवध। उसने शेख अब्दुल रहीम को यहाँ का सूबेदार नियुक्त किया। रहीम ने लखनऊ में पंचमहल का निर्माण कराया, जिसे नादान महल कहा जाता है। उन्होंने एक किला बनाया, जिसे मच्छी भवन कहते हैं। उनके साथ यहाँ कई शहजादे और पठान आये, जिनके प्रयास से लखनऊ एक व्यापारिक केन्द्र हो गया।

यहाँ 1720 से 1856 तक क्रमशः इन ग्यारह नवाबों ने शासन किया—

- मुहम्मद अमीन सआदत खान बुरहान-उल-मुल्क : 1720-1739
- अब्दुल मंसूर खान सफदर जंग : 1739-1754
- शुजाउद्दौला : 1754-1775
- आसफउद्दौला : 1775-1797
- वजीर अली : 1797-1798
- सआदत अली खान : 1798-1814
- गाजीउद्दीन हैदर : 1814-1819
- नसीरुद्दीन हैदर : 1827-1837
- मुहम्मद अली शाह : 1837-1842
- अमजद अली शाह : 1842-1847
- वाजिद अली शाह : 1847-1856

इनमें शुजाउद्दौला अधिकतर फ़ैज़ाबाद में रहे। बाद में इन्हें ईस्ट इण्डिया कम्पनी समझौता करना पड़ा। इन्होंने बहू बेगम का मकबरा और गुलाब बाड़ी का निर्माण कराया। आसफउद्दौला ने लखनऊ को राजधानी बनाया। उसने कई भवनों का निर्माण कराया, जैसे दौलत भवन, मच्छी भवन, रूमी दरवाजा और बड़ा इमामबाड़ा। सआदत अली खाँ ने दिलकुशा, खयातबख्त कोठी और लाल बारादरी का निर्माण कराया।

अवध की बेगमें

आसफउद्‌दौला ने कम्पनी सरकार से सन्धि करके ब्रिटिश सेना का व्यय भार सँभाला। इससे वह कम्पनी का कर्जदार हो गया। बेगमों ने साढ़े पाँच सौ हजार की धनराशि उसे दी। हेस्टिंग्स ने बेगमों से यह बकाया सम्पत्ति बड़ी कठोरता से वसूली, जिसे अवध की बेगमों की लूट कहा जाता है। नवाब आसफउद्‌दौला की माँ एवं दादी के पास अपार सम्पदा थी। कम्पनी सरकार से सन्धि करते हुए उन्होंने सारा कर्ज अदा किया। इसके बावजूद उनके साथ बड़ा अत्याचार किया गया था।

नवाबी शासन : लखनऊ के नवाब अपनी शान-शौकत के लिए मशहूर रहे हैं। नवाब आसफउद्‌दौला 'आसिफ' नाम से शेरो-शायरी करते थे। उन्होंने कई मसनवी और रुबाइयाँ लिखी थीं। वे राह चलते हुए खुले आम लोगों को इनाम बाँटा करते थे। नवाब असादत अली हुक्के के बड़े शौकीन थे। उन्होंने हुक्के के कोयले के लिए इमली के बहुत सारे पेड़ लगवाये थे। वे शराब के शौकीन थे। बारह बरनी सोने से वे अपने सोलह सिंगार करते थे। प्रायः तवायफों से घिरे रहते थे। उन्होंने समय-असमय बेशुमार अशर्फियाँ लुटायीं। सनकी इतने थे कि बरात तक में कोई बाजा नहीं बजा सकता था। दूसरी ओर आलमगीरी गाजे-बाजे के साथ शिकार खेलने जाते थे। वे कभी पालकी में बैठकर और कभी हाथी के हौदे पर सवार होकर मुर्गावी का शिकार करते थे। उनकी हजामत के लिए फ्रेन्च नाई रखा गया था। नवाब नसीरउद्‌दीन की मलिका जमानी में नूरजहाँ जैसी हनक थी। एक बार खुश होकर किसी नवाब ने अपनी महरी धनिया तक को सत्ता बख्श दी थी। इनका दस्तरखान उस युग में दस हजार की लागत से बना था। इन नवाबों की हवेलियों में शाही दर्जी का बड़ा रुतबा रहता था। नवाब मोहम्मद अली कुत्तों के बड़े शौकीन थे। उनके हर कुत्ते को प्रतिदिन एक सेर गुलकन्द और एक बोतल गुलाब जल शाही खजाने से दिया जाता था। इन नवाबों ने ऐशोआराम के लिए कई बाग-बगीचे तैयार कराये थे, जिनमें मोसियो मार्टिन का मूसाबाग अति उत्कृष्ट था। लखनऊ के नवाब कलात्मक हुक्का, पीकदान, सुराही, प्याला, आसन, झाड़ फानूस, जवाहरात, इतर फुलेल आदि के बड़े शौकीन थे। उनके अन्य शौक थे कुश्ती के अखाड़े आयोजित करना, नाचगाने की महफिलें सजाना, शतरंज, चौपड़ खेलना, मुर्गा, कबूतर, भेड़ा, साँड़ आदि की लड़ाई देखना। उनके हरम में बहुत बड़ी संख्या में बेगमों, बाँदियों, रखैलों, गणिकाओं और कुट्टिनियों, की आवा-जाही थी। वे प्रायः डोलियों का अपहरण कराते रहते थे। उनके आस-पास अस्त्र-शस्त्र बहुत थे—तुपक, तमंचा, छुरी, तोरा, तीर-कमान, बन्दूक, तलवार आदि, किन्तु नजाकत ऐसी कि उन्हें छूना तक इन्हें गंवारा न था। कविवर पद्‌माकर ने इस छन्द में जिस वैभव का वर्णन किया है, वह लखनऊ के नवाबों पर भी अक्षरशः घटित होता है—

गुलगुली गिलमें गलीचा है गुनी जन हैं
चाँदनी हैं, चिकैं हैं, चिरागन की माला है।
कहै पद्‌माकर त्यों गजक गिजा है सजी
सेजैं हैं, सुराही हैं, सुरा है और प्याला है।
सिसिर के पाला के न व्यापत कसाला तिन्हैं,
जिनके अधीन एते उदित मसाला हैं।
तान तुक ताला हैं, विनोद के रसाला हैं,
सुनाला हैं, दुसाला हैं, विशाला चित्रशाला है॥

इन नवाबों ने अपने दरबार में कसीदा पढ़ने वाले कई शायर, हास्य व्यंग्यकार, भाँड़ और किस्सा निगार नियुक्त कर रखे थे। उदारपन्थी होने के कारण ये हिन्दुओं के त्योहारों में भी शिरकत करते थे। होली-दीवाली धूम-धाम से मनाते थे। नवाब वाजिद अली तो नृत्यगायन-वादन मंचन, निर्देशन आदि कई कलाओं में पारंगत थे। नवाब खानपान के बड़े शौकीन थे। इनके बावर्चियों ने कई प्रकार के व्यंजनों का आविष्कार किया था, जिनके कारण लखनऊ आज भी चर्चित है। नवाबों के विचित्र से विचित्र किस्से यहाँ जनजीवन में छाये हुए हैं। एक ओर धार्मिक उदारता के कारण इनकी सराहना की जाती है तो दूसरी ओर विलास वृत्ति के कारण भर्त्सना भी। अवध के जनजीवन को दी गयी उनकी बड़ी देन है—शायरी, स्थापत्य कला और संगीत कला।

अवध पर अंग्रेजी राज्य, गदर एवं स्वातन्त्र्य आन्दोलन

लखनऊ के नवाबों का 18 वीं शती तक दिल्ली सरकार पर इतना प्रभाव था कि वे वहाँ 'वजीर' कहे जाते थे। वजीर सफदरजंग कालक्रम में 'नवाब' कहे गये। नवाब शुजाउद्दौला ने फ़ैज़ाबाद को राजधानी बनाया था। प्लासी के युद्ध में उनकी ऐसी पराजय हुई कि उन्हें अंग्रेजों से सन्धि करके हर्जाने के रूप में इलाहाबाद के आस-पास का क्षेत्र अंग्रेजों को देना पड़ा। इसके बाद सत्ता बहू बेगम के हाथों में आ गयी। उन्होंने आसफउद्दौला को नवाब बनाया। ईस्ट इण्डिया कम्पनी ने उस पर कर्ज अदायगी का इतना दबाव डाला कि वह बहू बेगम से अलग रहने के उद्देश्य से लखनऊ आ बसा। यहाँ उसने कई इमारतें बनवायीं। लखनऊ में ब्रिटिश फौजें रहने लगीं। उनकी छावनियों को बाग कहा गया। अंग्रेज यहाँ हिन्दू-मुस्लिम संघर्ष को उकसाते रहे, किन्तु हिन्दुओं ने अंग्रेजों की चाल पकड़ ली और विद्रोह करके अवध को इंडिपेंडेंट घोषित कर दिया। नवाब अब बादशाह हो गये। कई हिन्दुओं को वजीर बनाया गया। खजाना प्रभारी कायस्थों को बनाया गया।

अंग्रेजों के लिए निर्मित 'रेजीडेन्सी' में अंग्रेज महिलाओं को काम सौंपा गया था, नवाबों को सम्मोहित करने का। इस सन्दर्भ में वाजिद अली को अंग्रेजों ने बहुत बदनाम किया, फिर उन्हें गिरफ्तार करके मटिया बुर्ज (कलकत्ता) में नजर कैद कर दिया गया। उनकी बेगम हजरत महल ने पुत्र बिरजिस अली को बादशाह बना दिया। बेगम ने अंग्रेजों से कई ताल्लुके वापस ले लिए। जनता बेगम के साथ हो गयी। लोग 'चनाजोर गरम' शैली में बेगम का सन्देश फैलाते रहे। अवध के कई ताल्लुकेदार बेगम के नेतृत्व में लामबन्द हुए। दिलकुशा, आलमबाग, नक्खास, सिकंदराबाद आदि क्षेत्रों में भारी युद्ध हुआ। इसमें ऊदाबाई ने बड़े शौर्य का परिचय दिया। अन्ततः वह मारी गयी। कानपुर के नाना, बैसवारे के राना बेनीमाधौ, डौंडियाखेरा के रामबक्श और अन्य ताल्लुकेदार एक-एक कर पराजित हो गये। बेगम नेपाल चली गयीं और यहाँ अंग्रेजों का राज्य स्थापित हो गया।

करबन्दी आन्दोलन : यह आन्दोलन इलाहाबाद में नेहरू जी के नेतृत्व में शुरू हुआ था। उनके सहयोगी थे जयप्रकाश नारायण, लाल बहादुर शास्त्री आदि। इसका व्यापक प्रभाव अवध के जनजीवन पर पड़ा। इलाहाबाद में लगान विरोधी इस आन्दोलन में कमला नेहरू को सजा दी गयी थी।

कांग्रेस के लखनऊ अधिवेशन : दिसम्बर 1916 को लखनऊ में पहला अधिवेशन आयोजित हुआ था। यहाँ पर सत्ताईस वर्षीय पं. जवाहरलाल नेहरू और सैंतालीस वर्षीय महात्मा गाँधी की चारबाग स्टेशन पर पहली-पहली भेंट हुई थी। नेहरू जी इलाहाबाद से रेलगाड़ी द्वारा आये थे। इस स्थान पर यादगार रूप में एक पत्थर लगाया गया है और रेलवे द्वार गाँधी पार्क बनवाया गया है।

इसी अधिवेशन में विभाजित कांग्रेस में समझौते का प्रयास किया गया। गरमदल के नेता थे बाल गंगाधर तिलक और नरमदल के गोपालकृष्ण गोखले।

यहीं मोहम्मद अली जिन्ना ने अंग्रेजों को मुसलमानों की ओर से यह चेतावनी दी थी कि वे हिन्दुस्तानियों को पूरा अधिकार दें, अन्यथा देश को चलाना मुश्किल हो जायेगा।

गाँधी जी ने यहाँ एक प्रस्ताव रखा था कि भारतीय श्रमिकों को गुलाम की तरह भर्ती करके विदेश ले जाना बन्द किया जाये।

गाँधी-नेहरू ने आजादी की आरम्भिक रूपरेखा यहीं बनायी थी। 1936 में नेहरू जी से उनकी भेंट हुई थी। मुस्लिम लीग के साथ यहाँ कांग्रेस का विशेष समझौता हुआ था। इन अधिवेशनों में गंगा प्रसाद वर्मा, विसन नारायण, हामिद अली आदि काफी सक्रिय थे।

काकोरी काण्ड : अवध क्षेत्र में राजनीतिक जागरूकता 1857 के बाद निरन्तर बढ़ती रही। लखनऊ के एक उपनगर 'काकोरी' नामक रेलवे स्टेशन के निकट एक सवारी गाड़ी को रोककर उसमें जा रहे सरकारी खजाने को इन लोगों ने लूटकर जनक्रान्ति का नया उद्‌घोष किया था—रामप्रसाद बिस्मिल, चन्द्रशेखर आजाद, राजेन्द्र नाथ लाहिड़ी, अशफाक उल्ला खाँ, शचीन्द्रनाथ बख्शी, रोशन सिंह, मुरारी लाल शर्मा, मुकुन्दीलाल, मन्मथनाथ गुप्त, बनवारी लाल आदि। इन पर जो अभियोग लगाया गया, उसके विरोध में जगह-जगह कई प्रदर्शन हुए। न्यायालय में कई वकील इन क्रान्तिकारियों के पक्ष में खड़े हुए। इन क्रान्तिकारियों को जब परम्परावादी, मुख्यतः अंग्रेजों का समर्थक कायर समाज अराजकतावादी मान बैठा, तो इस क्षेत्र की जनता ने उन्हें शहीद का दर्जा दिया, फलतः जगह-जगह बिस्मिल, अशफाक, रोशन, आजाद आदि के यहाँ अनेक स्मारक बनाये गये।

इन क्रान्तिकारियों ने 'हिन्दुस्तान रिपब्लिकन आर्मी' का गठन करके, सेना का खर्च चलाने के लिए सरकारी खजाने पर डाका डालने (ऐक्सन) की योजना बनायी। फलतः 9 अगस्त 1925 को 8 डाउन ट्रेन (सहारनपुर लखनऊ पैसंजर) से जा रहे खजाने को काकोरी स्टेशन के निकट दस लोगों ने लूट लिया। इस घटना से सरकार हिल गयी। ये क्रान्तिकारी फरार तो हो गये थे, किन्तु आजाद के अतिरिक्त 21 व्यक्ति मुखबिरों के कारण गिरफ्तार हो गये। इन पर मुकदमा कायम किया गया। मोती लाल नेहरू, गणेश शंकर विद्यार्थी, मदन मोहन मालवीय, चितरंजन दास, गोविन्द वल्लभ पंत, चन्द्रभानु गुप्त, मोहन लाल सक्सेना आदि ने इनकी काफी पैरवी की। अंग्रेज जज हैमिल्टन ने बिस्मिल, राजेन्द्रनाथ लाहिड़ी, रोशन सिंह और अशफाक उल्ला खाँ को फाँसी की सजा सुनाई। शेष को कालापानी या आजीवन कारावास दिया गया। इसकी व्यापक प्रतिक्रिया अवध के जनजीवन में हुई। जनता ने इन शहीदों को श्रद्धांजलि देते हुए सभाएँ कीं, कई ग्रन्थों, विशेषांकों तथा लोकगीतों की रचना की गयी और इस प्रकार स्वतन्त्रता आन्दोलन को नयी गति प्राप्त हुई। इलाहाबाद में चन्द्रशेखर आजाद का जो बलिदान हुआ, उससे आजादी की लड़ाई तीव्रतर हो गयी।

किसान आन्दोलन : यह रायबरेली के मुंशीगंज नामक कस्बे से शुरू हुआ था और 1921 से 1928 तक चला था। इसमें अग्रणी भूमिका नेहरू जी की थी। उनके प्रयास से यहाँ पहली बार अवध के किसान आजादी के आन्दोलन से जुड़े थे। प्रतापगढ़ पट्टी के निकट 'रूरे' स्थान किसान आन्दोलन का महत्त्वपूर्ण स्थल है। बाबा रामचन्द्र ने गाँव-गाँव घूमकर इस चौपाई के माध्यम से किसानों को जाग्रत किया था—

जासु राज प्रिय प्रजा दुखारी।
सो नृप अवसि नरक अधिकारी।

यहाँ जमींदारों और तालुकेदारों ने अंग्रेजी सत्ताधारियों के संकेत पर, पुलिस और जेल की सहायता

से किसानों पर तरह-तरह के जुल्म किये। उनके इस सम्मेलन में गोलियों की इतनी बौछार की गयी कि सई नदी का पानी लाल हो गया। गणेशशंकर विद्यार्थी ने 'प्रताप' के एक अंक में ओडायर नामक अधिकारी को जनरलडायर से ज्यादा क्रूर सिद्ध करते हुए इसे दूसरा जलियाँवाला बाग कहा। इस किसान आन्दोलन में सक्रिय स्थानीय नेता थे—मुंशी कालिका प्रसाद, चन्द्रिका प्रसाद, अंजनी कुमार, मार्तण्ड वैद्य, मदन मोहन मिश्र, गुप्तार सिंह आदि।

स्वतन्त्रता संग्राम : अकबर के शासनकाल में अवध एक सूबा था, जिसके गवर्नर थे सआदत खाँ। 1739 ई. में दूसरे गवर्नर हुए मंसूर खाँ 'सफदरजंग'। 1754 ई. में गवर्नर हुए उनके पुत्र शुजाउद्दौला। इन तीनों का मुख्यालय था फ़ैज़ाबाद। बक्सर की विजय के बाद हुई इलाहाबाद सन्धि के अनुसार उत्तर भारत के कई राज्य कम्पनी सरकार ने अवध से छीन लिए। कम्पनी बहुत दिनों तक नवाबों का दोहन करती रही।

1775 ई. में आसफउद्दौला ने लखनऊ को राजधानी बनाया। उसके बाद सआदत अली खाँ यहाँ 1798 से 1814 तक नवाब रहे। इस बीच कम्पनी ने यहाँ रेजीडेन्ट नियुक्त किया। उसने 14 जुलाई 1814 को सआदत की हत्या करवा दी। 1819 ई. गाजीउद्दीन हैदर अवध के बादशाह बने। उस बीच लार्ड हेस्टिंग्स का बड़ा हस्तक्षेप था। 1827-1837 के बीच नासिरउद्दीन हैदर ने शासन सँभाला। उनके बाद बादशाह हुए मोहम्मद अलीशाह। कुछ दिनों गद्दी पर रहे अजमत अलीशाह। अब तक नवाबी शासन खोखला हो चला था। इसका लाभ उठाते हुए वाजिद अली शाह को अपदस्थ करके कलकत्ता भेज दिया गया, और डलहौजी ने स्वयं अवध पर कब्जा कर लिया। इसमें स्लीमैन और आउट्रम (रेजीडेन्ट) की बड़ी भूमिका थी।

वाजिद अली शाह के सम्बन्ध में दो प्रकार के मत हैं। कुछ लोगों के अनुसार वह बहुत विलासी और अयोग्य शासक था, जबकि कुछ ऐसे तथ्य मिले हैं, जिनके अनुसार उन्होंने एक बेहतर सेना का पुनर्गठन किया था। वे जनता में भाईचारा स्थापित कर रहे थे। वे 'अख्तर पिया' के नाम से बहुत लोकप्रिय थे। यहाँ के लोकगीतों में 'अख्तर पिया प्यारे', 'वाजिद अली मोरा प्यारा शाह' की गूँज छायी हुई थी।

उसी बीच अंग्रेजों ने जो नयी बन्दोबस्त व्यवस्था लागू की उससे कई ताल्लुकेदारों से कई गाँव छीन लिए गये थे और नये भूस्वामी बना दिये गये थे। जमींदारों पर कई प्रतिबन्ध लगा दिये गये। अंग्रेजी सेना में अवध के जो सैनिक थे, उनके साथ बहुत भेदभाव बरता गया। दूसरी ओर ईसाई धर्म प्रचारकों ने बड़ा उत्पात मचा रखा था। वे समाज को सभ्य बनाने के नाम पर हिन्दू और मुसलमानों को अपमानित कर रहे थे। फलतः राजा और प्रजा सब क्षुब्ध हो उठे। इसी बीच सेना में गाय और सूअर की चर्बी की घटना सामने आयी। इन सबकी मिलीजुली प्रतिक्रिया 1857 की क्रान्ति के रूप में भड़क उठी। लखनऊ के नवाब के साथ ही कानपुर के नाना साहब ने मिलजुल कर इसका समाधान निकाला। लखनऊ में अंग्रेजों की फौज मुख्यतः बेलीगारद में थी। उसे नष्ट करने के लिए मौलवी अहमद उल्ला, नाना साहब, अजीमुल्ला और बेगम हजरत महल ने मिलजुल कर रेजीडेन्सी से अंग्रेजों को भगाने की योजना बनायी। इसी से गदर की शुरुआत हुई। प्लासी के युद्ध (1757) के बाद ईस्ट इण्डिया कम्पनी ने नवाब शुजाउद्दौला को हराकर उत्तर भारत पर कब्जा कर लिया था। इसके बाद कम्पनी ने 1856 ई. में अवध के नवाब वाजिद अली शाह को जिस तरह गद्दी से हटाया, उससे यहाँ आक्रोश भर गया। जनता अंग्रेजों के अत्याचार से पीड़ित थी। 'बंगाल में बंग भंग', 'वन्दे मातरम्' आन्दोलन शुरू हो गये थे। अमेरिका में 'गदर पार्टी' की स्थापना हो चुकी थी। अंग्रेजों का दमनचक्र

दिनों-दिन बढ़ता जा रहा था। जिस तरह लोगों को फाँसी और काला पानी की सजा दी जा रही थी, उससे अवध की जनता का क्षुब्ध होना स्वाभाविक ही था। वाजिद अली शाह सेना में, प्रशासन में और हिन्दू-मुस्लिम एकता की दिशा में अपने प्रयासों के कारण काफी लोकप्रिय हो गये थे, इसलिए उनको हटाते ही यहाँ क्रान्ति की ज्वाला भड़क उठी। चारों ओर ये गीत गूँजने लगे—'हजरत बिन प्यारे आज लखनपुर सूना'। नवाब के विकल्प के रूप में यहाँ जो प्रशासन स्थापित किया गया, उससे जनता कराह रही थी। अवध के तालुकेदारों को यह आशंका हुई कि नये बन्दोबस्त द्वारा अंग्रेज सब कुछ छीन लेगा। दूसरी ओर अंग्रेजी सेना में भरती सैनिकों में असन्तोष भर गया था। वे भेदभाव तथा अपमान से पीड़ित थे। सबके मन में आशंका भर गयी थी कि अंग्रेज हम सबका ईसाईकरण कर रहा है। गाय और सूअर की चर्बी वाले कारतूसों का सिपाहियों ने जब प्रयोग करने से मना कर दिया तो उन पर कड़ी कार्रवाई की गयी। बैरकपुर छावनी के मंगल पाण्डे को फाँसी दे दी गयी। इससे उत्तेजित होकर मेरठ के सिपाहियों ने 10 मई 1857 को कई अंग्रेज अफसरों को मार दिया और दिल्ली की ओर कूच कर दिया। उनके साथ जनता भी शामिल हो गयी। इस बीच कानपुर के नाना साहब और लखनऊ की बेगम हजरत महल ने विद्रोहियों का नेतृत्व सँभाला। सैनिकों ने दिल्ली के मुगल बादशाह बहादुर शाह जफर को अपना राजा घोषित कर दिया। बैसवारे के राना बेनी माधव सिंह, गोंडा के राजा देवी बक्स सिंह, गोसांईगंज के आनन्दी खुशहाल, सेमरौता चन्दापुर के शिवदर्शन, रामबक्स, नानपारा के कल्लू खाँ, अमेठी के राजा लाल माधव सिंह, खजूर गाँव के राणा रघुनाथ सिंह, सण्डीला के हस्मत अली और रसूलाबाद के मनसब अली द्वारा लगभग 46000 सैनिकों, घुड़सवारों तथा तोपों की एक फौज बेगम के नेतृत्व में तैयार हो गयी। उन्होंने स्त्रियों की सेना भी गठित की। देखते-देखते लखनऊ में युद्ध शुरू हो गया।

स्वतन्त्रता संग्राम की पहली शुरुआत अप्रैल 1857 ई. में हुई थी, जब मंगल पाण्डे ने चर्बी वाले कारतूस का प्रयोग करने से मना कर दिया था। इस पर सैन्य अधिकारी ने उन्हें दण्डित किया और मंगल ने उसे मार दिया, अतः उन्हें फाँसी दी गयी और फिर सिपाहियों ने बगावत कर दी। मेरठ की लाल कुर्ती फौज ने बहादुर शाह को भारत का नरेश घोषित करते हुए दिल्ली पर कब्जा कर लिया। उनका यह प्रशासन पाँच महीने तक चला।

इसके बाद कानपुर में क्रान्ति की ज्वाला भड़की। इसके पहले कानपुर अवध के नवाबों के अधिकार में था। नाना साहब बिठूर के राजा थे। वे कम्पनी सरकार के समर्थक थे। जब कानपुर में सती घाट कांड हुआ तो उन्होंने कई अंग्रेजों को सुरक्षापूर्वक इलाहाबाद भेजा।

अंग्रेजों की धोखेबाज़ी से प्रतिक्रिया प्रेरित होकर इन्हें विद्रोह में उतरना पड़ा। इनके नेतृत्व में एक बार कानपुर को स्वतन्त्र करा लिया गया। बिठूर में इनका तिलक समारोह आयोजित किया गया। बीवी घर की घटना के बाद पुनः अंग्रेजों का कब्जा हो गया और नाना साहब को बिठूर से पलायन करना पड़ा। कानपुर की लड़ाई में तात्या टोपे का बहुत बड़ा योगदान रहा है। वहाँ क्रान्ति के कई अवशेष अभी द्रष्टव्य हैं।

नाना साहब बाजीराव पेशवा द्वितीय के दत्तक पुत्र थे। 1852 के पूर्व मराठा राज्य बहुत शक्तिशाली था। दत्तक पुत्र होने के नाते सरकार इनकी सम्पत्ति को हड़प लेने पर आमादा थी। फलतः इन्हें विद्रोह का मार्ग अपनाना पड़ा। इनकी सेना में लगभग दस हजार सैनिक थे। तात्या टोपे बड़े कुशल योद्धा थे। इन्होंने बेगम हजरत महल के साथ संयुक्त सेना गठित की और 1857 ई. में जमकर संघर्ष किया।

नमक आन्दोलन : लाहौर अधिवेशन में पूर्ण स्वतन्त्रता की घोषणा की गयी थी। गाँधी जी ने वायसराय इरविन के सामने 11 सूत्री माँग पत्र रखा। उसके अस्वीकृत होने पर 'सविनय अवज्ञा आन्दोलन' शुरू हो गया। गाँधी जी के नेतृत्व में 12 मार्च 1923 को साबरमती अहमदाबाद से डांडी यात्रा शुरू हुई। 24 दिनों में 200 मील की पद यात्रा करके डांडी समुद्र तट पर नमक बनाते हुए नमक कानून को चुनौती दी गयी। अवध में भी लोना से नमक बनाया गया। अवध के कई सत्याग्रही दमनचक्र के शिकार हुए। अन्ततः 4 मार्च 1931 ई. को गाँधी-इरविन समझौता हुआ। प्रयाग में नारियों ने जिस साहस के साथ नमक कानून तोड़ा था, उसका वर्णन इलाहाबाद से प्रकाशित 10 अप्रैल 1930 के सत्याग्रह समाचार में विस्तारपूर्वक प्रकाशित हुआ था।

भारत छोड़ो आन्दोलन : विश्व युद्ध के दौरान भारत में राष्ट्रीय सरकार बनाने का प्रस्ताव रखा गया था। अंग्रेजी सत्ता ने विश्व युद्ध में भारतीयों की सहायता प्राप्त करने के लिए एक आयोग यहाँ भेजा था। इस सम्बन्ध में इलाहाबाद में कांग्रेस की बैठक हुई। फलतः 8 अगस्त 1942 ई. में बम्बई में भारत छोड़ो प्रस्ताव पारित हुआ। गाँधी जी ने 'करो या मरो' का नारा दिया। ब्रिटिश सरकार ने व्यापक स्तर पर गिरफ्तारी की। गाँधी जी ने 21 दिनों का उपवास किया। उससे प्रेरित होकर हजारों लोगों ने जेल यात्रा की। मुस्लिम लीग और कम्युनिस्ट पार्टी के असहयोग के बावजूद लोहिया जी के नेतृत्व में संयुक्त प्रान्त का यह आन्दोलन बहुत सफल रहा।

मुस्लिम लीग : इस संगठन द्वारा स्वतन्त्रता संग्राम सेनानियों के मन में शंका का यह बीज बोया गया कि जब हिन्दुस्तान स्वतन्त्र होगा तो हिन्दू जनसंख्या मुसलमानों की तुलना में कई गुना ज्यादा होगी। वह प्रजातान्त्रिक सरकार बहुमत के आधार पर निर्णय लेगी जो हिन्दुओं के पक्ष में होंगे और उससे मुसलमानों की हानि होगी। अलीगढ़ मुस्लिम युनिवर्सिटी के संस्थापक सर सैयद अहमद खाँ ने यह तर्क दिया कि हमारे पूर्वजों ने इस मुल्क को जीता था। हम बहादुर कौम हैं, इसलिए हम किसी की अधीनता में नहीं रहेंगे। उन्होंने मुसलमानों से अपील की थी कि वे कांग्रेस से दूर रहें।

भारत पाक विभाजन के पीछे यही तर्क था। इस तर्क के सहारे 6 दिसम्बर 1906 ई. को मुस्लिम लीग की स्थापना हुई थी। इस विभाजन का कुचक्र रचा था आगा खाँ ने। इस दिशा में मिस्टर जिन्ना और डॉ. इकबाल की बहुत बड़ी भूमिका थी।

मुस्लिम लीग के कई अधिवेशन स्थान-स्थान पर हुए, जिनमें गाँधी जी के साथ किया गया लखनऊ समझौता बहुत महत्त्वपूर्ण रहा।

रेजीडेन्सी/बेलीगारद : आसफउद्दौला ने फ़ैज़ाबाद से लखनऊ आकर टीले पर कुछ भवन बनवाये थे। उसे सआदत अली खाँ ने 1800 ई. में पूरा किया। चूँकि यहाँ रेजीडेण्ट वेली रहता था, इसलिए इसे रेजीडेन्सी कहा गया। बेली ने यहाँ एक गार्ड गेट बनवाया था, जिसे बेलीगारद कहा गया। इस भवन में खजाना, कार्यालय, अतिथि कक्ष, तहखाना आदि की व्यवस्था थी। यह इण्डो-यूरोपियन वास्तुकला का श्रेष्ठ नमूना था।

जब विद्रोह की शुरुआत हुई तो कमिश्नर लारेंस ने इसकी सुरक्षा व्यवस्था सँभाली। क्रान्तिकारियों ने रेजीडेन्सी पर कब्जा करने का संकल्प लिया। चूँकि कुकरैल, चिनहट, आलमबाग आदि स्थानों पर संघर्ष चल रहा था, इसलिए रेजीडेन्सी के भीतर अंग्रेजों को सुरक्षित रखने की योजना बनायी गयी थी। भारतीय विद्रोहियों ने घेरा डालकर हेनरी लारेन्स और हाण्ट का वध कर डाला। रेजीडेन्सी के अन्दर लगभग 1500 अंग्रेज थे। विद्रोहियों की संख्या लगभग आठ हजार थी। उन्होंने अधिकांश इमारत को ध्वस्त कर दिया। यह घेरा कई दिनों तक चला। फिर यहाँ के लिए जेम्स आउट्रम को

भेजा गया। उसके साथ हेवलक, ब्रिगेडियर नील और कैम्पबेल की कई टुकड़ियाँ यहाँ आयीं। पूरे शहर में घायल सैनिक भरे हुए थे। यह आदेश दिया गया कि अंग्रेज एक दिन में रेजीडेण्सी खाली कर दें।

इस बीच फ़ैज़ाबाद के अहमद उल्ला ने विद्रोहियों की बड़ी सेना तैयार कर ली। अंग्रेजों ने नेपाल के राणा से सहायता माँगी। वे अपने 9000 घुड़सवारों के साथ दिलकुशा पहुँचे। अंग्रेजों की फौज में अब लगभग 68000 योद्धा हो गये थे, जबकि विद्रोहियों की सेना 37000 के आस-पास थी। अतः अंग्रेजों ने वहाँ धीरे-धीरे कब्जा कर लिया। लखनऊ खण्डहर हो गया। सैनिक यहाँ से छह लाख पौंड का सामान लूट ले गये। बेगम हजरत महल 1858 ई. तक बिठ्ठौलागढ़ से सूत्र संचालन करती रहीं। इसी बीच विक्टोरिया ने कम्पनी सरकार की जगह ब्रिटिश राज्य की घोषणा कर दी। उन्होंने आश्वासन दिया कि कोई राज्य हड़पा नहीं जायेगा। इसी उद्देश्य से लार्ड कैनिंग को वायसराय बनाकर भारत भेजा गया। इस प्रकार लखनऊ प्रथम स्वतन्त्रता संग्राम का केन्द्र बन गया।

संयुक्त प्रान्त का प्रथम मन्त्रिमण्डल : कांग्रेस के पचासवें अधिवेशन में स्वीकृत चुनावी शर्तों के अनुसार संयुक्त प्रान्त में विधान सभा का जो निर्वाचन हुआ, उसमें कांग्रेस को भारी सफलता प्राप्त हुई। राज्यपाल सर सैरीहेग ने नवाब छतारी के नेतृत्व में 9 अप्रैल 1935 को नयी सरकार का गठन किया। कालक्रम में कांग्रेस और मुस्लिम लीग में मतभेद पैदा हो गया। संयुक्त प्रान्त की सरकार के प्रधानमन्त्री थे गोविन्द वल्लभ पन्त और विशिष्ट सहयोगी थे रफी अहमद किदवई, कैलास नाथ काटजू, विजय लक्ष्मी पंडित, प्यारेलाल शर्मा, मोहम्मद इब्राहीम आदि। इस सरकार ने भूमिधरी, कुटीर उद्योग, मद्य निषेध, शिक्षा व्यवस्था आदि की दिशाओं में कई प्रयास किये। कालान्तर में केन्द्र सरकार की नीति का विरोध करते हुए 29 अक्टूबर 1935 को कांग्रेस की सभी आठों प्रान्तीय सरकारों के साथ संयुक्त प्रान्त की सरकार ने भी त्यागपत्र दे दिया।

स्वातन्त्र्य समर : गदर की समाप्ति और क्रान्तिकारियों के विफल हो जाने के बाद आजादी की लड़ाई में नया मोड़ आया। कांग्रेस में नरम दल, गरम दल दो दल बन गये। गरम दल के नेता थे लोकमान्य तिलक और नरम दल का नेतृत्व कर रहे थे गोखले एवं गाँधी। इस बीच नेता सुभाष चन्द्र बोस की आजाद हिन्द फौज भी विफल हो गयी। वस्तुतः सत्याग्रह, असहयोग, सविनय अवज्ञा और भारत छोड़ो आन्दोलन इन सबमें अवध की अग्रणी भूमिका रही है।

अवध के इस स्वतन्त्रता आन्दोलन को तीन श्रेणियों में विभाजित करना उपयुक्त होगा—

1. 1857 का गदर
2. क्रान्तिकारियों का आन्दोलन
3. स्वाधीनता संग्राम।

ईस्ट इण्डिया कम्पनी और अवध के नवाबों के बीच पहले परस्पर काफी तालमेल था। ये नवाब कम्पनी को बराबर सहयोग देते रहे, किन्तु कम्पनी ने उत्तर भारत के अन्य राज्यों को जीत लेने के बाद अवध को हड़प लेने का षड्यन्त्र चलाया। उन्होंने अव्यवस्था के नाम पर बहाने से वाजिद अली शाह को गद्दी से उतारकर मटिया बुर्ज (कलकत्ता) ले जाकर नजर कैद कर लिया। यहाँ जो रेजीडेण्ट्स नियुक्त किये गये थे, उन्होंने नवाबों पर इतने प्रतिबन्ध लगा दिये और उनसे इतना धन वसूला कि उनकी स्थिति जर्जर हो गयी। अवध के तीसरे नवाब शुजाउद्दौला के शासनकाल (1754-1775) के बीच कम्पनी ने यहाँ अपना वर्चस्व स्थापित कर लिया। शुजाउद्दौला बक्सर के युद्ध में अंग्रेजों से पराजित हो गया था। उसे मीर कासिम से धोखा हुआ था। नवाब को हराकर कम्पनी ने कभी फुसला कर और कभी धमकी देकर उससे इलाहाबाद, कड़ा जैसे कई बड़े क्षेत्र हड़प

लिए। लार्ड डलहौजी ने धीरे-धीरे अवध को अपने राज्य में मिला लिया और इसे एक चीफ कमिश्नर की अधीनता में रख दिया। 1856 में जब अंग्रेजों ने कानपुर के नाना साहब और लखनऊ के नवाबों की सारी सत्ता हड़प ली तो यहाँ विद्रोह की आग भड़क उठी। नवाब के बर्खास्त हो जाने के बाद बेगम ने यद्यपि लन्दन जाकर महारानी विक्टोरिया से न्याय पाने का प्रयास किया, किन्तु सफलता नहीं मिली। विवश होकर कानपुर के नाना साहब, अवध की बेगम हजरत महल, शंकरगढ़ के राना बेनी माधव, डौंड़ियाखेरा के राव राम बक्स, अजीम उल्ला आदि अनेक राष्ट्रभक्तों ने बगावत कर दी।

उन दिनों लखनऊ में एक योद्धा प्रशासक था, हेनरी लारेन्स। उसने मच्छी भवन, किला और रेजीडेन्सी में मोर्चा खोल दिया। यहाँ मलिहाबाद, मड़ियाव छावनी, चिनहट, बेलीगारद आदि में जगह-जगह युद्ध हुए। विद्रोहियों ने लखनऊ में लेफ्टिनेंट ग्रांट, ब्रिगेडियर हैण्डसोन तथा कार्नेट आदि की हत्या कर दी। उन दिनों रेजीडेन्सी में अंग्रेज रह रहे थे। उसकी बड़ी नाकेबन्दी की गयी थी। अंग्रेजों का वहीं बारूद भण्डार और खजाना सुरक्षित था। अंग्रेजों ने नवाबी शाही ताज, हीरे-जवाहरात, रत्न जड़ित सिंहासन आदि वहीं रख छोड़े थे। सैनिक विद्रोही पहले चिनहट में एकत्र हुए। वहाँ भयानक युद्ध हुआ, जिसमें कई अंग्रेज मारे गये। इसके बाद रेजीडेण्सी की घेराबन्दी की गयी। अवध की फौज ने रेजीडेन्सी पर तोपों, गोलियों की इतनी बौछार की कि सारा परिसर ध्वस्त हो गया। अंग्रेजों को वहाँ से भागना पड़ा। इसमें लारेन्स भी मारा गया। उसके बाद मेजर बैंकस ने मोर्चा सँभाला। विद्रोहियों ने उसको भी मार दिया। उस समय रेजीडेन्सी में लगभग 1700 आदमी थे। विद्रोहियों की संख्या 8000 के लगभग थी। रेजीडेन्सी में खाद्य सामग्री के न पहुँच पाने से त्राहि-त्राहि मची हुई थी। फलतः रेजीडेन्सी को खाली करना पड़ा। इस बीच कानपुर का जनरल हैलवाक अपनी फौज लेकर आया। जेम्स आउट्रम पहले से कार्यरत था। विद्रोहियों की फौज आलमबाग, जलालाबाद, चारबाग, हैदर कैनाल आदि तक फैली हुई थी। अब तक अंग्रेजों के 535 सैनिक मारे जा चुके थे। इस बीच भयानक लूट भी हुई। अंग्रेजों ने सिक्ख पलटन के साथ कैम्पबेल के नेतृत्व में नये सिरे से आक्रमण किया। सिकन्दर बाग में भयानक युद्ध हुआ। यहाँ ऊदा देवी ने महत्त्वपूर्ण भूमिका निभायी। इस बीच हैजा का प्रकोप फैला। अंग्रेजों की स्त्रियों को किसी प्रकार बाहर भेजा गया। कम्पनी ने लखनऊ पर तीसरा आक्रमण किया, नेपाल के राणा की सहायता से। दिलकुशा में भयानक युद्ध हुआ। धीरे-धीरे अंग्रेजी सेना हावी होती चली गयी। बेगम हजरत महल, राणा बेनी माधव आदि युक्तिपूर्वक सुरक्षित बाहर निकल गये। इस युद्ध में कई ताल्लुकेदार अंग्रेजों के वफादार बने रहे। इस बीच बहुत दिनों तक अवध अंग्रेजी सत्ता से स्वतन्त्र रहा। इस क्रान्ति में कानपुर की एक तवायफ अजीजन बाई, बोड़ी गढ़ के हरदत्त सिंह, बिठूर के नाना साहब, चहलारी नरेश, गोण्डा के राजा बलभद्र सिंह आदि की भूमिका बड़ी महत्त्वपूर्ण रही। 1857 ई. का यह विप्लव न केवल सिपाही विद्रोह था, न यह परम्परावादी हिन्दुओं का विरोध था और न अपनी पुरानी सता को पुनः हथिया लेने के लिए मुसलमानों द्वारा छेड़ा गया आन्दोलन था। यह वस्तुतः राष्ट्रीय आन्दोलन था। इसमें हिन्दू-मुसलमान सबने एकजुट होकर संघर्ष किया था। इसलिए अवध की इस क्रान्ति को प्रथम स्वतन्त्रता संग्राम कहना न्यायोचित होगा।

वस्तुतः 18 मई 1857 ई. से स्वातन्त्र्य समर की शुरुआत हुई थी। 1885 ई. में जिस कांग्रेस की स्थापना हुई थी, वह धीरे-धीरे अंग्रेजी सरकार के विरुद्ध हो गयी थी। 1899 से 1905 के बीच कार्यरत लार्ड कर्जन से असहमत होकर लोगों ने यहाँ आन्दोलन शुरू कर दिया था। बंग भंग आन्दोलन उसका प्रथम विस्फोट था। इसकी परिणति हुई 1911 के चौरी-चौरा काण्ड में। 1919 में यहाँ जब रायल ऐक्ट लागू हुआ तो उसका भी तीव्र विरोध किया गया। 1927 में जब लखनऊ में

साइमन कमीशन आया तो पंडित जवाहर लाल नेहरू और गोविन्द वल्लभ पन्त के नेतृत्व में उसका बहुत जमकर विरोध किया गया। इसके सात वर्ष पूर्व गाँधी जी के नेतृत्व में असहयोग आन्दोलन तेजी से शुरू हो गया। 1929 ई. में नेहरू जी ने कांग्रेस के लाहौर अधिवेशन में पूर्ण स्वराज्य का जो नारा छेड़ा था, उससे सारा अवध आन्दोलित हो उठा था। इस बीच नेता सुभाष चन्द्र बोस का भी गहरा प्रभाव पड़ा। उन्होंने 'जय हिन्द' का जो नारा दिया था, उसके रचयिता थे, लखनऊ-इलाहाबाद के निवासी श्रीधर पाठक। यहाँ नेता जी के इन नारों का गहरा प्रभाव पड़ा 'दिल्ली चलो', 'तुम मुझे खून दो, मैं तुम्हें आजादी दूँगा।' अवध में उनके फारवर्ड ब्लाक (1939) और 'आजाद हिन्द फौज' की गूँज अरसे तक छायी रही। उसी से प्रेरित होकर लखनऊ के कैप्टन राम सिंह ने "कदम-कदम बढ़ाये जा" की धुन तैयार की थी। इस बीच देशबन्धु स्वराज्य पार्टी के प्रवर्तक चितरंजन दास का और मोती लाल नेहरू का यहाँ बड़ा प्रभाव पड़ा। अंग्रेजी दमन की प्रतिक्रिया से प्रेरित होकर यहाँ स्वतन्त्रता आन्दोलन की गति तीव्रतर होती गयी। फलतः 1936 में सविनय अवज्ञा आन्दोलन और 1942 में भारत छोड़ो आन्दोलन शुरू हो गये। अंग्रेज सरकार ने कूटनीतिक सन्धि करते हुए 1946 ई. में अन्तरिम सरकार, होमरूल अर्थात् औपनिवेशिक सत्ता का जाल फेंका, लेकिन वे प्रयोग सफल नहीं हुए। स्वातन्त्र्य आन्दोलन के बीच अवध के जिन नेताओं ने अग्रणी भूमिका निभायी, उनमें उल्लेखनीय हैं—मोती लाल नेहरू, मदन मोहन मालवीय, गोविन्द वल्लभ पन्त (1887), जवाहरलाल नेहरू, पुरुषोत्तम दास टण्डन (1883), आचार्य नरेन्द्र देव (1889), गणेशशंकर विद्यार्थी (1890), रफी अहमद किदवई, लाल बहादुर शास्त्री (1904), डॉ. राममनोहर लोहिया (1910), चन्द्रभानु गुप्त आदि। गाँधी जी यहाँ अनेक बार आये। पं. जवाहरलाल नेहरू से उनकी पहली भेंट यहीं लखनऊ में हुई थी। स्पष्ट है कि स्वातन्त्र्य आन्दोलन में अवध की महती भूमिका रही है।

समाजवादी आन्दोलन : संयुक्त प्रान्त में साम्यवादी दल और सैन्यवादी राष्ट्रवाद का काफी प्रभाव 1917-1921 के बीच देखा गया। कानपुर का लोकप्रिय अखबार 'प्रताप' रूस के बोल्शेविज्म का जोर-शोर से प्रचार कर रहा था। उससे प्रेरित होकर एक पत्रकार सत्यभक्त ने भारतीय कम्युनिस्ट पार्टी की स्थापना की। इस दल का पहला सम्मेलन दिसम्बर 1925 ई. में कानपुर में हुआ। चौरी-चौरा काण्ड के बाद जब असहयोग आन्दोलन स्थगित हो गया तो संयुक्त प्रान्त में क्रान्तिकारी घटनाएँ शुरू हो गयीं। फलस्वरूप 9 अगस्त 1925 को काकोरी काण्ड हुआ। बहुत सारे क्रान्तिकारी उसमें गिरफ्तार किये गये। बहुतों को फाँसी हुई। बचे हुए कई क्रान्तिकारियों के साथ संयुक्त प्रान्त के शिव वर्मा, जयदेव कपूर, सुरेन्द्र पाण्डेय, विजय कुमार सिन्हा आदि ने चन्द्रशेखर आजाद को अपने नवगठित हिन्दुस्तान सोशलिस्ट एसोसियेशन अथवा हिन्दुस्तानी सोशलिस्ट आर्मी का सेनापति चुना। महान शहीद चन्द्रशेखर आजाद 27 फरवरी 1931 ई. को इलाहाबाद के अल्फ्रेड पार्क में पुलिस से मुठभेड़ करते हुए वीर गति को प्राप्त हुए। प्रायः सभी अभियुक्त पकड़े जा चुके थे। फलतः यह आन्दोलन बन्द हो गया। इसका दूसरा रूप तीसरे दशक में समाजवादी आन्दोलन के रूप में प्रकट हुआ। रूसी क्रान्ति से नेहरू जी तथा संयुक्त प्रान्त के कई कार्यकर्ता बहुत प्रभावित थे, जैसे—सम्पूर्णानन्द, ताराचन्द, मेहरअली, मसानी, अच्युत पटवर्द्धन आदि। इन्हें एन.जी. गोरे, जयप्रकाश नारायण, अशोक मेहता, एस.एम. जोशी आदि का भी समर्थन प्राप्त था। इसी क्रम में 1934 ई. में कांग्रेस के एक समूह ने आचार्य नरेन्द्र देव की अध्यक्षता में प्रजा समाजवादी पार्टी की स्थापना की। इसमें डॉ. राममनोहर लोहिया, मोहन लाल गौतम, एन.जी. रंगा, स्वामी सहजानन्द आदि ने भी सहयोग किया। इनके प्रयास से 1936 में लखनऊ में किसान सम्मेलन का आयोजन किया गया, जिसमें

सामन्ती प्रथा, लगानबन्दी और कर्ज में छूट की माँग की गयी। वामपन्थी गुट इसके विरोध में था। नेहरू जी की अध्यक्षता में 1936 ई. में लखनऊ में जो अधिवेशन हुआ उसमें प्रान्तीय चुनाव का समर्थन किया गया, जिससे आन्दोलन का सूत्र समाजवादियों की जगह पुनः कांग्रेस के हाथ आ गया।

सविनय अवज्ञा आन्दोलन : अंग्रेजी साम्राज्यवाद के विरुद्ध गाँधी ने 6 अप्रैल 1930 को इस आन्दोलन की शुरुआत की। उन्होंने डांडी कूच करके नमक कानून तोड़ा। मुसलमानों ने इसका विरोध किया, किन्तु संयुक्त प्रान्त की जनता ने इसमें उत्साहपूर्वक भाग लिया। इस अवसर पर व्यापक स्तर पर गिरफ्तारियाँ हुईं। लखनऊ जिले के दस छात्रों को इसमें दण्डित किया गया। इसी क्रम में गाँधी-इरविन वार्ता तथा 1931 का गोलमेज सम्मेलन हुआ, किन्तु जब कोई सुपरिणाम नहीं निकला तो 1932 ई. में नया आन्दोलन भड़क उठा, जिसकी परिणति 1942 के भारत छोड़ो आन्दोलन में हुई।

साइमन कमीशन : इसका आगमन 1928 ई. में हुआ था। कांग्रेस ने इसका बाइकाट करने का निर्णय लिया था। इस कमीशन के अध्यक्ष थे—सर जान और बाइकाउण्ट। इसका उद्‍देश्य था शासन प्रणाली की जाँच। इसके बहिष्कार के पीछे मूल कारण यह था कि कोई भारतीय सदस्य इसमें नहीं रखा गया था। इसके आगमन पर पूरे देश ने हड़ताल की। अंग्रेजों ने हड़ताल तोड़ने के लिए हिंसा का सहारा लिया। लाहौर में कांग्रेस ने 1929 ई. में जो अधिवेशन किया था, उसमें पूर्ण स्वतन्त्रता की माँग की गयी थी। कमीशन की रिपोर्ट (मई 1930 ई.) में यह निर्णय किया गया था कि केन्द्र का शासन पूर्ववत अंग्रेजों के नियन्त्रण में रहेगा। केवल प्रान्तीय सरकारें चुनावी पद्धति से बनायी जायेंगी। लखनऊ में साइमन कमीशन का विरोध जवाहर लाल नेहरू और गोविन्द वल्लभ पन्त के नेतृत्व में जोर-शोर से किया गया था, जिसमें इन्हें भारी आघात झेलने पड़े थे। तालुकेदारों ने इस कमीशन को दावत के लिए आमन्त्रित किया था। जनता ने पतंगें तथा गुब्बारे उड़ाकर और स्टेशन पर प्रदर्शन करके इसका विरोध किया था। लखनऊ यूनिवार्सिटी को छात्र यूनियन से जुड़कर नेहरू जी ने यहाँ पर्चे बाँटे थे।

स्वराज्य पार्टी : इस संस्था की स्थापना 1922 में मोती लाल नेहरू तथा चितरंजन दास द्वारा की गयी थी। गाँधी जी की गिरफ्तारी के बीच परिवर्तनवादियों और परिवर्तन विरोधियों के दो घटक बन गये थे। मोतीलाल जी ने मदन मोहन मालवीय के सहयोग से परिवर्तनवादियों को संगठित करके स्वराज्य पार्टी की स्थापना की। इस पार्टी ने कई चुनाव लड़कर सफलता प्राप्त की। बाद में गाँधी जी ने भी इसका समर्थन किया। कालान्तर में मालवीय जी और मोती लाल जी के बीच मतभेद हो गया, जिससे मालवीय जी ने नेशनलिस्ट पार्टी के नाम से अपना नया दल बना लिया। मोती लाल नेहरू ने इसी दल के तहत 1928 में भारतीय स्वराज्य के संविधान का पहला प्रारूप तैयार किया। इसी क्रम में अगस्त 1928 में लखनऊ में सर्वदलीय सम्मेलन राजा महमूदाबाद के महल में आयोजित किया गया। जवाहर लाल जी चूँकि रूसी समाजवाद से बहुत प्रभावित थे, इसलिए उन्होंने अपने पिता मोती लाल जी की इस संरचना को खारिज करा दिया।

स्वातन्त्र्योत्तर अवध : 15 अगस्त 1947 ई. को भारत स्वतन्त्र हुआ। अवध के लोकप्रिय नेता, युवा हृदय सम्राट जवाहर लाल नेहरू देश के प्रधानमन्त्री बने। उत्तर प्रदेश के प्रीमियर अप्रैल 1946 ई. से 27 दिसम्बर 1954 ई. तक गोविन्द वल्लभ पन्त रहे। उनके बाद डॉ. सम्पूर्णानन्द, चन्द्रभान गुप्त, चरण सिंह, कमलापति त्रिपाठी, हेमवती नन्दन बहुगुणा आदि अनेक मुख्यमन्त्री समय-समय पर सत्तारूढ़ हुए। राजर्षि पुरुषोत्तम दास टण्डन 19 वर्षों तक विधान सभा अध्यक्ष रहे। सरोजिनी नायडू, के.एम. मुंशी जैसे अनेक प्रख्यात राज्यपाल यहाँ समय-समय पर आये। लखनऊ विश्वविद्यालय

के छात्र और शिक्षक डॉ. शंकर दयाल शर्मा ने राष्ट्रपति के पद को सुशोभित किया। 1877 ई. में यूनाइटेड प्राविंसेज ऑफ आगरा एण्ड अवध के संक्षिप्त नाम 'यू.पी.' का नामान्तर उत्तर प्रदेश कर दिया गया। 26 जनवरी 1950 ई. में लागू नये संविधान के अनुसार यहाँ लोक प्रशासन तथा नियोजन के अनेक प्रयोग समय-समय पर होते रहे हैं एवं हो रहे हैं। सत्ता की बागडोर समय-समय पर कांग्रेस पार्टी, संयुक्त विधायक दल, समाजवादी पार्टी, लोक क्रान्ति दल, बहुजन समाज पार्टी, भारतीय जनता पार्टी, राष्ट्रपति शासन आदि द्वारा सँभाली गयी है। अवध का इस बीच जो सांस्कृतिक, आर्थिक एवं राजनीतिक विकास हुआ है, वह विभिन्न अध्यायों में द्रष्टव्य है।

हमारे गौरव : पौराणिक-ऐतिहासिक पात्र

अवध से सम्बद्ध चिरस्मरणीय पात्र हैं—

अंगद : यह बालि का पुत्र था। रामचन्द्र जी ने बालि का वध करके उसके छोटे भाई सुग्रीव को राजगद्दी पर बैठाया था तथा अंगद को युवराज बनाया था। अंगद की माता का नाम तारा था। सुग्रीव की सेना के साथ लंका में जाकर इन्होंने भीषण युद्ध किया था। अंगद राम के दूत बनकर रावण की सभा में गये थे। वहाँ उनके पैर को कोई हिला नहीं पाया था। अंगद ने युद्ध में इन्द्रजीत को भी पराजित किया था।

अंगद (सिखों के दूसरे गुरु) : इनको गुरुनानक जी ने अपने दोनों पुत्रों को छोड़कर उत्तराधिकारी बनाया था। इन्होंने 1538 से 1552 ई. (अर्थात् 14 वर्षों) तक सिख सम्प्रदाय का नेतृत्व किया। ये अच्छे कवि भी थे। अवध के गुरुद्वारों में इनका प्रायः गुणगान होता रहा है।

अंगद : ये लक्ष्मण के पुत्र थे। इनकी पत्नी थीं कंजाक्षि और चन्द्रिका।

अंजना : ये हनुमान की माता थीं। इनके पति का नाम कपिराज केशरी था। हनुमान केशरी के क्षेत्रज पुत्र थे। वे वायु के औरस और अंजना के गर्भ से उत्पन्न हुए थे। पुराख्यानों में इन्हें अपूर्व सुन्दरी अप्सरा पुत्री बताया गया है, जो शापवश वानरी हो गयी थी।

अन्ध : अयोध्या के सरयूतीर पर रहने वाले ये वैश्य जाति के एक मुनि थे। इन्होंने एक शूद्र कन्या से विवाह किया था। ये वन में कुटी बनाकर रहते थे। एक बार राजा दशरथ वन में शिकार करने गये थे। उसी समय अन्धमुनि का एकमात्र पुत्र जल भर रहा था। दशरथ ने हाथी समझकर शब्दबेदी बाण चला दिया, जिससे अन्धमुनि के पुत्र श्रवण कुमार की मृत्यु हो गयी। अन्धमुनि ने पुत्र वियोग में अग्नि में जलकर प्राण त्याग दिये। इसके पूर्व उन्होंने दशरथ को शाप दिया था कि पुत्र वियोग में तुम्हारी भी मृत्यु होगी। यह कथा श्रवणाख्यान या सरवन गाथा रूप में अवध क्षेत्र में अत्यन्त लोकप्रचलित है।

अम्बरीष : ये एक प्रसिद्ध सूर्यवंशी राजा थे। अयोध्या इनकी राजधानी थी। इनके पिता का नाम नाभाग था। अम्बरीष ने अकेले 10 लाख राजाओं के साथ युद्ध किया था और समस्त पृथ्वी पर अपना आधिपत्य फैलाया था। इन्हीं पुण्यों के प्रभाव से इनको स्वर्ग प्राप्त हुआ था। ये विष्णु भक्त थे। एक बार विष्णु भगवान इनकी परीक्षा लेने के लिए इन्द्र रूप में इनके समक्ष उपस्थित हुए, परन्तु अम्बरीष ने इन्द्र से कोई वर नहीं माँगा और कहा, मैं तो केवल विष्णु जी को प्रसन्न करने के लिए तपस्या करता हूँ। मैं आपसे कोई वर नहीं चाहता। इससे विष्णु परम प्रसन्न हुए।

अकम्पन : यह रावण का सेनापति था। राम-रावण के युद्ध में यह हनुमान जी के हाथों मारा

गया था। इनके दो और भाई थे, प्रहस्त और धूम्राक्ष। यह रावण का मामा था। इनके पिता सुमाली और माता केतुमाली थीं। रावण की माता केकसी इसकी बहिन थी। इसकी दूसरी बहिन का नाम कुम्भीनसी था।

अकबर : मुगलवंश का यह तीसरा बादशाह 1586 ई. में गद्दी पर बैठा था। इसने अपने राज्य को 15 सूबों में बाँटा, जिनमें दो सूबे थे अवध और इलाहाबाद। इसने इलाहाबाद में किला बनवाया था। हिन्दू धर्म तथा इस्लाम में समन्वय स्थापित करने का इसने भरसक प्रयास किया था।

अक्षयकुमार : यह रावण का छोटा पुत्र था। सीता का पता लगाने के लिए जब हनुमान जी लंका गये और वहाँ उनकी वाटिका उजाड़ने लगे, तब रावण ने अक्षय कुमार को हनुमान से लड़ने के लिए भेजा था। उस युद्ध में अक्षय कुमार हनुमान के हाथों मारा गया था।

अगस्त्य मुनि : इन्होंने श्रीराम को वातापि और इलवलि की गाथा सुनाई थी। इलबलि ब्राह्मण का वेश बनाकर मुनियों को आमन्त्रित करता था और उन्हें मारकर खा जाता था। अगस्त्य ने उन्हें शाप देकर भस्म कर दिया था। वनवास के बीच राम ने इनके आश्रम में कुछ समय बिताया था। अगस्त्य ने विंध्याचल को झुकाया था तथा समुद्र का आचमन कर लिया था। इन्होंने ही राम को सूचना दी कि यहाँ से दो योजन दूर गोदावरी तट पर पंचवटी है।

अज : ये अयोध्या के सूर्यवंशी राजा थे। रघु इनके पिता थे। विदर्भराज की कन्या इन्दुमती ने स्वयंवर प्रथा के अनुसार अज को अपना पति चुना था। स्वयंवर के पश्चात् अज इन्दुमती को लेकर अयोध्या जा रहे थे, तभी मार्ग में स्वयंवर में विफल राजाओं ने इन पर आक्रमण कर दिया और इन्दुमती को छीनना चाहा। दोनों पक्षों में युद्ध हुआ। अज सम्मोहन नामक अस्त्र से राजाओं को अचेत कर अयोध्या पहुँचे। वहाँ रघु ने पुत्र व पुत्रवधू दोनों का स्वागत किया। फिर अज को राज्य भार सौंपकर रघु ने वानप्रस्थ आश्रम ग्रहण किया। राजा अज और इन्दुमती के पुत्र थे दशरथ। उनकी बाल्यावस्था में ही इन्दुमती का देहावसान हो गया था, किन्तु अज ने दूसरा विवाह नहीं किया। जब दशरथ राजा बनने योग्य हुए, तब उन्हें राज्य-भार सौंपकर सरयू के किनारे अनशन व्रत करके इन्होंने देह-त्याग कर दिया।

अजातशत्रु : यह मगधराज बिम्बिसार (बिन्दुसार) का पुत्र और गौतम बुद्ध का समकालीन था। इसने कोसल के राजा प्रसेनजित को परास्त करके कोसल की राजकन्या से विवाह किया था और मगध राज्य का यहाँ तक विस्तार किया था।

अज़ीमउल्लाह खाँ : ये बिठूर के धाँधू पन्थ के दाहिने हाथ थे। ये अपने स्वामी की ओर से वकील बनकर विलायत गये थे। जब ये लौटकर आये तब अपने मालिक को अंग्रेजों के विरुद्ध प्रेरित किया और देश भर में घूम-घूम कर विद्रोह किया। इनके कारण अंग्रेजों की कानपुर में बड़ी प्रतारणा हुई थी। इन्होंने 1857 ई. में 'पयामे आजादी' अखबार निकाला था। तीर्थ यात्रा के बहाने उसका व्यापक प्रचार किया। लन्दन से लाये क्रिमियाँ युद्ध के विवरण द्वारा यह सिद्ध किया कि अंग्रेज अपराजेय नहीं हैं। इनके सहायक थे ज्वाला प्रसाद, गंगू बाबा, टिक्का सिंह आदि। इन्हें बूढ़े बरगद में लटकाकर फाँसी दी गयी थी। इनकी स्मृति कानपुर के नानाराव पार्क में निर्मित शहीद उपवन में सुरक्षित है।

अज़ीजन बाई : सत्तावनी क्रान्ति में कानपुर की वेश्या अज़ीजन ने साहसी महिलाओं की एक टोली बनायी थी। ये सब पुरुष वेश में, घोड़ों पर चढ़कर निकलती थीं और घूम-घूम कर आज़ादी की अलख जगाती थीं। अज़ीजन अंग्रेज सैनिकों के साथ घुलमिल गयी थी। उन्होंने इसे घायलों की सेवा

का दायित्व सौंप दिया था। अज़ीजन का निवास कानपुर के सिरकी मोहाल में था। वह एक स्थानीय सेठ कल्लूमल की रखैल थी। उसने गुप्त रूप से समय-समय पर विद्रोहियों को कई महत्त्वपूर्ण सूचनाएँ लाकर दी थीं। हर समय वह हथियारों से सुसज्जित रहती थी। जब उसका यह भेद खुल गया, तो वह पकड़कर जनरल हैवलाक के सामने पेश की गयी। हैवलाक उसके असाधारण सौन्दर्य को देखकर दंग रह गया। अज़ीजन ने क्षमा माँगने के बजाय, यह इच्छा प्रकट की कि मैं कम्पनी राज्य का नाश चाहती हूँ।

अटल बिहारी वाजपेयी : 'भारतरत्न' वाजपेयी जी का कर्म क्षेत्र अवध रहा है। कानपुर में इन्होंने उच्च शिक्षा प्राप्त की। लखनऊ में रहकर वर्षों तक 'राष्ट्रधर्म' का सम्पादन किया। यहाँ से सांसद चुने गये और दो बार प्रधानमन्त्री हुए। बलरामपुर से भी एक बार चुनाव लड़ा। प्रधानमन्त्री रूप में 24 दलीय सरकार का सफल संचालन करते हुए इन्होंने अनेक महत्त्वपूर्ण कार्य किये।

अत्रि : ये दण्डक वन में रहते थे। राम ने इनके आश्रम में जाकर राक्षसों के वध का आश्वासन दिया था। इनकी पत्नी थी अनसूया।

अतिकाय : यह रावण का पुत्र था। ब्रह्मा जी ने इससे प्रसन्न होकर एक कवच प्रदान किया था, जिससे देवताओं के लिए भी इसका वध करना असम्भव हो गया था। इसका लक्ष्मण के साथ घोर युद्ध हुआ था और उसी युद्ध में वह लक्ष्मण के हाथों मारा गया था।

अतिथि : ये कुश के पुत्र अर्थात् रामचन्द्र जी के पौत्र थे।

अदिति : ये महर्षि कश्यप की पत्नी तथा दक्ष प्रजापति की कन्या थीं। वामन अवतार लेते हुए विष्णु ने इन्हीं के गर्भ से जन्म ग्रहण किया था। ये देवताओं की माता थीं। नरकासुर को मारने पर श्रीकृष्ण को जो दो कुण्डल मिले थे, उन्हें श्रीकृष्ण ने अदिति को समर्पित किया था। पारिजात को लेकर श्रीकृष्ण और इन्द्र में जो कलह उत्पन्न हुआ था, उसका निपटारा अदिति ने किया था। ब्राह्मण ग्रन्थों में अदिति को विष्णु की स्त्री भी बताया गया है।

अनन्तनाथ : ये चौदहवें तीर्थंकर थे। इनके पिता थे सिंह सेन, माँ थी सुयशा। माँ ने गर्भावस्था में 14 स्वप्न देखे थे। वैशाख कृष्ण 13 को इनका जन्म हुआ था। इनके शरीर में सचान (बाज) पक्षी के लक्षण दिखे। जन्म होते ही देवों ने जन्म कल्याणक मनाया। उस बीच पिता ने कई शत्रुओं को जीता, अतः इनका नाम अनन्तनाथ रखा गया। कालान्तर में ये अयोध्या नरेश हुए और 15 लाख वर्षों तक राज्य करते रहे, फिर वार्षिक दान देकर सहस्रास उद्यान में जाकर हठयोग की दीक्षा ली। अयोध्या के एक विहार में ये तीन वर्षों तक रहे और वैशाख कृष्ण 14 को कैवल्य प्राप्त किया। इनके पास 50 गजधर, 66000 मुनि, 62000 सन्तियाँ, 206000 श्रावक, 414000 श्रविकाएँ थीं। साढ़े सात लाख वर्ष ये केवली में रहे। इन्हें निर्वाण सम्भेद शिखर पर प्राप्त हुआ। वहाँ चैत्र शुक्ल 5 को ये शेष हो गये। तब इनकी आयु 30 लाख वर्ष की थी। इनका शरीर 50 धनुष ऊँचा था। श्वेताम्बर वर्ग में इनका प्रतीक है बाज। दिगम्बर वर्ग का प्रतीक है रीछ। यक्ष यक्षी हैं पाताल एवं अकुंश। इनकी मूर्तियाँ 11 वीं शती से लगनी शुरू हुईं।

अनरण्य : ये अयोध्या के राजा थे। रावण जब दिग्विजय करने निकला था, तब ये अयोध्या पर राज्य कर रहे थे। अयोध्या पहुँचने पर रावण ने इनसे युद्ध करने के लिए या पराजय स्वीकार करने के लिए कहा। इक्ष्वाकुवंशी राजा अनरण्य की सेना लड़ने को तैयार हुई। इनकी सेना में 10 हजार हाथी, 1 लाख घोड़े, हजारों रथ तथा पैदल योद्धा थे। अपनी सेना को नष्ट होते देख ये क्रोध से रावण की ओर बढ़े। इन्होंने कई बाण रावण के सिर में बेध दिये, परन्तु रावण पर उनका कोई प्रभाव नहीं पड़ा। रावण के प्रहार से ये रथ से नीचे गिर पड़े और रावण को रामचन्द्र जी के द्वारा

मारे जाने का शाप देकर ये परलोक सिधार गये।

अनसूया : इन्होंने अपने तपोबल से मन्दाकिनी प्रकट कर दी थी। इनकी परीक्षा लेने हेतु एक दिन ब्रह्मा, विष्णु, महेश साधु वेश में गये और बोले कि वस्त्र बिना भोजन बनाकर उन्हें परोसा जाये। अनसूया ने तीनों को शिशु बनाकर भोजन कराया। यह सूचना जब उमा, लक्ष्मी और ब्रह्माणी को मिली तो वे अपने पतियों को मुक्त करके ले गयीं। अनसूया सतीत्व की आदर्श मानी जाती हैं। इन्होंने सीता को सती धर्म की शिक्षा दी थी।

अब्दुर्रहीम खानखाना : ये बैरम खाँ के पुत्र थे और अकबर के प्रमुख दरबारी थे। हिन्दी के प्रसिद्ध कवि भी थे।

अबुल फजल : ये अकबर के मीरमुंशी थे। इन्होंने फारसी में 'आइने अकबरी' नामक इतिहास ग्रन्थ लिखा था, जिससे अकबरकालीन भारत की प्रामाणिक जानकारी मिलती है। इन्होंने अवध के सम्बन्ध में कई सूचनाएँ दी हैं।

अयोमुख : यह एक निसाचरी थी, जो दण्डकारण्य की एक विशाल कन्दरा में रहती थी। लक्ष्मण को देखकर यह कामातुर हो उठी थी। उन्हीं के द्वारा इसका वध किया गया था।

अरुन्धती : ये महर्षि वशिष्ठ की पत्नी थीं। कर्दम मुनि इनके पिता थे। वशिष्ठ की तरह इनको भी सप्त ऋषियों में महत्त्वपूर्ण स्थान मिला है। इनके विषय में यह कहा जाता है कि जिनका अन्त समय आ जाता है, उनको अरुन्धती दिखलाई नहीं पड़ती हैं।

अलाउद्दीन : खिलजी वंश के शासक अलाउद्दीन अवध पर आक्रमण करने वाला और यहाँ तक राज्यविस्तार करने वाला प्रथम विदेशी शासक था। इतिहास में तीन अलाउद्दीन हुए हैं, जिनमें अलाउद्दीन खिलजी का सम्बन्ध अवध से रहा है। इसका स्थितिकाल 1296 से 1316 ई. तक माना जाता है। इसे कड़ा इलाहाबाद की जागीर मिली थी। इसने भारत में बहुत बड़ी सेना तैयार की। कई राज्यों पर विजय प्राप्त की। कई महल और किले बनवाये। तुर्की साम्राज्य का विस्तार करते हुए इसने यहाँ 1226 में खिलजी सल्तनत की स्थापना की। इतिहासकारों ने इसकी शासन व्यवस्था की काफी प्रशंसा भी की है। जायसी ने 'पद्मावत' में इसके आक्रमण का विस्तृत वर्णन किया है और इसे खलनायक (शैतान या माया) के प्रतीक रूप में चित्रित किया है। प्राप्त तथ्यों के अनुसार यह बड़ा साहित्य प्रेमी था और अमीर खुसरो इसके दरबारी कवि थे।

अशफाक उल्ला खाँ : भारत को स्वतन्त्र कराने में जिन क्रान्तिकारियों ने बलिदान किये हैं, विशेष रूप से जो काकोरी काण्ड में सक्रिय रहे हैं, उनमें अशफाक का नाम अविस्मरणीय है। इनका जन्म 22 अक्टूबर 1900 में शाहजहाँपुर में हुआ था। रामप्रसाद बिस्मिल से प्रेरित होकर इन्होंने हिन्दुस्तान रिपब्लिकन पार्टी की सदस्यता ले ली। वे अर्से तक बिस्मिल के साथ रहे थे। उनकी संस्था ने काकोरी में ट्रेन लूटने का निर्णय लिया तो अशफाक उसमें सम्मिलित हो गये। इन्होंने जंजीर खींच कर गाड़ी रोकी। खजाने की सन्दूक को उतारने और तोड़ने में सबसे बड़ी भूमिका इन्हीं की थी। अशफाक बहुत दिनों तक फरार रहे। ये नेपाल, कानपुर, लखनऊ, बनारस, पलामू (बिहार) और पंजाब में छिपे रहे, किन्तु 8 सितम्बर 1926 को दिल्ली में अपने एक लालची दोस्त के विश्वासघात के कारण गिरफ्तार हो गये। इन पर लखनऊ की अदालत में मुकदमा चला। अशफाक को फाँसी की सजा सुनाई गयी। लोगों ने बहुत प्रयास किया कि अशफाक माफी माँग लें, किन्तु ये सहमत नहीं हुए। इन्हें 19 सितम्बर 1927 को फ़ैज़ाबाद जेल में फाँसी दे दी गयी। तबसे फ़ैज़ाबाद में इस दिन प्रति वर्ष 'शहीद दिवस' मनाया जाता है। वहाँ जेल में स्थापित अशफाक की प्रतिमा के साथ

इनकी ये पंक्तियाँ गूँज रही हैं—'कुछ आरजू नहीं है, है आरजू तो यह। रख दे कोई जरा सी खाके वतन कफन में।"

अश्वघोष : बौद्ध भिक्षु आचार्य अश्वघोष दूसरी शताब्दी के प्रसिद्ध संस्कृत कवि, संगीतज्ञ, दार्शनिक, नाटककार और बौद्धाचार्य थे। इनका महाकाव्य 'बुद्धचरित' अत्यन्त महत्त्वपूर्ण है। महायान सम्प्रदाय के विकास में अश्वघोष का विशिष्ट योगदान रहा है। अवध क्षेत्र से इनका घनिष्ठ सम्बन्ध था।

अशोक : इनका शासनकाल 273 से 232 ई. पूर्व तक रहा। अशोक मौर्य साम्राज्य के तीसरे सम्राट थे। इन्होंने अवध क्षेत्र में बौद्ध धर्म का बड़ा विकास किया। इनके कई शिलालेख और स्तम्भ इस क्षेत्र में विद्यमान हैं, जिनमें इलाहाबाद का अशोक स्तम्भ महत्त्वपूर्ण है। श्रावस्ती में भी इनके कई अवशेष हैं। ये महान मौर्य सम्राट थे। इन्हें कहीं 'चण्डाशोक' तथा कामाशोक कहा गया है और कहीं 'प्रियदर्शी' धम्माशोक। इनका पूरा व्यक्तित्व बड़ा विवादास्पद है। कलिंग युद्ध के कारण इनकी निन्दा भी की गयी है तथा देश-देशान्तर में सत्धर्म के प्रचार हेतु इनको 'देवानाम् प्रिय' भी माना गया है। इतिहास ग्रन्थों में उल्लेख है कि अशोक ने अपने ग्यारह भाईयों की हत्या की थी। इसके अन्तःपुर में पाँच सौ स्त्रियाँ थीं। इसकी रसोई में रोज लाखों पशु पकाये जाते थे। इसने अपनी पत्नी तिष्यरक्षिता और अन्य कई रानियों को जिन्दा जला दिया था तथा अपने पुत्र कुणाल एवं पिता बिम्बसार का वध किया था। अवध क्षेत्र में इसके कई शिलालेख प्राप्य हैं। भारत सरकार ने अशोक चक्र को राज्य चिह्न के रूप में मान्यता दी है। ऐसा माना जाता है कि हृदय परिवर्तन के बाद सर्व समन्वय के आधार पर अशोक ने एक महान कल्याणकारी राज्य का नमूना स्थापित किया था।

अश्मक : ये सूर्यवंशी राजा, अयोध्या के राजा कल्मषपाद की स्त्री के गर्भ और महर्षि वशिष्ठ के औरस से उत्पन्न हुए थे।

अहमद शाह (मौलवी) : मौलाना अहमदुल्लाह शाह 'दिलावर ए जंग' फ़ैज़ाबाद के निवासी थे और प्रथम स्वातन्त्र्य समर के सेनानी थे। कुछ इतिहासकारों ने इन्हें टीपू सुल्तान का वंशज कहा है। इनका जन्म गोपामऊ (हरदोई) में 1687 ई. में हुआ था। ये कुछ समय दक्षिण में रहे, फिर लखनऊ होते हुए फ़ैज़ाबाद पहुँचे। यहाँ उन्होंने जेहाद शुरू की। अंग्रेजी सेना से इनकी कई मुठभेड़ें हुईं, किन्तु ये अजेय बने रहे। एक बार घायल अवस्था में जेल में रखे गये, पर देशी सैनिकों ने जेल तोड़कर इन्हें मुक्त करा दिया। वहाँ से ये लखनऊ गये। बेलीगारद का घिराव किया, फिर बाड़ी (सीतापुर) पहुँचकर गोरखा सेना पर आक्रमण किया। इन्होंने मोहम्मदी में एकत्र अजीमुल्ला खाँ, बेगम हजरत महल आदि के साथ स्वराज्य की घोषणा कर दी। अंग्रेज ने इन्हें पकड़ने वाले के लिए पचास हजार का इनाम घोषित किया, फलतः पवन रियासत के राजा बलदेव सिंह एवं जगन्नाथ सिंह ने 5 जून 1858 को इन्हें गोली मार दी। इतिहासकारों ने इन्हें छापामार युद्ध का विशेषज्ञ कहा है।

अहल्या : रामकथा में अहल्या उद्धार की घटना का बहुशः उल्लेख किया गया है। अहल्या की कथा में अनेकरूपता दिखायी देती है। उसे कहीं मुद्गल की पुत्री कहा गया है और कहीं मेनका की पुत्री। कुछ ग्रन्थों में यह उल्लेख मिलता है कि इन्द्रसेन के एक पराक्रमी पुत्र थे बध्रश्व। उनके और मेनका के दो सन्तानें उत्पन्न हुईं, एक दिवोदास और दूसरी अहल्या। दिवोदास उत्तरी पांचालों की एक शाखा का राजा था। प्राचीन चरित्र कोश में यह उल्लेख है कि अहल्या का जन्म बध्रश्व और मेनका से हुआ था। पुराण सन्दर्भ कोश में दिवोदास और अहल्या को भाई-बहन माना गया है। इसकी पुष्टि वैदिक कोश से भी होती है। राणा प्रसाद शर्मा द्वारा सम्पादित पौराणिक कोश में अहल्या को गौतम ऋषि की पत्नी और शतानंद की माता कहा गया है। विष्णु पुराण के अनुसार मुद्गल पुत्री

का नाम है, न कि अहल्या के पिता का। हिन्दी विश्वकोश में शरद्वान को अहल्या का पति बताया गया है। कुछ लोगों ने माना है कि शरद्वान और गौतम एक ही व्यक्ति हैं। डॉ. रामकुमार वर्मा ने 'ओ अहल्या' नामक काव्य में यह स्थापित किया है कि अहल्या एक प्रतीक मात्र है। कुछ लोगों का मानना है कि जिस पथरीली भूमि पर हल न चलाया जा सके वह अहल्या है। राम कृषि संस्कृति के उन्नायक रहे हैं। उन्होंने उस अंचल को उर्वर बना दिया था अर्थात् अहल्या का उद्धार कर दिया था।

प्रचलित कथा यह है कि अहल्या गौतम मुनि की पत्नी थीं। वह अपूर्व सुन्दरी थी। इन्द्र उस पर बहुत पहले से मोहासक्त था। जब वह किसी भी प्रकार अहल्या को नहीं प्राप्त कर सका तो उसने छल का सहारा लिया। इन्द्र ने अपनी माया से अर्ध रात्रि को उषाकाल में बदल दिया। ताकि गौतम नित्य कर्म हेतु सरिता तट की ओर चले जायें। इसी बीच उसने गौतम का वेश धारण करके कुटीर में प्रवेश किया और मानमनुहार करके अहल्या का सतीत्व हरण किया। तभी सहसा गौतम लौट आये। उन्होंने क्रुद्ध होकर इन दोनों को शाप दिया। इन्द्र को शाप दिया, तेरा रोम-रोम भग बन जाये और अहल्या को शाप दिया कि तू पाशाण शिला बन जाये। उसके अनुनय विनय पूर्ण स्पष्टीकरण से द्रवित होकर मुनिवर ने यह आश्वासन दिया कि जब श्रीराम तेरा स्पर्श करेंगे, तब तेरा उद्धार होगा। विश्वामित्र ने मिथिला की ओर जाते हुए श्रीराम को यह कथा सुनाई और तब श्रीराम ने अहल्या को शाप मुक्त किया। अहल्या की यह कथा सम्प्रति स्त्री विमर्श का विषय है।

कुछ ग्रन्थों में यह उल्लेख हुआ है कि महा साध्वी अहल्या का जो प्रातःकाल स्मरण कर लेता है, उसके सारे पातक नष्ट हो जाते हैं। कुछ समकालीन काव्यों में यह उल्लेख हुआ है कि अहल्या भी देवराज इन्द्र के प्रति आसक्त थी। इन्द्र और गौतम में अवस्था और स्तर का बहुत बड़ा अन्तर था। यह घटना दोनों की अभिसन्धि से हुई थी। तभी गौतम ने उसे शाप दिया था। कहीं-कहीं यह भी उल्लेख हुआ है कि इन्द्र ने उसके अपहरण का असफल प्रयास किया था। समकालीन लेखन में अहल्या के इस आचरण को निन्दा की जगह सराहना के भाव से भी देखा जा रहा है। गौतम द्वारा दिये गये शाप को अन्ध पुरुष सत्ता का दृष्टान्त माना जाता है। तात्पर्य यह है कि यह पुराकथा काफी विवादास्पद है। इससे सम्बन्धित दर्जनों कृतियाँ हिन्दी में रची गयी हैं।

अहिल्याबाई : इन्दौर के महाराजा होलकर की ये पुत्रवधू थीं। जब पति और पुत्र खण्डेराव का निधन हो गया तो रानी अहिल्याबाई ने होलकर राज्य का दायित्व सँभाला। इन्होंने 1754 से 1795 ई. तक बड़ी कुशलता के साथ राज्य किया। ये अपनी प्रजा वत्सलता के लिए स्मरणीय हैं। इन्होंने देश के अनेक प्राचीन मन्दिरों का जीर्णोद्धार कराया, अनेक नये मन्दिरों, धर्मशालाओं आदि का निर्माण कराया। जैसे, बनारस का अन्नपूर्णा मन्दिर, गया का विष्णुपुर मन्दिर और विशेषतः अयोध्या का कनक भवन।

आत्माराम दुबे : जनश्रुतियों के अनुसार ये बालक रामबोला (तुलसीदास) के पिता थे। दुबे जी देवरिया जिले के बाँसडीह गाँव (मझौली रियासत) के निवासी बताये जाते हैं। वहाँ एक बार भयानक सूखा पड़ा तो ये सपरिवार पसका (गोण्डा) चले आये और अपनी विद्वत्ता के कारण पसका के राजपुरोहित हो गये। आत्माराम जी सरयूपारीण ब्राह्मण थे। उनके वंशज आज भी पितृ पक्ष में आत्माराम तुलसी आदि के नाम तर्पण करते हैं। राजापुर सूकरखेत में आत्माराम के नाम का एक टेपरा (गोचर भूमि) है, जो उनके नाम से तहसीली रिकार्ड में दर्ज है।

आदित्य : प्रत्येक संक्रान्ति को बदलने वाली सूर्य की कला को आदित्य कहते हैं। इनकी गणना सबसे प्राचीन देवताओं में की जाती है। पहले इनकी संख्या आठ या नौ मानी जाती थी, परन्तु बाद

में संस्कृत साहित्य के आधार पर इनकी संख्या 12 मानी जाने लगी। चाथुश मन्वन्तर में सूर्य का नाम त्वष्टा था, किन्तु वैवस्वत मन्वन्तर में वे आदित्य कहलाये।

आलमशाह (द्वितीय) : शाह आलम के नाम से प्रसिद्ध यह 17 वाँ मुगल बादशाह था। इसने ईस्ट इण्डिया कम्पनी से सन्धि करके इलाहाबाद सूबे को कम्पनी को सौंप दिया था। इसका शासन काल बहुत संकट ग्रस्त रहा है।

आसफउद्दौला : यह अवध के नवाब शुजाउद्दौला का बेटा था। इसने कम्पनी सरकार से संधि करके उसे अवध का राज्य सौंप दिया था। इसी के कार्यकाल में अवध में बेगमों की लूट हुई थी। अवध में 16 वर्षों तक इसका शासन रहा। इसी के शासनकाल में नवाबों की राजधानी फ़ैज़ाबाद से लखनऊ स्थानान्तरित हुई थी।

आहुक : भोजवंश में अभिजित नाम के एक राजा थे। उनके दो सन्तानें हुई थीं, एक पुत्र तथा एक कन्या। पुत्री का नाम आहुकी तथा पुत्र का नाम आहुक था। आहुक भोजवंश के अत्यन्त गौरवशाली राजा थे। सभी भोज इनकी आज्ञा का पालन करते थे। इन्होंने अपनी बहन का विवाह अवन्तिनाथ से किया था। आहुक की पत्नी का नाम काश्या था। इनके दो पुत्र थे, देवक और उग्रसेन।

इक्ष्वाकु : ये वैवस्वत मनु के पुत्र थे। यही सूर्यवंश के प्रथम राजा भी थे। कोसल नाम के राज्य की स्थापना भी इन्होंने की थी। इनके सौ पुत्र थे। तीन प्रमुख पुत्रों के नाम हैं, विकुक्षि, निमि और दण्ड।

इड़ा : यह वैवस्वत मनु की कन्या थी। वैवस्वत मनु ने सृष्टि का निर्माण करने के लिए यज्ञ के लिए लाये हुए जल में घृत, नवनीत डाला था। इसी जल से एक वर्ष के पश्चात् इड़ा नाम की कन्या उत्पन्न हुई। इनका विवाह बुध से हुआ था। इनसे पुरुरवा नाम का एक पुत्र उत्पन्न हुआ था। प्रसाद जी ने इड़ा का परिणय मनु पुत्र मानव से कराया है।

इन्दिरा गाँधी : इनका जन्म 19 नवम्बर 1917 को और निधन 31 अक्टूबर 1984 को हुआ था। ये प्रथम बार 24 जनवरी 1966 को प्रधानमन्त्री बनीं। पुनः 4 जनवरी 1980 के आमचुनाव में वे रायबरेली से प्रचण्ड बहुमत के साथ चुनी गयीं। इन्दिरा जी कुल तीन बार प्रधानमन्त्री रहीं– (1) 24 जनवरी 1966 से 24 मार्च 1977 (2) 14 जनवरी 1980 से 31 अक्टूबर 1984 तक। इन्होंने पूर्वी पाकिस्तान (बंगलादेश) में हो रहे पाकिस्तानी अत्याचारों को 'शान्ति वाहिनी' के माध्यम से समाप्त कराया और समय-समय पर कई साहसिक निर्णय लिए। खालसा आन्दोलन से प्रेरित इनके एक अंगरक्षक ने इनकी हत्या कर दी थी। इनका व्यक्तित्व नारी शक्ति का प्रतीक बन गया है।

इन्दुमती : ये विदर्भराज की कन्या थीं। स्वयंवर में इन्होंने अयोध्या के राजा रघु के पुत्र अज को अपने पति के रूप में चुना था। अन्य राजाओं ने ईर्ष्या के कारण अज पर आक्रमण कर दिया। अज ने अपने सम्मोहन अस्त्र से उन राजाओं को अचेत कर दिया। वे अयोध्या पर निष्कंटक राज्य करने लगे। अज बहुत ही अच्छे राजा माने जाते हैं। इन्दुमती और अज से दशरथ नाम का पुत्र उत्पन्न हुआ था। एक बार अज के साथ इन्दुमती विहार कर रही थीं। तभी आकाश से नारद की वीणा से पारिजात पुष्प की माला इन्दुमती के ऊपर गिर पड़ी, जिसे देखते ही इन्दुमती ने प्राण त्याग दिये और अप्सरा की मूर्ति धारण करके वे स्वर्ग चली गयीं।

इब्राहिम शाह शर्की : यह जौनपुर का सुलतान था। इसने वहाँ मुस्लिम विद्या का काफी प्रचार-प्रसार किया और कई इमारतें बनवायीं, जिनमें अटाला मस्जिद (1408 ई.) मुख्य है। वहाँ इसका राज्य 1402 ई. से 1436 ई. तक रहा। बैसवारा पर इसने भीषण आक्रमण किया था। जौनपुर में

शर्की वंश की स्थापना ख्वाजाजहाँ ने दिल्ली पर हुए तैमूर के हमले के बाद की थी। यह राज्य वहाँ 85 वर्षों तक रहा। बाद में यह बहलोल लोदी के अधिकार में आ गया।

उग्रश्रवा : ये एक मुनि थे जो सीतापुर के पास नैमिषारण्य में रहते थे। जो लोग महर्षि शौनक के यज्ञ में आये थे, उनको इन्होंने जनमेजय के भाइयों की कथा सुनाई थी।

उत्तानपाद : स्वायम्भुव मनु के ये पुत्र थे। इनकी माता शतरूपा थी। इनका छोटा भाई प्रियव्रत था। इनकी दो पत्नियाँ थीं सुनीति और सुरुचि। सुनीति का पुत्र ध्रुव था और सुरुचि के पुत्र थे उत्तम।

उर्मिला : यह राजा जनक के भाई शतानंद जी की कन्या थी। राम-सीता विवाह के साथ ही लक्ष्मण से इनका विवाह हुआ था। उर्मिला सर्वथा सती साध्वी थी। भ्रातृप्रेमवश जब लक्ष्मण चौदह वर्षों के लिए वन चले गये थे, तब उर्मिला नव विवाहिता थी, किन्तु भ्रातृत्व के समक्ष उसने दाम्पत्य को न्योछावर कर दिया। इसके चरित्र को लेकर कई काव्य रचे गये हैं, जिनमें श्रेष्ठ है 'साकेत'।

औट्रम : पहले ये अँग्रेजी सेना में एक साधारण जनरल थे। कालान्तर में ये राजपूताना में रेज़ीडेण्ट बनाकर भेजे गये। इन्होंने सन् 1857 ई. के सिपाही विद्रोह में बड़ी बहादुरी दिखलाई और लखनऊ में अपना काफी दबदबा जमाया।

औरंगज़ेब : भारत के छठे मुगल बादशाह और शाहजहाँ के तीसरे पुत्र औरंगज़ेब का शासन 1559 से 1707 तक रहा। शाहजहाँ के बीमार होने पर औरंगज़ेब ने अपने सभी भाइयों को छल बल द्वारा मारकर गद्दी पर अधिकार कर लिया। आगरा पर भी उसका अधिकार हो गया। औरंगज़ेब ने मुगल राज्य को बढ़ाने का बड़ा प्रयास किया। उसने असम के राजाओं पर विजय प्राप्त की। बंगाल के चटगाँव को जीता। अफगानों को दबाया। राजपूतों से लड़ाई की। बीजापुर गोलकुण्डा को फतेह किया और रायगढ़ पर अधिकार कर लिया। 1691 में औरंगज़ेब ने तंजौर और त्रिपुर तक अपने राज्य का विस्तार कर लिया। इतने विशाल साम्राज्य को सँभालना अब दुस्साध्य हो गया। वह अफगानों, राजपूतों और दक्षिण में शिवाजी जैसे मराठों से लड़ता-लड़ता नष्ट हो गया। दक्षिण में मराठा राज्य ने, मथुरा के निकट जाटों ने, मध्य भारत में बुंदेलों ने, अलवर के मेवातियों ने, पंजाब में सिखों ने, अर्थात् देश की विभिन्न वीर जातियों ने औरंगजेब के खिलाफ बगावत कर दी। औरंगज़ेब की धार्मिक कट्टरता के कारण हिन्दू समाज उसके विरुद्ध हो गया। अपने राज्य को दारुल इस्लाम अर्थात् इस्लामी राज्य बनाने के लिए 1679 ई. में उसने जजिया कर लगाया। नये मन्दिर बनाने पर रोक लगायी और प्रसिद्ध मन्दिरों, जैसे—काशी विश्वनाथ मन्दिर, मथुरा का केशव देव मन्दिर आदि को तोड़ डाला। औरंगज़ेब ने हिन्दुओं को अपमानित करने के लिए कई कानून बनाये। उसके शासनकाल में देव-मूर्तियों को तोड़कर उन पर पैर रखते हुए मुसलमान जाते थे। उसने बड़ी क्रूरता के साथ अनेक लोगों का वध कराया। वह लगभग 50 वर्षों तक गद्दी पर रहा, किन्तु विकास कार्य करने के बजाय इस्लामी जुनून में खोया रहा। दूसरी ओर फिरंगियों की ताकत बढ़ती रही। हिन्दू समाज दुखी और नाराज होता गया। फलतः औरंगज़ेब के अन्तिम जीवनकाल में मुगल साम्राज्य का पतन हो गया।

कनिंघम : यह प्रसिद्ध इतिहासकार था। 1833 ई. में यह भारत आया। वर्षों तक यह पुरातत्व पर्यवेक्षक रहा। इसने अवध के इतिहास से सम्बन्धित कई महत्त्वपूर्ण खोजें की हैं। इसका आर्कोलाजिक सर्वे अग्रेतर खोजों का मूलाधार है। कनिंघम ने उत्तर कोसल, दक्षिण कोसल, वारडीरा, तमसा नदी तट, वाल्मीकि आश्रम आदि से सम्बन्धित काफी सूचनाएँ प्रस्तुत की हैं।

कुमारिल भट्ट : ये पूर्व मीमांसा के भाष्यकार थे। इन्होंने हिन्दू धर्म सूत्रों का विस्तृत विवेचन और बौद्ध दर्शन का मुखर विरोध किया था। भारत में बौद्ध सम्प्रदाय को ध्वस्त करने में शंकराचार्य

के साथ इनकी बड़ी महत्त्वपूर्ण भूमिका रही है।

क्रौंच : यह राक्षसी खंगजीह नामक राक्षस की पत्नी, केकसी की पुत्री और रावण की बहन थी। रावण ने इसके पति को मार डाला था। यह दण्डकारण्य में रहती थी। पास ही सुन्दर वन था। इसने हनुमान से मोर्चा लिया था। उन्हीं के हाथों मारी भी गयी थी।

कबन्ध : यह एक गन्धर्व था। तपस्या करके इसने ब्रह्मा से वरदान प्राप्त कर लिया था और उद्‌दण्ड हो गया था। यह ऋषियों को भयानक वेश धारण करके डराता रहता था। एक बार इसने इन्द्र के साथ दुर्व्यवहार किया था, अतः उन्होंने वज्र प्रहार करके इसको कबन्ध बना दिया। दण्डकारण्य में इसने राम पर आक्रमण किया था और उन्हीं के हाथों मारा गया था।

कल्मषपाद : ये कौसल्या जी के भाई तथा अयोध्यापति राजा ऋतुपर्ण के प्रपौत्र थे। सुदास इनके पिता थे। इन्हें मित्रसह भी कहा जाता है। एक बार कल्मषपाद शिकार के लिए वन में गये। वहाँ व्याघ्र-रूपधारी दो भाइयों में से बड़े को इन्होंने मार डाला। छोटे भाई ने उनसे अपने भाई की मृत्यु का बदला लेना चाहा। उसने पारसरूप धारण करके राजा के यहाँ आये वशिष्ठ को मांस खिलाने का प्रयत्न किया, जिससे क्रुद्ध होकर वशिष्ठ ने राजा को शाप दे दिया कि तुम राक्षस हो जाओ। राजा ने भी वशिष्ठ को शाप देना चाहा, किन्तु उनकी राज महिषी दमयन्ती के कहने पर वे रुक गये और शाप के लिए हाथ में लिए हुए जल को अपने पैर पर गिरा दिया, जिससे इनका पैर काला हो गया। तभी से इन्हें कल्मषपाद कहा जाने लगा। राजा के विनती करने पर वशिष्ठ ने 12 वर्षां के लिए एक व्रत का अनुष्ठान बताया, जिससे राजा कल्मषपाद 12 वर्षों बाद शाप मुक्त हो गये। शाप मुक्ति के बाद 7 वर्षों तक वे जीवित रहे और फिर परलोक सिधार गये।

कश्यप : ये मरीच के पुत्र थे। अदिति इनकी पत्नी थी। इन्होंने एक हजार वर्षों तक तपस्या की थी। जब विष्णु प्रसन्न हुए, तब इन्होंने उससे पुत्र रूप में उत्पन्न होने का वरदान माँगा। फलतः अदिति के गर्भ से वामन का जन्म हुआ। उन्होंने दानवराज बलि को पाताल भेज दिया और पृथ्वी को पुनः इन्द्र को लौटा दिया।

काकभुशुण्डि : पुराख्यानों के अनुसार ये राम जन्म से पूर्व सतयुग में उत्पन्न हुए थे। आरम्भ में बड़े शंकालु, तर्क प्रवण और श्रद्धा विहीन थे, जिससे लोमस ऋषि ने क्रुद्ध होकर इनको कौवा बन जाने का शाप दे दिया था। इन्होंने गरुड से निकटता स्थापित की और राम के बाल स्वरूप के प्रति भक्ति भाव व्यक्त किया। ऐसी मान्यता है कि भुशुण्डि जी अजर-अमर हैं। ये प्रेममार्गी भक्त थे, अतः मोक्ष नहीं, ईश्वर का सान्निध्य चाहते थे और इसलिए सगुण भक्ति के प्रतीक माने जाते हैं। 'रामचरितमानस' में इनका विस्तृत विवरण आया है। इन्होंने गरुड़ को राम भक्ति का उपदेश दिया है और भक्ति के सूक्ष्म रहस्यों को उद्‌घाटित किया है। इन पर आधारित 'भुशुण्डि रामायण' उच्चकोटि का काव्य है।

कालरूप : ये मुनि स्वर्ग के दूत बनकर अयोध्या आये थे और नर लीला समाप्त करके स्वर्गगमन का सन्देश दे गये थे।

कुम्भकर्ण : यह रावण का कनिष्ठ भाई था। विश्रवामुनि के औरस और सुमाली राक्षस की कन्या केकसी के गर्भ से यह उत्पन्न हुआ था। इसने कठोर तपस्या के द्वारा ब्रह्मा को प्रसन्न कर लिया था। जब ब्रह्मा वर देने के लिए उपस्थित हुए तो देवताओं ने ब्रह्मा से कहा कि बिना वर पाये तो यह इतना अत्याचार करता है, वर पाने पर इसकी क्या गति मति होगी? ब्रह्मा ने सरस्वती का स्मरण किया और कहा कि इसके मुख से देवताओं के अनुकूल वचन निकलवाओ। फलतः कुम्भकर्ण वर माँगने के समय

अचेत हो गया। उसने कहा, "मैं बहुत दिनों तक सोता रहूँ। छह महीने में एक बार भोजन के लिए उठूँ।" चेतना आने पर उसे पश्चात्ताप भी हुआ। इसकी पत्नी थी ब्रज ज्वाला। इसने रावण को बहुशः समझाया कि सीता जी को लौटा दो। भ्रातृप्रेमवश यह रावण के लिए पूरी शक्ति के साथ लड़ा, किन्तु श्रीराम द्वारा मारा गया।

कुम्भी : यह रावण की बहन, केकसी की पुत्री तथा विश्रवा की पत्नी थी। इसके पूर्वजों में कुबेर और सुमाली आदि की गणना की जाती है।

कुम्भीनसी : यह लंकेश्वर रावण की मौसी (रावण की माता केकसी की छोटी बहिन) थी। एक बार रावण दिग्विजय के लिए बाहर गया हुआ था। उस समय मधु नामक दैत्य ने कुम्भीनसी का हरण कर लिया। उसको दण्ड देने के लिए रावण मधुवन गया। कुम्भीनसी के मनाने पर रावण मान गया। मधु कुम्भीनसी दोनों में प्रेम सम्बन्ध हो गया। कुम्भीनसी के गर्भ से लवणासुर का जन्म हुआ। कालान्तर में उसका वध शत्रुघ्न ने किया था।

कुवलाश्व या कुवनयाश्व : ये अयोध्या नरेश ब्रहद्बल के पुत्र थे। इन्होंने उढक ऋषि को परेशान करने वाले धुन्ध नामक राक्षस को मारा था, जिससे इनका एक नाम धुन्धमार भी कहा गया है। धुन्धमार वध की घटना को प्राकृतिक विपदा सरस्वती के सूखने से जोड़ करके विद्वानों ने कुवलाश्व को सरस्वती नदी का पुनरुद्धारक स्वीकार किया है।

कुश : ये अयोध्या के राजा राम के बड़े पुत्र थे। वाल्मीकि के आश्रम में ये सीता जी के गर्भ से उत्पन्न हुए थे। रामचन्द्र जी की सभा में जब कुश और उनके छोटे भाई लव ने वाल्मीकि द्वारा रचित रामायण का पाठ किया तो सभी आश्चर्यचकित रह गये। इन्हीं से कुशीलवों (गाथा गायकों) की परम्परा शुरू हुई है। कुशावती का अधिकार रामचन्द्र ने इन्हें ही दिया था। राम के बैकुण्ठ जाने के बाद अयोध्या श्रीहीन हो गयी थी। तब कुश को स्वप्न में देवी ने दर्शन देकर उनसे अयोध्या को सँभालने की बात कही। कुश फलतः कुशावती को छोड़कर अयोध्या चले आये।

कुशध्वज : ये मिथिला के राजा के पुत्र थे और सीता जी के चाचा थे। सीता के पिता थे सीरध्वज जनक। कुशध्वज उनके छोटे भाई थे। इनकी दो पुत्रियाँ थीं। एक माण्डवी, जिसका विवाह भरत से हुआ था, दूसरी श्रुतिकीर्ति थी। जिसका विवाह शुत्रघ्न से हुआ था। राजा सुधन्वा को जीतकर सीरध्वज ने उनका सांकाश्य नामक राज्य अपने छोटे भाई कुशध्वज को दे दिया था। उनके पूर्वपुरुष निमि और मिथि थे। मिथि के राज्य का नाम मिथिला पड़ गया।

कुशनाभ : ये महाराज कुश के पुत्र थे। प्राचीन काल में ब्रह्मा के पुत्र पराक्रमी कुश नामक प्रजापति उत्पन्न हुए थे। महाराज कुश के चार पुत्र थे–कुशाम्ब, कुशनाथ, अमूर्तरज और वसु। कुशनाथ महोदय नामक नगर में राज्य करते थे।

कुशिक : ये राजा महर्षि विश्वामित्र के पितामह और गाधि के पिता थे। गाधिपुत्र विश्वामित्र तपोबल से ब्राह्मण हो गये थे। एक समय च्यवन मुनि ने ध्यान से जाना कि कुशिक वंश के संयोग से हमारे वंश में क्षत्रियत्व संक्रान्त होगा। इसको अनुचित जान कर उन्होंने कुशिक वंश का नाश करने का संकल्प किया। परन्तु उनकी सब चेष्टाएँ व्यर्थ हुईं। च्यवन वंशी ऋचीक मुनि ने गाधिराज की कन्या को ब्याह लिया। इसी विवाह से जमदग्नि उत्पन्न हुए और जमदग्नि के पुत्र परशुराम हुए।

कैकेयी : यह महाराज दशरथ की तीसरी पत्नी और भरत की माँ थी। कैकेयी का जो चित्रण राम काव्यों में किया गया है, उसके अनुसार यह बाल्यकाल से ही बड़ी विनोद प्रिय थी। ऐसी कथा आती है कि यह एक बार सखियों के साथ राज वाटिका में घूम रही थी। वहाँ एक वृक्ष के नीचे कोई

वयोवृद्ध ऋषि सो रहे थे। उनके पिचके हुए मुँख पर कैकेयी ने कालिख पोत दी। जागने के बाद ऋषि ने यह शाप दिया कि मेरे मुँह पर कालिख लगाने वाली युग-युग तक कलंकिनी कहलाएगी। कैकेयी अपने पति दशरथ की सबसे प्रिय रानी थी। उसने एक बार युद्ध में दशरथ की रक्षा करके दो मनोवांछित वरदानों के वचन प्राप्त कर लिए थे। राम राज्याभिषेक के समय दासी मंथरा द्वारा भड़काए जाने पर वे ही दो वरदान उसने माँगे। एक के द्वारा भरत का राज्याभिषेक और दूसरे के द्वारा राम का वन गमन। इसके कुफलस्वरूप उसे वैधव्य झेलना पड़ा, भरत के द्वारा तिरष्कृत होना पड़ा और युग-युग का यह कलंक ढोना पड़ा। उसे इस कृत्य पर बराबर पश्चात्ताप रहा, लेकिन उसके इस आचरण से देवों का कार्य सिद्ध हुआ। केकय राज्य विपाशा और शतद्रु के मध्य में वाहूलीक नामक जनपद के दक्षिण की ओर है।

कैनिंग (लार्ड) : डलहौजी के बाद यह गवर्नर जनरल बनकर भारत आया। यहाँ इसका कार्यकाल 1855-1862 तक रहा। 1858 में इसे प्रथम वायसराय बनाया गया। यह डलहौजी की नीतियों का समर्थक था। इसी के कार्यकाल में यहाँ क्रान्ति हुई थी। यह सामूहिक रूप से भारतीयों को फाँसी देने का विरोधी था। इसने देश में तीन विश्वविद्यालय खुलवाए थे। अवध के ताल्लुकेदारों ने, लखनऊ में कैनिंग कालेज की स्थापना करके सन्धि का प्रयास किया था।

कौंडिल्य : यह एक पराक्रमी ब्राह्मण था, जिसने कम्बुज (कम्बोडिया) में हिन्दू राज्यवंश की स्थापना की थी। इसे पुनानराज्य तथा श्यामदेश कहा जाता है। इसने आदिवासी नागराज की पुत्री सोमा से विवाह करके वहाँ सैकड़ों भारतीयों को बसाया। इसे अश्वत्थामा का शिष्य कहा जाता है। वहाँ रामकथा के प्रचार में इसकी उल्लेखनीय भूमिका थी। लखनऊ की गोमती का कुडियाघाट इनसे सम्बन्धित बताया जाता है।

कौसल्या : ये अयोध्या के राजा दशरथ की ज्येष्ठा पत्नी थीं, रामचन्द्र जी की सगी माता थीं और कोसल राज्य की कन्या थीं। जब रामचन्द्र का अश्वमेध समाप्त हुआ, तभी इनकी मृत्यु हुई थी। कौसल्या के भाई कल्पषपाद थे। कौसल्या मातृत्व की प्रतीक मानी जाती हैं।

खर : यह शूर्पणखा का एक भाई था। सुमाली राक्षस की जो कन्या विश्रवा मुनि को ब्याही गयी थी, उसके गर्भ से खर नामक पुत्र उत्पन्न हुआ था। 14 हजार राक्षसी सेना के साथ खर रावण के अधिकृत जनस्थान की रक्षा करता था। जब लक्ष्मण ने शूर्पणखा के नाक-कान काट लिए तब खर ने 14 हजार राक्षसों को राम-लक्ष्मण को दंडित करने के लिए भेजा, परन्तु वे सब राक्षस मारे गये। अन्त में खर भी मारा गया।

गणेश : शिव जी और पार्वती के विवाहोपरान्त कुमार का जन्म हुआ था, पर उसके बहुत दिनों तक उनके कोई पुत्र नहीं हुआ, तब पार्वती जी ने पुण्यक व्रत किया, जिससे विष्णु जी प्रसन्न हुए और उन्हें पुत्रवती होने का वर दिया। फलतः गणेश जी का जन्म हुआ। सभी लोग इस नवजात शिशु को देखने आये। शनि से भी देखने का आग्रह पार्वती जी ने किया, परन्तु उसको यह शाप था कि वह जिसे देखेगा वह मर जायेगा। जैसे ही उसने गणेश को देखा, उनका सिर धड़ से अलग हो गया। पार्वती रोने लगी। विष्णु के पास इसकी खबर गयी। विष्णु जी रास्ते से एक हाँथी का सिर काट कर लाये और उस बालक के धड़ से जोड़ दिया। वे जीवित हो गये। इसका कोई तिरस्कार न करे, इस कारण सभी देवताओं ने प्रतिज्ञा की कि बिना गणेश की पूजा किये, हम लोग पूजा नहीं ग्रहण करेंगे। तभी से सर्वप्रथम गणेश जी की पूजा की जाती है।

दूसरी कथा यह है कि पार्वती जी ने अपनी सुरक्षा एवं सेवा के लिए अपने मल से गणेश को

जन्म दिया था। एक बार घर में शिवजी का आकस्मिक प्रवेश हुआ। पार्वती जी स्नान कर रही थीं और गणेश जी को पहरेदारी सौंप गयीं थीं कि भीतर कोई आने न पाए। गणेश ने शिवजी को रोंका। दोनों में भीषण युद्ध हुआ। शिवजी ने अपने त्रिशूल से गणेश का शिरोच्छेदन कर दिया। इस पर पार्वती ने बहुत विलाप किया तो एक हाथी का सिर काटकर गणेश को जीवित किया गया।

एक बार कार्तिकेय और गणेश में विवाह को लेकर विवाद हुआ। शर्त यह रखी गयी कि जो सबसे पहले भू-परिक्रमा करके लौटेगा, उसका प्रथम विवाह होगा। कार्तिकेय मयूर लेकर भागे। गणेश ने वहीं शिव पार्वती की प्रदक्षिणा कर ली और यह सिद्ध कर दिया कि माता-पिता ही भव एवं भवानी हैं। वे विश्वमूर्ति हैं। गणेश तर्क बुद्धि में सर्वोपरि सिद्ध हुए। अस्तु, ऋद्धि सिद्धि उनकी पत्नियाँ हैं। क्षेम-लाभ उनके पुत्र हैं। वे विध्नविनाशक हैं। एकदन्त, लम्बोदर, मूशकवाहन, मोदक प्रिय, मांगल्य देवता के रूप में वे प्रथम पूज्य हैं। अवध की पंचदेवोपासना में गाणपत सम्प्रदाय की बड़ी महिमा हैं। गौरी गणेश के बिना यहाँ किसी कार्य का मंगलारंभ नहीं होता। दीवाली में उनकी पूजा लक्ष्मी के साथ होती है। गणेश चतुर्थी (करवाचौथ) में वे सौभाग्यवती स्त्रियों द्वारा पूजे जाते हैं।

गणेश शंकर विधार्थी : इन्हें क्रान्तिकारी राष्ट्रीय पत्रकारिता का आदर्श कहा जा सकता है। विधार्थी जी ने दैनिक, सप्ताहिक समाचार-पत्र 'प्रताप' का सम्पादन कानपुर से 1913 से कई वर्षां तक किया। इनका यह प्रेस क्रान्तिकारियों का अड्डा था। भगत सिंह जी इस प्रेस में अज्ञात वास के दौरान मशीन मैन के रूप में रहे। विद्यार्थी जी, चन्द्रशेखर आजाद की भी बराबर भरसक सहायता करते रहे। ये लोकमान्य तिलक और गाँधी जी दोनों से प्रेरित और प्रभावित रहे हैं। अपनी निर्भीकता के कारण ये अंग्रेजों द्वारा कई बार दण्डित किये गये, किन्तु ये कभी झुके नहीं। एक साम्प्रदायिक दंगे में अपना बलिदान देकर ये अमर हो गये हैं।

गरुड़ : ये विनिता के पुत्र थे, पक्षियों के राजा थे और विष्णु के वाहन थे। रामकथा में इनका प्राकट्य कई बार हुआ है। इन्होंने काकभुशुण्डि से रामकथा सुनी थी। जब राम-लक्ष्मण को मेघनाद ने युद्ध के दौरान नागपाश में बाँध लिया तो गरुड़ ने ही उन्हें पाश मुक्त किया था।

गार्ग्य ऋषि : इनका उल्लेख शुक्ल यजुर्वेद के कात्यायन कृत वाजस्नेह प्रातिशाख्य में हुआ है। कालान्तर में ये पाशुपति आचार्य के रूप में विख्यात हुए। 'चित्र प्रशस्ति' नामक ग्रन्थ में कहा गया है कि शिव ने कारोहरण (लाटदेश) में अवतार लिया और वहाँ पाशुपत मठ स्थापित किया। उनके चार शिष्यों में एक थे गार्ग्यपाणिनि ने व्याकरण के आचार्य के रूप में गार्ग्य का उल्लेख किया है।

गाधि : ये चन्द्रवंशी महाराज कुशिक के पुत्र थे। गाधिराज प्रसिद्ध महर्षि विश्वामित्र के पिता थे। देवराज इन्द्र ने, महाराज कुशिक की स्त्री पौरकुत्सी के गर्भ से गाधिराज के रूप में जन्म ग्रहण किया था। महर्षि भृगु के पुत्र इटकि ने गाधि कन्या सत्यवती को ब्याहा था। सत्यवती के गर्भ से जमदग्नि मुनि उत्पन्न हुए थे, जो परशुराम जी के पिता थे।

गुह : ये एक अनार्य राजा थे। अयोध्या के समीप ही इनका राज्य था। श्रृंगवेरपुर इनकी राजधानी थी। महाराज दशरथ से इनकी बड़ी गहरी मित्रता थी। राम भी इनका बड़ा आदर करते थे। रामचन्द्र जी जब वन जा रहे थे, तब गंगा पार करने में इन्होंने सहायता की थी।

गोविन्द बल्लभ पन्त : ये भारतीय राष्ट्रीय कांग्रेस के प्रमुख नेता रहे हैं। साइमन कमीशन के विरोध में इन्होंने सक्रिय भागीदारी निभायी थी। कई बार जेल यात्राएँ की थीं। स्वाधीनता के बाद ये उत्तर प्रदेश के मुख्यमन्त्री और केन्द्रीय मण्डल में गृह मन्त्री हुए। अपनी प्रशासनिक योग्यता के लिए ये विख्यात हैं। जमींदारी उन्मूलन का मुख्य श्रेय इन्हें ही दिया जाना चाहिए।

गौतम : इस नाम के अनेक पात्रों का उल्लेख मिलता है। एक गौतम को न्याय दर्शन का रचयिता माना गया है। दूसरे गौतम एक गोत्र ऋषि हैं। शाक्य मुनि इसी गोत्र के थे, अतः वे गौतम मुनि कहलाए। गौतम को न्याय दर्शन का प्रवर्तक माना जाता है। इनकी कृति है 'गौतम न्याय सूत्र', जो चौथी या पाँचवीं शती ई. पूर्व की है। तीसरे गौतम अहल्या के पति रूप में चर्चित हैं।

गौतम बुद्ध (महात्मा) : ये बौद्ध धर्म के संस्थापक थे। इनके पिता शुद्धोधन कपिलवस्तु के सूर्यवंशी राजा थे। इनके बचपन का नाम था सिद्धार्थ गोत्र का नाम या गौतम। शाक्यवंशी होने के कारण इन्हें शाक्य मुनि भी कहा गया है। इनका विवाह हुआ था, यशोधरा (गोपा) से। उसके राहुल नाम का एक पुत्र था। इन्होंने संसार के दुखों का अनुभव करते हुए घर-परिवार त्याग दिया। पाँच वर्षां तक कठोर तप किया फिर उन्हें बुद्धत्व प्राप्त हुआ और ये आजीवन जन-जन को उपदेश देने में लगे रहे। इन्होंने भिक्षु संघ का संगठन किया। बुद्ध ने श्रावस्ती और अयोध्या में बहुत दिनों तक निवास किया। इन्होंने जाति पाँति तथा कर्मकाण्ड का विरोध किया और सात्विक जीवन का सन्देश दिया। बौद्ध धर्म धीरे-धीरे देश-देशान्तर में व्याप्त हो गया। इनका निर्वाण कुशीनगर में हुआ। अयोध्या, श्रावस्ती, कौशाम्बी में बौद्ध धर्म से सम्बन्धित अनेक संस्थान द्रष्टव्य हैं। नवबौद्ध नाम से इधर इस मत का काफी विस्तार हुआ है।

बौद्ध धर्म की जातक परम्परा के अन्तर्गत इन्हें तथागत नाम दिया गया है। महात्मा बुद्ध यद्यपि निवृत्ति मार्गी थे, फिर भी ये देशकाल परिस्थिति के प्रति जागरूक भी थे। इन्होंने राजगृह में बिम्बसार, अजातशत्रु, श्रावस्ती में प्रसेनजित और कौशाम्बी में उदयन को अपने धर्म संघ की ओर प्रेरित किया। वैदिक प्रथाओं का विरोध करने के कारण अवध क्षेत्र में इनका समर्थन और विरोध मिले जुले रूप में हुआ है। इनके जीवन का अधिकांश काल अवध अंचल में बीता है। बौद्ध धर्म से प्रेरित होकर अशोक ने यहाँ उनसे सम्बन्धित अनेक स्मारक एवं शिलालेख स्थापित किये। महात्मा बुद्ध पर अवध के प्राचीन संस्कृत महाकवि अश्वघोष ने सर्वप्रथम 'बुद्ध चरितम्' की रचना की थी। गोस्वामी तुलसीदास ने इन्हें महान सुधारक, साधक तथा श्री विष्णु का अवतार माना है, साथ ही वेद निन्दक होने के कारण निन्दनीय भी। अवध क्षेत्र में कई बौद्ध विहार, चैत्य एवं स्तूप खोजे गये हैं, जिनके आधार पर एक समन्वित बौद्ध वैदिक ब्राह्मण संस्कृति का विश्लेषण किया जा सकता है।

चन्द्रकेतु : लक्ष्मण के छोटे पुत्र का नाम चन्द्रकेतु था। राम ने इन्हें काशपथ नामक स्थान का राज्य दिया था।

चन्द्रगुप्त विक्रमादित्य : ये गुप्तवंश के तीसरे सम्राट और समुद्रगुप्त के पुत्र थे। इस वंश का शासनकाल 37 ई. पू. से 413 ई. तक कहा जाता है। इसी बीच चीनी यात्री फाह्यान भारत आया था। ये अयोध्या और कौशाम्बी में आते रहते थे। मुख्यतः ये विष्णु के उपासक थे, पर बौद्धों और जैनों के सहायक भी थे। इन्होंने अयोध्या के कई मन्दिरों का पुनर्निर्माण कराते हुए अयोध्या को नये सिरे से स्थापित किया था। इनके कई अवशेष अयोध्या में विद्यमान हैं। इनके राज कवि थे कालिदास। रघुवंश महाकाव्य में कालिदास ने अयोध्या का विस्तृत वर्णन किया है। अपने सुशासन के कारण इन्हें 'विक्रमादित्य' की उपाधि प्राप्त हुई थी।

चन्द्रशेखर आजाद : अमर शहीद चन्द्रशेखर आजाद का जन्म 23 जुलाई 1906 अथवा 6 जनवरी 1907 को झाबुआ (म.प्र.) अथवा उन्नाव के ग्राम बदरका में हुआ था। उनके पिता सीताराम तिवारी बदरका निवासी थे। यों मूलतः भवती ग्राम कानपुर के निवासी थे। चन्द्रशेखर जी आरम्भ से ही भारतीय स्वतन्त्रता के लिए आकुल व्याकुल थे। अंग्रेजों के अत्याचार के समक्ष इन्होंने कभी

आत्मसमर्पण नहीं किया। इनका सम्पर्क दैनिक प्रताप (कानपुर) के सम्पादक गणेश शंकर विद्यार्थी से जब हुआ तो इन्हें क्रान्ति की स्पष्ट दिशा मिली। इन्होंने अमर शहीद भगत सिंह, बिस्मिल, रोशन सिंह आदि को जोड़कर क्रान्तिकारियों का एक गुप्त संगठन तैयार किया। इसे चलाने के लिए धन की आवश्यकता थी। क्रान्तिकारी दल ने यह निश्चय किया कि काकोरी में ट्रेन से जा रहे सरकारी खजाने को लूटा जाये। इससे ब्रिटिश सत्ता हिल जायेगी, जिससे देश को सशक्त क्रान्ति की प्रेरणा मिलेगी। खजाना लूट लिया गया, किन्तु उसके साथ ही मुखबिरों के कारण कई क्रान्तिकारी पकड़ लिए गये। उन्हें फाँसी, कालापानी या आजन्म कारावास दिया गया। आजाद किसी की पकड़ में नहीं आये। 27 फरवरी 1931 को इलाहाबाद के एल्फ्रेड पार्क में ये किसी धोखेबाज व्यक्ति के षड्यन्त्र से पुलिस के घेराव में आ गये। इन्होंने एकाकी घण्टों उनसे युद्ध किया। जब एक गोली बची तो उसे स्वयं को मारकर उन्होंने अपनी आहुति दे दी।

चूली महर्षि : वाल्मीकि रामायण में इनका उल्लेख किया गया है। ये बाल ब्रह्मचारी एवं परम तपस्वी थे। उर्मिला की कन्या सोमदा नामक एक गन्धर्वी इनकी उपासना करती थी। उसकी उपासना से महर्षि प्रसन्न हुए और पूछा, तुम क्या चाहती हो? उसने कहा मैं ब्रह्मचारिणी हूँ। मुझे एक योगी पुत्र की अभिलाषा है। कृपया आप मुझे पुत्र दान दें। महर्षि ने उसे पुत्र दिया, जिसका नाम ब्रह्मदत्त रखा गया। कम्पिल नामक नगर इसी ने बसाया था।

जटायु : यह कश्यप की पौत्री विनिता का तथा सूर्य के सारथी अरुण का पुत्र था। अयोध्या के राजा दशरथ का यह मित्र था। सीता हरण के समय जटायु ने सीता का क्रन्दन सुनकर रावण को रोका था। रावण और जटायु के बीच भीषण युद्ध हुआ। रावण द्वारा छलपूर्वक अस्त्राघात का प्रयोग करने से जटायु की मृत्यु हो गयी। सीता को खोजते हुए राम-लक्ष्मण ने जटायु को देखा था। जटायु ने सीताहरण की बात राम से कहकर ही अपने प्राण त्यागे थे। अवध क्षेत्र में जटायु सम्बन्धी पुष्कल साहित्य प्रचलित है।

जनक : ये इक्ष्वाकुवंशी राजा थे। इक्ष्वाकु के दूसरे पुत्र का नाम था निमि। ये एक समय कई सौ वर्षों में समाप्त होने वाले यज्ञ का अनुष्ठान करना चाहते थे। उस यज्ञ का सम्पादन करने के लिए इन्होंने गुरु वशिष्ठ को होता बनाया। परन्तु वशिष्ठ इन्द्र यज्ञ में फँसे हुए थे। अतएव यज्ञ समाप्त होने तक वशिष्ठ ने निमि को ठहरने के लिए कहा। निमि ने इसका कुछ भी उत्तर नहीं दिया। वशिष्ठ ने समझा कि मेरा कहना इन्हें स्वीकार्य है। दूसरी ओर निमि ने गौतम आदि ऋषियों को बुलाकर, उन्हें होता बनाकर यज्ञ प्रारम्भ कर दिया। यह सुनकर वशिष्ठ ने इन्हें शाप दे दिया। राजा ने भी वशिष्ठ को शाप दिया। दोनों के शापों से दोनों के शरीर नष्ट हो गये। राजा के शरीर को मृतक के समान रक्षित करके यज्ञ समाप्त किया गया। निमि के कोई पुत्र न था, इसलिए मुनियों ने निमि के शरीर का अरणि मन्थन किया। उस मृत देह से एक पुत्र उत्पन्न हुआ। इसलिए उसका नाम 'जनक' पड़ा। पिता की विदेहावस्था में उसका जन्म हुआ था, इसलिए उसका दूसरा नाम 'विदेह' पड़ा। मन्थन से उत्पन्न होने के कारण 'मिथि' भी इनका नाम हुआ। इन्होंने मिथिलापुरी बसायी थी। इन्हीं के वंश में 27वीं पीढ़ी में सीरध्वज जनक हुए, जिनकी कन्या का नाम सीता था।

दूसरे जनक निमि वंशज राजा सीरध्वज नाम से प्रसिद्ध जनक थे। ये सीता जी के पिता थे। इन्हें विदेह राज कहा जाता है। ये मिथिला के राजा थे। जनक जी याज्ञवल्क्य के समकालीन थे। इनका उल्लेख ब्रह्म सम्बन्धी विवाद (शास्त्रार्थ) में बहुशः हुआ है। कुछ विद्वान इन्हें अजातशत्रु का समकालीन मानते हैं और इन्हें 600 वर्ष ई.पू. घोषित करते हैं। अधिकतर विद्वान इन्हें सीता जी का

पिता और ब्रह्मज्ञानी स्वीकार करते हैं। इनकी राजधानी विदेह नगरी या जनकपुर (नेपाल) में है। वह वैष्णव सम्प्रदाय का एक महत्त्वपूर्ण तीर्थ है।

जमदग्नि : ये महर्षि ऋचीक के पुत्र थे और एक परम वैदिक ऋषि थे। ऋग्वेद के कई सूक्तों का पाठ करने से यह प्रमाण मिलता है कि जमदाग्नि और विश्वामित्र दोनों ही वशिष्ठ के विरोधी थे। राजा प्रसेनजित की कन्या रेणुका के साथ इनका ब्याह हुआ था। उसके गर्भ से जमदग्नि के पाँच पुत्र उत्पन्न हुए थे, रूमानवान, सुषेण, बहु, विश्वबाहु और राम। राम कनिष्ठ थे, परन्तु गुणों में सबसे बड़े थे। एक दिन जमदग्नि की पत्नी रेणुका गंगा स्नान करने गयी थीं। वहाँ उन्होंने राजा चित्ररथ को अपनी पत्नियों के साथ केलि क्रीड़ा करते देखा तो इनके मन में काम उत्पन्न हो गया और वे चित्ररथ के साथ व्यभिचार करने हेतु लालायित हो गयीं। घर आने पर जमदग्नि ने उन पर सन्देह किया और अपने पुत्रों को एक-एक करके रेणुका का सिर काटने की आज्ञा दी। परन्तु, किसी ने उनकी आज्ञा का पालन नहीं किया। अतएव जमदग्नि के शाप से वे जड़ हो गये। अन्त में जमदग्नि ने परशुराम से कहा। उन्होंने पिता की आज्ञा का पालन किया। इससे जमदग्नि उन पर बहुत प्रसन्न हुए। उन्होंने राम को वर माँगने को कहा। राम ने अपनी माता का प्राणदान माँगा। फलतः उनकी माता जीवित हो गयीं। जमदग्नि ध्यान मग्न अवस्था में हैहयराज कार्तवीर्य के हाथों मारे गये थे।

जम्बुमाली : यह एक राक्षस था। इसके पिता का नाम था प्रहस्त। रावण ने इसी को हनुमान से लड़ने के लिए भेजा था। यह लाल वस्त्र पहनता था। गधे के रथ पर चढ़कर जम्बुमाली हनुमान से लड़ने के लिए गया था। हनुमान ने युद्ध में इसे मार डाला था।

जयन्त : यह देवराज इन्द्र के पुत्र का नाम है। इन्द्र पुत्र ने काक का रूप धरकर अपनी चोंच से जानकी जी को घायल किया था। जब श्री रामचन्द्र जी ने उसके ऊपर ब्रह्मास्त्र चलाया, तब वह प्राण बचाने के लिए तीनों लोकों में गया, पर उसकी कोई रक्षा न कर सका। अन्त में वह श्रीराम के चरणों में गिर गया। श्रीराम ने उसे प्राण दण्ड तो नहीं दिया, किन्तु उसकी एक आँख फोड़ दी। अमृतमन्थन के बाद जयन्त ही अमृतकलश लेकर भागा था, अतः इसे गति तथा चतुराई का प्रतीक माना जाता है।

जयचन्द : ये 12वीं शताब्दी में कन्नौज के राजा थे। अवध के कई क्षेत्रों पर (जैसे—बैसवारा क्षेत्र में) बहुत दिनों तक इनका राज्य रहा। ये पृथ्वीराज के प्रतिद्वन्द्वी थे। उसका विरोध करते हुए इन्होंने मोहम्मद गोरी की सहायता की, इसलिए जयचन्द को राष्ट्रद्रोही के रूप में याद किया जाता है।

जवाहर लाल नेहरू : पं. जवाहर लाल नेहरू स्वतन्त्रता संग्राम के महान सेनानी थे। इनका जन्म इलाहाबाद में 14 नवम्बर 1889 ई. को हुआ था। इनके पिता मोतीलाल नेहरू व माता श्रीमती स्वरूप रानी थीं। इन्होंने कैम्ब्रिज विश्वविद्यालय से स्नातक की उपाधि ग्रहण की। 1913 ई. में ये बैरिस्टर बने। कुछ समय बाद भारत में आकर वकालत प्रारम्भ की। तभी इन्होंने राजनीति में कदम रखा। सन् 1912 ई. के बाँकीपुर (विहार) में होने वाले भारतीय राष्ट्रीय कांग्रेस के अधिवेशन में इन्होंने प्रतिनिधित्व किया। 1916 में ये लखनऊ अधिवेशन में सर्वप्रथम महात्मा गाँधी के सम्पर्क में आये। इसी वर्ष इनका विवाह कमला कौल से हुआ, जिनकी एक पुत्री हुई इन्दिरा प्रियदर्शिनी। 1921 में असहयोग आन्दोलन के क्रम में ये महात्मा गाँधी के अत्यधिक निकट सम्पर्क में आ गये। असहयोग आन्दोलन में 9 वर्षों तक ये जेल में रहे। 1928 ई. में नेहरू जी भारतीय राष्ट्रीय कांग्रेस के महामन्त्री बने और 1929 के लाहौर अधिवेशन में उसके अध्यक्ष चुने गये। यहाँ से उनका स्वातन्त्र्य आन्दोलन तीव्रतर हो गया। इन्होंने महात्मा गाँधी की नीति को अपनाते हुए 1924 ई. में भारत छोड़ो आन्दोलन

में सक्रिय भूमिका निभाई। नेहरू जी 15 अगस्त 1947 को भारत के प्रधानमन्त्री पद पर आसीन हुए और 17 वर्षों तक इस पद पर रहे। 27 मई 1964 को इनका देहावसान हो गया।

अपने शासन काल में इन्होंने अहम भूमिका निभाई और अगल-बगल के देशों से समझौते करते हुए कई बड़े कार्य किये। जैसे, पंचवर्षीय योजना, प्लानिंग कमीशन, विश्वविद्यालय अनुदान आयोग, संविधान निर्माण, लोकतांत्रिक व्यवस्था, समाजवादी संरचना, धर्म निरपेक्षता, वैज्ञानिक विकास, भाषावार प्रान्त विभाजन आदि। स्वतन्त्रता के सारथी पंडित नेहरू स्वाधीन भारतीय गणतन्त्र के मुख्य निर्माता थे। ये राष्ट्रवादी विचारक थे और मानवीय स्वतन्त्रता के समर्थक थे। विश्वशान्ति की स्थापना में इन्होंने पर्याप्त योगदान किया। इन्हें नये भारत का स्वप्न द्रष्टा कहा जा सकता है। ये अंग्रेजी के लेखक रूप में भी विख्यात हैं।

जाबालि : ये महाराज दशरथ की सभा में मन्त्री का कार्य करते थे।

जामवन्त : ये रीछों के राजा थे। बड़े अनुभवी और निष्ठावान थे। योद्धा भी असाधारण कोटि के थे।

जेम्स आट्रन : यह 1819 ई. में ब्रिटिश सैनिक अधिकारी के रूप में भारत आया था। 1854 ई. में यह लखनऊ का रेजीडेण्ट नियुक्त हुआ। 1856 ई. में इसने नवाबों से अवध का राज्य छीनकर कम्पनी राज्य में मिला लिया। गदर के बीच इसे कानपुर का कमाण्डर बनाया गया। इसने हैवलॉक तथा कैम्पबेल की बड़ी सहायता की और बड़ी चालाकी के साथ अवध का अधिग्रहण किया।

जेम्स नील : ब्रिगेडियर नील अपनी क्रूरता के लिए कुख्यात है। इसने बनारस-इलाहाबाद-कानपुर में आतंक मचा रखा था। इसके अत्याचारों से उत्तेजित होकर विद्रोहियों ने सती चौरा घाट का हत्याकांड किया था। इसने बी.बी. गढ़ कांड में पकड़े गये विद्रोहियों को फाँसी देने के पूर्व, जमीन पर पड़े खून को चाटने का आदेश दिया था। इसी प्रतिक्रिया वश एक सैनिक ने नील के पुत्र को गोली से उड़ा दिया था। इसकी मृत्यु लखनऊ में 25 सितम्बर 1857 को हुई थी।

टिकैतराय (राजा) : ये नवाबों द्वारा नियुक्त राजा झाऊलाल के वजीरेखास और राजानवल एवं दयाकृष्ण के दीवान थे। इन्होंने लखनऊ तथा बाराबंकी में कई मन्दिर, घाट, तालाब आदि बनवाये। हनुमान गढ़ी अयोध्या के निर्माण में भी इनकी महत्त्वपूर्ण भूमिका रही है।

डलहौजी : यह 1848 से 1856 ई. तक भारत का गवर्नर जनरल रहा। इसने 1853 ई. में राजाओं को दी जाने वाली पेंशन बन्द कर दी और 1856 ई. अवध को ब्रिटिश राज्य में मिला लिया। डलहौजी ने गंगा नहर का निर्माण कराया, रेल लाइन शुरू की, डाक तार व्यवस्था आरम्भ की तथा विश्वविद्यालयों की स्थापना का प्रयास किया। इसकी स्वेच्छाचारी प्रवृत्ति की प्रतिक्रिया में ही जन क्रान्ति का विस्फोट हुआ था। भारत के गवर्नर जनरल के रूप में उसने कई तरह के कानून बनाकर कई रियासतों को हड़प लिया। इसने बाजीराव पेशवा की पेंशन बन्द कर दी। झाँसी राज्य का विलय कम्पनी राज्य में कर लिया। अवध की लूट, बैसवारे के अधिग्रहण, कानपुर के नाना साहब के उत्पीड़न तथा तात्या टोपे के देश निकाले में उसकी बड़ी भूमिका थी। इससे पूरे देश में व्यापक असन्तोष फैल गया था। इसकी नीति की सर्वत्र आलोचना की गयी। क्रान्ति के पूर्व यह इंग्लैण्ड चला गया था। इसका स्थिति काल 1812-1860 तक रहा है।

तक्ष : वाल्मीकि रामायण के अनुसार भरत द्वारा राजकुमार तक्ष के नाम पर तक्षशिला की स्थापना की गयी थी। तक्ष को यहाँ का शासक नियुक्त किया गया था। इसी तक्षशिला में जनमेजय का नागयज्ञ हुआ था। तक्ष का नाम घटना के केन्द्र में था। बाद में तक्षशिला विद्या केन्द्र के रूप में

प्रसिद्ध हुआ। इनकी दो पत्नियाँ थीं, चपला और कलिका।

ताड़का : यह सुकेतु नामक यक्ष की कन्या थी। निःसन्तान होने के कारण इन्होंने ब्रह्म की आराधना की। ब्रह्मा के वर से सुकेतु की पत्नी से ताड़का नामक कन्या उत्पन्न हुई। सुन्द के साथ इसका विवाह हुआ था। मारीच एवं सुबाहु उसके पुत्र थे। महर्षि अगत्स्य के शाप से इसका पति सुन्द मारा गया। उससे क्रुद्ध होकर ताड़का अपने पुत्र मारीच के साथ अगस्त्य को मारने के लिए उनके आश्रम पर गयी। माता-पुत्र दोनों ही राक्षसी प्रवृत्ति के थे, अतः उन्होंने ब्राह्मणों को मारना ही अपना ध्येय धर्म बना लिया था। ताड़का के आये दिन अत्याचारों से अगस्त्य मुनि का आश्रम शून्य हो गया और 'ताड़का के वन' के नाम से उसकी प्रसिद्धि हो गयी। विवश होकर विश्वामित्र जी अयोध्या के राजा दशरथ से राम और लक्ष्मण को सिद्धाश्रम में ताड़का का वध करने के लिए माँग लाए। सिद्धाश्रम में ताड़का को मारकर राम ने मारीच को दूर भगा दिया। ताड़का को मारते समय राम के मन में दुविधा थी कि वह एक स्त्री का वध कैसे करें? परन्तु विश्वामित्र ने समझाते हुए कहा कि यह स्त्री नहीं है। यह वीरों के समान युद्ध करती है। इसने लज्जा और कोमलता का त्याग कर दिया है। अतः इसे मारने से स्त्री वध का पाप नहीं होगा।

तात्या टोपे : सिपाही विद्रोह अथवा 1857 के गदर में नाना साहब के अनन्य सहयोगी के रूप में इस मराठा सेनानायक ने अंग्रेजों के विरुद्ध दीर्घकाल तक संघर्ष किया। इन्होंने विद्रोहियों के साथ मिलकर एक बार कानपुर पर अधिकार कर लिया और बीबी गढ़ में अंग्रेज नर-नारियों को दंडित किया। अपने 20 हजार सैनिकों के सहारे तात्या ने कैम्पबेल तथा विन्ड्रम को मार भगाया। रानी झाँसी के साथ इन्होंने सिंधिया की सेना को हराया। अंग्रेजी फौज बहुत दिनों तक तात्या का पीछा करती रही। सामन्त मानसिंह तथा सिंधिया के विश्वासघात के कारण 1859 में इन्हें पकड़ा गया और फाँसी दे दी गयी।

तारा : यह कपिराज बालि की पत्नी, सुषेण नामक वानरराज की कन्या और अंगद की माता थी। बालि के मारे जाने पर इसने सुग्रीव से विवाह कर लिया था। यह पंचकन्याओं में मानी जाती हैं। ऐसा मत है कि प्रातःकाल इनका नाम लेने से सभी पाप दूर हो जाते हैं।

त्रिजटा : लंकापति रावण के अन्तःपुर एवं अशोक बाटिका में रहने वाली एक राक्षसी का नाम त्रिजटा था। यह सीता की रक्षा करने के लिए नियुक्त की गयी थी। अन्य राक्षसियों का व्यवहार सीता के प्रति निर्दय था, जबकि त्रिजटा का व्यवहार सीता के प्रति वात्सल्यपूर्ण था।

त्रिशिरा : यह तीन सिरों वाला एक राक्षस था, जो खरदूषण की सेना में रहता था। श्रीराम द्वारा 14 हजार राक्षसों के मारे जाने पर त्रिशिरा और खर, ये दो ही बचे थे।

तुलसी : ये गोलोक में राधिका की सहेली थीं। राधा ने एक दिन तुलसी को कृष्ण के साथ क्रीड़ा करते देख कर शाप दिया कि "तुम मनुष्य योनि को प्राप्त करो"। यह शाप सुनकर तुलसी दुखी हो गयीं और श्रीकृष्ण की शरण में गयीं। श्रीकृष्ण ने कहा "तुम मनुष्य जन्म प्राप्त कर तपस्या द्वारा हमारा अंश प्राप्त कर सकोगी।" राधा के शाप से तुलसी ने मर्त्यलोक में राजा धर्मध्वज के औरस और उनकी पत्नी माधवी के गर्भ से जन्म ग्रहण किया। अतुलनीय रूप होने के कारण उसका नाम तुलसी पड़ा। तुलसी ने वन में जाकर कठोर तपस्या की। उसकी तपस्या से प्रसन्न होकर वर देने के लिए स्वयं ब्रह्मा जी उपस्थित हुए। उन्होंने कहा कि सुदामा नामक एक गोप जो गोकुल में रहता था और जो श्रीकृष्ण के अंग से उत्पन्न हुआ था, वह भी राधा के शाप से मनुष्य योनि में शंखचूड़ नाम धारण करके पृथिवी पर उत्पन्न हुआ है। पहले तुम उसको अपना पति बनाओ। बाद में तुमको

कृष्ण भी मिल जायेंगे। शंखचूड़ के उत्पात से देवता गण व्याकुल थे। शंखचूड़ को यह वरदान था कि जब तक उसकी पत्नी का सतीत्व नष्ट नहीं होगा, तब तक उसका अन्त नहीं होगा। देवताओं की दुर्दशा देखकर कृष्ण ने शंखचूड़ की मूर्ति धारण कर तुलसी का सतीत्व नष्ट कर दिया। तब शंखचूड़ मारा गया। अपना सतीत्व नष्ट हुआ जानकर तुलसी ने कृष्ण को शाप दिया कि तुम पाषाण हो जाओ। अन्ततः तुलसी नारायण के पैरों पर गिर पड़ी तो नारायण ने कहा, तुम्हारा शरीर गण्डकी नदी हो जायेगा। तुम्हारे केशों से तुलसी नामक वृक्ष उत्पन्न होगा। तुम सदैव हमारी प्रियतमा रहोगी।

तुलसीदास : ये प्रसिद्ध महात्मा कवि थे। ये अवधक्षेत्र (सूकर खेत) में जनमे सरयूपारीण ब्राह्मण थे। इनका जन्म सन् 1535 ई. के आस-पास हुआ था। इनकी माँ बचपन में ही चली गयी। पिता ने इनका परित्याग कर दिया था। गुरु नरहरिदास ने इनका परिपालन किया। इन्होंने काशी जाकर कई वर्षों तक विद्याध्ययन किया। एक जनश्रुति यह है कि इनका विवाह रत्नावली से हुआ था। उस के प्रबोध से ये विरक्त हो गये थे। गोस्वामी जी के एक आत्मकथ्य के अनुसार, 'ब्याह न बरेखी' अर्थात् ये आजन्म ब्रह्मचारी थे। इन्होंने अयोध्या, काशी, चित्रकूट आदि स्थानों में रहकर साधना की और लगभग 1 दर्जन काव्य रचे, रामलीला की शुरुआत की, घूम-घूमकर राम चरित का प्रचार किया, कई चमत्कार दिखाए, कई विवाद झेले और असाधारण लोक मान्यता प्राप्त की। उनके द्वारा विरचित 'रामचरितमानस' एक कालजयी कृति है और तुलसीदास आज विश्वकवि रूप में समादृत हैं।

दधीचि : महाभारत की एक कथा के अनुसार 12 वर्षों के अकाल से पीड़ित होकर देव जाति देश छोड़कर बाहर चली गयी और वेदों को भूल गयी। दधीचि ने तब सारस्वत ऋषि के साथ ऋषियों को फिर से वेद पढ़ाए। दधीचि को त्याग का प्रतीक माना गया है। कथा आती है कि वृत्त नामक राक्षस को मारने और वज्र बनाने के लिए देवों ने उनसे अस्थियाँ माँगीं तो उन्होंने प्राण त्याग कर अपनी हड्डियाँ सहर्ष दे दीं, जिससे वज्र बनाकर इन्द्र ने वृत्तासुर का वध किया। विष्णु और शिव के धनुष भी दधीचि की हड्डियों से बनाये गये थे। इनकी साधना स्थली मिसरिख (मिश्रित) सीतापुर जनपद में है।

दयानन्द सरस्वती : आर्य जगत को वैदिक संजीवनी से पुनर्जीवित करने वाले महर्षि दयानन्द सरस्वती का घरेलू नाम मूलशंकर था। इनका जन्म गुजरात के टंकारा ग्राम में एक शैव ब्राह्मण परिवार में 1824 को हुआ था। इनके पिता पंडित अम्बाशंकर अपने क्षेत्र के प्रमुख विद्वान थे। वे मौरवी रियासत में उच्च पदाधिकारी थे। इन्होंने स्वयं ही पुत्र मूलशंकर को प्रारम्भिक शिक्षा प्रदान की। बालक मूलशंकर पर एक घटना का ऐसा प्रभाव पड़ा कि आगे चलकर उन्होंने महर्षि दयानन्द बनकर सम्पूर्ण जगत में एक नवीन विचारधारा को जन्म दिया।

यज्ञोपवीत हो जाने के बाद वे वेद शास्त्रों का अध्ययन मनन करके लगे। परिवार के लोगों ने मूलशंकर के मन को स्थिर करने हेतु उनका विवाह करने को विचार किया, किन्तु वे गृह-त्याग कर अपनी जिज्ञासा की खोज हेतु निकल पड़े। 1845 में उन्होंने साकार उपासना से हटकर ईश्वर को निर्गुण और निराकार मानकर चिन्तन किया। सांसारिक वस्त्रों को त्यागकर भगवा वस्त्र धारण कर लिया और दण्डी स्वामी पूर्णानन्द जी से संन्यास की दीक्षा लेकर ये मूलशंकर से दयानन्द बन गये। जीवन में पूर्ण ब्रह्मचर्य पूर्वक रहने का व्रत लेकर सत्य और ज्ञान की खोज करने हेतु उन्होंने कई स्थानों की यात्रा की। 15 वर्ष की कठिन तपस्या के पश्चात् उन्होंने मथुरा में दंडी गुरु बिरजानंद जी से दो वर्षों तक वेदों का गहन अध्ययन किया, फिर गुरु से आज्ञा लेकर सार्वजनिक जीवन में प्रवेश किया।

उन्होंने 1867 में हरिद्वार के महाकुम्भ में पाखण्ड खण्डिनी पताका फहराकर अन्धविश्वासों के

विरोध में शंखनाद किया। अपने सत्संग तथा शास्त्रार्थ से सबको प्रभावित करते हुए उन्होंने आर्यसमाज की स्थापना की। उनका महत्त्वपूर्ण ग्रन्थ है—सत्यार्थ प्रकाश।

दशरथ : ये अयोध्या के प्रतापी राजा थे। इनके पिता का नाम अज था। ये रामचन्द्र जी के पिता थे। दशरथ की राजधानी अयोध्या अत्यन्त प्राचीन नगरी थी। वह सरयू के तीर पर स्थित है। उसकी विशालता 12 योजन की है। दशरथ की तीन महारानियाँ थीं कौसल्या, सुमित्रा, कैकेई। ये तो प्रधान महारानियाँ थीं। अप्रधान रानियाँ 350 थीं। दशरथ 60 हजार वर्षों तक राज्य करते रहे। बहुत वर्षों तक दशरथ के कोई सन्तान न हुई। केवल शान्ता नाम की एक कन्या थी। उसको भी उन्होंने अंगदेशाधिपति रोमपाद को दत्तक रूप में दे दिया था। अपुत्रक राजा बड़े दुःखी थे। मन्त्रियों के कहने पर उन्होंने ऋष्यश्रृंग को बुलाकर पुत्रेष्टि यज्ञ का अनुष्ठान किया। उस यज्ञ का चारु खाने से तीनों महारानियों के पुत्र उत्पन्न हुए—राम, भरत, लक्ष्मण, शत्रुघ्न। एक बार दशरथ वन में शिकार खेलने गये। शब्दभेदी बाण द्वारा हाथी के भ्रम में राजा ने अन्धमुनि के एक मात्र पुत्र को बाण मार दिया। अन्धमुनि ने पुत्र वियोग से दुःखी होकर दशरथ को यह शाप दिया कि तुम्हारी मृत्यु भी पुत्र वियोग से होगी। यह सत्य साबित हुआ। राम के वन जाने पर पुत्र वियोग में ही राजा दशरथ ने अपने प्राण त्यागे।

दिग्विजय सिंह (राजा) : ये महोना (लखनऊ) के राजा थे। 1856 की क्रान्ति में इन्होंने लखनऊ रेजीडेन्सी की मोर्चाबन्दी में बड़े साहस का परिचय दिया था। इनकी गोलाबारी से हेनरी लारेन्स मारा गया था। कई वर्षों तक इन्हें कोई पकड़ नहीं सका। बाद में इन्हें कालापानी की सजा दी गयी।

दिति : यह प्रजापति दक्ष की कन्या थी। यही कश्यप की पत्नी तथा दैत्यों की माता थी। देवताओं ने जब दैत्यों का नाश किया, तब दिति ने इन्द्र का दमन करने वाले एक पुत्र की कामना की। शर्त यह थी कि शुद्धता से रहना होगा। दिति इन नियमों का पालन करने लगी। आने वाली आपत्ति के भय से इन्द्र अवसर की तलाश करने लगे। एक दिन दिति बिना पैर धोये सोयी थी। यह अवसर देखकर इन्द्र दिति के गर्भ में घुस गये और उन्होंने गर्भ के 49 टुकड़े कर डाले। इसी गर्भ से मरुत गण उत्पन्न हुए थे।

दिलीप : दिलीप का नाम अयोध्या के 'षोडस राजाओं' में आता है। ऐसा उल्लेख मिलता है कि दिलीप के राज्य में स्वाध्याय घोष, जय घोष और दान माँगने वालों के स्वर निरन्तर गूँजते रहते थे। दिलीप को भी चकवर्ती तथा सौ अश्वमेघ यज्ञ करने वाला कहा गया है।

दीनदयाल उपाध्याय : उपाध्याय जी प्रतिभाशाली राजनीतिज्ञ थे। अपनी योग्यता, लगन और निःस्वार्थ सेवा से इन्होंने शुद्ध राजनीति जीवनपर्यन्त निभायी। 'एकात्म मानववाद' के प्रणेता उपाध्याय जी का जन्म 25 सितम्बर 1916 को ग्राम धनिका (राजस्थान) में हुआ था। ये मात्र ढाई एवं चार वर्ष की उम्र में पिता एवं माता के स्नेह से वंचित हो गये थे। पालन-पोषण मामा राधारमण के घर मथुरा में हुआ। मिडिल की परीक्षा अजमेर से, इंटर की परीक्षा पिलानी से, बी.ए. कानपुर के सनातन धर्म कालेज से तथा एम.ए. आगरा के सेंट जोंस कालेज से करने के बाद इन्होंने इलाहाबाद से बी.टी. की परीक्षा उत्तीर्ण की। उपाध्याय जी ने प्रत्येक स्थान पर प्रतिभा का परिचय दिया। सन् 1937 में राष्ट्रीय स्वयं सेवक संघ के रूप में अपनी राजनीतिक यात्रा का इन्होंने शुभारम्भ किया। 1942 में इनको लखीमपुर का जिला प्रचारक बनाया गया। 21 सितम्बर 1951 को इन्होंने लखनऊ में जनसंघ की स्थापना की। 1952 में कानपुर के प्रथम अखिल भारतीय अधिवेशन में इनको महामन्त्री बनाया गया। 1967 में ये अध्यक्ष पद पर निर्वाचित हुए। 1963 में जौनपुर से उपचुनाव लड़ा। कालीकट

के विशाल अधिवेशन में 'चरैवेति' का संदेश देकर आधुनिक भारतीय राजनीति को उपाध्याय जी ने नयी दिशा प्रदान की। इनके व्यक्तित्व में मथुरा तथा कानपुर की क्रान्ति का असर देखने को मिला। चिन्तक, विचारक तथा प्रखर साहित्यकार होने के साथ ये एक श्रेष्ठ पत्रकार थे। 'सम्राट चन्द्रगुप्त' के अतिरिक्त 'जगतगुरु शंकराचार्य', 'भारतीय अर्थनीति : एक दिशा, पंचवर्षीय योजना' आदि इनकी प्रमुख कृतियाँ हैं। इन्होंने साप्ताहिक 'पाँचजन्य' तथा मासिक 'राष्ट्रधर्म' का शुभारम्भ किया। उपाध्याय जी आधुनिक भारतीय राजनीति के प्रेरणास्रोत हैं। 11 फरवरी 1968 को ये संसार से सदा-सदा के लिए विदा हो गये।

दुन्दुभि : यह एक दानव था। यह महिषाकार था। बालि ने इसका वध किया था और इसका सिर ऋष्यमूक पर्वत पर फेंक दिया था। तभी से मतंग मुनि के शाप से बालि ऋष्यमूक पर्वत पर नहीं जा सकता था।

दुर्वासा : पुराणों में इनका उल्लेख अनेक घटनाओं के साथ हुआ है, जिससे प्रतीत होता है कि ये अत्यन्त क्रोधी थे और तुरन्त शाप दे देते थे। दुर्वासा का अर्थ है, वह व्यक्ति जो क्रोध में आकर अपने वस्त्र फाड़ डाले। इन्होंने आतिथ्य में त्रुटि होने के कारण शकुन्तला को शाप दिया था। एक बार विष्णु को शाप दिया था। इनका आश्रम प्रयाग के शंखमाधव से चार मील दूर ककरा ग्राम में बताया जाता है। वहाँ श्रावण में मेला लगता है। मऊ, शाहगंज और जौनपुर में खुरासोरो के निकट गोमती तट पर एक दुर्वासा धाम है। कहा जाता है कि यहाँ दुर्वासा ने तपस्या की थी। वहाँ एक बड़ा मन्दिर है। कार्तिक पूर्णिमा को वहाँ मेला भी लगता है।

दूषण : ये लंकापति रावण के सेनापति थे। इसके दूसरे भाई का नाम खर था। रावण का राज्य गोदावरी से लेकर दण्डकारण्य तक विस्तृत था। राज्य के प्रान्त भाग की रक्षा करने के लिए खर और दूषण 14 हजार सैनिकों की सेना लेकर दण्डकारण्य में रहा करते थे। रावण की भगिनी शूर्पणखा भी इसी वन में रहती थी। वनवास के समय जब राम, लक्ष्मण और सीता दण्डकारण्य में रह रहे थे, तब शूर्पणखा राम पर आसक्त हो गयी। फलतः उसका कर्ण नाशोच्छेदन हुआ। शूर्पणखा रोती हुई खर-दूषण के पास पहुँची। खर-दूषण ने राम पर आक्रमण कर किया। दूषण पाँच हजार सेना का नायक था। इस युद्ध में दूषण आदि सभी राक्षस मारे गये।

देववर्णिनी : यह भारद्वाज मुनि की कन्या और विश्रवा की पत्नी थी। इनके गर्भ से वैश्रवण नामक एक पुत्र उत्पन्न हुआ था। वैश्रवण का दूसरा नाम कुबेर था। ये देवताओं के धनाध्यक्ष थे। पहले लंकापुरी इनकी राजधानी थी। परन्तु सौतेले भाई रावण के अनेक अत्याचारों के कारण इन्होंने हिमालय के उत्तर में स्थित अलकापुरी को अपनी राजधानी बनाया था।

देवी बक्स सिंह : ये गोण्डा के राजा और बेगम हजरत महल के विश्वास पात्र थे। 1857 की क्रान्ति में अंग्रेज सेनापति द्वारा दिये गये प्रलोभनों को ठुकराकर इन्होंने विद्रोह का झण्डा उठाया था। बाद में ये नेपाल चले गये थे। वहीं इनका निधन हुआ।

धर्मध्वज : ये मिथिला के जनकवंशी राजा थे। दण्डनीति, वेद और गोरक्षशास्त्र के बड़े विद्वान थे। एक समय सुलभा नाम की संन्यासिनी योगिनी बनकर पृथ्वी परिक्रमा पर पहुँची। मोक्षधर्म में धर्मध्वज को पूरा अधिकार प्राप्त हुआ है कि नहीं, इसकी परीक्षा करने के लिए उसने योगिनी का वेश त्याग कर एक सुन्दर स्त्री का रूप धारण करके राजा के पास जाकर भिक्षा माँगी। दोनों में बहुत देर तक धार्मिक विचार-विमर्श हुआ। सुलभा के मोक्ष सम्बन्धी ज्ञान को देखकर धर्मध्वज आश्चर्यचकित हो गये थे।

धूँधूपन्त (नानासाहब) : ये बाज़ीराव पेशवा के दत्तक पुत्र थे। इतिहास में ये नानासाहब के

नाम से प्रसिद्ध हैं। सन् 1857 ई. के विद्रोह में इन्होंने अजीमुल्ला खाँ के साथ कानपुर की गंगा में अंग्रेजों का डुबवा दिया था। इस नाव में कई अंग्रेज बच्चे और स्त्रियाँ थीं। ये मराठा राजा थे। ये 27 वर्ष के थे, जब इनके पिता की पेंशन रोक दी गयी। ये बड़े उदार व्यक्ति थे, इसलिए आर्थिक संकट में आ गये। इन्होंने रानी विक्टोरिया को प्रतिवेदन भेजा, किन्तु कोई सुनवाई नहीं हुई। फिर इन्होंने गुप्तचर, मौलवी, उपदेशक, फकीर, संन्यासी आदि के वेश धारण करके कई रजवाड़ों से सम्पर्क किया। कई गाँवों में रोटियाँ व कमल के फूल भेजे, जिससे क्रान्ति भड़क उठी। 4 जून 1856 को बिठूर में सिपाहियों ने इन्हें पेशवा पद प्रदान करके अपना नेता घोषित कर दिया। इन्होंने तात्या टोपे के साथ 21 दिनों तक विकट युद्ध किया।

क्रान्ति के असफल हो जाने पर इन्होंने नेपाल में शरण ली, किन्तु नेपाल सरकार के असहयोग के कारण ये बराबर भागते रहे। वहीं जीवन-लीला का अवसान हो गया। नाना साहब के खजाने के बारे में कई कथाएँ प्रचलित हैं। कहा जाता है कि कानपुर छोड़ते हुए इन्होंने अपना खजाना गंगा में या किसी कुएँ में डाल दिया था, जिसे ब्रिटिश सरकार ने निकलवा लिया था। उस समय उस खजाने का मूल्य 1 करोड़ तीस लाख था।

नन्दिनी : यह कामधेनु सुरभी की कन्या थी तथा महर्षि वशिष्ठ के यहाँ रहती थी। इसी की सेवा से अयोध्यापति दिलीप को रघु नामक पुत्र प्राप्त हुआ था। इसी के कारण विश्वामित्र और वशिष्ठ के बीच विरोध उत्पन्न हुआ था।

नरहरिदास : इन्हें रामानन्द जी की छठी पीढ़ी का शिष्य और गोस्वामी तुलसीदास का गुरु कहा जाता है। इन्हीं से गोस्वामी जी ने सूकरखेत (निकट अयोध्या) में बाल्यकाल में रामकथा सुनी थी। 'मानस' में ''कृपा सिन्धु नर रूप हर'' कहकर उन्होंने इनकी वन्दना की है।

इनका आश्रम आज भी परसपुर, जिला गोण्डा (सूकरखेत) में स्थित है। जनश्रुति के अनुसार नरहरिदास ने अनाथ बालक तुलसी को शरण दी थी और राममन्त्र की दीक्षा भी। नरहरि शांडिल्य गोत्रीय सोह गौरा के तिवारी थे। वे गोरखपुर जनपद के बाँसगाँव तहसील में कौड़ी राम के पास रहते थे। गुरु नरहरिदास ने अग्रेतर अध्ययन के लिए तुलसी को काशी के शेष सनातन जी की पाठशाला में प्रवेश दिलाया था, जहाँ 15 वर्षों तक गोस्वामी जी ने नानापुराण निगमागम का अध्ययन किया था।

नरेन्द्र देव (आचार्य) : इनका जन्म 31 अक्टूबर 1889 को हुआ था। इनकी जन्मभूमि और कर्मभूमि होने का श्रेय फ़ैज़ाबाद-सीतापुर तथा लखनऊ को प्राप्त है। इन्होंने वकालत के साथ आजादी की लड़ाई में बड़ी निष्ठा के साथ कार्य किया। जेल जीवन में ये नेहरू जी के निकट रहे। स्वतन्त्रता प्राप्ति के पश्चात् आचार्य जी 1947 ई. से 1952 तक लखनऊ विश्वविद्यालय और फिर काशी हिन्दू विश्वविद्यालय के कुलपति रहे। इन्होंने प्रजातांत्रिक समाजवादी पार्टी की स्थापना की, 'संघर्ष' पत्र का सम्पादन किया और बौद्ध दर्शन पर महत्त्वपूर्ण लेखन किया। प्रखर बुद्धिजीवी, शिक्षा शास्त्री और शुद्ध राजनेता के रूप में आचार्य जी की बड़ी प्रतिष्ठा है।

नल-नील : यह वानरों का सेनापति था। राम सेतु को बाँधने के समय इसी वानर ने सहायता की थी। नील को प्राचीन स्थापत्य तकनीक का पुरस्कर्ता कहा जा सकता है।

नवलराय सक्सेना : ये अवध के नवाब सफदरजंग के मन्त्री एवं सेनानायक थे। रुहेलों को इन्होंने मार भगाया था। अवध गजेटियर में लाला सीताराम भूप ने इनका उल्लेख किया है।

नृग : भागवत पुराण के अनुसार ये इक्ष्वाकु वंश के पुत्र थे और बड़े दानी थे। एक बार इन्होंने भूल से दूसरे की गाय को दान में दे दिया। दण्ड स्वरूप इन्हें गिरगिट का जन्म लेना पड़ा। इनका

उद्धार श्रीकृष्ण द्वारा हुआ था। कुछ ग्रन्थों में इन्हें तिरहुत का राजा भी कहा गया है।

नानक देव (गुरु) : सिख धर्म के प्रवर्तक नानक देव जी का जन्म 1469 ई. में तलवंडी ननकाना साहिब के खत्री परिवार में हुआ था। इन्होंने धार्मिक उदारता और सहनशीलता का उपदेश दिया और देशव्यापी पर्यटन किया। ये अयोध्या में भी बहुत दिनों तक रहे। इनकी बानियाँ गुरु ग्रन्थ में संकलित हैं।

नारद : ये ब्रह्मा के मानस पुत्र थे। ब्रह्मा ने पहले मारीचि, अत्रि आदि की और फिर सनक, सनन्दन, सनातन, सनत्कुमार तथा नारद की सृष्टि की। नारद की कथा प्रायः सभी पुराणों में पायी जाती है। नार शब्द का अर्थ है जल। सर्वदा जल-तर्पण करने के कारण इनका नाम नारद पड़ा था। प्रजापति दक्ष ने सृष्टि की उत्कट इच्छा वश प्रजापति की कन्या असिन्की को ब्याहा और उसके गर्भ से 5 हजार कन्यायें उत्पन्न कीं। उन्होंने हर्यश्व, शववालश्व आदि दक्ष पुत्रों को योगशास्त्र का उपदेश देकर संसार त्यागी बना दिया। इससे दक्ष अत्यन्त क्रुद्ध हुए और शाप देकर उन्होंने नारद का नाश कर दिया। दक्ष के निकट आकर ब्रह्मा ने नारद के पुनर्जीवन की प्रार्थना की, तब दक्ष ने अपनी एक कन्या ब्रह्मा को देकर कहा कि कश्यप इस कन्या को ब्याहें। इसी के गर्भ से पुनः नारद उत्पन्न होगा। ब्रह्मा ने दक्ष कन्या कश्यप को सौंप दी। उसके गर्भ से पुनः नारद उत्पन्न हुए। रामकथा से नारद का घनिष्ठ सम्बन्ध है।

निकुम्भ : यह कुम्भकर्ण के पुत्र का नाम था। यह रावण का मन्त्री था। लंका के युद्ध में यह मारा गया था। इसके भाई का नाम कुम्भ था।

निमि : यह मिथिला के प्रतिष्ठापक राजा थे और इक्ष्वाकु के द्वितीय पुत्र थे। इन्होंने 1000 वर्षों का यज्ञ रचा था। वशिष्ठ को मुख्य होता बनाया था। दूसरी ओर गौतम को अपना होता बना दिया, जिससे वशिष्द ने शाप दे दिया और राजा ने वशिष्ठ को शाप दे दिया। तब मुनियों ने अरणि मन्थन द्वारा एक कुमार को उत्पन्न किया, जिसका नाम जनक पड़ा। इन्होंने ही मिथिला पुरी का निर्माण किया।

निशाकर मुनि : रामायण में इनका जो उल्लेख किया गया है, उसके अनुसार ये एक तपस्वी थे। दक्षिण समुद्र के किनारे विन्ध्य पर्वत पर इनका आश्रम था। इन्हीं के साथ इनके आश्रम में रहकर सम्पाति ने अपनी आयु के 60 हजार वर्ष व्यतीत किये थे।

निषादराज : ये शृंगवेरपुर के निकट इलाहाबाद के राजा थे। यहीं राम चौरा नामक एक स्थान है, जहाँ श्रीराम लक्ष्मण ने वट दूध से अपने जटाजूट बनाये थे। बहीं रात्रि में विश्राम किया था। उस स्थान को रामचौरा कहा जाता है। वहाँ पत्थर पर राम के चरण चिह्न अंकित हैं। वाल्मीकि रामायण में यह प्रसंग आता है कि निषाद ने श्रीराम को अपना राज्य अर्पित करने और उन्हें राजधानी शृंगवेरपुर ले जाने का आग्रह किया था। इसे प्रतिज्ञा बद्ध राम ने स्वीकार नहीं किया। भरत के साथ अयोध्यावासियों के आने पर निषादराज ही उन्हें चित्रकूट तक लेकर गये थे। राम भक्तों में इनकी सर्वत्र गणना की जाती है।

नीम करौरी (बाबा) : इन्होंने अवध क्षेत्र में हनुमान जी के कई मन्दिर बनवाये हैं।

इनका जन्म 1903 ई. में अकबरपुर, फिरोजाबाद में हुआ था। गृहस्थ जीवन में ही इन्होंने हनुमदुपासना की। इन्हें नीमकरौरी बाबा, तलैयाबाबा, चमत्कारी बाबा तथा हाँड़ी वाले बाबा जैसे कई नाम दिये गये। 11 सितम्बर 1973 को इनका देहावसान हुआ। वृन्दावन में इनकी समाधि बनी हुई है। इन्होंने कई आश्रम तथा हनुमान मन्दिर बनवाये, जिनमें कानपुर और लखनऊ के मन्दिर अवध

क्षेत्र में आते हैं।

पतंजलि : ये शेषावतार कहे जाते हैं। जनश्रुति है कि ये गोनर्द देश (गोण्डा) के गाँव कोंडर (निकट वजीर गंज) में जनमे थे। 'भोजवृत्ति' मं कहा गया है–

योगेन चित्तस्य पदेन वाचाम्,
मलं शरीरस्य च वैद्यकेन।
योऽपाकरोत् तं प्रवरं मुनीनाम्,
पतंजलिं प्राञ्जलिरानतोऽस्मि।।

गोंडा राम की गायों की शाला थी। यहाँ 'त्रिजट' नाम का एक दीन ब्राह्मण था। उसे वरदान रूप में यह क्षेत्र दिया गया था। करपात्री जी के अनुसार–गावः इन्द्रियाणि नर्दंति हर्षातिरेक आप्नुवंति यत्र स देशः गोनर्दम तत्र भवः गोनर्दीय पतंजलिः।

पतंजलि रचित तीन ग्रन्थ हैं–1. व्याकरण भाष्य। 2. वैद्यक 3. योग भाष्य। पतंजलि सूत्रकार, वृत्तिकार तथा भाष्यकार थे। यही 'त्रिजट' का फलितार्थ है।

ऐसी जनश्रुति है कि यहाँ पतंजलि पर्दे के पीछे से पढ़ाते थे। नवें दिन एक शिष्य ने कोने से उन्हें देख लिया, अतः वे विलीन हो गये। कहा गया है–"कोड दर्शनेन रीयते कोंडरः।"

परशुराम : परशुराम भगवान विष्णु के 'आवेशावतार' हैं। पितामह भृगु प्रदत्त नाम राम के साथ ही जमदग्नि का पुत्र होने के कारण जामदग्न्य और भगवान शिव द्वारा प्रदत्त परशु धारण करने के कारण ये परशुराम कहलाए। परशुराम ब्रह्मास्त्र समेत विभिन्न दिव्यास्त्रों के संचालन तथा योग, वेद और नीति में पारंगत थे। भीष्म, द्रोण और कर्ण उनके शिष्य थे। स्वयं परशुराम ने महर्षि विश्वामित्र एवं ऋचीक के आश्रम में शिक्षा प्राप्त की थी। महर्षि ऋचीक से इन्हें सारंग नामक दिव्य वैष्णव धनुष, ब्रह्मर्षि कश्यप से विधिवत अविनाशी वैष्णव-मन्त्र, भगवान शंकर से दिव्यास्त्र विद्युदभि नामक परशु, श्रीकृष्ण से त्रैलोक्यविजय कवच, स्तवराज स्तोत्र एवं मन्त्र कल्पतरु प्राप्त हुआ था। इनके द्वारा किये कठिन तप से प्रसन्न होकर भगवान विष्णु ने इन्हें कल्पान्त पर्यंत भूलोक पर तपस्यारत रहने का वर दिया था।

श्रीमद्भागवत पुराण के अनुसार अश्वत्थामा, हनुमान और विभीषण की भाँति परशुराम भी चिरजीवी हैं। भगवान परशुराम राम के समकालीन यानी त्रेता युग में भी थे और कृष्ण के काल यानी द्वापर में भी थे। कल्प के अन्त तक ये धरती पर ही तपस्यारत रहेंगे। कहा जाता है कि–

अश्वत्थामा बलिर्व्यासो हनुमानश्च विभीषणः
कृपः परशुरामश्च सप्तैते चिरजीविनः।।

परशुराम से जुड़ी अनेक कथाएँ पुराणों में मिलती हैं। ब्रह्मवैवर्त पुराण में एक कथा है कि कैलाश स्थित भगवान शंकर के अन्तःपुर में प्रवेश करते समय शिव-पुत्र गणेश ने परशुराम को शिवदर्शन से रोक लिया था। रुष्ट होकर परशुराम ने उन पर परशु प्रहार कर दिया, जिससे गणेश का एक दाँत नष्ट हो गया और वे एकदंत कहलाए। त्रेतायुग में रामावतार के समय शिवजी का धनुष भंग होने पर उन्होंने कहा–

सुनहु राम जेहि शिवधनु तोरा। सहसबाहु-सम सो रिपु मोरा।।

वाल्मीकि रामायण के अनुसार, सीता-स्वयंवर में परशुराम ने धनुष भंग करने वाले श्रीराम को पहचान कर उनका अभिनन्दन किया और श्रीराम ने भी जमदग्नि कुमार परशुराम का पूजन किया। महाभारतकाल में कौरव-सभा में परशुराम ने कृष्ण का समर्थन किया। असत्य वचन के दंड स्वरूप कर्ण को सारी विद्या विस्मृत हो जाने का शाप दिया। इन्होंने अत्रि-पत्नी अनसूया, अगस्त्य-पुत्री लोपामुद्रा

व प्रिय शिष्य अकृतवण के सहयोग से नारी-जागृति-अभियान का संचालन भी किया। भावी कार्यों में कल्कि अवतार का गुरुपद ग्रहण कर परशुराम उन्हें शस्त्रविद्या प्रदान करेंगे। तब तक ये महेन्द्र गिरि (केरल) में निवास करेंगे।

महेन्द्राद्रि स्थितो रामः समानीयाश्रमं प्रभुः (कल्कि पुराण)

जिस समय रेणुका के गर्भ से परशुराम का जन्म हुआ, उस समय एक ओर वशिष्ठ, जमदग्नि, अंगिरा, गौतम और कण्डूव आदि महापुरुषों के आश्रम संस्कार-संस्थापन कर रहे थे, वहीं दूसरी ओर सम्पूर्ण आर्यावर्त नर्मदा से मथुरा तक शासन कर रहे हैहयराज सहस्रार्जुन के अत्याचारों से त्रस्त था। ऐसे में परशुराम ने कई राजाओं का महासंघ बनाकर सहस्रार्जुन की प्रचंडता को चुनौती दी थी।

पुराणों के अनुसार एक बार कार्त्तवीर्य ने परशुराम की अनुपस्थिति में उनका आश्रम उजाड़ डाला था, जिससे क्रोधित हो परशुराम ने उसकी सहस्र भुजाओं को काट डाला। कार्त्तवीर्य के सम्बन्धियों ने प्रतिशोध की भावना से जमदग्नि का वध कर दिया। इस पर परशुराम ने 21 बार पृथ्वी को क्षत्रिय-विहीन कर दिया। मनु के परवर्ती इतिहास का यह पहला महासंग्राम था, जिसके विजेता थे परशुराम। ये जिस भार्गव वंश के थे, उसकी एक वंशपरम्परा है। इसके सभी महापुरुष स्वाभाविक रूप से भार्गव या परशुराम कहलाए, लेकिन वशिष्ठों और विश्वामित्रों की भाँति सभी परशुरामों को भी एक ही मान लिया जाता है।

एक परशुराम वे थे, जिन्होंने भीष्म पितामह के साथ अम्बा के भविष्य का नैतिक दायित्व स्वीकार कराने के लिए युद्ध किया था। अम्बा उन तीन राजकन्याओं में से एक थी, जिन्हें भीष्म अपहरण करके लाये थे। परशुराम चाहते थे कि भीष्म अम्बा के साथ विवाह करें। इन्हीं परशुराम से आगे चलकर कुन्तीपुत्र कर्ण ने अस्त्र विद्या सीखी थी।

इनसे एक हजार साल पहले एक परशुराम वे थे, जिन्होंने शिव धनुष तोड़ने वाले राम के साथ विवाद किया और उनके शौर्य को चुनौती दी थी। वे राम से अपना मद-दलन करवाकर ही लौटे थे। हैहयों से लड़ने वाले परशुराम इससे भी करीब एक हजार साल पहले हुए होंगे। हैहयों से हुए महासंग्राम में परशुराम ने एक के बाद एक, इक्कीस बार पृथ्वी को क्षत्रिय रहित किया था।

इस पौराणिक कथा के अनुसार महेन्द्रगिरि पर्वत भगवान परशुराम की तपस्थली है। वे वहीं पर कल्पांत तक तपस्यारत रहने के लिए चले गये हैं। कुछ समय पूर्व भिलाई में स्थित इस पर्वत पर पुरातत्व विभाग को नब्बे किलो वजन का एक धनुष मिला है। माना जा रहा है कि इतना वजनी धनुष शायद परशुराम का ही हो।

इनका प्राकट्य अक्षय तृतीया वैशाख शुक्ल तीज को हुआ था। इस दिन वैष्णव मतानुयायी व्रत रखते हैं। परशुराम विष्णु के छठे अवतार थे। कहा जाता है कि ये क्षात्रशक्ति और ब्रह्म शक्ति दोनों के समन्वयकर्ता थे। शिव धनुष के भंग होने पर इनका लक्ष्मण के साथ जो वाक् युद्ध हुआ था, उसे लक्ष्मण-परशुराम संवाद के रूप में कई राम काव्यों में प्रस्तुत किया गया है। श्रीराम की परीक्षा लेकर इन्होंने अपना धनुष उन्हें सौंप दिया था और स्वयं महेन्द्र पर्वत (केरल) की ओर प्रस्थान कर दिया था। इन्हें चिरंजीव माना जाता है। ऐसी मान्यता है कि वे रात्रि में पृथ्वी पर निवास नहीं करते।

भृगुवंश में उत्पन्न होने के कारण इन्हें भार्गव कहा जाता है। दीर्घ काल तक ये ब्राह्मणों के आदर्श महानायक रहे हैं। पुराणों के अनुसार इनके पूर्वज भृगु महान तपस्वी थे। भृगु के पुत्र शुक्राचार्य दैत्य गुरु थे। उनकी संजीवनी विद्या से देवराज इन्द्र बहुत आतंकित रहता था। इन्हीं के पूर्वज थे महर्षि च्यवन। इन्होंने श्रीराम के पूर्वज सगर को युद्ध कला सिखायी थी। ऐसा कहा जाता है कि तत्कालीन

क्षत्रियों ने उस युग के ब्राह्मणों पर 21 बार अत्याचार किये थे, उससे क्षुब्ध होकर परशुराम ने अपने बल से पृथ्वी को 21 बार क्षत्रिय विहीन किया। परशुराम आजीवन ब्रह्मचारी रहे। वे शिव के कट्टर भक्त थे। स्वयं बड़े दान-वीर थे। पितृ भक्त तो असाधारण कोटि के थे। एक बार क्रुद्ध पिता के आदेश पर अपनी माता रेणुका का सिर काट डाला था और क्रोध शान्त होने पर पिता द्वारा उन्हें पुनः जीवित करा लिया था। ऐसी जनश्रुति है कि मानसरोवर से उत्तरपूर्व लोहित (अरुणाचल प्रदेश) और केरल तक परशुराम का प्रभाव था। इन्होंने नर्मदा भू-भाग के सम्राट हैहय वंशीय कार्त्य वीर का वध करके 21 तालाब रक्त से भरे थे। इसी सहस्रार्जुन ने रावण को बन्दी बनाकर रखा था। परशुराम रावण के पौरुष से बहुत प्रभावित थे। उन्होंने अपने तपोबल से सहस्रार्जुन द्वारा मारे गये अपने पिता के शीश को धड़ से जोड़कर उन्हें पुनः जीवित कर लिया था। सम्प्रति इनका एक आश्रम राम तीर्थ नाम से नासिक में मिलता हैं। मध्यभारत में परशुराम जी की जो मूर्तियाँ मिलती हैं, वे चतुर्भुजी हैं। उनके एक हाथ में परशु है और शेष में धनुषवाण, शंख तथा चक्र हैं।

पराशर : इन्हें कुछ ग्रन्थों में वशिष्ठ का पुत्र कहा गया है। वाल्मीकि रामायण में इन्हें वशिष्ठ का पौत्र माना गया है। वैदिक मन्त्रों के सम्पादन में इनका विशेष योग रहा है। पराशर ने एक स्मृति ग्रन्थ की रचना की, जिसका ज्योतिष से विशेष सम्बन्ध है। एक पराशर का उल्लेख महाभारत में हुआ है, जो व्यास के पिता थे। यह भी कहा जाता है कि रामानुज की आज्ञा से किन्हीं वेदान्ताचार्य पराशर ने विष्णु सहस्रनाम का भाष्य लिखा था। पराशर संहिता या स्मृति में इन्होंने महत्त्वपूर्ण धर्मोपदेश दिये हैं। कुछ लोग पराशर का आश्रम कर्नाल (हरियाणा) में मानते हैं, जबकि वशिष्ठ से सम्बद्ध होने के कारण इनका सम्बन्ध अवध क्षेत्र से है।

प्रद्योत : ये अवन्ती के राजा थे। इन्होंने वत्स (इलाहाबाद) और कोसल को चौथी शताब्दी में अपने राज्य में मिला लिया था।

प्रहस्त : यह रावण का सेनापति था। रावण के सामने यह अपनी वीरता की गाथा प्रायः करता रहता था। राम के विरुद्ध युद्ध करते हुए यह मारा गया था।

पुरुषोत्तम दास टण्डन (राजर्षि) : इनका जन्म 1 अगस्त 1882 को इलाहाबाद में हुआ था। शिक्षा दीक्षा भी वहीं हुई। आरम्भ से ही टण्डन जी साहित्य प्रेमी थे और समाज सेवी भी। 1899 से ये कांग्रेस से जुड़ गये थे। इन्होंने बहुत दिनों तक हाईकोर्ट में वकालत की, फिर ये आजादी की लड़ाई से जुड़ गये। टण्डन जी नगर पालिका अध्यक्ष रहे और समय-समय पर उत्तर प्रदेश विधान सभा के प्रथम अध्यक्ष, कांग्रेस के अध्यक्ष, सांसद, विधानसभा सदस्य आदि पदों पर कार्यरत रहे। सम्पादन क्षेत्र में इन्होंने काफी कार्य किया। हिन्दी भाषा को राष्ट्र भाषा पद प्रदान कराने में ये बराबर सक्रिय रहे। इनकी सबसे बड़ी देन है हिन्दी साहित्य सम्मेलन इलाहाबाद। टण्डन जी आदर्शवादी, विशुद्ध जन नेता के रूप में स्मरणीय हैं। इनका निधन 1 जुलाई 1962 को हुआ।

पुष्यमित्र शुंग : यह शुंग वंश का प्रवर्तक था। मौर्यवंश के अन्तिम राजा वृहद्बल का यह सेनापति था। जब यूनानियों के आक्रमण को वह नहीं झेल पाया तो पुष्यमित्र ने आक्रमणकारियों को परास्त किया। इसी बीच किसी ने राजा की हत्या कर दी, तब पुष्यमित्र वहाँ शासक हो गया। पुष्यमित्र ने खारवेल (उड़ीसा) और पवन मिनांडर को परास्त किया। इसने 38 वर्षों के राज्य काल में कोसल का बड़ा 'विकास' किया तथा दो बार अश्वमेघ करके हिन्दू धर्म को पुनर्जीवित किया। पुष्यमित्र ने संस्कृत को राजभाषा बनाया, महर्षि पतंजलि को प्रतिष्ठित किया और बौद्धों के प्रचार-प्रसार को नियन्त्रित किया। अयोध्या के रानोपाली मन्दिर में लगे अभिलेखों में इस ब्राह्मण राजा पुष्य

मित्र की बड़ी स्तुति की गयी है।

पुलस्त्य : ये सप्तर्षियों में से एक हैं। ये ब्रह्मा के मानस पुत्र हैं और प्रजापतियों में गिने जाते हैं। पुलस्त्य के पुत्र का नाम विश्रवा था। विश्रवा की पहली पत्नी से कुबेर और केकसी के गर्भ से रावण कुम्भकर्ण विभीषण ये तीन भाई उत्पन्न हुए थे।

पुष्कर : ये रामपरिवार के थे। कलावती और चंचला इनकी पत्नियाँ थीं।

फाह्यान : यह चीनी तीर्थ यात्री था, जो भारत में 401 से 410 ई. तक रहा। इसने उत्तर भारत (गंगा यमुना के मैदान) का विस्तृत वर्णन किया है। यहाँ बौद्ध धर्म की महायान शाखा का उसने गम्भीर अध्ययन किया था। श्रावस्ती को उसने उजड़ा हुआ पाया था। उसने लिखा है कि इस क्षेत्र में सब शाकाहारी, संयमी, शान्ति प्रिय और अहिंसावादी हैं। यहाँ के राजप्रासादों की भव्यता से वह बहुत प्रभावित हुआ था।

बलभद्र सिंह : ये चहलारी बाराबंकी के रैकवार वंशी 18 वर्षीय युवा राजा थे। इन्होंने नवाबगंज (बाराबंकी) के युद्ध में अंग्रेजों के दाँत खट्टे कर दिये थे। इनके सम्बन्ध में नहकऊ सिंह ने एक 'जंगनामा' लिखा है, जिसमें इनके शौर्य का गुणगान किया गया है।

ब्रह्मदत्त : ये एक प्राचीन राजा थे। रामायण में इनके बारे में लिखा गया है कि गौतम नामक एक ब्राह्मण किसी राजा के यहाँ अतिथि हुआ। वह अतिथि जब भोजन पर बैठा और जैसे ही उसे आभास हुआ कि उसके भोजन में मांस मिलाया गया है, उसने राजा को शाप दिया कि तुम "गीध हो जाओ।" बहुत प्रार्थना करने पर ब्राह्मण ने राजा को शाप मुक्ति का यह उपाय भी बता दिया कि भविष्य में श्रीराम के स्पर्श से तुम्हारी मुक्ति होगी। श्रीराम के राज्य काल में एक उलूक और गिद्ध में विवाद हुआ। विवाद रहने के स्थान के लिए था। श्रीराम के सम्मुख दोनों को उपस्थित किया गया। अपने पक्ष का समर्थन करते हुए उलूक बोला कि पृथ्वी की सृष्टि के समय मैं इस स्थान पर रहता था। गीध बोला, नहीं मैं रहता था। श्रीराम ने निर्णय किया कि वृक्षों की सृष्टि ही आदि सृष्टि है। मानव सृष्टि उसके बाद की है। अतएव श्रीराम ने गीध को ही दोषी ठहराया और फिर वे उसको मारने के लिए चले। उसी समय श्रीराम के स्पर्श से गीध शाप मुक्त हो गया।

बाजीराव पेशवा (द्वितीय) : यह अन्तिम पेशवा था। इसका स्थितिकाल था 1796 से 1818 ई.। इसने अंग्रेजों को कई क्षेत्र देकर पेशवा पद प्राप्त किया था। अपने प्रधानमन्त्री नाना साहब के प्रति यह ईर्ष्यालु था। महत्त्वाकांक्षावश यह अंग्रेजों से टकराया था। अंग्रेजों ने इसे परास्त तथा अपदस्थ करके बिठूर भेज दिया था। वहाँ 1853 में इसकी मृत्यु हो गयी। इसे मराठों की स्वतन्त्रता का नाशकर्ता माना जाता है।

बाबर : यह भारत का प्रथम मुगल बादशाह था। इसका जन्म 1483 ई. में तुर्किस्तान में हुआ था। इसके पूर्वज थे, तैमूर और चंगेज। इसने 1524 ई. में लाहौर पर अधिकार कर लिया। 1526 ई. की पानीपत की लड़ाई जीतकर यह दिल्ली-आगरा का शासक बना। धीरे-धीरे इसके राज्य की सीमा बढ़ती गयी और इस प्रकार यहाँ मुगल साम्राज्य की स्थापना हुई। बाबर ने मीरबाकी द्वारा रामजन्म भूमि मन्दिर को ध्वस्त करके वहाँ बाबरी मस्जिद बनवायी, जिसके अनेक प्रमाण इतिहास ग्रन्थों में प्राप्य हैं। 'बाबरनामा' में इसका विस्तृत विवरण है।

बालि : यह वानरराज था। इसकी राजधानी किष्किन्धा थी। एक समय ब्रह्मा सुमेरु पर्वत पर योगासन में बैठे थे। उस समय सहसा उनके नेत्रों से अश्रु बिन्दु गिरे। उन्हीं से एक वानर उत्पन्न हुआ। उसी वानर ने एक सुन्दर स्त्री का रूप धारण किया। देवराज इन्द्र और सूर्य दोनों उस स्त्री को

देखकर मोहित हो गये। इन्द्र का वीर्य उस स्त्री के सिर पर पड़ा और सूर्य का वीर्य उसके गले पर पड़ा। सिर के वीर्य से बालि और गले के वीर्य से सुग्रीव की उत्पत्ति हुई। एक दिन वह स्त्री अपने पुत्रों को लेकर ब्रह्मा के समीप गयी। ब्रह्मा ने कहा, तुम किष्किन्धा में जाकर राज्य करो। बालि की महारानी का नाम तारा और सुग्रीव की पत्नी का नाम रूमा था।

एक समय बालि मायावी नामक दैत्य का वध करने के लिए पाताल गये। उनके आने में विलम्ब होते देख सुग्रीव ने यह समझ लिया कि बालि मारा गया। वह किष्किन्धा पर राज्य करने लगा। उसकी पत्नी तारा को भी उसने अपना बना लिया। काफी दिनों बाद बालि राक्षस को मार कर और गुफा से पत्थर हटाकर वापस किष्किन्धा आया। वहाँ की लीला देखकर बालि आश्चर्य में पड़ गया। क्रोध में आकर उसने सुग्रीव को मारना चाहा। सुग्रीव प्राण बचाकर वहाँ से भाग गया। बालि ने उसका राज्य और पत्नी रूमा को छीन लिया। सुग्रीव ने रामचन्द्र से मैत्री करके अपने भाई बालि का वध कराया। बालि रावण का मित्र था। उसने रावण को बन्दी बनाकर छह माह रखा था, फिर उसके साथ सन्धि हो गयी थी। उसे वरदान प्राप्त था कि उसके सामने पड़ने वाले की आधी शक्ति क्षीण हो जायेगी, अतः राम ने छिपकर उसका वध किया था।

बाले मियाँ : तुर्की सुल्तान सैयद सालार मसूदगाजी को अवध क्षेत्र में 'बालेमियाँ' नाम दिया गया है। उसके सम्बन्ध में प्रसिद्ध है—'एक हाथ के बाले मियाँ नौ हाथ की पूँछ। जहाँ जायें बाले मिया तहाँ जाय पूँछ।' इसने 1031 ई. में लखनऊ सहित कई राज्यों पर आक्रमण किया था और सतरिख (बाराबंकी) में अपनी राजधानी बनायी थी। इसने बहराइच को धर्मप्रचार का केन्द्र बनाया। अतः राजा सुहेल देव ने इसका वध किया। जहाँ यह दान किया गया था, उस मजार पर धर्मान्ध व्यक्तियों द्वारा मेला शुरू किया गया। उस पर प्रश्न करते हुए गोस्वामी जी ने लिखा था—

'लही आँखि कब आँधरे बाँझ पूत कब पाय।
कब कोढ़ी काया लही जग बहराइच जाय।'

बिरजिस कदर : नवाब वाजिद अली के बेटे बिरजिस कदर गरीबी से तंग आकर 1893 में मक्का जाना चाहते थे। अंग्रेजों ने उन्हें अपना मेहमान बनाया और बेटे-बेटियों सहित उनको जहर खिलाकर मार दिया। उसकी बेगम मेहताब भोज में नहीं शामिल हुई थीं, इसीलिए बच गयीं। चार महीनों बाद उसने प्रिंस मेहरकदर को जन्म दिया। वह 1929 तक जीवित रहीं। प्रिंस अंजुम कदर ने अपनी कोठी मटियाबुर्ज को राष्ट्रीय सम्पत्ति घोषित कर दिया है।

बीरबल : इन्हें कुछ लोग राजपूत मानते हैं और कुछ लोग त्रिपाठी ब्राह्मण। अकबर ने इन्हें सेनापति बनाया था तथा राजा की पदवी और 'कवि राय' की उपाधि दी थी। बीरबल बड़े हाजिर जवाब तथा अकबर के मुँह लगे थे और प्रमुख दरबारी कवि थे। 1586 ई. में ये सीमाप्रान्त के कबीलाई युद्ध में मारे गये थे। इनका मूल स्थान जिला कानपुर में बताया जाता है।

बेगम हजरत महल : फर्रुखाबाद के एक साधारण परिवार में जन्म लेने वाली मोहम्मदी बेगम ने पुत्र बिरजिस कद्र के अवध के सिंहासन पर आसीन होने के पश्चात् मलिकाआलिया अर्थात् राजमाता की हैसियत से सूबा-ए-अवध का शासन-सूत्र अपने हाथ में लेकर 254 दिनों तक ब्रिटिश सेना के छक्के छुड़ा दिये।

इनका मूल नार्थ था मोहम्मदी। अपने अनुपम सौन्दर्य के कारण ये कुटनियों द्वारा 12 वर्ष की उम्र में बादशाह वाजिद अली शाह के हुजूर में पेश की गयी थीं। वे महक परी के नाम से शाही परीखाने में नृत्य-गान सीखने के लिए रखी गयी थीं। परन्तु इनके बेपनाह हुस्न के कारण बादशाह

ने इनसे निकाह कर लिया और उसे शाही हरम में दाखिल कर लिया। महक परी अब बेगम हजरत महल हो गयीं कालान्तर में उसने एक बेटे को जन्म दिया, जिसका नाम बिरजिस कद्र रखा गया। हजरत महल को इफ्ताखारून्निसा बेगम के खिताब से नवाजा गया।

जनश्रुति है कि वाजिद अली शाह के हरम में लगभग 365 बेगमें, रखैलें आदि थीं। वे सभी बादशाह की नजरेकरम की तलबगार थीं, अतः उनके हरम में तरह-तरह के कुचक्र चला करते थे। ऐसा ही एक कुचक्र था बेगमों की पीठ पर नागिन का अशुभ निशान। बादशाह ने जाँच का आदेश दिया, फलतः बेगमें महल से बाहर निकाल दी गयीं। इनमें हजरत महल भी थीं। यद्यपि बाद में तन्त्र-मन्त्र तथा पूजा-पाठ से उस अशुभ निशान का निराकरण कर दिया गया और निकाली गयी बेगमें पुनः बुलाई गयीं, परन्तु बेगम हजरत महल उस अपमान को न भूल सकीं। उनके स्वाभिमान ने उन्हें पुनः वहाँ के दलदल में जाने से रोक दिया। बादशाह स्वयं हजरत महल को वापस लाने के लिए उनके निवास पर गये, पर वे उस स्वाभिमानिनी महिला के दृढ़ निश्चय को न डिगा सके। इसी बीच अंग्रेजों द्वारा फरवरी 1856 में अवध का अधिग्रहण कर लिया गया और वाजिद अली को कलकत्ते भेज दिया गया। बेगम हजरत महल को अनुकूल अवसर की प्रतीक्षा थी। अप्रैल 1859 में तीर्थयात्रा के बहाने बिठूर के नाना साहब लखनऊ आये। उन्होंने हजरत महल के साथ गुप्त मन्त्रणा की। उन्होंने 31 मई को समस्त देश में होने वाले विद्रोह की सूचना दी। 10 मई को मेरठ में विद्रोह का श्रीगणेश हो गया, जिसकी चिनगारी फैलते देर न लगी और 10 दिनों में ही कलकत्ते से पेशावर तक ब्रिटिश शासन का विरोध शुरू हो गया।

अवध में विद्रोह की कमान फ़ैज़ाबाद के मौलवी अहमदउल्ला शाह उर्फ डंका शाह के हाथ में थी। उन्होंने एक विशाल सेना के साथ 30 जून को चिनहट में अंग्रेजी सेना को पराजित किया। अवध के समस्त अंग्रेज रेजीडेंसी में सिमट गये। क्रान्तिकारी नेता अवध के सिंहासन पर शाही परिवार के किसी व्यक्ति को बैठाना चाहते थे। कई परिवारों से सम्पर्क किया गया, परन्तु अंग्रेजों के भय के कारण कोई तैयार न हुआ। तब उन लोगों की दृष्टि वाजिद अली शाह के 11 वर्षीय पुत्र बिरजिस कद्र की ओर गयी और जब हजरत महल के सम्मुख यह प्रस्ताव रखा गया तो वे तुरन्त तैयार हो गयीं। रविवार 5 जुलाई 1847 तदनुसार 12 जिकाद 1273 हिजरी को चाँदी वाली बारादरी में एकत्र हुए नेताओं, सैनिक अधिकारियों तथा सैकड़ों नागरिकों की उपस्थिति में बिरजिस कद्र की ताजपोशी धूमधाम के साथ सम्पन्न हुई। हजरत महल मलिका आलिया घोषित की गयीं। प्रशासन के लिए शराफुद्दौला के नायब, राजा बाल किशन को खजाना, हिसामुद्दौला को सेना का जनरल, मम्मू खाँ को दीवान खाना का दायित्व सौंपा गया। इसके अतिरिक्त अनेक तालुकेदारों को सेना का रिसालदार बनाया गया।

बेगम पहले दिन से ही प्रशासन का संचालन बड़ी कुशलता के साथ करने लगीं। अंग्रेजों के एकाएक चले जाने से चूँकि राज्य का प्रशासन ठप हो गया था अतः बेगम ने सर्वप्रथम विभिन्न विभागों में नियुक्तियाँ करके स्थिति पर नियन्त्रण करने का आदेश दिया। फिर रेजीमेण्टों की भर्ती की गयी। सेना के लिए रसद और गोला-बारूद का प्रबन्ध किया गया। नगर में कानून-व्यवस्था स्थापित की गयी। सफाई का माकूल इन्तजाम किया गया।

बेगम हजरत महल किसी प्रकार के हत्याकाण्ड के विरुद्ध थीं। रेजीडेण्सी पर निरन्तर आक्रमण करने के पीछे उनका विचार था कि वहाँ घिरे हुए लोग परेशान होकर स्वयं ही अवध छोड़कर चले जायें। रेजीडेण्सी में अंग्रेजों की कैद में लखनऊ और दिल्ली के शाही परिवार के कुछ लोग बन्द थे।

मितावली के राजा लोने सिंह ने कुछ अंग्रेज बन्दी लखनऊ भेजे थे। बेगम उनके बदले रेजीडेण्सी के बंधकों को मुक्त कराना चाहती थीं, परन्तु मौलवी अहमदउल्ला शाह ने उनमें से पुरुष बन्दियों को कहीं अन्यत्र भेज दिया। कलकत्ते में अंग्रेजों ने वाजिद अली को फोर्ट विलियम में नजरबन्द कर दिया था। बेगम हजरत महल ने वहाँ के सिपाहियों को अपने पक्ष में करके अपने पति को मुक्त कराने का पूरा प्रबन्ध कर लिया था, परन्तु किसी भेदिये ने गवर्नर जनरल को इसकी सूचना दे दी और बेगम की वह योजना भी व्यर्थ हो गयी।

बेगम हजरत महल में धैर्य और साहस की कमी नहीं थी। बिहार के बाबू कुँवर सिंह ने बेगम को सूचित किया कि अवध पर पुनः अधिकार करने के लिए ब्रिटिश अधिकारी नेपाल के महाराणा जंग बहादुर को अपनी सेना के साथ लेने का प्रयत्न कर रहे हैं। बेगम हजरत महल ने एक कूटनीतिक चाल चली। उन्होंने तुरन्त एक हरकारे के हाथ बिरजिस सरकार की ओर से राणा जंग बहादुर को पत्र भेजा, जिसमें उन्हें अवध के पूर्व शासकों की मित्रता का हवाला देते हुए अपने पक्ष में करने तथा उसके बदले गोरखपुर, आजमगढ़ आदि जिले उन्हें देने की पेशकश की गयी थी, परन्तु राणा किसी प्रकार भी अंग्रेजों की मित्रता छोड़ने के लिए तैयार नहीं था। बेगम ने लखनऊ की मोर्चेबन्दी सुदृढ़ रखने में कोई कसर नहीं छोड़ी। ब्रिटिश कमाण्डर इन चीफ कालिन कैम्पबेल 3 हजार सैनिकों को लिए हुए लगभग 5 महीने तक आलमबाग में पड़ा रहा, परन्तु क्रान्तिकारियों के मोर्चे इतने मजबूत थे कि उसे एक गज आगे बढ़ने का साहस नहीं हुआ।

कुछ दिनों बाद राणा जंग बहादुर अपनी 9 हजार सैनिकों वाली नेपाली फौज के साथ लखनऊ आया और तब ब्रिटिश सेना ने शक्तिशाली आक्रमण किया। लखनऊ की एक-एक गली और एक-एक इमारत के लिए संघर्ष करना पड़ा। सात ब्रिटिश जनरलों के बलिदान के बाद ही वे नगर पर अधिकार कर सके। इस पूरे संघर्ष के समय बेगम हजरत महल कैसरबाग स्थित अपनी चौलक्खी कोठी में रहीं। फिर उन्हें वहाँ से अन्यत्र ले जाया गया। इस बीच ब्रटिश अधिकारियों की ओर से उन्हें हर प्रकार की सुरक्षा का आश्वासन दिया गया, परन्तु उन्होंने उसे ठुकरा दिया और सत्ता संघर्ष करने का संकल्प दोहराया। 16 मार्च 1858 को बेगम महल ने अपने कई हजार साथियों के साथ लखनऊ त्याग किया। कई महीने इधर-उधर घूमते रहने के पश्चात् उन्होंने बहराइच जिले के बौंड़ी किले में डेरा डाला। वहाँ उनके साथ नाना साहब, राणा बेनीमाधौ सिंह आदि कई लोग थे। वहीं से वे अवध के अन्य इलाकों के युद्ध का संचालन करती रहीं। महारानी विक्टोरिया के घोषणा पत्र के उत्तर में उन्होंने अपना घोषणा पत्र जारी किया, जिसमें उन्होंने देशवासियों से अंग्रेजों के धोखा देने वाले आश्वासनों पर विश्वास न करने की सलाह दी। उन्होंने बताया कि धोखेबाज अंग्रेजों ने किस प्रकार पंजाब, पूना, बंगाल, बिहार, उड़ीसा अवध आदि राज्य हड़प लिए हैं। बेगम के इस घोषणा पत्र से पता लगता है कि उन्हें देश के राजनीतिक परिदृश्य की कितनी अधिक जानकारी थी।

लगातार पीछा किये जाने से विवश होकर बेगम को नेपाल में शरण लेनी पड़ी। उन्हें अपने मूल्यवान आभूषण देकर नेपाल दरबार से समझौता करना पड़ा। उन्हें काठमाण्डू में रहने की अनुमति प्राप्त हो गयी। वहीं बिरजिस कद्र का विवाह हुआ। विदेश की धरती पर अनेक अभावों का सामना करते हुए अवध के बादशाह वाजिद अली शाह की बेगम हजरत महल कई वर्षों तक जीवित रहीं। 7 अप्रैल 1879 को उन्होंने अपना शरीर छोड़ दिया। विद्रोह के समय उनकी आयु लगभग 25-26 वर्ष की थी। उस संघर्ष-काल में अपने सम्मान की रक्षा करते हुए, अवध के अनेक प्रतिष्ठित राजाओं

और तालुकेदारों का संगठन करके जिस प्रकार अवध के मुक्ति संग्राम का उन्होंने संचालन किया, वह भारतीय स्वाधीनता के इतिहास में चिरस्मरणीय है।

बेनी माधव (राना) : राना का जन्म 1805 में हुआ था। इनके पिता थे बाबू रामनारायण। उनके अग्रज शंकरपुर के राजा थे। वे अवध के नवाब से लड़-झगड़कर किसी तरह अपना राज्य चला रहे थे। बेनी माधव की वीरता से प्रभावित होकर उन्होंने इनको अपना उत्तराधिकारी बना दिया था। एक बार नायन के चकलेदार खान अली ने राना को धोखे से बन्दी बना लिया, किन्तु शंकरपुर के एक पासी ने युक्तिपूर्वक इन्हें छुड़ा लिया। बेनी माधव ने अपने शौर्य से नवाब को प्रभावित कर लिया। उन्होंने गाँजर के सरदारों को परास्त करके 'राना' तथा 'दिलेर जंग बहादुर' की उपाधि प्राप्त की। 1856 ई. में वाजिद अली शाह की देश निकासी के बाद राना ने अवध की फौज का पुनर्गठन किया। राना के पास 4 किले थे शंकरपुर भीरा, जगतपुर और पुकबाया। उनकी सेना में लगभग 4000 सैनिक, 2000 घोड़े और 40 तोपें थीं। इन्होंने कैम्पबेल के छक्के छुड़ा दिये थे। इसका विवरण रसेल ने अपनी डायरी में दिया है। अंग्रेजों ने जब अवध को हड़पने की घोषणा की तो फ़ैज़ाबाद, लखनऊ, सुल्तानपुर, कानपुर, प्रतापगढ़, इलाहाबाद, बाराबंकी, उन्नाव, फतेहपुर आदि स्थानों में गदर फैल गया। 31 मई से 9 जून के बीच एक बार अवध स्वतन्त्र हो गया। बिजिस कद्र को नवाब बना दिया गया। बेगम हजरत महल क्रान्ति का नेतृत्व कर रही थीं। राना बेनी माधौ सिंह, डौंडियाखेरा के राम बक्स सिंह, कानपुर के नाना साहब तथा फतेहपुर के दरियाव सिंह की सम्मिलित फौज द्वारा कई अंग्रेजों को लखनऊ की रेजीडेन्सी में कैद कर लिया गया था। कई अंग्रेज सैनिकों को राव राम बक्स सिंह ने बैसवारे में फुँकवा दिया था। राना ने 15000 सैनिकों को लेकर होप ग्रांड पर हमला किया। अंग्रेजों के साथ गोरखा सेना और सिख सेना थी, किन्तु वह ठहर नहीं पायी। जून 1858 ई. में लखनऊ में पुनः भीषण युद्ध हुआ। दुर्भाग्य से कई राजाओं ने इस बीच आत्मसमर्पण कर दिया। 18 नवम्बर 1858 ई. को अंग्रेजों ने शंकरपुर पर हमला किया। राना ने खतरे का पूर्वानुमान करते हुए अपने परिवार को बाहर भेज दिया और ये स्वयं अन्तर्धान हो गये। एक बार राना ने अंग्रेज सेनानी इवली से भीरा में मुकाबला किया। इनकी मुठभेड़ बेली गारद, बरदर, डौंडियाखेरा, पुरवा, सरैनी, सलोन, बक्सर, सिमरी, आदि स्थानों में कई बार हुई। इस बीच कमान लार्ड क्लाइव के हाथ में थी। उसने राव राम बक्स को पकड़कर फाँसी पर लटका दिया, लेकिन राना को कोई नहीं पकड़ पाया। ये युक्तिपूर्वक नेपाल में प्रवेश कर गये। आगे इनका पता नहीं चल पाया। राना के सम्बन्ध में अनेक जनश्रुतियाँ बैसवारे में गूँज रही हैं। इनके घोड़े 'सबजा' और सेवक शिवदीन पासी से सम्बन्धित कई कथाएँ प्रचलित हैं। कहा जाता है कि बहुत दिनों तक वे साधुवेश में शंकरपुर आते रहे। अंग्रेजों ने संधि का प्रस्ताव करते हुए इनको कई प्रलोभन दिये थे, किन्तु राना अपने कर्त्तव्य पथ से नहीं डिगे। ये बराबर गौरिल्ला युद्ध करते रहे। अंग्रेज बेनी माधव से बराबर आतंकित रहे और यह महसूस करते रहे कि बैसवारे के जमींदारों की जैसी वीरता शायद ही कहीं देखी गयी हो। राना के सम्बन्ध में यह गीत घर-घर में लोकप्रिय है–

"अवध मा राना भयो मर्दाना।
पहिल लड़ाई बक्सर मार्‍यो सिमरी के मैदाना।
हुवाँ तो जाय पुखा मा जीत्यो तबै लाट घबड़ाना।
हाथ मा भाला बगल सिरोही घोड़ा चलै मस्ताना।"

भगीरथ : ये सूर्यवंशी राजा थे। इनके पिता का नाम दिलीप और पितामह का नाम अंशुमान

था। महाराज दिलीप यथा समय भगीरथ को राज्यभार देकर हिमालय के शिखर पर तपस्या करने चले गये थे। वहाँ उन्होंने बहुत दिनों तक साधना की। तदुपरान्त देहत्याग कर स्वर्ग प्राप्त किया। पिता की मृत्यु के बाद भगीरथ यह चिन्ता करने लगे कि किस प्रकार गंगा स्वर्ग से लायी जा सकती है और कैसे पूर्वजों (सगर-सुतों) का उद्धार किया जा सकता है। भगीरथ प्रजावत्सल और बड़े धर्मात्मा राजा थे। दुर्भाग्यवश उनके कोई पुत्र नहीं था। मन्त्रियों को राज्य का भार सौंप कर गंगा को ले आने के लिए वे निकल पड़े। भगीरथ हिमालय के गोकर्ण तीर्थ पर पहुँचकर वहाँ ऊर्ध्वबाहु होकर घोर तपस्या करने लगे। ब्रह्मा जी, भगीरथ की सहस्र वर्ष की तपस्या से प्रसन्न होकर वर देने के लिए उपस्थित हुए। भगीरथ ने दो वर माँगे (1) कपिल के शाप से भस्म हुए हमारे साठ हजार प्रपितामह गंगा के जल से पवित्र होकर स्वर्गगामी हों (2) सन्तान के अभाव में हमारा वंश लुप्त न होने पाये। ब्रह्मा ने प्रथम वर के उत्तर में कहा-तुम्हारी कामना पूर्ण होगी, परन्तु गंगा के पतनवेग को पृथ्वी सहन नहीं कर सकेगी और महादेव के अतिरिक्त अन्य कोई उस वेग को धारण नहीं कर सकेगा। अतः महादेव गंगा को धारण करना स्वीकार करें, इसका प्रबन्ध तुम करो। द्वितीय वर के उत्तर में ब्रह्मा जी ने कहा—तुम्हारे वंश की रक्षा होगी। ब्रह्मा के कहने से भगीरथ तप द्वारा महादेव को प्रसन्न करने में लगे। एक वर्ष कठोर तप करने के बाद महादेव भगीरथ के समीप आये और बोले—"तुम्हारी इच्छानुसार मैं गंगा को धारण करूँगा।" महादेव के मस्तक पर बड़े वेग से गंगा गिरने लगीं, किन्तु जटाओं में उलझ कर रह गयीं। भगीरथ फिर स्तुति करने लगे। भगीरथ की स्तुति से प्रसन्न होकर महादेव ने जटा-जूट से निचोड़ कर गंगा को बाहर निकाला। गंगा महादेव के मस्तक से सात स्रोतों से बहती हुई भूमि पर उतरी—

ह्लादिनी, पावनी और नलिनी नामक तीन प्रवाह पूर्व की ओर बहे और वहक्षु, सीता तथा सिन्धु नामक तीन प्रवाह पश्चिम की ओर बहे। बचा हुआ एक प्रवाह भगीरथ के बताये मार्ग से चला। भगीरथ पैदल गंगा के साथ नहीं चल सकते थे। इस कारण उन्हें एक रथ दिया गया। भगीरथ की कामना पूर्ण हुई। भगीरथ के बताये मार्ग से जो गंगा का प्रवाह चला, वह भागीरथी के नाम से प्रसिद्ध हुआ। आगे उनका वंश विस्तार भी हुआ।

भरत : ये अयोध्यापति महाराज दशरथ के पुत्र थे। महारानी कैकेयी के गर्भ से इनकी उत्पत्ति हुई थी। श्रीरामचन्द्र तो आदर्श पुरुषोत्तम थे ही, लक्ष्मण की भी भ्रातृभक्ति बेजोड़ है, परन्तु भरत की जैसी उदारता संसार में कहीं भी नहीं मिलेगी। जिस राज्य के लिए लालायित होकर कितने ही राजपुत्र अत्यन्त निन्दित और घृणित कार्य करने से भी नहीं रुकते, वही राज्य, सो भी छोटा-मोटा नहीं, कोसल राज्य, भरत को निरायास मिला, परन्तु, महात्मा भरत ने उसे नहीं लिया। जिस समय अयोध्या में इनकी माता ने इनको राज्य देने की माँग की थी, उस समय भरत अपने मामा के यहाँ गये थे। आने पर उन्होंने सारा वृत्तान्त सुना। उसके लिए उन्होंने अपनी माता की भर्त्सना की। इस काण्ड से भरत का हृदय विदीर्ण हो गया था। भरत रामचन्द्र को अयोध्या में लौटा ले आने के लिए चित्रकूट गये। फिर नन्दीग्राम में 14 वर्षों तक वनवासी रूप में रहे। भरत का चरित देव तुल्य है। तुलसी ने इनके सहारे 'भायपभगति' की स्थापना की है।

यह वेद कालीन एक अभिजातीय क्षत्रिय वर्ग भी था। बाद में यह एक महत्त्वपूर्ण कुल मान लिया गया, जिसमें सुदास और दिवोदास राजा हुए। भरतवंशियों ने समय-समय पर कई अश्वमेध किये। इनकी जो भौगोलिक सीमा बतायी गयी है, उसके अनुसार इनका कर्मक्षेत्र था गंगा-यमुना का

मैदान और पांचाल। इनकी शक्ति तथा आराध्य हैं भारती। इस महाद्वीप में भरतखण्ड और भारतवर्ष का नामकरण इन्हीं भरतों के आधार पर बताया गया है।

भरद्वाज : ये एक विख्यात आर्य ऋषि हैं। उतथ्य की पत्नी ममता के गर्भ से और उतथा के वीर्य से इनकी उत्पत्ति हुई थी। ममता जब गर्भवती थीं, उसी समय छिपकर वृहस्पति उसके पास गये। गर्भावस्था में मैथुन निषेध किया गया था, परन्तु वृहस्पति नहीं माने। तभी गर्भस्थ शिशु ने क्रुद्ध होकर अपने एक चरण द्वारा शुक्र प्रवेश का मार्ग रोक दिया। इससे शुक्र भूमि में गिर पड़ा। वृहस्पति के शाप से गर्भस्थ बालक अन्धा हो गया अतः उसका नाम दीर्घतमा पड़ा। भूमिपतित शुक्र से एक पुत्र उत्पन्न हुआ। ममता इस पुत्र का त्याग करना चाहती थी, परन्तु वृहस्पति ने ऐसा करने से मना किया। विवाद होने के कारण दोनों उस बालक को छोड़कर चले गये। देवताओं ने उस पुत्र को लेकर दुष्यन्त पुत्र राजा भरत को दे दिया। उस बालक का नाम भरद्वाज पड़ा। इनका दूसरा नाम वितथ था, क्योंकि राजा भरत के कोई सन्तान नहीं थी। उनका वंश वितथ होनेवाला था। इसी कारण भरद्वाज का दूसरा नाम वितथ पड़ा। ये आयुर्वेद के आचार्य थे। व्याधिग्रस्त प्राणियों का दुःख दूर करने के लिए मुनियों के परामर्श से महर्षि भरद्वाज इन्द्रपुरी गये और वहाँ आयुर्वेद का अध्ययन करके ये पुनः मर्त्यलोक में लौट आये। इन्होंने आयुर्वेद की शिक्षा मुनियों को दी। इससे आयुर्वेद का प्रचार हुआ। रामकथा में भरद्वाज की महती भूमिका है। ऋषियों में इन्हें अन्यतम माना गया है। ये छठे मण्डल के ऋषि थे और वृहस्पति के पौत्र भी। रामायण में इन्हें महान चिन्तक और ज्ञानी के रूप में वर्णित किया गया है। श्रीराम ने इनसे अनेक प्रकार के प्रबोध प्राप्त किये थे। तुलसीदास ने भरद्वाज और याज्ञवल्क्य को रामकथा के वक्ता श्रोता के रूप में चित्रित किया है। ऋषि भरद्वाज को शिक्षा शास्त्री, वैयाकरण एवं सूत्रकार माना जाता है।

भृगु : कुछ ग्रन्थों में ऐसा उल्लेख मिलता है कि मनु-स्मृति की रचना महाराज मनु के आदेश से महर्षि भृगु ने की थी। भृगु-संहिता ज्योतिष का प्रसिद्ध ग्रन्थ है।

भूरिकीर्ति : ये एक बहुत बड़े साम्राज्य के राजा थे। इन्होंने अपनी दो पुत्रियों के लिए स्वयंवर रचा था। उनकी एक पुत्री चम्पिका ने कुश को वरण किया और दूसरी कन्या सुमति ने लव को वरण किया था।

मंगल पाण्डे : इनका जन्म फ़ैज़ाबाद की तहसील अकबरपुर के ग्राम सुरहुरपुर में मई 1826 को हुआ था। 7 मई 1849 को ये कम्पनी सेना में भर्ती हुए थे। 26 मार्च 1856 को बैरकपुर छावनी में चर्बी लगी कारतूस को न छूने के अभियोग में इन पर जब सैनिक कार्रवाई की गयी तो मंगल ने अफसरों को गोली मार दी। गिरफ्तारी से बचने के लिए मंगल ने अपने पर गोली चला दी। इन्हें 8 अप्रैल 1856 को फाँसी दे दी गयी। इसी की प्रतिक्रिया में सिपाहियों ने मेरठ में बगावत कर दी, जिसकी परिणति सत्तावनी क्रान्ति के रूप में हुई।

मंडन मिश्र : भगवत् तत्वचिन्तक आचार्य मंडन मिश्र प्रकाण्ड विद्वान एवं शास्त्रार्थ महारथी थे। उनकी पत्नी भारती तीर्थ भी परम विदुषी महिला थीं। भारती का व्यक्तिगत नाम उम्बा या अम्बा था। शास्त्र में पारंगत होने के कारण प्रायः लोग इन्हें 'भारती' या 'उभय भारती' कहते थे। यह विष्णुमित्र की कन्या थीं और सरस्वती का अवतार मानी जाती थीं। मंडन मिश्र इन्हें 'शारदा' नाम से पुकारते थे। शंकराचार्य के साथ हुआ इनका शास्त्रार्थ सर्वविदित है। आचार्य मंडन मिश्र का वास्तविक नाम विश्वरूप था। विद्वान श्री माधव जी कृत 'शंकर दिग्विजय' के मतानुसार इनके पिताश्री का नाम हिम मिश्र था। श्री माधव ने अपने ग्रन्थ में इन्हें महिष्मती का निवासी बताया है।

कहा जाता है कि वहाँ के जलाशय पर स्नान हेतु आये नर-नारी समूह में से एक ने आचार्य के घर का पता इस प्रकार बताया था—"वेद स्वतः प्रमाण हैं या परतः प्रमाण? कर्म आप ही फल देता है या ईश्वर कर्म का फल देता है? जगत् नित्य है या अनित्य? इस प्रकार के वाक्य जिस द्वार के आगे पिंजरे में बैठी मैना बोलती हो, वही मंडन मिश्र का घर है।" शंकराचार्य ने मंडन मिश्र के घर पहुँचकर शास्त्रार्थ किया। मध्यस्थ बनीं भारती। मंडन मिश्र का मत था, "शब्दों की शक्ति कार्य-मात्र को प्रकट करने में है। दुःखों से मुक्ति कर्म के द्वारा ही होती है और इस कर्म का अनुष्ठान प्रत्येक मनुष्य को जीवन भर करते रहना चाहिए।" मीमांसक होने के नाते उन्होंने प्रतिज्ञा की थी कि—"यदि इस शास्त्रार्थ में मेरी पराजय हुई तो मैं गृहस्थ धर्म को छोड़कर संन्यास ले लूँगा।" शास्त्रार्थ कई दिनों तक सौहार्दपूर्ण वातावरण में बड़ी प्रगल्भता के साथ चलता रहा। अंत में 'तत्वमसि' महावाक्य को लेकर निर्णायक शास्त्रार्थ हुआ। भारती तीर्थ ने दोनों महारथियों को एक-एक माला पहनाकर यह घोषित कर दिया था कि जिसकी माला मलीन हो जायेगी, वह पराजित समझा जायेगा। शास्त्रार्थ के अन्तिम क्षणों में मंडन मिश्र की माला मलीन हो गयी और भारती ने उनके पराजय का निर्णय घोषित कर दिया। शंकराचार्य विजयी हुए। मंडन मिश्र शास्त्रार्थ की शर्त के अनुसार शंकराचार्य का शिष्यत्व ग्रहण कर संन्यासी हो गये और सुरेश्वराचार्य के नाम से विख्यात हुए। फिर शंकराचार्य के साथ लोक संग्रहार्थ भारत का भ्रमण करते हुए शृंगेरी मठ के पीठाधिपति बने। प्रयाग में इनके कई अवशेष विद्यमान हैं।

मण्डकर्ण्य : ये दण्डक वन में पंचाशर के पास रहते थे। इन्हें मोहित करने के लिए पाँच अप्सराएँ आयीं, जिनके साथ ये सरोवर में कूद गये थे।

मकराक्ष : यह रावण के एक सेनापति का नाम है। यह खर नामक राक्षस का पुत्र था। खर भी रावण का एक सेनापति था। वह श्रीराम के हाथों जनस्थान में मारा गया था।

मतंग : यह ऋष्यमूक पर्वत पर रहने वाले एक ऋषि का नाम है। वानरराज बालि ने दुन्दुभि नामक असुर को मार डाला था और मार कर यहीं उसका शव फेंक दिया था। उसके शरीर का एक रक्तबिन्दु मतंग मुनि के शरीर पर जाकर पड़ा। इससे क्रुद्ध होकर मुनि ने बालि को शाप दिया कि इस स्थान पर आने से तुम्हारी मृत्यु होगी। तभी से बालि ऋष्यमूक पर्वत पर नहीं जाता था। इसी कारण जब सुग्रीव किष्किन्धा से निकाल दिये गये, तब वे बालि के भय से ऋष्यमूक पर्वत पर जाकर रहने लगे थे। शवरी मतंग की शिष्या थी। राम के दर्शनोपरान्त इन्होंने अग्निसमाधि ले ली थी।

मदन मोहन मालवीय : भारतीय सनातन संस्कृति के प्रतीक मालवीय जी का जन्म 25 दिसम्बर 1861 ई. को इलाहाबाद में हुआ था। इन्होंने कलकत्ता से उच्च शिक्षा प्राप्त की। कुछ दिनों तक अध्यापक रहे, कुछ दिनों तक प्रथम हिन्दी दैनिक समाचार-पत्र 'हिन्दोस्थान' का सम्पादन किया, फिर एलएल. बी. करके वकील हो गये। ये कांग्रेस के गरम दल के समर्थक थे, बहुत अच्छे वक्ता थे और बड़े सफल वकील थे। कालक्रम में मालवीय जी ने 'अभ्युदय', 'लीडर' जैसे समाचार-पत्र शुरू किये, सनातन धर्म महामण्डल का गठन किया, कई ऋषिकुल बनवाये, तीर्थों का उद्धार किया तथा संस्कृत और देवनागरी को बढ़ावा दिया। फिर ये हिन्दू विश्वविद्यालय के निर्माण में लगे। इनके प्रयास से एशिया का सर्वश्रेष्ठ विश्वविद्यालय काशी में स्थापित हुआ। देश की आजादी के आन्दोलन के सिलसिले में ये गोलमेज परिषद् में सम्मिलित हुए। अन्तिम 8 वर्षों में ये बहुत बीमार रहे। कायाकल्प कराने के बावजूद 1943 ई. में इनका निधन हो गया।

मालवीय जी को राष्ट्रीय सांस्कृतिक चेतना, विद्वत्ता, वाग्मिता, सेवाभावना और चारित्रिक शुचिता

के कारण 'महामना' कहा गया और इस बीच 'भारत रत्न' सम्मान प्रदान किया गया है।

मन्दोदरी : यह लंकेश्वर रावण की पटरानी थी। यह मय नामक दानव के औरस और हेमा नाम की अप्सरा के गर्भ से उत्पन्न हुई थी। रावण का प्रसिद्ध पराक्रमी पुत्र मेघनाद इसी के गर्भ से उत्पन्न हुआ था। यह पंचकन्याओं में से एक हैं। रावण के मरने पर इनका विवाह विभीषण से हुआ था।

मन्थरा : यह दशरथ की महारानी कैकेयी की दासी थी। इसी के परामर्श से महारानी कैकेयी ने राम का वनवास और भरत का राज्याभिषेक, ये दो वर माँगे थे। मन्थरा कैकेयी के साथ ही आयी थी। कुछ ग्रन्थों में इसे कैकेयी की बहिन कहा गया है। कहीं-कहीं इसे कुरूपा, विकलांग तथा कुटिल सिद्ध किया गया है। यों यह अभिभावक का दायित्व निभाती रही है। इसे सरस्वती जी ने दिग्भ्रमित किया था। यह देवों की सहायक मानी गयी है।

मनु : ये ब्रह्मा के पुत्र और मनुष्य जाति के आदि पुरुष माने जाते हैं। प्रत्येक कल्प में चौदह मनु उत्पन्न होते हैं। इनके नाम हैं—स्वायम्भुव, स्वरोचिष, औत्तमि, तामस, रैवत, चाक्षुष, वैवस्वत, सावर्णि, दक्षसावर्णि, धर्मसावर्णि, रुद्रसावर्णि, देवसावर्णि और इन्द्रसावर्णि। इस समय सप्तम वैवस्वत मनु का अधिकार चल रहा है। मत्स्य पुराण में चतुर्दश मनुओं के नाम में कुछ भेद देखा जाता है। प्रथम मनु स्वायंभुव हैं। गायत्री और ब्रह्मा से इनकी उत्पत्ति हुई थी। द्वितीय स्वरोचिष, तृतीय औत्तमि, चतुर्थ तामस, पंचम रैवत, षष्ठ चाक्षुष, सप्तम वैवस्वत मनु, अष्टम सावर्णि मनु, नवम रौच्य (जो रुचि प्रजापति के पुत्र थे), एकादश मेरु सावर्णि ब्रह्मा के पुत्र थे। द्वादश मनु ऋभु, त्रयोदश ऋतुधामा, और चतुर्दश बिम्बक सेन। रामकथा में मनुशतरूपा द्वारा तप करके श्रीविष्णु को रामावतार रूप में पुत्रवत प्राप्त करने की कथा का विस्तृत वर्णन किया गया है। अयोध्या मूलतः मनु का प्रदेश है।

मनोज कुमार पाण्डेय : लखनऊ निवासी कैप्टन पाण्डेय कारगिल युद्ध में शहीद हुए थे। इन्हें परमवीर चक्र प्रदान किया गया है।

मयदानव : यह स्थापत्य शिल्प में निपुण था। इसी ने युधिष्ठिर के राजसूय यज्ञ की सभा बनवायी थी, जिसको देखकर बड़े-बड़े चकरा गये थे। मन्दोदरी इसी की कन्या थी, जिसका ब्याह रावण के साथ हुआ था। मय के दो पुत्र थे। एक का नाम मायावी और दूसरे का नाम दुन्दुभि था। दुन्दुभि, वानरराज बालि के हाथों मारा गया था।

मरुत : मरुत वस्तुतः अकेले देव नहीं, वरन् यह एक देवगण का नाम है। वेदों में मरुतगण रुद्र और वृश्नि या पृश्नि के पुत्र हैं। (ऋग्वेद 1.38.4,1.64.2) और इनकी संख्या 180 है, किन्तु महाभारत और कुछ पुराणों में मरुतगण को कश्यप और दिति के पुत्र के रूप में स्वीकार किया गया है। एक पौराणिक कथा है कि मरुतों के सौतेले भाई इन्द्र ने असुरक्षा और ईर्ष्यावश इनकी माता का गर्भ काटकर उसे सात टुकड़ों में बाँट दिया था। इस पर भी जब भ्रूण में जीवन का अंत नहीं हुआ तब इंद्र ने प्रत्येक टुकड़े को पुनः सात-सात टुकड़ों में तोड़ दिया, किन्तु एक से अनेक टुकड़ों में विभक्त होकर भी भ्रूण में प्राण यथावत् रहे। वे टुकड़े ही कालान्तर में मरुतगण हुए। इन मरुतों के नाम हैं—प्राण, अपान, व्यान, उदान, समान, नाग, कृथल, कूम, देवदत्त, धनंजय, शंभू, प्रवह, विवह, संवह, परिवह, उग्ह, आवह, शंकु, कास, प्रावह, शास, अनिल, प्रतिभ, कुमुद, अनल, शिवि, श्वेत, रक्त, कृष्ण, जित, अजित, झंझाद्योत, ऋतु, सिद्धि, पिग, शुचि, काम्य, मारुत, हनु, कंचन, मंडूक, भीम, कपि, संवर्तक, जड़, अतिजड़, संणत आदि।

वेदों में यह स्तुति की गयी है कि हे मरुतो! तुम अन्तरिक्ष से हमारे पास आओ। (ऋग्वेद 5.53.

8) इससे सिद्ध होता है कि मरुतगण अन्तरिक्ष में रहते हैं। मरुतों को वायुकोण का दिक्पाल भी माना जाता है। शतपथ ब्राह्मण के अनुसार वैदिक देवताओं के गण और परवर्ती देवगणों की कुल संख्या 418 है। इनका वर्गीकरण क्रमशः 8 वसु, 11 रुद्र, 12 आदित्य और इन्द्र व प्रजापति को मिलाकर कुल 33 देवता और इनके अतिरिक्त 30 तुषित, 10 विश्वेदेवा, 12 साध्य, 64 आभास्वर, 49 मरुत, 220 महाराजिक गणों में किया जाता है। यह उल्लेखनीय है कि हिन्दू धर्म के अतिरिक्त बौद्ध एवं जैन धर्म में भी देवताओं के कई गण अथवा वर्गों को मान्यता दी जाती है।

चारों वेदों में मरु देवों के मन्त्र एवं स्तुतियाँ मिलती हैं। जैसे—ते अज्येष्ठा अकनिष्ठास उभ्दिदो/ अमध्यमासो महसा विवावृधुः (ऋग्वेद 5.59.6) मरुतगणों में न कोई श्रेष्ठ है, न कनिष्ठ और न ही मध्यम। वे सब एक समान हैं। वेशभूषा से शक्ति तक मरुतगणों में कहीं कोई अन्तर परिलक्षित नहीं होता। ये एक साथ निवास करते हैं और एक साथ ही इनका वर्णन किया जाता है। प्रत्येक मरुत कन्धे पर भाला तथा हाथों में अग्नि के समान तेजस्वी शस्त्र सुशोभित हैं। कुठार, धनुष और चाबुक उनके हाथों की शोभा है। मरुतों के रथ को निर्घोष कहा जाता है। वह बिना घोड़े, बिना रथी, बिना रक्षक के चलता है। उनके घोड़े का नाम 'पृशित' है। मरुतगण के पास चार प्रकार के रथ हैं—अश्व रथ, अनश्व रथ अर्थात् बिना घोड़े के चलने वाला रथ, हरिणी रथ, उड़ने वाला रथ (ऋग्वेद 6.66.7) मरुत परम ज्ञानी हैं (प्रचेतसः मरुतः)। मरुत सात पंक्तियों में रहते हैं, जिनमें प्रत्येक मरुत का स्थान निश्चित है, इसीलिए इन्हें 'सप्ती' भी कहा जाता है। प्रत्येक पंक्ति के दोनों ओर छोर पर एक-एक रक्षक खड़ा होता है अर्थात् कुल 49 मरुत और 14 रक्षक मिलकर 63 सैनिकों का एक गण (गिने हुए सैनिकों का संघ) बनाते हैं। इस प्रकार स्पष्ट है कि वैदिक देव वर्ग में इनका महत्त्वपूर्ण स्थान है।

पौराणिक साक्ष्यों के साथ-साथ मरुतों के विषय में कुछ भौगोलिक संकेत भी प्राप्त हुए हैं, जिनके अनुसार वैशाली नगर के उत्तर-पूर्व में स्थित पहाड़ों पर एक मरुत जाति का निवास था। राम भक्त हनुमान इसी मरुत जाति से सम्बन्धित थे, अतः अयोध्या संस्कृति में मरुतों की महिमा सर्व स्वीकार्य रही है।

महात्मा गाँधी : गाँधी जी की राजनीतिक गतिविधियों का लखनऊ, कानपुर, इलाहाबाद आदि नगरों से घनिष्ठ सम्बन्ध रहा है। कांग्रेस के अधिवेशन में तथा मुस्लिम लीग, खिलाफत आन्दोलन के सिलसिले में गाँधी जी कई बार लखनऊ आये। यहीं नेहरू जी से इनकी पहली भेंट हुई थी।

महावीर (स्वामी) : ये जैनियों के अन्तिम तीर्थंकर थे। जैन ग्रन्थों के अनुसार ये सात धनुष लम्बे थे। इन्हें 72 वर्षों का जीवन मिला था। इनके पिता का नाम था सिद्धार्थराज और माता का नाम था त्रिशला। वह वैशाली के राजा केतक की बहन थीं। महावीर का जन्म 600 वर्ष ईसा पूर्व बताया जाता है। इनके जन्म के साथ ही अनेक अलौकिक घटनाएँ घटित हुई थीं। इन्होंने 29 वर्ष की अवस्था में घर परिवार छोड़ दिया था, सर्वस्व दान कर दिया था और 12 वर्षों तक वनवास करके तीर्थंकर पद प्राप्त किया था। इन्द्रियों को वशीभूत कर लेने के कारण ये महावीर (जितेन्द्रिय) कहलाये।

दूसरा महावीर यक्ष नायक लोरिक को कहा जाता है, जिसने चन्दा से विवाह करके अपने शौर्य का प्रमाण दिया था। लोरिकायन गाथा इसी से सम्बन्धित है। लोकजीवन के महावीर हनुमान जी का विशेषण है। इन तीनों का अवधांचल से घनिष्ठ सम्बन्ध है।

माण्डवी : यह कुशध्वज जनक की कन्या और भरत की पत्नी थी। इन्होंने तक्ष और पुष्कर नामक दो पुत्रों को जन्म दिया था। माण्डवी को स्त्री धर्म का आदर्श माना जाता है।

मान्धाता : ये सूर्यवंशी राजा युवनाश्व के पुत्र थे। ऐसी जनश्रुति है कि इनका जन्म ऋषियों

के द्वारा सम्पन्न यज्ञ से युवनाश्व के गर्भ से हुआ था। इसे दुग्धपान इन्द्र ने कराया था, जिससे एक ही दिन में यह बालक बड़ा हो गया और कालान्तर में चक्रवर्ती सम्राट बन गया। इनका विवाह बिन्दुमती से हुआ था, जिससे अम्बरीष, पुरुकत्स, मुचकुन्द ये तीन पुत्र और 50 कन्याएँ उत्पन्न हुई थीं। इनका लवणासुर से युद्ध हुआ था।

मारीच : यह ताड़का का पुत्र और रावण का मामा था। इसे राम का अनन्य भक्त बताया गया है। रावण ने इसे जब कपट मृग बनने का आदेश दिया, तो उसने यह सोचकर आदेश स्वीकार कर लिया कि मैं रावण के बजाय राम के द्वारा मारा जाऊँगा और मेरा उद्धार हो जायेगा—

उभय भाँति देखा निज मरना।
तब ताकिस रघुनायक सरना।।

माया मृग का रूप धारण करके उसने अपने आराध्य को काफी भटकाया। राम के द्वारा मारे जाने पर उसने उनकी वन्दना करके सुगति प्राप्त की—

अन्तर प्रेम तासु पहचाना
मुनि दुर्लभ गति दीन सुजाना।

उसके प्रभु ने उसके चर्म (मृग छाला) को अपने आसन के रूप में स्वीकार करके उसे कृतार्थ कर दिया। एक जनश्रुति के अनुसार, मरणोपरान्त इसका शरीर मारीशस में जा गिरा था।

मिथि : ये निमि इक्ष्वाकु के पुत्रों में बारहवें हैं। विष्णु पुराण और भागवत में लिखा है कि निमि के पुत्र का नाम जनक था। जनक के भी अन्य दो नाम थे—मिथि और विदेह। रामायण में लिखा है कि निमि के पुत्र का नाम मिथि और मिथि के पुत्र का नाम जनक था। रामायण में जनक के पुत्र का नाम उदावसु लिखा है। पुराणों में सीरध्वज का नाम जनक लिखा गया है, परन्तु रामायण में सीरध्वज जनक के पूर्वपुरुष माने गये हैं। सीरध्वज सीता के पितामह थे। रामायण और हरिवंश पुराण में सीरध्वज के भाई का नाम कुशध्वज लिखा है। श्रीमद्‌भागवत में सीरध्वज के पुत्र का नाम कुश लिखा है। स्पष्ट है कि शास्त्रों में मैथिलवंश के विषय में बड़ा मतभेद है।

मुचकुन्द : ये मान्धाता के पुत्र थे। इन्होंने देवताओं के हित में असुरों का नाश किया, जिससे देवताओं ने इन्हें यह मनचाहा वर प्रदान किया कि जो इन्हें जगायेगा, वह भस्म हो जायेगा। कालान्तर में मथुरा पर विजय प्राप्त करके कालयवन श्रीकृष्ण को ढूँढ़ते हुए गिरिनार पहुँचा और सोते हुए मुचकुन्द को कृष्ण समझ कर जब लात मारकार जगाने का प्रयास किया तो वह भस्म हो गया।

मेघनाद : यह लंकेश्वर रावण का पुत्र था। देवराज इन्द्र को युद्ध में पराजित करने के कारण इसकी इन्द्रजीत नाम से भी प्रसिद्धि थी। लंका के युद्ध में यह लक्ष्मण के हाथों मारा गया था।

मोती लाल नेहरू : ये भारत के प्रसिद्ध वकीलों में स्मरणीय हैं। इनका जन्म दिल्ली के कश्मीरी परिवार में 1861 में हुआ था। इलाहाबाद उच्च न्यायाल में वकालत करते हुए इन्होंने इतनी ख्याति अर्जित कर ली कि आज वे एक लीजेन्डी करेक्टर माने जाते हैं। 1919 में ये राष्ट्रीय कांग्रेस आन्दोलन से जुड़ गये। 1920 में असहयोग आन्दोलन में सम्मिलित हुए। उसके पीछे न केवल अपनी वकालत छोड़ी, बल्कि एसेम्बली की सदस्यता से भी त्याग पत्र दे दिया। देशबन्धु चितरंजन दास के साथ इन्होंने स्वराज्य पार्टी की स्थापना की और 'इंडिपेंडेंट' नामक एक दैनिक समाचार-पत्र निकाला। 1923 में ये पुनः असेम्बली के सदस्य चुने गये। ये श्रेष्ठ वक्ता एवं कुशल सांसद थे। 1919 में कांग्रेस के कलकत्ता अधिवेशन में और 1928 में अमृतसर अधिवेशन में ये कांग्रेस के अध्यक्ष बनाये

गये। इन्होंने भारतीय संविधान की एक रूपरेखा तैयार की, जिसे 'नेहरू रिपोर्ट' कहा जाता है। इसमें तत्काल स्वराज्य की माँग की गयी थी। इसके अस्वीकृत हो जाने पर 1930 में असहयोग आन्दोलन करते हुए कई जेल यात्राएँ कीं। 1931 में इनकी मृत्यु हो गयी। इनके पदचिह्नों पर चलते हुए इनके सुपुत्र पं. जवाहर लाल नेहरू ने इनके अधूरे कार्यों को पूरा किया।

मोहम्मद अली जिन्ना : पाकिस्तान के संस्थापक जिन्ना बम्बई के प्रसिद्ध बैरिस्टर थे। इन्होंने मुस्लिम लीग और कांग्रेस पार्टी में बहुत काम किया। इनके प्रयास से कांग्रेस लीग योजना बनी। उसे 'लखनऊ समझौता' कहते हैं। इन्हें 'कायदे आजम' कहा जाता है। इनका स्थितिकाल 1876 से 1948 ई. तक रहा है।

मोहम्मद साहब : इस्लाम के पैगम्बर हजरत मोहम्मद साहब का जन्म अरब के मक्का नामक नगर में छठी शताब्दी के अन्तिम दशक में हुआ था। उन्होंने अपने देशवासियों के लिए एक नया सम्प्रदाय स्थापित किया, जिसके दो मूल सिद्धान्त थे–(1) मानव मात्र के प्रति भाईचारा और (2) एकेश्वरवाद। उनके इस दर्शन से प्रभावित होकर उनके अनुयायी उन्हें ईश्वर का दूत मानने लगे। पहले मक्का के निवासियों ने उनका इतना विरोध किया था, कि उन्हें 622 ई. में मक्का से भाग कर मदीना जाना पड़ा। कालान्तर में मोहम्मद साहब ने सबसे सुलह करके काबा को अपने धर्म प्रचार का केन्द्र बना लिया। वे लौटकर मक्का में भी दस वर्ष रहे। इस बीच उन्होंने अरबों का धार्मिक, राजनीतिक नेतृत्व सँभाला। उन्होंने इस धर्म का व्यापक प्रचार किया। फलतः उनका इस्लाम दर्शन फारस, सीरिया, मिस्र, स्पेन, तुर्किस्तान, भारत आदि देशों में फैल गया।

यदु : ये महाराज ययाति के पुत्र थे और देवयानी के गर्भ से उत्पन्न हुए थे। शुक्राचार्य की कन्या देवयानी के गर्भ से ययाति के यदु और तुर्वशु नामक दो पुत्र उत्पन्न हुए थे। ययाति शुक्राचार्य के शाप से जराग्रस्त हो गये थे। ययाति के बहुत प्रार्थना करने पर शुक्राचार्य ने कहा कि किसी दूसरे की सम्मति से तुम अपनी वृद्धावस्था को देकर युवा हो सकते हो। ययाति ने पहले यदु से वृद्धावस्था लेने को कहा, परन्तु उसने मना कर दिया। क्रोधित होकर ययाति ने यदु को शाप दिया कि तुम मेरे पुत्र होकर भी अपनी अवस्था नहीं दे सकते हो। इस कारण तुम और तुम्हारे वंशज कोई भी राज्याधिकारी नहीं हो सकेंगे। इन्हीं से यादव वंश की उत्पत्ति हुई।

ययाति : ये राजा नहुष के पुत्र थे। इनकी एक पत्नी देवयानी थी, जो शुक्राचार्य की कन्या थी। दूसरी पत्नी थी शर्मिष्ठा, जो दैत्यपति व्रश्पर्वा की पुत्री थी। देवयानी ने यदु और तुर्वशु नामक पुत्रों को जन्म दिया। शर्मिष्ठा ने द्रह्यु, अनु और पुरु नामक पुत्रों को जन्म दिया। जब ययाति वृद्ध हो गये तो उन्होंने अपने पुत्रों से यौवन माँगा। पुरु के अतिरिक्त सबने मना कर दिया। उन्होंने एक हजार वर्ष तक यौवन-भोग करके पुरु को पुनः एक हजार वर्ष के भोग का आशीर्वाद दिया। उन्हें इस बात की ग्लानि हुई कि हजार वर्षों बाद भी उन्हें तृप्ति नहीं प्राप्त हुई है। फलतः ययाति ने घोर तपस्या की, जिससे उन्हें मुक्ति-लाभ हुआ।

याज्ञवल्क्य : ये ब्रह्मज्ञ और धर्मशास्त्रकार ऋषि थे। इन्होंने जनक को ब्रह्मोपदेश दिया था। इन्हें याज्ञवल्क्य संहिता का प्रवर्तक माना जाता है। इस संहिता में वर्णाश्रम धर्म, व्यवहार शास्त्र और प्रायश्चित्त का विधान किया गया है। जनक की सभा के ये सबसे प्रकाण्ड पण्डित थे। इस संहिता में 3 अध्याय हैं और 1912 श्लोक हैं। इन अध्यायों में विवाह, यज्ञ, श्राद्ध, वर्ण संकरता, भक्ष्य-अभक्ष्य, शुद्धि, पूजा, ऋण लेना-देना, साक्षी, दण्डविधान, आपद्धर्म, प्रायश्चित्त और दायभाग अर्थात् कानून का विवरण दिया गया है। मनु संहिता में उच्च वर्ण के व्यक्ति को निम्न वर्ण की कन्या से विवाह

करने की अनुमति है, जबकि याज्ञवल्क्य ने इसका विरोध किया है।

युधाजित : ये कैकय देश के रहने वाले थे और भरत के मामा थे। इनकी बहन कैकेयी का विवाह अयोध्यापति राजा दशरथ से हुआ था। कैकेयी दशरथ की तीसरी पत्नी थी। बहन के कहने पर ही युधाजित भरत को ननिहाल ले गये थे।

युवनाश्व : ये एक सूर्यवंशी राजा थे। इनके पिता का नाम प्रसेनजित और माता का नाम गौरी था। प्रसिद्ध राजा मान्धाता इन्हीं के पुत्र थे। इन्होंने अनेक दस्युओं को पराजित किया था। इसलिए इन्द्र ने इनका नाम 'त्रसदस्यु' रखा था।

यूपकेतु : ये राम परिवार से सम्बद्ध शत्रुघ्न के पुत्र थे। ये विदिशा के राजा थे। इनकी पत्नी थी—मालती। शिवकांति पुर के राजा कम्बुकण्ठ ने स्वयंवर रचाया तो यूपकेतु ने वहाँ पहुँचकर मदन सुन्दरी का वरण किया और कम्बुकण्ठ को बन्दी बना लिया था। इसने कुमुदवती से विवाह किया था। इसके आठ पुत्र हुए। ज्येष्ठ पुत्र था अतिथि। इन सबके 14 रानियाँ थीं।

रघु : ये अयोध्या के सूर्यवंशी राजा थे। इनके पिता थे दिलीप। पुत्र अज थे और पौत्र थे दशरथ। दिलीप ने वशिष्ठ के निर्देशानुसार कामधेनु की पुत्री नन्दिनी की सेवा करके पुत्र प्राप्त किया था। एक बार दिलीप ने यज्ञ किया, जिसमें अश्व की रक्षा का दायित्व रघु को सौंपा गया था। उसे इन्द्र ने छलपूर्वक चुरा लिया था। तब इन्द्र से युद्ध करके रघु ने वह अश्व छुड़ा लिया और फिर उन्होंने दिग्विजय की। अपनी अर्जित सम्पत्ति से उन्होंने विश्वजीत नामक यज्ञ किया और ब्राह्मणों को अपना सर्वस्व दान कर दिया। इनका राज्य फारस, यवन और हूणों तक व्याप्त था। रघुवंश में कालिदास ने इनकी दानवीरता और शूरता का मार्मिक वर्णन किया है।

रत्नावली : जनश्रुति के अनुसार ये तुलसीदास की पत्नी थी, किन्तु तुलसी के कुछ आत्मकथ्यों के अनुसार यह कथन प्रामाणिक नहीं सिद्ध होता। गोस्वामी जी ने कवितावली (उत्तरकांड) के छन्द संख्या 76 में यह घोषित किया है कि न मेरा ब्याह हुआ है और न मेरी वरेच्छा हुई है। इसी प्रकार कवितावली के उत्तरकांड के छन्द संख्या 106 में कहा गया है कि—

काहू की बेटी से बेटा न ब्याहब।

जिससे सिद्ध होता है कि वे बाल ब्रह्मचारी थे। इतिहास ग्रन्थों के आधार पर यह कहा जा सकता है कि मध्य काल में तुलसी नामधारी कई कवि हुए हैं। उनमें एक हैं सूकरखेत वाले तुलसी, जिन्होंने 'रामचरितमानस' की रचना की। दूसरे हैं देवी पाटन (बलरामपुर) वाले तुलसी, जिन्होंने रामायण के लवकुश कांड, जानकी विजय और गंगा कथा की रचना की। इनका वास्तविक नाम तुलाराम था और वे पयासी की मिसिर थे। तीसरे हैं सोरों वाले तुलसी, जिन्होंने छप्पय रामायण, छन्दावली, कुण्डलिया रामायण और कड़खा रामायण की रचना की। चौथे हैं, हाथरस वाले तुलसी, जिन्होंने घट रामायण की रचना की और उसमें स्वयं को तुलसी का अवतार घोषित किया। अनेक विद्वानों के मतानुसार रत्नावली देवी पाटन वाले तुलसी की तीसरी पत्नी थी। इस बीच ऐसे कई ग्रन्थ प्रकाश में आये हैं, जिनसे यह सिद्ध होता है कि रत्नावली स्वयं उच्च कोटि की कवयित्री थीं। उनके दोहों का एक संग्रह प्रकाशित है। उन्होंने तुलसीदास को प्रबोध दिया था।

ऋचीक : ये और्व नामक ऋषि के पुत्र थे। सत्यवती इनकी पत्नी थी। इनके तीन पुत्र हुए, जिनके नाम हैं—जमदग्नि, शुनःशेफ और शुनःपुच्छ। क्षत्रियों का नाश करने के लिए इन्होंने धनुर्विद्या का अध्ययन किया था। जमदग्नि के पुत्र परशुराम थे।

ऋतुपर्ण : ये इक्ष्वाकुवंश के प्रसिद्ध राजा थे। इनके पिता का नाम अयुताश्व था। अयोध्या इनकी राजधानी थी। राजा नल ने अपने दुर्दिन इनके यहाँ रहकर काटे थे। नल ने अपना असली नाम छिपाकर ऋतुपर्ण को बाहुक नाम बताया था। 'बाहुक' को राजा ऋतुपर्ण 10 हजार रुपये देते थे। बाहुक राजा ऋतुपर्ण को अश्व विद्या सिखाते थे और स्वयं द्यूतक्रीड़ा की शिक्षा ग्रहण करते थे।

ऋष्यशृंग : ये एक प्रसिद्ध ऋषि थे। महाराज दशरथ की कन्या शान्ता इनको ब्याही गयी थीं। इन्होंने महाराज दशरथ से पुत्र प्राप्ति के लिए यज्ञ कराया था। उस यज्ञ के प्रभाव से राजा दशरथ के चार पुत्र उत्पन्न हुए थे। ये महर्षि विभाण्डक के पुत्र थे। कहा जाता है कि एक दिन उर्वशी को देखकर इनका रेत पात हो गया था, जिसका पान करने से शाप भ्रष्ट देवकन्या मृगी से एक बालक का जन्म हुआ। चूँकि उसके सिर पर सींग थी, इसलिए उसे शृंगी ऋषि नाम दिया गया। इन्होंने जीवन पर्यन्त ब्रह्मचर्य का पालन किया। एक बार अंग देश में अकाल पड़ा। ब्राह्मणों ने कहा, यदि शृंगी ऋषि यज्ञ करेंगे तो जल वृष्टि होगी। राजा ने वेश्याओं द्वारा सम्मोहित करके उन्हें बुलाने का प्रयास किया। शृंगी ऋषि को पहली बार विपरीत लिंगीय आकर्षण महसूस हुआ। वे अंग देश आये। उनके पीछे विभाण्डक मुनि पहुँचे। राजा रोमपाद ने इसी बीच शृंगी से अपनी पोष्य पुत्री शान्ता का विवाह कर दिया। विभाण्डक उन दोनों को लेकर अपने आश्रम में पहुँच गये। यह विवरण वाल्मीकि रामायण में विस्तार से आया है।

राजीव गाँधी : श्रीमती इन्दिरा गाँधी की हत्या के बाद राजीव जी अमेठी क्षेत्र से सांसद पद पर भारी बहुमत से विजयी हुए। ये 31 अक्टूबर 1984 से 2 दिसम्बर 1989 तक प्रधानमन्त्री रहे। राजीव जी ने कंप्यूटरीकरण के क्षेत्र में पहल की। दुर्भाग्यवश लिट्टे से प्रेरित षड्यन्त्र द्वारा मई 1991 में श्रीपेरुलम्बूर में इनकी हत्या कर दी गयी।

राजेन्द्र कुमार पचौरी : इन्हें 2007 में शान्ति का नोबुल पुरस्कार प्राप्त हुआ है। पचौरी जी की शिक्षा लामार्टीनियर कॉलेज लखनऊ में हुई थी।

राम : अयोध्या के महाराज दशरथ के बड़े पुत्र थे। माता कैकेयी से वचन बद्ध पिता की आज्ञा से सीता और लक्ष्मण को साथ लेकर रामचन्द्र 14 वर्ष के लिए वन गये। उस समय भरत अपने मामा के यहाँ गये थे। अयोध्या आते ही भ्रातृ भक्त भरत ने सुना कि कैकेयी के कारण ही राम को वन जाना पड़ा है। उन्होंने अपनी माता को बहुत धिक्कारा। मन्त्रियों ने भरत से शासन करने के लिए कहा, किन्तु भरत ने इस प्रस्ताव को अस्वीकार कर दिया। अवधवासियों को लेकर राम को लौटाने के लिए भरत ने चित्रकूट की यात्रा की, परन्तु राम ने प्रतिज्ञाबद्ध होने के कारण लौटने से मना कर दिया। राम ने भरत को समझा-बुझाकर अयोध्या भेज दिया। भरत रामचन्द्र जी की पादुकाओं को सिंहासन पर रखकर 14 वर्षों तक प्रतिनिधि रूप में शासन करते रहे। रामचन्द्र जी चित्रकूट छोड़कर दण्डकारण्य में पर्णकुटी बनाकर रहने लगे। यहीं लंकेश्वर रावण की बहिन दुराचारिणी शूर्पनखा के नाक-कान कटे, फलतः राम का राक्षसों के साथ युद्ध हुआ। दण्डकारण्य में रावण के सेनापति खर दूषण 14 हजार सैनिकों के साथ लंका की रक्षा के लिए रहते थे। वे सब रामचन्द्र जी के द्वारा मारे गये। फिर छलपूर्वक मारीच की मदद से रावण ने सीता का हरण कर लिया। जटायु ने रावण से युद्ध भी किया, परन्तु वह सफल न हो सका। मरने से पहले उसने राम को सीता हरण के विषय में बताया। सर्वप्रथम हनुमान समुद्र पारकर लंका गये, सीता का पता लगाने। वहाँ उन्होंने लंका नगरी को उजाड़ा, फिर लंका पर आक्रमण हुआ। क्रमशः मेघनाद, कुम्भकर्ण आदि मारे गये। अन्ततः राम-रावण का युद्ध हुआ, जिसमें राम की विजय हुई। रामचन्द्र सीता को लेकर अयोध्या आ गये। राम के दो

पुत्र थे लव और कुश। सीता ने वनवास की बीच वाल्मीकि के आश्रम में इन्हें जन्म दिया था। इन्हें और अपने भाइयों तथा उनके पुत्रों को कोसल क्षेत्र के अलग-अलग राज्यों का दायित्व सौंपकर, अश्वमेध सम्पन्न करके और राम राज्य की स्थापना करके उन्होंने नरलीला समाप्त की। विष्णु के विभिन्न अवतारों में राम वैष्णव धर्मावलम्बियों में सर्वाधिक लोकप्रिय हैं। इनसे सम्बन्धित आरम्भिक काव्य है वाल्मीकि रामायण। संस्कृत में रचे गये राम काव्यों के आधार पर यह कहा जा सकता है कि श्रीराम का आधिदैवत अवतारी रूप ईसा पूर्व स्थापित हो गया था। इसी क्रम में 11वीं शताब्दी में राम सम्प्रदाय आरम्भ हुआ। 13वीं शताब्दी में मध्वाचार्य जी ने श्रीराम की मूर्ति प्रतिष्ठापित की। शनैः-शनैः रामनवमी को राम जन्मोत्सव के रूप में मनाया जाने लगा। इसे रामानुजाचार्य और स्वामी रामानन्द ने और विकसित किया। भास, भवभूति और कालिदास ने रामचरित को लेकर अनेक नाटक एवं काव्य रचे। रामोपासना की अनेक पद्धतियाँ समय-समय पर प्रचलित हुईं। इसके विभिन्न सम्प्रदाय अयोध्या में केन्द्रित हैं। देश-विदेश से अनेक राम भक्त अयोध्या में समय-समय पर आयोजित मेलों ठेलों, परिक्रमाओं और उत्सवों में सम्मिलित होते हैं, साथ ही राम जन्म भूमि, कनक भवन, हनुमान गढ़ी, सरयूघाट आदि का दरश-परस करके पुण्य लाभ करते हैं।

सनातन धर्म में राम को विष्णु का सातवाँ अवतार माना जाता है। वैवस्वत मनु के दस पुत्र थे—इल, इक्ष्वाकु, कुशनाम, अरिष्ट, धृष्ट, नरिष्यन्त, करुष, महाबली, शर्याति और पृषध। राम का जन्म इक्ष्वाकु के कुल में हुआ था। जैन धर्म के तीर्थंकर निमि भी इसी कुल के थे।

मनु के दूसरे पुत्र इक्ष्वाकु से विकुक्षि, निमि और दण्डक उत्पन्न हुए। इस तरह यह वंश परम्परा चलते-चलते हरिश्चन्द्र, रोहित, वृष, बाहु और सगर तक पहुँची। इक्ष्वाकु कोसल देश के राजा थे और इनकी राजधानी अयोध्या थी।

रामायण के बालकांड में गुरु वशिष्ठ द्वारा राम के कुल का वर्णन किया गया है, जो इस प्रकार है : ब्रह्माजी से मरीचि का जन्म हुआ। मरीचि के पुत्र कश्यप हुए। कश्यप के विवस्वान और विवस्वान के पुत्र वैवस्वतमनु हुए। वैवस्वत के दस पुत्रों में से एक का नाम इक्ष्वाकु था। इक्ष्वाकु ने अयोध्या को अपनी राजधानी बनाया और इस प्रकार इक्ष्वाकु कुल की स्थापना की। इक्ष्वाकु के पुत्र कुक्षि हुए। कुक्षि के पुत्र का नाम विकुक्षि था। विकुक्षि के पुत्र बाण और बाण के पुत्र अनरण्य हुए। अनरण्य से पृथु और पृथु से त्रिशंकु का जन्म हुआ। त्रिशंकु के पुत्र धुन्धुमार हुए। धुन्धुमार के पुत्र का नाम युवनाश्व था। युवनाश्व के पुत्र मान्धाता हुए और मान्धाता से सुसन्धि का जन्म हुआ। सुसन्धि के दो पुत्र हुए—ध्रुवसन्धि एवं प्रसेनजित। ध्रुवसन्धि के पुत्र भरत हुए। भरत के पुत्र असित हुए और असित के पुत्र सगर हुए। सगर अयोध्या के बहुत प्रतापी राजा थे। सगर के पुत्र का नाम असमंज था। असमंज के पुत्र अंशुमान तथा अंशुमान के पुत्र दिलीप हुए। दिलीप के पुत्र भगीरथ हुए। भगीरथ ने ही गंगा को पृथ्वी पर उतारा था। भगीरथ के पुत्र ककुत्स्थ और ककुत्स्थ के पुत्र रघु हुए। रघु के अत्यन्त तेजस्वी और पराक्रमी नरेश होने के कारण उनके बाद इस वंश का नाम रघुवंश हो गया। राम के कुल को रघुकुल भी कहा जाता है। रघु के पुत्र प्रवृद्ध हुए। प्रवृद्ध के पुत्र शंखण और शंखण के पुत्र सुदर्शन हुए। सुदर्शन के पुत्र का नाम अग्निवर्ण था। अग्निवर्ण के पुत्र शीघ्र और शीघ्र के पुत्र मरु हुए। मरु के पुत्र प्रशुश्रुक और प्रशुश्रुक के पुत्र अम्बरीष हुए। अम्बरीष के पुत्र का नाम नहुष था। नहुष के पुत्र ययाति और ययाति के पुत्र नाभाग हुए। नाभाग के पुत्र का नाम अज था। अज के पुत्र दशरथ हुए और दशरथ के ये चार पुत्र हुए—राम, भरत, लक्ष्मण तथा शत्रुघ्न। (वाल्मीकि रामायण : 1-59 से 72)

रामप्रसाद बिस्मिल : इन्होंने हिन्दुस्तान रिवोल्यूशनरी रिपब्लिक पार्टी का गठन 1857 ई. की क्रान्ति के परिप्रेक्ष्य में किया था। वे इसके कैप्टन थे। वाइस कैप्टन थे अशफाक उल्ला। 6 अगस्त 1925 के काकोरी काण्ड के अन्तर्गत इन्होंने इसी पार्टी के सहयोग से सहारनपुर डाउन पैसेंजर का खजाना लूटा था। इसमें सहायक थे राजेन्द्र नाथ लाहिड़ी, शचीन्द्र नाथ, चन्द्रशेखर आजाद, बनवारी लाल, मुरारीलाल शर्मा, केशवचन्द्र चक्रवर्ती, मंगल नाथ आदि। इस अभियोग में बिस्मिल को फाँसी दी गयी थी। इनकी स्मृति काकोरी में सुरक्षित है।

राममनोहर लोहिया : डॉ. लोहिया आधुनिक भारत की राजनीति को नयी दिशा देने वाले समाजवादी चिन्तक थे। इन्होंने राजनीतिक अर्थ विज्ञान की व्यावहारिक व्याख्या की। आर्थिक स्वतन्त्रता के प्रबल समर्थक डॉ. लोहिया के क्रान्तिकारी विचारों तथा उनके ओजस्वी भाषणों का बड़ा प्रभाव पड़ा। आज भी उनके समाजवाद के नारे गूँज रहे हैं। इनका जन्म 23 मार्च 1910 को उ.प्र. के फ़ैज़ाबाद जिले के अन्तर्गत अकबरपुर तहसील में हुआ था। अकबरपुर में प्रारंभिक शिक्षा ग्रहण करने के पश्चात् मुम्बई, वाराणसी, कोलकाता, इंग्लैंड तथा जर्मनी से उच्च शिक्षा प्राप्त की। ये कांग्रेस सोशलिस्ट पार्टी के संस्थापक सदस्य और 'कांग्रेस सोशलिस्ट' पत्रिका के सम्पादक रहे। 1942 के आन्दोलन को इन्होंने स्वतन्त्रता का अन्तिम युद्ध माना और भूमिगत होने के पश्चात् ही 'जंगजू आगे बढ़ो', 'मैं आजाद हूँ' तथा 'करो और मरो' पुस्तकें लिखकर हलचल उत्पन्न कर दी। पुर्तगाली सरकार के विरुद्ध इन्होंने 18 जून 1946 को गोवा में जेहाद छेड़ा। ये सरकार की विदेश नीति के आलोचक थे। इनका योगदान कभी भुलाया नहीं जा सकता। डॉ. लोहिया 12 अक्टूबर 1967 में इस संसार से विदा हो गये। चित्रकूट का रामायण मेला इनकी विशिष्ट देन है।

रामानन्द : इन्होंने उत्तर भारत में रामभक्ति का प्रचार-प्रसार करने में सर्वाधिक महत्त्वपूर्ण भूमिका निभायी। रामानन्द जी ने काशी और अयोध्या को अपनी साधना-स्थली बनाया। इन्होंने विभिन वर्गों के साधकों को शिष्य बनाया, जिनमें पीपा, कबीर, रैदास आदि नाम अग्रगण्य हैं। रामानन्द जी का जीवन वृत्त बहुत विवादास्पद है। बहुमत के आधार पर यह कहा जा सकता है कि इनका जन्म प्रयाग में हुआ था। प्राप्त तथ्यों के अनुसार इनका जीवनकाल 1400 से 1470 ई. माना जा रहा है। यह भी बहुमान्य है कि उनका सम्बन्ध रामानुज सम्प्रदाय और श्री सम्प्रदाय से रहा है।

रामानन्द ने राम नाम को तारक मन्त्र के रूप में स्थापित किया। उन्होंने उदार दृष्टिकोण अपनाया और कई अन्य धर्मावलम्बियों का शुद्धीकरण करके उन्हें वैष्णव मत की दीक्षा दी। रामानन्द जी ने जाति-पाँति का निषेध किया और विशिष्टाद्वैतवाद अथवा व्यावहारिक वेदान्त का प्रचलन किया। उन्होंने सगुण, निर्गुण, एकेश्वरवाद तथा बहुदेवतावाद का समन्वय किया। रामानन्द जी ने दार्शनिक चिन्तन और धर्म भावना की दृष्टि से अनेक ग्रन्थों की रचना की। उनके शिष्यों की संख्या अन्यान्य सम्प्रदायों की तुलना में सर्वाधिक है। रामानन्द जी के सम्प्रदाय का नाम है रामावत सम्प्रदाय। इसका तारक मन्त्र था 'रामाय नमः', जिसमें उन्होंने सवर्ण-अवर्ण, स्त्री-पुरुष, हिन्दू-मुस्लिम सबको सम्मिलित किया था।

रामानुजाचार्य : ये 12वीं शती के सन्त थे। दक्षिण भारतीय वैष्णव आचार्य के रूप में इनका बड़ा महत्त्व है। इनका मूल निवास था कृष्णापल्ली के निकट श्रीरंगम्। वहाँ चोल शासकों के कट्टर शैव पन्थ से आहत होकर ये मैसूर चले आये और वैष्णव मतावलम्बी बन गये। रामानुज ने शंकराचार्य के दर्शन को विशिष्टाद्वैतवाद के नाम से व्याख्यायित किया और दक्षिण में कई मन्दिरों का निर्माण करवाकर, विष्णु की मूर्तियाँ प्रतिष्ठित कीं। उत्तर भारत पर भी इनका गहरा प्रभाव पड़ा है।

रासबिहारी घोष : ये कलकत्ता हाईकोर्ट के प्रसिद्ध वकील थे। इन्हें 1907 में कांग्रेस के सूरत अधिवेशन का अध्यक्ष चुना गया था। इसी अधिवेशन में नरम दल और गरम दल का बँटवारा हुआ था। आजाद हिन्द फौज के गठन में इनकी भी महत्त्वपूर्ण भूमिका थी।

रावण : तीनों लोकों में प्रसिद्ध लंकाधिपति रावण विश्रवा का पुत्र था। इसकी माता का नाम केकसी था। रावण परम शिव भक्त था और विद्वान ब्राह्मण था। कहा जाता है कि इसके दस सिर और बीस भुजाएँ थीं। इसने भाई कुबेर से लंका पुरी और पुष्पक छीन लिया और अनेक सुन्दरियों का अपहरण किया। एक बार इसने रम्भा नामक अप्सरा पर बुरी दृष्टि डाली। वह नल-कूबर के यहाँ अभिसारिका के वेश में जाती थी। रावण के अत्याचार से क्रुद्ध होकर उसने रावण को शाप दिया था कि यदि तुम किसी से बलात्कार करोगे तो तुम्हारा मस्तक फट जायेगा। रावण ने सीता को पंचवटी से हर लिया था। इस दुष्कर्म का उसे फल भी मिला। इस अपराध के कारण विभीषण को छोड़कर समस्त वंश नष्ट हो गया। रावण त्रिलोक विजयी था, परन्तु कार्तवीर्य और बालि से इसे हार खानी पड़ी थी। अन्त में श्रीराम के हाथों इसकी मृत्यु हुई। दक्षिण में कुछ लोग रावण को पूज्य मानते हैं। यों रावण असत का प्रतीक है, इसीलिए दशहरे में प्रतिवर्ष रावण के पुतले जलाए जाते हैं।

राव राम बख्श : सन् 1857 के गदर में राव राम बख्श जी ने जिस साहस और शौर्य के साथ अंग्रेजी सेना का सामना किया, वह इतिहास में स्वर्णाक्षरों में अंकित है। अपने परिचितों के विश्वासघात के कारण यद्यपि इन्हें ईस्ट इण्डिया कम्पनी से पराजय मिली, फिर भी उनकी दूरदर्शिता, युद्धकला, और अपने बैसवारे की आन-बान-शान के कारण आज भी ये अजर-अमर हैं। निर्दय अंग्रेजों ने इन्हें फाँसी पर लटका दिया था।

रुद्र : 'रुद्र' शब्द की व्युत्पत्ति 'रुद्' धातु से हुई है, जिसका अर्थ है—रुदन या गर्जन। यजुर्वेद के 'शतरुद्रिय प्रकरण' में रुद्र को पशुपति, शम्भू, शंकर और शिव नाम से उच्चारित किया गया है। 'कृतवास' और 'आपार्थ' भी रुद्र के बहुप्रचलित नाम हैं। कतिपय स्थानों में विश्वकर्मा के पुत्र के रूप में उल्लिखित रुद्र ऐतरेय ब्राह्मण के अनुसार भय और भास के ऐसे देव हैं, जिनके नाम में भूत या पशु शब्द आते हैं और उनमें सभी देवों के उग्र अंश समाहित हैं। अथर्ववेद में इसे 'भूपति', 'नीलोदर', 'लोहितपृष्ठ' तथा 'नीलकण्ठ' कहा गया है। जलधारा के साथ बहकर चिकने पत्थर हो आये नीलोहित पत्थरों को शिव अथवा रुद्र का प्रतीक मानकर पूजने की परम्परा अत्यन्त प्राचीन है।

हड़प्पा में उत्खनन से प्राप्त एक विशेष आकृति को पुरातत्व विश्लेषक रुद्र अथवा शिव मानते हैं। अनुसन्धानकर्ता श्री एस.आर. राव के अनुसार वह अग्नि का प्रत्यंकन है। वैसे शिव और रुद्र दोनों शब्दों का प्रयोग 'रक्तवर्ण' अथवा 'लालिमा' के लिए किया जाता रहा है। अग्नि का प्रत्यंकन भी लाल होता है, अतः कहा जा सकता है कि अन्ततः दोनों एक ही हैं। चूँकि पाषाणकाल के उग्र देव रुद्र को विध्वंसक प्राकृतिक शक्तियों का प्रतीक माना गया है अतः रुद्र स्वभाव से क्रोधी, स्वरूप से भयानक और कर्म से संहारक माने गये हैं। इसीलिए उनके क्रोध के कारण उन्हें मातृदेवियों के समान अनिष्ट आचरणों से जोड़कर देखा गया। सौन्दर्यवादियों ने रुद्र को अनार्य देवता सिद्ध करने का प्रयास किया एवं ऋग्वेद (2.33.1) के 'रुद्र' को ऐतरेय ब्राह्मण (13.9.10) ने जान बूझकर 'रुद्रय' के रूप में गलत ढंग से अंकित किया गया। रुद्र एक पाषाण देवता थे। अनार्य देव के रूप में प्रतिष्ठित रुद्र की गणना वैदिककाल में साधारण देव के रूप में की गयी थी। वेदों के रुद्र के प्रलयंकारी और सृजनकारी दोनों रूप समाहित हैं।

रुद्र कितने थे, इस सम्बन्ध में मतैक्य नहीं है। कहीं 1, कहीं 10 और कहीं 100 रुद्रों का उल्लेख मिलता है। अनुमान है कि संख्या में यह वृद्धि उनके गुणों की परिचायक रही होगी। इस सन्दर्भ में शिव और विष्णु पुराण में एक कथा मिलती है कि दैत्यों से व्यथित देवताओं की सहायता के लिए उनके पिता कश्यप ने भगवान शिव की पूजा करके यह वरदान प्राप्त किया कि वे उनकी पत्नी वसुधा के पुत्र बनकर जन्म लें और दैत्यों को परास्त करें। कश्यप को दिये वचन के अनुसार शिव ग्यारह रुद्र (कपाली, पिंगल, भीम, विलोहि, शस्त्रभृत, अभय, अजपाद, अहिबुध्न्य, शंभु, भव तथा विरूपाक्ष) के रूप में वसुधा के गर्भ से प्रकट हुए। कूर्मपुराण में प्रसंग आता है कि सृष्टि उत्पन्न करने में असमर्थ ब्रह्मा के नेत्रों से विवशता जन्य आँसुओं से भूत-प्रेतों का जन्म हुआ और मुख से ग्यारह रुद्रों का। ब्राह्मण ग्रन्थों के अनुसार जन्म लेते ही रुदन के कारण इनका नाम रुद्र पड़ा। कुछ कथाओं के अनुसार रुद्र को भगवान शंकर का अवतार माना जाता है, जिनका अवतरण कामदेव को भस्म करने एवं दक्ष का यज्ञ ध्वस्त करने के लिए हुआ। ऋग्वेद के मात्र तीन सूक्त ही रुद्र पर केन्द्रित हैं, जहाँ रुद्र के उग्र एवं विनाशकारी रूप के समक्ष अश्वों, परिजनों, गायों का विनाश न कराने की स्तुति की गयी है और कहा गया है कि हे रुद्र, हमारी प्रजाएँ तुम्हारी स्तुतियाँ करती हैं। तुम उनकी रक्षा करो। उन्हें रोग मुक्त बनाओ। शेष ऋचाओं में सोम आदि के साथ उनके नाम का उल्लेख आता है। पहले वैदिक धर्म में 'पशुपति' अथवा रुद्र की स्थिति बहुत अस्पष्ट सी थी। यज्ञ की गतिविधियों में पौराणिक काल में रुद्र से जुड़े मिथकों ने नया आकार लिया और वैदिककालीन प्रलयंकारी 'रुद्र' को सहस्र औषधियों का ज्ञाता, मंगलकारी 'शिव' बनाकर चराचर के केन्द्रीय देवता के रूप में प्रतिष्ठित कर दिया गया। शीघ्र ही रुद्र की गणना त्रिदेवों में की गयी। महेश औषधियों के ज्ञाता हैं, मंगलकारी हैं। वास्तव में रुद्र एक साथ कल्याण और विनाश दोनों के देवता हैं। शान्त रूप शिव और क्रोधित रूप रुद्र हैं, किन्तु क्रोध में 'महाकाल' बनकर भी रुद्र विनाश नहीं, बल्कि सृजन के भाव का ही पोषण करते हैं। शिवलिंग अथवा योनि पूजा की पृष्ठभूमि में निहित तर्क और सन्देश भी यही है। रुद्र की चर्चा अक्सर रुद्रों, रुद्रियों और मरुतों के पिता के रूप में की जाती है (ऋग्वेद 1.38.4, 1.64.2)। क्योंकि मरुत, रुद्र की तरह 'धनुष-बाण' धारण करते हैं और उनमें रोगनाश का सामर्थ्य भी है। इन्द्र से रुद्र की समता का आधार है विद्युत की तरह गर्जन करने की क्षमता। रुद्र द्वारा वज्र को धारण करना भी इस कल्पना की पुष्टि करता है। रामकथा में तथा अवध क्षेत्र में रुद्र-शिव की बड़ी महिमा है।

रूमा : यह कपिराज सुग्रीव की पत्नी थी। सुग्रीव को परास्त करके बालि ने बलात इससे विवाह कर लिया था। इसी अपराध के कारण राम ने उसका वध किया था। गोस्वामी जी ने इसका स्पष्टीकरण देते हुए लिखा है–'अनुज वधू भगिनी सुत नारी।'

लंकिनी : यह लंका के प्रवेश-द्वार की रक्षा करती थी। हनुमान के प्रवेश करते समय इसने विकट युद्ध किया था। मूर्च्छित होते समय उसने बताया था कि ब्रह्मा के कथनानुसार अब निशिचर वंश के नाश का समय आ गया है।

लव : ये अयोध्यापति राजा रामचन्द्र के पुत्र थे। रामचन्द्र ने उत्तरकोसल के अन्तर्गत श्रावस्ती नगरी का निर्माण करके वहाँ का इन्हें अधिपति बनाया था। इनकी एक पत्नी सुमति और दूसरी कंजाक्षिखा थी।

लवणासुर : यह मधु राक्षस का पुत्र था। मथुरा में इसका शासन था। यह राक्षस रावण की मौसी कुम्भीनसी के गर्भ से उत्पन्न हुआ था। पितृदत्त शूल के प्रभाव से यह दानव, देव और मनुष्यों

से अजेय हो गया था। राजा मान्धाता को इसने मार डाला था। महर्षि गण इसके अत्याचार से पीड़ित होकर अयोध्यापति महाराज रामचन्द्र की शरण में गये। रामचन्द्र ने लवणासुर का दमन करने के लिए महर्षियों के साथ शत्रुघ्न को भेजा। वीर शत्रुघ्न ने लवणासुर का वध करके मथुरा को अपने साम्राज्य में मिला लिया था।

लाल बहादुर शास्त्री : इनका जन्म 29 जुलाई 1904 को और निधन 11 जनवरी 1966 को हुआ था। ये 9 जून 1964 से 11 जनवरी 1966 तक प्रधानमन्त्री रहे। इनका जन्म वाराणसी के एक निर्धन परिवार में हुआ था। शास्त्री जी बड़े सीधे-सादे, गाँधीवादी नेता तथा देश भक्त थे। इन्होंने खाद्य समस्या को सुलझाते हुए ''जय जवान जय किसान'' का नारा दिया। इनके कार्यकाल में पाकिस्तान ने दो बार आक्रमण किये, जिनका इन्होंने मुँह तोड़ जवाब दिया। शास्त्री जी चारित्रिक शुचिता के आदर्श माने जाते हैं।

लियाकत अली : मौलवी लियाकत अली इलाहाबाद में हुई क्रान्ति के नायक थे। इन्होंने ब्रिगेडियर नील द्वारा अधिकृत इलाके पर अधिकार करके कानपुर जाकर नाना साहब के साथ मिलकर आन्दोलन किया था। बाद में इन्हें गिरफ्तार करके कालापानी की सज़ा दे दी गयी थी।

विजय लक्ष्मी पण्डित : ये मोती लाल नेहरू की सुपुत्री थीं। इनका जन्म वर्ष है 1900 ई. और निधन वर्ष है 1990 ई.। इन्होंने स्वाधीनता आन्दोलन में बढ़ चढ़ कर हिस्सा लिया था। बाद में ये इंग्लैण्ड में उच्चायुक्त, सोवियत संघ तथा अमरीका में राजदूत, संयुक्त राष्ट्र संघ में जनरल असेम्बली में अध्यक्ष और लोकसभा की सदस्य रहीं।

विराध : यह एक राक्षस था। वनवास के समय शरभंग के आश्रम में जाते हुए श्रीरामचन्द्र जी ने इसको मारा था। इसके पिता थे जव और माता थी सतहर्दा। इसे वरदान प्राप्त था कि यह किसी अस्त्र से नहीं मरेगा। अतः इसे लातों-लातों मारा गया था। मरते समय इसने बताया था कि मैं तुम्बुर नाम का गन्धर्व था। कुबेर के शाप से मैं राक्षस हो गया था। राम-लक्ष्मण ने उसे वहीं दफना दिया था।

विनता : ये प्रजापति कश्यप की पत्नी और पक्षियों की माता थी। अरुण और गरुड़ नामक इनके प्रबल पराक्रमी दो पुत्र थे। पण में हार जाने के कारण इनको अपनी सौत कद्रू की 50 वर्षों तक दासी बनकर रहना पड़ा था, परन्तु गरुड़ ने अपने प्रयत्न से माता को दासी बन्धन से मुक्त करा लिया था।

विभीषण : ये रावण के छोटे भाई थे। रावण से अपमामित होकर कुलध्वंसाभिलाषी विभीषण रामचन्द्र जी की शरण में गये। इन्हीं के परामर्श से राम जी रावण का वध कर सके थे। रावण को मारकर रामचन्द्र जी ने इन्हें लंका का राज्य दिया। विभीषण राम के परम भक्त थे। इनकी पत्नी थी गन्धर्व राज सैलूस की पुत्री सरमा।

विष्णु : ये हिन्दुओं के प्रधान त्रिदेव में से एक हैं। इनके ऊपर सृष्टि की रक्षा का भार है। प्रजापति कश्यप के औरस रूप में अदिति के गर्भ से इनकी उत्पत्ति हुई थी। इनकी पत्नी का नाम था लक्ष्मी। ये सृष्टि के कल्याण के लिए हर युग में उत्पन्न होते हैं। इन्हें दशावतारी भी कहा जाता है। इनकी छवि है, शंख, चक्र, गदाधारी, वन माला विभूषित, श्यामलवर्ण, पीताम्बर पहने, प्रायः शेषशायी मुद्रा। इन्होंने समय-समय पर 10 अवतार लिए। इनकी उपासना पद्धति वैष्णव सम्प्रदाय में निर्धारित है।

विश्रवस : कुबेर और रावण इनके पुत्र थे। इनके पिता का नाम पुलस्त्य था। कालान्तर में कुबेर यक्ष संस्कृति से और रावण राक्षस वंश से जुड़ गये।

विश्वनाथ प्रताप सिंह : ये 2 दिसम्बर 1989 से 10 नवम्बर 1990 तक प्रधानमन्त्री रहे। इन्होंने 1990 में त्यागपत्र दे दिया था। ये उत्तर प्रदेश के मुख्यमन्त्री और केन्द्र में कबीना मन्त्री रहे हैं। ये माण्डा (प्रतापगढ़) के राजा थे। इन्हें राजर्षि की उपाधि दी गयी थी और यह नारा दिया गया था—"राजा नही फकीर है। भारत की तकदीर है।" बोफोर्स काण्ड और मण्डल कमीशन के कारण ये आजीवन विवादों से घिरे रहे।

विश्वामित्र : इनका जन्म राजकुल में हुआ था। ये गाधिराज के पुत्र थे। राजवंश में जन्म लेकर भी विश्वामित्र कठिन तपस्या करके महर्षि हो गये थे। एक बार राजा विश्वामित्र बहुत बड़ी सेना लेकर वशिष्ठ के आश्रम में गये। वशिष्ठ ने कामधेनु की सहायता से राजा विश्वामित्र तथा उनके साथियों को खूब खिलाया-पिलाया। राजा विश्वामित्र ने धेनु का यह प्रभाव देखकर वशिष्ठ से उसकी याचना की। परन्तु वशिष्ठ ने धेनुदान करने में असमर्थता जताई, तब राजा बलपूर्वक उसे ले जाने लगे। वशिष्ठ की आज्ञा से कामधेनु ने असंख्य सेनानियों की सृष्टि की, जिनसे विश्वामित्र परास्त हो गये। फिर महर्षि के पुत्रों ने वशिष्ठ पर आक्रमण किया, किन्तु वे भी नष्ट हो गये। विश्वामित्र ने क्षात्र धर्म को ब्रह्म तेज से अधिक श्रेष्ठ समझा। अस्तु, वे दिव्यास्त्र प्राप्त करने के लिए वन में गये। वहाँ उन्होंने महादेव की आराधना की, जिससे उन्होंने धनुर्वेद प्राप्त किया। धनुर्वेद प्राप्त करके विश्वामित्र ने वशिष्ठ पर पुनः आक्रमण किया। किन्तु ब्रह्मदण्ड के सामने विश्वामित्र को हार खानी पड़ी। तब विश्वामित्र ने समझा कि योगबल के सामने अस्त्र बल कोई चीज नहीं है। पुनः इन्होंने कठोर तपस्या की। अन्त में उन्हें राजर्षि की जगह ब्रह्मर्षि की उपाधि प्राप्त हुई। यह भी कथा है कि अयोध्या के राजा हरिश्चन्द्र की परीक्षा लेने के लिए इन्होंने उसे बड़ा कष्ट दिया। विश्वामित्र नहुष को सशरीर स्वर्ग पहुँचाने में भी सफल नहीं हुए। विश्वामित्र अपने यज्ञ-विघ्नों के नाश के लिए दशरथ से राम-लक्ष्मण को माँग लाये थे। राम-लक्ष्मण को लेकर ये ताड़का के वन में आये। महर्षि ने श्रीराम को बला और अतिबला नामक अस्त्र शिक्षा दी। इसी मन्त्र बल से राम ने ताड़का का नाश किया। ताड़का वध के बाद विश्वामित्र राम-लक्ष्मण को मिथिला पुरी के सीता स्वयंवर में ले गये, जहाँ चारों भाइयों के विवाह हुए।

वाजिद अली शाह : इन्हें अवध का अन्तिम नवाब माना जाता है। इनका राज्यकाल 1847 से 1856 ई. तक रहा। ये अत्यन्त कला प्रेमी साथ ही विलासी शासक थे। इनके द्वारा निर्मित लखनऊ नगर के अनेक भवन, जैसे बारहदरी, परीखाना आदि अभी विद्यमान हैं। वाजिद अली ने कथक, ठुमरी, खयाल, दादरा, शायरी, रासलीला और रंगमंच में विशेष रुचि प्रदर्शित की। हिन्दू-मुस्लिम एकता की दिशा में भी काफी पहल की, किन्तु अपनी विलासिता के कारण ये कुख्यात हो गये। इन पर कुशासन का आरोप लगाकर कम्पनी सरकार ने 1856 ई. में इन्हें निर्वासित कर कलकत्ता भेज दिया। वहीं बन्दी जीवन यापन करते हुए इनकी मृत्यु हो गयी।

वाल्मीकि : ये विख्यात महामुनि रामायण के रचयिता थे। ये अयोध्यापति महाराज रामचन्द्र के समकालिक थे, परन्तु अवस्था में उनसे बड़े थे। रामचन्द्र के पिता दशरथ इनके समवयस्क थे। तब अयोध्या के दक्षिण की ओर गंगा बहती थी। गंगा के दक्षिण की ओर वन है। उसी वन से होकर तमसा नदी निकली है। इसी तमसा नदी के तीर पर महर्षि वाल्मीकि का आश्रम था। उसी आश्रम में बैठकर महर्षि वाल्मीकि ने आदि काव्य की रचना की थी। रामायण में लिखा है फि लवणासुर को मारने के लिए मथुरा जाते समय शत्रुघ्न वाल्मीकि के आश्रम में ठहरे थे। प्राचीन ग्रन्थों के अनुसार महर्षि कश्यप और अदिति के नवम पुत्र वरुण (आदित्य) के ये पुत्र थे। इनका एक नाम प्रचेत या

प्राचेतस भी मिलता है। भृगु इनके भाई थे। उनके साथ ब्रह्म विद्या पर इनका व्यापक संवाद हुआ था। वाल्मीकि जी परम ज्ञानी और महातपस्वी ऋषि थे। दीर्घ काल तक समाधि ग्रस्त रहने के कारण इनके शरीर को दीमक ने ढक लिया था जिससे इनका एक नाम वाल्मीकि पड़ गया। भागवत में इनका आश्रम तमसा नदी के तट पर बताया गया है। वहीं इन्होंने व्याध को अनुष्टुप छन्द में शाप दिया और नारद से सुनी रामकथा का उसी छन्द में प्रणयन किया, जिसे कुशीलवों ने रामराज्य में सुनाया। वही काव्य रामायण रूप में विख्यात हुआ।

कुछ पुराणों में वर्णित वाल्मीकि (रत्नाकर) का आरम्भिक जीवन एक ऐसे दस्यु का बताया गया है, जो पथिकों का वध करता था। नारद जी के प्रबोध से उन्हें ज्ञान लाभ हुआ और फिर तपस्या करके उन्होंने ऋषि पद प्राप्त किया।

वराह (वाराह) अवतार : श्रीमद्भागवत में वराह अवतार का विस्तृत वर्णन मिलता है। एक बार चारों सनकादिक ऋषि (सनक, सनन्दन, सनातन और सनत्कुमार) भगवान विष्णु के दर्शन हेतु वैकुण्ठ गये। द्वार पर जय और विजय नामक द्वारपालों ने ऋषियों को रोक लिया। ऋषियों के बार-बार कहने और समझाने पर भी जय और विजय ने उन्हें वैकुण्ठ के अन्दर नहीं जाने दिया।

सनकादिक ऋषियों ने कहा, ''वैकुण्ठ में अहंकारी का वास नहीं हो सकता। तुम पापयोनि में जाओ और अपने पाप का फल भोगो।'' भयभीत होकर जय और विजय क्षमा माँगने लगे। सनकादिक ऋषिगण के आगमन की सूचना पाकर भगवान विष्णु स्वयं लक्ष्मी एवं अपने समस्त पार्षदों के साथ उनके स्वागत के लिए पधारे। भगवान विष्णु ने कहा, ''मुनीश्वर, मैं जय और विजय की ओर से क्षमा याचना करता हूँ और आपकी प्रसन्नता की भिक्षा माँगता हूँ''। भगवान के मधुर वचनों से ऋषियों का क्रोध शान्त हो गया। वे बोले, ''हे नाथ! हमने क्रोधवश निरपराध द्वारपालों को शाप दे डाला। इसके लिए हम क्षमा चाहते हैं। आपकी आज्ञा से हम इन द्वारपालों को शापमुक्त करना चाहते हैं।'' भगवान विष्णु ने कहा, ''हे मुनिगण, यदि ब्राह्मण वचन असत्य होंगे, तो धर्म की अवमानना होगी। ये द्वारपाल अपने अहंकार के कारण दण्ड के भागीदार हैं। अतः ये दिति के गर्भ में जाकर दैत्य योनि प्राप्त करेंगे और मुझसे शत्रुभाव रखते हुए भी मेरे ध्यान में लीन रहेंगे। मेरे हाथों संहार के बाद ये पुनः इस धाम में लौटेंगे।''

भगवान विष्णु के कथनानुसार, कश्यप पत्नी दिति के गर्भ से जय और विजय ने हिरण्यकशिपु और हिरण्याक्ष के रूप में जन्म लिया। इनके जन्म के समय से तीनों लोकों में भयंकर उत्पात होने लगे। जन्म लेते ही दोनों दैत्य आकाश तक बढ़ गये। हिरण्यकशिपु तप द्वारा ब्रह्मा जी से अभय, अजेयता और अमरता का वरदान पाकर उद्दंड और स्वेच्छाचारी बन गया और तीनों लोकों पर एकछत्र राज्य करने लगा। हिरण्याक्ष भी उसकी आज्ञा से शत्रुओं का नाश करने लगा। एक दिन वह वरुण की राजधानी विभावरी नगरी में पहुँचा और वरुण देव को युद्ध की चुनौती दी। वरुण देव बोले, "तुमसे युद्ध के लिए मेरे पास शौर्य कहाँ? तीनों लोकों में भगवान विष्णु को छोड़कर कोई भी ऐसा नहीं है, जो तुमसे युद्ध कर सके। तुम जैसे बलशाली को तो यज्ञपुरुष नारायण के पास जाना चाहिए। वे ही तुमसे लड़ने योग्य हैं।"

नारायण को खोजते हुए हिरण्याक्ष रसातल में पहुँच गया। वहाँ उसने भगवान को वराह (वाराह) रूप में पृथ्वी को अपने दाँत में दबाकर लाते हुए देखा। वह सोचने लगा, कोई साधारण वराह तो धरती को अपने दाँतों से नहीं उठा सकता। अवश्य ही यह वराह रूप में विष्णु हैं। वे ही देवताओं के कल्याण के लिए माया रचते हैं। हिरण्याक्ष ने वराह से कहा, "अरे मूर्ख पशु! तू इस पृथ्वी को

कहाँ लिए जा रहा है? इसे तो ब्रह्मा जी ने हमें दे दिया है। यह पृथ्वी तो दैत्यों के उपभोग की वस्तु है। तू इसको रसातल से नहीं ले जा सकता।"

हिरण्याक्ष कभी उन्हें निर्लज्ज कहता, कभी कायर और कभी मायावी। परन्तु विष्णु शान्तभाव से धरती को लिए हुए आगे बढ़ते रहे। भगवान वराह और हिरण्याक्ष के मध्य भयंकर युद्ध हुआ और अन्त में हिरण्याक्ष का भगवान वराह के हाथों वध हो गया। वराह के विजय प्राप्त करते ही ब्रह्मा जी सहित समस्त देवतागण आकाश से पुष्प वर्षा कर उनकी स्तुति करने लगे। विष्णु के हाथों मुक्त होकर हिरण्याक्ष वैकुंठ लोक चला गया और पुनः वैकुंठ का प्रहरी बन गया।

अवध में आश्विन मास के शुक्ल पक्ष की चतुर्दशी को वराह चतुर्दशी का व्रत किया जाता है। इस तिथि को भगवान वराह की पूजा का विधान है। कहते हैं कि इस दिन भगवान वाराह ने अवतार लिया था। देवीपाटनमंडल में भगवान वाराह की अवतार स्थली पसका सूकरखेत है। सरयू घाघरा नदी के इस संगम को तिमुहानी कहा जाता है।

वशिष्ठ : इन्हें वैदिक परम्परा में सबसे बड़ा ऋषि माना जाता है। ऋग्वेद के आठवें मण्डल के संयोजन में इनकी बड़ी भूमिका रही। इन्होंने दस राजाओं के विरुद्ध सुदास की सहायता की थी, जिसके कभी पुरोहित थे विश्वामित्र। वहाँ से पदच्युत होकर विश्वामित्र ने वशिष्ठ पर कई बड़े आक्रमण किये। यहाँ तक कि उनके पुत्रों की हत्या तक की। वशिष्ठ के अनेक प्रकरण रामायण महाभारत में प्राप्त होते हैं। उनके द्वारा रचित ग्रन्थों में वशिष्ठ संहिता, वशिष्ठ धर्मिता, योग वाशिष्ठ आदि का उल्लेख प्रायः मिलता है। अयोध्या राज्य में वशिष्ठ जी ने महाराज दशरथ और श्रीराम के यहाँ पौरोहित्य कार्य किया था। अन्त में श्रीराम की कृपा से उनका उद्धार हुआ। वे राम-लक्ष्मण आदि के गुरु भी थे। पुराकथा के अनुसार ये महर्षि सप्तर्षियों में से एक है। इनको कर्दम कन्या अरुन्धती ब्याही गयी थी। राक्षस-भावापन्न अयोध्यापति कल्मषपाद ने इनके सौ पुत्रों को खा लिया था। पुत्रशोक से व्याकुल होकर ये एक नदी में डूबकर मर जाना चाहते थे। इन्होंने स्वयं को एक रस्सी में बाँधकर नदी में छलाँग लगायी। नदी का बहाव तेज होने के कारण रस्सी का बन्धन टूट गया और ये बहकर रेत पर चले गये। उस नदी का नाम बिपाशा था। तदनन्तर ये हेमवती नदी में मरने के लिए कूदे, परन्तु वहाँ भी इनकी मृत्यु नहीं हुई। इस नदी का नाम शतद्रु पड़ा। ये जब अपने आश्रम में लौट रहे थे, तभी देखा कि इनकी पुत्रवधू अदृष्यन्ती इनके पीछे-पीछे आ रही है। उसने बताया, मैं आपकी पुत्रवधू हूँ। मेरे गर्भ से आपके बड़े पुत्र शक्ति का एक पुत्र उत्पन्न हुआ है। अदृश्यन्ती के कहने पर महर्षि ने मरने की इच्छा छोड़ दी। वंश रक्षा की बात सुनकर इन्हें बड़ा आनन्द हुआ। इस पुत्र का नाम महर्षि ने पराशर रखा।

वेदवती : यह राजा कुशध्वज की कन्या थी। राजा ने सोचा था कि मैं अपनी कन्या का विवाह विष्णु से करूँगा। जब कुशध्वज मारे गये तो अपने पिता की इच्छा पूरी करने के लिए वेदवती तपस्या करने लगी। बहुत दिन बीतने पर एक दिन लंकेश्वर रावण वहाँ आया और उसकी सुन्दरता पर मुग्ध होकर उसे अपनी पत्नी बनाने की इच्छा प्रकट की। वेदवती ने अपना अभिप्राय बताकर रावण के प्रस्ताव को अस्वीकार कर दिया। तब रावण बलपूर्वक वेदवती को पकड़ने के लिए आगे बढ़ा। वेदवती ने सामने आयी विपत्ति को देखकर प्रज्वलित चिता में प्रवेश किया। चिता में प्रवेश करते समय वेदवती ने रावण से कहा कि दूसरे जन्म में मैं राक्षस वंश के नाश का कारण बनूँगी। यही वेदवती दूसरे जन्म में सीता के रूप में मिथिला में जनक के यहाँ उत्पन्न हुई।

शंकराचार्य : जगद्गुरु शंकराचार्य ने दिग्विजय के क्रम में मण्डन मिश्र तथा भारती से प्रयाग में

अद्वैत-वेदान्त विषयक शास्त्रार्थ किया था और बाद में इन्हें एक मठ का प्रभारी बना दिया था। राजा पोषित होने के कारण उस युग में बौद्धधर्म वैदिक मत के विरुद्ध हो गया था, अतः आचार्य शंकर ने उसका उन्मूलन करके सनातन मत की स्थापना की। इन्हें आदि गुरु कहा जाता है।

शम्बूक : ये त्रेतायुग के शुद्र जातीय तपस्वी थे। शूद्र को तब तपस्या करने का अधिकार नहीं था। ये शास्त्रमर्यादा का उल्लंघन करके तपस्या कर रहे थे। इस कारण राम राज्य में एक ब्राह्मण का पुत्र मर गया था। अकाल मृत्यु से मृत उस ब्राह्मण बालक को जीवित करने के लिए श्रीराम घर से निकले। उन्होंने शम्बूक को तपस्या करते देख उसका सिर काट लिया।

शत्रुघ्न : ये राजा दशरथ के सबसे छोटे पुत्र थे। सुमित्रा के गर्भ से इनका जन्म हुआ था। ये लक्ष्मण के सगे भाई थे। कुशध्वज जनक की कन्या श्रुतिकीर्ति से इनका विवाह हुआ था। शत्रुघ्न ने मधु नामक राक्षस का नाश करके मथुरा नगरी को पुनः बसाया था। वहाँ अपने पुत्रों को रखकर स्वयं अयोध्या लौट आये थे। इन्होंने राम के साथ सरयू में जल समाधि ली थी।

शबरी : यह एक शबर तपस्विनी थी। सीता जी की खोज में जब श्रीराम वन-वन घूम रहे थे, उस समय वे तापसी आश्रम में भी गये थे। शबरी ने राम की अभ्यर्थना की थी और उन्हीं की अनुमति से उन्हीं के सामने चिता में देह विसर्जन किया था।

शरभंग : यह एक महर्षि थे। ये दण्डक वन में रहते थे। वनवास के समय रामचन्द्र जी इनका दर्शन करने गये थे। ये उन महर्षियों में से एक हैं, जिन लोगों ने अरण्यानी परिवृत्त दक्षिण देश में आर्य सभ्यता का विस्तार किया था। राम के दर्शन पाकर ये पूर्णकाम हो गये और स्वयं अग्नि प्रज्वलित करके उसमें भस्म हो गये थे। इन्हीं का निर्देश पाकर राम सुतीक्ष्ण के आश्रम गये थे।

शक्ति : ये महर्षि वशिष्ठ के ज्येष्ठ पुत्र थे। इन्होंने राजा कल्मषपाद को राक्षस होने का शाप दिया था। उसी राक्षसभावापन्न राजा कल्मषपाद ने शक्ति को खा डाला था। इन्हीं के पुत्र पराशर थे।

श्यामलाल गुप्त 'पार्षद' : ये कानपुर के नखल कस्बे में 16 सितम्बर 1893 ई. में जनमे थे। इन्होंने ही 'विजयी विश्व तिरंगा प्यारा, झण्डा ऊँचा रहे हमारा' नामक प्रसिद्ध झण्डा गीत की रचना की थी। यह गीत प्रथम बार 13 अप्रैल 1924 ई. को फूलबाग, कानपुर में आयोजित राष्ट्रीय सम्मेलन में गाया गया था। स्वतन्त्रता आन्दोलन के बीच इसे कुछ संक्षिप्त और सुगठित करके राष्ट्रगीत की मान्यता दी गयी। इसके कारण पार्षद जी चिर स्मरणीय रहेंगे।

श्रवण कुमार : इनके पिता यज्ञदत्त वैश्य अन्धे थे और माँ कमला शूद्र वर्ण की थी। श्रवणकुमार बड़े मातृ-पितृ भक्त थे। वृद्ध माता-पिता को बहँगी में बैठाकर वे तीर्थ यात्रा कराते रहते थे। एक बार, जब माता-पिता के लिए ये नदी में अपनी तूंबी भर रहे थे, तभी हाथी सिंह नाद के भ्रम से दशरथ ने शब्दवेधी बाण मार दिया, जिससे इनकी मृत्यु हो गयी। श्रवणकुमार विषयक प्रभूत साहित्य अवध क्षेत्र में न्याप्त है।

शान्ता : ये अयोध्यापति दशरथ की कन्या और महर्षि ऋष्यशृंग की पत्नी थी। दशरथ ने अपने मित्र अंगदेशाधिपति लोमपाद को अपनी कन्या शान्ता पोष्यपुत्रिकारूप में दे दी थी।

शुकदेव : ये वेदव्यास और घृताची (जो सुग्गी के रूप में थी) के संयोग से जन्मे थे, अतः शुकदेव कहलाये। इनके गुरु थे वृहस्पति। ये वेदपुराण में निष्णात थे। वेदव्यास और जनक से भी इन्होंने ज्ञानार्जन किया था। शृंगी ऋषि ने परीक्षित को तक्षक द्वारा डसे जाने का जब शाप दिया तो शुकदेव जी ने परीक्षित को श्रीमद्भागवत के सप्ताह पारायण द्वारा मुक्ति दिलवायी। इनके नाम से शुक सम्प्रदाय प्रचलित हुआ है।

शुषेण : ये वानरराज थे। बालि ने इनकी कन्या तारा को ब्याहा था। शुषेण के परामर्श पर हनुमान विशल्यकरणी नाम की औषधि लाये थे और इसी औषधि के प्रयोग से लक्ष्मण जी ने चैतन्य लाभ किया था।

श्रुति कीर्ति : यह शत्रुघ्न की पत्नी और कुशध्वज जनक की कन्या थी। इसके दो पुत्र थे, सुबाहु और श्रुत्रघाती।

शूर्पणखा : यह लंकेश्वर रावण की छोटी बहिन थी। यही लंका के युद्ध का मूल कारण रही है। रामचन्द्र के वनवास के समय मायावी रूप धारण कर यह पंचवटी गयी थी और रामचन्द्र से प्रणय प्रस्ताव किया था। रामचन्द्र ने सीता को दिखाकर जब कहा कि मेरा विवाह तो हो चुका है उग्र होकर इसने सीता पर आक्रमण कर दिया। फलतः लक्ष्मण ने उसके नाक-कान काट लिए। मर्माहत शूर्पणखा ने लंका जाकर रावण को उत्तेजित किया और रावण ने प्रतिशोध लेने के लिए सीताहरण किया। यही राम-रावण के युद्ध का कारण बना।

श्रावस्त : अयोध्या के राजवंश में एक महत्त्वपूर्ण शासक थे श्रावस्त। इसने सरयू नदी के उत्तर में राप्ती नदी के किनारे एक नगर की स्थापना करवायी, जिसका नाम श्रावस्ती रखा गया।

सम्पाति : ये अरुण के पुत्र और जटायु के बड़े भाई थे। ये दानों भाई सूर्य को जीतने की इच्छा से आकाश तक उड़े थे। सूर्य के तेज से जटायु के पंख जलने लगे। उस समय सम्पाति ने जटायु को अपने पंखों में छिपा लिया था। छोटे भाई की रक्षा करते हुए ये स्वयं जलकर विन्ध्य पर्वत पर गिर गये। मूर्च्छा के नष्ट होने पर निशाकर मुनि के उपदेश से वे वहीं रहने लगे। सीता को ढूँढ़ते समय वानरों से इनकी भेंट हुई थी। इन्होंने लंका का दिशा-निर्देश दिया था। इनका एक पुत्र था सुपार्श्व। ये चन्द्रमा मुनि के आश्रम में अन्त पर्यन्त रहे।

सआदत अली : ये नवाब आसफउद्दौला के भाई थे, अतः उनकी मृत्यु के एक वर्ष बाद अंग्रेजों ने इन्हें गद्दी पर बैठाया, फलतः 1798 से 1814 ई. तक ये अवध के नवाब रहे। लार्ड वेलेजली ने कपट नीति पूर्वक इनसे दोआवाँ का आधा राज्य हड़प लिया। 1814 में इनकी मृत्यु हो गयी और तब इनका पुत्र गाजीउद्दीन हैदर अवध का नवाब बना।

सआदत खाँ : यह अवध के मुगल सम्राट का सूबेदार था। 1724 में यह अवध का स्वतन्त्र शासक बन गया और यहाँ 1739 ई. तक राज्य किया।

सगर : ये एक सूर्यवंशी राजा थे। अयोध्या के राजा सगर बड़े धर्मात्मा तथा प्रजारंजक थे। इनका विवाह विदर्भराजकन्या केशिनी से हुआ था। इनकी दूसरी पत्नी का नाम सुमति था। इन दोनों स्त्रियों के साथ सगर ने हिमालय पर्वत पर कठोर तपस्या की थी। सगर की तपस्या से सन्तुष्ट होकर महर्षि भृगु ने इन्हें वर दिया कि तुम्हारी स्त्री के गर्भ से वंश चलाने वाला पुत्र होगा और दूसरी स्त्री के गर्भ से बड़े पराक्रमी साठ हजार पुत्र होंगे। पहली पत्नी के गर्भ से असमंजस नाम का पुत्र उत्पन्न हुआ। यह पुत्र बड़ा ही उद्दण्ड था। राजा सगर ने उसे राज्य से बाहर निकाल दिया। असमंजस का पुत्र अंशुमान था। सगर की दूसरी स्त्री ने तुम्बे के आकार का फल प्रसव किया। उसे घी के घड़े में रख दिया गया और उससे साठ हजार पुत्र उत्पन्न हुए। एक बार राजा सगर ने अश्वमेध का अनुष्ठान किया। इन्द्र ने राक्षस रूप धर कर यज्ञाश्व को चुरा लिया। सगर के साठ हजार पुत्र अश्व ढूँढ़ते-ढूँढ़ते पाताल में प्रविष्ट हुए। वहाँ उन लोगों ने एक तपस्वी कपिल मुनि के पास यज्ञाश्व को बँधा देखा। वे उन्हें ही चोर समझ बैठे और मुनि का अपमान कर दिया। मुनि ने शाप दिया कि तुम

सब भस्म हो जाओ और वे भस्म हो गये। सगर ने पुत्रों के आने में विलम्ब देखकर पौत्र अंशुमान को उन्हें खोजने के लिए भेजा। घूमते-घूमते अंशुमान पाताल पहुँचा। स्तुति के द्वारा उसने मुनि को प्रसन्न किया। मुनि ने अंशुमान को घोड़ा ले जाने की आज्ञा दे दी। अंशुमान घोड़ा लेकर अयोध्या लौट आये। अश्वमेध यज्ञ समाप्त करके और तीस हजार वर्षों तक राज्य कर वे स्वर्ग गये। इसी वंश में भगीरथ ने जन्म लिया था और गंगा को लाकर उन्होंने अप्ने पितरों का उद्धार किया था।

सफदरजंग : यह अवध के प्रथम नवाब सआदत खाँ का भांजा था। उनकी मृत्यु के बाद ये अवध के नवाब बने। मुगलों ने इन्हें वजीर नियुक्त किया था, किन्तु मराठों की सहायता से गयाजुद्दीन ने इन्हें परास्त कर दिया। 1753 ई. में इनकी मृत्यु हो गयी।

सरमा : यह विभीषण की पत्नी थी। पतिव्रता और धार्मिक होने के कारण लोग इसे श्रद्धा की दृष्टि से देखते हैं। लंका में सीता की हितैषिणी यही थी। यह गन्धर्वराज शैलूस की कन्या थी। रावण की मृत्यु के उपरान्त राम ने विभीषण को लंका का राजा बनाया। सरमा ने महारानी बनकर जीवन व्यतीत किया।

सिंहिका : यह समुद्र मार्ग में रह रही थी। लंका की ओर जाते हुए हनुमान को रोकने का इसने प्रयास किया था। यह आकाश मार्ग से जाते हुए जीव की परछाईं जल में देखकर उसे पकड़ लेती थी। हनुमान जी ने इसका वध कर दिया था।

सीता : सीता विदेहराज सीरध्वज की कन्या और अयोध्यापति राम की पत्नी थी। सीता ने राजभोग त्यागकर पति के साथ चौदह वर्षों का वनवास किया था। वनवास के 13वें वर्ष लंकाधिपति रावण ने इन्हें हर लिया। छह महीने के कठोर युद्ध के बाद राम ने रावण को मारकर सीता का उद्धार किया। सीता को अपनी पवित्रता के लिए अग्नि परीक्षा देनी पड़ी थी। राम जानते थे कि सीता पवित्र हैं, फिर भी उन्होंने अवध समाज की मर्यादा के लिए सीता का त्याग किया था। तमसा नदी के तीर वाल्मीकि के आश्रम के पास लक्ष्मण ने सीता को पहुँचा दिया। सीता को रोता हुआ देखकर वाल्मीकि उन्हें आश्रम ले गये। वहाँ उनके दो पुत्र हुए, जिनके नाम लव और कुश थे। वाल्मीकि ने इनका विद्या संस्कार कर अपनी रामायण इन्हें कंठस्थ करा दी। इसी समय राम ने अश्वमेध करना निश्चित किया। वाल्मीकि के साथ महल में जाकर लव-कुश ने रामायण गान किया। वाल्मीकि से कुश और लव का परिचय पाकर रामचन्द्र ने सीता को ग्रहण करने की इच्छा व्यक्त की। सीता को बुलाया गया, किन्तु सीता ने कहा, यदि हमने मन, वचन और कर्म से पति के अतिरिक्त किसी अन्य की चिन्ता नहीं की है तो हे धरती माता, अपने गर्भ में मुझे स्थान दो। इतना कहते ही धरती फट गयी और सीता उसमें समा गयी।

प्राचीन ग्रन्थों में सीता की उत्पत्ति से सम्बन्धित कई तथ्य प्राप्त होते हैं, जैसे—लांगल पद्धति (हल के फाल) से बनी रेखा को सीता कहा जाता है। एक कथा के अनुसार जनक को हल कर्षित रेखा भूमि से इनकी प्राप्ति हुई थी। इसलिए यह सीता कहलायी। ये कथाएँ पद्मपुराण, भविष्य पुराण, वाल्मीकि रामायण आदि में विस्तारपूर्वक आयी हैं। श्रीराम की सहधर्मिणी सीता का जन्म फाल्गुन शुक्ल अष्टमी को माना जाता है। इनका प्राकट्य स्थल मिथिला (नेपाल) की लखन देवी नदी के पश्चिमी तटपर स्थित सीतामढ़ी में माना जाता है। अवध क्षेत्र में सीता जी भगवान की शक्ति हैं, महामाया हैं, जगत जननी हैं और सती-साध्वी, सौभाग्यवती, गृहिणी की आदर्श हैं। यह भी कहा जाता है कि रामायण का आदि रूप सीतायन है। यहाँ के लोक वाङ्मय में सीता जी के जीवन से सम्बन्धित अनेक गीत तथा लोक कथाएँ प्राप्य हैं।

शुजाउद्दौला : इनका शासन काल 1757 से 1775 माना जाता है। आलमगीर ने इन्हें वजीर

का ओहदा दिया था। इन्होंने बंगाल के नवाब और अंग्रेजों से सहायता लेकर सुहेलों को अपने अधिकार में कर लिया। अहमदशाह अब्दाली के आक्रमण से आलमगीर की सत्ता नष्ट हो गयी। फलतः शुजाउद्दौला को बंगाल भागना पड़ा। बक्सर के युद्ध में परास्त होकर इन्होंने अंग्रेजों से सन्धि की। 1775 में उसका निधन हो गया।

सुबाहु : ये शत्रुघ्न के पुत्र थे। इनकी पत्नियाँ थीं—कमला, अचला। इन्हें मधुवन का राजा बनाया गया था।

सुभाष चन्द्र बोस : इनका जन्म 23 जनवरी 1897 ई. में कटक में हुआ था। इन्होंने सिविल सर्विस छोड़कर आजादी की लड़ाई में सक्रिय भागीदारी निभायी। कई बार जेल गये। कांग्रेस के अध्यक्ष भी चुने गये। फिर नेतृत्व से असहमत होकर नेता जी ने 1943 ई. में आजाद हिन्द फौज गठित की और कई देशों की यात्रा की। कहा जाता है कि 18 अगस्त 1945 ई. को वायु दुर्घटना में इनकी मृत्यु हो गयी। नेताजी का अवध क्षेत्र से बराबर सम्पर्क बना रहा। इन्होंने श्रीधर पाठक से 'जयहिन्द' का नारा लिया। लखनऊ निवासी कैप्टन राम सिंह इनकी फौजी ध्वनि के निर्माता थे। ऐसी जनश्रुति है कि आजादी के बाद भी ये गुमनामी बाबा या रोटी बाबा के नाम से जाने जाते थे। ये रायबरेली, बस्ती और फ़ैज़ाबाद में कई वर्षों तक रहे। कुछ लोगों के अनुसार 1970 के दशक में ये किराये के कई मकानों में रहे। नेता जी के निधन का प्रश्न आज भी विवादास्पद बना हुआ है। जनश्रुति यह है कि वे भगवन जी के नाम से बहुत दिनों तक फ़ैज़ाबाद में रहे हैं। उन्हें गुमनामी बाबा कहा जाता है। 16 सितम्बर 1985 को फ़ैज़ाबाद सिविल लाइन्स में स्थित रामभवन में गोपनीय ढंग से उनकी मृत्यु बतायी गयी। उनके कमरे से जो सामान बरामद किया गया, उससे उनके सुभाषचन्द्र बोस होने की पुष्टि होती है। कहा जाता है कि वे यहाँ कई स्थानों पर छद्मवेश में रहे, कभी लाल कोठी में, फिर बस्ती में कभी रामकिशोर पंडा के घर, कभी सब्जीमण्डी के बीच लखनऊ हाता में। कुछ दिन वे नैमिषारण्य में भी रहे।

चूँकि नेताजी स्वातन्त्र्य आन्दोलन के बीच पाँच बार लखनऊ आये थे, इसलिए गुमशदी के बीच उनका यह प्रवास सहजतः अनुमेय है। यह भी स्मरणीय है कि 1938 में यहाँ नेताजी को कांग्रेस का अध्यक्ष चुना गया था।

सुग्रीव : किष्किन्धा इनकी राजधानी थी। बड़े भाई बालि ने इन्हें राज्य से निकालकर राज्य तथा इनकी स्त्री का अधिग्रहण कर लिया था। राम ने बालि को मार कर किष्किन्धा राज्य इनको दे दिया था। इनकी सहायता से राम ने रावण का संहार कर सीता का उद्धार किया था। वृद्धावस्था में अपना राज्य भतीजे अंगद को देकर इन्होंने राम के साथ सरयू में जल समाधि ली थी।

सुतीक्ष्ण : ये राम के भक्त थे। वनवास काल में श्रीराम सरभंग के निर्देशानुसार दण्डकारण्य में इनसे मिले थे। उनकी आस्था देखकर राम बहुत प्रभावित हुए थे।

सुमन्त्र : ये राजा दशरथ के एक अत्यन्त विश्वास पात्र मन्त्री थे। राम वन गमन के समय ये ही उनके साथ भेजे गये थे, इस निर्देश के साथ कि राम को समझा-बुझाकर यथा शीघ्र लौटा लायें।

सुमित्रा : ये अयोध्यापति राजा दशरथ की पत्नी थी। ये मंगली रानी थी। लक्ष्मण और शत्रुघ्न इन्हीं के पुत्र थे।

सुरसा : इनके कई रूप हैं जैसे—तुलसी नामक पादप, दुर्गा का एक नाम। रामचरितमानस में जब हनुमान जी समुद्र पार करके लंका की ओर जा रहे थे तो उनकी भेंट—'सुरसा नाम अहिन की

माता' अर्थात् नागमाता से हुई। वाल्मीकि रामायण के सुन्दरकांड में इन्हें नाग माता कहा गया है। यह देवताओं द्वारा हनुमान की परीक्षा लेने भेजी गयी थीं। हनुमान जी के बल विवेक से आश्वस्त होकर सुरसा ने उन्हें आशीर्वाद दिया था। इसे शाप वश समुद्र में रहना पड़ रहा था। इसके पास इतनी शक्ति थी कि तीस योजन तक उड़ने वाले जीव को खा लेती थी। हनुमान ने नीतिपूर्वक इसे हरा दिया था।

सुलोचना : यह मेघनाद की पत्नी थी। रामकाव्यों में इसे सती के रूप में चित्रित किया गया है। मेघनाद के वध के साथ यह सती हो गयी थी।

सुहेलदेव (राजा) : इन्होंने सैयद सालार द्वारा बहराइच पर किये गये आक्रमण और धर्मान्तरण से प्रेरित होकर उसका वध किया था। इनकी शौर्य गाथा अवध में बुहप्रचलित है।

सूर्य : ये प्रजापति ऋषि कश्यप के पुत्र थे। अदिति के गर्भ से इनका जन्म हुआ था। विश्वकर्मा की पुत्री संज्ञा से इनका विवाह हुआ था। संज्ञा के गर्भ से वैवस्वत मनु और यम नामक दो पुत्र और यमुना नाम की एक कन्या उत्पन्न हुई थी। इनकी दूसरी स्त्री का नाम छाया था। छाया के गर्भ से शनि नाम का पुत्र और तपती नाम की कन्या उत्पन्न हुई थी। कपिराज सुग्रीव और वीरवर कर्ण इन्हीं के औरस से उत्पन्न हुए थे। पक्षिराज गरुड़ के बड़े भाई अरुण इनके सारथी हैं।

सूर्य देव : अनेकानेक नामों, मन्त्रों, स्तुतियों, मिथकों, तथा कथाओं के केन्द्र में स्थित सूर्य ऊर्जा का अनन्य स्रोत मुख्य रूप से यह हाइड्रोजन और हीलियम गैसों का विशाल गोला है। यह परमाणु विलय की प्रक्रिया द्वारा ऊर्जा पैदा करता है। सौरमंडल के इस सबसे बड़े पिंड के चारों तरफ पृथ्वी और सौरमंडल के अन्य अवयव घूमते हैं। पृथ्वी से लगभग 109 गुना बड़े इस ग्रह का व्यास लगभग 13 लाख 90 हजार कि.मी. है। सूर्य के प्रकाश को पृथ्वी पर आने में 8.3 मिनट का समय लगता है। इसी ऊर्जा से प्रकाश-संश्लेषण की जैव रासायनिक क्रिया होती है, जो पृथ्वी के जीवन का मूल आधार है।

विभिन्न प्राकृतिक शक्तियों से समृद्ध सूर्य को देवता का दर्जा मिलना स्वाभाविक ही था। इसीलिए विश्व भर की विभिन्न संस्कृतियाँ भिन्न-भिन्न रूपों में सूर्योपासना करती रही हैं। वह यूनान का अपोलो, मिस्र का रा, अफ्रीका का अनीआन्वयु, ऑस्ट्रेलिया का ग्रोवी, अरब का मलाकबेल हैं। भारत में तो आर्यों ने सूर्य के कई रूप प्रस्तुत किये। यहाँ सूर्योपासना का प्रचलन वैदिक काल के पूर्व से ही था। वेदों में सूर्य को जगदात्मा और जगतकर्ता कहा गया है। वैदिक साहित्य के अलावा आयुर्वेद, ज्योतिष तथा हस्तरेखा शास्त्रों में भी सूर्य का महत्त्व प्रतिपादित किया गया है। ऋग्वेद के देवताओं में सूर्य का महत्त्वपूर्ण स्थान है। उसमें सूर्य से सम्बन्धित 10 सूक्त मिलते हैं। वहाँ इन्हें संसार को प्रकाशित करने वाला देवता कहा गया है। इनका एक रथ है, जिसे 7 अश्व खींचते हैं। वैदिक साहित्य में वस्तुतः सूर्य से सम्बन्धित 5 देवताओं की स्तुतियाँ मिलती हैं—सविता, सूर्य, मित्र, उषा और विष्णु। सूर्य इन सभी में प्रधान हैं। इन्हें कहीं उषा का पति, कहीं पुत्र और कहीं भाई बताया गया है। कहीं इन्हें वरुण का शत्रु, तो कहीं मित्र कहा गया है। विष्णु तब तक कम महत्त्वपूर्ण थे। उनका प्रभाव बाद में अधिक व्यापक रूप में फैला। एक प्राचीन आचार्य और्णवाभ ने विष्णु के तीन पगों को सूर्य के तीन रूपों—उदयकालीन, मध्याह्न और अस्तगामी सूर्य का प्रतीक माना है। ऐसा अनुमान है कि कालान्तर में इन्हीं तीन पगों से वामन और बलि की कथा का विकास हुआ है।

महाभारत में सूर्य के 12 और अथर्ववेद में 7 नाम मिलते हैं। यजुर्वेद ने 'चक्षो सूर्यो अजायत' कहकर सूर्य को भगवान का नेत्र माना गया है। गायत्री मन्त्र तो सूर्यपरक है ही। छान्दोग्योपनिषद्,

ब्रह्मवैवर्त पुराण तथा सूर्योपनिषद् में सूर्य की कई स्तुतियाँ हैं। वहाँ इन्हें सम्पूर्ण जगत की आत्मा तथा ब्रह्म बताया गया है। सूर्योपनिषद् के अनुसार सृष्टि का पालन सूर्य देव करते हैं। इस सूर्योपासना में कर्मकांडों, मन्त्रों और मूर्ति पूजा का प्रचलन बाद में शुरू हुआ। कालान्तर में सूर्य मन्दिरों का निर्माण हुआ। भविष्य पुराण में ब्रह्मा-विष्णु के मध्य एक संवाद में सूर्य पूजा एवं मन्दिर निर्माण का महत्त्व समझाया गया है। कुछ पुराणों में यह आख्यान आया है कि ऋषि दुर्वासा के शाप से कुष्ट रोगग्रस्त श्रीकृष्ण के पुत्र सांब ने सूर्य की आराधना कर इस भयंकर रोग से मुक्ति पाई थी। उत्तर भारत में मनाया जाने वाला छठ पर्व सूर्य को ही समर्पित है। भारत के अलावा प्राचीन मिस्र राजवंशों में भी 'रा' (सूर्य) की उपासना होती है। यहाँ के 'बेनबेन' मन्दिर में पिरामिड की शक्ल का एक पत्थर था। माना जाता है कि इस पर सूर्य ने अपने को फीनिक्स के रूप में प्रकट किया था। 'शू'—वायुदेव, 'तेफनुत'—वाष्प की देवी—'गेब'—पृथ्वी की देवी, 'नुत'—आकाश की देवी, रा की सन्तानें थीं। चीनी पुराणों में आसमान में एक नहीं, दस सूर्य हैं और वे सभी भाई हैं। प्लेटो ने 'रिपब्लिक' में सूर्योपासना का जिक्र किया है। भारत का कोणार्क मन्दिर प्राचीन सूर्योपासना का सबल साक्ष्य है। महाभारत के कर्ण सूर्य के पुत्र हैं। हनुमान, जटायु, सम्पाती आदि की कथाएँ सूर्य देव से सम्बन्धित हैं।

सूर्य की महत्ता केवल प्राकृतिक और सांस्कृतिक कारणों से ही नहीं, वरन औषधीय कारणों से भी है। अथर्ववेद के नौवें अध्याय में ऐसी 22 बीमारियों का उल्लेख है, जो उगते सूर्य की किरणों से ठीक हो सकती हैं। आधुनिक विज्ञान ने भी इस बात को स्वीकार किया है कि सूर्य के प्रकाश में सात रंगों की किरणों का सुमेल होता है, जो ऊर्जा से पैदा होती हैं। इस सन्दर्भ में अमेरिका के मूर्धन्य वैज्ञानिक डॉ. नील बर्नहाट ने अपना शोध निष्कर्ष प्रस्तुत करते हुए बताया है कि सूर्य के प्रकाश से मनुष्य शरीर का विद्युतीकरण होता रहता है। उनके अनुसार सूर्य की शक्तिवर्धक किरणों के सम्पर्क में आकर मनुष्य के शरीर में एक विद्युतमय चुंबकीय प्रवाह बहने लगता है। आकाश के सभी ग्रह हालाँकि अपने लिए नाभिकीय ऊर्जा का सृजन अपने आप करते हैं, पर मूल रूप में वे सब अपने-अपने सूर्य की ऊर्जा के सहारे ही जीवित हैं। सूर्य के मध्य भाग में केवल नाभिक कण होते हैं और उसमें इतनी तीव्र हलचल मची रहती है कि उसकी किसी से तुलना नहीं की जा सकती है। अयोध्या का राजवंश तो सूर्यवंशी होने के कारण ही यशस्वी बना है।

सोनिया गाँधी : इनका जन्म 1 दिसम्बर 1946 को भारवेसोनो (इटली) में हुआ था। 25 फरवरी 1968 को राजीव गाँधी के साथ इनका विवाह हुआ। राजीव जी के निधन के बाद 1998 से ये कांग्रेस से जुड़ीं। 2004 के चुनाव में ये सांसद चुनी गयीं। सम्प्रति कांग्रेस की अध्यक्ष तथा रायबरेली की सांसद हैं। इन्होंने दो बार प्रधानमन्त्री का पद अस्वीकृत करके एक विरल उदाहरण प्रस्तुत किया है।

स्वायंभुव मनु : इनके द्वारा सप्तचरुतीर्थ के पास वितस्ता नदी की शाखा देविका नदी के तट पर मनुष्य जाति की उत्पत्ति ब्रह्मावर्त क्षेत्र में हुई, अतः स्वायंभुव मनु को आदि पुरुष भी कहा जाता है। सभी भाषाओं के मनुष्य-वाची शब्द मैन, मनुज, मनुष्य इसी मनु शब्द से प्रभावित हैं।

इस संसार के प्रथम पुरुष थे स्वायंभुव मनु और प्रथम स्त्री थी शतरूपा। इन्हीं शास्त्रों के अनुसार की सन्तति से संसार के समस्त जनों की उप्पत्ति हुई। मनु की सन्तान होने के कारण वे मानव कहलाए। मानव उसे कहते हैं, जिसमें जड़ और प्राण से कहीं ज्यादा सक्रिय है—मन। मनुष्य में मन की ताकत है, विचार करने की ताकत है, इसीलिए उसे मनुष्य कहते हैं। चूँकि ये सभी मनुष्य की संतति हैं, इसीलिए उसे मनुष्य भी कहा जाता है। हिन्दू धर्म में स्वायंभुव मनु के ही कुल में

आगे चलकर स्वायंभुव सहित कुल क्रमशः 14 मनु हुए। महाभारत में 8 मनुओं को उल्लेख मिलता है। श्वेतवराह कल्प में 14 मनुओं का उल्लेख है। इन चौदह मनुओं को ही जैन धर्म में कुलकर कहा गया है। चौदह मनुओं के नाम हैं–1. स्वायम्भुव 2. स्वरोचिष 3. औत्तमी 4. तामस मनु 5. रैवत 6. चाक्षुष 7. वैवस्वत 8. सावर्णि 9. दक्ष सावर्णि 10. ब्रह्म सावर्णि 11. धर्म सावर्णि 12. रुद्र सावर्णि 13. रौच्य या देव सावर्णि 14. भौत या इन्द्र सावर्णि। स्वायंभुव मनु एवं शतरूपा के कुल पाँच सन्तानें थीं, जिनमें से दो पुत्र प्रियव्रत एवं उत्तानपाद तथा तीन कन्याएँ आकूति, देवहूति और प्रसूति थीं। आकूति का विवाह रुचि प्रजापति के साथ और प्रसूति का विवाह दक्ष प्रजापति के साथ हुआ था। देवहूति का विवाह प्रजापति कर्दम के साथ हुआ था। कपिल ऋषि देवहूति की सन्तान थे। हिन्दू पुराणों के अनुसार इन्हीं तीन कन्याओं से संसार के मानवों में वृद्धि हुई। उत्तानपाद की सुनीति और सुरुचि नामक दो पत्नियाँ थीं। सुनीति पुत्र ध्रुव ने बहुत प्रसिद्धि प्राप्त की। स्वायंभुव मनु के दूसरे पुत्र प्रियव्रत ने विश्वकर्मा की पुत्री बहिर्ष्मती से विवाह किया था जिससे उनके दस पुत्र हुए थे।

महाराज मनु ने बहुत दिनों तक इस सप्तद्वीपवती पृथ्वी पर राज्य किया। उनके राज्य में प्रजा बहुत सुखी थी। इन्हीं ने 'मनु स्मृति' की रचना की थी, जो आज मूल रूप में नहीं मिलती। उसके अर्थ का अनर्थ होता रहा है। उस काल में वर्ण का अर्थ रंग होता था, जो आज जाति हो गया है। प्रजा का पालन करते हुए जब महाराज मनु को मोक्ष की अभिलाषा हुई तो वे सम्पूर्ण राजपाट अपने बड़े पुत्र उत्तानपाद को सौंपकर अपनी पत्नी शतरूपा के साथ नैमिषारण्य तीर्थ चले गये। उत्तानपाद की अपेक्षा उनके दूसरे पुत्र राजा प्रियव्रत की प्रसिद्धि अधिक रही।

स्वायम्भुव मनु के काल में ऋषि मरीचि, अत्रि, अंगिरस, पुलह, कृतु, पुलस्त्य और वशिष्ठ हुए। राजा मनु सहित उक्त ऋषियों ने मानव को सभ्य, सुविधा सम्पन्न और सुसंस्कृत बनाने का कार्य किया।

हनुमान : प्राचीन ग्रन्थों में इन्हें वानर वीर कहा गया है। कुछ विद्वान इन्हें मानव प्रजाति से सम्बद्ध मानते हैं और इन्हें शिवपुत्र, पवन पुत्र, केसरी पुत्र कहते हैं। इनकी माता का नाम अंजना था। रामकथा से हनुमान जी का घनिष्ठ सम्बन्ध है। राम से इनकी भेंट पहली बार ऋष्यमूक पर्वत के निकट हुई थी। तब ये सुग्रीव के महामन्त्री थे। इनके प्रयास से राम-सुग्रीव मैत्री स्थापित हुई, इन्हीं के प्रयास से सीता जी की खोज हुई। इन्होंने लंका दहन किया। संजीवनी लाकर इन्होंने लक्ष्मण को जीवनदान दिया और राम-लक्ष्मण को अहिरावण से मुक्त कराया। रामदूत रूप में अद्‌भुत पराक्रम का प्रदर्शन किया। राम भक्त रूप में हनुमान का अनन्य स्थान है। वैष्णव सम्प्रदाय में उनका एक आधिदैवत रूप स्थापित हो गया है। ऐसी मान्यता है कि श्री हनुमान जी इसी लोक में सशरीर विद्यमान हैं और वे अपने भक्तों का पाप-ताप-शाप, अविलम्ब दूर कर देते हैं। उनकी स्तुति से सम्बन्धित अनेक ग्रन्थ रचे गये हैं जिनमें हनुमान चालीसा सर्वोपरि है। अवध क्षेत्र में हनुमान की उपासना बहुप्रचलित है। स्थान-स्थान पर इनके मन्दिर स्थापित हैं। अधिकतर आदमकद मूर्तियाँ गेरू से रँगी हुई लाल लँगोट ध्वज, गदा, पर्वत आदि से मंडित दिखती हैं। प्रत्येक राममन्दिर में उनकी उपस्थित अनिवार्य सी है। वे पराक्रम, भक्ति, तन्मयता, विद्या, नीति, निपुणता, तन्त्र, योग, ब्रह्मचर्य, राजनय, भूत प्रेत निवारण, सौन्दर्य, निष्ठा आदि के प्रतीक हैं। रामकथाओं में इनके दौत्यकर्म और संकटमोचक रूप की बड़ी जय-जयकार की गयी है। अयोध्या में रामजन्म भूमि और कनक भवन के प्रवेश स्थल पर निर्मित हनुमान गढ़ी नामक एक विराट मन्दिर है, जहाँ भक्तजनों की अपरम्पार भीड़ दिखायी देती है। मंगलवार, शनिवार को इनकी विशेष पूजा होती है। नैवेद्यय रूप में भक्त जन चना, गुड़, मोदक आदि अर्पित करते हैं और 'राम से अधिक राम करदासा' की उक्ति को चरितार्थ

करते हैं। हनुमान चालीसा इससे सम्बन्धित लोकप्रिय कृति है। इन दिनों कई कैसेट और फिल्में भी प्रचलित हैं। इनके अन्य पर्याय हैं—मारुति, आंजनेय, कपीश, बालाजी, केसरी नन्दन, पवन पुत्र, अंजनी कुमार, एकादशरुद्र आदि।

हनुमत सिंह : कालाकाँकर विसेन राजपूतों की महत्त्वपूर्ण रियासत थी। राजा रायबेरी साल को दो पुत्र हुए जिनमें बड़े लड़के राजा हनुमत सिंह को कालाकाँकर की रियासत मिली। छोटे पुत्र माधौ सिंह विजयीमऊ के वारिस हुए। स्वतन्त्रता संग्राम में बेगम हजरत महल के पत्र पर चाँदा में माधौ सिंह ने अपने भतीजे लक्ष्मण सिंह के साथ मिलकर अंग्रेजों के विरुद्ध भयंकर युद्ध किया। सभी 2500 सैनिक वीरगति को प्राप्त हुए। इसी परिवार में राजा रामपाल सिंह, राजा अवधेश सिंह, राजा दिनेश सिंह जी हुए जो भारत के विदेश मन्त्री भी रहे हैं। इन्हीं की पुत्री राजकुमारी रत्ना सिंह ने कई बार प्रतापगढ़ संसदीय क्षेत्र का प्रतिनिधित्व किया। कुँवर सुरेश सिंह व लाल ब्रजेश सिंह भी इसी परिवार के महत्त्वपूर्ण सदस्य हैं। सुरेश सिंह पक्षी विशेषज्ञ तथा ब्रजेश सिंह स्वेतलाना के कारण प्रसिद्ध हैं।

हर्यश्व : ये अयोध्या के राजा थे। इन्होंने महाराज ययाति की कन्या माधवी के गर्भ से वासुमान नामक एक पुत्र उत्पन्न किया था।

हर्षवर्धन : ये कन्नौज और थानेश्वर के राजा थे। इनका शासनकाल 606 से 647 ई. तक रहा है। इनके भाई राज्यवर्धन की हत्या कर दी गयी थी और छोटी बहिन राज्यश्री अपने प्राण बचाने के लिए किसी अज्ञात स्थान में छिप गयी थी। हर्षवर्धन ने अनेक शत्रुओं का संहार करके उसे खोज लिया और कन्नौज को एक विशाल साम्राज्य की राजधानी बनाया। ये बड़े योग्य शासक ये। इन्होंने जगह-जगह चिकित्सालय, धर्मशालाएँ आदि बनवाईं। राजकोष में हर पाँच वर्ष बाद जो धन एकत्र होता था, उसे प्रयाग के संगम महोत्सव (कुम्भ) में ये गरीबों में बाँट देते थे। हर्ष उच्चकोटि के कवि थे और बाण, श्रीहर्ष जैसे विद्वानों के आश्रयदाता थे। वाण रचित हर्षचरित में इसका विस्तृत वर्णन किया गया है।

ह्वेनसांग : यह एक चीनी यात्री था, जो समुद्रगुप्त विक्रमादित्य के शासनकाल में भारत आया था। इसने जो यात्रावृत्त लिखा है, उसके अनुसार तब अयोध्या का क्षेत्रफल 664 मील था। और अयोध्या लखनऊ, कुर्सी, सुजानकोट, डौंडियाखेरा (उन्नाव) तक व्याप्त थी। इसे अवध में अशोक द्वारा निर्मित कई मठ, लगभग 900 बौद्ध विहार और अनेक स्तूप दिखे थे, जिसमें बुद्ध की अस्थियाँ सुरक्षित थीं। इसका यात्रावृत्त प्राचीन प्रामाणिक साक्ष्य है।

हरिश्चन्द्र : ये एक सूर्यवंशी राजा थे। इनकी राजधानी अयोध्या थी। इनके पिता का नाम सत्यव्रत था। अवस्था ढलने पर भी इन्हें पुत्रमुख देखने का सौभाग्य प्राप्त नहीं हुआ। इसके कारण चिन्तित होकर ये महारानी के साथ अपने कुलगुरु वशिष्ठ के पास गये। वशिष्ठ ने इन्हें वरुणदेव की आराधना करने को कहा। वरुणदेव ने कहा, तुम उस पुत्र को पशु बनाकर यज्ञ करना स्वीकार करो, तब तुम्हारे पुत्र होगा। राजा हरिश्चन्द्र ने स्वीकार किया। उसके दसवें महीने राजा के पुत्र हुआ। इस समय वरुण ने राजा को यज्ञ का स्मरण कराया। राजा ने कहा, दस दिन तक बालक अशुद्ध रहता है। यह सुनकर वरुण चले गये। पुनः जब आये तब राजा ने कहा—गर्भ के बाल अशुद्ध होते हैं। उसके बाद फिर वरुण देव आये, तब उन्होंने कहा आप उपनयन तक ठहरें। वरुण फिर चले गये। उपनयन के बाद फिर वरुण देव आये। पुनः राजा ने कहा कि समावर्तन अभी बाकी है। समावर्तन के बाद यज्ञ का समय आ ही गया। राजा पुत्र मोह वश बार-बार यज्ञ टाल रहे थे। लेकिन इस बार वरुण आये तो वे टाल न सके। राजा मन ही मन अत्यन्त दुखी थे। जब बालक को पता

चला तो वह जंगल में भाग गया। इस पर कुपित होकर वरुण देव ने हरिश्चन्द्र को शाप दिया कि तुम्हें जलोदर रोग होगा। राजा ने वशिष्ठ से इसके प्रतिकार का उपाय पूछा। वशिष्ठ ने कहा, एक लड़का खरीदकर यज्ञ कर डालो। उसी राज्य के अजीगर्त नामक ब्राह्मण के तीन पुत्र थे। उन्हीं में से शुनःशेप को खरीद लिया गया। यज्ञ की तैयारी हुई किन्तु जो पशु वध करता था, उसने मना कर दिया। अजीगर्त ने कहा, अगर मुझे शमिता से अधिक धन मिले तो मैं इसे मारने के लिए तैयार हूँ। अन्त में वरुण प्रकट हुए। उन्होंने कहा, राजा तुम्हारा यज्ञ पूर्ण हुआ। अब वे रोग मुक्त हो गये और उनका पुत्र भी जंगल से वापस आ गया।

हुलसी : जनश्रुति के अनुसार ये बालक रामबोला (तुलसी) की माँ थी। हुलसी को दधिवल कुंड (दहोरा) जनपद बहराइच के निवासी धनेर मिश्र की पुत्री कहा गया है। तुलसी की जीवनियों में ऐसा प्रायः लिखा गया है कि पुत्र जन्म के कुछ ही दिनों बाद प्रसूति रोग से पीड़ित माता हुलसी का निधन हो गया था। 'गोद लिए हुलसी फिरै' वाले दोहे से इन्हें रहीम के साथ जोड़ा जाता है, किन्तु वह प्रामाणिक नहीं लगता।

हैवलाक : जनरल हैवलाक पहले कलकत्ता में नियुक्त किया गया था। क्रान्ति के समय इसे इलाहाबाद भेजा गया। इसने सेना का संगठन करके कानपुर पर आक्रमण किया और बड़ी क्रूरता के साथ कई गाँवों को तहस-नहस कर दिया। हजारों निरपराध लोगों को फाँसी पर लटकाया। कानपुर में नाना साहब के साथ इसका भीषण युद्ध हुआ, फिर इसने लखनऊ पर अधिकार किया। यहीं कालरा से उसकी मृत्यु हो गयी।

इसका स्थितिकाल 1795-1857 तक रहा है।

इस नामावली से स्पष्ट है कि अवध के पौराणिक-ऐतिहासिक पात्रों की सुदीर्घ परम्परा है।

सामाजिक संरचना

अवधांचल की सामाजिक संरचना के संज्ञान हेतु यहाँ के शिष्टाचार, खानपान, पहनावा, वर्ण जाति, नाते रिश्ते, संस्कार, लोकविश्वास, प्रथा-परम्परा आदि का परिचय अक्रारादि क्रम से प्राप्य है। यथा–

अभिवादन

अवधांचल में सामाजिक स्तर, उम्र, पद-प्रतिष्ठा और साम्प्रदायिक मत-मतान्तर के अनुसार अभिवादन करने तथा आशीर्वाद देने के लिए कई शब्द प्रचलित हैं, जैसे–रामजुहार, राम-राम, सीताराम, जय श्रीकृष्ण, जय श्रीराम, जयनारायण, ओंकार, जयशिवशंकर, नमोनमः, जय भवानी, श्रीहरिः, प्रणाम, नमस्ते, नमस्कार, पैलगी, चरण स्पर्श, दुआ, सलाम, आदाबर्ज, सतश्री अकाल, जयहिन्द, जय गुरु देव आदि।

आशीर्वाद रूप में–"खुश रहो, प्रसन्न रहो, जियत रहौ, शतायु हो, खूब बढ़ो, बने रहो, फलो फूलो" आदि कथन प्रचलित हैं। यहाँ शिशु के छींकने पर कहा जाता है 'शतम् जीवेत'।

जब किसी को कोसना होता है तो लोग अनेक प्रकार के अपशब्द कहते हैं।

ये गालियाँ अवधी भाषा में परिस्थितियों के अनुसार रहती हैं। इनके पीछे अनेक समाज मनोवैज्ञानिक और ऐतिहासिक कारण रहे हैं। उदाहरणार्थ, जब बौद्ध-जैन और वैष्णव सम्प्रदायों अथवा श्रमण संस्कृति तथा ब्राह्मण संस्कृति में संघर्ष छिड़ा तो बुद्ध को बुद्धू, दिगम्बर (केश लुंचन करने वाले), जैनियों को 'नंगा लुच्चा' एवं आक्रामक जातियों को म्लेच्छ, तुरुक आदि अपशब्द दे दिये गये। पैदल सेना में गाँव के बीच से गुजरने वाले सिपाही चूँकि शरारत करते हुए चलते थे, अतः 'पाजी' शब्द अपशब्द हो गया। इनमें अधिकांश शब्द देशज हैं। प्रायः असंसदीय एवं अश्लील हैं। सभ्यता के विकास के साथ-साथ इनका प्रयोग घटता जा रहा है। इन गालियों में जातिपरक आक्षेप ज्यादा दिखाई देते हैं, साथ ही व्यक्ति की आकृति-प्रकृति पर भी ये गालियाँ प्रहार करती हैं, जैसे–लम्बे व्यक्ति को लम्बू, नाटे को नटुवा, मोटे को तोंदहा, दबी नाक वाले को नकबैठा, पतले को मरगिल्ला, काले को कलुवा, गोरे को गोरछौरा, दृष्टि बाधित को आँधर, कनवा, टेपंखा, खल्वाट को चन्दुला आदि। यहाँ की पूर्व परम्परा के अनुसार अन्धे को 'सूरदास' कहकर सम्मानित किया जाता है। इसी प्रकार रसोइया को महराज, सफाई करने वाले को मेहतरानी, घरेलू काम करने वाले को महरा-महरी, कुम्हार को प्रजापति, लोहार को विश्वकर्मा, व्यापारी को सेठ (श्रेष्ठि), कायस्थ को मुंशी (मनीषी) लाला, क्षत्रिय को ठाकुर, बौद्ध को भन्ते, पिछड़े वर्ग के लोगों को चौधरी (छत्र धारी), भगत तथा अन्यान्य व्यक्तियों को महतो, मौलवी, सरदार, बड़े मियाँ, पंडित आदि सम्मान सूचक शब्द दिये गये। जब समाज में श्रम को प्रतिष्ठा दी जाती है तो आदर वाचक शब्द गढ़ लिए जाते हैं, जैसे शौचालय की सफाई के लिए 'कमाना' शब्द और मजदूरी-देहाड़ी के लिए 'टहल' शब्द। इस क्षेत्र में अनेक गालियाँ पशुओं के नाम से जुड़ गयी हैं, जैसे मूर्ख के लिए गधा, उल्लू, बौड़म या उजड्ड के लिए

बैल, हमलावर के लिए भूखा भेड़िया, घुसपैठिये के लिए चूहा, जड़ बुद्धि के लिए भैंसा, गन्दे के लिए सूअर, छछूँदर, रट्टू के लिए तोता, सीधे-सादे और दयनीय के लिए गऊ, चतुर के लिए लोमड़ी, कौआ, अपहरणकर्ता के लिए कबूतरबाज, बनावटी व्यक्ति के लिए बगुला भगत, ऊटक नाटक के लिए ऊँट, घातक के लिए नागनाथ, विषतुइया, बिच्छू, कुत्ता, शोषक के लिए पिशाच, मच्छर आदि।

इन अपशब्दों को कभी-कभी सुधार भी लिया जाता है, जैसे बदखर्च के लिए 'उदार', मनहूस के लिए 'गम्भीर', दुश्चरित्र के लिए सुरसिक, प्रगल्भ या चालू के लिए व्यवहार कुशल, निरीह के लिए 'विनम्र', जिद्दी के लिए 'सिद्धान्तवादी', क्षमावान के लिए गाँधीगिरी, क्रोधी के लिए स्वाभिमानी, कंजूस के लिए मितव्ययी, मुँहफट के लिए स्पष्टवक्ता, लड़ाकू के लिए जुझारू, दीन के लिए 'सुदामा' आदि। अवध क्षेत्र में इस भाषिक संस्कृति के अनेक उदाहरण विद्यमान हैं, जिन्हें सुरक्षित-संवर्धित करते रहने की आवश्यकता है। अवधी भाषी क्षेत्र के प्रमुख अपशब्द हैं—

अड़ियल, आदमखोर, अघोरी, अपढ़, अकड़ू, अनाड़ी, अजगर, अँगूठाछाप, अज्ञानी, अढ़ुवा, आवारा, अहंकारी, अंट संट, उठाई गीर, उजबक, उल्लू, उचक्का, उड़ंछू, उतपाती, ऊधमी, ऊलजलूल, ऐंचकताना, काहिल, कोढ़ी, कुलच्छन, कुदुवा, कुपूत, कुटिल, कँगला, कुलांगार, कपटी, कंस, कबाड़ी, कफन खसोट, कंजा, कट्टर, कटखना, कटुवा, कनऊ, कंजड़, कुब्जा, कर्कशा, कलजुगहा, कबरा, कसाई, कातर, कायर, कुकर्मी, कुटनी, कुमार्गी, कुरूप, खुराफाती, खुदगर्ज, खड़ूस, खाऊ, खिसकढ़ा, खूनी, खर्चीला, खौरहा, गोबर गणेश, गुण्डा, गँजेड़ी, गँड़ुहा, गड़बड़, गाबदी, गुस्ताख, गिरहकट, गँवार, गलाकाट, गुस्सैल, घिनौना, घोंचू, घोड़मुँहा, घोंघा, घर घुसा, घुरहूकतवारी, चूतिया, चालू, चालाक, चंट, चंडूल, चाण्डाल, चपरबंटा, चटोर, चोरकट, चिरकुट, चिलबिल्ला, चुप्पा, चलता पुर्जा, चपरकरन्ता, छिनाल, छोलहट, छैला, छत्तीसा, जुवंटा, जट्ट, जनरवा, जबरा, जमराज, जल्लाद, जुगाड़ी, जुवाँडी, झंझटी, झँटिहा, झाँसेबाज, टेढ़ी खोपड़ी, टिर्रबाज, टिप्पसबाज, टुच्चा, टालू, ठग, डफाली, डांड़ीमार, डाकू, ढीठ, ढिल्लू, तोंदहा, तुरुक, तमाशबीन, तुनुकमिजाज, दोगला, दोमुहा, दहिजरा, दाढ़ीजार, दलाल, दगाबाज, दरिद्र, दुश्ट, दागी, दादागुरु, दारूबाज, धिंगरा, धमधूसर, धोखेबाज, धूर्त, निर्लज्ज, नकबहा, नटवर, नक्काल, नंगा, निपूती, नटवा, नकबैठा, नाकाबिल, नक्काल, नालायक, नसुढ़्ढ़ा, नाकिस, नाकारा, नाजायज, नकटा, नखरेबाज, नारकीय, नासकाटा, नाशपीटा, नौसिखिया, पेटुहा, पोंगा, पाजी, पाखण्डी, पतुरिया, प्रपंची, पोंइधा, पछलग्गा, पातकी, पागल, पापी, पिद्दी, पिअक्कड़, फौरेबी, फोकटिया, फिसड्डी, फूहड़, बेढंगा, बेहूदा, बेईमान, बेगैरत, बेगाना, बेसहूर, बेवकूफ, बेशर्म, बेधरम, बेरहम, बेपर्द, बेअक्ल, बेहया, बेतुका, बदमाश, बुद्धू, बदजुबान, बेवफा, बेड़िन, बहुरुपिया, बहेतू, बेआबरू, बहानेबाज, बगुला भगत, बचकाना, बदहोश, बहरा, बाउर, बेढ़ब, बेकार, बेरुखा, भड़ुँवा, भुक्खड़, भ्रष्ट, भकुवा, भगोड़ा, भडभड़िया, भद्दा, भिखमंगा, मैलहा, मक्खीचूस, मलिच्छ, मतिमंद, मरभुखा, मरियल, मवाली, मटिहा, मूर्ख, मर्दमार, मुँहजोर, म्लेच्छ, मेहरा, मरकहा, मुरहा, मूसरचन्द, राँड, रंडी, रोटिहा, रखैल, राकस, रँगासियार, लड़ाकू, लंठ, लतखोर, लुच्चा, लंगड़, लग्गू-भग्गू, लबड़ा, लबार, लालची, लफंगा, लूमड़, वदजात, वाहियात, शैतान, शोहदा, शरारती, सेटहा, सरहंग, सट्टेबाज, साँड़, साला, साली, ससुरा, हगसौंचा, हरामी, हरामखोर, हिटलर, हुड़दंगा, हजारदस्ता, हौलहा, हरफनमौला, हड़बड़िया आदि।

आतिथ्य सत्कार

अवध में 'अतिथि देवो भव' का भाव जन-जन में भरा हुआ है। लोग इसे मर्यादा का प्रतीक मानते हैं। मेहमान का स्वागत सत्कार वे अच्छे से अच्छे जलपान, भोजन, पान, आसन आदि द्वारा करते हैं।

सबसे अधिक ध्यान बेटी की ससुराल वालों पर दिया जाता है। उन्हें 'मान्य-महामान्य' कहा जाता है। भोज के समय उनके पैर पखारना, उन्हें मुख्य आसन देना, मान मनुहार करना, स्नान ध्यान तथा शयन की अच्छी व्यवस्था करना आवश्यक माना जाता है। उनकी सेवा के लिए कोई न कोई नौकर चाकर या परिजन सदैव सन्नद्ध रहता है। समधी और दामाद की यहाँ विशेष सेवा की जाती है। वे जहाँ बैठते हैं, वहाँ कोई न कोई दौड़कर बिस्तर पहले बिछा देता है। कुएँ पर नहाने जाते हैं तो लोग पानी भरने, साबुन लगाने और कपड़े धोने, फैलाने के लिए तत्पर रहते हैं। व्यंग्य में लोग दामाद को दसवाँ ग्रह कहते हैं। विवाह के बाद कई दिनों की गँवही देकर उसे भरसक खुश करने का प्रयास करते हैं। उनकी विदाई भी बड़ी उदारता के साथ की जाती है। यों अवध में समय-समय पर छोटों को शुभाशीष और मान्यों को सगुन सम्मान के रूप में टीका लगाकर दक्षिणा स्वरूप धन-धान्य तथा पाँचों वस्त्र प्रदान करने का बड़ा रिवाज है।

इस अंचल में मेहमाननवाजी व्यसन की तरह प्रचलित है। प्रायः लोग रिश्तेदारों के बीच घूमते रहते हैं। छोटे-छोटे आयोजनों में अच्छी-खासी भीड़ जुटायी जाती है। इस आवा-जाही से ऊब जाने के बाद लोग उनके प्रति उदासीन भी हो जाते हैं। तभी ये कहावतें इस क्षेत्र में प्रचलित हुई हैं–

जब रहै एकु पखवारा।
तो हाथ मा खुरपी, बगल मा खारा।।
एक दिन मेहमान, दुसरे दिन बेईमान।
तिसरे दिन बलायेजान।।

मेहमानों को भी इस बात का बड़ा ध्यान रखना पड़ता है कि जहाँ जा रहे हैं, वहाँ के लिए कितना कैसा मिष्ठान्न और उपहार ले जाया जाये? अपने से छोटों, घरेलू नौकरों और प्रजा को क्या दक्षिणा, नेग निछावर दी जाये। उन्हें अपनी साज-सज्जा, वस्त्र-आभूषण आदि की तैयारी भी पर्याप्त सतर्कता के साथ करनी होती है। तात्पर्य यह है कि मेहमान बनकर सही ढंग से जाना और मेहमान की अच्छी खातिरदारी करना, दोनों यहाँ मान मर्यादा के प्रतीक हैं।

नारी-जीवन

इस क्षेत्र में स्त्रियों की दशा दयनीय है/रही है। सामन्ती व्यवस्था में उन्हें सह अस्तित्व तथा समानाधिकार प्राप्त नहीं था। यहाँ एक ओर सोलह कलाओं से परिपूर्ण पद्मिनी नारियों और सद्गृहिणियों की कामना की गयी है, दूसरी ओर बहु विवाह, अनमेल विवाह, बाल विवाह, रखैल परम्परा, वेश्यावृत्ति आदि के कारण उनका उत्पीड़न भी बहुत किया गया है। यहाँ विधवाओं की बड़ी दुर्दशा रही है। संयुक्त परिवार में छोटी बहुओं को अनेक प्रकार की यातनाएँ सहनी पड़ती हैं। पर्दा प्रथा के कारण वे घर आँगन में घुटती रहती हैं। पहले चूँकि स्त्री शिक्षा की कोई व्यवस्था नहीं थी, इसीलिए उनका यथोचित् व्यक्तित्व विकास नहीं हो पाता था। वे प्रायः सौतिया डाह से पीड़ित रहती थीं। जिसके विवाह में अच्छा दहेज नहीं मिलता था, वह अपमानित होती रहती थी। आज भी कभी-कभी बहुओं को जला देने और मार देने की घटनाएँ सुनाई देती हैं। नारी-उत्पीड़न की यह समस्या बहुत पुरानी है। कलियुग का वर्णन करते हुए गोस्वामी जी ने सोलहवीं शती के नारी जीवन पर प्रकाश डालते हुए लिखा था–"कुलवंति निकारहिं नारि सती। गृह आनहिं चेरिहिं चोर गती।" दूसरी ओर पुत्र को जन्म देने वाली जननी स्वयं को गौरवान्वित मानती थी। प्रसिद्ध कहावत है–"बेटवा बियानी पलँग चढ़ि बैठीं, हुकुम चलावैं सारे घर मा।" बेटा-बेटी के पालन में यहाँ विषमता दिखाई देती है/रही है।

जैसे-तैसे विवाह करके उसे विदा कर देना और फिर भूल जाना इस देशकाल का कटु सत्य था। दूसरी ओर अवध में स्त्री को महत्त्व भी बहुत दिया गया है। कुँवारी कन्या यहाँ गौरी स्वरूपा देवी मानी जाती है। सुहागिल स्त्री परम मांगलिक समझी जाती है। अवध में स्त्री समाज पतिव्रत और सतीत्व के प्रति बहुत सावधान रहा है। पति को परमेश्वर मानना, करवा चौथ व्रत रखकर जन्म-जन्मान्तर तक उसके लिए कामना करना, उसका जूठन खाना, सौभाग्य चिह्नों की रक्षा करना और पति-पुत्र की निरन्तर कल्याण-कामना करना उसका लक्ष्य बना हुआ है। अवध की नारी की आदर्श रही हैं—सीता, अनसूया आदि। विगत शताब्दियों में इनकी स्थिति में बहुत सुधार हुआ है, फिर भी महिला कल्याण योजना को अनवरत चलाये रखने की बड़ी आवश्यकता है। तुलसी ने इनकी गरीबी और विडम्बना का वर्णन करते हुए कहा था—

'सौभागिनी विभूखनहीना।
विधवन के सिंगार नवीना।।'

इसी पर 'बूढ़ी घोड़ी लाल लगाम' कहावत चल पड़ी है। ये स्त्रियाँ भी अशिक्षावश या प्रतिक्रियावश कभी-कभी अमर्यादित हो जाती थीं। प्रसिद्ध कहावत है—'जब उलट गयी लोई, तो क्या करेगा कोई।' अथवा 'नटिनी बाँस पर चढ़ी तो क्या पर्दा। अति वर्जनाओं की प्रतिक्रिया कभी-कभी भ्रष्टाचार को बढ़ावा देती है। गोस्वामी जी ने ऐसी ''कुटिल कलह प्रिय इच्छाचारी'' पतिवंचक स्त्रियों की निन्दा की है। यह सबका अनुभव रहा है कि ''जेहिं घर होय कुचाली नारी'' वह घर नष्ट हो जाता है। 'परम स्वतन्त्र' होते ही स्त्री स्वैरिणी हो जाती है। प्रसिद्ध कहावतें हैं—'चमका दीदा खाय मलीदा।' इस क्षेत्र में पुंश्चली क्षम्य नहीं मानी गयी, क्योंकि उसके अनचाहे गर्भधारण करने से वर्ण संकरता बढ़ती है। इसी से बचने के लिए यहाँ बाल विवाह, पर्दा प्रथा, विधवा का विरूपण, सती प्रथा आदि को महत्त्व दिया गया। यहाँ के कवियों और नीतिकारों ने फूहड़ नारी की बड़ी निन्दा की है। इस पुरुष शासित समाज में वन्ध्या नारी, पति परित्यक्ता नारी और पुत्र को जन्म न देने वाली नारी की बड़ी भर्त्सना की गयी है। कन्या के जन्म में एक सोहर पहले गाया जाता था—'फाटौ री धरती बजुर केरी, बिटिया जनम जनि होय।' यहाँ एक कहावत है—'गीत गौनई गयी बिसरि जब बिटिया भयी तीसरि।'

खानपान

अवध क्षेत्र में भाँति-भाँति के व्यंजन प्रचलित हैं/रहे हैं। यहाँ मोती चुगने और अमृत पान करने का 'मिथ' दीर्घ काल से प्रचलित है। इसके अतिरिक्त जलपान (कलेवा), मध्याह्न भोजन, रात्रि भोजन आदि के साथ ग्राह्य पदार्थ, जैसे—चावल, दाल, पूड़ी, रोटी, पराँठे, सब्जियाँ, रायता, कढ़ी, सलाद, चटनी-अचार, पापड़, मिष्ठान्न आदि के अनेक विधान किये गये हैं। स्तर के अनुसार इसे पाँच वर्गों में विभाजित किया जा सकता है—

1. अभिजात वर्ग का राजसिक तथा फैशन प्रेरित भोजन
2. परहेजी-वर्ग का सात्विक भोजन
3. मांसाहारियों का चटपटा भोजन
4. व्रताहार
5. जनता आहार।

यहाँ ग्रामीण क्षेत्र एवं नगरीय क्षेत्र का स्वाद कुछ अलग-अलग दिखाई देता है। शहरी खानपान

पर देशी-विदेशी व्यंजन हावी हो गये हैं, जैसे—चायनीज, इटैलियन, यूरोपीय, थाई, मैक्सिकन फूड आदि, फिर भी पारम्परिक अवधी व्यंजनों का अपना एक सांस्कृतिक महत्त्व है।

प्रमुख खाद्य पदार्थ

1. पूड़ी : आटे की लोई को बेलकर घी/तेल आदि से युक्त कड़ाही में यह तली जाती है।

व्रताहार में कूटू, सिंघाड़ा, सावाँ के आटे की पूड़ी बनती है। मैदे की बनी, अपेक्षाकृत ज्यादा लम्बी-मोटी पूरी को अवध में 'सोहारी' कहा जाता है, जो ज्यादा टिकाऊ होती है। बैना-व्यवहार में इसका बहुशः प्रयोग किया जाता है। पूड़ी के कई प्रकार हैं जैसे—

लुचुई : कहीं-कहीं कड़ाकेदार पूड़ी का प्रचलन है और कहीं बहुत मुलायम लुचुई का। रोटी और पूड़ी को अधिकाधिक कोमल बनाने के लिए उसे दूध में साना जाता है। उसके आटे या मैदे में पहले नमक डाल दिया जाता है। सोहारी प्रायः घुटी हुई शकर के साथ खाई जाती है। 20-20 सोहारियों के पैक को 'जोटा' कहा जाता है।

तवा पूड़ी या भरी पूड़ी : इसमें लोई के भीतर उबली और पिसी हुई चना या उड़द की दाल भरी जाती है, साथ ही लहसुन, हींग, मिर्च, नमक आदि मसाले भी। फिर इसे बेलकर घी या तेल के साथ तवे पर धीमी आँच में पकाया जाता है।

बथुवा की पूड़ी : इसके लिए बथुए को उबालकर, पीसकर तथा आटे में नमक, मिर्च, लहसुन, अजवाइन, हींग तथा पिसा बथुआ डालकर गूँध लिया जाता है। फिर इसकी छोटी-छोटी पूडियाँ बेलकर तल ली जाती हैं।

शकरकंद की पूड़ी : यह पूड़ी बनाने के लिए शकरकंद को उबाल कर आटे के साथ मैश कर लिया जाता है। फिर छोटी-छोटी पूड़ी बेलकर तल ली जाती हैं।

2. खस्ता-कचौड़ी : अवध क्षेत्र के विभिन्न पर्वोत्सवों और समारोहों में पूड़ी के पूरक रूप में परोसा जाने वाला यह एक विशिष्ट व्यंजन है। यहाँ के जन-जीवन में पूरी-कचौड़ी युग्म (जुगल बन्दी) के रूप में प्रचलित है। इसकी रचना मोयन युक्त मैदा/सूजी के द्वारा की जाती है। उसमें भीगी पिसी हुई अथवा भुनी हुई धुली उड़द की दाल भरी जाती है। इस दाल में धनिया पाउडर, सौंफ, हींग, मिर्च, नमक और बेकिंग पाउडर आदि अनुपात के अनुसार डाले जाते हैं। फिर इसको घी/तेल में धीमी आँच में पकाया जाता है। इसे चटनी, सब्जी, अचार, रायता आदि के साथ खाया जाता है। खस्ता में मोयन अधिक होता है। इसे छिलकेदार और मसालेदार आलू के साथ खाया जाता है। अवध में कचौड़ियों के कई रूप प्रचलित हैं। अन्तर केवल कचौड़ी के भीतर भरी जाने वाली पीठी का होता है। कहीं-कहीं पीठी रूप में मात्र जीरा डालकर कचौड़ी बना दी जाती है। यो आलू की कचौड़ी, कच्चे केले की कचौड़ी, चने की दाल की कचौड़ी आदि बहुत लोकप्रिय हैं।

3. पुवा : यह मीठी पूड़ी/कचौड़ी के नाम से भी जाना जाता है। पुवा बनाने के लिए आटा या मैदा में मोयन के साथ गुड़ या चीनी डालकर उसे पूड़ी की तरह बेलकर घी में तला जाता है।

4. रोटी : अवध क्षेत्र में रोटी के कई नाम हैं, जैसे—

क. चपाती : हाथ की सहायता से बनाई गयी हल्की रोटी को चपाती कहते हैं।

ख. बेली/चुपड़ी : पीढ़ा-बेलन की सहायता से निर्मित पतली, घी चुपड़ी रोटी को 'बेली' कहा जाता है।

ग. फुलका : चूल्हे में सेंकते हुए जो पूरी तरह फूल जाती है, उस हल्की रोटी को फुलका कहते हैं।

घ. पनपथी (पनेथी) : पानी की सहायता से हाथ से पोयी जाने वाली रोटी को पनपथी कहते हैं। इसे उल्टे तवे पर सेंका जाता है। इसे चूल्हे में सेंकना बेहतर होता है।

ङ. बेढ़ई : उड़द की दाल में पहले हींग डालकर पीस लिया जाता है और उसमें जीरा, धनिया, हरी मिर्च, नमक आदि मिलाकर इस दाल को आटे की लोइयों में भरकर तथा बेलकर इसे पहले तवे पर सेंका जाता है, फिर चूल्हे में खड़े-खड़े सेंका जाता है। आषाढ़ी पूर्णिमा में आम के साथ इसे खाने का बड़ा रिवाज है।

आटे के अनुसार रोटी के कई रूप हैं। जैसे–

च. मकई की रोटी, जो मक्का के आटे में नमक मिलाकर, गरम पानी के साथ उस आटा को गूँथकर, उसकी मोटी लोई को हाथों से थपथपा कर बनाई जाती है और धीमी आँच में सेंकी जाती है। इसे घी, मक्खन, गुड़, अचार आदि के साथ खाया जाता है।

छ. चूनी की रोटी : भीगी हुई अरहर की दाल या उड़द की धुली दरदरी दाल में प्याज, लहसुन, नमक, मिर्च, हींग आदि डालकर उन्हें परस्पर मिलाकर आटे के साथ गूँध लिया जाता है और फिर उसकी लोई बनाकर रोटी की तरह तवे पर सेंका जाता है।

ज. बेझरी रोटी : बेझर का तात्पर्य है गेहूँ, चना, बाजरा, ज्वार, सोयाबीन, मक्का, मटर आदि का मिलाजुला आटा। इस आटे को गूँथकर इसकी बड़ी-बड़ी लोइयाँ बनाकर चूल्हे की धीमी आँच में सेंका जाता है। लहसुन, मिर्च, खटाई, धनिया मिश्रित नमक तथा घी के साथ खाने में यह स्वादिष्ट लगती है।

झ. बेसनउटी : शुद्ध बेसन अथवा बेसन और गेहूँ के आटे को मिलाकर, उसमें प्याज, धनिया आदि डालकर इसकी मोटी-मोटी लोई पानी की सहायता से हाथ से पोई जाती है। यह पहले तवे पर, फिर चूल्हे में खड़ी करके सेंकी जाती हैं। इसी का नया रूपान्तर है मिस्सी रोटी। यह घी, गुड़, चटनी, सब्जी आदि के साथ खायी जाती है। चने की ठोर्री से बनी रोटी को 'मकुनी' कहते हैं।

ञ. दाल-बाटी : बाटी का अर्थ है बाट अर्थात् रास्ते चलते बनाई जाने वाली रोटी, जिसे 'पाथेय' भी कहा जा सकता है। यात्रा पर निकले पथिक के पास रसोई के उपकरण नहीं रहते थे। वह अँगोछे में आटा गूँध लेता था और कण्डों की आग बनाकर उसमें आटे की लोई को उलट-पुलट कर सेंक लेता था। लोई का ऊपरी हिस्सा आग में जलकर भँवरे की तरह काला हो जाता था, इसलिए इसे 'भँवरी' या 'भौंरी' भी कहते हैं। दूसरे, याचक वर्ग भ्रामरी वृत्ति से भिक्षाटन करके आटा एकत्र करता था, इसलिए इस रोटी को 'मधुकरी' या भौरी नाम दिया गया है। इसी का एक क्षेत्रीय रूपान्तर है लिट्टी, जो सत्तू भरकर बनाई जाती है और चोखा (भुर्ता) के साथ खायी जाती है। चोखा प्रायः बैंगन और आलू को कण्डे की धीमी आँच में भूनकर प्याज, लहसुन, नमक, खटाई और तेल में गूँधकर बनाया जाता है। इसका दूसरा क्षेत्रीय रूपान्तर है बाफला, जो मोयनदार मैदे की बनी लोई को उबाल कर तैयार किया जाता है और घी में डुबोकर खाया जाता है। भँवरी (भौंरी) या उबले बाफले को सुखाकर, कूटकर, छानकर घी, चाशनी और मेवे के साथ मिलाकर जो लड्डू बनाये जाते हैं, उन्हें 'चूरमा' कहते हैं। दाल-बाटी अब ग्रामीण बटोहियों तक सीमित न रहकर पंचसितारा होटलों का व्यंजन बन गया है। इसे माइक्रोवेव की सहायता से भी तैयार कर लिया जाता है। चोखे के फ्रोजेन पैकेट्स अब देश-विदेश में सहज सुलभ हैं, जबकि किसी समय अवध क्षेत्र का यह सबसे सहज और सस्ता भोज्य पदार्थ था।

ट. रूमाली रोटी तथा शीरमाल : यह गूँधे हुए आटे की लोइयों से, हाथ की सहायता से, हवा

में उछालकर बनाई जाती है। इसका आकार सामान्य रोटी की अपेक्षा बहुत बड़ा तथा रूमाल की तरह पतला होता है। इसे उलटे तवे पर सेंका जाता है। शीरमाल रंगी गयी रोटी होती है। रूमाली रोटी को कई परतों में मोड़कर रखा जाता है। अवध के मुस्लिम परिवारों में इसका काफी प्रचलन अपेक्षाकृत अधिक है। दूध और मेवे से बनी 'शकरवानी' भी यहाँ लोकप्रिय है।

ठ. तन्दूरी रोटी : यह हाथ से पोई जाती है और तन्दूर में सेंकी जाती है। इसमें आटा गूँधने के लिए खमीर का उपयोग किया जाता है।

ड. नान : यह मैदे से बनता है और धीमी आँच में सेंककर कई टुकड़ों में काटकर परोसा जाता है।

ढ. जौचनी रोटी : चना और जौ के आटे को गूँधकर, उसकी लोई को हाथ से पोकर, पहले तवे और फिर चूल्हे में सेंककर यह रोटी तैयार की जाती है।

ण. आम की गुठली की रोटी : आम की गुठली को सुखाकर, उसे फोड़कर, अन्दर की गिरी निकालकर, पानी में भिगोकर, महीन महीन पीस लिया जाता है। एक थाली में घी लगाकर पिसी हुई गिरी को पतला-पतला फैलाकर, फिर इसे भाप से पका लिया जाता है। यह रोटी आम की चटनी के साथ अत्यन्त स्वादिष्ट लगती है। यह मुख्यतः गरीबों का भोज्य है/रहा है। यहाँ महुवे की रोटी को ढकवा कहते हैं मोटी रोटी को 'टिक्का' या टिकरी कहा जाता है। भौंरी रोटी को 'भँगरिया' कहते हैं, मीठे रोट को 'तोशा' कहा जाता है और मोवन शक्कर से बनी रोटी मलीदा कहलाती है। तात्पर्य यह कि यहाँ रोटी के अनेक प्रकार हैं।

5. पराँठा/लच्छा : आटे की लोई को तिकोना बेलकर, कई बार घी लगाकर यह कई परतों में तैयार किया जाता है। फिर उसे तवे पर सेंका जाता है। भीतर भरी जाने वाली साग-सब्जी के कारण पराँठे के कई रूप दिखाई देते हैं, जिन्हें भरवा पराँठा कहा जाता है, जैसे—

1. आलू के पराँठे, 2. गोभी के पराँठे, 3. मूली के पराँठे, 4. दाल के पराँठे, 5. पनीर के पराँठे, 6. पालक के पराँठे, 7. बथुआ के पराँठे, 8. अन्य देसी सागों के पराँठे।

कई तहों वाला लच्छेदार पराँठा 'लच्छा' कहलाता है। यहाँ नवाब गाजिउद्दीन के लिए तीस सेर घी की रूह निकाल कर छह पराँठे बनाने का किस्सा प्रचलित है।

6. भटूरे : मेदे का खमीर बनाकर, उसकी लोई को हाथ से पोकर इसे कड़ाही में तला जाता है। इसे छोले और अचार के साथ खाया जाता है।

7. कुल्चा : यह मूलतः पंजाबी व्यंजन है। अब यह अवध क्षेत्र में भी काफी प्रचलित हो गया है। कुल्चा छोटे गोल पराँठे की शक्ल का होता है, जिसमें आलू, पनीर आदि भरकर, तवे पर सेंककर प्रस्तुत किया जाता है।

8. चौसाला : यह बेसन या बाजरे के आटा को परस्पर मिलाकर, गूँधकर, बड़े आकार में बेलकर, तवे पर तेल के साथ सेंका जाता है। प्रायः श्रमिकों के जलवान हेतु दिया जाता है।

9. चिल्ला : बेसन, आटा, पिसी मूँग, उड़द, लोबिया, सूजी आदि के घोल को चिकने तवे पर दोसे की तरह सेंककर यह तैयार किया जाता है।

10. सतुवा : इसे 'तुरन्ता भोजन' (रेडीमेड फूड) कहते हैं। इसे बनाना और खाना बड़ा सहज है। जौ को भिगोकर, गीला ही कूटकर, छिलका निकल जाने पर उसको सुखा लिया जाता है। कड़ाही में भूनकर, कूटकर छिलका अलग कर दिया जाता है। उसमें चने की दाल मिलाकर उससे यह पाउडर तैयार किया जाता है। यह चीनी, गुड़, नमक, चटनी के साथ पानी या दूध में सानकर खाया जाता है अथवा शर्बत की तरह पिया जाता है।

11. भात (चावल) : अवध क्षेत्र मुख्यतः भात भोजी क्षेत्र रहा है। पूर्वांचल में यही मुख्य भोजन है। वहाँ दोनों वक्त पकाया जाता है। इसके पिसे हुए पेस्ट को 'चौरीठा' कहते हैं, जो मांगलिक अवसरों पर ऐपन (अल्पना) के काम भी आता है। पूजा में इसे अक्षत कहा जाता है। सत्यनारायण की कथा में यह पंजीरी के रूप में प्रयुक्त होता है। करवा चौथ के व्रत में इसकी 'पिन्डी' का भोग लगाया जाता है। चावल से कई प्रकार के मिष्ठान्न तैयार किये जाते हैं, जैसे—खीर, अन्दरसा, सिरनी, पापड़, चबैना आदि। पके धान से बने चावल को 'भुजिया' कहते हैं, और कच्चे कुटे चावल को 'अरिया'। पुराना चावल आयुर्वेद के अनुसार सुपाच्य माना जाता है। चावल का माड़ कपड़ों में क्रीज के काम आता है। अवध क्षेत्र में शताब्दियों पूर्व प्रचलित चावल की कई किस्में सूफी काव्यों में बताई गयी हैं। इनमें 'सठिया' का चावल सबसे प्रसिद्ध रहा है। इधर चावल की कई देशी-विदेशी प्रजातियाँ प्रचलित हो गयी हैं और पुरानी किस्में प्रायः लुप्त हो गयी हैं। अवध में चावल के अनेक रूप प्रचलित हैं, जैसे—भात, खिचड़ी, तहरी, पुलाव आदि। जरदा मीठा चावल है। पीला मीठा चावल बसंत पंचमी पर बनता है।

12. बिरियानी : यह शाकाहारी और मांसाहारी (चिकन, गोश्त, अण्डा) कई तरह की बनती है। गोश्त की बिरियानी के लिए यह कहावत है कि कभी चिड़ियाँ उसका चावल चुगती थीं।

13. खिचड़ी : यह कई प्रकार की दालों के साथ बनाई जाती है, जैसे—मूँग, मसूर, उड़द, अरहर, चने की दाल, साबूदाना आदि। संक्रान्ति पर्व पर इसे बाँटने और खाने का बड़ा रिवाज है।

मूँग की दाल की खिचड़ी : दाल को गरम पानी में भिगोकर, बाद में पानी निकाल कर रख लिया जाता है। एक पैन में घी या मक्खन गरम करके, साबुत गरम मसाले, प्याज, लहसुन आदि डालकर सुनहरा होने तक भून लिया जाता है। इसमें चावल, मूँग की दाल और सारे मसाले डालकर, उन्हें थोड़ी देर भूनकर फिर उसमें टमाटर का रस, पानी, नमक और कालीमिर्च पाउडर मिलाकर उबाल लिया जाता है। पक जाने पर ऊपर से हरी धनिया डालकर सजा दिया जाता है। इसके साथ अचार, सलाद, बड़ा, पापड़, दही, घी आदि को अनिवार्य माना जाता है। इसी तरह बाजरा, सावाँ, दलिया आदि खाद्यान्नों में उपयुर्क्त में से कोई दाल मिलाकर खिचड़ी बनाई जा सकती है। इस खिचड़ी में आलू, टमाटर, गाजर आदि सब्जियाँ भी डाली जा सकती हैं।

तहरी : खिचड़ी का ही दूसरा रूप है तहरी, जो चावल और सब्जियों के सम्मिश्रण से बनाई जाती है। तहरी बनाने के लिए पहले, घी या तेल में प्याज तथा मसाले भूने जाते हैं। फिर उसी में सब्जियाँ पकाई जाती हैं और अन्त में धुला हुआ चावल डाला जाता है। पक जाने के बाद हरी धनिया डाली जाती है।

पुलाव : यह घी और मसालों के साथ कई रंगों में रँगकर पकाया जाता है। इसके तीन रूप हैं नूर, मोती एवं चमेली।

जिरवानी : यह दही चावल (सिखरन) का एक रूप है, जो दूध भात के समानान्तर है।

लीलवा भात : पहले चावल को धोकर उसका पानी निथार लिया जाता है। फिर एक कड़ाही में तेल गरम करके राई, हींग और साबुत लाल मिर्च के टुकड़े डालकर जब वह चटकने लगे तो उसमें अरहर के दाने, अदरक, हरी मिर्च का पेस्ट एवं नमक डालकर पकाया जाता है।

इस क्षेत्र में यज्ञोपवीत के पूर्व माठा भात (बरुआ भात) और अन्त्येष्टि के क्रम में 'भाती' (मीठा भात) खाने की प्रथा प्रचलित है। स्पष्ट है कि यहाँ भात के कई रूप हैं।

यहाँ निर्धन परिवार चावल के रूप में इन अन्नों का प्रायः प्रयोग करते थे—मकरा, मुचमुचा,

मरुवा, सावाँ, काकुन (कोदों), तिन्नी (फसही), कनकी, डेहुला आदि। आज ये अन्न दुर्लभ से हैं।

14. दालें : अवध क्षेत्र में सर्वाधिक प्रचलित दाल है अरहर की दाल। किन्तु मांगलिक अवसरों पर यहाँ चने की दाल (जिसको 'पढ़ौरा' कहा जाता है) उड़द की धुली दाल (जिसको काँड़ा कहा जाता है) परोसी जाती है। उड़द की खड़ी दाल एकादशाह (दसवाँ) के मृत्यु भोज में परोसी जाती है, या देवता पूजा (नवान्न) के अवसर पर खाई जाती है। मूँग की दाल को प्रायः पथ्य रूप में खाया जाता है। मसूर की दाल को पहले विदेशी वस्तु समझकर वर्जित माना जाता था। अब इन सबको मिलाकर दाल मखनी का काफी प्रचलन हो गया है। इधर सोयाबीन का भी प्रयोग बढ़ा है। इन दालों में एक विशिष्ट दाल है केंवटी, पंचमेल या गबड़ी दाल। यह मूँग, उड़द, अरहर, मसूर, चना, मटर/मटरी के मिश्रण से बनती है। इसमें हल्दी, नमक, हींग, जीरा, प्याज, अदरक और कई मसालों का छौंका दिया जाता है। घी/मक्खन ऊपर से भी डाला जा सकता है। नवाबों की दाल के लिए प्रसिद्ध है कि उसे अशर्फी से छौंका जाता था और उसमें सोने की भस्म डाली जाती थी। इसे छौंकते ही खाया जाता था। जनश्रुति है कि एक बार नवाब ने आने में देर कर दी तो खानसामा मंसूर अली ने यह कह कर दाल परोसने से मना कर दिया था कि "यह मुँह और मंसूर की दाल।"

पिछले दशकों में यहाँ दाल सर्वसुलभ थी, सस्ती थी, इसीलिए 'घर की 'मुर्गी दाल बराबर' कहावत चल पड़ी। यह दाल सादगी की प्रतीक थी। 'दाल रोटी खाना' सहज सात्विक जीवन का सूचक था। यहाँ एक अन्य कहावत चलती है—'बरा न फरा पहिती मा बजुर परा।' अर्थात् कोई व्यंजन न हो और पहिती (दाल) भी न मिले, तो वह दुःख दैन्य की पराकाष्ठा मानी जाती थी। किन्तु इधर दालें दुर्लभ हो गयी हैं। अब सबकी दाल नहीं गलती है। इस अर्थव्यवस्था में कुछ 'दाल में काला' अवश्य है।

यहाँ धुली दाल के दाने को दूयूल कहते हैं। बिना छिली दाल के 'कँचवासी' और छिलके को चोई कहा जाता है और उसे वर्जित माना जाता है। दाल के सम्बन्ध में यह धारणा है कि "अरहर हरहर उर्द कै ढाढ़ मूँग कै पातर नाहीं गाढ़।" गरमा गरम घी और नींबू के रस से युक्त गाढ़ी अरहर की दाल को यहाँ सराहा जाता है।

15. सगपहिता : हरा साग और पहिती (दाल) के योग से यह तैयार किया जाता है। साग रूप में बथुआ, चौलाई, मूली, पालक, सोया, नाली का साग (करेमू), मरसा, पोय आदि का प्रयोग होता है और दाल रूप में उड़द, चना तथा अरहर का।

16. दाल के फरे : पकती हुई अरहर की दाल में आटे की टिक्की पका ली जाती है और उसे छौंक कर प्याज, टमाटर आदि के साथ खाया जाता है। इसे दाल की टिक्की और 'दाल के दूल्हे' भी कहा जाता है।

17. खिल्वा दाल : यह जलपान और भोजन दोनों में परोसी जाती है। धुली मूँग की दाल को उबालकर, सारा पानी निकालकर, उसमें पर्याप्त मसाले डालकर, फिर उसे प्याज से छौंक कर तथा ऊपर से नीबू, हरी धनिया, नमक आदि मिलाकर इसे खाया जाता है। यह अत्यन्त स्वास्थ्यवर्धक है। कहीं-कहीं इसका घोल बनाकर पिया जाता है।

18. कढ़ी : यह दाल का एक विकल्प है। कढ़ी बनाने के लिए पहले दही/मट्ठा और बेसन को फेंटा जाता है। उसमें लाल मिर्च पाउडर, धनिया, हल्दी, नमक, हींग, अदरक, अजवाइन, सोडा, मेथी आदि को पकाया जाता है। दूसरी ओर बेसन की छोटी-छोटी पकौड़ियों को तलकर इसी घोल में पकाया जाता है। बाद में इसे जीरा, हींग, राई, लाल मिर्च, मीठी नीम के पत्ते से छौंका जाता है। कहीं-कहीं बिना पकौड़ी की कढ़ी बनाई जाती है। इसका घोल अपेक्षाकृत अधिक पतला होता है।

अवध में यत्र-तत्र बहुत गाढ़ी मीठी कढ़ी बनती है। इसमें खड़ी हरी मिर्च और मूली के टुकड़े भी डाले जाते हैं।

19. साग, भाजी, सब्जी-तरकारी : अवध क्षेत्र की प्रमुख सब्जियाँ हैं–

टेंउसा (नव कोंपल) की सब्जी : पाकड वृक्ष की कोंपलों को उबालकर, पानी निचोड़कर, उन्हें सुखा लिया जाता है। कच्ची पिसी सरसों का लेप बनाकर उबले टेंउसा के साथ सरसों का तेल, पिसी खटाई, नमक आदि डालकर इसे पकाया जाता है। काँच के बर्तन में कुछ दिन धूप में रख दिये जाने पर यह अचार का कार्य भी करता है।

निमोना : हरी मटर या हरे चने के दानों को पीसकर, कड़ाही के तेल में हींग, हरी मिर्च, हल्दी पाउडर, टमाटर आदि डालकर तब तक चलाया जाता है, जब तक मसाले तेल न छोड़ने लगें। तदुपरान्त मटर या चने के पेस्ट को भूनकर, उसमें आलू, नमक और पानी डालकर गाढ़ा होने तक पकाया जाता है। निमोना चावल तथा रोटी दोनों के साथ अत्यन्त स्वादिष्ट लगता है।

सनई के फूल की सब्जी : सनई के फूलों के उबल जाने पर, उसका पानी छानकर सुखा लिया जाता है। कड़ाही में तेल गरम कर जीरे का तड़का लगाकर, फिर इन फूलों को डालकर भून लिया जाता है। उसके बाद इसमें बेसन और चावल का आटा डालकर पुनः सबको मिलाकर भूना जाता है। हल्दी, गरम मसाला, नमक तथा पानी डालकर इसे पकाकर खाया जा सकता है।

गूलर की सब्जी : गुल्लू/कोलइया की गदियाँ उबालकर, अच्छी तरह मसलकर, कच्ची पिसी पीली सरसों, गरम मसाला, हल्दी, बेसन, सरसों का तेल, नमक आदि मिलाकर कड़ाही में इसे भूनकर या रसदार बनाकर खाया जाता है।

कद्दू-पुदीने की सब्जी : सबसे पहले कद्दू को पानी में अच्छी तरह उबालकर, अच्छी तरह मसलकर, उसका गूदा-छिलका अलग कर लिया जाता है। फिर कड़ाही के गरम तेल में मेथी का तड़का देकर, उसमें आलू डालकर छौंक दिया जाता है। आलू पक जाने पर उसमें कद्दू का घोल तथा हरे पुदीने की पत्ती डालकर, अच्छी तरह फेंटकर, कड़ाही में पकाकर स्वादानुसार नमक, चीनी और अमचूर मिला दिया जाता है। इसके लिए कद्दू के टुकड़ों को, कड़ाही के गरम तेल में कलौंजी, धनिया, जीरा, सौंफ और साबुत मिर्च का तड़का देकर पकाया जाता है। खड़े मसाले की कद्दू की सब्जी बहुत स्वादिष्ट लगती है।

जिमीकंद (सूरन) की जूरी : सूरन के गट्टों को पहले उबालकर फिर बेसन में हल्दी, गरम मसाला, नमक आदि डालकर उसे फेंट लिया जाता है। बेसन के घोल में सारी जूरी डालकर उसे बेसन में लपेटकर भूना जाता है। दमा, बदहजमी एवं रक्त-विकार के लिए यह अत्यन्त लाभकारी है।

मिजनी : बेसन को छानकर, उसमें नमक, मिर्च व हींग को अच्छी तरह से मिला लिया जाता है। फिर बेसन में पानी के छींटे मारकर हाथ से छोटी-छोटी फुदकियाँ बनाकर अलग कर ली जाती हैं। इन फुदकियों को कड़ाही के तेल में भून लिया जाता है। फिर कड़ाही में प्याज, लहसुन, हल्दी, मिर्च, हींग, धनिया, नमक आदि डालकर रसा (तरी) तैयार कर उसमें बेसन की फुदकियाँ डाल दी जाती हैं। दो-तीन उबाल आने पर उसे आँच से उतार कर खाया जाता है।

बेसन के गट्टे : बेसन में नमक, लाल मिर्च, जीरा, सौंफ और घी का मोयन डालकर पानी की सहायता से उसे कड़ा कड़ा गूँध लिया जाता है और फिर तरी के साथ उसे पकाया जाता है।

पित्तौड़ : यह बेसन के छोटे-छोटे टुकड़ों को तेल मसाले के साथ पकाई जाती है। कहीं-कहीं इसे 'धोखा' नाम से पुकारा जाता है।

कौहडौरी : (उड़द की बड़ी) यह सब्जी का एक विकल्प है। सबसे पहले खबहा या पेठा का छिलका उतारकर, बीज निकाल कर, उसे छोटे-छोटे टुकड़ों में काट कर उड़द की पिसी दाल में उसे फेंटा जाता है। उसमें खबहा के टुकड़े, लाल मिर्च, हींग, नमक आदि मिलाकर चारपाई पर बिछे साफ कपड़े पर ये बड़ियाँ चुवाई जाती हैं। सूख जाने पर उन्हें आलू के साथ मिलाकर यह रसेदार सब्जी तैयार की जाती है। बड़ी को कूटकर सूखी सब्जी में भी डाला जाता है। इसका एक अन्य रूप है मिथौरी। धुली मूँग की पिसी दाल से चुवाई गयी छोटी-छोटी बड़ियों को मिथौरी कहते हैं। बड़ियों में टमाटर, साग आदि भी डाला जा सकता है। इन्हें तेल में तलकर, फिर मसालेदार तरी में पकाकर रसेदार सब्जी की तरह बनाया जाता है। कन्या के विवाह में बड़ी-मिथौरी भेजने का बड़ा रिवाज है।

करायल : यह दाल और सब्जी का मिला-जुला रूप है। मूँग, उड़द की दाल को बारीक पीसकर, उसमें सारे मसाले डालकर, परस्पर फेंटकर, फिर छोटी-छोटी पकौड़ियों के रूप में वे तली जाती हैं। इन पकौड़ियों को मसालेदार तरी में गलाया जाता है और उसे रसेदार सब्जी के रूप में तैयार किया जाता है।

भुर्ता : अवध में कई प्रकार के भुर्तों का प्रचलन है, जैसे—

क. आलू का भुर्ता : आलू को उबालकर, छीलकर, मसलकर उसमें नमक, हरी मिर्च, सरसों का तेल, हरी धनिया आदि को मिलाकर यह तैयार किया जाता है।

ख. बैंगन का भुर्ता : भुने या उबले बैंगन को छीलकर एक कड़ाही में तेल गरम करके उसमें प्याज, लहसुन आदि डालकर, सुनहरा होने तक भूनकर, उसमें सब्जी मसाला, लाल मिर्च और बैंगन का गूदा डाल दिया जाता है। अंगारों में भुने बैंगन का भुर्ता अधिक स्वादिष्ट लगता है।

ग. पंचमेल भुर्ता : पहले आलू, और घुइँया को उबालकर अलग निकाल लिया जाता है। फिर कुकर में कटी हुई लौकी, बैंगन और कुछ मटर के दाने डालकर उबाल लिया जाता है। उसके बाद सारी चीजों को मैश कर लेते हैं। फिर उसमें सरसों का तेल, नमक, हरी मिर्च, लाल मिर्च पाउडर, कटा हुआ लहसुन और धनिया पत्ती डालकर मिला दिया जाता है।

साग : अवध क्षेत्र में बनने वाले प्रमुख सागों की विधि इस प्रकार है—

क. चने का साग : चने की पत्तियों को काटकर, धोकर एक कुकर में पानी और खटाई की कलियों के साथ उबाल लिया जाता है। फिर कड़ाही के तेल में लहसुन, हरी मिर्च, चने का साग तथा चावल का आटा डालकर दस मिनट तक उसे पकाया जाता है। यह साग मक्के की रोटी और चावल के साथ अच्छा लगता है।

ख. सरसों का साग : कड़ाही के तेल में तेज पत्ता, जीरा, हरी मिर्च, अदरक, प्याज, नमक, लहसुन आदि के साथ सरसों के साग को पकाते हैं।

अन्य साग : इसी प्रकार पालक/पोय, बथुआ चौलाई, सरई, मूली का झलरा आदि कई साग बनते हैं। इन हरी सब्जियों का भोजन में विशेष महत्त्व है। इनमें आयरन पाया जाता है। ये सब्जियाँ स्वास्थ्यवर्द्धक होती हैं।

मुंगौड़ी मेथौरी : मूँग की दाल को पीसकर, अच्छी तरह फेंटकर, धूप में मुंगौड़ी चुबाकर सुखा ली जाती हैं। यह सब्जी रसेदार होती है।

रसाजे : सर्वप्रथम बेसन में मसाले मिलाकर, उस घोल को गाढ़ा होने तक पकाकर, उसे थाली में फैलाकर उसके टुकड़े काट लिए जाते हैं। कड़ाही में इन टुकड़ों को तल लिया जाता है। फिर सब्जी का झोल बनाकर तले हुए टुकड़ों को उसमें डाल दिया जाता है। यह ब्याह भात का एक पारम्परिक व्यंजन है। इसे 'खंडुई' भी कहा जाता था।

भुजिया : यह गाजर, चुकन्दर, जिमीकंद, कच्चा केला, आलू, मूली-पत्ता, गोभी, शलजम, सरसों के पत्ते, टमाटर, बैंगन, हरी धनिया आदि की बनती है। इसमें हरी मिर्च, नमक, मेथी, अमचूर, हल्दी, धनिया पाउडर, गरम मसाला, हींग, जीरा, सरसों का तेल का प्रयोग होता है।

पनेउछा : यह अवध प्रदेश का विशिष्ट व्यंजन है। इसको बनाने के लिए मूँग की दाल, नमक, हींग, वनस्पति घी आदि की आवश्यकता होती है। पहले मूँग की दाल को गाढ़ा पीस कर उसमें हींग व नमक मिला कर उस पेस्ट को कपड़े से बाँधकर उबले पानी में डाल दिया जाता है। पक जाने पर दाल के टुकड़े बना लिए जाते हैं। फिर सब्जी का झोल बनाकर तले हुए पीस उसमें डाल दिये जाते हैं। उबाल आने पर उसे उतार लिया जाता है। 'चन्दायन' में इसे 'गुरेठ' कहा गया है।

भरवा सब्जी : अवध क्षेत्र में कई सब्जियों के भीतर प्याज, लहसुन, अदरक, धनिया, मिर्च, कलौंजी, हींग, अमचूर, नमक, गरम मसाला आदि का पेस्ट भरकर उन्हें तेल में पका लिया जाता हैं। ऐसी प्रमुख सब्जियाँ हैं—करेला, भिण्डी, तोरई, शिमला मिर्च, टमाटर, टिण्डा, बैंगन, मोटी मिर्च, परवल, कुन्दरू आदि। तवा सब्जी के रूप में इसका प्रचलन अधिक है। यह अपेक्षाकृत अधिक टिकाऊ होती है।

अन्य सब्जियाँ : अवध क्षेत्र में सैकड़ों प्रकार की सूखी तथा रसेदार सब्जियाँ (तरकारी) दिखाई देती हैं, जैसे—पत्ता गोभी, फूल गोभी, गाँठ गोभी, जिमीकंद, आलू, टमाटर, मूली, चुकंदर, लसोढ़ा, हरा पपीता, प्याज, भिण्डी, बैंगन, कद्दू, लौकी, कटहल, परवल, घुइंया, कुन्दरू, शिमला मिर्च, सेम, सहजन, लोबिया, तोरई (नेनुआ, सतपोइया) भसिण्डा (कमल ककड़ी) टिण्डा, बण्ड़ा, चना, छोले, राजमा (हरा केराव मटर), सूखा मटर, खेखसा (कटीला परवल), डेंडसी, खुँडुई, बरौरी, कन्दुरिवा, सीवंती, कंकोल, ककड़ी, ग्वार फली, कच्चा केला, करेमू की गाँठ, कच्ची हल्दी, मूली के फूल आदि की सब्जियाँ। कुछ सब्जियाँ लपेटन द्वारा बनाई जाती हैं, जैसे—घुइँया के पत्तों पर बेसन/चावल का पेस्ट लगाकर तिकोने आकार में धीमी आँच पर सेंका जाता है। इसे 'सेउढ़ा' कहते हैं। नवाबों की प्रसिद्ध सब्जियाँ रही हैं दमखुफ, आलूदम, रकाबी, टिंडा, कवाब आदि जिनमें 160 मसाले डाले जाते थे।

मांसाहार : यहाँ की मांसाहारी सब्जियों में प्रमुख हैं—चिकन करी, मटन करी, एग करी, फिश करी, बिरियानी, मुर्ग मुसल्लम, कोरमा, कलिया, जरदा, रोगन जोश, कवाब (गिलावटी), कीमा, कोता आदि। हिन्दू परिवारों में झटके का गोश्त और मुस्लिम परिवारों में हलाल को प्राथमिकता दी जाती है। मुसलमान सूअर नहीं खाते और हिन्दू गोमांस (बीफ)। तीतर, मुर्गा, बटेर, सवन, हिरन, खसी आदि के मांस से अनेक प्रकार के व्यंजन बनाये जाते हैं। लखनऊ में टुण्डे के कवाब, शामी कवाब, सींक कवाब और काकोरी के नरगिशी कवाब प्रसिद्ध हैं। ये कलाईदार ताँबे की परातों में इमली के कोयलों की आँच में पकाए जाते हैं। खाई जाने वाली मुख्य मछलियाँ हैं—भाकुर, मुकड़ी, मंगुरी, मलीन आदि।

20. नाश्ते के व्यंजन—फरा : यह अवध का एक विशिष्ट व्यंजन है। करवा चौथ तथा नीरू नौनी के पूजन में इसे सर्वाधिक महत्त्व दिया गया है। इसे बनाने के लिए चावल का आटा, धुली उड़द, चने की दाल, नमक, मिर्च, धनिया, हींग, अजवाइन, काली मिर्च, गरम मसाला आदि की आवश्यकता होती है। इन दोनों पिसी दालों में भुने पिसे मसाले मिला दिये जाते हैं। उस पेस्ट को आटे की लोई में भरकर, बेलकर, गुझिया की तरह उन्हें चिपकाकर भाप (स्टीम) के सहारे पका लिया जाता है। इन्हें कुछ लोग काटकर छौंक कर भी खाते हैं। इसी का एक रूप है—भकोसा।

मोमोज : यह भी भरवा फरा का ही एक प्रतिरूप है, जो पहले पूर्वोत्तर भारत में बहु प्रचलित था। अब भाप में पके होने के कारण यह अवध क्षेत्र में भी प्रचलित हो गया है।

विगत कुछ दशकों में यहाँ दक्षिण भारतीय व्यंजन—उपमा, उत्तपम, दोसा, इडली, बड़ा, साँभर, इटैलियन पास्ता, मक्रोनी, चीनी-राइस मंचूरियन, नूडल, मैंगी, चाउमिन, पश्चिमी जंकफूड आदि का प्रचलन बहुत हो गया है।

पकौड़ी : अवध क्षेत्र में कई प्रकार की पकौड़ियों का प्रचलन है। जैसे—

अ. प्याज की पकौड़ी : प्याज को काट कर, नमक, मिर्च, गरम मसाला युक्त बेसन के घोल में सानकर, छोटी-छोटी पकौड़ियों को घी/तेल में तला जाता है। इसे अवध में प्याजी भी कहते हैं और नास्ते के रूप में चटनी के साथ खाते हैं।

ब. भिंडी की पकौड़ी : टुकड़ों में कटी हुई भिंडी को चने की दाल तथा तेज पत्ता के साथ उबालकर, उसके पेस्ट को फ्रिज करके फ्राई कर लिया जाता है।

स. आलू की पकौड़ी : आलू को गोल-गोल काट लिया जाता है। फिर नमक, मिर्च मसाले युक्त बेसन के घोल में उन्हें लपेटकर तल लिया जाता है।

द. सीताफल तथा तुरई के फूल की पकौड़ी : इन फूलों को बेसन या चावल के लेप में नमक, गरम मसाला, मिर्च, हल्दी सहित लपेटकर तला जाता है। इसी प्रकार से गोभी, लौकी, पालक, बैंगन, सोया, मेथी, पनीर, अजवाइन पत्ता, घुइँया पत्ता, केला आदि के पकौड़े बनाये जाते हैं। सागों के बने पकौड़े को अवध क्षेत्र में 'सगौड़ी' कहते हैं।

कोफ्ता : यह एक विशेष प्रकार की रसदार सब्जी है। चावल के कोफ्ते बनाने के लिए चावल को उबालकर मैश कर लिया जाता है। फिर उसे इलाइची-पाउडर, काली मिर्च पाउडर, जावित्री पाउडर, नमक, इतर आदि के साथ फेंटा जाता है। इस मिश्रण को जमाकर उसके छोटे-छोटे पकौड़ों को तल लिया जाता है और उन्हें पहले से तैयार की गयी मसालेदार तरी में पकाया जाता है। ऊपर से हरी धनिया, हरी मिर्च डालकर खाया जाता है। इसे पकौड़ी की तरह नाश्ते में सूखा भी खाया जा सकता है। कोफ्तें कई सब्जियों से बनाये जाते हैं, जैसे—लौकी, कटहल, पपीता, कच्चा केला, पालक।

फुलौरी : यह तेल में बेसन की चुवाई गयी पकौड़ी है जो कढ़ी के साथ और अलग से भी खायी जाती है।

बरिया : आटे में अजवाइन, नमक, हल्दी पाउडर, लाल मिर्च पाउडर डालकर गाढ़ा घोल तैयार कर लिया जाता है, फिर आटे के घोल की बरिया तेल में चुवाकर तली जाती हैं। दूध और चीनी के साथ पकाकर मीठी बरिया भी यहाँ खूब खायी जाती हैं। सूखी मीठी बरिया श्राद्ध में लुटाई जाती हैं।

दही बड़ा : उड़द की भीगी दाल में हींग, जीरा, लाल मिर्च पाउडर डालकर पीसकर, सोडा, नमक मिलाकर, फेंट कर उस दाल की टिक्की बनाकर बीच में छेद कर, एक कड़ाही में तल लिया जाता है। फिर उसे दही/मट्ठे में डालकर खाया जाता है।

लौकी बड़ा : बेसन और चावल के आटे के घोल में हल्दी, लाल मिर्च, नमक के साथ लौकी के टुकड़ों को डीप फ्राई कर लिया जाता है।

महुआ की बरिया : आटे में नमक, अजवाइन, हल्दी, लाल मिर्च डालकर दूसरी ओर महुवा का रस निकालकर इसको गाढ़ा होने तक उबाल लिया जाता है। फिर रस को छानकर आटे का घोल बना लिया जाता है। घोल इतना गाढ़ा हो कि पकौड़ियाँ बन जायें। मीठी बरिया बनाने के लिए चीनी भी घोल में डाली जा सकती है। ये पकौड़ियाँ तलकर खाई जाती हैं। इसकी लिट्टी भी स्वादिष्ट तथा स्वास्थ्यवर्धक होती है।

पना फुलौरी : पहले बेसन का गाढ़ा घोल बना लिया जाता है। उसमें नमक मिला कर उसकी

पकौड़ियाँ बना ली जाती हैं। दूसरी ओर खटाई या कच्चे आम का गूदा निकालकर उसमें बेसन का घोल, गुड़ तथा हल्दी मिलाकर पकौड़ियों के साथ उन्हें पकाया जाता है।

चबैना (लाई) : धान को पानी में उबाला जाता है। जब धान फटने लगे तब उससे अच्छी तरह सुखाकर चावल कुटवा लिया जाता है। इस चावल को कड़ाही में भूना जाता है। उसे चलनी से छान कर नमक, गुड़ आदि के साथ चबाया जाता है।

इसी प्रकार चना, मटर, ज्वार, बाजरा, मक्का, गेहूँ, धान का लावा, महुवा, चावल आदि को चबैने के रूप में प्रयोग में लाया जाता है।

होरा : हरे चने, गोजई, ज्वार और हरे मटर के पौधों में लगे हुए अधपके बूट को आग की लपटों में सेंक कर निखोना (होरा) को नमक मिर्च, चटनी आदि के साथ यहाँ खाने का बड़ा रिवाज है। फुटहरा (भुना चना, अरहर) भी काफी पसन्द है।

बबरा : चावल को कड़ाही में छौंककर, नमक, मिर्च आदि मिलाकर इसे तैयार किया जाता है और यह जल-पान के काम आता है।

फँकना : यह विशेषकर उन वृद्धों के लिए बनाया जाता है, जिनके दाँत नहीं होते। भुने हुए चने को पीसकर इसमें पिसा जीरा, काला नमक मिला दिया जाता है, जो फाँकने के काम आता है।

पोहा : चूड़े को पानी के छींटों से भिगो दिया जाता है, फिर कड़ाही में तेल डालकर, जीरा का तड़का देकर, फ्राई करके, उसमें भुनी भूँगफली के दाने, दालमोठ, पत्ता गोभी आदि के कटे पत्ते, अनार के दाने आदि मिला दिये जाते हैं। यह सुपाच्य नाश्ता है जो महाराष्ट्र में ज्यादा प्रचलित है।

भेलपूडी : यह चबैना और दालमोठ का नया विकल्प है, जो महाराष्ट्र से आया है।

दलिया : गेहूँ से बनी दलिया मीठे दूध में उबालकर तथा घी सब्जी के साथ नमकीन व्यंजन के रूप में काफी लोकप्रिय है।

घुघरी : यह जलपान का व्यंजन है। कड़ाही के गरम तेल में जीरा, नमक, कटी मिर्च, हल्दी, हरी मटर के दाने, कटा हुआ प्याज, लहसुन आदि डालकर उसे सुनहरा होने तक भून लिया जाता है। फिर कड़ाही में पानी डालकर उसे बन्द करके पका लिया जाता है। इसके प्रमुख प्रकार हैं–

अ. ज्वार की घुघरी : कुकर के गरम तेल में लहसुन, प्याज, हरी मिर्च को भूनकर, फिर उसमें भीगे हुए ज्वार के दाने डालकर, नमक डालकर, यह बनायी जाती है।

ब. चने की घुघरी : जो भीगे चने को उबालकर उपर्युक्त पद्धति से तैयार की जाती है।

स. गेहूँ की घुघरी : जो भीगे गेहूँ को उबालकर बनायी जाती है।

21. चाट : इसका अर्थ है, चटपटा द्रव्य। यहाँ इसको कच्चे आम (अमिया), ठोकरा, पुदीना, अमावट, कैथा, धनिया, लहसुन, प्याज, टमाटर, अजवाइन, कच्ची मूँगफली, नारियल आदि की चटनी, दही, नीबू, मिर्च और मसालों के साथ खाते हैं।

चाट के रूप में इन दिनों कई पदार्थों का प्रचलन देखा जा रहा है, जैसे–

1. आलू सूखे चने, हरे मटर, सूखे मटर की टिक्की (दही, मीठी चटनी और मसालों के साथ)

2. पनीर टिक्की 3. पानी के बताशे 4. पापड़ी 5. खस्ता 6. धनिया आलू 7. ब्रेड पकौड़े 8. पाव भाजी 9. बर्गर 10. पिज्जा 11. पकौड़ी 12. सगौड़ी 13. प्याजी 14. पानी पूड़ी 15. समोसा 16. चिल्ला 17. सुहाल 8. दही बड़ा 19. आलू बड़ा 20. चने की दाल की टिक्की 21. दही बताशा आदि।

22. समोसा : यह आज अत्यन्त लोकप्रिय है। जायसी ने पद्मावत में मांस भरे समोसों का उल्लेख किया है।

23. चटनी : इसमें धनिया, लहसुन, प्याज, हरी/लाल मिर्च, नमक, अमचूर आदि डाला जाता है। टमाटर एवं पकी इमली के गूदे से बनाई गयी खटमिट्ठी चटनी यहाँ काफी लोकप्रिय है। गुड़, सौंफ, छुहारा, कलौंजी, सोंठ, आम की कली आदि के साथ बनाई गयी मीठी चटनी को सोंठ या कलौंजी भी कहा जाता है। इधर सास काफी लोक प्रचलित है।

अन्यान्य प्रकार : नाश्ते में यहाँ मीठी नमकीन, कतरी, मठरी, खम्मन, ढोकला, पावरोटी, टोस्ट, खण्डोर (खांड), बिस्कुट, खस्ता, कार्नलैक्स, चिप्स, दालमोठ, रस्क, नानखटाई, न्यूटी निगेट, ब्रेडरोल आदि का काफी प्रचलन है।

इसके कई मांसाहारी प्रकार भी हैं। जैसे—चिकन, फिश, मटन, एग रोल, आमलेट, कवाब, बिरियानी आदि। शाकाहारी कवाब मसूर की दाल से बनते हैं। शाकाहारी बिरियानी सब्जियों से बनती है।

24. अचार : अचार के रूप में अवध में कई पदार्थ पाये जाते हैं, जिनमें मुख्य हैं—आम का अचार, नुनचा, अँबरा, आँवला, कटहल, करील, करौंदा, टेंउसा, नीबू, सेम, मिर्च, गोभी, चुकन्दर, सूरन, लहसुन, शलजम, गाजर, मूली, बाँस कल्ला, मशरूम आदि का अचार। इन वस्तुओं को काटकर सुखाकर तरह-तरह के मसाले मिलाकर बहुत दिनों तक मर्तबान में रखकर तेज धूप में पकाया जाता है, जिससे उसमें खटास आ जाती है। कुछ अचार मांस से भी बनाये जाते हैं। अवध में अचार का पुराना नाम था 'संधान'।

25. काँजी : काली गाजर को छोटे-छोटे टुकड़ों में काटकर मसालेदार पानी में डालकर उसे कई दिनों तक धूप में रखा जाता है, जिससे वह द्रव उठ आता है। यह स्वास्थ्यवर्द्धक माना जाता है।

26. सूप : यह गाजर, टमाटर, शलजम, चुकंदर आदि सब्जियों तथा चिकन, मसरूम, मक्का आदि को खूब पकाकर तैयार किया जाता है।

27. सिरका : यह एक विशिष्ट व्यंजन है, जो गन्ने के रस को धूप में रखकर और कटहल, बड़हल, मिर्चा, प्याज, गाजर, कच्चा पपीता आदि को मिलाकर तैयार किया जाता है। इसे लोग दाल में डालकर तथा प्याज में मिलाकर खाते हैं। जामुन का बनाया गया सिरका मधुमेह के रोगियों के लिए बहुत लाभप्रद बताया गया है। अब इनका निर्माण ब्रांडेड कम्पनियाँ भी करती हैं।

28. मुरब्बा : यह कच्चे आम के गूदे को उबालकर, उसमें चीनी डालकर तैयार किया जाता है। सेब, संतरा, आँवला, नारंगी, नाशपाती, आदि के मुरब्बे अत्यन्त स्वास्थ्यवर्द्धक होते हैं।

29. जैम : यह आम, अमरूद, सेब आदि के गूदे को चाशनी में डालकर बनाया जाता है। प्रायः ब्रेड स्लाइस में चुपड़ने के काम आता है।

30. गलका : यह मीठी खटाई का एक विकल्प है। इसमें आम का गलका सबसे अधिक लोक प्रचलित है। कच्चे धुले छिले आम को काटकर अथवा समूचा उबालकर फिर उसमें आवश्यकतानुसार गुड़ या चीनी डालकर पकाया जाता है और उस घोल में लाल मिर्च पाउडर, पिसा जीरा, धनिया पाउडर, सौंफ, कलौंजी और हींग डालकर गाढ़ा किया जाता है। इसका खट्टा-मीठा कड़वा स्वाद सराहनीय है। मूली का गलका बनाने के लिए उसके गोल टुकड़ों को गुड़ या चीनी के घोल में इन्हीं मसालों के साथ तैयार किया जाता है।

31. रायता : अवध क्षेत्र में विभिन्न प्रकार के रायतों का प्रचलन है, जैसे—बैंगन और कद्दू का रायता। इन्हें भूनकर लौकी या कद्दूकस करके उबाल लिया जाता है। ठण्डा होने पर उसे दही या मट्ठे में मिला दिया जाता है। ऊपर से इसमें नमक, हरा धनिया, हरी मिर्च, लाल मिर्च डालकर जीरे तथा हींग से छौंका लगा दिया जाता है। इसी प्रकार पालक, बथुआ, बूंदी, खीरा, कुल्फा, ककड़ी,

आलू, मूली आदि का रायता बनाया जाता है। मूली, खीरे-ककड़ी को कच्चा ही कद्दू कस करके दही में मिला दिया जाता है। इधर क्रीम के साथ मिक्स्ड फलों के रायते का प्रचलन बढ़ गया है। हरे भुट्टे के ताजे लच्छों का रायता भी पसन्द किया जाता है।

32. बड़े : अवध क्षेत्र में दाल के बड़े, आलू बड़े, कोफ्ता बड़ा, कच्चे केले के बड़े, कटहल के बड़े आदि काफी प्रचलित हैं। बड़े सूखे भी खाये जाते हैं और चटनी दही आदि के साथ भी। यहाँ अहीर जाति के बिरादरी भोज में केवल दही बड़ा का प्रयोग किया जाता है। पहले विवाह भोज में बड़े आकार का एक 'जवाबी बड़ा' बनाया जाता था, जो इसका सूचक था कि अब भोजन समाप्त प्राय है। कहीं-कहीं बड़े की जगह पापड़ को 'लास्ट डिश' माना जाता है।

33. सलाद : अवध क्षेत्र में मूली, गाजर, चुकन्दर, शलजम, हरी धनिया, अदरक, प्याज, खीरा, ककड़ी, नीबू, हरी मिर्च आदि को काटकर और परस्पर मिलाकर ऊपर से नमक और नीबू का रस डालकर सलाद तैयार किया जाता है। जब इसके टुकड़ों को मैश कर देते हैं तो उसे कचूमर कहते हैं। सलाद नामक पत्ते की इसमें गार्निश की जाती है। कहीं-कहीं सलाद में अंगूर, सेब, सन्तरा आदि फल भी मिलाये जाते हैं।

34. पापड़ : अवध क्षेत्र में पापड़ की कई किस्में दिखाई देती हैं। मुख्य हैं—आलू के पापड़, चावल के पापड़, साबूदाना के पापड़, मूँग के पापड़, उड़द के पापड़ आदि। पहले इन सबका घोल पका करके और उसमें मसाले डालकर, कपड़े या किसी थाली में रोटी के आकार में उस घोल को चुवाया जाता है। सूख जाने के बाद उसे सेंककर या तेल में तलकर खाया जाता है। छोटे आकार के टुकड़ों को 'कचरी' कहते हैं। कुछ पापड़ बड़ी बारीकी से बेलकर बनाये जाते हैं, इसीलिए 'पापड़ बेलना' मुहावरा बन गया है।

35. मिष्ठान्न : अवध के लोकप्रिय मिष्ठान्न हैं, लड्डू, पेंडा, बर्फी, जलेबी, इमरती, खीर, सिवंई, गुझिया, हलुवा, पुडिंग, कतरी, लौकी के लच्छे, पुवा, गुलाब जामुन, बालूशाही, रसगुल्ला आदि। इनमें अत्यधिक लोकप्रिय हैं—

36. लड्डू : इसके अनेक नाम एवं कई रूप हैं, जैसे—

अलसी के लड्डू : अलसी (तीसी) को घी में भूनकर, महीन पीसकर, उसमें भुना हुआ खोया, मेवा डालकर, चीनी की चाशनी में मिलाकर इसे बनाया जाता है। जाड़े में इसका सेवन स्वास्थ्यवर्द्धक माना जाता है।

बूँदी के लड्डू : बेसन की बूँदी को चाशनी में मिलाकर उसके लड्डू बनाये जाते हैं। इनमें खरबूजे के बीच और इलाइची के दाने भी डाले जाते हैं। बहुत बारीक बूँदी को मोतीचूर के लड्डू कहा जाता है। प्रसाद के रूप में इनका प्रायः प्रयोग किया जाता है।

बेसन के लड्डू : ये घी में भुने बेसन और चीनी की चाशनी द्वारा तैयार किये जाते हैं।

मेवे के लड्डू : इसमें कटी पिसी गरी, काजू, किशमिश, चिरौंजी, कटे छुआरे आदि पड़ते हैं, फिर उसे चाशनी में सानकर ये लड्डू बनाये जाते हैं।

मगदर के लड्डू : अर्थात् मूँग की दाल से बने सुस्वादु और पोषक मोदक।

चबैने के लड्डू : अवध क्षेत्र में सकट पूजन के समय लाई, लावा, खील, भुने चने, भुने गेहूँ, भुने चावल, तिल, रामदाना, मूँगफली दाना, बाजरा, ज्वार आदि के लड्डू गुड़ की चाशनी में सानकर बनाये जाते हैं, जिन्हें आकार के अनुसार धूँधा या धुँधिया कहा जाता है।

आटे के लड्डू : आटा, सूजी, आदि में खोया, मेवा डालकर जो लड्डू बनाये जाते हैं, उन्हें

'पींडा' कहते हैं और चावल के आटे, घी, चाशनी से बने मिष्ठान्न को 'पिण्डी' या पिंडिया कहते हैं।

सोंठ के लड्डू : सोंठ, हल्दी, अजवाइन को महीन पीसकर उसका पेस्ट बना लिया जाता है। उस पेस्ट और आटे को घी में भून कर, मेवों के साथ सारी सामग्री को मलकर गुड़ अथवा चीनी की चाशनी में डालकर ये लड्डू बना लिए जाते हैं। कच्ची अदरक के लड्डू भी लोकप्रिय हैं।

शकरकंद के लड्डू : शकरकंद के छोटे-छोटे टुकड़े काटकर धूप में सुखा लिए जाते हैं। फिर पीसकर कड़ाही में भूनकर, इसमें दूध, चीनी और मेवा डालकर मिला दिया जाता है। उससे लड्डू बाँध लिए जाते हैं। इन लड्डुओं का सेवन व्रत में भी किया जाता है।

चूरमा लड्डू : सूजी और गेहूँ के आटे में मोयन डालकर, गूँध कर उसकी मोटी रोटी बनाकर, तवे पर धीमी आँच में दोनों तरफ सेंककर, उसको पीसकर छान लिया जाता है। चूरमे में शक्कर घी, इलाइची पाउडर, काजू व बादाम मिलाकर इसके छोटे-बड़े लड्डू बना लिए जाते हैं।

खिरउटा : दूध के लड्डू, जिसका उल्लेख मुल्ला दाऊद ने किया है।

कसरावन : यह पँजीरी की तरह फाँका जानेवाला एक मिष्ठान्न है। इसे प्रायः विवाह में पकवानों के साथ भेजा जाता है। चौरीठे में चीनी, काली मिर्च, इलाइची पाउडर, मेवे आदि डालकर घी के साथ मिलाकर भूनकर यह तैयार किया जाता है।

सिवँई : 'ईद' में यह बहुत बनती है। इन्हें घी में भूनकर दूध में चीनी, मेवा, रबड़ी आदि डालकर तैयार किया जाता है। यह सूखी भी होती है और द्रव भी।

खीर : यह एक लोकप्रिय मिष्ठान्न है। खीर प्रायः चावल, दूध, रबड़ी, खोया, चीनी और मेवों के मिश्रण से तैयार की जाती है। कभी-कभी केवल दूध, चीनी और मेवे ही डाले जाते हैं। अवध में अन्नप्राशन के अवसर पर खीर चटाई जाती है। खीर बनाते हुए चावल को घी में तला जाता है। उसके पश्चात् दूध, पानी, चीनी डालकर धीमी आँच पर पकाया जाता है। ऊपर से मेवा डाला जाता है। दूध और मेवे के अभाव में अधिक पानी और कम दूध में पकाये जाने वाले चावल को 'जौरि' कहा जाता है। श्राद्ध पर्व में इसके पिण्ड बनाये जाते हैं। खीर के कई रूप हैं, जैसे—गाजर की खीर, लौकी के लच्छों की खीर, साबूदाने की खीर, आम एवं मेवे मखाने की खीर, शकरकंद की खीर, फलों की खीर आदि। वैष्णव भोज भण्डारे में इसे 'तस्मई' कहा जाता है।

फिरनी : पिसे हुए चावल को दूध में पकाकर, चीनी तथा मेवे डालकर इसे जमा लिया जाता है तथा ठंडा करके खाया जाता है।

हलुवा/लपसी : कड़ाही के घी में आटा भून कर, फिर उसका पतला घोल बनाकर उबाला जाता है। चीनी या गुड़ तथा मेवे डालकर आलू, शकरकंद, लौकी, कद्दू, कसेरू, गंजी, गाजर आदि को औटाते हुए गाढ़ा किया जाता है। कम घी और मेवा विहीन मीठे द्रव को लपसी कहते हैं। हलुवा कसेरू तथा सेरुका की जड़ (गाँठ) से भी बनता है।

माठ-मठोलिया : मैदे में मोयन डालकर, मीठा सोडा मिलाकर, सख्त गूँधकर मैदे की थोड़ी बड़ी लोई बनाकर मोटी-मोटी रोटी की तरह उसे बीच में गोद दिया जाता है, जिससे माठ तलते समय फूले नहीं। अँगूठे की सहायता से इसके किनारों को गोंठ दिया जाता है। माठ को तल कर ठण्डा होने पर इसे चीनी की चाशनी में पाग लिया जाता है।

मालपुए : यह एक मीठा व्यंजन है। प्रायः शुभ अवसरों पर बनाया जाता है। इसे बनाने के लिए गेहूँ का आटा, सूजी, चीनी, दही, सौंफ, रिफाइण्ड या देशी घी आदि सामग्री की आवश्यकता होती है। इसको तैयार करने हेतु दही में चीनी और पानी डालकर घोला जाता है। उसमें सूजी, आटा

तथा सौंफ को डालकर साना जाता है। फिर उसकी लोइया बना कर घी में तल दिया जाता है। यह अवध का एक विशिष्ट पकवान है।

गुलगुले : यह मीठा व्यंजन प्रायः बच्चों के जन्मदिन पर व वट सावित्री (बरगदाही) पर्व पर बनाया जाता है। पहले गुड़ को पानी में भिगो लिया जाता है। आटे को छानकर, गुड़ के घोल में मिला लिया जाता है। उसे अच्छी तरह फेंटकर गोल पकौड़ियाँ तली जाती हैं।

गुझिया/कुसली/पेरकिया : मैदे में मोयन डालकर अच्छी तरह गूँध लिया जाता है। फिर खोये को भूनकर उसमें मेवा, पिसी हुई चीनी, इलाइची पाउडर डाल दिया जाता है। गूँधे हुए मैदे की छोटी-छोटी पेरकिया कोचइया बेलकर बीच में खोया भरकर अच्छी तरह चिपका कर गुझिया के किनारों को गोंठ कर भून लिया जाता है। इसी तरह आटे में गुड़ सोंठ भरकर गुझिया बनती हैं, जिसे कुसली कहते हैं।

खरिका : यह प्रायः विवाहोत्सव (ब्याह भात-भोज) में बनाया जाने वाला व्यंजन है। इसको बनाने के लिए मैदा, चीनी, घी, इलायची इत्यादि सामग्री की आवश्यकता होती है। मैदे में मोयन डालकर, गूँध कर पतला-पतला बेलकर, छोटे-छोटे टुकड़े काटकर कड़ाही में सेंक लिया जाता है। इसको गाढ़े दूध में डालकर फिर स्वादानुसार चीनी डालकर पकाया जाता है। बाद में उसमें पिसी इलायची पाउडर मिलाकर परोसा जाता है। इसी का रूपान्तरण है रसमलाई।

रसेवर : चावल को घी में भून कर उसे गन्ने के रस में पकाया जाता है और फिर उस पर इलाइची पाउडर और मेवे डालकर खाया जाता है।

ज़र्दा पुलाव : चावल को घी में भूनकर चीनी की चाशनी में उबाला जाता है और कटे मेवे तथा केसर, इतर आदि डालकर खाया जाता है। लखनऊ का गुलजार नूर, कोको, मोती चमेली नामक पुलाव प्रसिद्ध हैं।

अन्य मिठाइयाँ हैं : पिंड़ी, कलाकंद, मठरी, कालाजाम, खिरसा (छेना), रसगुल्ला, सोहन हलवा, तिलचौरी, मुरब्बे का कोरमा, खरबूजे का पना, मीठी दलिया, सोहन पापड़ी, जलेबी, इमरती (भरकरी), रस मलाई, बालूशाही, खाझा, पेठा, मीठे खुर्मे, मीठे सेव, बूँदी, अँदरसा, चीपी, पट्टी, खोटिया, गट्टा, रेवडी, बताशा, मलाई, बालाई, आइसक्रीम, कुल्फी-फालूदा, रबड़ी, चीनी के खिलौने (कलसी), चाकलेट, गुड़, थेली, पारी, बगई, खांडसारी, भूरा, पंचुखा (हरेरा) राब, चीपी, खोई आदि।

पेय पदार्थ

यहाँ सौंफ, खसखस, कालीमिर्च, खरबूजे के बीज, मुनक्का, बादाम, चीनी, दूध, गुलाब का रस इत्यादि सामग्री से ठण्डई (शरबत) तैयार करते हैं। इस सामग्री को पीसकर उसे चीनी के घोल में मिलाकर और दूध, बर्फ, गुलाब जल आदि को मिश्रित करके पिया जाता है। कुछ लोग बने बनाये स्क्वैश, शेक, अमरस, जूस तथा ब्रांडेड शर्बत पसन्द करते हैं। यहाँ खस, केवड़ा, बेल, सन्तरा, शहतूत, अनार, फालसा, जामुन आदि के शरबत बहुत लोकप्रिय हैं। लस्सी दही एवं मलाई से तैयार की जाती है। इधर फलों के रस, सूप, कोल्डड्रिंक आदि बहुत पिये जाते हैं। भंग का सेवन भी लोग करते हैं। इसी प्रकार शराब, ताड़ी (अखनी), बियर आदि मादक द्रव्य भी पिए जाते हैं। नारियल पानी, खँडरा, बचका भी लोकप्रिय हैं। गरमी में आम का पना और जीरा पानी पीने का रिवाज है। यहाँ के कुछ विशिष्ट पेय हैं—

मसाला छाछ : पतले दही या छाछ में पुदीने का पेस्ट और हरी मिर्च मिलायी जाती है, फिर उसमें डुभकारी, खण्डवाबी काला तथा सादा नमक तथा भुना जीरा डाल दिया जाता है। यह बर्फ डालकर पिया जाता है।

सिखरन : दही पानी को मथकर उसमें गुड़ या बूरा मिलाकर गर्मियों में यह पीने के लिए दिया जाता है। इसमें दही बड़ा भी भिगोकर खाया जाता है। अगहनी पर इसका प्रचलन ज्यादा है।

मिर्चवान : यह पेय पहले बरातियों को पिलाया जाता था। यह चीनी और पिसी काली मिर्च के योग से बनाया जाता था।

शिकंजी : यह नीबू पानी में चीनी घोलकर बनायी जाती है। शिकंजी नमकीन भी होती है।

राब का शरबत : गाँवों में देशी गुड़, दानेदार राब और गन्ने के रस का शर्बत काफी प्रचलित है/रहा है।

नवप्रसूता गाय, भैंस का दूध (अँडरी, खिझरा या पियूस) भी यहाँ लोकप्रिय है।

इधर इन उष्ण पेय पदार्थों—चाय, काफी का भी अवध में काफी प्रचलन हो गया है।

औषधीय व्यंजन

सोठइला : शिशु को जन्म देने वाली माँ के लिए यह फायदेमन्द होता है। इसको तैयार करने के लिए सोंठ, गुड़, पीपड़, मिक्समेवा, हर्र, बहेड़ा, हल्दी, अजवाइन, घी आदि की आवश्यकता होती है। पहले सोंठ को अच्छी तरह पीस कर भून लिया जाता है। गुड़ का पाग बना कर उसमें भुना हुआ मेवा मिलाकर उसके लड्डू बना लिए जाते हैं।

हरेरा : इसको बनाने के लिए पीपर, सोंठ, बहेड़ा, हल्दी, अजवाइन, मूढ़, गोंद, मिक्स मेवा, गुड़, घी/तेल आदि आवश्यकता के अनुसार होना चाहिए। सबसे पहले इन सबको पीसकर घी या तेल में भूना जाता है। फिर उसे चाशनी में पकाया जाता है। सभी मिक्स मेवे उसमें डाल दिये जाते हैं। हरेरा इच्छानुसार गाढ़ा या पतला बनाया जा सकता है। इसमें घी/तेल काफी पड़ता है। इसको खाने से जच्चा (माँ) को प्रसव पीड़ा में राहत मिलती है, उसके दूध उतर आता है तथा प्रसूति ज्वर होने की आशंका कम हो जाती है।

पाग : यहाँ जड़ी बूटियों के कई रसायन बनाये जाते हैं, जिनमें मुसली का पाग बड़ा स्वास्थ्यवर्द्धक माना जाता है। कई वनस्पतियों की छाल तथा पत्तों को उबालकर अर्क निकालकर अथवा उनके तेल का सेवन किया जाता है। यहाँ पशुओं को भी माड़, घी, तेल आदि पिलाये जाते हैं।

बुकनू : यह एक स्वादिष्ट चूर्ण है। इसमें प्रयोग की जाने वाली सामग्री के रूप में सोंठ, हल्दी, अजवाइन, छोटी हर्र-बहेडा, बड़ी हर्र, हींग, काला नमक, सफेद नमक, सरसों का तेल, टाटरी, पीपर प्रमुख है। इसे बनाने के लिए पहले सारी सामग्री को मिला लिया जाता है। इसका बारीक पिसा हुआ चूर्ण सुस्वादु तथा स्वास्थ्यवर्धक होता है। पूड़ी-कचौड़ी और घी चुपड़ी रोटी के साथ यह खाया जाता है।

फलाहार

अवध क्षेत्र के व्रतोत्सवों में साबूदाना की खिचड़ी, कूटू या सिंघाड़े के आटे की पूड़ी, सावाँ, रामदाना, शकरकंद, आलू, लौकी, कद्दू आदि सब्जियाँ, छेने, खोये की मिठाइयाँ, दूध, दही पनीर, क्रीम, चीज और कई तरह के फल खाए जाते हैं। रुग्णावस्था में फलों पर अधिक जोर दिया जाता है। अवध क्षेत्र के प्रिय फल हैं—आम, जामुन (कठुवा, फरेंदा), अमरूद, संतरा, सेब, अनार, तुरंज, जंभीरा, चीकू, आड़ू, सीताफल, केला, अंगूर, लीची, कटहल, बड़हर, गंजी, चकोतरा, जनेरा भुट्टा, मुसम्मी, नारंगी, नासपाती, शहतूत, लसोढ़ा, निमकौरी, मकोई, रसभरी, बेल, कचेलवा, खरबूजा, नारियल, तरबूज (हिन्दुवाना), ककड़ी, खीरा, फूट, पेह टुवा मचलावा अमरख, इमली, कैथा, खिरनी, आँवला,

गूलर, सिंघरी, कमलगट्टा आदि। इनका जूस एवं गूदा रुचिकर होता है। कुछ फल बीज और छिलके सहित भी खाए जाते हैं, कुछ के जैम बनते हैं और कुछ आसव के काम आते हैं। इनमें गूलर के फल को खाना वैष्णव जनों के लिए निषिद्ध है। सबसे लोकप्रिय है आम। उसका अधपका रूप है सीपी, कोइली। पके आम को नमकीन पानी में डालकर कई महीने तक 'प्रिजर्व' कर लिया जाता है। मुस्लिम समाज में लोकप्रिय है खजूर।

अवधी के सूफी कवियों ने ज्योनारों का वर्णन करते हुए अनेक व्यंजनों का उल्लेख किया है। मुल्ला दाऊद ने 'चन्दायन' में तीस प्रकार के चावल गिनाये हैं। उन्होंने हांसा गेहूँ का नाम लिया है, जिसके आटे का कपड़ छान करके मैदा बनाया जाता था। दाऊद ने सोंठ की लपसी, बेसन की लपसी (खंडुई), मूँग की दाल के गुरेठ (पन्योछा), दही-सिखरन, खाँड से बना खंडौर, पेय पदार्थ खँडवारी तथा कुसली की चर्चा की है। जायसी की सूची में मांसाहारी भोजन के उपयुक्त कई पशु-पक्षियों के नाम मिलते हैं। इन उदाहरणों से यह स्वतः सिद्ध है कि यह खानपान अवध क्षेत्र में लगभग एक हजार वर्षों से चल रहा है। इनमें कई व्यंजन लुप्त हो गये हैं और कई नये जुड़ गये हैं। कुल मिलाकर यह सहज स्वीकार्य है कि अवध की खानपान परम्परा सुविकसित है।

यह क्षेत्र मूलतः चावल का उत्पादक क्षेत्र है। मुल्ला दाऊद ने 'चन्दायन' महाकाव्य में जिस 'जेवनार' का वर्णन किया है, उसमें इतने प्रकार के चावल परोसे गये थे—कपूर शालि, बिकोई, बसेरो, कररा, धनिया, मधुकर, तोई, सिगना, झाली, चौधरा, ककर, खण्डर, अगरू, रत्ना, मुतसिरी, राजनेम, भूड़ी सौखिरी, करंगा, साठी, सुरमा, बिहंसा, महसर, गजवर कुंडर, जागर, धनी, रूप, पसाड़ी, सोंधी तथा संभालू। जायसी ने चावल की कई किस्मों का नाम लिखा है और भोज के 'अति बास' वाले सुगंधित चावलों को परोसने का वर्णन किया है—राजभोग, काजररानी, झिखा, रुदवा, दाऊदखानी, कपूरकांत, लेजुर, रतसारी, डेहुला, जीरासार, घृत कन्दो, कुमार विलास, रामरासि, सगुनी, बंगरी, पढ़नी, गडहन, बडहन, जड़हन, खण्डचिल्ला, राजहंस, हंसाभौंरी, रूपमंजरी, केतकी, बकाबली आदि। जायसी ने 'पद्मावत' के जेवनार में अनेक प्रकार के सामिष निरामिष व्यंजन वर्णित किये हैं। उन्होंने मांसाहार में छागल, नीलगाय, हिरन, चीतल, झाँख, लगूना, शशक, तीतर, बटेर, सोन, बत्तख, क्रौंच, मोर, कबूतर, पाण्डुक, खेहा, गुड़रू, ऊसर बगेरी, हारिल, मुर्गी, चकवा, केंव, नकटे, लेदी, सिलोरे आदि पशु-पक्षियों के 'कटवा-बटवा' दो प्रकार के मांसों का वर्णन किया है। मछली की ये किस्में उन्होंने गिनायी हैं—चरक, चाल्ह, परहांसि, पढ़िना, रोहू, संघ, खिलंघ, टेंगरी, मोई, सिंगी, मोगरी, नरिया, बाम्ब बगेरा, नैनी, गिराई मोका, करबच्ची, गोंजर, जुगनू ग्वालिन आदि। जायसी ने दो भोजों का वर्णन 'पद्मावत' में किया है (1) रतनसेन पद्मावती विवाह भोज (2) रतनसेन द्वारा अलाउद्दीन को दी गयी दावत। उन्होंने राजकीय पाकशाला का वर्णन किया है, विविध व्यंजनों की पाचन विधि समझाई है और खाद्य पदार्थों की लम्बी तालिका प्रस्तुत की है। कवि ने लुचुई, सोहारी, जाउरि, बरा, पराक, नेनू, पापड़, साढ़ी, मोरंडा, गुर, काँजी, सिरका, रसा, समोसा, फरा, मसौरा, खंडरा, अरदावा आदि के साथ 52 प्रकार के सामिष भोजन (पदार्थ) और 26 प्रकार के चावल गिनाए हैं। इस विवरण से अवध के प्राचीन खानपान की समृद्ध परम्परा की जानकारी मिलती है। 'रामचरितमानस' में, मिथिला में जो भोज दिया गया था, उसमें सूपोदन दही चूड़ा का विशेष प्रयोग दिखाई देता है।

जन-जीवन-दर्शन

शास्त्र मत के साथ-साथ लोकमत के सहारे भी अवध के जनजीवन ने अपना जीवन-दर्शन निर्धारित किया है। यहाँ स्वावलम्बन को विशेष महत्त्व दिया गया है। प्रसिद्ध उक्ति है कि 'संदेशन खेती नहीं होती'। एक कहावत है–'बिटिया बियानी देवरा कै आस' अर्थात् दूसरों के सहारे अपनी समस्याएँ हल नहीं की जा सकतीं। हर कार्य युक्तिपूर्वक करना होता है। 'साँप मरै लाठी न टूटै' वाला सिद्धान्त सर्वोत्तम है। एकाकीपन को यहाँ महत्त्व नहीं दिया गया। कहावत है–'अकेले चलै न बाट, झारि कै बैठे खाट'। लोग यह मानते हैं कि कुछ व्यक्ति स्वभावतः अनिष्ट शंकी होते हैं। काली कामरी पर कभी कोई रंग नहीं चढ़ सकता। इसलिए निरपेक्ष भाव से अपना काम करते रहना चाहिए। हाथी चलता रहता है, कुत्ते भूंकते रहते हैं। यदि 'अपना मन चंगा है तो कठौती में ही गंगा', मिल जाती है। जीवन में हर समय सीधेपन से ही काम नहीं चलता, यानी सीधी अँगुली घी नहीं निकलता तो उसे टेढ़ा भी करना है। जीवन के लिए प्रत्येक व्यक्ति को श्रम, स्वावलम्बन और सहकारिता की आवश्यकता होती है। कहा गया है कि ''पाँच सात की लाठी एक जने का बोझ अथवा पाँच सात मिलि कीजै काज, हारे जीते होय न लाज।'' जब कोई काम छेड़ दिया जाये तो परिणाम की चिन्ता नहीं की जाती। गलत काम का परिणाम गलत होता ही है। जो 'आग खायेगा, वह अंगार उगलेगा ही'। प्रयास करना चाहिए कि यथेष्ट साधन प्राप्त किये जायें। केवल 'ओस चाटने से प्यास नहीं मिटती।' यों मात्र अपनी शर्तों पर ही नहीं चला जा सकता। हमें परिस्थितियों के साथ सामंजस्य बिठाना होगा। अपेक्षाकृत कम हानिकारक तत्वों से समझौता करना होगा। 'सूनी सरिया की अपेक्षा मरखन्ना बैल' भी ग्राह्य होता है। अपनी मर्यादा की रक्षा के लिए बहुत सावधान रहने की आवश्यकता होती है। प्रदर्शनप्रियता के चक्कर में घर फूँक तमाशा देखना, ''उधार काढ़ि व्यवहार चलाना'' अन्ततः हानिकारक होता है। अपव्यय और कृपणता, इन दोनों अतियों से बचकर चलना बेहतर होता है। प्रसिद्ध कहावत है–"अति का भला न बोलना अति की भली न चुप", "न धाय कै चलौ न बढ़कि कै गिरो।" एक ओर बहुत स्पष्ट वक्ता भी कष्ट पाता है, क्योंकि "खर कहवइया दाढ़ी जार" माना जाता है। दूसरी और मृदुभाषी चुप्पा व्यक्ति की कूट चातुरी भी उसे संदिग्ध बना देती है। जीवन में आगे बढ़ते रहना ही विकास हैं–''साँप निकरि गा तो लकीर पीटैं'' वाली प्रवृत्ति ठीक नहीं रहती। हमें हिम्मत नहीं हारनी चाहिए "हारिए न हिम्मत विसारिए न राम नाम।" चीलर के डर से कथरी नहीं त्यागी जा सकती। हाँ, जब कोई स्थिति हद से बेहद हो जाये तो उसे त्याग देना हितकर होता हैं। भिनभिने सुहाग से रड़ाँपा अच्छा होता है। व्यक्ति से सम्बन्ध बनाते हुए ध्यान देना होगा कि उसका अन्दर बाहर स्वरूप भिन्न तो नहीं है। क्योंकि हाथी के दाँत खाने के और दिखाने के और होते हैं। दूर के ढोल ज्यादा सुहावने लगते हैं। ''घर का जोगी जोगड़ा आन गाँव का सिद्ध'' माना जाता है। इसीलिए हर व्यक्ति और प्रवृत्ति को सूक्ष्मतापूर्वक पहचान लेना चाहिए। दया, परोपकार आदि का विधान तो मानना ही चाहिए। 'नाते का नात' अर्थात् अनावश्यक सम्बन्ध नहीं बढ़ाने चाहिए। दाम्पत्य जीवन और परिवार को सावधानीपूर्वक सँभालना चाहिए। 'बिन घरनी घर भूत का डेरा' हो जाता है। पूत के कपूत हो जाने से जीवन नरक हो जाता है। स्वस्थ सुखी जीवन के लिए उल्लास और उमंग भी जरूरी है और संयम तथा सन्तुलन भी। इस प्रकार के सुभाषित अवधी कहावतों के रूप में यहाँ लोगों की जबान पर रहते हैं। इनके सहारे अवधवासियों ने अपना विशिष्ट जीवन-दर्शन निर्मित कर लिया है, जो अनेक आरोहावरोहों के बावजूद युग-युग से विद्यमान है। इस

जीवन दर्शन की पृष्ठभूमि में हैं जायसी के मसले, तुलसी की सूक्तियाँ, घाघ की कहावतें, गिरिधर, दीनदयाल गिरि, बैताल आदि की लोकोक्तियाँ।

जातीय व्यवस्था

इस अंचल में यदि साम्प्रदायिक सौहार्द और जातीय भाईचारा बहुत है तो दूसरी ओर टकराहट भी बहुत रही है। यहाँ दैनिक जीवन में ऐसे कुछ रूढ़ शब्द प्रयोग में पाये जाते हैं जो जातीय चरित्र के संवाहक हैं, जैसे—ब्राह्मण शब्द से बँभनई बंभनाना का तात्पर्य है कोप करना या छुआछूत बरतना। ब्राह्मण यहाँ एक ओर तपोनिष्ठता, शुद्धता, विद्वत्ता आदि का प्रतीक रहा है तो दूसरी ओर दरिद्रता, याचकवृत्ति, दुर्वासावृत्ति तथा पंडिताऊपन का भी प्रतीक माना जाता है। इसके सम्बन्ध में अनुकूल-प्रतिकूल अनेक प्रकार की लोकोक्तियाँ जनजीवन में प्रचलित हैं। जैसे—'कबहूँ पाँडे घिउ पूरी कबहूँ कटक उपास।' यह वर्ग भिक्षान्न जीवी होने के कारण सबका मुखापेक्षी होता है—उठाय लिहिसि झोरी तो का बाभन का कोरी। पौरोहित्य को निष्ठुर भी कहा गया है—बर मरै कि कन्या पंडित का दच्छिना ते काम। कभी-कभी इसकी स्थिति प्रजावर्ग की जैसी हो जाती है—जहँ बाभन तँह नाऊ। ब्राह्मण को स्नान शूर कहा जाता है और व्रत उपवास में भी पूर्ण सक्षम। कहावत है 'जल सूर बाभन, रनसूर क्षत्री। कलमसूर कायथ गाँठ सूर खत्री। वर्ण विधान के अनुसार यह गौर वर्ण का होता है। अन्यथा वर्ण होने पर वह सन्दिग्ध हो जाता है—करिया बाँभन गोरिया सूद। कंजा तुरुक भूरा राजपूत। उपर्युक्त कथनों में कई वर्गों के जातीय चरित्र की ओर संकेत किया गया है। इन कथनों का नृतत्वशास्त्र की दृष्टि से विवेचन अपेक्षित है। इस समाज में क्षत्रिय को 'ठाकुर' अर्थात् मालिक माना जाता है। यह वर्ग दस्युकर्म, शौर्य और साहस के कारण अर्से से शासक रहा है। राजन्य संस्कारों के कारण इसका खुशामद पसन्द, अहम्मन्य, अतिचारी और हठी हो जाना स्वाभाविक ही था। इसीलिए 'ठकुरई' का अर्थ हो गया है—जोर-जबरदस्ती और 'ठकुरसोहाती' का अर्थ हो गया है—मुँहदेखी, खुशामद, हाँ हुजूरी तथा प्रियसंभाषण। अवधी लोकोक्तियों से यह धारणा प्रकट होती है कि ठाकुर के हँस देने से यानि मृदुभाषी एवं व्यवहार कुशल होने से उसका प्रभाव कम हो जाता है—''हँसता ठाकुर खँसता चोर।'' दूसरी ओर यह भी कहा गया है कि कभी ठाकुर सच्चा भक्त नहीं हो सकता, उसी तरह जैसे मूसर को धनुष नहीं बनाया जा सकता है—''ठाकुर न भगत न मूसर धनुही।'' कारण, उसमें प्रपत्ति या दैन्य भाव का अभाव होता है। यहाँ ठाकुरों की छतिसौ जातियों का एकत्र या एकमत होना विस्मय का विषय माना गया है।

इस अंचल में वैश्यों के प्रति विविध प्रकार के उद्गार प्रकट किये गये हैं। 'बनियागिरी' का यहाँ रूढ़ अर्थ हो गया है—कृपणता, कायरता, मुनाफाखोरी, लोलुपता आदि। लोकमतानुसार व्यापारी अपने परिचितों को ही ज्यादा ठगता है। इस आशय की एक कहावत है—''जान मारै बनिया औ पहचान मारै चोर।'' इसे प्रायः ढुलमुल चित्तवृत्ति वाला माना जाता है। कहावत है कि 'कुछ गुड़ ढील कुछ बनिया।' लोकजीवन में बनिया को देह-दशा में कमजोर माना जाता है, इसीलिए कहा गया है कि—'चार चोर चौरासी बनिया' के बराबर होते हैं। वह जब कहीं फँसता है, तभी उधार देता यानि बात मानता है। प्रसिद्ध उक्ति है—''अटका बनिया देय उधार।'' वह अपने धन्धे में ही केन्द्रित रहता है। विनम्रता और कर्मठता उसमें अपेक्षाकृत ज्यादा होती है। इसीलिए कहा गया है कि 'बनिया दिहे घाट या बनिया दिहे खाट' अर्थात् रोग शैया या मरघट पहुँचने के पहले तक वह उद्यम करता रहता

है। 'सत्तारी बनिया' कोई काम न होने पर अपना ही माल इधर-उधर करता रहता है, किन्तु खाली नहीं बैठता। वह मोह मुक्त भी नहीं हो पाता, इसीलिए उसको यदि श्रेष्ठि (सेठ) कहा गया तो दूसरी ओर लाला कहा गया और यह आक्षेप किया गया—''परी चीज का लाला रोवैं।'' अवध में कुछ जातियों को आकृति के अनुसार पहचाना जाता है, जैसे—''ढीली धोती बनिया उलटी मूँछ सोनार। बड़ा पैर कुम्भार का तीनौ कै पहचान।'' वस्तुतः बनिज परचून (खाद्य पदार्थ) से जुड़ा यह वक्काल (अन्न व्यापारी) वर्ग यहाँ के जनसामान्य का मुख्य लक्ष्य रहा है। कायस्थों के सम्बन्ध में यहाँ सम-विषम कई प्रकार की प्रतिक्रियाएँ व्यक्त की गयी हैं। एक ओर उसे 'कलमसूर' कहा गया है, दूसरी ओर शोषक। इसी भाव से यह उक्ति प्रचलित हुई है—''कायथ औ खटकीरा। इनका मारै नाहीं पीरा।'' ग्रामीण शासन से जुड़ा हुआ, किसानों के लेखा-जोखा से सम्बन्धित इस पटवारी वर्ग को प्रबुद्ध और संदिग्ध दोनों माना गया है। एक कहावत है—''घर-घर नाचै तीन जन, कायथ वैद दलाल।''

समाज के पिछड़े वर्गों में सबसे अधिक कहावतें अहीरों के सम्बन्ध में प्राप्त होती हैं। यहाँ प्रचलित जन धारणाएँ हैं—

अन्न ना मिलै तो सतुआ खाय।
मनई ना मिलै तो अहिर ते बतलाय।।
अहिरा केतनौ होय सयाना।
लोरिक छाँड़ि न गावै गाना।।
जौ अहीर पिंगल पढ़ै तऊ तीन गुन एक।
जल में केवट वन में अहीर।
नैहर मा जोय, कबौ न आपन होय।।

उपर्युक्त कथनों द्वारा अहीर जाति की मनःस्थितियों का विश्लेषण किया गया है। इसी के समकक्ष गड़रिया वर्ग के प्रति यह कहावत प्रचलित है—'बड़े-बड़े बहे जाये गड़रेऊ थाह माँगै।' अर्थात् औकात से बढ़कर सोचना। कुर्मी वर्ग को यहाँ पूरा खेतिहर माना गया है। एक कहावत है—''एकु पानी जो बरसै स्वाती। कुर्मिन पहनै सोने कै पाती।'' कामगार जातियों में यहाँ की लोकोक्तियों के सहारे जुलाहा, कोरी, बढ़ई, नाऊ, धोबी, दर्जी आदि का पर्याप्त मनोविश्लेषण किया जा सकता है। ऐसा माना जाता है कि ये तीन जातियाँ ज्यादा गरज नहीं करती हैं—नाऊ धोबी दर्जी। नाई घर-घर का जानकार, कुशल दूत (संदेशवाहक), वार्तालाप में प्रवीण, सेवाभावी, छत्तीस गुणों से युक्त (छत्तीसा) तथा 'पाँचों सवारों' में शुमार 'नाऊ ठाकुर' माना जाता है। उसके सम्बन्ध में कहावत है—'नउवा बार बनउवा, डेहरी पर का कौवा।' चूँकि वह जन्म से अन्त्येष्टि पर्यन्त सभी गृह कार्यों में शरीक रहता है, इसीलिए नाऊ-बारी को सबका अन्तरंग माना जाता है। धोबी को एकनिष्ठ कार्मिक माना गया है। प्रसिद्ध कहावत है—''न गदहा के और परोहन न धोबी के और किसान।'' वह घर और घाट के बीच ही सक्रिय रहता है। प्रसिद्ध उक्ति है—'धोबी छोड़ि भिस्ती किया, रही घाट की घाट।' दर्जी ग्राम्य जीवन में एक रिक्त पात्र माना जाता रहा है। 'असाढ़ का दर्जी' की कहावत का अर्थ है बेरोजगार व्यक्ति। बुनकर, कोरी और जुलाहा को यहाँ प्रायः दयनीय पात्र के रूप में चित्रित किया है। एक कहावत है कि 'कोरी संचय तीतर खाय।' जब घर में पर्याप्त खाद्य पदार्थ आ जाता है तो जुलाहा मस्त हो जाता है—''गगरी अनाज भवा औ जुलाहा का राज भवा।'' यह बेचारा निर्दोष होने के बावजूद पहले शायद अकारण दण्डित किया जाता रहा है। ये कहावतें इस कथन की साक्षी हैं—'खेत चरैं गदहा, औ मारे जायें जुलहा।' अथवा सूत न कपास, जुलाहे से लठ्ठम लठ्ठा।

अवध में कोरी को पहले सबसे पिछड़ा हुआ क्यों कहा गया था? इसका कोई आधार सुलभ नहीं है। सम्भव है, अशिक्षा और गरीबी के कारण पहले यह वर्ग दयनीय माना गया हो। शायद इसीलिए ये उक्तियाँ प्रचलन में आ गयीं—

कोरेवा की दाढ़ी भा नवई सीखना।

कोरेवा के गाँव का धोबी पटवारी।

इससे कहीं अधिक उपेक्षा शूद्र वर्ग की दिखायी देती है। इस आशय की कुछ लोकोक्तियाँ हैं—

गगरी दाना, सूद उताना।

सूद सुदाहू बिना गुनाहू आदि।

उपर्युक्त कहावतें आज कालातीत हो गयी हैं, अस्तु निरर्थक भी। इनका उपयोग मध्यकालीन समाज मनोविज्ञान के आभाषी (वर्चुवल) यथार्थ को समझने के लिए किया जा सकता है। वस्तुतः अवध क्षेत्र में जातीय स्पर्धा बहुत रही है। उससे एक दूसरे को प्रेरणा भी मिलती रही है और परस्पर विद्वेष भावना भी उभरती रही है। इसीलिए हर जाति ने प्रत्येक दूसरी जाति पर कभी हास-परिहास में, कभी प्रतिक्रिया प्रेरित होकर और कभी सामूहिक जातीय चारित्रिक प्रवृत्तियों का सूक्ष्म पर्यवेक्षण करके ये सूक्तियाँ बनायी हैं। आज उस प्रकृति परिवेश एवं परिस्थिति के बदल जाने से मनःस्थितियों में भी काफी बदलाव आ गया है। अस्तु, ये पुनर्विचारणीय हैं।

पहनावा

अवधवासी जन वस्त्राभूषणों के बड़े शौकीन रहे हैं। यहाँ भिन्न-भिन्न अवसरों के अनुकूल, विभिन्न वर्गों के लिए भाँति-भाँति के वस्त्र निर्धारित किये गये हैं। इनका विस्तृत वर्णन सूफी काव्यों में प्राप्य है। डलमऊ (रायबरेली) के निवासी मुल्ला दाऊद (13वीं शती) ने 'चन्दायन' महाकाव्य में इन वस्त्रों का विस्तृत उल्लेख किया है—

चीर (साड़ी), चीवर (बौद्ध भिक्षुओं का वस्त्र), सेवरा (श्वेतांवर जैन), फुंदिया (बुन्दीदार साड़ी), सेन्दुरिया (लाल साड़ी), मेघवना (कालीसाड़ी) आदि। इसी प्रकार कुसियार, जुगिया, चौकड़िया, मूँगिया, डोंड़िया, कुशुम्भी, गुजराती साड़ी, लहर पटोर (पत्रोर्ण, पसोठा), छन्दरी (चूनर), मंडिला (बंगाली रेशमी साड़ी) आदि भी चर्चित है। कवि ने अलग-अलग आकृतियों की कई साड़ियों के नाम गिनाये हैं, जैसे—चक्रवाक के चिह्न वाली चकवा साड़ी, चन्द्रमा की आकृति वाली 'चन्दरोटा' साड़ी और छापेदार, 'एकखण्ड छाप साड़ी'। जायसी ने भी कई प्रकार की साड़ियाँ, घँघरिया बतायी हैं। उन्होंने चन्दरोटा, लहरपटोर, घाँघरा, लहँगा, पेरी, लोई, गुजराती छापल, ओढ़नी आदि कई नाम गिनाये हैं। इनमें कुछ पाट (रेशमी वस्त्र) हैं, कुछ छीपर अर्थात् छपे हुए और कुछ ऊपर धारण किये जाने वाले वस्त्र हैं, जैसे—फरी (स्त्रियों द्वारा वक्ष को ढकने वाला दुपट्टा, जोशन), चोली, कंचुकी, अँगिया आदि। इनके अन्य परिधान हैं—नीबी, फुन्दर, चिकनट, पेंगचा, कुर्ती, झँगला आदि। पुरुषों के वस्त्र हैं—पाग, धोती, अँगरखा, झागा, काछनी, मुकुट, आँगा, पहुँची (कवच), मौरी, टाटर (टोप), पाट, (कटिबन्ध), शाल-दुशला, कंबल, कमली, लोई, बण्डी, मिर्जई, रुइया (रुई का सलूका) सदरी, कोट, कुर्ता, कमीज, रूमाल, अँगोछा, पायजामा, लुगरी, लूगा आदि। साधु-सन्तों के लिए इन कवियों ने भगवा, कंथा, गुदड़ी, चक्र कोथी, कफनी, अधारी, धौली, दसावन (कथरी), चादर, पंचा आदि का संकेत किया है। बिस्तर के लिए सूफी कवियों ने गेडुवा (मसनद) आदि का उल्लेख किया है। पदत्राण के लिए पनही, सुखतरी, सुतरी, खड़ाँऊ, खाँड और चट्टी जैसे नाम आये हैं। नवाबी शासन काल के प्रमुख परिधान

थे—पगड़ी खिड़कीदार, 50 गज के घेर वाला जामा, करम से बँधा पिस्तौलिए का पूरा थान, पटरीदार रूमाल मशरू का पायजामा, पूरे अरज का पाँयचा, नागफनी की अनीदार जूती (डेढ़ बित्ते की ऊँची नोक वाली), कमर में बँधी तलवार या कटार, हाथ में जड़ाऊ छड़ी। अन्य रईसों के वस्त्र थे—अचकन, मिर्जई, टोपी, दुकूल, दुपट्टा, बंडी, कुर्ता, सदरी झागा, आँगा आदि। आभूषणों में प्रचलित थे केयूर, बलय, फटक (भुजबंध), अंगुलिका आदि। स्त्रियों के मुख्य अलंकरण थे—कटिसूत्र, कंठमाल, कंकण, नूपुर, केशबंध, कर्णपूर, नासाबंध, अंगुलीक, मेखला, रशना, कांची, कनक किंकिणी, शंखचूड़ी आदि। प्रसाधन के रूप में ये सुगन्धित द्रव, कुंकुम, लाक्षारस, अंगराग, तूरा (तूरमची) आदि का लेपन हाथ, पैर, नेत्र, स्तन, दाँत अधर आदि में यथाविधि करते थे।

जायसी ने अवध में प्रचलित सोलह श्रृंगार गिनाये हैं—1. मार्जन 2. चन्दन 3. चीर 4. सिन्दूर 5. तिलक 6. अंजन 7. कुण्डल 8. फुल्ली 9. ताम्बूल 10. कंठाभरण 11. कंगन 12. करधनी 13. चन्दन लेप 14. पायल 15. चित्रावली 16. कान की खूँटी। उन्होंने 12 आभूषण गिनाये हैं, जिनमें चीर, अंगियाँ, खीरोदक, बाँसझोर (महीन मलमल जो बाँस में रखा गया हो), झिलमिल (पारदर्शी), चिकवा (हल्का कपड़ा), छीपी (बेलबूटेदार), पेमचा (रेशमी), बिदरी (सूती) आदि। कवि ने शीत में रुइया बंडी, वर्षा में कुशुंबी साड़ी और ग्रीष्म में हल्के वस्त्रों के नाम गिनाये हैं। उन्होंने मिस्सी लगे 'श्याम दशन' की बड़ी सराहना की है।

वस्त्र

इसी सन्दर्भ में अवध का समकालीन पहनावा (वस्त्र) भी विचारणीय है। अवध क्षेत्र में स्त्रियों द्वारा पहने जाने वाले प्रमुख वस्त्र हैं—

ब्लाउज (प्राचीन नाम—जम्फर, पोलका, कुर्ता, कुर्ती), कंचुकी—अंगिया, चोली, ब्रा, बिकनी। पेटीकोट—(प्राचीन नाम—साया)। सलवार—पटियाला, चूड़ीदार पायजामा। इसी से मिलते-जुलते रूप हैं—पियाजो, लेगिंग्स, बेलबाटम। कुर्ता—कमीज, टाप, टीशर्ट, बनियान। दुपट्टा—पल्लू। साल, दुशाला, चद्दर, चुनरी। साड़ी—(उल्टा पल्ला, सीधा पल्ला), किनारीदार सूती धोती, (घूँघट सहित या घूँघट रहित), मांगलिक आयोजनों पर 'पियरी' या पेरी। पिछौरी—पिछौरा, ओढ़नी। लहँगा-नीबीं घाँघरा। नया रूप—स्कर्ट लाँचा। अधोवस्त्र—पैन्टी, चड्ढी। आधुनिक वस्त्र—जीन्स, सार्ट्स, मिनी स्कर्ट, कैपरी आदि। प्लास्टिक, फाइबर, कागज और चमड़े के वस्त्र भी यहाँ काफी प्रचलित हैं।

इस क्षेत्र में मुस्लिम स्त्रियों का विशेष पहनावा है बुर्का—गरारा, सरारा, सलवार आदि।

पुरुषों द्वारा यहाँ धारण किये जाने वाले वस्त्र हैं—बनियान-बण्डी, फतुही बाँहकटी। जाँघिया-चड्ढ़ी, पैंटी, लँगोट, लँगोटी, नेकर, अण्डरवियर। लुंगी—धोती, फेंटा (कटिबंध)। टोपी—टोप। पगड़ी, साफा, मुरैठा, हैट, चन्दोवा, कैप, दुपल्ला, कुलही। मोजा, जुर्राब। पायजामा—पैण्ट, शर्ट्स, जीन्स, पतलून, घुटन्ना, सुथना, बरमुड़ा लोअर, चादर, रामनामी, उत्तरीय, गाउन, लबादा, कमीज, टीशर्ट। कुर्ता, अंगरखा। बास्केट—वक्ष का प्राचीन वस्त्र रुक्म सदरी। सूट—(कोट, पैण्ट), सफारी सूट। टाई, बो। अचकन, चपकन, शेरवानी। संस्थाओं तथा विभागों द्वारा निर्धारित गणवेश और सुख-दुख के अवसरों के उपयुक्त परिधान। कीमती वस्त्र को यहाँ 'अमवा' कहा जाता था।

सर्दी के दिनों में इस्तेमाल किये जाने वाले वस्त्रों को यहाँ 'जड़ावर' कहा जाता हैं। जैसे—स्वेटर (हाफ, फुल), ब्लेजर, पुलोवर। मफलर, गमछा। गरम सूट, गरम सफारी सूट, रुइया बण्डी, गरम चादर (शाल), कनटोप, ऊनी टोपी, लाँग कोट (ओवर कोट), कंबल, कमली, लोई, रजाई दुशाला, तोशा,

दोहर, अधारी, गरम मोजा, जुर्राब, दस्ताना, सदरी, बास्केट आदि। अन्य उपयोगी वस्त्रों में उल्लेखनीय हैं—अँगौंछा (रूमाल), तौलिया आदि।

अवध क्षेत्र में निर्माण प्रक्रिया के अनुसार कपड़ों के प्रमुख प्रकार हैं—

1. रेशमी वस्त्र

2. खादी, हैण्डलूम, सूती वस्त्र, यथा—मारकीन, छींट, छाल्टीन (शर्टिंग), गज्जी गाढ़ा, लंकलाट (लाँगक्लाथ), खाकी, करमाटा, फलालेन आदि।

3. ऊनी-टेरीवूल के वस्त्र

4. सिंथेटिक वस्त्र—नायलान, टेरीकाट, टेरीलीन आदि।

5. चमड़े (आर्टिफिसियल लेदर) के बने वस्त्र

6. फाइबर-प्लास्टिक के वस्त्र आदि।

पुरुषों द्वारा विवाह के अवसर पर धारण किये जाने वाले मुख्य वस्त्र हैं—

शेरवानी, अचकन, जामा, पटुका, सेहरा, पाग, पगड़ी, साफा, मुरैठा, सूट (पैंट कोट) आदि।

सौभाग्यकाँक्षिणी कन्या द्वारा पाणिग्रहण के अवसर पर 'पियरी' धारण की जाती है और स्वागत समारोह में प्रायः लहँगा या लाँचा-चुनरी पहनी जाती है।

बच्चों के पहनाये जाने वाले वस्त्र हैं—लँगोटी—कलोट, हगीज, झबला, झँगुलिया, फ्राक, समीज आदि।

ओढ़न बिछावन के रूप में प्रयुक्त होने वाली वस्तुएँ हैं—गद्दा, दरी, कालीन, गलीचा, जाजिम, चादर, चाँदनी, कथरी, गुदड़ी, गुंदरी, चटाई, टाट, पयाल, फिल्टर, प्लास्टिक शीट, तकिया, गिरदा, मसनद, कुशन, रजाई, लिहाफ, कम्बल, कमरी, तोसा, लोई, खेस, शाल, मसहरी आदि।

यहाँ पैरों में पहने जाने वाले प्रमुख पदत्राण हैं—

जूता, बूट (मड़ बूट, लाँग बूट), सैण्डिल, सुतकरी (चप्पल), स्लीपर, पौला (खड़ाऊँ), चट्टी आदि। यहाँ नवतरा तथा मेरठी जूते पहले प्रसिद्ध रहे हैं।

आभूषण

अवध के सूफी कवियों ने स्त्रियों के कई आभूषण गिनाये हैं। उनके द्वारा वर्णित शिरोभूषण हैं—माँग, मोती, टीका, बेंदी, मथौली, शीशफूल।

कण्ठ के आभूषण हैं—चन्द्रहार, कंठश्री, मणिहार, मुक्ताहल, नौलखा हार, कंठा, कंठी, रत्न हार, मणिमाला, सँकरी, हास, हँसुली, हँबेल, तौंक, सीतारामी, सतलड़ी, गुलूबन्द, तगड़ी।

कान के आभूषण हैं—कुण्डल, बीरा (कर्ण फूल), तर्‌योना, तरवन, खूँट, झूमक, उतना, छपका, बाली, ऐरन।

नाक के आभूषण हैं—लौंग, फूली, नथ, बुलाक।

हाथ के आभूषण हैं—कंगन, बाहु, बाजू बन्द, टाँड, केयूर, भुजबन्ध, चूड़ा, सलोनी, छेलचूड़ी, कटिया, पछेला, तोड़ा।

पैरों के आभूषण हैं—कड़े, छड़े, नेवर, पायल, पैंजनी, बिछिया, अनवट (अँगूठे का आभूषण)।

कटि के आभूषण हैं—किंकिणी, करधनी, मेखला, पेटी।

पुरुषों के द्वारा पहने गये आभूषणों में स्वर्ण कुण्डल, मुँदरी (मुद्रिका), अंगद, हीरा-मोती, मणि-माणिक्य आदि का उल्लेख मिलता है।

जायसी ने एक स्थल पर रत्नसेन को राजा द्वारा 'खिलअत' पहनाने का उल्लेख किया है।

पद्मावत में योगी वेश का वर्णन करते हुए मेखला, चक्र, अधारी, जटा, मुद्रा, रुद्राक्ष माला, सिंघी, जयमाला, किंगरी, खप्पर, भस्म लेपन आदि का संकेत किया गया है।

इन कवियों ने प्रायः बारहों आभूषणों और सोलहों शृंगारों के नाम गिनाये हैं। इनकी नायिकायें 32 लक्षणों से युक्त सुन्दरियाँ हैं। उनका नखशिख-चित्रण करते हुए इन्होंने माँग, ललाट, भौंह, नेत्र, वरुणी, नाक, अधर, दाँत, कपोल, कान, गर्दन, भुजा, वक्ष, पीठ, कमर, नाभि, नितम्ब आदि को सजाने वाले कई अलंकार गिनाये हैं।

प्रसाधन

इनके प्रमुख प्रसाधन हैं—अगरु, कस्तूरी, केसर, टिकुली, बुंदा, अंबीर, खौर, कुमकुम, चोवा, बुकवा, खिजाब/चन्दन, मेद, मिस्सी, पान-बीड़ा, हल्दी, अंजन, तिलक, समीरी (पुदीना की गन्ध), हिना आदि। इन्होंने दासियों, अप्सराओं और साध्वियों के अलग-अलग पहनावे वर्णित किये हैं। इनमें आज भी कई वस्त्राभूषाण विद्यमान हैं। पहले स्त्रियाँ तालाबी मिट्टी, मंजीठ, मट्ठा आदि से बाल धोती थीं। अब कई नये प्रसाधन प्रचलित हो गये हैं। प्राचीन ग्रन्थों में कामशयन बातशयन हेतु विलेपन, अनुलेपन, उदवर्तन, रंजक, चित्रक आदि की चर्चा की गयी है।

अवध में स्त्रियों द्वारा धारण किये जाने वाले आभूषण वैविध्यपूर्ण हैं। इनमें से कुछ गहने विवाह पूर्व कन्यायें भी धारण करती हैं और कुछ विवाहोपरान्त केवल सौभाग्यवती स्त्रियाँ पहनती हैं। प्रमुख स्त्री आभूषण हैं—

(क) कानों में पहने जाने वाले गहने—कुंडल, झुमका, झुमकी, झूमर, बाली, कनफूल (खूँट), ऐरन, टाप्स, कील, बीरा, तरौरा, लुरकी, झाले, लटकन, सब्जा आदि।

(ख) गले में पहने जाने वाले आभूषण—चैन, कंठा, कंठी, हास, हँसुली, संकरी, सीकड़ी, मटरमाला, सुतिया, ताबीज, डोरी, गड़हरा, मंगलसूत्र, हार, गुलूबन्द, तौंक, माला, सीतारामी, दुलरी आदि।

(ग) स्त्रियों द्वारा धारण किये जाने वाले शिरोभूषण हैं—टीका, बेंदी/माँग, टिकुली, बिन्दी, चूड़ामणि, चँदोवा।

(घ) नाक में पहने जाने वाले आभूषण हैं—बेसर, बुलाक, कील, नथुनी, नथ, लौंग, पोंगी, बीरी, बाँक, नथफूल।

(ङ) हाथों में पहने जाने वाले आभूषण हैं—तोड़ा, पछेलवा, बाजूबन्द, अंगद, पहुँची, चुरिया (चूड़ियाँ), मणिहार/चूड़िहार द्वारा निर्मित लाख की चूड़ी सहाना, पोढ़िया, जोशन, मठिया, बेल चूड़ी, कड़ा, केयूर, टाँड (सलोनी), कंगन-ककना, हथफूल, मुँदरी, ब्रासलेट, छल्ला, अँगूठी, टेड़िया, गण्डा, खडुआ आदि।

(च) कमर में पहने जाने वाले आभूषण हैं—करधनी, कमरपेटी, तगड़ी, पंचलड़ी।

(छ) पैरों में पहने जाने वाले आभूषण हैं—बिछिया, अनबट, पायजेब, कड़ा, पायल, छागल, लच्छा, नेवर, नूपुर, पैंजनिया, आदि।

(ज) यहाँ बच्चों को पहनाये जाने वाले आभूषण हैं—पहुँची, करगदा, ताबीज, पायल, करधनी, नजरिया आदि।

इस क्षेत्र में धनी वर्ग के लोग सोने चाँदी के आभूषण पहनते हैं और निर्धन वर्ग के लोग प्रायः पीतल, गिलट, स्टील, अल्यूमुनियम, प्लास्टिक और काष्ठ निर्मित आभूषण पहनते हैं। इधर सोने-चाँदी की पालिश वाले और कृत्रिम जवाहरात से जड़े गहनों का प्रचलन बढ़ गया है। अवध

क्षेत्र में पैरों में सोने के आभूषण नहीं पहने जाते। विधवा स्त्री यहाँ काँच-लाख की चूड़ियों की जगह चाँदी-सोने की चूड़ी पहनती हैं। बिछिया, सिन्दूर, टिकुली, मंगलसूत्र आदि भी उसके लिए वर्जित है। अवध के प्रसाधनों में रोली, चन्दन, तेल, फुलेल, क्रीम, स्नो, लवंडर, आइब्रो, काजल सुरमा, पाउडर, परफ्यूम, आलता, फाउण्डेशन, रूज, मेहँदी, खिजाब (डाई), माउथ वाश, फ्रेशनर, मेंहदी, नेल्स पालिश, लिपिस्टिक आदि का प्रयोग बढ़ता जा रहा है। यहाँ केश-सज्जा पर बड़ा जोर है। चोटी, वेणी, जूड़ा, मुक्त कुन्तल, हेयर पिन आदि के नये-नये रूपों से बाजार पटे पड़े हैं। इनमें पूर्व और पश्चिम के नये-पुराने अनेक प्रचलन द्रष्टव्य हैं।

इनमें कुछ आभूषण ऐसे हैं, जिन्हें पुरुष भी धारण करते हैं, जैसे–

अँगूठी (नग, मीना, कुंदन से युक्त), चैन, लाकेट, कड़े आदि।

प्राचीनकाल में पुरुषों द्वारा कण्ठ में, कान में और हाथों में कई प्रकार के आभूषण धारण किये ज़ाते थे। अवध परम्परा में राम-लक्ष्मण को बुलाक पहने हुए चित्रित किया गया है। राजस्थान, गुजरात तथा दक्षिण भारत में आज भी पुरुष कानों में स्वर्णाभूषण धारण करते हैं। अवध क्षेत्र में कुछ लोगों के पास सोने के बटन, चश्मा और घड़ी की चैन देखी जाती है। कुछ लोग ब्रासलेट धारण करते हैं। पहले नवाबी दौर में सोने-चाँदी के कमानीदार जूतों का यहाँ काफी प्रचलन था। मोर-मुकुट तो सोना, चाँदी, हीरा-जवाहरात आदि से विजड़ित होते ही थे। नवाबों के पास दैनिक आवश्यकता की हर वस्तु प्रायः सोने-चाँदी से गढ़ी जड़ी हुई होती थीं। इन्हें कीमती पत्थरों, काँच, बिल्लौर और बहुमूल्य धातुओं का बड़ा शौक था, जैसे–हुक्का, पीकदान, सुराही, कुर्सी, मेज, बर्तन आदि। अभी उनके वंशजों के पास कुछ अवशेष द्रष्टव्य हैं। यहाँ पुष्पाभरणों का प्रयोग कम देखा जाता है। नवाबी ठाठबाट वाले लोग अवश्य बेले के गजरे लिए हुए अभी दिख जाते हैं। स्वागत करते हुए फूल माला पहनाने की यहाँ प्रथा प्रचलित है। देव मन्दिरों में यहाँ स्वर्ण, रत्न, रजत निर्मित आभरणों की भरमार है। सन्त/सात्विक जन तुलसी कंठी या रुद्राक्षमाल धारण किये दिखते हैं। उपहार स्वरूप वस्त्राभूषण देने का अवध में बड़ा रिवाज है।

अवध का पहनावा बहुत चर्चित रहा है। नवाबी युग के मुसलमानों की मुख्य पोशाक थी कुर्ता, तहमत (लुंगी), चुग आदि। सासाकी संस्कृति के प्रभाव वश यहाँ पायजामा तथा पगड़ी का भी प्रचलन हुआ। दिल्ली के मुगल शासकों के प्रभाव से लखनऊ के नवाबों ने सिर पर पगड़ी, बदन पर नीमा, जामा, सँकरी मोहरी का पायजामा, कमर पर पटका (फेंटा) और ऊँची एँड़ी की हल्की जूती पहनी। नवाबी शासन के बीच जब चिकन का आविष्कार हो गया तो यहाँ चपकन और अँगरखे को मिलाकर अचकन प्रचलित हुआ। इसका प्रचलन पहले गाँवों में अधिक था। इसी को परिवर्तित करके शेरवानी बनायी गयी। पं. नेहरू ने इसे धारण करके इतना महत्त्वपूर्ण बना दिया कि इसकी गणना राष्ट्रीय परिधान में होने लगी। अवध में जब करघे का विकास हुआ तो उससे एक उच्चकोटि के बारीक सूती वस्त्र 'जामदानी' का निर्माण किया गया। टाण्डा क्षेत्र इस कला के लिए पहले बहुत विख्यात था। जामदानी शब्द फारसी भाषा से आया है। पहले इस वस्त्र पर धार्मिक शिक्षाएँ (सूक्तियाँ) अंकित की जाती थीं। यह नवाबों का प्रिय रहा है। यहाँ आज भी प्रत्येक मांगलिक कार्य में सिर ढ़कने का बड़ा रिवाज है। नंगे सिर मन्दिर में प्रवेश करना और धार्मिक कृत्य करना मना है। जिनके पास पगड़ी या टोपी नहीं होती, वे अंगौंछा या रूमाल रख लेते हैं अथवा सिर पर हाथ रख लेते हैं। राजदरबार में जाते हुए और किसी पूज्य व्यक्ति का सम्मान करते हुए एक बार सिर से टोपी उतार देना वन्दन अभिनन्दन का प्रतीक माना जाता है। नवाबी काल में विशिष्ट लोग प्रायः पंचगोशी टोपी धारण करते

थे। यह नौका के आकार की लाल अथवा सफेद रंग की होती थी। इसमें पाँच किनारे होते थे और ऊपरी भाग गुम्बद की तरह उठा हुआ होता था।

बर्तन-भाँड़े

अवध के दैनिक जीवन में विभिन्न प्रकार के बर्तनों का प्रयोग किया जाता है। ऐसे नये-पुराने पात्र हैं–

किस्ती (टीन की बनी ट्रे), परात, थारा थरिया, टठिया, थाली। तसला, नाँद, हौदा, हौदी। कुल्हड़, चुक्कड़, कुज्झा, सिकोरा, कुल्हिया, भुरका। घड़ा, घट, कुम्भ, कलश, कलसा, कलसी, मटका, मटकी। गेडुवा, बधना (मुस्लिम-लोटा), लोटा, लोटिया। हण्डा, हाँडी, पतकी, डेगची, बटुवा, बटुई, पतेला, पतेली, भगोना। टंकी-गंगाल, ड्रम, बाल्टा, बाल्टी। गगरा, गागर, घइला (गगरी), परछा, डोल। कठौती, कठौता। कूँड़ा कूँड़ी (पत्थर की कटोरी)। गिलास, गिलसिया, घंटी। जग, मग्गा। कुठिला (भूसा पात्र)। कटोरा, खोरवा, कोसा सनकिया, काँसा, प्लेट, कटोरी, खोरिया, रकाबी तश्तरी। सम्पाती, चमचा, चम्मच। करछुल, कलछी। चिमटा, (चिमटी), दसपना, सँड़सी, सेमसी। तवा। कड़ाही, कड़ाह, तई बड़ा कड़ाह। घई, गोइल (चूल्हा), सूप, चलनी, चलना, छन्ना, पौना, छन्नी, झन्ना, झारी। परई, करई, कुप्पा, कुप्पी, तूबा (तेल पात्र)। कद्दूकस। खरिल (घोटने का पात्र), खारा (जालीदार, गट्टर), दौरी, खाँची (बाँस का झौवा), चंगेरी, झीगां, टोकना, छटवा, छीटा, छिटना, झवई, झौवा। अंगीठी, बोरसी (आग रखने का पात्र) खपरा, खपरी, डेलइया, डेलवा, ढरका (पोंगी) दीवट, ढेबरी, दिया, दियाली। सुराही, झझ्झर, चौगड़ा, चौघरा। चकला, (पीढ़ा) होरसा, बेलन। दोहनी (दूध दुहने का पात्र), दुधहड़ (दूध गरमाने की हाँड़ी) दही जमोड़ा, दहाड़ी, कमोरा (घी-पात्र), दोना, दोनइया, पत्तल, पतरी, थोबड़ा (घोड़े के मुँह में बँधा चारे का थैला), बोरा, बोरी, झोला, झोली, थैला, थैली। चुनौटी, पानदान, पीकदान। डहरा, डहरी, पिहान (डहरी का कवर) छींका, सींका, सिकहर (ऊपर लटकने वाला पात्राधार), मर्तवान (आचार रखने का पात्र), (तामचीनी के पात्र), तमहा (ताँबे का पात्र), बिलिया (मिट्टी का पात्र), डौकिया (काष्ठपात्र), ढकवा (मूंज का पात्र), झंगरा (बांस का पात्र), तोमड़ी (लौकी से बना पात्र)।

यहाँ विवाह में जो पाँच पात्र दिये जाते हैं, उसको 'पँचहड़' कहते हैं। बर्तन-व्यापारी को 'ठठेरा' कहते हैं। मिट्टी के बर्तन बनाता है 'कसगर'। मंगल कलश बनाता है कुम्हार। लकड़ी के पात्र बनाता है बढ़ई। लौह पात्र निर्माता है लुहार। सोने-चाँदी के पात्रों का निर्माता है स्वर्णकार। दोने-पत्तल बनाने वाला है बारी। बाँस के पात्र बनाने वाला है धानुक। पत्थर के बर्तनों का निर्माता है पथर कटा। कपड़े के थैलों का व्यापारी है बजाज एवं पटवा। यहाँ भुजवा के पात्र को 'चरुई', कुम्हार के पात्र को चकोड़ी तथा लोहार-सुनार की ठेकी को 'निहाई' कहते हैं। अब कारखानों में निर्मित प्लास्टिक, चीनी मिट्टी, तामचीनी, स्टील, कागज, फाइवर आदि के पात्र बहुप्रचलित हैं।

अवध में जब तक संयुक्त परिवार प्रणाली प्रभावी रही, लोग बड़े आकार के बर्तन खरीदते रहे और दहेज में बड़े-बड़े हण्डे, परातें, बटुवे तथा बाल्टे देते रहे। इन दिनों छोटे पात्रों का चलन ज्यादा है। यहाँ जब टेंट हाउस नहीं थे, लोग एक दूसरे से माँगकर ये बड़े बर्तन भोज के लिए लाते थे। इन्हें रखना गर्व का विषय था। ये सामुदायिक व्यवस्था (सहकारिता) के प्रतीक थे और समृद्धि-सम्पदा के सूचक माने जाते थे। ये उपहार, नेग निछावर में प्रायः दिये जाते थे।

यहाँ के कुछ पात्र पहले जातीय व्यवस्था से जुड़े हुए थे। जैसे हिन्दू परिवारों में मुसलमान, ईसाई और आर्य समाजियों को धातु निर्मित पात्रों के बजाय पत्तल, चीनी मिट्टी, काँच, प्लास्टिक के बर्तनों में 'परोसा' जाता था। छोटी बिरादरी के लोग बड़ी विरादरी के घर भोजन करते थे तो जूठे बर्तन

स्वयं धोकर रखते थे। सनातनी परिवार में आर्य समाजी जिस बर्तन में भोजन करते थे, उसे घोड़े को सुँघाकर या आग में तपाकर 'शुद्ध' किया जाता था। कुछ बर्तनों के साथ लोक विश्वास जुड़े हुए थे, जैसे यह कि जो कड़ाही में खाता है, उसके विवाह में पानी बरसता है। अवध में छोटी कटोरी, गिलास, चम्मच का प्रचलन पहले बहुत कम था। पीतल के बर्तनों तथा काँसे में मुलम्मा चढ़वाने तथा राँगा कराने का बड़ा रिवाज था। अब यह सारी व्यवस्था लगभग बदल गयी है।

प्रजातियाँ/जनजातियाँ

अवध में कुछ यायावर जातियाँ हैं, जिन्हें 'बद्दू' कहा जाता है। ये श्रमिक जातियाँ हैं, जिनकी अपनी विशिष्ट लोकसंस्कृति है, क्योंकि ये आधुनिकता एवं नगरीकरण से अपेक्षाकृत कम प्रभावित हैं।

इनमें से अधिकांश प्रजातियाँ जंगली वस्तुओं—शहद, लाख, कत्था, गोंद, जड़ी-बूटी आदि का व्यापार करती हैं और वे एक स्थान से दूसरे स्थान पर अपने शिविर भी लगाती रहती हैं। सभ्य समाज की दृष्टि में ये बहिष्कृत सी रही हैं, क्योंकि इनका खानपान, रहन-सहन तथाकथित आभिजात्य और लोकशील से भिन्न रहा है, किन्तु इनका इतिहास और इनकी सामाजिक गतिविधि बड़ी महत्त्वपूर्ण है। इन्हें समाजवैज्ञानिक और नृत्तवशास्त्रीय ढंग से विवेचित करना अपेक्षित है।

इनके साथ अवध में बहुत-सी ऐसी घुमक्कड़ खानाबदोश जातियाँ हैं, जिन्हें शासन अथवा जनकल्याणकारी संस्थाओं द्वारा आज तक पूर्णतः बसाया नहीं जा सका है। ये भोजन और शिकार की तलाश में जंगलों में घूमती रहती हैं और साहसिक जीवन जीती हैं। इन जातियों को बस्ती के लिए खतरनाक माना जाता रहा है। अंग्रेजी राज्य में इन्हें 'जरायमपेशा' (अपराधी) घोषित कर दिया गया था। इन पर पुलिस की कड़ी निगाह रहती थी। आजादी के बाद इन्हें काफी छूट मिली है। ये जातियाँ हिन्दू और मुसलमानों की कई छोटी उपजातियों से सम्बन्धित हैं। इनमें कुछ भड़ैती करती हैं, कुछ संगीतज्ञ और वादक होती हैं। कुछ लोग मदारी या जादूगर होते हैं। कुछ कलाबाजी करते हैं और कुछ लुहार, धार धरने वाले, पथरकटे, मरम्मत करने वाले, टोकरी बनाने वाले, बाँस का काम करने वाले आदि होते हैं। सम्भवतः आरम्भ में ये कृषक रहे होंगे और बाद में ये सब मिलेजुले पेशे में आ गये होंगे। मूलतः ये लड़ाकू जातियाँ रही हैं। परास्त हो जाने के बाद इन्हें देश निकाला मिला होगा और ये अपराधी बन गये होंगे। इनमें चोरी निषिद्ध कार्य नहीं है, बशर्ते वह बड़ी मात्रा में न की जाये। ये प्रायः आदिवासी वर्णसंकर जातियाँ हैं। इनका रंग प्रायः साँवला और कद नाटा होता है। सम्प्रति ये अवध के खेतिहर मजदूरों से हिल-मिल गयी हैं। प्राचीनकाल में अवध क्षेत्र के अन्तर्गत जो जातियाँ रह रही थीं, उनका उल्लेख मुल्ला दाऊद के 'चांदायन' काव्य में हुआ है। महाकवि ने 13 जातियों की स्त्रियों की गणना करायी है—खतरिनी (खत्री), वांभनि, बैसनि (वैस क्षत्रिय), धँगरिन, चउहानिनि, शतमिनि, कैथिनि, बेड़िन, गूजरी, सुनारिन, मालिनि, कलवारिनि, वेश्या (चांदायन-237-244)। जायसी ने माली, तेली, बढ़ई एवं डोम को शूद्र वर्ग में रखा है। तुलसी ने तेली, कुम्हार, कलवार को वर्णाधम माना है। इससे सिद्ध है कि जातीय सूची यहाँ समय-समय पर बदलती रही है। इनमें कुछ जातियाँ आज पिछड़े वर्ग में और सवर्णों में गण्यमान हैं। कुछ ग्रन्थों में भठिहारिनि, पतुरिया, बेहना, भिश्ती आदि का भी वर्णन हुआ है। हिन्दी रीति काव्यों में जातीय नायिका भेद के अन्तर्गत अहीरिन, तमोलिन, बनिन, दर्जिन, नाइन-बारिन, भड़भूजिन आदि का भी वर्णन हुआ है। निष्कर्ष यह कि इनका सूचीकरण अन्तिम नहीं है।

अवध की वर्तमान प्रजातियाँ-जनजातियाँ हैं—

1. थारू : यह जनजाति लखीमपुर खीरी, गोंडा, बहराइच, बलरामपुर और नेपाल की तराई में लगभग 25000 की संख्या में है। छोटा कद, चौड़ा चेहरा, चपटी नाक, छोटी आँखें और पीली चमड़ी वाले ये थारू प्रायः जंगलों में 'रैन बसेरा' बनाकर रहते हैं। पुरुष प्रायः लँगोटी, बनियान और कभी-कभी कुर्ता-धोती पहनते हैं। थारू स्त्रियाँ लहँगा, चुनरी, चोली और ओढ़नी धारण करती हैं। ये अपने कबीले में संयुक्त परिवार बनाकर रहते हैं। इन्हें भूत-प्रेत, जादू-टोना तथा अपने रीति-रिवाजों पर बड़ी आस्था है। कबीले का ओझा ही इनका डॉक्टर होता है। भूतों को खुश करने के लिए ये 'वजहर' का त्योहार मनाते हैं, उन पर मांस और शराब चढ़ाते हैं, और स्वयं शराब का बहुत सेवन करते हैं। मांस और चावल इनका प्रिय भोजन है। आज ये खेती और पशुपालन से जुड़े हुए हैं। हस्तकला में भी ये बहुत प्रवीण हैं। इनकी विवाह प्रथा काफी विचित्र है। लड़की एक दोहा पढ़ती है। यदि लड़का उसका जवाब दे लेता है, तो दोनों में शादी हो जाती है। ये सप्तपदी नहीं लेते, बल्कि तुलसी की माला एक-दूसरे को पहनाते हैं। इनके विवाह कबीले के मुखिया की स्वीकृति से शिवरात्रि और होली के बीच होते हैं। फ़ैज़ाबाद स्थित नरेन्द्र देव कृषि एवं प्रौद्योगिकी विश्वविद्यालय ने थारू परियोजना के अन्तर्गत इधर कई कार्यक्रम चलाये हैं, जैसे, कुटीर उद्योग, पशुपालन, प्रौढ़ शिक्षा, मधुमक्खी पालन आदि। इनको क्रमशः विकसित होता देखा जा रहा है।

2. मँगता, कुदुवा : अवध क्षेत्र में भिक्षुक वर्ग में ऐसी अनेक जातियाँ पायी जाती हैं। ये लोग प्रायः भोज के अवसर पर बहुत बड़ी संख्या में अनाहूत आ धमकते हैं। इन्हें भर पेट खिलाना मर्यादा तथा पुण्य का कार्य माना जाता है। इन्हें खिलाने का एक अलग ढंग होता है। कुदुवा लोग एक पंक्ति में बैठ जाते हैं। परोसने वाले इनकी पत्तलों पर इस ढंग से पूड़ियाँ उछालते हैं कि हर एक की पत्तल में दो-दो बड़ी पूड़ियाँ (सुहारियाँ) आ गिरती हैं। व्यंजन के रूप में इन्हें केवल घुटी हुई शक्कर दी जाती है। ये मात्रा में अपेक्षाकृत बहुत अधिक खाते हैं, इसलिए नमकीन व्यंजन (सब्जी, अचार आदि) इन्हें नहीं दिये जाते हैं। शकर खाने से इनका मुँह बन्द हो जाता है। खाने के साथ-साथ ये पूड़ियाँ चुराने में भी कुशल होते हैं, इसीलिए इनकी बड़ी रखवाली करनी होती है।

3. नट : यह शारीरिक व्यायाम प्रदर्शन और सर्कसी करतबें दिखाकर आजीविका चलाने वाली जाति है। इनके प्रशिक्षण का अपना विधान है। यह जाति स्वयं को क्षत्रियों से सम्बद्ध मानती है।

4. बेड़िया : यह अपेक्षाकृत जरायमपेशा जाति है। इनमें स्त्रियों का बाहुल्य और वर्चस्व दिखाई देता है। सामन्ती व्यवस्था में ये बेड़िनें प्रायः अभिरक्षिताओं (रखैलों) की भाँति जीविकोपार्जन करती थीं। सम्प्रति ये अनेक ग्रामोद्योगों से सम्बन्धित हैं। पुरुष वर्ग देशी शल्य क्रिया (सिंगी) का कार्य करता है और स्त्रीवर्ग नृत्य गायन आदि के सहारे जीविकोपार्जन करता है।

5. कंजड़ : इन्हें 'पथरकटा' भी कहा जाता है। ये सिलबट्टा, चाकी, जाँत, दरेती आदि का निर्माण तथा मरम्मत करते हैं।

6. चमरमँगता : ये अन्त्यज वर्ग की भिक्षावृत्तिप्रधान उपजाति है।

7. महाउत : मन्त्रविद्या का प्रशिक्षण देने वाली यह एक ओझा जाति है। इनके संस्कार बहुत कुछ पुरोहितों के समान दिखते हैं।

8. जागा : यह मुसलमानों की प्रजाति विशेष है, जो गायन-वादन के उपकरणों की मरम्मत का कार्य करती है।

9. जोगी : यह हिन्दुओं की भिक्षावृत्ति प्रधान जाति है, जो गायन विद्या द्वारा जीविकोपार्जन करती है।

10. लोहर बढ़इया : यह राजपूताने (मेवाड़) से स्थानान्तरित प्रजाति है, जो स्वयं को महाराणाओं

का वंशज बतलाती है। इनकी विशिष्ट जीवन पद्धति है। ये स्त्री-पुरुष लोहे के औजारों की मरम्मत करते हैं।

11. भटरा : यह भी भिक्षावृत्ति प्रधान एक गायक प्रजाति है।

12. बहेलिया : यह पक्षियों का व्यवसाय करने वाली प्रजाति है।

13. बावरी : यह जाति मुख्यतः बंगाल, उड़ीसा, राजस्थान, उ.प्र. और पंजाब में पाई जाती है। यह जाति स्वयं को मेवाड़ एवं अजमेर से सम्बद्ध मानती है। इसकी सात प्रजातियाँ हैं, जो ज्यादातर खेतिहर हैं। इनका खानपान कुछ अलग-थलग है। इनमें एक प्रजाति है, जो अपनी जीविका विवाहोत्सवों से अर्जित करती है। इस घुमक्कड़ जाति की परम्पराएँ हिन्दुओं जैसी हैं। इन्होंने अपनी कुछ भिन्न उपासना-पद्धतियाँ बना ली हैं। दूसरी जाति के सदस्यों को वे भोज या रोटी देने पर मिला लेते हैं। कुछ बावरिया गंगा के ऊपरी पूर्वी क्षेत्रों में भी रहते हैं। ये स्वयं को बैसवारा से आया हुआ घोषित करते हैं और वहीं के पनकार ब्राह्मणों को पुरोहित रूप में कामकाज में बुलाते हैं। इनके नाम राजपूतों जैसे होते हैं। इनका गहरा रंग औरों से काफी भिन्न होता है।

14. पासी : यह जाति पहले सतलज-घाटी में पाई जाती थी। अब यह अवध में बहुव्याप्त है। पहले ये प्रायः शिकार करते थे। फिर ये शासक हो गये। इनमें काफी सिख हो गये हैं। बहुतों ने इस्लाम को स्वीकार कर लिया है। अवध में ये शराब का धन्धा करते हैं।

15. बनजारा : यह करनट-बेड़िया से कुछ भिन्न पर प्रायः समान जाति है।

16. मुसहर : मुसहर का तात्पर्य है—चूहा खाने वाली जाति। ये हिन्दुओं के खानपान के तरीके नहीं मानते। कुछ धार्मिक संस्कारों में ये ब्राह्मणों को बुलाते हैं। इनमें कुछ वर्ग बस गये हैं, कुछ शिकार करते हैं और जंगली वस्तुएँ एकत्र करते हैं। किसान इन्हें खेतों की रखवाली के लिए नियुक्त करते रहे हैं। इन्हें इस क्षेत्र का प्राचीन अधिवासी माना जाता है। अब ये खेती भी करने लगे हैं।

17. भर : अवध के पश्चिम में भर नामक एक जाति पाई जाती है। यह पहले यहाँ की एक शासक जाति रही है। इनकी वंश परम्परा ऊँची मानी जाती है। अब ये खेती करते हैं। इनके कुछ किले रहे हैं, जिन्हें मुस्लिम आक्रमणों के बाद राजपूतों ने छीन लिया था। इनका मुख्य पेशा है—नयी जमीन खोदना और उसे खेती योग्य बनाना।

18. हिजड़े : इन्हें सम्प्रति 'किन्नर' या ट्रान्सजेंडर कहा जाता है। इनका मुख्य क्षेत्र है लखनऊ का मुकारिम नगर। हिजड़ा बनाने की रस्म वहाँ धूम-धाम से मनायी जाती है। जब नये प्रशिक्षु पर खौलता हुआ तेल डाला जाता था तो वह चिल्लाता था और दूसरे हिजड़े खुशी मनाते थे। इनकी अपनी एक अलग नृत्य गान शैली है तथा अपना संगठन है। ये सब मांगलिक अवसरों पर मनचाहा नेग लेकर दुआएँ देते हैं। जन्म और विवाह के अवसर पर इनकी बधाइयाँ शुभ मानी जाती हैं।

19. बाँसी, मेहतर : ये मेहनतकश जातियाँ हैं, जो ज्यादातर बाँस का काम करती हैं। इन्हें प्रायः डोम बंसफोड़ा, बंसोड़ या बंसोड़ी कहा जाता है। इनमें कुछ मछेरे होते हैं। पक्षी पकड़ने में ये होशियार होते हैं। ये प्रायः सफाई का कार्य करते हैं तथा जानवरों की खाल निकालकर ढोलक मढ़ते हैं। कुदाल से ये साँपों और चूहों को खोद निकालते हैं। इनकी औरतों को विशेष अधिकार प्राप्त हैं। यह हिन्दू जाति है, जो देवियों की पूजा करती है।

20. कहार-महरा : ये पालकी ढोने, पानी भरने, नाव चलाने, सिंघाड़े की खेती करने के लिए प्रसिद्ध हैं। जायसी और तुलसी ने इन्हें प्रख्यात कर दिया है।

अनुसूचित जाति, जनजाति-कल्याण योजना : इन्हें हरिजन, दलित, दलित पैंथर, शूद्र, अन्त्यज

आदि कई नाम दिये गये हैं। इनके विकास के कई कार्यक्रम अवध क्षेत्र में चलाए जा रहे हैं। यथा—साक्षरता प्रसार, रोजगार, आरक्षण, आवास व्यवस्था, अस्पृश्यता निवारण, मद्य निषेध, मन्दिर प्रवेश आदि। डॉ. अम्बेडकर इस वर्ग के गौरव हैं। उन्होंने इनके पृथक् चुनाव क्षेत्र की माँग की थी, जिसके अस्वीकृत हो जाने पर उन्होंने नव बौद्ध धर्म ग्रहण कर लिया था। इस सन्दर्भ में उनके और गाँधी जी के बीच पूना पैक्ट हुआ था। महात्मा गाँधी ने सन् 1931 में आयोजित दूसरी गोलमेज परिषद् में अपना यह दृढ़ संकल्प सुनाया कि हरिजनों को यदि हिन्दू जाति से अलग करने की चेष्टा की गयी तो वे अपने प्राणों की बाजी लगाकर इसका विरोध करेंगे। अंग्रेजों ने महात्मा गाँधी की इस बात पर ध्यान नहीं दिया और दलित जातियों को पृथक् निर्वाचन का अधिकार दे दिया। गाँधीजी को यह निर्णय बहुत ही राष्ट्रघातक प्रतीत हुआ। उस समय गाँधीजी यरवदा जेल में थे। उन्होंने वहीं पर 20 सितम्बर सन् 1932 से आमरण अनशन आरम्भ कर दिया। उस दिन देशभर में प्रार्थना सभाएँ हुईं। उपवास किये गये। ज्यों-ज्यों दिन गुजरे, लोग गाँधीजी के जीवन के प्रति चिन्तित होने लगे। अन्ततः पुणे में हिन्दुओं का एक सम्मेलन हुआ जिसमें गाँधीजी की जीवन रक्षा के लिए एक समझौता हुआ। इसे सभी पक्षों ने स्वीकार किया। 26 सितम्बर सन् 1932 को सायंकाल गाँधीजी ने अनशन तोड़ा। अब महात्मा गाँधी और कांग्रेस हरिजन कल्याण के कार्य में जुट गये। 8 मई सन् 1933 से गाँधीजी ने हरिजनों के लिए पुनः 21 दिन का उपवास रखा, फलतः सम्पूर्ण देश में हरिजन कल्याण का यह कार्य तीव्रता से होने लगा। इसने एक आन्दोलन का रूप ले लिया। हरिजन आन्दोलन में अवधांचल ने भी महत्त्वपूर्ण योगदान किया। हरिजन उद्धार के कार्य व्यवस्थित रूप से हों, इसके लिए 'हरिजन सेवक संघ' की स्थापना की गयी। इसी क्रम में अनुसूचित जाति जनजाति आयोग का गठन किया गया, जिसके प्रयास से छुआछूत तथा उत्पीड़न को अवैध घोषित किया गया। कालान्तर में हरिजन शब्द को असंसदीय माना गया।

इस वर्ग के कल्याण के लिए अवध क्षेत्र में अनेक कार्यक्रम चलाए जा रहे हैं, जैसे सहभोज, अन्तरजातीय विवाह, छात्र वृत्ति, अनुदान आदि। स्वतन्त्रता के बाद इनकी स्थिति में काफी सुधार हुआ है, फिर भी अभी बहुत कुछ करना शेष है।

इस वर्ग के कल्याण की पहल अवध क्षेत्र में स्वामी रामानन्द ने की थी। उन्होंने नारा दिया था—''हरि का भजै सो हरि का होय, जाति पाँति पूछै ना कोय।'' उन्होंने अपने जो बारह शिष्य बनाये थे, उनमें रैदास, कबीर आदि सर्वोपरि थे।

बोली-बानी

यहाँ कुछ क्षेत्र अक्खड़ता के लिए प्रसिद्ध हैं और कुछ जुबान की नफासत-नजाकत के लिए। लखनऊ में लगभग 134 वर्षों तक नवाबी शासन रहा। इस बीच यह शहर एक खास तरह की तहजीब में ढल गया, जिसे लखनऊ की नफासत और नजाकत कहते हैं। यहाँ के रहने वालों का यह संकल्प रहा है कि—"मुकाबिल गर्चे दुश्मन मगर हम लखनऊ वाले। किसी भी हाल में लहजे को बाजारू नहीं करते।" यहाँ के फेरी वाले भी कवित्व पूर्ण भाषा बोलते हैं, जैसे—"ले लो, ले लो, लखनऊ की ककड़ियाँ, लैला की उँगलियाँ, मजनूँ की पसलियाँ।" इसी तरह बालायी बेचने वाला बोलता है—'गौरैया के दूध की बालायी, बोरे में भरकर आयी।' यहाँ एक-दूसरे को सम्बोधन देते हुए जनाब, जनाबे आला, जनाबे आली, हजरत, हजरते आला, हुजूर, हुजूरे आला, परवर दिगार, बरखुरदार 'किब्ला' आदि शब्दों का प्रयोग होता है। स्वयं को नाचीज, खाकसार, अपने घर को गरीब खाना और दूसरे के घर को दौलत

खाना कहने का यहाँ रिवाज है। अभिवादन के रूप में यहाँ सलाम, आदाब अर्ज, जीते रहो, खुश रहो, बड़े हो जाओ, शाहबे इकबाल हो आदि कहा जाता है। 'पहले आप' का यहाँ बड़ा रिवाज है।

इस बोली में विनम्रता पायी जाती है। लोग अपने घर को गरीबखाना दूसरे के घर को दौलतखाना, दूसरे के पुत्र को साहबजादा और जनसामान्य को भी ''हुजूर, जनाब'' का सम्बोधन देते हैं। अपने अधीनस्थ को बुलाने के लिए चपरासी से कहते हैं—''अमुक साहबान को मेरा सलाम दे दीजिएगा।'' बच्चों से भी ''आप, मियाँ, बरखुरदार'' जैसे शब्दों के साथ वार्तालाप करते हैं। इनके उच्चारण में शालीनता दिखती है। इनका व्यंग्य भी बड़ा बारीक होता है। लखनऊ के 'बाँके' लोगों की भाषा में काफी बाँकपन दिखायी देता है। वस्तुतः लखनवी अदब में भाषिक संस्कृति भरी पड़ी है। प्राचीनकाल में राजकुमारों को यहाँ तहजीब सिखाने के लिए भेजा जाता था। तवायफें इस कला में पारंगत थीं। अवध की बैसवारी बोली में ओज ज्यादा है। कानपुर क्षेत्र श्रमिक बहुल है। प्रयाग और अयोध्या में पण्डिताऊ भाषा अधिक है। अन्य कई जनपदों में पूर्वियापन है। तात्पर्य यह कि काफी वैविध्य है, यहाँ की बोली-बानी में।

लखनऊ में बोली-बानी उर्दू या हिन्दुस्तानी के साथ जुड़कर एक अलग तरह की शैली में ढल गयी है। इस बोली-बानी के कुछ नमूने द्रष्टव्य हैं। जैसे—मैं सदके जाऊँ, खुदा का शुक्र है। यह मेरा गरीब खाना है। फला साहब को मेरा सलाम देना। इंशा अल्ला यह काम जरूर होगा। आप से इल्तिजा है कि हुजूर की कदम बोसी के लिए कल खाकसार हाजिर होगा आदि। किसी बीमार का हालचाल मालूम करते समय पूछा जाता है—सुना है, हुजूर के दुश्मनों की तबीयत नाशाज है।

कुछ खाने-पीने की मनुहार करते हुए कहा जाता है—'हुजूर नोश फरमा लीजिए।'

किब्ला आप हैं। मध्यवर्गीय वैष्णव परिवारों में निमन्त्रण देते हुए कहते हैं—मेरे घर पर जूठन गिराने की कृपा करें। धार्मिक स्थलों पर दिये गये भोज को 'पंगत करना', प्रसाद ग्रहण करना, मुँह जुठारना, भोग लगाना, भोजन करना आदि कहा जाता है। 'रोटी खा ले', 'भछौ, ढक्वालों, प्यालों, भक्वासो लीलौ, जैसे पद प्रयोग या तो अशिष्ट माने जाते हैं या उपेक्षा के भाव से किये जाते हैं।

इस प्रकार मृत्यु के लिए 'शरीर छूट गया', हमें छोड़ गये, स्वर्गवास, कैलाशधामवासी, गोलोकवासी, साकेतधामवासी, काशीवासी, महानिर्वाण, महासमाधि, पंचतत्त्वविलीन, बैकुंठवास/ब्रह्मलीन, समाधिस्थ, परलोकगमन, स्वर्गगमन, कालकवलित, तिरोधान आदि पदों/शब्दों का प्रयोग किया जाता है।

अवध की जनपदीय भाषाओं में प्रायः स्थूल का उदात्तीकरण कर दिया जाता है। यदि स्त्री गर्भवती है तो लोग कहते हैं 'पाँव भारी हैं।' पुत्र जन्म के लिए कहते हैं 'थाली बजी है।' यदि कुछ कुकर्म हो गया है तो कहते हैं 'मुँह काला किया है।' पतिता को क्षमा करते हुए कहते हैं—पैर ऊपर नीचे पड़ गया था।' यदि यहीं दोहाजू से शादी होती है तो उस वर को कहते हैं 'कल्याणभार्य' 'स्त्रीप्रसंग' के लिए मुहावरा है 'साथ सोना'।

परिवार के बड़े बुजुर्गों के प्रति आत्मीयता तथा आदर वाचक शब्द यहाँ की बोलियों में भरे पड़े हैं। पिता के बड़े भाई (ताऊ) को यहाँ 'बड़े पापा', दादी एवं ताई को बड़ी माँ, अइया, माई, बड़े भाई को दादा भाई, दाऊ, दउवा, पितामह को दउवा, दादू, दादा, बाबा, आजा, पितामही को दादी, आजी, अइया (अर्थात् ब्रह्माणी) का सम्मान प्रदान करते हैं। इधर नानू, मामू, जीजू, भैयू, चाचू, काकू, बेटू, दादू, पापू, बापू, डैड, माम, मम्मी, अम्मा आदि शब्द भी व्यवहृत हो रहे हैं। पुत्री को स्नेहवश 'बेटे', बहन को बहना, भाई को भैवा, मित्र को मीता, बच्चों को बिटिया, बेटवा, पूता, बच्चा, बचुवा आदि कहकर आत्मीयता प्रदर्शित की जाती है।

लोक-विश्वास

शकुन, स्वप्न विचार, ज्योतिष सम्बन्धी कार्य कलाप, जंत्र-मन्त्र, झाड़-फूँक, टोन्हा-टोटका, भूत-प्रेत सम्बन्धी लोकाचार तथा अनिष्ट निवारणार्थ किये गये उपाय ही लोक विश्वास कहलाते हैं। 'शकुन' शब्द का अर्थ होता है पक्षी। इसी का तद्भव शब्द है—सगुन। इसमें पक्षियों की गतिविधि देखकर शुभाशुभ पर विचार किया जाता है। स्वप्न दर्शन शुभाशुभ का संकेत करते हैं। ये स्वप्न प्रायः प्रतीकात्मक होते हैं। लोकगीतों में स्वप्नों का वर्णन अनेक प्रकार से हुआ है। सोहर गीतों के अन्तर्गत स्वप्न सम्बन्धी विचार अधिक मिलते हैं। वदनजर से बचने के लिए यहाँ काजल का टीका बालक के मस्तक पर लगा दिया जाता है। इसे अवध में 'अनखन' लगाना कहते हैं। 'राई लोन' उतारना एक लोकानुष्ठानिक कृत्य है, जिससे बुरी नजर उतर जाती है। यह मनोहारी चित्रण यहाँ के विवाह गीतों में देखने को मिलता है।

अवध में कई लोक विश्वास प्रचलित हैं, जैसे—

- तेल तथा स्याही का गिरना शुभ है।
- दूध का उफन कर बाहर गिरना अच्छा नहीं माना जाता है।
- हाथ में से बेलन का बार-बार गिरना और कंघे का गिरना मेहमान के आने का सूचक होता है।
- लगातार तीन छींकों का आना शुभ है।
- बाहर निकलते समय हरिजन का सामने आना शुभ माना जाता है।
- दूध, आटा, घी को लेकर किसी के आते समय हमारा बाहर निकलना अशुभ होता है।
- तवे पर एक रोटी सिंक रही है और अचानक दूसरी रोटी भूल से डाल दें, यह शुभ है।
- किसी के खाना होने के बाद तत्काल झाड़ू नहीं लगाते। इसे लोग अशुभ मानते हैं।
- सुहागन औरत का सामना—शुभ तथा विधवा का सामने आना अशुभ होता है।
- चिड़िया यदि सिर पर बैठ जाये तो किसी को 'ओढ़ना' देकर उस अशुभ को टाला जा सकता है।
- चिड़ा सिर पर बैठ जाये तो कहीं से ओढ़ना आयेगा, यह माना जाता है।
- दाएँ हाथ में खुजली हो तो किसी न किसी की सेवा करनी पड़ती है।
- बाएँ हाथ में खुजली हो तो घर में पैसे आते हैं।
- पाँव के तलवे पर खुजली हो तो गाँव जाना पड़ता है।
- कपड़ा उल्टा तह करके रखना-अशुभ होता है।
- सिन्दूर यदि नाक पर गिर जाये तो उसका पति उससे ज्यादा प्यार करता है।
- मेहँदी जिसके हाथों में ज्यादा रंग लाती है, उसका पति उससे विशेष प्रीति रखता है।
- काम से बाहर जाते समय पीछे से किसी को टोकना नहीं चाहिए।
- तकिये पर बैठने से सिर में दर्द होता है।
- बुधवार और चौदस को बाहर जाने से दुर्घटना घट सकती है।
- घर से पानी पीकर एकदम बाहर निकलना अशुभ होता है।
- कभी किसी का रूमाल नहीं रखना चाहिए, उससे झगड़ा हो जाता है।
- घर की मुंडेर पर कौवे का बोलना, कहीं से मेहमान के आने का सूचक है।

- मीठा खाकर घर से बाहर निकलने से भूत-प्रेत लग जाते हैं।
- किसी कार्य को करने के लिए बाहर जाने से पहले शीशे में मुँह देखना चाहिए। इससे कार्य अवश्य सिद्ध होगा।
- खाली बैठ कर पाँव नहीं हिलाना चाहिए। इससे माँ पर बोझ पड़ता है।
- तवे के नीचे चिनगारी का उठना धन मिलने की सूचना है।
- कुत्ते का लगातार रोना अशुभ है।
- अँधेरी रात को खुले में सफेद चीज नहीं खाई जाती। इससे भूत-प्रेत लग जाते हैं।
- शनिवार को लोहा नहीं खरीदते, इससे शनि की दशा लगती है।
- यहाँ गुरुवार को पैसे खर्च नहीं करते और कपड़े भी नहीं धोते।
- मंगलवार को लोग बाल नहीं कटाते। इससे मंगल दशा लग जाती है।
- बिना झाड़ू लगाए पोछा नहीं लगाना चाहिए, क्योंकि ऐसा किसी की अन्तिम यात्रा के पश्चात् घर में किया जाता है।
- सोमवार, शनिवार को पूर्व दिशा में जाना वर्जित माना गया है।
- मंगल तथा बुधवार को उत्तर दिशा की ओर नहीं जाना चाहिए।
- शुक्रवार, इतवार को पश्चिम दिशा की ओर नहीं जाना चाहिए।
- वृहस्पतिवार को दक्षिण दिशा की ओर नहीं जाना चाहिए।
- बिल्ली के द्वारा काटे जाने पर उस रास्ते से नहीं जाना चाहिए।
- किसी के छींकने पर कहीं नहीं जाना चाहिए।
- खाली बाल्टी रास्ते में नहीं रखनी चाहिए भरी बाल्टी देखना शुभ है।
- तेली यदि रास्ते में मिल जाये तो यात्रा अशुभ होती है।
- सोमवार के दिन दर्पण देखकर जाना शुभ माना जाता है।
- मंगलवार को गुड़ खाकर बाहर जाना चाहिए।
- बुधवार को धनिया (साबुत) खाकर यात्रा करनी चाहिए।
- वृहस्पतिवार को जीरा खाकर जाना चाहिए।
- शुक्रवार के दिन दही खाकर जाना चाहिए।
- शनिवार के दिन अदरक खाकर जाना चाहिए।
- रविवार के दिन पान खाकर यात्रा करना शुभ माना जाता है।
- गधे का रास्ते में मिलना शुभ माना गया है।
- शवयात्रा का रास्ता में मिलना शुभ माना गया है।
- धोबिन अपनी गठरी के साथ मिल जाये तो यात्रा मंगलमय होती है।
- यात्रा में तेल तथा अचार लेकर नहीं चलना चाहिए।
- कलश सहित तरुणी स्त्री का रास्ते में मिलना शुभ होता है।
- 'दही ले' कहती हुई ग्वालिन का मिलना शुभ होता है।
- अकासी धोबिन (चील्ह) का आना शुभ माना गया है।
- बायें कुररी तथा दायें क्रोंच पक्षी का बोलना शुभ माना गया है।
- बायीं ओर दादुर का बैठना, दाएँ साँड़ का दहाड़ना शुभ होता है।
- नाग के मस्तक पर बैठे खंजन पक्षी का दर्शन शुभ होता है।

- मृग का दाएँ आना शुभ माना गया है।
- मंगलवार तथा वृहस्पतिवार को पुरुषों को दाढ़ी नहीं बनानी चाहिए।
- रात में उँगली नहीं चटकानी चाहिए।
- खाट पर बैठकर पैर नहीं हिलाना चाहिए।
- सोते समय पैर दक्षिण दिशा की ओर नहीं करना चाहिए।
- वृहस्पतिवार और शनिवार को नाखून नहीं काटना चाहिए।
- चारपाई पर यदि कोई बड़ा बुजुर्ग लेटा हो तो उसके पैर की ओर बैठना। सिर की ओर बैठना अशुभ माना गया है।
- मुँह बन्द करके सोना चाहिए और जागकर पहले धरती को प्रणाम करना चाहिए।
- मंगलवार और रविवार को झाड़ू नहीं खरीदनी चाहिए।
- बुधवार, वृहस्पतिवार, शुक्रवार के दिन नये कपड़े पहनने चाहिए।
- मंगलवार, बुधवार को स्त्रियों को अपने बाल नहीं धोना चाहिए।
- नयी चूड़ी स्त्रियों को वृहस्पतिवार, इतवार, शुक्रवार को ही पहननी चाहिए।
- वृहस्पतिवार, मंगलवार को लड़की की विदाई नहीं की जाती है।
- वृहस्पतिवार के दिन कपड़ों में साबुन नहीं लगाना चाहिए।
- फलों में गूलर मन्त्र धारकों हेतु अखाद्य है। यद्यपि आँख के रोग के लिए वह लाभप्रद है।
- सब्जी में कुँदरू तथा सूरन युवकों के लिए वर्जित है। इनसे बुद्धि मंद हो जाती है।
- आम के अमावट का रस निकालते हेतु उसे मूसर से नहीं कूटना चाहिए।
- दूध, मट्ठा बेचना वर्जित है। इन्हें निःशुल्क बाँटना चाहिए।
- रात में दीपक जलाए बिना भोजन नहीं करना चाहिए।
- स्त्रियों को वस्त्र बदलकर, स्नानोपरान्त रसोई में प्रवेश करने का विधान है।
- भोजन का बचा अन्न रसोई में रखा नहीं जाता। उसे पशुओं को दे दिया जाता है।
- रसोई को समाप्त करने की जगह 'उठा देना' शब्द का प्रयोग किया जाता है।
- घर का बना मट्ठा किसी दूसरे को देते समय उसमें एक लाल मिर्च डाल दिया जाता है।
- स्त्रियों द्वारा 'दही' शब्द का प्रयोग यहाँ वर्जित माना गया है। 'जलना' अमांगलिक कृत्य है।
- तरबूज, कद्दू और कटहल पर स्त्रियाँ स्वयं चाकू नहीं चलातीं। पहले पुरुष ये सब्जियाँ काटते हैं। नारियल भी पुरुषों द्वारा तोड़े जाते हैं।
- ब्राह्मण प्रायः स्वपाकी होते हैं। अन्य वर्णों में जो 'भगत' हो जाते हैं, वे स्वपाकी बन जाते हैं।
- नमक किसी से उधार नहीं माँगना चाहिए। किसी का नमक खाना अच्छा नहीं होता।
- बच्चों को प्रायः आँचल में छिपाकर माताएँ दूध पिलाती हैं, ताकि नजर न लगे।
- किसी बर्तन तथा झाड़ू को पैरों से छूना वर्जित है।
- नये बर्तन को प्रयोग में लाने से पहले उसमें कोई मीठा पदार्थ बनाना चाहिए।
- साली सलहज का रसोई में प्रवेश वर्जित होता है। वे प्रायः बाहरी कामों में सहायता करती हैं।
- मांसाहार का वैष्णव रसोई में प्रवेश वर्जित है।
- मन्त्रित वैष्णव तथा विधवा द्वारा मांस, मछली का भक्षण वर्जित है।
- भोजन पहले बच्चे, फिर पुरुष, फिर स्त्रियाँ करती हैं।

- खाने की चीजें पहले बच्चों में बँटती हैं और पान पहले बड़ों को दिया जाता है।
- बाल खोलकर भोजन परोसना वर्जित है। परोसते समय आवाज भी नहीं होनी चाहिए।
- खड़े उड़द की दाल शुभ अवसरों पर नहीं बनती। केवल अंत्येष्टि के बीच बनती है।
- मांगलिक अवसर पर अरहर की दाल की जगह काँड़ा (उड़द की दाल) और पढ़ोरा (चने की दाल) खानी चाहिए।
- दही मट्ठा प्रत्येक शुभ आयोजन में खाना-खिलाना चाहिए।
- मसूर की दाल को यहाँ अशुद्ध माना जाता है, शायद लाल रंग, या विदेशी होने के कारण।
- मांगलिक अवसरों पर फरा, बरा, कढ़ी, सेंवई (नकि सब्जियाँ) बनानी चाहिए।
- लहसुन, प्याज वैष्णव रसोई में निषिद्ध माने जाते हैं।
- भोजनोपरांत डकारना, भोजन करते हुए चबाने की आवाज निकालना, थाली में उँगलियों के निशान बनाना, थाली में हाथ धोना, बीच में कहीं उठकर जाना, बार-बार माँगना और क्रोध करना वर्जनीय है। यहाँ थाली में कुछ अवशिष्ट छोड़ने का विधान है। यह रईसी का लक्षण है।
- यहाँ भोजन प्रायः बन्द स्थान में छिपाकर किया जाता है। यात्रा में स्वपाकी ब्राह्मण निरन्न पदार्थ खाते हैं। वे प्रायः नदी की धारा में, नाव में बैठकर, सत्तू चबैना ले लेते हैं।
- अनूठी रसोई का यहाँ बड़ा विवेक रखा जाता है। भोजन बनाने वाली स्त्री एक वस्त्र में ही रसोई में रहती है। उसका बाहर निकास नहीं होता। यदि जाना पड़े तो वस्त्र बदलकर ही वह रसोई में आती है।
- ऋतुमती कां रसोई में प्रवेश तीन दिनों तक वर्जित रहता है।
- खानपान यहाँ तीन तरह का होता (1) निरन्न (मिष्ठान्न भोज) (2) पक्का अर्थात् पूड़ी का भोज, जो सजातीयों के मध्य होता है। (3) कच्चा खाना जो अपने बन्धु-बान्धवों के बीच होता है। पक्का को कच्चा खानपान में बदलने के लिए विशेष दक्षिणा (सम्मान) का विधान किया जाता है। वह सम्बन्धों पर निर्भर होता है और विशिष्ट माना जाता है। मण्डप के नीचे कितने लोग भात में सम्मिलित हुए, इसे मर्यादा का प्रतीक माना जाता है। यों 'आठ कनौजिये नौ चूल्हे' की कहावत प्रसिद्ध है।
- भोजन परोसने का कार्य जनेऊधारी विप्र उघाड़े बदन करते हैं। यज्ञोपवीत पूर्व उनके सहभोज पर कोई प्रतिबन्ध नहीं होता है।
- ब्रह्मभोज में गाँव की पंचायत निर्णय करती है कि किस व्यक्ति की कड़ाही अर्थात् पाक व्यवस्था होगी। साले की ससुराल में प्रायः लोग कच्चा भोजन नहीं करते, बल्कि स्वयं पकाते हैं। छोटे कुलों का रसोई में प्रवेश वर्जित है। बरात अथवा भोज में कई बार नाई द्वारा निमन्त्रण पाने के बाद ही लोग भोजनार्थ एकत्र होते हैं। आतिथेय के यहाँ पहले उनका पाद-प्रच्छालन होता है। गृह स्वामी विप्रों के पैर धोकर, अँगोछे से पोंछकर उसे सिर माथे लगाते हैं, खड़ाऊँ पहनाते हैं, तब पाटे पर बिठाते हैं। फिर सबको चन्दन लगाया जाता है, उनकी आरती उतारी जाती है। सबसे वरिष्ठ अतिथि मन्त्रवाचन करके भोजन आरम्भ करता है। भोजनान्त में सब एक साथ उठते हैं। वे या तो मण्डप के मध्य में रखी परातों में हाथ धोते हैं या बाहर आकर। फिर यथायोग्य पान एवं दक्षिणा देकर उन्हें विदा किया जाता है। इन सबके पात्र होते हैं—पत्तल, कुल्हड़ या धातु के बने हुए बर्तन। इन्हें परोसते समय पंक्तिबद्ध होकर भोज्य परार्थों की

आपूर्ति की जाती है। विवाह के भातभोज में रोटी और सब्जियाँ नहीं परोसी जातीं। सबको थाल भर सुवासित चावल, कई प्रकार की दालें, खरिका, रसाजे आदि व्यंजन दिये जाते हैं। एक पत्तल के साथ प्रायः 10-20 दोने सजाये जाते हैं। एक बार में चावल की पूरी थाली पत्तल में उड़ेली जाती है। भात में और व्यंजनों में गडुवे से घी इस तरह डाला जाता है कि उसकी धार तब तक न टूटे, जब तक अतिथि मना न कर दे। अन्त में जवाबी बड़ा मण्डप के नीचे लाकर रखा जाता है, जो भोज-समाप्ति का सूचक होता है। परोसते समय शब्दों की जगह संकेतों का प्रयोग किया जाता है। विवाह मण्डप में विजातीय लोग नहीं बैठाये जाते। उनकी भोजन व्यवस्था पृथक् रूप से की जाती है। बरात आगमन के पहले दिन अगवानी के बाद दो-दो सुहारी तथा घुटी शकर जनवासे में बाँटी जाती है। कोई कड़वी या खट्टी चीज नहीं दी जाती, ताकि सम्बन्धों में कड़वाहट न आये। जगन्नाथ जी के पूजन में नाना प्रकार के व्यंजन बनते हैं, लेकिन शुद्ध देशी घी में। अवध में रोटी रसोई के बाहर ले जाकर तथा विप्र समाज में ऊर्ध्व वस्त्र धारण करके नहीं खाई जा सकती, इसलिए शीत ऋतु में प्रायः पूड़ी, पराँठे का प्रबन्ध किया जाता है। अशुभ भोज का खानपान कुछ भिन्न है। संस्कार के बाद तक वहाँ खड़ी उड़द बनती है। जो व्यक्ति कपाल क्रिया करता है, वह त्रयोदशाह तक अपना भोजन स्वयं बनाता है। वह दिन में केवल एक अन्न लेता है। उसे बड़ी शुद्धता के साथ रहना होता है, इसलिए सबका स्पर्श वर्जित होता है। वह सायंकाल प्रेतात्मा को तृप्त कराने के बाद कुछ अन्न स्वयं ग्रहण करता है। तेरह दिनों तक यह शुद्धि चलती रहती है। इस बीच घर में कड़ाही नहीं चढ़ती। दसवें के दिन उसके पात्र चूल्हा आदि बाहर विसर्जित कर दिये जाते हैं। इस प्रकार सूतक समाप्त हो जाता है।

- वृहस्पतिवार, शुक्रवार और रविवार को ही स्त्रियाँ चूड़ियाँ पहनती हैं, शेष दिनों में नहीं।
- चूड़ी पहनते समय अपने दोनों हाथ फैलाकर नहीं रखना चाहिए।
- नयी चूड़ी पहनने के बाद स्त्रियाँ बड़ी-बूढ़ियों के पैर अपनी साड़ी के पल्लू से पकड़कर सात बार छूती हैं। सास के पैर हर बार छूने पड़ते हैं।
- किसी बड़ी बूढ़ी स्त्री के घर आने पर उसके पैर छूने होते हैं।
- बुधवार, मंगलवार को स्त्रियों के बाल नहीं धुलने चाहिए।
- बाल धुलने पर जब दुल्हन माँग भरती है तो उसे अपनी सास के पैर छूने पड़ते हैं।
- जब कोई स्त्री अपने पैरों में महावर लगाती है तो उसके पहले उसे अपनी सास के पैरों में महावर लगाना पड़ता है।
- बाल बाँधने के पहले उसे अपनी सास के बाल बाँधने पड़ते हैं।
- सुहागिन स्त्री को नाउनि से सोहाग (तरकी, सेंदुर, बिछिया) नहीं पहननी चाहिए। नाउनि केवल अशुभ (वैधव्य की) घड़ी में ये कार्य करती है।
- नयी साड़ी पहनने पर सुहागिन अपनी सास और पति के पैर छूती है।
- यह दृढ़ विधान है कि सुहागिन स्त्रियाँ पैरों में बिछिया तथा माँग में सिन्दूर सदैव धारण किये रहें।
- सुहागिनें पैरों में महावर शुभ अवसरों पर अवश्य लगाती हैं।
- शुभ काम में पुरुष धोती पहनते हैं। पीले रंग की धोती प्रायः शादी, वसन्तोत्सव तथा पूजा में पहनी जाती है।

- अवध में स्त्रियों द्वारा पैर में सोना नहीं पहना जाता है। यह लक्ष्मी का अपमान है।
- सुहागिनें प्रायः सफेद रंग तथा काले रंग के वस्त्र नहीं धारण करतीं, क्योंकि वे शोक-सूचक हैं।
- सुहागिनें कभी अपने बाल नहीं कटातीं। पुरुष तीर्थों में प्रायः सिर मुड़ा लेते हैं।
- मंगलसूत्र सुहाग की निशानी होती है। इसे विवाहिता स्त्री हर समय धारण करती है।
- हरे रंग की चूड़ियाँ, अधिकांशतः सावन मास में सभी स्त्रियाँ पहनती हैं।
- पिछौरी शुभ कामों में ओढ़ी जाती है। नयी दुल्हन पिछौरी ओढ़ कर ही घर से बाहर निकलती है।
- शुभ काम में घर के बुजुर्ग पगड़ी पहनते हैं। नंगे सिर शुभ कार्य करना वर्जित है।
- विधवा औरतें होली में रंग नहीं खेलतीं। उनके पैरों में थोड़ा अबीर छुवाया जा सकता है।
- पत्नी की मृत्यु के बाद पति दोहरा जनेऊ धारण नहीं कर सकते।
- विधवा स्त्री श्रृंगार नहीं करती है। लाल रंग के वस्त्रों का प्रयोग तो पूर्णतः वर्जित है।
- पहली बार नया वस्त्र धारण करने के पूर्व उसे धो लेना या दूब का स्पर्श करा देना चाहिए।
- यहाँ नवजात शिशु को पहले बरहों तक पुराने वस्त्र पहनाये जाते हैं।
- पूरब और उत्तर की ओर ही घर का प्रवेश-द्वार होना चाहिए।
- घर में कोई आमने-सामने दरवाजा नहीं होना चाहिए।
- पूजा के कमरे की दिशा पूर्वोन्मुखी होनी चाहिए।
- अवध में पहले पक्के घर बनवाना निषिद्ध रहा है। तुलसी के अनुसार प्रवेश-द्वार पर पक्की ईंट का नहीं होना चाहिए।
- घर के भीतर और प्रवेश-द्वार पर आम का पेड़ नहीं लगाना चाहिए।
- अग्निकोण पर रसोई घर होना चाहिए। वास्तुशास्त्र का पालन हितेय है।
- नींव पूजन घर के बुजुर्ग से करवाना चाहिए। गृहप्रवेश में कथा, होम, भोज आदि का यहाँ काफी चलन है।
- नींव पूजन और घर की छत पड़ने पर कुँवारी कन्याओं को भोजन और दक्षिणा देनी चाहिए।
- नया पशु खरीदकर जब घर लाया जाता है तो उसे गेहूँ, जौ एक डलिया में रखकर खिलाया जाता है। पालतू कुत्ते को पहले दाँत काटा गुड़ खिलाया जाता था।
- ऐसा विश्वास है कि गर्भिणी गाय-भैंस की प्रशंसा करने से नजर लग जाती है।
- यहाँ भैंसा पालना अशुभ माना जाता है, क्योंकि वह यमराज का वाहन है।
- सूअर का घर में घुसना अनिष्टकारी माना गया है। उसे मार डालने से इस दोष का निवारण हो जाता है।
- झींगुर, घुघ्घू, मेढ़क, श्वान, बिल्ली आदि की ध्वनियाँ बस्ती में अनिष्टकर मानी जाती है।
- हर घर में एक बछड़े को साँड़ बना देना शुभ माना जाता है।
- सावन के महीने में सर्प नहीं मारना चाहिए। उसे दूध पिलाने के लिए लोग उसकी बाँवी के पास दुग्ध पात्र रख आते हैं।
- सावन में घोड़ी, भादों में गाय को घर लाना शुभ माना गया है।
- कौवा, कवई युग्म को देखकर अपने इष्ट जनों की मृत्यु की छद्‌म सूचना भेज देने से इस अनिष्ट का निवारण हो जाता है।

- कबूतर तथा बिल्ली को घर में नहीं पालना चाहिए।
- गौरय्या का घर आँगन में आना शुभ माना गया है। उसके प्रसव के लिए झोंझ लटकायी जाती है, जो उर्वरता की प्रतीक है।
- शरीर पर छिपकली का गिरना अशुभ माना जाता है। स्नान एवं दान से इसका निवारण हो जाता है।
- कौआ सन्देशवाहक है। उसे श्राद्ध में खीर और बड़ियाँ खिलायी जाती हैं। यों, वह चण्डाल पक्षी है।
- सावन-भादों में नीलकंठ के दर्शन शुभ होते हैं।
- चील पक्षी शुभ एवं गिद्ध अशुभ होता है।
- गाय को मारना पीटना, जूठा खाना देना, पैर से छूना आदि पाप है।
- हाथी तथा रीछ पर नवजात को बिठाना शुभ है।
- चिड़ियों के लिए दाना-पानी मचान पर देना पुण्य कार्य है।
- चींटियों को आटा देना पुण्यकर है तथा खनखजूरा, बँभन बिछिया आदि का वध वर्जित है।
- यहाँ शौच के अतिरिक्त बायें हाथ से कोई काम करना, नाखून काटना, स्त्रियों का दर्पण देखकर शृंगार करना वर्जित है।
- जब पुरुष की बायीं आँख तथा भुजा फड़कती है और स्त्री की दायीं आँख और भुजा फड़कती है तो उसे अशुभ माना जाता है।
- हिचकी का आना किसी प्रिय की याद का सूचक होता है। मेहँदी और पान की लाली प्रिय प्रेम की प्रतीक है।
- प्रसव और अन्त्येष्टि के दस दिनों तक घर में सूतक होता है। उस समय देव पूजन करना वर्जित होता है। लोग कुलदेवता को स्थानान्तरित कर देते हैं।
- जब किसी व्यक्ति का सामाजिक बहिष्कार होता है तो उसका हुक्का पानी, बोलचाल, खानपान, यहाँ तक कि उसे छूना तथा साथ बैठना तक मना हो जाता है। जातीय पंचायत के निर्णय के अनुसार जब वह प्रायश्चित्त कर लेता है और बिरादरी को 'रोटी' देकर क्षमा माँग लेता है तब उसका 'वायकाट' समाप्त हो जाता है।
- शीतला अष्टमी के अवसर पर गरम ताजा भोजन बनाना तथा खाना वर्जित है।
- गूलर का पेड़ लगाना यहाँ मातृ-भक्ति का प्रतीक है। प्रत्येक वृक्ष किसी देव विशेष से सम्बद्ध है।
- स्त्रियों के अधोवस्त्र यहाँ खुले में नहीं सुखाये जाते। बहुएँ (नव वधू) सिर खोल कर बाहर नहीं आ सकतीं। 'बहिरे' जाते हुए वे पिछौरी ओढ़ती हैं और पानी का लोटा छिपाये रहती हैं।
- विवाह के समय लड़के और लड़की को अन्यमनस्कता का प्रदर्शन करना होता है। वे अपने मुँह से किसी को आमन्त्रित नहीं कर पाते। पहले दम्पति का एक दूसरे से मिलना या चित्र तक देखना अमर्यादित माना जाता था।
- संयुक्त परिवारों में आवश्यक नहीं कि सगा पिता ही कन्यादान और द्वार पूजन करे। लोक मर्यादा वश यह कार्य सबसे बड़े बुजुर्ग से कराया जाता है।
- यहाँ कन्या अपने पिता, ससुर या किसी बड़े व्यक्ति के पैर नहीं छूती। कुँवारी कन्या से कपड़े

धुलवाना, देह दबवाना और जूता पालिश करवाना वर्जित है। हर मांगलिक अवसर पर कुँवारी खिलाना और गौरी रूप में उनकी पूजा करना आवश्यक है।

- नववधू और अन्य स्त्रियों को प्रातः सबसे पहले जागना होता है। बाद में पद मर्यादा के अनुसार एक-एक कर मर्द जागते हैं। बहू द्वारा शयन करती सासू के पाद पलोटन करने का बड़ा रिवाज रहा है।
- यहाँ दीपक मुँह से फूँक कर बुझाने के बजाय आँचल की हवा से बुझाया जाता है। यह कुल दीपक का प्रतीक जो है।
- किताब, कापी, कलम, बर्तन, गाय, झाड़ू अन्न आदि को पैर से छूना पाप तुल्य माना जाता है।
- कहीं छुआछूत हो जाने पर गंगा जल या रेणु का स्पर्श किया जाता है। जल के अभाव में दूब का प्रयोग किया जाता है।
- खेतों में धान-गेहूँ की बुवाई करने के लिए किसान झौवे में बीज (बेसार) घर से लेकर निकलता है तो कुछ दूर तक गृहिणी एक सूप में जलता हुआ दीप कलश रख कर अर्घ्य देती हुई चलती है। इसी भाव से पद्मावत के नागमती विरह खण्ड में जायसी ने लिखा था–

  'मोहि पिउ बिनु को आरधु देई।'
- घर में फसल की राशि आने पर कुछ अंश देवता के लिए निकाल दिया जाता है और शेष राशि पर भटकटइया की डाल, एक कण्डा, एक पत्थर तथा एक औजार गाड़ दिया जाता है, ताकि किसी की नजर न लगे।
- यहाँ सपत्नी अर्थात् पूर्व विवाहिता दिवंगता पत्नी की भी पूजा की जाती है। नयी पत्नी उसके नाम की एक माला (सौतिया) गले में पहने रहती है और हर मांगलिक आयोजन पर उसे नैवेद्य अर्पित करती है।
- पुरी के जगन्नाथ जी को यहाँ भोग का देवता माना जाता है। लोग उनके मन्दिर से सूखा हुआ भात (सीथ) लेकर आते हैं और उसे रसोई में रखे रहते हैं। भोज के अवसर पर एक छोटी गठरी में ये बँधे सीथ कड़ाह या 'तयी' में लटका दिये जाते हैं। पास ही जगन्नाथ स्वामी के बेंत एवं चित्र रख दिये जाते हैं। उनकी पूजा में भटकटैया का पौधा चढ़ाया जाता है। ऐसा विश्वास है कि इसके कारण भण्डार सदैव भरा रहता है। इनके भोग में तेल एवं वनस्पति घी की जगह देशी घी का प्रयोग विधि विहित है। यह पूजा जेठ मास के किसी एक सोमवार को होती है।
- सौभाग्यवती स्त्रियों के नाक, कान एवं गले में कोई न कोई आभूषण, हाथ में चूड़ियाँ, माथे पर बिन्दी और माँग में सिन्दूर होना अति आवश्यक है। चूड़ी का टूटना तथा सिन्दूर का पुँछ जाना वैधव्य का सूचक है।
- यहाँ पूजा में लोहे के पात्र का प्रयोग मना किया गया है। उसमें शनि का वास होता है।
- महिलाओं के द्वारा यहाँ पहले हनुमत उपासना नहीं की जाती थी।
- जिसके पिता जीवित हों, उसको मूँछें नहीं मुड़वानी चाहिए।
- नाई जब किसी युवक की पहली बार दाढ़ी बनाता है तो विशेष नेग लेता है।
- यहाँ तोते को मारना तथा उसे जूठा खिलाना पाप माना गया है। उसे अवध में गुरु ब्राह्मण पक्षी माना जाता है। इसी रिवाज से प्रेरित होकर पद्मावत में जायसी ने हीरामन तोते को गुरु बनाया है।

- अवध में बसन्त पर माली आम्र मंजरी लेकर आता है। सावन में मदारी सर्प दर्शन और बहेलिया नीलकण्ठ के दर्शन कराता है।
- परिवार में किसी के गर्भधारण करने पर बया के घोंसले घर में लटकाये जाते हैं।
- यहाँ स्त्रियों के बाल धोने और पुरुषों के दाढ़ी बनाने तथा नये वस्त्र धारण करने के लिए कुछ विशेष दिन निश्चित कर दिये गये हैं।
- रबी और खरीफ की फसलें जब चैत और क्वार में कट कर आती हैं तो देवी की विशेष पूजा की जाती है। सिरनी (प्रसाद) के रूप में भुने गेहूँ और गुड़ से मिश्रित गुड़ धनिया बाँटी जाती है। क्वार में लइया गुड़ का वितरण होता है। सत्यनारायण व्रत कथा प्रायः सुनी जाती है।
- अवध के मांगलिक आयोजन सामुदायिक स्तर पर (सबके सहयोग से) सम्पन्न होते हैं। जनेऊ और विवाह के अवसर पर दर्जी वस्त्र लेकर आता है। लोहार कंगन पहनाता है। माली मौर पहनाता है। चमार जूते लाता है और मनिहारिनें स्त्रियों को चूड़ियाँ पहनाती हैं। विवाह के अवसर पर वर जी का कुर्ता, 'जामा', मिर्जई और पटुका भी किसी न किसी के यहाँ से उधार लिया जाता है।
- यहाँ सन्ध्याकाल में दीपक जलाते हुए 'साँझ गोसांइन' और तुलसी की पूजा की जाती है। इस समय लेटना-सोना वर्जित है।
- ऐसा लोक विश्वास है कि चींटी अण्डे लेकर निकले, गौरैया धूल में नहाने लगे, झींगुर, मेढ़क बोलने लगें, भू लोट पुरवाई चलने लगे तो अच्छी वर्षा अवश्य होगी।
- यहाँ की भाषा में विशेष प्रकार का मर्यादा बोध दिखाई देता है। जैसे रोटी खाने की जगह लोग भोजन करना, प्रसाद ग्रहण करना, जूठन गिराना, पंगत करना, मुँह जुठारना, भोग लगाना जैसे शब्दों का प्रयोग करते हैं। गर्भिणी के लिए कहा जाता है कि इसके पाँव भारी है, यह 'दिनन सहित' है, पेट से है, या लरिकौरी है।
- यहाँ देवर भाभी के सम्बन्ध मधुर माने जाते हैं। वह नव परिणीता भाभी का अँगूठा धोता है और छाता लगाता है, जिसका उसे नेग मिलता है।
- यहाँ मन्त्रधारी व्यक्ति प्याज, लहसुन, सिरका, सूरन आदि नहीं खाते हैं।
- भोजन की थाली सामने रखकर लोग पहले घर के देवता 'शालिग्राम' का भोग लगाते हैं। वे 'अग्रासन' निकालते हैं, चारों ओर जल छिड़कते हैं, लोटे में ठुनकियाँ लगाते हैं, फिर मौनधारण करके भोजन करते हैं।
- इस क्षेत्र में मद्यपान और धूमपान बहुत निन्दनीय माना जाता है। ठंढई, भाँग, पान, चुनही तम्बाकू आदि का सेवन प्रायः सर्व स्वीकृत है।
- यहाँ बुजर्गों के सामने पति-पत्नी का साथ रहना, परस्पर वार्ता करना, पिता द्वारा बच्चे को गोद में लेना और बीवी बच्चे की अधिक चिन्ता करना अमर्यादित माना जाता है। भतीजों, पोता-पोती, भांजा को खुलकर प्यार किया जाता है। पिता और अग्रज से मुखातिब होकर लोग कम बात कर पाते हैं।
- यहाँ के रीति-रिवाज के अनुसार इन अवसरों पर भीख नहीं देनी चाहिए—जन्मोत्सव के बीच, मण्डपाच्छादन के दिन, जिस दिन घूरा उठाया जाये, जिस दिन खेत की जुताई और बुवाई हो, शोक के बीच, जिस दिन छप्पर में 'गूँथ' दिया जाये।
- ऐसी मान्यता है कि चलते समय दातून न करें तथा तीन ब्राह्मण एक साथ यात्रा पर न निकलें।

- झाड़ फूँक करवाने के लिए फकीरों के कई 'तकिया' अर्थात् डेरे यहाँ प्रसिद्ध हैं। वे प्रायः भभूत, गण्डा, ताबीज आदि के द्वारा अभयदान देते हैं।
- तन्त्र-मन्त्र वेत्ता यह मानते हैं कि पारदबद्ध गुटिका और सिद्ध गुटिका प्राप्त हो जाने से कोई भी कार्य किया जा सकता है। यहाँ शुक्रोदय, शुक्रास्त पर बड़ा विचार किया जाता है। बात-बात में राशि गणना की जाती है। राहु, केतु, उत्तर योगिनी, शनि देवता आदि का बड़ा ध्यान रखा जाता है। हर तीसरा आदमी यहाँ वैद्य, ज्योतिषी या पुरोहित की तरह अपनी व्यवस्था लागू करता दिखता है।
- शुभ-अशुभ के सूचक पशु-पक्षी यहाँ भरे पड़े हैं। पाण्डुक पक्षी, महर, काग, करारा तथा मृग का दायें हाथ दिखना और पुरुष की दायीं आँख और दायीं भुजा का फड़कना शुभ है। दूसरी ओर सूखे वृक्ष पर बैठे कौवे को और भस्म रमाये, बायें हाथ से डमरू बजाते हुए जोगी को देखना अशुभ है।
- अवध क्षेत्र में कुछ दृश्य श्रव्य अशुभ माने जाते हैं, जैसे—तेली, दूध वाला घोसी, विधवा और काने व्यक्ति से भेंट होना दूसरी ओर मार्ग में मेहतर, धोबी, गाय-बछड़ा, वेद शास्त्र युक्त पंडित का मिलना शुभ माना जाता है।
- यहाँ पहले कोई पारिश्रमिक या मानधन नकद नहीं दिया जाता था। नाई, बारी, धोबी, डोम, पंडा, गंगा पुत्र आदि को उनका भुगतान खलिहान में 'जेवरा' के रूप में किया जाता है। नाई और धोबी का जेवरा वयस्क सदस्यों की संख्या के अनुसार घटता बढ़ता जाता है।
- पुत्र जन्म और विवाह के अवसर पर वेश्या घर में आकर जातक और वर-वधू को आशीर्वाद देती थी।
- इस क्षेत्र में कई प्रकार की कथा रूढ़ियाँ, अभिप्राय या मोटिव्स प्रचलित हैं, जैसे—

1. गौरा महादेव सर्वत्र घूम-घूमकर सबकी जानकारी लेते रहते हैं। जिसकी मौत हो जाती है या कोई विपत्ति पड़ती है, उस पर मइया अपनी अँगुली काटकर एक बूँद रक्त छिड़क देती हैं, फलतः वह मरकर भी जीवित हो जाता है।

2. यहाँ के योद्धा ठीक गौने के दिन अपनी राजनिष्ठा के कारण, नव परिणीता को छोड़कर शत्रु से लड़ने चले जाते हैं और वीर गति प्राप्त करते हैं। आल्हा-ऊदल, गोरा-बादल से लेकर चहलारी नरेश तक यही कथा प्राप्त होती है।

3. छल-प्रपंच करने वाली दूती के नाक-कान काटने की घटना भी यहाँ रामकथा से लेकर पद्मावत के देवपाल की दूती तक दिखाई देती है।

4. ऐसी प्रसिद्धि है कि राजा पृथु के राज्य में ढुंढा नामक राक्षसी के उत्पात को रोकने के लिए लोगों ने घास-फूस जलाकर उसे भद्दी-भद्दी गालियाँ देते हुए इतना शोरगुल किया कि वह भाग खड़ी हुई। होली पर मनायी जाने वाली ढुंढा राक्षसी पूजा-डंडाहर (छन्दाहर) या दोहड़ी उसी का अवशेष है।

- प्रत्येक अवसर पर पूड़ी, मिठाई का परोसा और बैना पूरे गाँव में वितरित किया जाता है।
- अधिक पैदावार होने पर यहाँ दान, तीर्थ, यात्रा, ब्रह्म भोज, सीधा, खोंची आदि देने का विधान है।
- यहाँ छप्पर छाने के लिए विशेष मुहूर्त निकलवाया जाता है।
- लोक विश्वास के रूप में यहाँ इस तरीके की कई कहावतें प्रचलित हैं, यथा—

(क) **सावन घोड़ी भादों गाय**
माघ माह जब भैंसि बियाय,
आपौ मरै, किसानौ खाय।

(ख) **मंगर बुद्ध न छूवारौ जूरा**
हाथ पसारि न पहिरौ चूरा।

(ग) **कपरा पहिनौ तीन वार**
बुद्ध व्यफै, सूकवार।
हारे खाँगें इतवार।

(घ) **मंगर मगरी बुद्धै खाट**
शूक बढ़निया बारह बाट।

- ऐसा लोक विश्वास है कि पुत्रवान व्यक्ति सोमवार को दाढ़ी न बनाये। सावन में खटिया न 'बीनी जाये'। पचका में छपरा न छाया जाये। मंगल के दिन उसमें गूँथ न दी जाये। गाँवों में छप्पर का ढाँचा तैयार करके पूरे ताने बाने को अरहर की मुलायम डालियों (मोखनी) से बाँधने-गूँथने के बाद उस पर काँस, पयाल, फूस, पतवार आदि बिछाकर यह छाजन तैयार किया जाता है। इसमें 'गूँथ' का बड़ा महत्त्व होता है।
- ब्राह्मणों का हल चलाना यहाँ वर्जित है। उसे 'हरजोता' कहा जाता है।
- अपनी फसल की स्वयं प्रशंसा नहीं करनी चाहिए। इससे अनिष्ट होता है
- यहाँ अन्न, फल, दूध बेचना वर्जित माना जाता रहा है।
- यदि अधिक पैदावार हो जाये तो दान, तीर्थ यात्रा, भोज देने का विधान है।

दिशाशूल : यहाँ यात्रा के पूर्व लोग दिक्शूल का विचार भी करते हैं। 'पद्मावत' में जायसी ने इसका पूरा विवरण दिया है—

आदित सूक पछिवँ दिशि राहू। बिहफै दखिन लंक दिसि डाहू।
सोम सनीचर पुरुब न चालू। मंगर बुद्ध उतर दिसि कालू।
मंगर चलित मेलु मुख धना। चली सोम देखै दरपना।
सूक चलत मेलु मुख राई। बिहफै चलत अवसि गुर खाई।
आदित ह्वै तंबोर मुख मंडित। बावभिरंग सनीचर खंडित।
बुद्धहिं दधि कै चलित भोजना। ओखद यहै और नहिं सोचना।

अर्थात् इतवार को पश्चिम, गुरुवार को दक्षिण, सोमवार, शनिवार को पूर्व, मंगल बुधवार को उत्तर की ओर प्रस्थान न करें। मंगलवार को प्रस्थान करते हुए धनिया चबाएँ, सोमवार को चलने के पूर्व दर्पण देखें, शुक्रवार को चलते हुए मुख में राई डालें, गुरूवार को गुड़ खाकर निकलें, इतवार को पान खाकर चलें, शनिवार को बावभिडंग को दाँतों से खडित कर लें तथा बुधवार को दही खाकर निकलें।

जायसी के अनुसार महीने के (1) 4,12,19,27 को पश्चिम की यात्रा (2) 1,9,16,24 को पूर्व-दक्षिण (3) 3,11,18,26 को दक्षिण की यात्रा (4) 2,10,17,25 को दक्षिण-पश्चिम कोण की यात्रा (5) 8,15,23,30 को पूर्व की यात्रा (6) 5,13,20,28 को उत्तर-पश्चिम की यात्रा (7) 7,14,22,29 को उत्तर की यात्रा (8) 6,12 को उत्तर-पूर्व की यात्रा वर्जित है। (पद्मावत)।

स्वप्न विचार : अवध के जनजीवन में अपने-अपने ढंग से विभिन्न प्रकार के स्वप्नों के अर्थ

निकाले जाते हैं। लोक कथाओं में स्वप्न दर्शन के वृत्तान्त भरे पड़े हैं, जैसे—गर्भवती स्त्री आम की गौद देखती है तो उसका अर्थ है पुत्र प्राप्ति। इसी प्रकार किसी को नाग देवता, कहीं योगी यती दिखते हैं और कहीं स्वर्ण मुद्रायें। यह स्वप्न रात के किस प्रहर में देखा गया है, और उसका क्या फलाफल होगा? इस पर यहाँ काफी विचार किया जाता है।

अवध के लोक जीवन में इन्हें शुभ स्वप्न माना जाता है—सूर्य, चन्द्रमा तथा इन्द्र धनुष का उदय देखना, माला पहने योगी, साधु, ब्राह्मण, गौ, श्वेत कमल, चामर, दर्पण और बहता हुआ रक्त देखना ऐश्वर्यवर्द्धक माना गया है। वंशी की धुन सुनना शुभ होता है। सपने में प्रजापति, राजा, ब्राह्मण और देव दर्शन सिद्धि प्रदायक होता है। गाय, भैंस और सिंहिनी का दूध मुँह से पीते देखना शुभ कहा गया है। चाँदी के पात्र या कमल पत्र में खीर खाते देखना बलवर्द्धक कहा गया है। स्वप्न में अग्नियान देखने से जठराग्नि बढ़ती है। श्वेत वस्त्र धारण किये ब्राह्मण आचार्य, गुरु तथा तपस्वी का दर्शन शुभ माना गया है। पैरों में बेड़ी का दृश्य देखने से राज्य प्राप्ति करने का संकेत मिलता है। घोड़ा, हाथी और रथ पर तेजी से चलते हुए देखना उन्नति कारक होता है। ग्रह नक्षत्रों का ग्रहण, भूडोल और गिरिशिखरों का स्खलन देखने से आसन्न संकट टल जाता है। समुद्र और नदी को पार करना, पेड़ पर चढ़ना, किसी सुन्दर स्त्री की गोद में बैठना, शरीर में कीड़े पड़ते देखना और मल मूत्र का दर्शन करना ऐश्वर्य प्राप्ति का सूचक कहा गया है। ऐसा लोकमत है कि अशुभ स्वप्न देखने के बाद पुनः सो जाना चाहिए। दिन में देखे गये स्वप्न निरर्थक होते हैं। स्वप्न देखने के बाद उसे गुरुजनों को सुनाना चाहिए और स्नान करके इष्ट देव की पूजा, दान एवं प्रायश्चित्त आदि करना चाहिए।

शकुन विचार : यहाँ कई व्यक्तियों और पशु-पक्षियों का दर्शन शुभ माना गया है, जैसे—प्रस्थान करते समय पानी भरी बाल्टी, उड़ती हुई चील (क्षेमकरी), गाय-बछड़ा, पोथी सहित पंडित आदि। कुछ दृश्य अशुभ माने जाते हैं, जैसे काना व्यक्ति, तेल पात्र, विधवा स्त्री आदि।

टोना, टटका और झाड़ फूँक : इनके अनेक उदाहरण दैनिक जीवन में दिखाई देते हैं। कुछ लोग इन्हें अन्धविश्वास मानते हैं और कुछ इन्हें परम वैज्ञानिक सिद्ध करते हैं। यहाँ कुछ विशिष्ट लोक मन्त्र भी हैं।

उदाहरण स्वरूप एक मन्त्र प्रस्तुत्य है—

'कारे कहिए तीन पाँच नौना दस बारा।
रावण एक तीन लाख हनुमंत अठारा।
बिन पाइन कै मछली चढ़ी पहाड़।
नाग मार नागिन दुहौं विष कै करौ अहार। उठ जाग चेत संभार।'
समय का हट्ठा परो निर्विष करै शरीर।
लहर संकोच कर तुहीं दुहाई राजा वासुक की आन।।

इसी प्रकार तिजरा का टोटक करते हुए चौराहे पर मन्त्र युक्त दीपक रखा जाता है। उसे मुड़कर देखा नहीं जाता। देवोत्थानी (डिठौन) की रात में घर की अलाय बलाय को भगाने के लिए सूप बजाते हुए एक टोटका किया जाता है।

ऐसी मान्यता है कि जब वस्तु को देखकर अन्तरात्मा लालायित हो उठती है तो दर्शक की निगाह में नकारात्मक ऊर्जा पैदा होती है और वह वस्तु को दूषित कर देती है। ज्योतिषियों का मत है कि राहु, शनि के योग से जिनका चन्द्र शिथिल हो जाता है उन्हें नजर ज्यादा लगती है। नजर लगने से फलत-फूलते, पेड़ और खेत सूख जाते हैं, बच्चे बीमार पड़ जाते हैं, गाय, भैंस का दूध

सूख जाता है, मकानों में दरारें पड़ जाती हैं, व्यापार ठप हो जाता है और कारीगरी बिगड़ जाती है।

इससे बचने के लिए बच्चों का लिंग भेद छिपाया जाता है। उनके गले में गंडा, ताबीज, काली नीली पट्‌टी, हाथी दाँत, मूँगा, काला हकीक, मौली, धागे आदि बाँध दिये जाते हैं। माथे पर अनखन लगाया जाता है। द्वार पर पुतले, नीबू, मिर्च आदि टाँगे जाते हैं। लोग भोजन या पेय पदार्थों में लाल मिर्च या कोयला रख देते हैं। नवनिर्मित भवनों में काले मुँह की मटकी लटकाते हैं। घर और दूकान के बाहर घोड़े की नाल लगाते हैं। वाहनों में पुराना जूता लटकाते हैं। महिलाएँ अपना सिंगार करके मुँह पर थोड़ा सा थूक लगा लेती है।

नजर उतारने के लिए सरसों के तेल से जलते हुए दीपक की लौ में लाल मिर्च जलायी जाती है। राई लोन उतारा जाता है और घर की अलाय बलाय किसी गठरी में बाँध कर जलते दीपक के साथ किसी चौराहे पर रख दी जाती है। अवध क्षेत्र में इस प्रकार के टोटके जगह-जगह दिखाई देते हैं, जिनमें अति प्रसिद्ध है तिजरा को टोटका।

वर्ण-व्यवस्था

यह प्राचीन भारत की एक सामाजिक व्यवस्था रही है, जिसका कार्य था व्यक्ति की गतिविधि के आधार पर अर्थात् उसके गुण, कर्म और स्वभाव के अनुसार समाज में वृत्ति के चुनाव का अधिकार। उस समय चार मूल वर्ण थे—

1. बौद्धिक कार्य करने वाले ब्राह्मण 2. धर्म युद्ध, प्रतिरक्षा तथा प्रशासनिक कार्य करने वाले क्षत्रिय 3. व्यापार एवं उत्पादन से जुड़े वैश्य और 4. श्रम जीवी वर्ग

यह श्रम विभाजन पहले व्यक्तिगत (गुणाधारित) था। कालक्रम में फिर यह जन्मगत हो गया। एक रूपक के आधार पर कहा गया है कि विराट पुरुष के चार अंगों (मुख, बाहु, जंघा और चरण) से क्रमशः ब्राह्मण, क्षत्रिय, वैश्य और शूद्र वर्ण का प्राकट्य हुआ।

वस्तुतः वर्ण का अर्थ है रंग। आरम्भ में आर्य श्वेत रंग के और द्रविड़ अश्वेत वर्ण के थे। फिर इनमें ब्राह्मण, क्षत्रिय, वैश्य क्रमशः स्वर्ण वर्ण, अरुण वर्ण तथा पीत वर्ण के हो गये। कारण था उनकी दिनचर्या या उनके नित्य कर्म अर्थात् पंचाग्नि सेवन, तपस्या, युद्धकला, कृषिकर्म, कुटीर उद्योग आदि। जो धूप में जितना तपता रहा, जिसने शरीर का जितना पोषण किया, उसका रक्त उसी अनुपात में भिन्न वर्ण का होता चला गया। उनके बाह्य रूप रंग को देखकर पहले उनकी जन्मजात प्रवृत्ति एवं वृत्ति का पूर्वाभास हो जाता था। विदेशी आक्रमणों के बाद यहाँ इतनी वर्णसंकरता भर गयी कि उनके असली रंग बदल गये। इस बीच व्यावसायिक वृत्तियाँ भी परस्पर गड्डमड्ड हो गयीं। आर्यों को अपनी जीविका के लिए भिन्न-भिन्न जलवायु वाले स्थानों में रहना पड़ा। उस जलवायु परिवर्तन के कारण भी उनके वर्ण बदलते चले गये। फिर इस वर्ण ने जाति का रूप धारण कर लिया। जेनेटिक्स पर आधारित इस जाति का अर्थ है मूल जन्मजात प्रकृति। (जीनोम) आज यह देशकाल, परिस्थिति के अनुसार इतनी अस्तव्यस्त हो गयी है कि किसी जाति की कोई स्थायी प्रवृत्ति अब सिद्ध नहीं की जा सकती। अब यह एक पैतृक संज्ञा हो गयी है और पीढ़ी दर पीढ़ी स्थिर भी। सम्प्रति अवध में मनु द्वारा निर्धारित वर्ण व्यवस्था से भिन्न सैकड़ों जातियाँ और उपजातियाँ हैं, जिससे क्षुब्ध होकर लोग जाति हीन समाज की पुनर्रचना की माँग कर रहे हैं।

मध्यकाल में दक्षिण भारत की तरह अवध में यह सिद्धान्त प्रचारित किया गया था कि यहाँ अब दो ही वर्ण हैं। एक सवर्ण, दूसरा अवर्ण। वस्तुतः वैदिक संस्कारों के समाप्त हो जाने से ब्राह्मण,

क्षत्रिय और वैश्य की कई जातियाँ दलित और पिछड़े वर्गों से जुड़ गयीं। इस प्रकार अवर्ण वर्ग बहुजन समाज हो गया। लोकतन्त्र में चूँकि महत्त्व व्यक्ति को तौलकर नहीं, बल्कि मूड़ी गिनकर दिया जाता है, इसलिए चुनाव की राजनीति ने जातीय संघर्ष को बढ़ावा दिया। आरक्षण व्यवस्था ने परस्पर वैमनस्य भर दिया। 19वीं शताब्दी में इस समस्या से प्रेरित होकर ब्रह्म समाज, प्रार्थना समाज, आर्य समाज, थियोसाफिकल सोसाइटी, रामकृष्ण मिशन, गाँधीवादी, सर्वोदय, अंत्योदय योजना, अम्बेडकर दर्शन, एकात्म मानववाद आदि के कारण जातिगत समन्वय के कई सुधार-आन्दोलन चले, जिससे छुआछूत-निशेध की कानूनी व्यवस्था लागू की गयी। हरिजन कल्याण की योजना बनी। विगत दशकों में काफी कुछ परिवर्तन हुआ है, किन्तु अभी यहाँ पूर्ण रूप से सामाजिक सौहार्द नहीं आया है। इस दिशा में अनवरत गम्भीर प्रयास की आवश्यकता है।

हमारा वर्णाश्रम धर्म मूलतः कर्म-विभाजन पर आधरित था। प्रत्येक वर्ग को ब्रह्मचर्य आश्रम में सद्गृहस्थ और श्रेष्ठ नागरिक बनने की शिक्षा दी जाती थी। गृहस्थ आश्रम में वह अपने कर्त्तव्य कर्म का निर्वाह करता था। वानप्रस्थ आश्रम में वह मोह मुक्त होने का प्रयास करता था और संन्यास आश्रम में वह घूम-घूमकर सबको सदुपदेश देता था। इस कर्म विभाजन के अस्त-व्यस्त हो जाने से आश्रम व्यवस्था नष्ट हो गयी, जिससे वर्ग संघर्ष बढ़ गया। इन दिनों बुद्धिजीवी, श्रमजीवी, कलाजीवी, रूपाजीवी और भिक्षोपजीवी जैसे वर्ग बन गये हैं, जिसे नया वर्णाश्रम विधान कहा जा सकता है। वानप्रस्थ और संन्यास अब समाप्त हो गये हैं। इनके भीतर सुधार की आवश्यकता है।

अवध क्षेत्र में कुछ जातियाँ प्रजा वर्ग में आती हैं। इन्हें धन-धान्य के रूप में जो पारिश्रमिक दिया जाता है उसे 'परजउटी' कहते हैं। इन जातियों में परस्पर भेदभाव भी है और सद्भाव भी दिखाई देता है। इन तथाकथित छोटी जातियों के कार्य को कहीं-कहीं गरिमामण्डित भी कर दिया गया है। जैसे सफाई करने वाली 'मेहतरानी' कही जाती है। उसके कार्य को 'कमाना' कहा जाता है। मजदूरी को यहाँ 'टहल पर जाना' कहा जाता है। नवाबी दौर में यहाँ मेहतरानी को 'मुश्तफा बेगम' कहा जाता था। मालिन को 'गुलजार बेगम' नाम दिया गया था। कहार को 'कादिर बक्स' कहा जाता था। यहाँ डोमिन को दाई, भोजन बनाने वाले को महराज, ऋणदाता को महाजन, श्राद्ध कर्म करने वाले को महाब्राह्मण, झाड़ फूँक करने वाले को 'सयाना' एवं धोबिन को बरेठिन (वरिष्ठा) की संज्ञा दी गयी है। उनके साथ उम्र के अनुसार बाबा, काका, आजी, काकी, भौजी आदि शब्द आज भी लगाये जाते हैं। बुजुर्गों को चौधरी, आचार्य जी, मुंशी जी, ठाकुर साहब, मौलवी साहब, पण्डितजी, काजी साहब, हाजी साहब, बड़े मियाँ, महतो, भगत, छड़ी बरदार, सेठ, लाला, शाह, मुखिया, बक्शी जी, बाबू साहब, कुँवर जी, बहूरानी, माताराम, रानी बिटिया, बीवी जी, गुरुजी, महात्मा, मालिक, हुजूर, सरकार, स्वामी, पुरिखा आदि शब्दों द्वारा सम्मानित किया जाता है।

भारतीय समाज दर्शन चातुर्वर्ण व्यवस्था में केन्द्रित है। पुरुषसूक्त में कहा गया है कि विराट ब्रह्म ने ही इन वर्णों की सृष्टि की है। उन्होंने मुख से ब्राह्मण, बाहु से क्षत्रिय, ऊरु से वैश्य और पदों से शूद्र की रचना की। अवध के पितृ मूलक परिवारों में यह व्यवस्था दी गयी कि पिता का वर्ण ही पुत्र का वर्ण होगा। निश्चय जन्म के आधार पर होगा। फिर इन सभी वर्णों के कर्तव्य कर्म निर्धारित कर दिये गये। ब्राह्मण के लिए यह निर्देश किया गया कि वह अध्ययन करे, तपस्या करे और सब प्राणियों को मित्रवत् देखे। उसे दान लेने का अधिकार दिया गया। व्यास जी ने यह माना कि अनेक जन्मों के सुकर्मों के फलस्वरूप ब्राह्मण का जन्म होता है, इसलिए उसकी अवहेलना अनुचित है। यह व्यवस्था दी गयी कि ब्राह्मण विद्वान हो या मूर्ख, वह उपेक्षणीय नहीं होता। बीच-बीच में कुछ ऐसे

विचारक हुए जो ब्राह्मणत्व को जन्मगत न मानकर कर्मगत मानते रहे। आगे चलकर अनुलोम और प्रतिलोम क्रम से कई संकर प्रजातियाँ विकसित हुईं। पहले ब्राह्मण को गुरु माना गया था। अनपढ़ ब्राह्मण को 'ब्रह्मबन्धु' कहा जाता था। धर्मशास्त्र के दण्ड विधान में इनको कुछ विशेष अधिकार मिले थे। जिस अपराध के कारण अन्य वर्गों को प्राण दण्ड देने का विधान था, उसी अपराध पर ब्राह्मण को देश निकाला देना पर्याप्त माना जाता था। ब्राह्मण वध नितान्त वर्जित था, इसलिए कि उसके कंठ में वेद-वेदांग सुरक्षित थे। विदेशी आक्रमणकारियों ने पुस्तकालयों को जलाकर जिन शास्त्रों को नष्ट कर दिया था, उन्हें इन ब्राह्मणों ने पहले ही कंठस्थ करके बचा लिया था। वे भिक्षार्जन करके यत्किंचित् पेट भर लेते थे और अपने शिष्यों के साथ किसी तपोवन में वेद-वेदांग का विकास करते रहते थे। उनकी इस उपयोगिता ने उन्हें सर्वपूज्य बना दिया था।

भारतीय समाज में चार वर्णों के अतिरिक्त विभिन्न व्यवसायों से जुड़े शिल्पियों की कई जातियाँ विकसित हो गयीं, जैसे—वाप्ता (नाई), ताष्टा, तक्षा, त्वस्ता (बढ़ई), भिषक (वैद्य), कार्मार (लोहार), चर्म शोधन कार, रथकार, सूत, क्षता (चमर डुलाने वाला), कुलाल (कुम्हार), कुर्मार (बहेलिया), निषाद (बाण निर्माता), मृगयु (शिकारी), मागध स्थपति (थवई) आदि। इन सबके खानपान और विवाह के अपने-अपने विधान थे। आज ये जातियाँ पाँच वर्गों में बँटी हुई हैं—1. सवर्ण 2. पिछड़ा वर्ग 3. अनुसूचित जाति 4. अनुसूचित जन जाति 5. आदिवासी। प्राचीन ग्रन्थों में एक बर्ग को अन्त्यज कहा गया है। पहले शूद्र को अष्पृश्य नहीं माना जाता था। केवल चाण्डाल को गाँवों की सीमा से बाहर रखा जाता था। अलबरूनी ने भारतीय समाज का जो वर्णन किया है, उसके अनुसार प्राचीन काल में 8 अछूत जातियाँ थीं। इनमें म्लेच्छ, नट, कैवर्त, जुलाहा, डोम आदि के नाम गिनाये गये हैं। मनु के अनुसार सुरा पीने वाला (सुरापी), ब्रह्मघाती और सुवर्ण चोर, ये तीन अशौच (अछूत) जातियाँ थीं। मध्यकाल में मुस्लिम शासकों ने गुलाम नामक जाति पैदा की, जो उपहार की वस्तु बन गयी थी।

वर्तमान में उत्तरप्रदेश में 66 जातियाँ अनुसूचित वर्ग में हैं। इनमें 37 हिन्दू और 21 मुस्लिम हैं। जनजातियों में थारू, भोटिया आदि हैं। समाज कल्याण, हरिजन कल्याण विभाग इनके पुनर्वासन, स्वास्थ्य, आवास, शिक्षा और एकीकृत विकास हेतु कृतसंकल्प हैं।

वर्ण संकर : हिन्दू शास्त्रों के अनुसार ब्राह्मण सभी जातियों में विवाह कर सकता है, किन्तु ब्राह्मणी से उत्पन्न पुत्र ही ब्राह्मण कहलायेगा, जबकि वैश्य स्त्री और शूद्र से उत्पन्न होकर वह पुत्र पराशव कहलायेगा। क्षत्रिय पिता और वैश्य माता से उत्पन्न पुत्र क्षत्रिय होगा और शूद्रा से उत्पन्न उसका पुत्र 'उग्र' कहलायेगा। वैश्य पिता तथा शूद्रा माता से उत्पन्न पुत्र वैश्य होगा।

मनुस्मृति के अनुसार अपने से उच्चवर्ण की कन्या से विवाह करना वर्जित है। उससे उत्पन्न सन्तान 'अधम' कहलायेगी। दूसरी ओर अपने से निम्न वर्ण की भार्या से उत्पन्न सन्तान अपसद कही जायेगी। इसी प्रकार ब्राह्मणी और क्षत्रिय से उत्पन्न पुत्र सूत होता है, ब्राह्मणी और वैश्य से उत्पन्न पुत्र को वैदेहिक कहते हैं और ब्राह्मणी एवं शूद्र से उत्पन्न पुत्र को चाण्डाल कहा जाता है। मनु के अनुसार क्षत्राणी और शूद्र से उत्पन्न पुत्र निषाद/क्षता, वैश्य कन्या तथा शूद्र से उत्पन्न पुत्र अयोगव कहा जाता है और क्षत्राणी तथा वैश्य से उत्पन्न पुत्र को मागध कहा जाता है। मनुस्मृति के अनुसार ब्राह्मण और उग्र कन्या से अवृत्त का, ब्राह्मण अम्बाष्ट से आभीर का और अयोगव तथा क्षत्रिय से वृषल जाति का विकास हुआ है। भारतीय समाज में वर्ण संकरता को सामाजिक विघटन माना गया है, किन्तु अब यह कोई गम्भीर समस्या नहीं है।

चातुर्वर्ण

1. **ब्राह्मण** : इसका तात्पर्य है ब्रह्म वेत्ता। संहिताओं में इसका अर्थ हुआ पुरोहित (हित हेतु अग्रसर)। जन जीवन में इसे 'भूसुर' कहा गया। ब्राह्मण ग्रन्थों में इसे दान लेने वाला, सोमपायी, आचार्य, याज्ञिक और मन्त्रणा देने वाला कहा गया है। कालान्तर में इनके दो वर्ग बने–1. पंचगौड़ 2. पंच द्रविण। इसमें सारस्वत, मैथिल, कान्यकुब्ज, उत्कल और गौड़ प्रमुख हैं। स्थान के आधार पर सरयूपारीण, कार्य के आधार पर जोशी, शास्त्री, वेद विद्या के आधार पर द्विवेदी, त्रिवेदी, चतुर्वेदी जैसे अनेक वर्ण विकसित हुए। वर्तमान में यह एक जाति विशेष है। इसकी जनसंख्या यहाँ लगभग 20 प्रतिशत बतायी जाती है। इनमें कुछ ब्राह्मण महाब्राह्मण पिछड़े वर्ग तथा अनुसूचित वर्ग से भी जुड़ गये हैं। परशुराम इस जाति के नायक हो गये हैं। प्राचीन काल में ब्राह्मण को अवध्य और पूज्य माना गया था, क्योंकि जब धर्मग्रन्थों को नष्ट किया जा रहा था तो ब्राह्मणों ने भौतिक सुख-सुविधा त्यागकर भिक्षार्जन करते हुए तपोवनों में ऐसे शिष्य तैयार किये थे, जिन्होंने सारे वाङ्मय को कंठ में धारण करके धर्मशास्त्र की रक्षा की थी। तात्पर्य यह कि यह हिन्दुओं की सबसे ऊँची जाति है। इन्हें पृथ्वी का देवता कहा गया है और सर्वथा पूज्य माना जाता है। वर्ण व्यवस्था के अनुसार इनका कार्य रहा है यज्ञ, पौरोहित्य, मन्त्रणा आदि। कहीं-कहीं राजन्य वर्ग को इनसे श्रेष्ठ कहा गया है, किन्तु समग्र वर्ण व्यवस्था के आरम्भ काल से ये सर्वोपरि माने जाते हैं। इनके प्रतिनिधि थे पुरोहित। इसके अतिरिक्त कई अन्य भेद विकसित हुए, जिनका संक्षिप्त विवरण यहाँ द्रष्टव्य है।

अवध के मध्यकालीन ब्राह्मणवर्ग का चित्रण 'पद्मावत' (जायसी) में हुआ है। उन्होंने उसे द्वादश तिलक लगाए, कनक वैशाखी, कान में मुद्रा और सोने के जड़ाऊ खड़ाऊँ धारण किये कनकपत्र के साथ चित्रित किया है। तुलसी ने इन्हें भूसुर भी कहा है और कलयुगी ब्राह्मणों को 'निराचार शठ वृषली' भी कहा है।

पुरोहित : धर्म कार्यों के संचालक, यज्ञ क्रिया के पुरोधा और विभिन्न अनुष्ठानों के संयोजक को पुरोहित कहा जाता है। धर्म तन्त्र में इनका बड़ा महत्त्व रहा है। वशिष्ठ, विश्वामित्र आदि बड़े-बड़े पुरोहित अवध क्षेत्र से जुड़े हुए हैं। ये धर्म राज्य का प्रतिनिधित्व करते थे और न्याय व्यवस्था सँभालते थे। इन दिनों पुरोहित कर्म सम्माननीय नहीं रह गया है। फलतः शास्त्रज्ञ पुरोहितों का अभाव हो गया है। इधर पौरोहित्य-प्रशिक्षण की कुछ व्यवस्था भी यत्र तत्र की गयी है।

कान्यकुब्ज : ब्राह्मण जाति को भौगोलिक आधार पर दो वर्गों में विभाजित किया जा सकता है 1. पंच गौड़ अर्थात् उत्तर भारतीय 2. पंच द्रविण अर्थात् दक्षिण भारतीय।

गौड़ मूलतः कुरुक्षेत्र के हैं। प्रयाग के पास जो बसे वे कान्यकुब्ज कहलाए। ये कान्यकुब्ज प्रदेश से सम्बन्धित रहे हैं। यहाँ कान्यकुब्ज ब्राह्मणों की दो कोटियाँ हैं। 1. षटकुल अर्थात् ऊँची मर्यादा वाले 2. धाकड़ अर्थात् 'हरजोता' ब्राह्मण। महाब्राह्मण, पुरोहित, चौबे, उपाध्याय आदि से कान्यकुब्जों से रोटी-बेटी का सम्बन्ध नहीं होता। प्रत्येक आस्पद जैसे शुक्ल, मिश्र आदि के अपने गोत्र, आँक, मर्यादा, बिस्वे, असामी आदि होते हैं और उनके प्रतिशत (बिस्वे) निर्धारित होते हैं। 15 से 20 बिस्वे (अर्थात् 75 प्रतिशत से 100 प्रतिशत) वाले उच्चकुलीन माने जाते हैं। प्राचीन काल में दहेज उन लोगों को देना पड़ता था, जो स्वयं 15 बिस्वे से कम के होते थे और उच्च कुल में अपनी कन्या का विवाह करने जाते थे।

(क) सरवरिया : यह सरयूपारीण शब्द का देशज शब्द है, जिसका अर्थ है सरयू नदी के उस पार अर्थात् अवध के पूर्व उत्तर दिशा में रहने वाला। स्पष्ट है कि यह एक भौगोलिक संज्ञा है। सरयूपारीण

ब्राह्मणों को कुछ लोग कान्यकुब्ज ब्राह्मणों की उपशाखा मानते हैं। मध्यकाल में क्षेत्रीय संकीर्णता और सैद्धान्तिक कट्टरता के कारण पंच गौड़ ब्राह्मणों की कई उपशाखाएँ विकसित हो गयीं। आज ये किसी क्षेत्र विशेष तक सीमित न होकर देश भर में व्याप्त हैं। सरवरियों की सबसे ज्यादा संख्या छत्तीसगढ़ में है जो अपने को छत्तीसगढ़ी कहते हैं। ये शाकाहार और शुद्ध आचार-विचार के लिए अपेक्षाकृत ज्यादा जागरूक हैं।

(ख) गोसाँई : अवध क्षेत्र में ये साधु-सन्त घूम-घूमकर धर्मोपदेश देते हैं और भिक्षार्जन करते रहते हैं। गोसाँई उन गृहस्थों को कहते हैं जो पुनः विवाह कर लेने वाले विरक्त साधु सन्तों के परिवार में जन्म लेते हैं। इन गोसाँइयों की कुछ शाखाएँ नागा सन्तों से जुड़ी हुई हैं। गोसाँई लोग शैव सम्प्रदाय और वैष्णव मत, दोनों के अनुयायी हैं। यह सम्प्रदाय हिम्मत बहादुर के नेतृत्व में शस्त्र धारण करके मन्दिरों की रक्षा के लिए प्रकट हुआ था, इसीलिए इनका यहाँ काफी सम्मान है।

इनके अतिरिक्त यहाँ सनाढ्य, गौड़, साकलद्वीपी, ब्रह्म भट्ट आदि उपजातियाँ भी ब्राह्मणों में गण्यमान हैं।

1. क्षत्रिय : छत्र, क्षत्रिय, राजन्य, राजपूत जैसे शब्द एक जाति विशेष के रूप में पूर्व मध्यकाल में प्रयुक्त हुए हैं। क्षत्र का तात्पर्य है—रक्षा करने वाला। राजन्य का अर्थ है राज्य करने वाला। आरम्भ में ये विशेषण परमार, सोलंकी, चौहान आदि शासकों को दिये गये। धीरे-धीरे ये समस्त सामन्तों और युद्धपरस्त जनजातियों (ब्रात्यों) के लिए भी लोकप्रिय हो गये। आरम्भ में इन क्षत्रियों में अनेक शास्त्रज्ञ तथा साधक भी थे। अधिकतर वैदिक और उपनिषदों के मन्त्र उन्होंने ही बनाये या बनवाये थे। इन मन्त्र रचयिताओं में प्रमुख हैं—याज्ञवल्क्य, जनक, अश्वपति आदि। बाद में शास्त्र निर्माण का दायित्व इन्होंने ब्राह्मणों को सौंपा। गुप्तकाल में ये क्षत्रिय वैश्यों से जुड़ गये। इनकी कई वंश परम्पराएँ विकसित हो गयीं, जैसे सूर्यवंशी, चन्द्रवंशी, सोमवंशी। गुप्तकाल के पूर्व इनका कुछ सम्बन्ध यवनों, शकों से जुड़ गया था। एक पुराकथा के अनुसार राजपूतों की उत्पत्ति अग्निकुण्ड से हुई है। कुछ विदेशी विद्वानों ने यह सिद्ध किया है कि अनार्यों का संस्कार करके पूर्वमध्ययुग में राजपूत क्षत्रिय वर्ग बनाया गया था। इन क्षत्रियों के कालक्रमानुसार कई वर्ग विकसित हुए। इनका कर्त्तव्य था प्रजा का रक्षण करना तथा भोगवासना में आसक्ति का न होना। वे पितृ ऋण चुकाने के लिए विवाह करते थे, मात्र कामोपभोग के लिए नहीं। प्रशासन से जुड़ जाने के बाद और दूसरी ओर दैहिक बल के कारण धीरे-धीरे इस वर्ण में राजन्य वर्ग का विकास हुआ। आरम्भिक वर्ण व्यवस्था मनोवृत्तियों पर आधारित थी। श्रम विभाजन के अनुसार ब्राह्मण भिक्षोपजीवी था, क्षत्रिय शासक होता था, वैश्य व्यापारोपजीवी था और शूद्र श्रमजीवी था। गीता में गुणों के अनुसार ब्राह्मण को सात्विक, क्षत्रिय को सात्विक राजस, वैश्य को राजस तामस और शूद्र को तामस कहा गया है।

कालक्रम में वर्ण की परिणति जाति में हो गयी। भारत में जाति प्रथा पुर्तगालियों के साथ-साथ आयी। पहले यह काफी लचीली थी। धीरे-धीरे इसमें कट्टरता भर गयी। यहाँ आरम्भ में क्षत्रियों की 36 जातियाँ थीं। इसे 'छत्तिस कुली' जाति कहा गया है। ये जातियाँ हैं—सिशोदिया, चन्देल, पणिहार, बुन्देला, जनवार, ठाकुर, वैस, सोमवंशी, हाड़ा, चौहान, कन्हपुरिया, विसेन, पलवार, सूर्यवंशी, गणवंशी, राठौर, कलहंस, अशान, अमन, बघेला, राजपूत, बच्छगोत्री, कर्कवंशी, शाले, सुलतान, अमेठिया राजपूत, रघुवंशी, नाहर, बन्धल गोत्री, तोमर, कच्छवाहा, भदौरिया, गहलोत, सोलंकी, राना, परमाल, प्रतिहार।

2. वैश्य : वर्ग व्यवस्था में यह जाति तीसरे स्थान पर है। पुरुष सूक्त में उल्लेख है कि वैश्य की उत्पत्ति विराट ब्रह्म की जंघाओं से हुई है। तात्पर्य यह है कि वैश्य को सामाजिक, आर्थिक जीवन

का स्तम्भ, 'अन्यस्याध' अर्थात् दूसरों का सहारा, 'बलिकृत' यानी आत्मबलि देने वाला कहा गया है। मनुस्मति के अनुसार कृषि, वाणिज्य, गोरक्षा (पशुपालन) वैश्यों के मूल कर्तव्य थे। यह राजा को कर देता था, जिससे प्रजा हित के कार्य होते थे। दान, यज्ञ, अध्ययन इनके प्रमुख कर्तव्य थे। बाद में इनकी कई उपजातियाँ विकसित हो गयीं, जो निम्न कर्म करने लगीं। अधिक लाभार्थी होने के कारण वे अर्थ शुचिता का निर्वाह नहीं कर पायीं, जिससे आज पूँजीवाद, बाजारवाद, उपभोक्तावाद, घूस, ब्लेक, जमाखोरी, शोषण आदि प्रवृत्तियाँ विकसित हो गयी हैं। दूसरी ओर इस वर्ग में् एक से एक दानवीर हुए, जिससे इन्हें श्रेष्ठि (सेठ) की संज्ञा दी गयीं अवध के बैसवारा क्षेत्र में क्षत्रिय की शाखा बैस ठाकुर के नाम से विकसित हुई, जो एक कृषि प्रधान वर्ग है। वैश्यों की यहाँ अनेक प्रजातियाँ हैं, जो पिछड़ा वर्ग से भी जुड़ी हुई हैं। तात्पर्य यह कि वैश्य यहाँ मध्यम स्तर के सामाजिक रहे हैं। कृषि कर्म और पशुपालन करने वाले वैश्य पहले शूद्रों की श्रेणी में थे। धीरे-धीरे अपने व्यापारिक और आर्थिक महत्त्व के कारण इन्होंने उच्चतर दर्जा प्राप्त कर लिया।

कायस्थ : चार्तुवर्ण में स्पष्ट उल्लेख न होने के कारण भारतेन्दु युग में यह प्रश्न उठा था कि जो ब्राह्मण, क्षत्रिय, वैश्य वर्ग में नहीं आते, वे शूद्र हैं। खानपान और मुगलशासन से जुड़े होने के कारण कुछ लोग आरम्भ में इन्हें 'अधतुर्के' कहते रहे। दूसरी ओर इन्हें मुंशी (मनीषी) कहा गया। लिखापढ़ी में इस जाति ने पहल की थी। इनमें अधिकतर पटवारी और क्लर्क होते रहे हैं। अतः इन्हें 'लाला' कहा जाता था। कायस्थ भगवान चित्रगुप्त के वंशज हैं, जो हर एक के कर्म का लेखा-जोखा रखते हैं, अतः सबके आराध्य हैं। उनका जन्म ब्रह्मा की काया से हुआ था, अतः उनके वंशज 'कायस्थ' कहलाए। चित्रगुप्त कलम और कृपाण, दोनों के धनी थे। इनमें एक से एक बुद्धिजीवी तथा श्रेष्ठ प्रशासक हुए हैं। उनके 12 वर्ग हैं, जिनमें श्रीवास्तव, माथुर आदि बड़े माने जाते हैं। श्रीवास्तव मूलतः श्रावस्ती से जुड़े हुए हैं। कायस्थ जाति द्विजधर्मी है। अवध क्षेत्र में यह अभिजात वर्ग में गण्यमान है।

शूद्र : सभ्य समाज से अलग वन्यांचल एवं पहाड़ी क्षेत्र में रहने वाली जातियों को अन्त्यज कहा गया। इन्हें अशौच वश पहले अस्पृश्य माना गया। क्रमशः इनका विकास शूद्र वर्ण में हुआ। प्राचीनकाल में बहुत-सी ऐसी जातियों-प्रजातियों का उल्लेख मिलता है, जो वैश्य और शूद्र वर्ग से जुड़ी हुई हैं। जैसे—जैन और बौद्ध। वैष्णव सम्प्रदायों में पहले मानव मात्र की समता का उपदेश दिया गया था, किन्तु बाद में उनके अनुयायियों ने बाहृय शुद्धि के नाम पर इन्हें भद्र समाज से अलग कर दिया। पहले सूपकार अथवा पाचक (भोजन निर्माता) शूद्र हुआ करते थे। कालक्रम में उन्हें अस्पृश्य घोषित कर दिया गया और उन पर कई निषेध लगा दिये गये।

इनकी प्रमुख प्राचीन प्रजातियाँ हैं—

1. **कुलाल कौलाल :** यह कुम्हार शब्द का पूर्व रूप है। इसका उल्लेख यजुर्वेद में हुआ है।

2. **कैवर्त :** प्राचीन शास्त्रों में इसे मछुवारे के अर्थ में रखा गया है।

3. **चाण्डाल या चण्डाल :** इनका उल्लेख भी प्राचीन शास्त्रों में हुआ है। कहीं-कहीं इनको शूद्र पिता और ब्राह्मण माता द्वारा उत्पन्न माना गया है। कुछ लोगों ने इसे कबीलाई जाति कहा है।

4. **धीवन/धीवर :** अथर्ववेद में यह चतुररथ निर्माताओं की एक उपाधि है। भाष्यकारों ने इसे धीवर (मछुवारा) और पक्षाण (बढ़ई) माना है।

5. **नापित :** इसे मृतकों/पूजकों का बाल बनाने वाला कहा गया है। कालान्तर में इसे दौत्य कर्म से जोड़ा गया है। अवध में 'नाऊ ठाकुर' हर घर के कार्य के सहायक होते हैं।

6. पौल्तस : इसे चाण्डाल जैसी जाति के भीतर रखा गया है। कुछ लोगों ने क्षत्रिय निषाद/शूद्र से उत्पन्न पुत्र को यह संज्ञा दी है।

7. पासी : ऐतिहासिक साक्ष्यों के सहारे यह सिद्ध किया जा सकता है कि यह विगत शताब्दियों की एक वीर जाति थी। हिमालय के तराई क्षेत्र से लेकर महाकोसल तक के कई राज्यों पर पासी राजाओं का शासन था। लखनऊ में लखना पासी और बिजली पासी के कई अवशेष प्राप्त हुए हैं।

अमृतलाल नागर ने 'एकदा नैमिषारण्ये' नामक उपन्यास में इस जाति का इतिहास-विकास प्रस्तुत किया है और पासियों के शौर्य-साहस का तथा उनकी युद्ध कला की प्रतिपुष्टि की है। धनुषवाण चलाने में यह जाति बहुत पारंगत थी। कालान्तर में जब पासियों का पराभव हो गया तो वे दारू बनाने बेचने लगे, सेंधमारी करने लगे, 'गोडइत' (सन्देशवाहक या धावक) का कार्य करने लगे और सूअर पालन उद्योग से जुड़ गये।

8. डोम : प्राचीन साहित्य में इन्हें 'डुम्ब' कहा गया है। सम्प्रति इनके लिए 'बँसोड़' 'धानुक' जैसी संज्ञाएँ प्रचलित हैं। इनका संगीत प्रेम चर्चित था। आज भी अवध में डोम लोग डफला/ढोल बजाने का व्यवसाय करते देखे जाते हैं। पहले डोमनियों का नृत्य बहुत लोकप्रिय था। इनमें कुछ लोग बाँस के पात्र, पंखा, सूप आदि बनाते हैं। कुछ सूअर पालन उद्योग से जुड़े हैं और कुछ स्वच्छकार हैं। अवध की डोमनियाँ दाई के रूप में प्रसव कराने में दक्ष मानी जाती हैं। अवध के प्राचीन इतिहास में 'डोमराजा' का भी उल्लेख हुआ है। आज इन्हें प्रायः 'वाल्मीकि' कहा जाता है।

अवध क्षेत्र में जो जातियाँ आज तक पायी गयी हैं, उनकी नामावली अकारादि क्रम से इस प्रकार है—

अहीर (आभीर)	जाट	बेडिया
अग्गखार	जुलाहा	बंजारा
अरख	जैन	बढ़ई
केवट (मल्लाह, निषाद, कहार, महरा)	डफाली (बाजदार)	बकरीदी
काछी-मुराई	डोम	बनमानुष, बहेलिया
कसेर, कसगर, कछवाह, कसाई	ठठेरा	बनिया बक्काल
कंजड़	तुर्क—मुस्लिम	बेहना
कंवाली—(शिकारी)	तेली	भूमिहार
कुम्हार, कुरेशी, कुँजड़ा	तमोली (पनवारा) बरई	भुजवा (भड़भूजा)
कोरी	तवायफ	ब्रह्म भट्ट (भाट)
कायस्थ	थारू	भठियारिन
कुर्मी	दुसाध	महर
कसाई (मुस्लिम)	दर्जी	मुंडी (रण्डी)
कलवार	धारिया	मुसहर
खघाई (गंधी)	धीवर	माली
खत्री	धनकुल धानुक (बाँस फोर, बसोड़ा, धरकार)	मोची
खटिक	धुनिया (बेहना)	यादव
गूजर	धोबी (बरेठा)	लहेर (लाख का कारीगर, मनिहार)

गोसाँई, भड्डरी	धँगरिन (धनकुल)	लोध
गोंड	नाई-बारी	लोनिया
ग्वाला गद्दी, घोसी	नट (करनट)	लोहार
गोड़िया	पटवा (पटेर)	लोहरबढ़यिया
गड़ेरिया	पण्डा, पुरोहित, गंगापुत्र	राजभर
चमार (कुरील) रैदास	फारूकी	राउत
चिकवा	वाल्मीकि (मेहतर, भंगी)	रंगरेज
चाई (मछुवारा)	पठान	सिद्दीकी
चुरिहार, मनिहार	पासी (रावत)	सोनार (जरगर)
क्षत्रिय (ठाकुर) राजपूत	पथरकटा	सिक्ख
छीपी	ब्राह्मण, महाब्राह्मण	

इनके अतिरिक्त सूफी कवियों ने कई नाम गिनाये हैं, जैसे—कचारा, श्रावक, पचवाना, धाकर, पनवार, गोवार, खण्डरवार आदि। जायसी (पद्मावत) कासिमशाह (हंस जवाहर) और नूर मोहम्मद (इन्द्रावती) ने गुप्त साम्राज्य के बीच आयी यहाँ छत्तीस विदेशी जातियों का उल्लेख किया है। मुल्ला दाऊद के चन्दायन में दर्जनों जातियों का उल्लेख हुआ है। जायसी ने भभीखन नामक एक राक्षस का वर्णन किया है, जो पाँच मूड़, दस बाँहें, लाल आँखें, काला मुँह और रीछ जैसे शरीर का है। वह मूड़ फेकारे, दाँत निकारे, मुँह से आग उगलता हुआ महिरावण पुरी में घूमता रहता है।

व्यसन

अवध क्षेत्र में खानपान और प्रसाधन सम्बन्धी अनेक प्रकार के शौक बहुत दिनों से प्रचलित हैं, जिनमें प्रमुख हैं—

क. इतर-फुलेल : यहाँ साज-सज्जा के रूप में पूरे शरीर में बुकवा (उबटन) लगाने का तथा तेल-मालिश कराने का बड़ा रिवाज रहा है। प्राचीन साहित्य में यहाँ के सामन्तों के बीच अंगराम, लाक्षारस, तूरा (तुरमची), कुमकुम आदि के लेपन का उल्लेख प्राप्त हाता है। सुगन्धित पदार्थों जैसे—इत्र, फुलेल, सुगन्धित तेल, लोघ्र चूर्ण (पाउडर), स्नोक्रीम आदि का भी यहाँ बहुत प्रचलन है। अवध के नवाब इत्र के बड़े शौकीन रहे हैं।

ख. कसरत : इस क्षेत्र में दण्ड, बैठक, कुश्तीकला और अखाड़ेबाजी को पहले बहुत महत्त्व दिया जाता था। अब इसका स्थान ग्रिम ने ले लिया है। वस्तुतः लोग सुडौल, बलिष्ठ शरीर के बड़े शौकीन हैं।

ग. खेलकूद : यहाँ पहले भाँति-भाँति के खेल-कूद और शिकार के तरीके प्रचलित थे। कुछ अभी भी विद्यमान हैं।

घ. पशु-पक्षी पालन : यहाँ तोता, मैना, कबूतर, बटेर, बत्तख, मोर, ससक, हिरन आदि को पालन तथा उनकी लड़ाई की प्रतियोगिताएँ आयोजित करने का भी व्यसन रहा है। इनका विवरण यथा सन्दर्भ द्रष्टव्य है।

ङ. धूम्रपान : अवध की जनता में यह व्यसन या दुर्व्यसन बहुत पाया जाता है। पिछड़ी जातियों में अपेक्षाकृत यह ज्यादा हावी है। बीड़ी, सिगरेट, चुरट, पाइप, चिलम और हुक्का पीने का रिवाज

यहाँ अलग-अलग जातियों में कुछ अलग-अलग ढंग से प्रचलित है। इस क्षेत्र की स्त्रियाँ अभी प्रायः धूम्रपान करती नहीं देखी जातीं। ब्राह्मण समाज में इसे बहुत वर्जित माना गया है। सिगरेट का रिवाज ठाकुरों और कायस्थों में ज्यादा है। आर्थिक दृष्टि से पिछड़े वर्गों में बीड़ी का चलन अधिक है। अन्त्यज वर्गों में भगत, सतसंग, नृत्यगान, प्रेत-पूजा आदि कार्यों के लिए चिलम देने की प्रथा अभी कहीं-कहीं दिखाई देती है।

च. नशा-सेवन : अवध क्षेत्र में अनेक प्रकार के मादक पदार्थों का सेवन किया जाता है। प्राचीन साहित्य में यहाँ प्रचलित 'सोमरस' का बहुशः उल्लेख हुआ है। मध्ययुग में यहाँ भंग सेवन शुरू हुआ। भंग पड़ी हुई ठंडाई को अवध में 'विजयाभवानी' कहा जाता है। कुछ लोग पिसी हुई भंग का गोला चढ़ाते हैं और कुछ सूखी भंग के पाउडर का माजूम बनाते हैं। भंगेड़ी लोग इसे दिन में कई बार छानते हैं और इसे कागा बासी, सत्यानाशी आदि नाम देते हैं। पहले इसे रईसत का लक्षण माना जाता था। अब इसका स्थान शराब ताड़ी बियर ने ले लिया है। कई वर्गों में अफीम, गाँजा, चरस, हेरोइन, मैनड्रेक्स आदि का भी प्रचलन है। अफीमची के सम्बन्ध में यहाँ एक कहावत प्रचलित है—''अफीम खाए अमीर कि अफीम खाए फकीर' अर्थात् अफीम सबको बर्बाद कर देती है। कुछ लोग इसे शौक के रूप में लेते हैं और कुछ इसके आदी हो गये हैं। यों अन्य क्षेत्रों की भाँति अवध में नशाखोरी अभी मान्यता प्राप्त नहीं है। इसे शौकिया व्यसन ही कहा जा सकता है।

छ. पतंगबाजी : अवध में कनकौवा (पतंग) उड़ाने का बड़ा शौक है। यहाँ दीपावली-परेवा (जमघट) तथा बसंत के अवसर पर पूरा आकाश पतंगों में छिप जाता है। जगह-जगह प्रतियोगिता-समारोह होते हैं। इसके लिए मजबूत पतंगे तथा रील (माँझा) तैयार की जाती है, ताकि दूसरे की पतंग काटी जा सके। इन पतंगों के अलग-अलग कई नाम होते हैं। यह पतंग-उद्योग यहाँ काफी विकसित है। कलाकारों ने कागज, प्लास्टिक, कपड़ा के द्वारा कई डिजाइनों की पतंगें निर्मित कर ली हैं। पतंग महोत्सव में इनकी शोभा देखने योग्य है।

ज. पान : मुखशुद्धि तथा स्नेह सम्मान के प्रतीक के रूप में यहाँ दोहरा (सुपाड़ी कत्था, चूना आदि का मिक्सचर) पान, तम्बाकू, मुश्की, किमाम, गुलकंद, हुक्का, चिलम, बीड़ी, खमीरा, सिगरेट, सौंफ, इलायची, लौंग, मैनपुरी, पीली काली पत्ती आदि का सेवन किया जाता है। चुनही तम्बाकू (खैनी) बहुत लोकप्रिय है। स्त्रियों और सवर्णों में धूम्रपान को निंद्य माना जाता हं। जायसी ने 'जहँ बीरा तहँ चून है पान सुपारी काथ' कहकर इसकी पूरी प्रक्रिया वर्णित की है।

लखनवी समाज में पान को तहजीब से जोड़ा गया है। इसका बीड़ा करीने से बनाकर यहाँ तश्तरी में रखकर दिया जाता है। सिंघाड़े के आकार वाले बीड़े को यहाँ 'गिलौरी' कहते हैं। पान जिस डलिया में रखे जाते हैं, उसे पानदान, खासदान या गिलौरीदान कहते हैं। पान में दूध में उबला सफेद (दूधिया) कत्था, गुलाबजल में भीगी सुपाड़ी, केवड़े की सुगन्ध, इलायची, किमाम, तम्बाकू आदि डालकर उस गिलौरी को चाँदी के वर्क में लपेटकर, गोटा लगे तूली कपड़े से ढकी तश्तरी में रखा जाता है। इसके साथ तरह-तरह के ओगालदान भी रखे जाते हैं।

अवध में आज भी ताम्बूल (पान) खाने-खिलाने का बड़ा रिवाज है। जो भी मिलने आता है, उसे नाश्ते के साथ अथवा उसके विकल्प के रूप में ताजा लगा हुआ पान बीड़ा तश्तरी में रखकर प्रवेश किया जाता है। इसे सम्मान का प्रतीक माना जाता है। इसका वितरण बुजुर्गों से शुरू होता है। कम उम्र या छोटे पद वाले लोग बड़ों के सामने पान खाने में संकोच करते हैं। अवधांचल में यह पान विभिन्न भावों का प्रतीक रहा है, जैसे—दो पत्ती का पान प्रेम का प्रतीक है, तीन पत्ती का पान

शत्रुता का सूचक है। पान का बीड़ा उठाना शौर्य और चुनौती का प्रतीक रहा है। किसी को पान भेजना प्रणय का निमन्त्रण माना जाता रहा है और छाती पान लगाना सन्धि का सूचक माना जाता है। आज भी विवाह में अगवानी के बाद वर-वधू के पिता 'समधारौ' करते हुए एक दूसरे की छाती में पान लगाते हैं। प्रत्येक पूजा में यहाँ देवताओं को पान अर्पित करने का विधान है। यहाँ महोबा का पान बहुत प्रसिद्ध है, साथ ही कलकतिया, देसावरी, मगही आदि का काफी चलन है। इस क्षेत्र में पान की खेती तमोली लोग छप्परदार भीट बनाकर करते हैं। इसका पत्ता इतना सुकुमार होता है कि हवा और धूप के लगते ही उसकी ताजगी और सोंधेपन पर कुप्रभाव पड़ता है। इसीलिए लोग पान को गीले कपड़े में लपेट कर डलिया, हाँड़ी या पानदान में रखते हैं और कई बार उसे पलटते हैं। इसके लिए चूना, सूखा या गीला कत्था, कटी सुपाड़ी, लौंग, इलायची, गुलूकन्द, कटी गरी, पिपरमिन्ट, किमाम, तम्बाकू, सुगन्धित द्रव (गुलाब जल केवड़ा) आदि की आवश्यकता होती है। पान को तिकोना लपेटकर, उस पर चाँदी का वर्क चढ़ाना शोभनीय माना जाता है। घरों में लोग एक से एक सुन्दर पानदान रखते हैं और समय-समय पर उसकी सफाई करते रहते हैं। इसी के साथ पीकदान अथवा उगालदान की भी व्यवस्था की जाती है। ये प्राय ताँबे, पीतल और जस्ते के बने हुए होते हैं। इनका गोल पेंदा और ऊपर गोल मुँह बड़ा कलात्मक दिखता है। इनमें तरह-तरह की नक्काशी की जाती है। शालीनता के साथ पान खाना और पीकदान में कायदे से थूकना शिष्टाचार का लक्षण माना जाता है। यहाँ के बाजारों में पान की ढोली और देशी चूना की काफी खरीद-फरोख्त होती है। इसके विकल्प के रूप में कई लोग चुनही तम्बाकू, गुटका तथा पान मसाले के पाउच का प्रयोग करते हैं। कुछ लोग दोहरा के शौकीन हैं। वे अपने पास कपड़े की थैली रखते हैं, जिसके कई खानों में सुपारी, कत्था, लौंग, इलायची, छोटी सरौती, एक डिब्बे में चूना, तम्बाकू रखते हैं और ताजा काटकर परस्पर रगड़ कर यह दोहरा खाते-खिलाते हैं। ये कामदार थैलियाँ बाजार में पटवे से प्राप्य हैं। इस क्षेत्र में बीड़ी, सिगरेट, चुरट, पाइप आदि का प्रचलन अपेक्षाकृत कम है। स्त्रियों द्वारा धूम्रपान यहाँ ज्यादा वर्जित माना जाता है। जो व्यक्ति इस व्यसन से बचना चाहते हैं, वे प्रायः सौंफ, इलायची, लौंग आदि का आदान-प्रदान करते हैं। पान की दूकानें (लकड़ी की बनी गुमटियाँ) यहाँ यत्र-तत्र सर्वत्र दिखाई देती हैं। सार्वजनिक स्थान प्रायः पान की पीक से रंगे हुए दिखते हैं।

हुक्का : अवध के ग्रामीण जीवन में यह अतिथि सत्कार और सम्मान का प्रतीक माना जाता है। किसी को हुक्का पिलाने का अर्थ था बराबरी का दर्जा देना। यह सामुदायिक भावना का प्रतीक था। जब किसी का सामाजिक बहिष्कार (बाईकाट) कर दिया जाता था तो उसका हुक्का पानी बन्द हो जाता था। यहाँ अनेक प्रकार के हुक्के प्रचलित थे। जनसाधारण के पास ये मिट्टी के बने हुए होते हैं और रईसों के घरों में कलई, जस्ता और चाँदी के बने हुए होते हैं। इसमें पहले बारीक नक्काशी होती थी। हुक्के के निचले हिस्से में पानी भरा हुआ होता है। उससे जुड़ी नली के ऊपर चिलम रखी जाती है, जिसमें चिनगारियों के साथ तम्बाकू सुलगायी जाती है। इसके साथ एक लम्बा फर्शी पाइप जुड़ा होता है, जहाँ से कश खींचा जाता है। नवाबों और रईसों के घरों में थोड़े-थोड़े अन्तराल में हुक्के में तरह-तरह की तम्बाकू को बदलते रहने के लिए अलग से नौकर रखे जाते थे। इसका प्रचलन अभी गाँवों में प्रायः पिछड़े वर्गों में दिखाई देता है।

संस्कार

इसका तात्पर्य है अनुभव जन्य मानस कर्म और गुण विशेष, जिससे शरीर की शुद्धि होती है। हिन्दू समाज में सोलह संस्कार माने गये हैं—1. गर्भाधान 2. पुंसवन 3. सीमन्तोन्नयन 4. जातकर्म 5. नामकरण 6. निष्क्रमण 7. अन्नप्राशन 8. चूड़ाकरण 9. कर्णवेध 10. विद्यारम्भ 11. उपनयन 12. वेदारम्भ 13. केशान्त 14. समावर्तन 15. विवाह 16. अन्त्येष्टि।

इनके नामों को लेकर काफी विवाद है, किन्तु यह निर्विवाद है कि संस्कारों द्वारा हमारा उत्कर्ष होता है।

अवध क्षेत्र में इन दिनों जन्मोत्सव के सात संस्कार (गर्भाधान, पुंसवन, सीमन्तोन्नयन, जातकर्म, नामकरण, निष्क्रमण, अन्नप्राशन) एक क्रम में ही होते हैं। उनके बाद मुण्डन, छेदन, जनेऊ, विवाह और अन्त्येष्टि संस्कार प्रचलित हैं। गर्भधारण के साथ गोद भरायी की एक प्रथा इन दिनों प्रचलित है। इसके अतिरिक्त जन्मतिथि, विवाह तिथि, षष्ठिपूर्ति आदि के भी कुछ आयोजन चल पड़े हैं, जिन्हें इन संस्कारों का नया संस्करण कहा जा सकता है। जिन व्यक्तियों का संस्कारों में विश्वास नहीं है या अपने संस्कार नहीं कराते, उन्हें यहाँ 'व्रात्य' कहा जाता है। किन्तु अब यह संज्ञा भी समाप्त हो गयी है। वेदारम्भ, विद्यारम्भ, केशान्त और समावर्तन अब प्रचलित नहीं हैं।

अवध क्षेत्र में संस्कारों को बड़ा महत्त्व दिया गया है। शंकराचार्य जी के अनुसार व्यक्ति में गुणों का आरोपण करने अथवा उसके दोषों को दूर करने के लिए जो कर्म किया जाता है, उसे संस्कार कहते हैं। (ब्रह्मसूत्र भाष्य 1/1/4) गौतम धर्म सूत्र के अनुसार संस्कार उसे कहते हैं, जिससे दोष घटते हैं और गुण बढ़ते हैं। चरक संहिता के अनुसार व्यक्ति में नये गुणों का सन्निवेश करना ही संस्कार है। 'संस्कार विधि' में लिखा गया है कि जन्म से सभी शूद्र होते हैं। संस्कारों द्वारा ही उसे 'द्विज' बनाया जा सकता है—

'जन्मना जायते शूद्रः संस्कारात् द्विज उच्यते।

दर्शन के मतानुसार 'कर्म बीजम् मीमांसा संस्कारः।'

इन संस्कारों की संख्या भिन्न-भिन्न बतायी गयी है। 'गौतम स्मृति' के अनुसार 40 या 48, अंगिरा के अनुसार 25 और दशकर्म के अनुसार इनकी संख्या 10 मानी गयी है। 'व्यास स्मृति' में 16 संस्कारों की मान्यता है, जिसमें 8 संस्कार प्रवृत्ति मार्ग के हैं और 8 मुक्ति मार्ग के हैं।

षोड्श संस्कार : गर्भाधान संस्कार : इसे शास्त्रों में ऋतु शुद्धि संस्कार कहा गया है। गर्भाधान विषयक गीतों में प्रायः 'दोहद' सम्बन्धी गीत प्राप्त होते हैं। इन गीतों से प्रकट है कि मातृत्व लालसा भारतीय स्त्री समाज में बहुत गहरी है। यह भारतीय साहित्य की एक कथा रूढ़ि अथवा 'मोटिफ' भी है। चाहे रामावतार हो या बुद्ध जन्म, सर्वत्र पहले माँ को स्वप्न दर्शन होता है। अवधी गीतों में इनके अनेक उदाहरण प्राप्त होते हैं। ये 'सोहर' के नाम से जाने जाते हैं। ये गीत गर्भाधान, पुंसवन, सीमन्तोन्नयन और जातकर्म के अनुसार अलग-अलग न होकर मिले-जुले रूप में चलते हैं। अधिकांश गीत राम जन्म और कृष्ण जन्म के सन्दर्भ में गाये जाते हैं।

पुंसवन संस्कार : यह संस्कार गर्भधारण के प्रायः दो माह के भीतर सम्पन्न होता है। कहीं-कहीं इसे 'शुंगा' भी कहा जाता है। इससे सम्बन्धित लोक गीतों से पता चलता है कि इनमें पुत्र प्राप्ति की कामना होती है। अवधी में इसे 'पसौनी' कहते हैं।

सीमन्तोन्नयन संस्कार : यह संस्कार गर्भधारण के चौथे, छठे या आठवें माह में सम्पन्न होता

है। इस अवसर पर गर्भ-रक्षा और निर्बाध प्रजनन की कामना की जाती है। लोकगीतों में इसे 'साध', सतमासा, उकौना आदि नाम दिये गये हैं। इसमें जच्चा के खान-पान की पूरी प्रविधि और प्रक्रिया परिलक्षित होती है। 'साध' के नाम से अवधी में लोक गीतों की भरमार है।

जातकर्म संस्कार : इसे जन्मोत्सव का मुख्य संस्कार कहा जाता है। इस अवसर पर जातक का भविष्यफल निकाला जाता है। उसकी कुण्डली तैयार की जाती है और 'सोहर', 'सरिया' नामक एकल तथा वृन्दगान वाले लोकगीतों का गायन होता है।

नामकरण संस्कार : इसमें पुरोहित की सहायता से नवजात शिशु का नामकरण किया जाता है। एक राशि का नाम होता है, दूसरा लोक व्यवहार का नाम। इस अवसर पर मिठाई बाँटी जाती है।

निष्क्रमण संस्कार : इस अवसर पर जच्चा-बच्चा प्रसूति कक्ष से बाहर निकल कर सूर्य दर्शन करते हैं। जन्म के छठे दिन आयोजित सूर्य पूजा को 'छठी' कहते हैं और बारहवें दिन के शुद्धीकरण को 'बरहौं' कहते हैं। लोक गीतों में छठी के गीत सर्वाधिक प्रचलित हैं। इन्हें कहीं 'कठुला' कहा जाता है, कहीं 'झुनझुना'। इस अवसर पर स्वजन, परिजन, प्रजावर्ग, जो मान मनुहार करते हैं, जो नेग-निछावर होती है, सौभाग्यवती स्त्रियों का जो 'नहछू' किया जाता है, माँ एवं नवजात को स्नानोपरान्त जो वस्त्राभूषण दिये जाते हैं, उनसे सम्बन्धित गीत आज जन-जन में गूँज रहे हैं।

अन्नप्राशन संस्कार : यह प्रायः सात महीने में होता है। इस संस्कार के बाद बच्चा अनाज खाना प्रारम्भ कर देता है। इस संस्कार में बच्चे को खीर चटाई जाती है। इसे 'पसनी' अथवा 'तिलचौरी' भी कहा जाता है। इस अवसर पर सोहर भी गाया जाता है और पूजा-पाठ का आयोजन होता है।

अवध में जन्मोत्सव सम्बन्धी इन संस्कारों पर काफी सावधानी बरती जाती है। गर्भवती स्त्री को अलग कमरे (सौरि) में रखा जाता है। बच्चे के पैदा होते ही छींक आने से पूर्व कमरे में हींग छिटकी जाती है। दाई बच्चे के डोरा बाँधकर (नारा) नाल काटती है। खपरी में पानी भरकर उसमें चावल तथा पैसे डालकर वह जातक को स्नान कराती है। घर की पुररिवन देवताओं के नाम से 5 बार जल छिड़क कर दाई को नेग में चावल, पैसा आदि देती है। प्रसव के पूर्व पण्डित मन्त्र पढ़कर नहान का पानी बनाता है। वही जच्चा को पिलाया जाता है। बच्चे को जनमते ही सूप में कुछ अक्षत छिटककर लिटाया जाता है। इसके पूर्व शिशु के जमीन पर गिरते ही थाली बजाई जाती है। लड़की के होने पर तवा बजाया जाता है। नवजात को नया कपड़ा नहीं पहनाया जाता, बल्कि बाबा का कुर्ता फाड़कर झँगला बनाया जाता है। उसे ही बच्चे को पहनाया जाता है। सौरि में आग हमेशा जलती रहती है। द्वार पर पानी से भरा घड़ा और नागफनी रखी जाती है। कोई लोखर या चाकू जच्चा के सिरहाने अवश्य रखा जाता है। सूप में एक कण्डा रखकर वहीं ढंक दिया जाता है। फिर पण्डित से तिथि पूछकर डोमिन का नहान होता है। पहले पानी काढ़ा जाता है। उससे नाउनि को नहलाया जाता है। छह दिन बाद घर में छठी की पूजा होती है। इसमें लड़के को छह थापें तथा लड़की को हल्दी की थापें लगवायी जाती हैं। सौरिहाई (प्रसूता) को भोजन में 5 अनाज परोसे जाते हैं—गेहूँ, चना, चावल, जौ, उड़द। उसे पाँच बीरा पान, जेवर आदि दिये जाते हैं। जच्चा लड़के को नये वस्त्र पहनाती है, फिर उसे गोद में लेकर घी का दीपक जलाती है और फिर अपनी माँग में सिन्दूर लगाती है। वह थाप में अक्षत फेंककर आरती करके 5 कौर खाती है। नवजात यह दीपक नहीं देख पाए, यह प्रयास किया जाता है। फिर स्त्रियाँ गाना (सोहर) गाती हैं। यह सौरि गोबर से नित्य लीपी पोती जाती है। छठी पर जच्चा बाल धोकर स्नान करती हैं। नाउनि पानी काढ़कर बच्चे को स्नान कराती है, तेल लगाती है और नये वस्त्र पहनाती है। नाउनि जच्चा के पैरों में रंग (महावर) लगाती है।

जच्चा मायके से प्राप्त नयी पियरी पहनकर श्रृंगार करती है, फिर सूप सजाकर, 'पूरउथ' में चावल, दाल, आटा के 5 कूरे, कुछ पैसे, रखकर आटा सानकर, सूर्य और चन्द्रमा की मूर्ति बनाकर, आँचल में अक्षत तथा गोद में लड़के को लेकर 'ऐपन' से लकीर बनाती है। 'कनहरि' जहाँ रहती हैं, वहीं से सूर्य दर्शन तक तीन लम्बवत् रेखाएँ वह खींचती है। सूर्य दर्शन के स्थान पर चौक पूरी जाती है। उसी मार्ग से जच्चा आती है। उसे पहले 5 बार पति लाँघता है। इन लम्बवत् रेखाओं को फिर और कोई नहीं लाँघता। नवजात को सात परिक्रमाएँ करायी जाती हैं। फिर अक्षत को पैर से छूकर सूर्य के दर्शन कराए जाते हैं। इसके पूर्व सूर्य-दर्शन निषिद्ध होता है। जच्चा 'कनहरि' के स्थान पर खड़ी होकर तिल युक्त दूध पीती है। नाउनि 'कनहरि' का गड्ढा भरती है। इसका उसे नेग मिलता है। इस प्रकार जातकर्म पूरा होता है।

सरवंत या सीमन्तोन्नयन के दिन गर्भधारण की सूचना दी जाती है और गर्भरक्षा के प्रयास शुरू किये जाते हैं। जच्चा के द्वारा गर्भधारण के दूसरे माह के बाद सेंदुर, चूड़ी एवं काजल का प्रयोग वर्जित हो जाता है। सात माह बाद माइके से 'दहेडी' (लोटा, कटोरा) तथा 5 कपड़े जच्चा बच्चा के लिए, साथ ही घी, मैदा, चना आदि पदार्थ आते हैं। काजल-सेन्दुर के पुतले भी भेजे जाते हैं। इस अवसर पर जच्चा माइके की भेजी चूड़ियाँ पहनती है। जन्मोत्सव पर सात सुहागिनें बुलायी जाती हैं। उन्हें जच्चा कोंछ में एक-एक जोटा पूड़ी, अन्न धन आदि देती है। फिर वह एक थाली में 7 जोड़ा पूड़ी तथा चना सजाती है। ये स्त्रियाँ सोहर गाती हैं। नौ माह के बाद आसन्न प्रसवा का भोजन बनाना निषिद्ध हो जाता है।

प्रसव के बाद जच्चा को विशेष प्रकार का पोषक पदार्थ (हरेरा) पिलाया जाता है, जिसमें घी, गुड़, अजवायन, सोंठ और कई मसाले भरपूर मात्रा में मिलाये जाते हैं। नवजात के जन्म की सूचना पाते ही घर के बड़े बुजुर्ग व्यवस्था में जुट जाते हैं। कोई मुहूर्त शोधन के लिए पण्डित के पास जाता है तो कोई डॉक्टर नर्स आदि के पास। यदि पुत्र का जन्म होता है तो दाई बाहर मर्दाने बैठके में आकर बताती है कि 'कानी बिटिया' हुई है। पुत्री जन्म पर कहा जाता है—लक्ष्मी जी आयी हैं। यदि वह घड़ी मुहूर्त शुभ नहीं होती, यदि संतति मंगली या मुलहा होती है तो कई तीर्थों का या कुँओं का जल मँगवाकर विधि-विधान पूर्वकपूजा की जाती है। उस बीच पिता और माता द्वारा नवजात का मुख दर्शन और ध्वनि श्रवण वर्जित होता है। इसी बीच नामकरण किया जाता है। प्रसूति कक्ष में भूत-प्रेत (जमोगा) निवारण के अनेक प्रयास किये जाते हैं। फिर भी यदि नवजात गत हो जाता है तो नदी-सरोवर में उसका प्रवाह कर दिया जाता है या उसे कहीं बेल के नीचे गाड़ दिया जाता है। प्रतिवर्ष बालकों की वर्षगाँठ या छिटनी मनायी जाती है। उन्हें एक छीटे (झौवा) नुमा पालने में बिठाकर हिलाया-डुलाया जाता है। इसलिए उसे 'छिटनी' कहते हैं। घर में हर बालक का एक सूत्र रखा रहता है, जिसमें प्रतिवर्ष एक गाँठ लगा दी जाती है, इसीलिए उसे 'वर्षगाँठ' या साल गिरह कहा जाता है। यह प्रायः सबसे बड़े पुत्र की ही होती है। जन्म कुण्डली भी उसी की बनवायी जाती है। विवाहोपरान्त वर्षगाँठ का क्रम समाप्त हो जाता है।

अवध में पुत्र जन्मोत्सव को वंश वृद्धि और परिवार के सुख सौभाग्य का प्रतीक माना जाता है। बन्ध्यापन को अभिशाप माना जाता है। 'दूधो नहाओ पूतो फलौ' यह इस जनजीवन का महामन्त्र है। आज संतति निरोध के इस दौर में विशेषतः जच्चा-बच्चा केन्द्र, नर्सिंग होम या अस्पताल में ही अधिकतर प्रसव होने के कारण ये प्रथाएँ बहुत कम सम्पन्न हो पाती हैं।

चूड़ाकरण संस्कार : इसे 'केशान्त', 'चौथाकर्म' और मुण्डन भी कहा जाता है। माँ की देह से

प्राप्त जातक के शरीर का सचेतन अंश (केशराशि) को कुल देवी को अर्पित करके प्रतीकात्मक रूप से तान्त्रिक बलि प्रथा का निर्वाह इस आयोजन द्वारा किया जाता है। जब तक चूड़ाकरण नहीं होता, तब तक जातक को 'गभुवार' माना जाता है। उसके बाल तब तक नहीं काटे जाते। वह किसी को प्रणाम नहीं करता है, क्योंकि उसे भगवान का बालरूप माना जाता है। यह संस्कार जातक के तीन वर्ष की अवस्था में सही तिथि मुहूर्त में सम्पन्न होता है। मुण्डन के दिन लोग निकट सम्बन्धियों के साथ कुल देवी के मन्दिर में जाते हैं। परिवार की प्रमुख स्त्री (पुरखिन) दास्य भक्ति से प्रेरित होकर अपने केशों (लटों) से देवी का चबूतरा और मठिया बुहारती है, फिर जल छिड़ककर सिन्दूर से ऐपन बनाती है। वह घी, गुड़ का बसन्दर करती है। देवी का पूजन करके वह सात जोटा पूड़ी (स्वाँथर) देवी पर चढ़ाती है और साथ ही कुछ द्रव्य भी। वहाँ बच्चे को माला पहनायी जाती है। चतुर नाई अपने अस्तुरे से उसकी केश राशि को युक्तिपूर्वक मूड़ लेता है। इन केशों को बहन या बुआ आटे की लोई में लपेट लेती है और घर या मन्दिर में कहीं सुरक्षित रख देती है। इस लोई को यथा समय किसी पवित्र धारा में विसर्जित कर दिया जाता है। इस कार्य के लिए बहन या बुआ को नेग दिया जाता है। प्रजा वर्ग को निछावर मिलती है। बच्चे को नहलाकर नये वस्त्र पहनाये जाते हैं। स्त्रियों का गाना बजाना होता है। सम्बन्धियों को भोज दिया जाता है और खुटिया, बताशे आदि बाँटे जाते हैं।

कर्णवेध संस्कार : इसे 'कनछेदन' या नकछेदन भी कहा जाता है। अब यह अधिकतर कन्याओं के साथ ही होता है, क्योंकि उन्हें कान में बाली और नाक में कील पहननी होती है। पहले यहाँ पुरुष वर्ग भी कान और नाक में आभूषण धारण करता था। रामलला की मूर्तियों और उनके चित्रों में आज भी ये आभूषण देखे जा सकते हैं। यहाँ एक लोक विश्वास भी अरसे तक प्रचलित रहा है, वह यह कि जिसके बच्चे जीवित नहीं रहते थे, उसके जातक के नाक, कान छिदवा दिये जाते थे। उसका नाम छेदीलाल रख दिया जाता था। कहीं-कहीं लोग अपने बच्चे को प्रतीकात्मक रूप से किसी निकट सम्बन्धी को बेच देते थे और उसे बेचूलाल, कौड़ीमल, छदम्मीलाल जैसे नाम देकर फिर वापस ले लेते थे। यह एक प्रकार का टोटका था, जिससे प्राचीन भारत की 'अक्यूपंचर विधि' भी कहा जा सकता है। बच्चों को रोगों से बचाने के लिए यहाँ छेदन का बड़ा महत्त्व रहा है। यह आयोजन घर में, देवी मन्दिर में अथवा किसी चौमासे खेत में होता है। गाँव का सुनार बच्चे को बहलाकर अपनी सुई से नाक से कान छेदता है। इन दिनों शहरों में नाक कान छेदने वाले विशेषज्ञ भी यह कार्य करते हैं। कर्ण वेध के अवसर पर पूजा पाठ का आयोजन होता है। बच्चे को नये वस्त्र पहनाये जाते हैं। उसे झौवा (छिटनी) में बैठाकर स्त्रियाँ हिलाती हैं। इस अवसर पर गुलगुले और मिठाई बाँटी जाती है। प्रजा वर्ग को नेग निछावर दी जाती है। कहीं-कहीं सत्यनारायण की कथा सुनी जाती है। अब इस संस्कार का प्रचलन बहुत कम हो गया है।

उपनयन : इसे अवध क्षेत्र में यज्ञोपवीत या 'जनेऊ' कहा जाता है। उपनयन का अर्थ है—आचार्य के निकट और ब्रह्मचर्य आश्रम में जाना। इसका प्रथम उल्लेख ऋग्वेद और अथर्ववेद में हुआ है। ब्राह्मण ग्रन्थों में इसे प्रमुख 'कर्मकाण्ड' कहा गया है। मनुस्मृति और आश्वलायन गृह्य सूत्र के अनुसार ब्राह्मण बालक का उपनयन आठवें वर्ष में, क्षत्रिय का 9वें वर्ष में और वैश्य का 12वें वर्ष में होना चाहिए। भरद्वाज के अनुसार ब्राह्मण का जनेऊ बसन्त में, क्षत्रिय का जनेऊ हेमन्त और ग्रीष्म में और वैश्य का जनेऊ शरद में होना चाहिए। शिशिर ऋतु सबके लिए उपयुक्त है। हर महीने शुक्ल पक्ष में शुभ नक्षत्रों में इसका आयोजन किया जा सकता है। शास्त्रानुसार इन ब्रह्मचारियों के लिए अलग-अलग वस्त्र होने चाहिए। ब्राह्मण का अधोवस्त्र लाल रंग के सूत से निर्मित हो, क्षत्रिय का

मजीठ रंग का हो और वैश्य का हल्दी के रंग जैसा हो। ये ब्रह्मचारी उत्तरीय रूप में भेड़ का चर्म या कम्बल धारण करते हैं और पलाश, गूलर या बेल का दण्ड धारण करते हैं। इनकी कटि मेखला भी अलग-अलग तरह की होती है। आश्वलायन, बौद्धायन, गौतम, मनुस्मृति, आपस्तंव धर्म सूत्र आदि ने यह व्यवस्था दी है कि ब्राह्मण क्षत्रिय के लिए मुंज मेखला, वैश्य के लिए पटसन की मेखला होनी चाहिए। इस अवसर पर जो सूत्र धारण किया जाता है, उसमें तीन लड़ियाँ होती हैं। प्रत्येक लड़ी में नौ धागे बटे होते हैं, जो नौ देवताओं के प्रतीक हैं। मनुस्मृति के अनुसार ब्राह्मण, क्षत्रिय और वैश्य के लिए क्रमशः रुई, रेशम तथा पटसन का यज्ञोपवीत होना चाहिए। द्विजातियों का यज्ञोपवीत कपास, अलसी, गौ पूँछ के बाल, पटसन, छाल या कुश के बने होने चाहिए। इन सूत्रों की लम्बाई भी तीनों वर्णों के अनुसार न्यूनाधिक बतायी गयी है। ब्राह्मण जनेऊ 96 चौवे का होता है। यहाँ लोग शपथ लेते हुए बोलते हैं, ''छान्नबे की कसम।''

इस जनेऊ के शुद्धाशुद्ध विधान पर बड़ा विचार किया गया है। अशुद्ध होते ही इसे बदल दिया जाता है। प्रत्येक शुभ कार्य में जनेऊ भेंट करने का यहाँ बड़ा रिवाज है। अवध में जनेऊ प्रायः 11 से 13 वर्ष की अवस्था में किया जाता है। जनेऊ के दिन नाऊ बटुक के सिर पर अपने अस्तुरे से गोलाकार 'फेखा' बनाता है। कलेवा के रूप में यह बटुक एक कठौती में सात या ग्यारह बरुओं के साथ माठा (सिखरन) भात खाता है। घर की स्त्रियाँ अपनी कुल देवी के पूजन हेतु खिचड़ी, बताशा और पैसे लेकर मन्दिर में जाती हैं। बटुक यहाँ पाँच कुमारियों से भिक्षा लेता है और फिर अपनी माता से 'भीखी' लेता है। घर आकर यज्ञ वेदी पर वह बटुक लँगोटी, मृग चर्म और मेखला धारण करता है। उसके हाथ में पत्तल से बना हुआ भिक्षा पात्र होता है। उसे पहले 7 माह तक भिक्षा माँगनी होती थी। माँ की यह भिक्षा अब 7 दिनों में सिमट गयी है। इसमें चीनी से बने कुम्भ, गेडुवा, पेराक, नारियल, लड्डू, सुपारी, माठ, खिचड़ी, अँगोछा, द्रव्य आदि रखे जाते हैं। इनमें एक सूप मन्त्रदाता आचार्य (पंडित) को, एक नाऊ को, एक बटुक की माँ को और चार ब्रह्मा बने हुए मान्यों को दिये जाते हैं। ये सभी बटुक को भिक्षा देते हैं। भीखी डालने वालों को बेसन की मीठी बुँदिया, माठ, लड्डू बताशे आदि दिये जाते हैं। इस क्षेत्र में बताशे वाले जनेऊ की तुलना में बुंदिया वाला जनेऊ अधिक प्रतिष्ठा पूर्ण माना जाता है। भीखी में गाँव-जवार के लोग प्रायः आटा अर्पित करते हैं। 'व्यवहार' के रूप में लोग आयोजन कर्ता को रुपये देते हैं। यह कार्य दोपहर से सन्ध्या काल तक चलता रहता है।

इसके दूसरे चरण में बटुक का नये सिरे से मुण्डन करके स्नान कराया जाता है, बाकायदे अच्हरि, तेल, बुकवा, उबटन आदि लगाकर। इस अवसर पर बटुक के संगी-साथी उसकी लँगोटी खोलने का प्रयास करते हैं। फिर बटुक का शृंगार किया जाता है। ननिहाल से आये पाँचों वस्त्र धारण करके बटुक अध्ययन हेतु एक गठरी में कुछ आवश्यक वस्तुएँ रखकर काशी की दिशा में प्रस्थान करता है, किन्तु उसका मामा समझा-बुझाकर और मनचाहा उपहार देकर उसे रोक लेता है। बटुक के डण्डे में बँधी हुई गठरी वहीं मण्डप में टाँग दी जाती है। एक सप्ताह बाद शुभ मुहूर्त में मण्डप विसर्जन होता है। मण्डप 'सिखाने' के समय मीठे पुए जैसी 'माई' बनती है, जो पूजन के काम आती है और फिर सभी सम्बन्धियों में बाँटी जाती है। इस अवसर पर बहन, बेटी, बुआ, पंडित, नाऊ, बारी और प्रजा वर्ग को यथोचित दक्षिणा, नेग, निछावर और भीखी रूप में प्राप्त आटे का एक-एक हिस्सा दिया जाता है। विसर्जन के दिन कढ़ी, लपसी आदि बनाने का रिवाज है। जनेऊ की समाप्ति पर लोग बड़ी धूमधाम से ब्रह्मभोज कराते हैं।

अवध में जनेऊ का प्रचलन अब बहुत कम हो गया है। लोग विवाह के पूर्व 'दुर्गा जनेऊ' करके

यह रस्म पूरी कर लेते हैं। यहाँ की प्राचीन प्रथा यह रही है कि शिखा सूत्र के बिना कोई व्यक्ति किसी धार्मिक आयोजन में भाग नहीं ले सकता था। यज्ञोपवीत के बाद से उसके विवाह की चर्चा शुरू हो जाती थी। बिना यज्ञोपवीत और बिना गुरुमन्त्र वाला व्यक्ति वर्ण विहीन माना जाता था। वह विद्या से वंचित रहता था और सामाजिक प्रतिष्ठा से भी। द्विजत्व प्राप्ति का यह संस्कार यहाँ विवाह जैसा ही महत्त्वपूर्ण माना जाता था।

विवाह संस्कार : सभी संस्कारों में यह सबसे महत्त्वपूर्ण संस्कार है। यह समारोह कई दिनों तक चलता है। इसमें वरीच्छा, वाग्दान, गोद भराई, मण्डप पूजा, मेंहदी, हल्दी, उबटन, चाकी काँड़ी, घुड़चढ़ी, नहछू, बरायन, बरातप्रस्थान, द्वारचार, कन्यादान, कोहबर, बाती मिलाई, लावा, भाँवर, सप्तपदी, द्यूत-क्रीडा, विदाई, मुँह दिखाई, परछन, गौना आदि-आदि नये-पुराने कितने ही कार्यक्रम होते हैं। यथा—

वरेंच्छा-गोदभराई-रिंग सेरीमनी : वर का चयन कर लेने के बाद कन्या पक्ष के कुछ लोग श्रीवर के घर जाकर फल, फूल, मिष्ठान्न, वस्त्र, दक्षिणा आदि देकर विवाह कार्यक्रम निश्चित करते हैं। इसके पश्चात् वर पक्ष की स्त्रियाँ कन्या के घर जाकर उसके आँचल में फल-फूल-मिष्ठान्न आदि अर्पित करके उसे भली भाँति जाँचने-परखने का प्रयास करती हैं।

ये दोनों आयोजन अवध क्षेत्र में अब होटलों में बड़े धूम-धाम से सम्पन्न होते हैं। इन दिनों 'रिंग सेरीमनी' का रिवाज चल रहा है। इसमें दोनों एक-दूसरे को अँगूठी पहनाते हैं और इस सम्बन्ध की सम्पुष्टि करते हैं।

तिलक : इस अवसर पर लड़की के घर में कपड़े के थान पर उसके हाथ की छाप धरायी जाती है। लड़की को चौक में बैठाकर पहले संकल्प किया जाता है। फिर सुपारी, हल्दी, चन्दन का मूठा, जनेऊ, हल्दी रँगे सवा सेर चावल, वस्त्र, फल, मिष्ठान्न आदि थाल में लेकर नाऊ और लड़की का भाई वर के घर जाते हैं। वहाँ लग्न पत्रिका बाँची जाती है। थाल लड़के के हाथ में रखा जाता है और दक्षिणा दी जाती है। पण्डित द्वारा तिलक पूजन कराया जाता है। लड़की का भाई और वर परस्पर तिलक लगाते हैं। पूजन के बाद अतिथिगण की विदाई होती है। वर के घर से लड़की के घर के लिए मिष्ठान्न ('बैना') दिया जाता है, जो घर-घर में बाँटा जाता है। इस अवसर पर वर पक्ष की ओर से भोज का आयोजन किया जाता है। इन दिनों कन्या पक्ष की ओर से पचासों लोग तिलकोत्सव में शरीक होते दिखायी देते हैं। यह उभय पक्षीय वैभव प्रदर्शन का समारोह बन गया है। इसे वाग्दान, फलदान, ठहरौनी आदि नामों से भी जाना जाता है।

मण्डप आच्छादन : जनेऊ और विवाह के एक सप्ताह पूर्व हर घर में मण्डप छाया जाता है। मण्डप में आम की एक थूनी, काँस, सरपत (घास) तथा चार सरावनें लगती हैं। मुख्य स्तम्भ बीच में होता है। 5 लोगों द्वारा यह खम्भा गाड़ा जाता है। उसके गड्ढे में एक कपड़े में पैसा तथा सुपारी रखी जाती है। खम्भे पर ऐपन की थापें लगती हैं। गाड़ने वालों की पीठ पर भी वे ही थापें लगाई जाती हैं। मण्डप छानेवाले नाई, तमोली, बढ़ई, माली (प्रजा वर्ग) आदि को अनाज पारिश्रमिक स्वरूप मिलता है। यहाँ मण्डप को झाड़ू से नहीं बुहारते। मंगल कलश पर 1 गोंठ रोज दी जाती है। जब तक मण्डप रहता है, घर में भीख नहीं दी जाती और लोग चबैना नहीं भुनवाते हैं। मण्डप की कलश गुठाई के लिए बुआ को विशेष नेग दिया जाता है। कलश का दीपक निरन्तर जलता रहता है। वस्तुतः वह यज्ञवेदी का प्रतीक है। समारोह के बाद मण्डप विसर्जन होता है। कन्या के विवाह में विसर्जन समधी द्वारा कराया जाता है। इस मण्डप में बीचोबीच एक लम्बा बाँस झण्डे के रूप में गाड़ा जाता है। मण्डप को वन्दनवारों से सजाया जाता है। समस्त मांगलिक कार्य इसी मण्डप के

नीचे सम्पन्न होते हैं। हरे-हरे बाँसों के सहारे आच्छादित सघन मण्डप यहाँ बहुत सराहनीय माना जाता है। आजकल लोग विवाह मण्डप में ही छोटे-छोटे फोल्डिंग मण्डप बनवाकर काम चला लेते हैं। इसका विसर्जन विवाह के तुरन्त बाद ही कर दिया जाता है।

चाकी-काँड़ी : यह एक सप्ताह पूर्व पूजी जाती है। इस पूजा में खोटिया, पैसा, सुपारी, खिचरी, तेल आदि पदार्थ महारानी पर चढ़ाये जाते हैं। वही तेल नाउनि वापस लाती है और वह कन्या को लगाया जाता है। इस दिन 5 लड़के वन से छेई छूल की लकड़ी एक ही प्रहार से काट-काटकर लाते हैं। 5 सुहागिनें गीली मिट्टी छूती हैं। उसी मिट्टी का चूल्हा बनता है। सिलपोहनी के देवाचार में उसी में झूठे बड़े पोहे जाते हैं तथा छूल की लकड़ी को जलाने, उड़द की दाल, रोटी आदि बनाने का प्रतीकात्मक प्रदर्शन होता है। इसके बाद घर की एक दीवाल पर जूति (देवस्थान) में 'जाखु जाखिन' (यक्ष-यक्षिणी) के गाँठ जोड़े हुए दो पुतले बनाये जाते हैं। वहीं मटकी, चूल्हा, सिलबट्टा लेकर सिलपोहने वाली औरतें जाती हैं। सिलपोहनी के रूप में खिचरी, गुड़, नयी चूड़ियाँ, मेहाउर आदि लेकर नाउनि घर-घर जाती है। उसी दिन मण्डप के नीचे आटा, धोई, गुड़, घी की 'माई' (मीठे पुवे) बनाई जाती है। उन्हें सूप में सँवारकर 'पुरउथ' के 5 कूरे द्दर कर प्रत्येक दरवाजे पर वह माई धरी जाती है। 'देवहई' पुरखिन द्वारा मण्डप में घर की माई की रोज पूजा की जाती हैं। सिलपोहनी (सिलबट्टा) की पूजा करके गागर में पिसी हुई दालें तथा 'पीतर' भरे जाते है। गागर के ऊपर कपड़ा बाँध दिया जाता है। यह कपड़ा शादी के बाद खोला जाता है। मण्डप विसर्जन के बाद यह पूजा समाप्त हो जाती है। दूसरी ओर गेरू के ऐपन से चकिया काँड़ी रँगी जाती हैं। उसी में सुहागिनें उड़द दरती हैं। उसी दाल से सिलपोहनी का बरा बनाया जाता है। कूटे गये चावल से सिलपोहनी के दिन मीठा भात बनता है, जिसे पूरे परिवार में खाने के लिए बाँट दिया जाता है। देवहारी स्त्री तेल पूजन के दिन चावल, आटा, धोई निकालकर पहले देवताओं के लिए रखती है। देवताओं की स्थापना के बाद घर भर का भोजन बनता है।

चकिया कड़ियाँ में आने वाली सात सुहागिलों को तेल, उड़द तथा खोटिया दी जाती हैं। सुहागिनों के माथे पर सेन्दुर तेल लगाया जाता है। लड़की तथा लड़के को नाउनि द्वारा बुकवा लगाया जाता है। उसी दिन से दोनों की लगन शुरू हो जाती है।

मातृ-पितृ पूजन : विवाह के एक दिन पूर्व वर और कन्या—दोनों पक्षों में मातृ-पितृ पूजन (तेल मैना) करने की प्रथा है। इस अवसर पर सभी देवों तथा पूर्वजों को आमन्त्रित किया जाता है और कुल देवता का उसी प्रकार पूजन किया जाता है, जैसा उपनयन के प्रकरण में वर्णित है।

अवध क्षेत्र में प्रायः प्रत्येक मांगलिक कार्यक्रम में एक सप्ताह पूर्व से ये आयोजन शुरू हो जाते हैं—

1. प्रति संध्या 'संझा गोसाइन' की प्रार्थना (साँझ गीत गायन)
2. चाकी काँड़ी की पूजा
3. मण्डपाच्छादन और मंगल कलश की स्थापना
4. सत्यनारायण व्रत कथा
5. कुँवारी कन्याओं का भोज
6. मातृ-पितृ पूजन
7. निमन्त्रण पत्र की वितरण व्यवस्था।

मातृ-पितृ पूजन के दिन कन्या के ननिहाल से मामा 'भात' लाता हैं, सबको यथाशक्ति वस्त्राभूषण, दक्षिणा आदि देता है अर्थात् भरसक सहयोग करता है।

यहाँ कन्या पक्ष का निमन्त्रण पहले हल्दी का टुकड़ा देने और वर पक्ष का न्योता सुपारी देने से माना जाता था। अब निमन्त्रण पत्र बँटते हैं। शुरुआत कुलदेवता और ननिहाल से की जाती है। कन्या के विवाह में दूकानदार जो सामान देते हैं, उसका हिसाब विवाहोपरान्त होता था। पहले दूध, दही और अन्न निर्मूल्य दिया जाता था और कन्या विवाह तथा जनेऊ के लिए निर्व्याज उधार दिया जाता था। ग्रामीण व्यवस्था में ये आयोजन सामुदायिक भाव से सहकारितापूर्वक किये जाते थे। देवी-देवताओं और पूर्वजों के प्रति लोग श्रद्धा रखते थे और उन्हीं का आवाहन करके कार्यक्रम का मंगलारम्भ करते थे।

वरयात्रा : इस दिन सर्वप्रथम मण्डप के नीचे वस्त्र, जेवर तथा नाखुर की सामग्री रखी जाती है। फिर लड़के को बुकवा लगाकर स्नान कराया जाता है। थाल के ऊपर खड़े होने पर निछावर की प्रथा पूरी की जाती है। प्रजावर्ग को नेग मिलता है। देव पूजन के बाद वह एक पीनस (पालकी) में बैठता है। इसमें क्रमशः स्त्रियाँ भी बैठती हैं। कुआँ ब्याहने हेतु लड़के की माँ कुआँ में पैर लटकाकर बैठने का स्वाँग करती है। वर उसे मनाकर, अपनी कनिया में उठाकर ले जाता है। उसी क्रम में खेत (चौमास) पूजन किया जाता है। माँ वर की परछनि करके मूसर, मथानी घुमाकर अपना मुँह जुठारती है। माँ आँचल से ढककर वर को दूध पिलाती है। औंधी पड़ी परई को वह मूसर से फोड़ देता है। इसके बाद बरात प्रस्थान करती है। बरात के साथ छरपुरिया भेजी जाती है। उसके साथ एक गरिया में खिचरी, एक में घी गुड़, एक में कसरावन तथा एक में छरपुरिया (पिसान से सील बन्द) भेजी जाती है। दो डलइयों में गौरी भाट के पुतले बनते हैं। इन्हें सेन्दुर, पान तथा मेहाउर से खूब सजाकर रखा जाता है। यह सब कन्या के घर जाता है।

अवध क्षेत्र में स्थानीय विवाह अच्छे नहीं माने जाते। प्रायः दस-पाँच मील की वर यात्रा बैलगाड़ी, रथ, पीनस-पालकी, हाथी, घोड़ा, ऊँट, बाइक, मोटर आदि के सहारे की जाती रही है। लोग बड़ी सज-धज के साथ तीन से पाँच दिनों की इस वर यात्रा पर निकलते थे। कई दिन पहले से बैलों, घोड़ों का साज-सिंगार किया जाता था। बाजदार, आतिशबाज, सईस (घोड़ों के परिचालक), गाड़ीवान, नाई, कहार, पालकी वाहक, पंडित, पुरोहित, भाट आदि की व्यवस्था पहले से 'साई' (बुकिंग) के द्वारा कर ली जाती थी। गाँव पड़ोस के सैकड़ों-हजारों व्यक्तियों को आमन्त्रित कर दिया जाता था। अपने साथ कई बोरों में चबैना, सत्तू, शकर, गुड़, घी आदि खाद्यान्न वक्त जरूरत के लिए रख लिए जाते थे। बिछावन के रूप में कई दरियाँ, गलीचे, जाजिम आदि का प्रबन्ध भी किया जाता था। शिष्टाचार के दिन होने वाले दरबार के लिए इतर फुलेल, केवड़ा, गुलाब जल, हिना, चाँदी के थाल, मूर्छल, गुलाब पाश आदि जुटाये जाते थे। रोशनी के लिए हंडे, पेट्रोमेक्स, लालटेनें और मशालें रखी जाती थीं।

यह बरात जब गाँव के ग्वेंड़े (पास) पहुँचती थी, तब कई गोले दाग कर आगमन की सूचना दी जाती थी। प्रायः किसी बड़ी बाग में यह बरात टिकायी जाती थी। वहाँ पानी की व्यवस्था (कुआँ, बावड़ी, टंकी) होती थी, पण्डाल बना हुआ होता था, कुछ चारपाइयाँ होती थीं और पर्याप्त बिछावन भी रहता था। स्तर के अनुसार इन बरातियों की आवास व्यवस्था की जाती थी। सबसे पहले काली मिर्च पड़ा हुआ शकर का शर्बत (मिर्चवान) पिलाया जाता था। लोग स्नान, संध्या आदि करके द्वारचार और अगवानी की तैयारी करते थे। इस बीच नाई के हाथ 'आशय' भेजे जाते थे। आशय में बीस आने पैसे और चौरीठ की बनी पिड़िया होती थी। यह गाजे बाजे के साथ भेजी जाती थी, जिससे यह पुष्टि हो जाती थी कि बरात पहुँच गयी है और शादी होनी है। सन्देशवाहक नाई का वहाँ विधिवत् स्वागत किया जाता था और उसके साथ 'तेलवारा' (मशाल जलाने के लिए कटोरा भर

तेल) भेजा जाता था। तब फिर अगवानी शुरू होती थी। एक ओर समस्त बराती दूसरी ओर घराती। बरात के आगे-आगे मशालची, आतिशबाज, नाचने गाने वाली पतुरिया, हाथी, घोड़े और पालकी में सवार दूल्हा, सहबाला और अन्य लोग होते थे। दूसरी ओर कन्या पक्ष भी हाथी, घोड़े तथा लाव-लश्कर के साथ स्वागत करने के लिए। दोनों पक्ष धीरे-धीरे आगे बढ़ते रहते थे। राम विवाह प्रसंग में गोस्वामी जी ने घुड़चढ़ी और जनवासी चाल का उल्लेख किया है—"तुरग न चावहिं कुँवर वर" तथा—"कछुक चले पग मेल।"

अगवानी के समय हाथी, घोड़ों का खेल, नर्तकियों का नृत्य-गान, वादकों की कला, आतिशबाजों की खाइस और द्वारपूजन में पण्डितों का मन्त्र वाचन वस्तुतः प्रतिष्ठा का विषय माना जाता है। द्वारपूजन के समय गाँव की सुहागिनों से घिरी कन्या दूर से श्रीवर को देखती है, उस पर पत्तल के अक्षत फेंकती है और गाँव की स्त्रियाँ स्वागत के भाव से गारी गीत गाती हैं। इस अवसर पर बरातियों का स्वागत माल्यार्पण, अभिनन्दन पत्र, स्वागतगान, जलपान आदि द्वारा किया जाता है।

समधारौ : इसका तात्पर्य है दोनों समधियों का मिलन। यह मिलन पहली बार अगवानी के समय होता है। एक ओर से वर पक्ष (बराती) दूसरी ओर वधू पक्ष के घराती। एक-दूसरे की ओर धीरे-धीरे बढ़ते हैं। लगभग एक फर्लांग की दूरी में दोनों दल गाजे बाजे के साथ रोशनी और खाइस की छाया में चलते रहते हैं। दोनों दलों के बीच नर्तकियों और हाथी घोड़ों का नृत्य होता है। सबसे आगे वर की पालकी चलती है। आजकल बरात के आगे कार या बग्घी और जनरेटर तथा बैण्ड को रखने का रिवाज है। घर के पास आकर दोनों दल एकाकार हो जाते हैं। फिर वर-वधू के पिता परस्पर गले लगते हैं। दोनों की छाती में पान चिपका रहता है, साथ ही दही अक्षत भी। इसका प्रतीकार्थ है—दोनों का हार्दिक मिलन। वर के पिता, ताऊ, चाचा आदि को माल्यार्पण के साथ-साथ कुछ धन दिया जाता है। फिर वे द्वार पूजन के लिए यथा स्थान विराजते हैं। सभी बराती और घराती मण्डप के नीचे आ जाते हैं। यहाँ वर और कन्या की वरमाला होती है। काफी देर तक फोटोग्राफी एवं वीडियोग्राफी होती है। खानपान निरन्तर चलता रहता है। लोग उपहार (व्यवहार) भेंट करते हैं और भोज का आनन्द लेते हैं। पहले कन्या पक्ष के लोग बरात के साथ भोजन नहीं करते थे। वे केवल बरातियों के स्वागतार्थ उपस्थित होते थे, किन्तु अब सहभोज में सब लोग एक साथ सम्मिलित होते हैं। इधर खानपान की बन्दिशें समाप्त हो गयी हैं। ठेकेदारों ने सारी व्यवस्था सँभाल ली है। त्रिदिवसीय विवाहोत्सव एक दिन में सिमट गया है। डिनर के बाद अधिकतर लोग चले जाते हैं। जनवासा नाम मात्र का रह जाता है। भोजन के बाद होने वाली रस्में, जैसे—दुर्गा जनेऊ, भाँवर, कन्यादान और विदाई आदि में केवल कुछ परिजन और प्रजा जन दिखाई देते हैं।

वाग्चार : द्वार पूजन के बाद सभी बराती जनवासे लौट आते हैं। अब तक मेहमानों की गणना मोटे तौर से कर ली जाती है। बैलगाड़ियों में जुते हुए बैलों के लिए भूसा, चारा, दाना आदि की व्यवस्था, घोड़ों, हाथियों और ऊँटों के लिए रातिब की व्यवस्था और पानी का प्रबन्ध कन्या पक्ष की ओर से तत्परतापूर्वक किया जाता है। रात्रि भोजन के रूप में वाग्चार की बड़ी-बड़ी दो पूड़ियों (सुहारियों) के साथ घुटी हुई शकर प्रति व्यक्ति के हिसाब से जनवासे में भेज दी जाती है। पहले बरात भोज में सब्जी और आचार नहीं परोसे जाते थे, ताकि सम्बन्धों में कोई खटास एवं कड़वाहट न आने पाये। आज से पाँच सात दशक पूर्व अवध में अगवानी और द्वारचार के बाद होने वाले स्वागत-समारोह में केवल जलपान दिया जाता था, भोजन नहीं। रात्रि भोज जनवासे में वाग्चार की इसी पूड़ी शकर का होता था। जनवासे में प्रायः सबको बिस्तर और चारपाई सुलभ नहीं होती थी। पहले

टेन्ट हाउस नहीं होते थे, पूरी जवार से माँग कर दरी, कालीन, गलीचा, जाजिम आदि बिछौने एकत्र किये जाते थे। कुछ बिछावन वर पक्ष वाले भी लेकर आते थे। बरातियों की रातें नौटंकी और नाच देखते-देखते कट जाती थीं। दूसरे दिन बरातियों के स्नान की विशेष व्यवस्था की जाती थी। लोगों की सुविधा के लिए नाई, कहार, छरपुरिया (उबटन), तेल, साबुन, अँगोछा आदि भेजे जाते थे। कई टंकियों में पानी भराया जाता था। कई कुओं और पात्रों का प्रबन्ध किया जाता था। कहीं-कहीं नदी और सरोवर की सुविधा मिल जाती थी। स्नान ध्यान के बाद लोग जलपान करते थे। मध्याह्नकाल में कच्ची रसोई तैयार की जाती थी, जिसे यहाँ 'ब्याह भात' कहा जाता था।

तेल चढ़ाना : इसे कहीं-कहीं 'हल्दी' भी कहा जाता है। इस अवसर पर मण्डप के नीचे कोई कुँवारी लड़की लगन वाली कन्या के पैरों में, दोनों गाँठों पर, कन्धों (परवौरों) पर तथा सिर (मूड़) पर सरसों का तेल लगाती है। कहीं-कहीं तेल लगाने के लिए कुशा का प्रयोग किया जाता है। तेल मालिश के बाद उसे नहलाया जाता है। वर पक्ष का जल (बरायन) कन्या के घर भेजा जाता था। उसी से कन्या को स्नान कराया जाता था। पर्दा प्रथा के उस दौर में इस स्नान का एक मनोवैज्ञानिक महत्त्व था। यह एक प्रकार से वर-वधू के प्रथम आंगिक स्पर्श का प्रतीक था। स्नानोपरान्त पुरोहित द्वारा संकल्प कराया जाता है। इस समय कन्या के हाथों में खिचड़ी और कुछ द्रव्य रखकर अँजुरी भरायी जाती है, जिसे पुरोहित ग्रहण करता है।

गौरिहाई : इसका तात्पर्य है गौरी पूजन। विवाह के दिन प्रातःकाल लड़की के सिर पर एक लाल चूनरी रखकर और उसके ऊपर खड़ी सुपारी रखकर गाँव घर की स्त्रियाँ उसे देवी के मन्दिर में ले जाती हैं। लाल चूनरी सौभाग्य की प्रतीक और सुपारी देवी को अर्पित होने वाले मुण्ड माल यानी बलि की प्रतीक है। इसके साथ एक अभिचार भी जोड़ दिया गया है। इस सुपारी को कन्या जूठा करके रख लेती है। कोहबर के समय यही सुपारी पान में डाल कर वर को खिलाई जाती है। यह दाँत काटी सुपारी प्रेम की प्रतीक है। प्राचीन सामन्ती व्यवस्था के अन्तर्गत प्रचलित बहुविवाह प्रथा के कारण प्रत्येक नव विवाहिता का यह प्रयास रहता था कि उसका पति पूरी निष्ठा के साथ उसी को सर्वाधिक सच्चा प्यार दे, इसीलिए विवाह में कई अभिचारों, तन्त्र-मन्त्र, टोना, टोटका आदि का सहारा लिया जाता था।

गौरिहाई के लिए घर की पुरखिन अपनी कन्या के सिर पर अपने आँचल की छाया करके गाँव की कई सौभाग्यवती स्त्रियों (सुहागिनों) के घर जाती है और उन्हें एक-एक पिण्डिया देती है। यह पिण्डिया देवी की मूर्ति की प्रतीक है। तेल, पिसान (आटा) को सानकर इसे बनाया जाता है और हल्दी सिन्दूर से रँगा जाता है। सुहागिनें उस कन्या को अपना सिन्दूर-सुहाग देती हैं। बहन या बुआ कन्या के माथे पर तेल से सना सिन्दूर लगाती हैं और उसके पात्र में खिचड़ी डालती हैं। सबसे पहले गौरा जी से सुहाग माँगा जाता है, फिर कन्या से सुहाग लिया जाता है। गाँव की धोबिन आटा सानकर एक कुण्डी बनाती है और अपनी माँग का सिन्दूर कन्या के माथे पर लगाती है। कन्या का भाई अटारी पर से एक सूप में पानी भरकर बहन पर डालता है। इसके पीछे कई प्रतीक छिपे हुए हैं। रामकथा में चूँकि धोबिन के कारण सीता का वनवास बताया गया है, इसलिए कन्या उसकी विशेष मनुहार करती है। भाई द्वारा डाला गया जल मंगलवृष्टि का सूचक है। अगवानी और द्वारचार के समय ये सभी गौरिहाई विवाह-मण्डप में एकत्र होती हैं। उन्हें एक दोने में गुड़, पेड़े (मिष्ठान्न) दिये जाते हैं और एक गेडुये से बिना धार टूटे घी परोसा जाता है। यह कार्य कन्या के माता-पिता परस्पर गाँठ जोड़कर करते हैं। प्रत्येक गौरिहाई के लिए अलग-अलग चौक पूरी जाती है। सबके बीच में कन्या को

बिठाया जाता है। सभी स्त्रियाँ अपना कुछ जूठन और सिन्दूर (सुहाग) उसे देती हैं। उनके दोने-पत्तल समेट कर कन्या रख लेती है। जब बरात द्वार पूजन के लिए आती है तो ये पत्तल, दोने, अक्षत आदि कन्या द्वारा वर को लक्ष्य करके फेंके जाते हैं। द्वारपूजन के समय कलश सजाये जाते हैं। गोस्वामी जी के शब्दों में—''कलश को परि लियहिं परिचायक रहैं।'' कन्या का पिता या पितामह एक थाल में दीपक, दही, अक्षत (रोचना) आदि सजाकर वर की आरती करते हैं। लोग बरातियों को माल्य अर्पित करते हैं। यह पूजन पुरोहित जी करवाते हैं। इसी के साथ दुर्गा जनेऊ भी सम्पन्न होता है।

ग्रन्थिबन्धन : यह हिन्दू विवाह की महत्त्वपूर्ण प्रथा है। इसके साथ सप्तपदी (भँवरी) की प्रथा अदा की जाती है। मण्डप के नीचे वर और कन्या अग्नि की परिक्रमा करते हैं। आरम्भिक चार भँवरी में लड़की आगे रहती है। तब तक दोनों का ग्रन्थिबन्धन नहीं किया जाता। उसके बाद तीन भँवरी गाँठ जोड़कर करायी जाती है, जिसमें वर आगे-आगे चलता है। प्रत्येक फेरे के साथ-साथ लोकगीत गाये जाते हैं। सात फेरे (सप्तपदी) के पूर्ण होने पर कन्या के सिर पर चूनरी तथा मौरी और वर के सिर पर मौर रखा जाता है। कन्या के माता-पिता सप्तपदी को स्वयं नहीं देखते। गाँठ जोड़ने और छुड़ाने का कार्य बहन या बुआ करती है। इस अवसर पर प्रजा वर्ग को नेग-निछावर दी जाती है। पहले इस अवसर पर दोनों पक्षों के कुछ स्वजन परिजन ही सम्मिलित होते थे, जबकि आज वर की पूरी मित्र मण्डली इस अवसर पर उपस्थित दिखती है।

शाखोच्चार : इस अवसर पर दोनों पक्षों के पुरोहित अपनी-अपनी वंश परम्परा का सस्वर बखान करते हैं। इसके साथ ही कन्या पक्ष वाले 'कुशकन्या' देने की बात कहकर विनम्रता प्रदर्शित करते हैं।

कन्यादान : हिन्दू समाज में विवाह को पाणिग्रहण, परिणय-पर्व, ग्रन्थिबन्धन, कन्यादान आदि कई शब्द दिये गये हैं। इन सबके अलग-अलग मन्तव्य हैं। विवाह का अर्थ है विशेष रूप से पारस्परिक सम्बन्ध का निर्वाह। पाणिग्रहण का अर्थ है पति (रक्षक-स्वामी) द्वारा किसी का 'हाथ थामना'। परिणय का अर्थ है चारों ओर से अर्थात् पूर्णतः प्राप्त करना और उसका उन्नयन करना। कन्यादान का अर्थ है संसार के संसरण (विकास क्रम) के लिए अपनी आत्मजा को दान रूप में समर्पित कर देना। यहाँ विवाह को मात्र सामाजिक अनुबन्ध नहीं माना गया है। यह कम्पेनियन शिप, लिव इन रिलेशन आदि से बहुत ऊँची एक गृहस्थ-साधना है। माता-पिता अपनी जाई-जनमी, पाली, पोसी, सुयोग्य कन्या को किसी दूसरे सुयोग्य वर के लिए सामाजिक कल्याण हेतु अर्पित कर देते हैं। इसीलिए इस प्रथा को 'कन्यादान' कहा जाता है। विवाह प्रत्येक व्यक्ति की दैहिक एवं भावात्मक प्रतिपूर्ति के लिए तथा सृष्टि के विकास के लिए आवश्यक माना गया है। यह सम्बन्ध अपने कुल गोत्र अर्थात् रक्त सम्बन्धियों के मध्य वर्जित रहा है। मातृ पक्ष की पाँच पीढ़ियों के बीच यहाँ विवाह का निषेध किया गया है, इसीलिए अपनी कन्या को दूर-दराज के कुल वंश में ब्याहने की प्रथा चल पड़ी है। हमारी कन्या इस नये परिवार को मन, वचन, कर्म से अपना ले, इसलिए आवश्यक है कि वह अपनी पैतृक परम्परा को भुला दे। माता-पिता से यह भी अपेक्षा की जाती है कि वे उससे अधिक माया मोह पूर्ण सम्बन्ध न रखें। कहीं कोई हस्तक्षेप भी न करें। वे दान देकर उसे भूल जायें, इसीलिए कन्यादान के अवसर पर परिवार के सभी बड़े बुजुर्ग कन्या के पाँव पूजकर पृथक् हो जाते हैं और फिर उसे पराया धन समझ लेते हैं। यह त्याग और विराग का अद्भुत उदाहरण है। अवध क्षेत्र में पहले यह रिवाज रहा है कि पितृव्यगण कन्या की ससुराल नहीं जाते थे। यहाँ तक कि उस गाँव का पानी पीना तक वर्जित मानते रहे हैं। नये परिवार में उसका पूर्ण विलयन हो जाये, इसीलिए किशोरावस्था में यहाँ विवाह कर देने का चलन था। अब स्थिति काफी कुछ बदल गयी है। कन्यादान के समय सर्वप्रथम

कन्या के माता-पिता अपनी गाँठ जोड़कर आटे की बनी एक लोई में कुछ द्रव्य रखकर संकल्प पूर्वक उसके पाँव पूजते हैं। इसके पूर्व ग्रन्थिबन्धन एवं पाणिग्रहण करते हुए वे कन्या का हाथ वर के हाथ पर रखते हैं। इसे 'हथलेवा' कहा जाता है। उसके ऊपर से जल छोड़ते हैं, जो नीचे एक थाली में गिरता रहता है। कन्यादान की इस थाली में पाँच या सात पिण्डिया रखी जाती हैं। परिवार के सभी बड़े बुजुर्ग दम्पति के पाँव पूजते हुए एक-एक करके कन्यादान की यह प्रथा अदा करते हैं।

कोहबर : विवाहोत्सव से अवसर पर जो भित्ति चित्र बनाये जाते हैं, उसे कोहबर कहते हैं। यह आयोजन कन्या के घर में उस स्थान पर सम्पन्न होता है, जहाँ कुलदेवता रहते हैं अर्थात् जिसे देव स्थान कहा जाता है। प्राचीन ग्रन्थों में इसे 'गज ओबरि' (जहाँ हाथियों के चित्र बने हों) कहा गया है। इसमें परिवार की स्त्रियाँ वर-कन्या का तुलनात्मक बौद्धिक परीक्षण करती हैं। पहले किसी के जूते को कपड़े में लपेटकर रख दिया जाता है और वर से आग्रह किया जाता है कि ये हमारे कुल देवता हैं, इन्हें प्रणाम करो। चूँकि वर को पहले से ही सिखा-पढ़ाकर भेजा जाता है, अतः ऐसा करने से वह मना कर देता है और इस परीक्षा में उतीर्ण हो जाता है। ये सब बाल-विवाह के उपक्रम कहे जा सकते हैं। इसके बाद वर-कन्या के बीच पंसासारी (द्यूतक्रीड़ा) होती है। लोग एक थाली में रंगीन पानी भरकर रख देते हैं और उसमें कोई अगूँठी या छल्ला गिरा देते हैं। जो उसे पहले खोज निकालता है, उसे ज्यादा बुद्धिमान मान लिया जाता है। किन्तु इस खोज में चाहे जो सफल हो, स्त्रियों का सामूहिक निर्णय यही होता है—'हमारि बिटिया जीती छिनारि पूत हारा।'

प्रकारान्तर से यह नव दम्पति के प्रथम स्नेह स्पर्श का निमित्त है और सहज बोध (कामनसेन्स) परीक्षण का माध्यम तो है ही। इसके बाद वर-कन्या दोनों एक-दूसरे को मिष्ठान्न खिलाते हैं, जिससे उनकी झिझक क्रमशः कम होती जाती है। कहीं-कहीं 'कोहबर की पतरी' का रिवाज देखा जाता है, जिससे वर-वधू दोनों साथ-साथ भोजन करते हैं। अवध में प्रायः पति के बाद पत्नी के भोजन करने का रिवाज रहा है, अतः यह रस्म कम निभायी जाती है।

बाती मिलवाई : अवध क्षेत्र में वैवाहिक प्रथाओं के साथ प्रायः प्रतीक भाषा का प्रयोग होता दिखता है। यहाँ दिया बत्ती परिवार के मंगल (कुल दीपक) का प्रतीक है। इस रूपक में दिया (मिट्टी का घट) है शरीर। उसके भीतर हैं आड़ी तिरछी पड़ी हुई रुई की बत्तियाँ। ये दोनों नव दम्पति की दो जीवात्माओं की प्रतीक हैं। घट में डाला जाता है तेल जो स्नेह का पर्याय है। इस स्नेह सिक्त बाती को प्रकाशित करना पति का धर्म है। वह सोने या चाँदी की सलाई के सहारे दोनों बत्तियों को एक-दूसरे से जोड़ देता है। यही दाम्पत्य का आदर्श है। स्पष्ट है कि इस रिवाज का बड़ा भावात्मक महत्त्व है।

लावा डालना : मण्डप के नीचे खड़ी हुई नव वधू के आँचल में वर का बड़ा भाई चूनरी डालता है और बहू का भाई भुने हुए धान (लावा) की सात 'अँजुरी' डालता है। इसी के साथ बहू की हथेली में गेडुये से इस तरह पानी डाला जाता है कि पानी की धार न टूटने पाये और पानी के साथ सारा लावा पंक्तिबद्ध होकर नीचे आ जाये। जेठ द्वारा दी गयी चूनरी सौभाग्य की सूचक है। वह नारी की लज्जा तथा मर्यादा की सूचक है और साथ ही पारिवारिक सहयोग की भी। धान की खील उत्फुल्लता और उर्वरता की प्रतीक है। इसके ऊपर पड़ने वाली धारा शील और संयम की प्रतीक है। पंक्तिबद्ध होकर बहने वाले ये लावे बज्र लकीर बना देते हैं। ये अटूट सम्बन्ध एवं समन्वय के प्रतीक हैं। इन लावों को एक लोढ़े की सहायता से बराबर किया जाता है, जो समता, श्रमनिष्ठा और समृद्धि का प्रतीक है। स्पष्ट है कि यहाँ की वैवाहिक प्रथाओं में अनेक प्रकार के आद्यबिम्ब तथा नये-पुराने कई प्रतीक समाहित हैं।

ब्याह भात : यह भोज पूरे विवाहोत्सव में पहले सबसे महत्त्वपूर्ण माना जाता था। पाँच-सात दशक पूर्व हलवाइयों तथा ठेकेदारों से भोजन बनवाने का चलन नहीं था। घर-परिवार एवं नाते-रिश्ते की स्त्रियाँ ही पूरी रसोई तैयार करती थीं। इस ब्याह भात में चावल परोसा जाता था। उसके साथ दर्जनों व्यंजन होते थे, किन्तु रोटी, सब्जी, अचार-सलाद आदि नहीं होते थे। भाँति-भाँति के सुगन्धित चावल कई बटुओं में पकाये जाते थे और घी का मोयन देकर उसका एक-एक दाना अलग कर दिया जाता था। व्यंजन के रूप में बेसन, मैदा, खोया, चीनी, दूध, मेवा आदि कई पदार्थ बनाये जाते थे, जैसे—खरिका, रसाजै, खीर, बड़ा आदि। इस भोज में दो प्रकार की मसालेदार दालें बनवायी जाती थीं। (1) काँड़ा (चने की दाल) (2) पढोरा (धुली उड़द की दाल)। चूँकि कच्ची रसोई में केवल श्रीवर के खानदानी ही सम्मिलित हो सकते थे, इसलिए सबको मण्डप के नीचे नहीं बिठाया जाता था। शेष बरातियों को बाहर पंगत में अथवा तख्तों-मेजों पर परोसा जाता था। मण्डप के नीचे बैठे हुए लोग छुआछूत बरतते थे, छोटे-बड़े का भेद निभाते चलते थे, इसलिए सबको उनकी कुल मर्यादा के अनुसार समायोजित किया जाता था। ये लोग केवल अधोवस्त्र पहने हुए होते थे। अधिक से अधिक ऊपर एक अँगोछा (उत्तरीय) ओढ़ लेते थे। मण्डप के नीचे अपने पाटे तक आने के पूर्व इनका चरण प्रच्छालन होता था और पहनने के लिए चरण पादुकाएँ दी जाती थीं। पाटे पर विराजमान हो जाने के बाद पत्तल और पानी के कुल्हड़ रखे जाते थे। फिर चावल और व्यंजन के दोने परोसे जाते थे। प्रति व्यक्ति लगभग दो दर्जन दोने हो जाते थे। परोसने वाले लोग भी अधोवस्त्र पहने होते थे। रसोई-भण्डार से मण्डप तक वे थोड़े-थोड़े अन्तराल में खड़े हो जाते थे और मौन धारण किये हुए, केवल इशारे से सामान बढ़ाते रहते थे। हर पत्तल में हर बार भात की पूरी थाली उड़ेली जाती थी, भले ही वह बराती छोटा बच्चा ही हो। सब कुछ परोस जाने के बाद एक व्यक्ति गेडुये से घी परोसना शुरू करता था। रिवाज यह था कि जब तक वह मना न करे, तब तक घी की धार गिरायी जाये। खाद्यान्न की आपूर्ति हो जाने के बाद बरात का वरिष्ठ व्यक्ति लक्ष्मी नारायण का भोग लगाकर शुभारम्भ करता था। सबका भोजन हो जाने के बाद हाथ-मुँह धोने के लिए बीच-बीच में कुछ थाल रख दिये जाते थे। इसके कुछ पहले एक पत्तल में जवाबी दही बड़ा लाकर रखा जाता था जो खाया नहीं जाता था, क्योंकि वह समापन की विनय भावना का प्रतीक होता था। दूसरी ओर पर्दे के पीछे एकत्र स्त्रियाँ ढोल मंजीरे के साथ 'कलेवा गारी' गाती थीं। इन गीतों से पारस्परिक सम्बन्धों का माधुर्य व्यंजित होता था। भोजनोपरान्त ताम्बूल आदि देकर विदा किया जाता था।

बड़हार : इसे विवाहोत्सव का सबसे बड़ा रात्रि भोज कहा जा सकता है। इसके लिए सबसे पहले समधी के पास 'पनवार' भेजा जाता है। वह घर की देहरी लाँघने का विशेष नेग लेता है। बड़हार के लिए पक्की रसोई तैयार की जाती है। इसमें पूड़ी, कचौड़ी, पुआ आदि के साथ अनेक प्रकार की सब्जी भाजी, बड़ा, रायता, अचार, पापड़, सलाद और अनेक प्रकार के मिष्ठान्न परोसे जाते हैं। पुलाव को कच्ची रसोई मानने के कारण लोग उसे पहले बड़हार में नहीं परोसते थे। इस अवसर पर मान्य गण मण्डप में और अन्य बराती अन्यत्र बिठाये जाते थे। अधिकतर विवाह ग्रीष्म ऋतु में होते थे, इसीलिए बर्फ की बड़ी व्यवस्था की जाती थी और केवड़ा डालकर पूरे कुएँ को सुबासित कर दिया जाता था। शकर का शर्बत तो दिन भर चलता था, इसलिए वह छोटे कुएँ में बना लिया जाता था। धनीमानी लोग जनवासे से श्रीवर के गाँव तक जगह-जगह बाजार लगवा देते थे, जिससे बरातियों को जरूरी चीजें निःशुल्क मिल जायें। बरात को अधिक से अधिक दिनों तक रोकना उन दिनों गौरव की बात थी। विदाई का मुहूर्त न मिलने से इसकी अवधि एक दो दिन बढ़ जाती थी।

ऐसी स्थिति में कई बड़हार देने होते थे और उन्हें लोग छोटा बड़हार, बड़ा बड़हार या छोटा भात और बड़ा भात आदि नाम दे देते थे। उन दिनों बरात में सम्मिलित होना सुख-सौभाग्य का विषय था। लोग इन्तजार करते रहते थे। जो बरातें कष्टप्रद होती थीं, उनको भी लोग भुला नहीं पाते थे। अपनी अमीरी-गरीबी के बावजूद अवध के जन सामान्य की कोशिश यह होती थी कि वह अपने अधिकाधिक बल वैभव तथा प्रबन्ध कौशल का प्रदर्शन करे।

शिष्टाचार : यह एक प्रकार का दरबार होता था। वर पक्ष वाले अपने साथ इतर फुलेल, चाँदी के थाल, मूर्छल अर्थात् दरबार का सामान लेकर आते थे, साथ ही कुछ शास्त्रज्ञ पंडित भी। जनवासे में महफिल सजती थी। एक ओर वर पक्ष के प्रतिभागी, दूसरी ओर वधू पक्ष के। मंगलाचरण के बाद वे बारी-बारी से एक-दूसरे की प्रशंसा में श्लोक/छन्द पढ़ते थे। इस अवसर पर वधू पक्ष से एक डलवे में चने की धुली दाल, चावल, गुड़ की भेली, पान, कत्था, सुपारी, तम्बाकू, कुछ पूड़ियाँ, तथा कुछ रुपये भेजे जाते थे। यह पूरा आयोजन बड़ा सुसंस्कृत, अत्यन्त कलात्मक एवं साहित्यिक स्तर का होता था। अगवानी करते हुए हाथी, घोड़ा, जंगी ढोल, गोला, पटाखा आदि के कारण जहाँ युद्ध या आक्रमण का आभास होता है, वहीं शिष्टाचार को देखकर दोनों पक्षों के स्नेह सौहार्द का दृश्य निर्मित हो जाता है। इसीलिए इस कार्यक्रम को 'वैवाहिक बिनय' का नाम दिया गया है। कहीं-कहीं इस अवसर पर नर्तकियों के नृत्य, कवि गोष्ठी और विभिन्न कलाकारों के कई मनोरंजक कार्यक्रम प्रस्तुत किये जाते हैं।

विदाई : तीसरे या चौथे दिन प्रातःकाल के पहले ही तैयारी शुरू हो जाती है। वधू पक्ष के लोग कुछ थकान के कारण और कुछ विदाई के गम के कारण अब उतने सक्रिय नहीं रह पाते हैं। घर की साज-सज्जा फीकी पड़ जाती है। बरातियों की उतनी कद्र नहीं हो पाती, इसीलिए यह कहावत चल पड़ी है—'लौटा बराती गुजरा गवाही।' घर के सब लोग दहेज-व्यवस्था में लग जाते हैं। प्रातः जल-पान के बाद बरात बहू के द्वार पर आती है। विशिष्ट जन मण्डप के नीचे विराजते हैं। वहाँ मान्यों, महामान्यों और अन्य सभी बरातियों को यथायोग्य 'बरतौनी' दी जाती है। यह मानदेय दाता और ग्रहीता के अनुसार दिया जाता है अर्थात् बड़ों को यह पाँव पखार कर दिया जाता है और छोटों को टीका लगाकर। समधियों को कटोरों में अक्षत के साथ अपने सामर्थ्य अथवा पूर्व निश्चय के अनुसार धन रखकर सादर दहेज (खोखा) समर्पित करने का विधान है। वर के पिता प्रजा वर्ग को, पंडित-पुरोहित को और बहू के छोटे भाइयों बहनों को वस्त्राभूषण, द्रव्य, स्नेहोपहार, इनाम आदि प्रदान करते हैं। तुलसीदास के शब्दों में—''नाऊ बारी भाँट, नट रामनिछावरि पाय।'' आज भी समधी जी चलते हुए मण्डप की परई पलटते हैं, माड़ौ की गाँठ खोलते हैं, समधिन जी से स्नेहोपहार का आदान-प्रदान करते हैं और समस्त बरातियों के साथ अपने घर के लिए विदा हो जाते हैं।

विदाई के दिन वर जी को 'कलेवा' दिया जाता है। वे सहबाला जी के साथ आकर मण्डप के नीचे विराजते हैं। परिवार और रिश्ते नाते की स्त्रियाँ सबका परिचय कराती हुई उन्हें भाँति-भाँति के उपहार देती हैं। वर जी घनिष्ठ सम्बन्ध वाली स्त्रियों के आँचल तब तक नहीं छोड़ते, जब तक मनचाही वसूली नहीं कर लेते। समझौते के लिए उनके पतियों को बुलाना पड़ता है। उपहार रूप में प्राप्त सारी सामग्री सहेज कर जनवासे भेज दी जाती है। विदा होते हुए वर कन्या की 'परछन' की जाती थी। इससे भी दोनों को काफी धनराशि मिल जाती है। मुँह दिखाई के लिए कन्या को अलग से धन दिया जाता है। अन्त में रोती चिल्लाती हुई कन्या पालकी में बैठती है। इन सबका रोदन बड़ा लय पूर्ण होता है। कुछ दूर जाने के बाद नव वधू की पालकी वापस करायी जाती है। सगुन के

तौर पर उसे पानी पिलाकर फिर विदा किया जाता है। पहले पालकी के साथ घोड़े पर सवार होकर श्रीवर जी और कुछ अंगरक्षक चलते थे, ताकि कोई डोली का अपहरण न कर सके। ससुराल पहुँचने के बाद बहू को एक सुरक्षित स्थान पर बिठा दिया जाता है और गाँव घर की स्त्रियों को आमन्त्रित करके शुभ मुहूर्त में उसके गृह प्रवेश की रस्म अदा की जाती है, जिसे 'उबहटि' कहते थे।

उबहटि : बहू जब प्रथम बार अपनी ससुराल के प्रवेश-द्वार पर पहुँचती है तो यह रस्म अदा की जाती है। कन्यादान के समय जो पिण्डियाँ बनायी जाती हैं, उन्हीं को लेकर बहू दरवाजे के तीनों ओर ग्यारह थापें लगाती है। एक थाप उसका पति लगाता है। घर की स्त्रियाँ उसकी आरती उतारती हैं तथा लोकगीत गाती हैं। बहू की ननदें पहले भीतर से दरवाजा बन्द कर लेती हैं, फिर मनचाहा नेग लेकर द्वार खोलती हैं। यह प्रथा ननद भौजाई के सनातन सम-विषम सम्बन्ध की सूचक है। द्वार खुलने पर बहू अन्न के ढेर पर से महावर के पद चिह्न छापती हुई घर में प्रवेश करती है। यह प्रथा एक धनधान्य सम्पन्न परिवार की प्रतीक है।

मुँह दिखाई : गाँव घर में नववधू को निकट से देखने की, उसका स्वागत करने की और भेंट-उपहार देने की प्रथा आज भी बड़ी महत्त्वपूर्ण है। इस अवसर पर बहू को वस्त्राभूषणों से सजाकर बिठाया जाता है। गाँव घर की हर स्त्री एक-एक करके घूँघट उठाकर उसका मुख दर्शन करती है तथा 'मुँह देखाई' देती है। बहू अपने मायके से लायी हुई साड़ियाँ स्तर के अनुसार सबको सादर समर्पित करती है। अपनी सासु के लिए वह पूरी 'पेटारी' भरकर लाती है, जिसमें वस्त्राभूषण और शृंगार सामग्री रखी होती है। इन दिनों अधिकतर लोग यह 'मुँह दिखाई', वरमाला या 'रिसेप्शन' के समय ही कर लेते हैं। अब शादियाँ दिन में भी होने लग गयी हैं। पुराने रीतिरिवाजों में बड़ी कटौती हो गयी है। कभी-कभी टेलीफोन/वाट्सअप पर निकाह हो जाता है। कुछ विवाह आर्य समाज के मन्दिरों में, कुछ गिरजाघरों में और कुछ होटलों में अल्पकाल में ही सम्पन्न हो जाते हैं।

बहूभोज : मुँह दिखाई के बाद बहूभोज आयोजित किया जाता है। उस दिन नव वधू रसोई तैयार करती है। इससे उसकी पाक कला की परीक्षा हो जाती है। घर के सभी बड़े बुजुर्ग भोजन करते हुए उसे नेग के रूप में गहने या रूपये देते हैं। इसके साथ ही उसका दाम्पत्य जीवन शुरू हो जाता है। यहाँ सुहागरात भी बड़े हर्षोल्लास के साथ मनायी जाती है। इन दिनों 'हनीमून' हेतु जाने की प्रथा चल पड़ी है।

अवध क्षेत्र में अलग-अलग जातियों की वैवाहिक प्रथायें एक दूसरे से काफी भिन्न हैं। मुस्लिम समाज में सेहरा और निकाह का रिवाज है। उनके भोज में मांसाहार का प्रबन्ध किया जाता है। कुछ जातियों में मद्यसेवन और मांसाहार, दोनों का चलन है। अहीरों में दही बड़ा बहुत खिलाया जाता है, ज़बकि मुसलमानों के बीच वह पूर्णतः वर्जित है। इनके रीति-रिवाज भी कुछ अलग-थलग हैं। कहीं दहेज तथा पर्दा प्रथा ज्यादा है, कहीं कम। मुसलमानों और सरदारों में प्रायः अपने घनिष्ठ रिश्तों में ही शादी की जाती है। मुस्लिम समाज में 'मेहर' का रिवाज है। वहाँ मौलवी वर-वधू से सम्बन्ध कुबूल करवाता है। तलाक प्रथा मुस्लिम समाज में अलग तरह की है। कुछ जातियों में विवाह के बिना लोग सम्बन्ध कर लेते हैं, जिसे 'ओढर' कहते हैं। कुछ क्षेत्रों में करवा (विधवा विवाह) प्रचलित है। दोहाजू अथवा कल्याण भार्य (विधुर) का विवाह कठिनाई से होता है। कहीं-कहीं गौना (द्विरागमन) का बड़ा महत्त्व है। विवाह के बाद 'चौथी' भेजने का एक रिवाज प्रचलित है। कुछ तथाकथित छोटी जातियों में बरात नहीं जाती, बल्कि कन्या के घर वाले वर के पास 'पे पुंजी' लेकर जाते हैं। अवध में

अनुलोम-प्रतिलोम, बालविवाह, बहुविवाह, अविवाह, अनमेल विवाह, प्रेमविवाह, जातीय विवाह, रखैल, एकनिष्ठ वेश्या परम्परा, वेश्या विवाह, पुनर्विवाह, विवाह विच्छेद आदि अनेक समस्याएँ विद्यमान हैं। कहीं-कहीं 'टिपनी' यानि विनियम के सहारे शादी की जाती है। 'सतवाही' अर्थात् भंगेडू या भ्रष्ट यानि वदनाम स्त्री के विवाह में बड़ी बाधाएँ आती हैं। कुछ लोग स्त्रियों को भगाकर लाते थे और कुछ लोग दूरवर्ती क्षेत्रों के गरीब-परिवारों से लड़कियाँ खरीदकर शादी करते थे। इन समस्त कुप्रथाओं के सुधार तथा पुनर्वास की, दहेज रहित विवाह, सामूहिक विवाह की और महिला-कल्याण की अनेक योजनाएँ सम्प्रति चलायी जा रही हैं।

मुस्लिम विवाह : इस अंचल में मुस्लिम वर (सौहर) और दुल्हन के साथ कई विचित्र रस्में अदा की जाती हैं। विदा के पूर्व यह कोशिश की जाती है कि दुल्हन की एक लात दूल्हे के पड़ जाये। इसी समय दूल्हे से दुल्हन की सेवा करने के कई वायदे कराये जाते हैं। फिर एक रहल पर कुरान शरीफ और उस पर एक शीशा रखकर उसी के द्वारा चेहरा दिखाया जाता है। मुँह देखने के पहले दूल्हा कुरान शरीफ का एक अध्याय पढ़ता है। बड़ी खुशामद के बाद दुल्हन अपनी आँखें खोलती है। इसके बाद दुल्हन को ससुराल के लिए सजाया जाता है। डोमिनियाँ विदाई के विरह गीत गाती हैं। लोग दुल्हन को उपहार देते हैं और रो-रोकर विदा करते हैं। तभी दुल्हन की पालकी आती है। दूल्हे राजा अपनी दूल्हन को गोद में उठाकर उसमें बिठाता है। इस समय बाहर 'शर्बत पिलाई' होती है। लोग शर्बत की थाली में रुपये डालते हैं, जो दूल्हे को दे दिये जाते हैं। विदा होते समय सबसे आगे दुल्हन की पर्देदार पालकी होती है। उसके दोनों तरफ कहारियाँ होती हैं। उसके पीछे दूल्हा का घोड़ा, उसके नौकर और फिर रिश्तेदार रहते हैं। जुलूस के साथ-साथ दहेज का सामान लेकर मजदूर चलते हैं। बरात जब दूल्हे के घर पहुँचती हैं तो मुबारक, सलामत और बनड़े गाये जाते हैं। शादी में दुल्हन को दहेज रूप में 'मेहर' देने का विधान है। काजी की उपस्थिति में दुल्हन की स्वीकृति के बाद निकाह पूरा होता है। इस शादी में मेंहदी की रस्म महत्त्वपूर्ण मानी गयी है। इस अवसर पर शहनाई, बैंड, नोहे आदि बजते हैं और सेहरा, बन्ना नामक लोकगीत गाये जाते हैं। बरात में प्रायः लखनऊ के ये व्यंजन परोसे जाते हैं—कोरमा, शाही कवाब, बिरियानी, रोगन जोश, कोते, मुगलई पराँठे, मलाईदान, शीरमाल, शाही टुकड़े, मिष्ठान्न आदि।

अन्त्येष्टि संस्कार : निधन के बाद होने वाला संस्कार अन्त्येष्टि संस्कार कहलाता है। इस क्षेत्र में व्यक्ति के निधनोपरान्त दक्षिण दिशा में उसके पैर करके धरती पर लिटा दिया जाता है। अन्तिम क्षणों में मुँह में गंगाजल, तुलसीदल डालकर गोदान कराते हैं। गीता एवं गरुड़ पुराण के पाठ का विधान है। यहाँ दाह कर्म रात्रि में नहीं होता है। यदि मृतक सधवा है तो उसका विधिवत श्रृंगार किया जाता है। यदि दीर्घायु प्राप्त है तो उसका विमान मण्डप बनाया जाता है। शव यात्रा में अधिकाधिक लोग सम्मिलित होते हैं। अर्थी में कण्डे और पयाल रखा जाता है। शव को हरे बाँसों पर बाँधा जाता है। उसे चार-चार लोग कन्धा देते हैं। केवल जामाता को मनाही रहती है। दाह प्रायः गंगा तट पर किया जाता है। जब तक शव गाँव में रहता है, तब तक घरों में चूल्हा नहीं जलता है और मनोरंजक कार्यक्रम भी नहीं होते हैं।

शव यात्रा से लौटकर लोग मठ्ठे में भीगा चावल चखते हैं। नीम के पल्लव का स्पर्श करते हैं। कोई अभिवादन नहीं करता। 'दसवाँ' में स्वजन परिजन एकस्थान पर एकत्र होकर स्नान करते हैं और डाभ (दर्भ) पर कुश से तिलांजलि देते हैं। इस बीच न क्षौर कर्म होता है, न धोबी के धुले कपड़े पहने जाते हैं, न तेल लगता है, न पान सुपारी का सेवन किया जाता है। दसवाँ के दिन शैय्या

दान करके प्रेत पूजन का समापन किया जाता है। अन्त्येष्टि विषयक कुछ विशिष्ट लोक प्रथाएँ हैं। जैसे—शव रात को बस्ती में नहीं रखा जाता है। रात में दाह भी नहीं होता है। शव दाह के पूर्व भोजन वर्जित होता है। निर्धन को प्रायः दफना दिया जाता है। उच्च मध्य वर्ग के मृतक का दाह संस्कार होता है। सर्वोत्तम माना जाता है सरयू, गोमती, काशी-प्रयाग कानपुर, डलमऊ आदि की गंगा के श्मशान घाट पर दाह और प्रवाह। मृत्यु पूर्व गोदान कराना और मुँह में गंगा जल, रेणु, तुलसी डालने को बड़ा महत्त्व दिया जाता है। दाह संस्कार होने के बाद सभी लोग स्नान करके जलती आग पर नीम के पल्लव डालते हैं। इस समय पानी उबाला जाता है, जिससे सभी लोग पैर धोकर आँगन में कुछ देर बैठते हैं तथा माठा चावल चखते हैं। फिर अपने-अपने घर जाते हैं। दलितों में शवयात्री तीसरे दिन बहुरी शखत ग्रहण करते हैं। शव (मिट्टी) को नहलाकर नये वस्त्र पहनाए जाते हैं, फिर उसके ललाट पर तिलक लगाया जाता है। हरे बाँस की खटिया पर लेटाकर उसे लोग श्मशान ले जाते हैं। जिसका पति जीवित हो, उस सौभाग्यवती दिवंगता के शरीर का पूरा श्रृंगार किया जाता है। उसके दोनों हाथों में लड्डू रखे जाते हैं। उस पर लाल वस्त्र या चुनरी का कफन ओढ़ाया जाता है।

अन्त्येष्टि का समापन अर्थात् शुद्धीकरण 'तेरहीं' के बाद होता है। इस दिन भोज होता है। 13 ब्राह्मणों को वस्त्र द्रव्य आदि दान स्वरूप देकर दिवंगत को तृप्ति तथा मुक्ति प्रदान की जाती है। चूँकि वर्ष पर्यन्त कोई मांगलिक कृत्य सम्भव नहीं होता, इसलिए आजकल तेरहीं के साथ 'बरखी' भी हो जाती है। प्रतिवर्ष पितृपक्ष में ऐसी मान्यता है कि पूर्वज 15 दिनों के लिए पृथ्वी पर उतर आते हैं, अतः उन्हें पानी देने (पिण्डदान करने) का यहाँ विधान है। यदि उनकी 'गया' कर दी जाती है तो फिर श्राद्ध करने की आवश्यकता नहीं रह जाती।

सपिण्डी : यह पितृ पूजा और श्राद्ध का विधान है। कूर्म पुराण में कहा गया है, कि पूर्वज पितरों को प्रेत योनि से मुक्ति दिलाने के लिए यह क्रिया होती है। श्राद्ध कर्म आश्विन माह में एक पखवारे तक चलता है। नवरात्र के एक दिन पूर्व पितृ-विसर्जन किया जाता है। इस अवधि में नित्य पाँच पीढ़ी तक के पूर्वजों को तिल, पुष्प मिश्रित जल अर्पित किया जाता है। विसर्जन के समय यज्ञ, भोज, दान आदि का विधान है। अवध क्षेत्र में पितृ पक्ष के अन्तर्गत कोई समारोह, नव निर्माण, खरीद-फरोख्त, नव वस्त्राभूषण, क्षौर कर्म आदि वर्जित हैं। लोग धोबी का धुला वस्त्र नहीं पहनते। पैरों में जूते-चप्पल नहीं धारण करते। कोई मांगलिक कार्यक्रम नहीं आयोजित करते और पूरी शुचिता के साथ जीवन यापन करते हैं। हिन्दुओं का विश्वास है कि पिण्ड रूपी जीव मृत्यूपरान्त ब्रह्माण्ड में मिल जाता है। पितृ पक्ष में उसे आटे, खीर, खोए आदि के पिण्ड अर्पित करके पितृ यज्ञ किया जाना अभीष्ट है।

तिराता : दाह के 6 दिन या दसवाँ तक घर में कड़ाही नहीं चढ़ाई जाती। प्रायः मट्ठा भात खाया जाता है। नमक वर्जित होता है। दाग देने वाला एक बार भोजन करता है। रात में पिण्ड को खिलाने हेतु वह भोजन ले जाता है। दसवाँ के दिन पूरा थाल परोसकर जीव को अर्पित किया जाता है, फिर बिना पीछे देखे घर लौटा जाता है। वहाँ एक गगरी में पानी डाला जाता है। पीपल वृक्ष पर एक घट (गरिया) रखी जाती है। वहाँ रोज अन्नदान करके ही भोजन किया जाता है। दसवाँ पर 'दोनकी' निकालकार, पिण्डदान करके इस संस्कार की समाप्ति होती है। तेरहवें दिन ब्रह्म भोज कराया जाता है। दसवाँ (काम) में पूरा शय्या दान किया जाता है। इसके लिए महाब्राह्मणों को आमन्त्रित किया जाता है। दाग देने की प्रथा यहाँ बड़ी जटिल है। वंश बिरादरी के सब लोग बस्ती के बाहर नित्य कुएँ पर नहाते हैं। एक जगह कुश 'डाभ' स्थापित किया जाता है। उस पर सब तिलांजलि देते हैं। स्नान के पूर्व नखों में पिसी सरसों लगाते हैं। 'दगहा' व्यक्ति किसी को छूता नहीं है। वह

अपनी कमली, अपने पात्र अलग रखता है। मात्र एक बार एक अन्न खाता है। वह स्वयंपाकी रहता है। ब्रह्ममुहूर्त में वह प्रेतात्मा को अन्नजल देने जाता है। संध्याकाल में पीपल घट में दीप जलाता है। ऐसी लोक मान्यता है कि जब वह भोजन लेकर जाता है तो उस घट से दो हाथ निकलकर अन्न ग्रहण करते हैं। शैयादान लोग बड़ी उदारता से करते हैं। इसमें वर्ष भर की प्रयोज्य सामग्री होती है।

श्राद्ध तर्पण : पितरों के प्रति श्रद्धा व्यक्त करने के लिए इसका विशिष्ट विधान किया गया है। यहाँ श्राद्ध के चार प्रकार हैं—(1) पर्वण (2) एकोदिष्ट (3) नान्दी (4) सपिण्डी। कहीं-कहीं इसके बारह भेद बताये गये हैं। मनुस्मृति और याज्ञवल्क्य स्मृति में इसका विस्तृत वर्णन है। यह प्रत्येक मास के अन्तिम पाख की दोपहरी में किया जाना चाहिए। गौतम तथा वशिष्ठ के अनुसार यह प्रत्येक कृष्ण पक्ष की चतुर्थी को होना चाहिए। मनुस्मृति के अनुसार दशमी से त्रयोदशी तक यह कभी भी हो सकता है। मार्कण्डेय पुराण में इसके लिए ग्रहण काल को सर्वोत्तम माना गया है। वाराह पुराण के अनुसार सूर्य, चन्द्र ग्रहण और बुरे कर्मों के समय श्राद्ध अवश्य करना चाहिए। इसके लिए धर्मशील, वेदज्ञ, शास्त्रज्ञ ब्राह्मण को आमन्त्रित किया जाता है। ऐसी आस्था है कि उसे जो कुछ दिया जाता है, वह मृत प्राणी को प्राप्त हो जाता है। ब्रह्म पुराण में कहा गया है कि श्राद्ध हेतु समुचित द्रव्य, पात्र आदि देशकालानुसार श्रद्धापूर्वक और विधिवत् अर्पित किये जाने चाहिए। अवध क्षेत्र के ये संस्कार 'मानस' से बहुत प्रेरित हैं। गोस्वामी जी ने जातकर्म, नंदीमुख श्राद्ध, नामकरण, करनवेध, उपवीत, विवाह आदि का वर्णन किया है। यहाँ दशरथ की मृत्यु के बाद भरत से सारी क्रियाएँ करायी गयी हैं। पहले शव का स्नान, फिर दाह कर्म, फिर श्राद्ध आदि। यथा—

- **''नृप तन बेद विदित अन्हवावा**
- **सरजु तीर रचि चिता बनाई**
- **यह विधि दाह क्रिया सब कीन्ही.. तिलांजुलि दीन्ही।**
- **कीन भरत दस गात विधाना''** आदि।

चित्रकूट में सूचना पाते ही राम-लक्ष्मण पिता को श्रद्धाजंलि देते हैं। राम तो जटायु एवं शबरी तक का संस्कार करते हैं और बालि, रावण आदि का क्रिया कर्म करवाते हैं।

तुलसी के ये संस्कार अवध क्षेत्र के लिए प्रादर्श हैं। यहाँ की वैवाहिक प्रथाओं के कई संकेत सूफी काव्यों में प्राप्य हैं। जायसी (पद्मावत) के अनुसार बरातों में हजारों घुड़सवार लोग जाते थे—('सात साठ ले घोर पलाने') साथ ही अनेक भार, कलावंत, रोरिया, तोरिया, बैलगाड़ी, पालकी आदि भी। ब्याह भोज में शताधिक व्यंजन परोसे जाते थे ('कनक पत्र लागी पनवारा') दहेज में ''आजर पापर भये पकावन, भाट सहस दुहु लाडू लावन'' अर्थात् मिष्ठान्न, पकवान के साथ वस्त्राभूषण और दास-दासियाँ प्राप्त होती थीं। जायसी के शब्दों में—''चेरी चेर सहस इक पावा'', ''चीर पटोर पाग आभरनू'' आदि पद्मावती के विवाह में दिये गये थे।

उपर्युक्त संस्कारों में देशकाल गत अन्तर है, जाति सम्प्रदायगत अन्तर है और वर्गगत भेद भी। जैसे मुसलमानों में 'खतना' का रिवाज है। ईसाइयों और मुसलमानों में शव को सुपुर्दे खाक (दन) किया जाता है। मय्यत में शरीक होना इनके लिए अनिवार्य है। संन्यासियों को गाजे बाजे के साथ समाधिस्थ किया जाता है या उनकी जल समाधि होती है। शिशुओं का दाह भी वर्जित है। षोडश संस्कार मात्र हिन्दू समाज में रहे हैं, जो आज सिमटकर छह रह गये हैं—जन्मोत्सव, मुंडन, छेदन, उपनयन, विवाह और अन्त्येष्टि। इस सूची में कुछ विद्वानों ने वानप्रस्थ और संन्यास को सम्मिलित किया है। इनके साथ शास्त्रीय मान्यताओं से कई गुना ज्यादा लोकाचार जुड़ गये हैं। इनमें आद्य

बिम्बों, टोटम या गण प्रतीकों का बाहुल्य है, जिनकी कूट भाषा को 'डिकोड' किये बिना उनका औचित्य तथा फलितार्थ पूर्णतः समझ में नहीं आ सकता। अस्तु, जब तक इनका नृतात्विक विश्लेषण न हो जाये, तब तक न इन्हें परम प्रासंगिक और ज्ञान विज्ञान सम्मत कहा जा सकता है और न मात्र आदिम अन्धविश्वास।

अवध में कुछ संस्कार नाम मात्र को रह गये हैं। जैसे युवक जब दाढ़ी मूँछ बनाना शुरू करता है, उस दिन नाई को नेग निछावर देकर 'केशान्त संस्कार' मना लेते हैं। विद्यारम्भ, वेदारम्भ और समावर्तन आज 'पाटी पूजन' के रूप में सिमट गये हैं।

अवध के प्राचीन काव्यों में इन संस्कारों का यथोचित उल्लेख किया गया है। जायसी ने 'पद्‌मावत' में पद्‌मावती के जन्म प्रसंग में 'छठी' मनाने का उल्लेख किया है। उसकी विधिवत जन्मपत्री बनवाकर देखा गया है कि वह समस्त 32 गुणों से ओतप्रोत है। उसके विवाहोत्सव के प्रसंग में जायसी ने जयमाल, भाँवर, सप्तपदी, निछावरि, कलेवा भोज, गारी गायन, दहेज आदि का विस्तृत विवरण दिया है। गोस्वामी जी ने रामचरितमानस में जातकर्म, चूड़ाकरण, कर्णवेध, उपनयन, विवाह का वर्णन किया है। ये प्रथाएँ न्यूनधिक अन्तर के साथ अवधांचल में सहस्राधिक वर्षों से प्रचलित हैं। इन पर शक, हूण, कुषाण, ग्रीक, तुर्क, मुगल, अंग्रेज आदि विजेता जातियों का कुछ प्रभाव पड़ा है, जैसे श्रीवर का जामा, पाग (पहनावा)। अधिकांशतः ये संस्कार ग्रह्यसूत्रों और स्मृतियों से उत्प्रेरित रहे हैं।

कुल मिलाकर ये संस्कार अवध क्षेत्र में आज भी महत्त्वपूर्ण माने जाते हैं।

सामाजिक नाते-रिश्ते

अवध के सामाजिक सम्बन्धों में बड़ा वैविध्य है। मर्यादा को यहाँ सर्वाधिक महत्त्व दिया जाता है। बड़े बुजुर्गों के सामने ताम्बूल चर्वण, धूम्रपान, मद्यसेवन आदि वर्जित हैं। प्रत्येक आसन पर वरिष्ठ जन सिरहाने बैठते हैं और कनिष्ठ जन पैताने। पुरुष बाहर बैठकों में सोते/रहते हैं। स्त्रियाँ घर-आँगन में सोती हैं। प्रायः बड़ों के सो जाने के बाद दम्पति का परस्पर मिलन सम्भव होता है। बहुएँ शयन पूर्व सास के पाद पलोटन करती हैं। प्रातः उनके जागने के पूर्व जाग जाती हैं और प्रायः प्रयास करती हैं कि शयन के कोई चिह्न न दिखें। नववधू, श्वसुर, जेठ और बड़ों से पर्दा करती है। उनकी छाया तक का स्पर्श वर्जित है। बुजुर्गों के सामने पति-पत्नी का पारस्परिक वार्तालाप, अपने बच्चों को गोद में खिलाना, दुलराना अमर्यादित माना जाता है। दूसरी ओर पोता-पोती, भतीजा-भतीजी तथा भांजे को खुलकर प्यार किया जाता है। पिता-पुत्र और छोटे-बड़े भाइयों, ताऊ, दादी, चाची आदि से निःसंकोच वार्तालाप नहीं होता है। देवर-भाभी, मामा-भांजे और बुआ-भतीजे के बीच खुले मज़ाक होते हैं। स्त्रियों के बोलने, हँसने की आवाज घर के बाहर नहीं आनी चाहिए। वे प्रायः साँकल खटखटाकर बाहर बैठे लोगों को सूचनाएँ देती हैं। स्त्रियों के अधोवस्त्र छिपाकर सुखाये जाते हैं। मुक्त कुन्तला रूप मर्यादित नहीं माना जाता। केवल कन्याएँ और वृद्धाएँ मुक्त केश रह सकती हैं। केश प्रसाधन, नहछू या महावर के बाद बहू घर की बुजुर्ग महिलाओं के चरण स्पर्श करती है। जब कोई आदरणीया बुजुर्ग महिला घर आती है तो बहू सात बार उसके चरण स्पर्श करती है। उसकी पिछौरी स्वयं उतारती है। उन्हें आसन देती है और हर बार सास जिठानी के चरण स्पर्श करती है। यहाँ घर भीतर जूते-चप्पल नहीं लाये जाते। कन्याओं से पैर छुआना, देह दबवाना, कपड़े धुलवाना, जूते पालिश करवाना आदि वर्जित है। गौरी कन्या देवी स्वरूपा मानी जाती है, इसलिए हर आयोजन के पूर्व 'कुँवारी खिलाने' की प्रथा है। विधवाओं की स्थिति दुर्भाग्यपूर्ण है। किसी मांगलिक आयोजन में यहाँ उनकी उपस्थिति

शुभ नहीं मानी जाती। उसके लिए सात्विक भोजन, सादा रहन-सहन, अधिकाधिक पूजा-पाठ और सम्मोहन शून्य व्यक्तित्व का विधान किया गया है। यहाँ स्त्रियों पर ही मर्यादा का अधिकांश बोझ डाला गया है। वे मुँह अँधेरे झुण्ड बनाकर धन खेतों में शौच (बहिरे) के लिए जाती हैं। पानी भरा लोटा अपनी धोती या पिछौरी में छिपा लेती हैं। टट्टी, पेशाब आदि शब्दों का नाम नहीं लेती हैं।

पिछले दशकों में जो परम्पराएँ प्रचलित थीं, उनमें अब काफी परिवर्तन हो गया है। पहले स्त्रियाँ सबके साथ कुर्सी मेज पर भोजन/जलपान नहीं करती थीं। पूरी थाली सजाना और अपने लिए पूरा बिस्तर लगाना श्रेयस्कर नहीं माना जाता था। सबके बाद में चुपके से खाना, सोना और जागना मर्यादित आचरण माना जाता था। कालेजों में जाकर पढ़ने, एकाकी कहीं प्रवास करने, नौकरी करने और स्वतन्त्र निर्णय लेने का रिवाज नहीं था। बरात तथा शवयात्रा में उनका शरीक होना मना था। उनकी दुनिया घर-आँगन तक सीमित थी। किन्तु अब स्थिति बहुत बदल गयी है। स्त्रियाँ हर क्षेत्र में लगभग पुरुषों के समकक्ष हैं। इसके बावजूद शोषण, उत्पीड़न, घरेलू हिंसा आदि की स्थितियाँ भी काफी कुछ अभी बरकरार हैं।

अवध के नाते-रिश्तों में दादा-दादी (अइया, आजी), काका-काकी, ताऊ-ताई, चाचा-चाची, बहन-भाई, भाभी, ननद-ननदोई, फूफा-बुआ, साला-साली, सलहज, बहनोई, साढू, समधी, मामा-मामी, नाना-नानी, भांजा-भांजी, पुत्र-पुत्री, पौत्र-पौत्री, मौसा-मौसी, भतीजा-भतीजी, पतोहू-नतोहू, देवरानी-जेठानी, देवर-जेठ, सास-ससुर, नाती-नातिन, माता-पिता आदि अभी प्रचलन में हैं। संयुक्त परिवार के विघटन, नगरीकरण और स्तर भेद के कारण इन रिश्तों की प्रगाढ़ता बहुत कुछ प्रभावित हुई है, फिर भी जो अवशेष विद्यमान हैं, वे सुरक्षणीय हैं।

सामाजिक विसंगतियाँ

अवध क्षेत्र में अनेक प्रकार की कुप्रथायें, कुरीतियाँ अर्थात् कई विसंगतियाँ दिखायी देती हैं। इन्हें अन्धविश्वास भी कहा जा सकता है। निरक्षरता के कारण यहाँ भूत-प्रेत, ज्योतिष, कर्मकाण्ड, स्वर्ग-नरक, लोक-परलोक, जादू-टोना, तन्त्र-मन्त्र, झाड़-फूँक आदि से सम्बन्धित अनेक प्रकार के अन्धविश्वास अभी विद्यमान हैं। इसे पण्डा, पुरोहित, मुल्ला-मौलवी, पादरी अर्थात् विभिन्न धर्मों के महन्तों, मठाधीशों ने बढ़ावा दे रखा है। ज्ञान-विज्ञान के प्रसार द्वारा इन अन्धविश्वासों में क्रमशः कमी होती दिख रही है। ये विसंगतियाँ अकारादि क्रम से द्रष्टव्य हैं—

कन्या भ्रूण हत्या : इस समाज में लिंग भेद की समस्या ने उग्र रूप धारण कर लिया है। यहाँ प्रायः पुत्री को पुत्र के समकक्ष स्थान नहीं मिलता। कई कठोर नियमों के बावजूद लोग कन्या भ्रूण को नष्ट करा देते हैं। धीरे-धीरे यह स्थिति बदलती हुई दिख रही है।

टोना-टटका : टोने-टटके के रूप में यहाँ कई प्रकार के अभिचार देखे जाते हैं, जैसे—पुत्र प्राप्ति के लिए यहाँ पीपल की पूजा की जाती है। बबूल के तने पर तीन दिनों तक शौच का बचा पानी चढ़ाकर अथवा बबूल के मचवे वाली खाट पर कई रात सोकर किसी भी आत्मा को वशीभूत किया जा सकता है। ऐसी मान्यता है कि बेल, ढाक और गूलर की लकड़ी से कोई भी जादू किया जा सकता है। चील के घोंसले से प्राप्त लकड़ी से किसी खजाने के दरवाजे तक खोले जा सकते हैं। बत्तख पर बच्चे को बिठाकर उसका रोग शान्त किया जा सकता है। ऐसी मान्यता है कि महामारी में मरी हुई औरत नागिन बन जाती है। जिस घर में कबूतर रहते हैं, वह शीघ्र नष्ट हो जाता है। जिस घर में कलह करानी हो, वहाँ स्याही नामक पशु के काँटे गाड़ दिये जाते हैं। जिस घर में केंचुल लगा दी

जाती है, वहाँ सर्प नहीं आते हैं। यह भी आस्था है कि काले कुत्ते की सेवा करने से, घोड़े की नाल और नाव की कील से बना छल्ला पहन लेने से शनि का कोप शान्त हो जाता है।

यहाँ अकाल पड़ने पर गाँव की स्त्रियाँ रात में नग्न होकर हल चलाकर इन्द्र देव को प्रसन्न करती हैं। गाँव के बच्चे घर-घर जाकर जमीन पर लोटते हैं और नारा लगाते हैं—'काले मेघा पानी दे'। लोग ग्राम देवता (शिवलिंग) को पानी में डुबोकर उनसे वर्षा की याचना करते हैं। अतिवृष्टि, बाढ़ या दुर्दिन की स्थिति में मामा और भांजे मिलकर एक टोटका करते हैं। वे आँगन में कुछ मेढ़क गाड़ देते हैं। ऐसा लोक विश्वास है कि इससे वर्षा थम जाती है।

गाँव में आग लग जाने पर भी कई लोग मन्त्रों और टोटकों का प्रयोग करते हैं। विवाह में द्यूत क्रीड़ा में यक्ष-यक्षिणी के प्रतीक रूप में जो गौरी भाँड़ भेजे जाते हैं, उनमें भी टोने-टोटके का प्रभाव दिखता है। प्रसूति गृह में पद-पद पर इनका प्रयोग किया जाता है।

इसी प्रकार विभिन्न ग्रहों, देवी-देवताओं और लोकोत्तर शक्तियों को परितुष्ट रखने के लिए भाँति-भाँति के टोने किये जाते हैं। इस दृष्टि से कई फकीरों और कई सूफी सन्त साधकों की ख्याति यहाँ छायी हुई है। अनेक प्रकार के मठ, चौरे, मजार अर्थात् ऐसे साधना स्थल यहाँ हैं, जहाँ तरह-तरह के करिश्मे बताये जाते हैं। इनका विस्तृत वर्णन धर्म-सम्प्रदाय से सम्बन्धित अध्याय में भी प्राप्य है।

छुआछूत : यह भारतीय समाज का एक दुस्साध्य रोग है। अवध क्षेत्र की बहुत बड़ी विडम्बना यह है कि हर जाति अपने सजातीयों के साथ भी छुआछूत का भाव रखती है। इसके कारण सामाजिक सौहार्द और यथोचित सांस्कृतिक-आर्थिक विकास नहीं हो पा रहा है। चुनावी राजनीति ने इसे अनुचित बढ़ावा दिया है। इस दिशा में गाँधी, अम्बेदकर, मालवीय जी, स्वामी विवेकानन्द आदि ने बहुत प्रयास किये हैं। साहित्यकारों ने भी इस दलित चेतना को भरसक उभारा है। इस सम्बन्ध में कई कानून बने हैं, लेकिन अभी समस्या पूरी तरह हल नहीं हुई है। इसके साथ वर्ग भावना जुड़ गयी है। सामाजिक समरसता के लिए इसका स्थायी समाधान खोजना आवश्यक है।

तन्त्रमन्त्र : जब किसी व्यक्ति को साँप डस लेता है तो जहर झाड़ने के लिए मन्त्र सिद्ध ओझा बुलाये जाते हैं। ऐसा विधान है कि बिना बुलाये भी ओझा जी को अपना सब काम छोड़कर वहाँ पहुँच जाना चाहिए। वह विषाक्त व्यक्ति की पीठ पर फूल की एक थाली चिपका देता है और गारुड़ि मन्त्र पढ़-पढ़कर उस थाली पर मिट्टी के ढेले फेंकता है। विष की लहरों के साथ वह थाली गिरती रहती है। इस मरीज को बेर के फूल भी सुँघाये जाते हैं। यहाँ कुछ गाँवों में आखतीज बाबा के चौरे बने हुए हैं। उनके चौरे पर मरीज को लिटा देने से विष शान्त हो जाता है। लोक प्रचलित कथा यह है कि इन्हीं महात्मा के प्रयास से जनमेजय ने नाग यज्ञ बन्द कर दिया था। इसलिए नाग बाबा ने इन्हें यह वरदान दिया था कि जो तुम्हारे चौरे में शरण लेगा वह निर्विष हो जायेगा। मन्त्र द्वारा दंशक साँप को बुलाने तथा उसके द्वारा जहर चूस लेने के दावे भी यहाँ सुनाई देते हैं। कुछ मन्त्र चोरी का पता लगाने, खोए हुए व्यक्ति को खोज निकालने और पागल को प्रबुद्ध बना देने के लिए भी प्रयुक्त होते हैं।

यहाँ नजर झाड़ने के कई तरीके प्रचलित हैं। ऐसा लोक विश्वास है कि जो व्यक्ति गर्भ से उलटा पैदा होता है, उसकी बदनजर बहुत लगती है। उसकी कुदृष्टि से इन पाँच को सदैव खतरा रहता है—1. बड़े थन वाली दुधारू गाय-भैंस 2. फलों से लदा वृक्ष 3. पकी फसल वाला खेत 4. सुन्दर गभुवार बालक 5. लँगोटा पहने पहलवान। यहाँ सबके सामने थाल सजाकर खाने से और बच्चे को दूध पिलाने से नजर लग जाने का भय बना रहता है। नजर झाड़ने के लिए चारों ओर अभिमन्त्रित

काली सरसों छिड़की जाती है और दीये में लाल मिर्च जलाकर उसका प्रतिकार किया जाता है।

घर में जब प्रसव होने वाला होता है तो प्रसूता का जेठ एक हाथ से सात कुओं का पानी काढ़ता है। उसे जच्चा को पिलाया जाता है। इससे प्रसव पीड़ा नहीं होती।

जातक के मूल नक्षत्र में पैदा होने पर जो मूल-पूजा की जाती है, उसमें 27 तीर्थों या कुओं का जल और 27 वृक्षों की छाल एकत्र की जाती है। इस बीच पिता और मामा के लिए बालक को देखना और उसका रोदन सुनना मना होता है।

जब कोई माननीय अतिथि बाहर से आता था तो पहले उसे अर्घ्य दिया जाता था। घर की पुरखिन एक लोटे में पानी और फूल पत्ती लेकर अतिथि की ओर धार छोड़ती हुई चलती थी। गाँव के डाँडे पर पहुँचकर यह अतिथि अभ्यागत भी एक लौंग तोड़कर फेंक देता था, ताकि अलाय-बलाय उसके घर तक न पहुँचे।

यहाँ कई प्रकार के लोक मन्त्र प्रचलित हैं। गर्मी की रात में हवा न चलने पर यह मन्त्र पढ़ा जाता है–

''चले बयरिया, कटै खेहरिया, दुहाई लोना की''

अधिक भोजन कर लेने पर लोग अपना पेट सहलाते हुए कहते हैं–

''अताती पताती समुन्दर सुखाती''।

गाँव में जब कोई संक्रामक बीमारी (जैसे हैजा, प्लेग) फैलती है तो सब देवी की मड़िया पर ढपला बजाते हुए एकत्र होते हैं और उनकी पूजा करते हैं। उनमें किसी न किसी पर देवी जी उतर आती हैं। आवेशावतार के क्षणों में वह व्यक्ति भयावनी हरकत करता है। लोग देवी से शान्त हो जाने की विनती करते हैं। देवी बलि देने तथा प्रायश्चित्त करने का आदेश देती हैं। तब वहाँ पूजा और भोज का आयोजन किया जाता है।

दहेज प्रथा : यहाँ कई जातियों में वर पक्ष या वधू पक्ष वाले दहेज, मेहर तथा ठहरौनी के नाम पर मनमानी रकम वसूलते हैं। इसके कारण विवाह व्यवस्था विकृत हो गयी है। इसके विरुद्ध कई कानून लागू हैं, किन्तु अभी यह प्रथा नियन्त्रण में नहीं आ पायी है।

आरम्भ में यहाँ दहेज के कुछ निर्धारित नियम थे। देहज को यहाँ कन्या धन (स्त्री सम्पत्ति) माना जाता था। पिता अपनी सम्पत्ति का एक हिस्सा देकर कन्या की गृहस्थी (वस्त्राभूषण, बर्तन, फर्नीचर) जुटाता था। कोई पिता जब अपनी सामाजिक स्थिति से ऊपर जाकर विवाह करता था तो ज्यादा दहेज देता था। जितना दहेज तय होता था उसका आधा तिलक में, चौथाई वरीच्छा में और आठवाँ हिस्सा गौने में दिया जाता था। यहाँ दहेज प्रथा वैश्य वर्ग, कान्यकुब्ज ब्राह्मण और राजन्य वर्ग में अपेक्षाकृत ज्यादा प्रचलित थी। अवध में प्रत्येक वैवाहिक प्रथा के लिए नेगचार की राशि हैसियत के अनुसार निर्धारित कर दी जाती थी। दहेज के ही अनुपात में पुरोहित की दक्षिणा और प्रजा को नेग दिया जाता था। दहेज रूप में दिये जाने वाले पलँग-बिस्तर आदि का भी एक निश्चित मूल्य रखा गया होता था। दहेज में जो बर्तन दिये जाते थे, वे संयुक्त परिवार व्यवस्था के अनुसार बड़े आकार के तथा प्रायः पीतल के होते थे। हण्डा, परात, बटुवा, थारा, बाल्टा–इन पाँच बर्तनों के कारण इन्हें पँचहड कहा जाता था। ये परिवार की सम्पत्ति होते थे। दहेज रूप में फूल के बड़े कटोरे में चाँदी के सिक्के, गिन्नी आदि अक्षत के साथ मण्डप के नीचे वर के पिता/बुजुर्ग को सादर अर्पित करते हुए क्षमायाचना की जाती थी। आभूषण कन्या के पास रहते थे। कालान्तर में यह प्रथा विकृत हो गयी। इसके पीछे बहुएँ मारी जाने लगीं और कन्याएँ अपात्रों को ब्याही जाने लगीं। अवध की

दहेज प्रथा का प्रथम उल्लेख जायसी ने किया है। उन्होंने राजा द्वारा वर को एक हजार दासियों की डोली, हीरा मोती, जवाहरात के चार लाख पटोरे और एक हजार कोकनी घोड़े दहेज रूप में दिये थे। तुलसी के अनुसार जनक ने सीता का विवाह करते हुए बहुत दहेज दिया था। बरबस दहेज वसूलने की कुप्रथा आधुनिक युग में ही शुरू हुई है, जो कानूनन प्रतिबन्धित है, किन्तु खुले आम प्रचलित है। इसका उन्मूलन अत्यावश्यक है।

नशाखोरी : यहाँ बहुत बड़ी मात्रा में लोग शराब (देशी, विलायती), ताड़ी, स्प्रिट, बियर, भाँग, डोडा, पोसा, चरस, गाँजा, अफीम, ब्राउन शुगर, हेरोइन, मैन्ड्रक्स आदि नशीले पदार्थों का सेवन करते हैं, 'प्रायः एडिक्ट' हो जाते हैं और अपना सर्वस्व नष्ट कर लेते हैं। यहाँ जगह-जगह दारू के अड्डे (मधुशालायें) खुली हुई हैं। कच्ची शराब के अवैध निर्माण और मादक पदार्थों की तश्करी बहुत बड़ी समस्या हो गयी है। जहरीली शराब पीकर आये दिन लोग मरते रहते हैं। वे अपना स्वास्थ्य चौपट कर रहे हैं। इस दुर्व्यसन के कारण उनका आर्थिक स्तर बिगड़ जाता है। नशे की हालत में लोग प्रायः परस्पर लड़ते-झगड़ते रहते हैं तथा अपनी पत्नियों को पीटते हैं। प्रायः अपना-अपना काम नहीं कर पाते हैं और सामाजिक प्रदूषण फैलाते हैं। यह नशाखोरी कहीं उनके अहंकार से उपजती है और कहीं हीनता बोध से। इसके सहारे लोग गम गलत करने का भ्रम पालते हैं। इसे मौज मस्ती मानते हैं और इसके द्वारा अपने वैभव का प्रदर्शन करते हैं। सरकार ने और समाज सुधारकों ने मद्य निषेध के कई उपाय किये हैं, लेकिन नशाखोरी यहाँ घटने के बजाय दिनोंदिन बढ़ती जा रही है। आम आदमी तम्बाकू, गुटका, खैनी आदि का शिकार है। आवश्यकता है कि इसके निवारण के लिए एक प्रभावी राष्ट्रीय योजना बनायी जाये।

पर्दाप्रथा : अवध की पर्दा प्रथा का उल्लेख पद्मावत में हुआ है। अलाउद्दीन जब पद्मावती को देखने की शर्त रखता है तो वह 'सात खण्ड धौराहर' में शीशे के सामने पर्दे के साथ आती है 'मानि गवा जँह घूँघट काढ़ी।' 'भीसे हेरि चीर गहि ओढ़ा।' तुलसी की सीता ग्राम बधूटियों को परिचय देती हुई और राजमहल में रहती हुई पर्दे की मर्यादा का निर्वाह करती हैं। यह पर्दा स्त्रीशील का परिचायक रहा है। पराधीन भारत में आक्रमणकारियों की कुदृष्टि से बचाने के लिए पहले इसे आपद् धर्म के रूप में अपनाया गया था, जो बाद में बन्धन बन गया। स्पष्ट है कि अवध में यह कुप्रथा दीर्घकाल से छायी हुई है। यहाँ आज भी स्त्रियों को घर-आँगन में कैद करके पर्दे में रखना कुलीनता का लक्षण माना जाता है। पर्दे के कई तरीके यहाँ प्रचलित हैं, जैसे घूँघट, बुरका, ताम-झाम, चिलमन आदि। पर्दा प्रथा के कारण स्त्रियों का स्वास्थ्य बिगड़ जाता है। उनका सहयोग न मिलने से यथोचित आर्थिक विकास नहीं हो पाता है। वे पर्याप्त शिक्षा नहीं प्राप्त कर पाती हैं और इस प्रकार समानाधिकार से वंचित रह जाती हैं। अब इस स्थिति में क्रमशः सुधार होता दिखाई दे रहा है।

बलि प्रथा : यहाँ पिछड़े क्षेत्रों में लोक देवता, प्रेत-पिशाच, जिन यानी अपदेवताओं की पूजा हेतु पशु-पक्षियों का वध और कहीं-कहीं नर बलि की घटनाएँ सुनाई दे जाती हैं। यों, बलि प्रथा अब पूर्णतः प्रतिबन्धित है।

बाल विवाह : यह प्रथा अवध में मध्यकाल से चल रही है। इसे रोकने के प्रयास जारी हैं। दिनों-दिन परिवर्तन हो रहा है किन्तु पूरी तरह बाल विवाह अभी रुके नहीं हैं।

बालश्रमिक : यहाँ गरीब वर्ग के बच्चे घरेलू नौकर के रूप में तथा होटलों और कारखानों में मजदूर के रूप में काम करने के लिए विवश हैं। 'बँधुवा मजदूरी' पर रोक लगने के बावजूद अभी यह अमानवीय वृत्ति यत्र-तत्र देखी जा सकती है।

भिक्षावृत्ति : अवध के गाँव-गाँव में, शहरों में, मुख्यतः तीर्थ स्थानों में भिक्षुकों की भरमार है। कुछ जातियाँ पीढ़ी दर पीढ़ी इस पेशे को साधिकार अपनाये हुए हैं। कुछ लोग विकलांगता वश और कुछ अकर्मण्यतावश इस वृत्ति से जुड़े हुए हैं। कहीं-कहीं जबरन भिक्षुक बनाने के 'रैकेट' चल रहे हैं। इनके लिए कुछ कल्याणकारी योजनाएँ शुरू की गयी हैं।

भूत-प्रेत : अवध क्षेत्र में भूत-प्रेत के पक्ष-प्रतिपक्ष में अनेक प्रकार के विचार व्याप्त हैं। यहाँ इन्हें कई नाम दिये गये हैं, जैसे—'बैताल', 'अगिया बैताल', 'पिशाच', 'ब्रह्म पिशाच', 'ब्रह्म राक्षस', 'देवदानव', 'यक्ष', 'भगौत', 'जिन', 'फेरू', 'परी', 'चुड़ैल', 'डाइन' आदि।

लोक जीवन में इन्हें 'मुडकटवा', 'लकडसुँधवा', 'सिरगोदना', 'चमरियामाई', 'भुइँयामाई' आदि नामों से भी जाना जाता है। ऐसा लोक विश्वास है कि जो लोग दुर्घटना में मारे जाते हैं या जिनकी अकाल मृत्यु होती है अथवा जिनका दाह नहीं किया जाता या जो दीवाली के दिन पैदा होते हैं, वे मरने के बाद भूत बन जाते हैं। भूतों के बारे में आम धारणा यह है कि इनके पैर उलटे होते हैं। ये नाक से बोलते हैं। इनके खूनी नाखून और बड़े-बड़े दाँत बहुत भयावने दिखते हैं। ये मांस और रक्त का भोजन करते हैं। इन्हें निशाचर कहा गया है, क्योंकि ये रात में ही सक्रिय होते हैं। ये प्रायः पेड़ों पर, खण्डहरनुमा घरों में और कब्रिस्तान में निवास करते हैं। इनके पास कुछ विशेष प्रकार की शक्तियाँ होती हैं, जिससे ये नाना रूप धारण कर लेते हैं, इच्छानुसार गायब और प्रकट हो जाते हैं और हवा में उड़ते रहते हैं। सूर्योदय होते ही ये गायब हो जाते हैं। रात में चलने वाले पथिकों को ये अपनी माया से बुला लेते हैं और दिग्भ्रमित करके मार देते हैं। बुद्धि की कमी के कारण इन्हें सहज रूप से मूर्ख भी बनाया जा सकता है। इस क्षेत्र में ऐसे कई साधकों से जुड़ी हुई जनश्रुतियाँ अभी प्राप्य हैं, जो युक्ति पूर्वक भूतों से अपनी खेती करवा लेते थे, मकान बनवा लेते थे और दुश्मन से बदला ले लेते थे। यहाँ गाँव-गाँव में ऐसे ओझा मिल जाते हैं।

भूतों के जो विभिन्न रूप चर्चित हैं, उनमें एक है ब्रह्म राक्षस। इसका उद्भव ब्राह्मण, आत्मा से होता है। इसे परम बुद्धिवादी, किन्तु साथ ही 'ध्वंसक' कहा जाता है। 'भगौत' नामक भूत चीते के द्वारा मारे गये व्यक्ति की आत्मा से बनता है। 'जमोघा' भूत बिल्ली के आकार का होता है। यह प्रसूतिकक्ष में जाकर नवजात का खून पी जाता है और गर्भवती का पेट फाड़ देता है। इसीलिए अवध में पहले बच्चों का नाम रात में नहीं पुकारा जाता था। जमोघा से बचने के लिए नवजात के निकट लोहे का औजार रखा रहता है। आग तो वहाँ निरन्तर जलती ही है। 'झीली' नामक भूत पक्षी के वेश में जिस पेड़ पर रहता है, उसके नीचे रुकने वाले व्यक्ति को वह मार देता है। उसे यदि ढेले से मारा जाता है तो उसे पंजे से पकड़कर वह किसी तालाब में डाल देता है। उस मिट्टी के ढेले के गलते ही पथिक की मृत्यु हो जाती है। ऐसी लोक मान्यता है कि इतवार को इस पक्षी को मार कर, जलाकर उसकी राख से सम्मोहन और वशीकरण मन्त्र सफलतापूर्वक फलित किया जा सकता है। 'फेरू' नामक भूत बवंडर के रूप में चलता है। अगिया बैताल के साथ भी जलती आग दिखायी देती है। वैज्ञानिक लोग इसे प्रज्वलित फासफोरस मानते हैं। 'परी' अत्यन्त (अद्रष्टपूर्व) सुन्दरी होती है। यह रात में गूलर का फूल लेने आती है और चाँदनी रात में मनुष्यों पर हमला करती है। 'जिन' चमत्कारी भूत होता है। इन भूतों से बचने के लिए लोग दाह देने के बाद जब घर लौटते हैं तो पीछे मुड़कर नहीं देखते। वे स्नान करके गोबर का कंडा, आग, पत्थर, लोहा, पानी और बायें हाथ की छिगुनिया से अपना बायाँ कान छूते हैं, नीम की पत्ती चबाते हैं तथा मृतक के घर में थोड़ी देर शान्ति पूर्वक बैठ कर चले जाते हैं। डाइन के बारे में यहाँ ऐसा लोक विश्वास है कि वह बड़ी मायाविनी

होती है और तन्त्र शक्ति का प्रयोग करती रहती है।

भूतों के बारे में यहाँ कई प्रकार की धारणायें प्रचलित हैं, जैसे—1. भूत धरती पर नहीं बैठता। 2. वह मन्दिर के निकट नहीं आता। 3. वह रुद्राक्ष, स्वस्तिक, क्रास आदि से डरता रहता है। 4. यह प्रायः उल्लू और सियार का रूप धारण करता है। 5. यहाँ यह माना जाता है कि भूत सुगन्ध से आकृष्ट होते हैं, अतः गन्ध लेपन किये हुए व्यक्ति को प्रायः हूरें (प्रेत) घेर लेती हैं। 6. इन्हें दूध का शौकीन माना जाता है। 7. ऐसी जन आस्था है कि प्रेत पैरों से घुसता है और भूत सिर से प्रवेश करता है, इसलिए बाहर से आकर लोग पहले पैर धोते हैं और प्रायः सिर मुड़ाते रहते हैं। 8. ऐसी मान्यता है कि हल्दी के जलते ही भूत भाग जाता है। 9. यहाँ पहले गाँव के प्रवेश-द्वार पर भूत रक्षक देवता (मुँइँहार) स्थापित किये जाते थे। 10. प्रायः भूत दूल्हे के साथ लग जाता है, अतः उसे मंच पर लोग पैर धोकर एवं कन्धे पर उठाकर ले जाते हैं। 11. इससे बचने के लिए आँखों में काजल लगाया जाता है और लोहे के कड़े पहने जाते हैं। 12. यह अधिकतर जन्म, विवाह और मृत्यु के समय आता है। 13. जो व्यक्ति मृतक को मुखाग्नि देता है, उसके आस-पास दस दिनों तक मृतात्मा बनी रहती है। इसलिए अपने पास लोहे के औजार रखना आवश्यक है। 14. मिठाई खाये हुए बच्चों को भूत ज्यादा घेरता है, इसलिए लोग मिष्ठान्न के बाद तुरन्त नमकीन पदार्थ खिला देते हैं। 15. भूत को भगाने के लिए यहाँ कई तरह के उपाय बताये गये हैं, जैसे (क) घर में घोड़े की नाल गाड़ देना, (ख) अपने पास घुँघची और कौड़ी रखना, (ग) राई लोन से नजर उतारते रहना, (घ) भूत चूँकि नर रक्त देखकर भागता है, इसलिए घर में लाल रंग का 'ऐपन' लगाना, (ङ) अपने निवास के निकट आग, पानी, मिट्टी, जौ, राई, सरसों और यज्ञ वेदी की व्यवस्था करना, (च) रक्षा सूत्र धारण करना, (छ) गेरू और लाल रंग के चिह्न अंकित करना, (ज) विवाह के समय पीले और लाल वस्त्र धारण करना, (झ) इन अपशक्तियों से बचने के लिए धरती पर शयन न करना आदि।

इस अंचल में संक्रामक बीमारियों का सम्बन्ध कई दैव दानवीय शक्तियों के साथ जोड़ा जाता है। चेचक की बीमारी के बीच आराध्य देवी हैं शीतला मइया। कालरा या हैजा की देवी है चमरइया माता। चेचक (शीतला माता) को जगदम्बा, कलेजे वाली या फफोले वाली माता भी कहा जाता है। यहाँ लोग शीतलाष्टमी को आग नहीं जलाते। जेठ के सोमवार को उनका पूजन स्त्रियों द्वारा किया जाता है। शीतला माता की सात बहनें मानी जाती हैं—असानी, अंगमानी, चमरइया, फूलमती, बसन्ती, लोककरइया आदि। बीमारी के बीच इनकी पूजा वर्जित होती है। शीतला के प्रकोप के बीच घर में एक ही बर्तन में खाना बनता है। इस बीच किसी प्रकार की यात्रा नहीं होती। लोग मरीज पर गंगा जल के साथ सात कपड़े और सुपारी डालकर उन्हें किसी कुएँ में फेंक देते हैं। इस बीच काले कुत्ते का गृह प्रवेश वर्जित होता है और गधे को घुघरी खिलायी जाती है। कहीं-कहीं स्त्रियाँ भी मरीज के पास नहीं जाती हैं। कुछ जातियों में बीमारी की देवी को प्रसन्न करने के लिए भैंसा, सूअर, खसी और चिड़ियों की बलि दी जाती है, साथ ही पूड़ी-पकवान का भोग भी लगाया जाता है।

वर्ग संघर्ष : अवधांचल में प्राचीन परम्पराओं और नवीन प्रचलनों के बीच टकराव की स्थिति बनी हुई है। कहीं बालिकाओं की उपेक्षा दिखती है तो कहीं विधवाओं तथा वरिष्ठ नागरिकों की। कहीं नाराज युवा पीढ़ी है, तो उन्हें कोसता हुआ कहीं भद्र समाज है। नर-नारी द्वन्द्व (जेन्डर कान्फ्लिक्ट) भी चिन्तनीय है। इसी प्रकार सवर्ण अवर्ण-पिछड़ा वर्ग के बीच एवं हिन्दू, मुस्लिम, सिख, ईसाई, बौद्ध, जैन आदि सम्प्रदायों के बीच, नेता-जनता के बीच और सर्वोपरि तो गरीब-अमीर के बीच बड़ी चौड़ी खाई है। सर्वजन कल्याण के लिए परस्पर सौहार्द की स्थापना करना अति आवश्यक है।

वेश्यावृत्ति : इस क्षेत्र में बहुत अरसे से यह कुप्रवृत्ति प्रचलित है। नवाबी शासन काल में इस कुप्रवृत्ति को बहुत बढ़ावा मिला। मुगलों और नवाबों की देखा-देखी देशी रजवाड़ों में भी रखैलों और रण्डियों का रिवाज चल पड़ा। शहरों में इनके कोठे बस गये। पहले ये रईसों की महफिलों में नृत्य और गायन के लिए विख्यात थीं, फिर देह व्यापार से जुड़ गयीं। इनके कारण कितने घर-परिवार उजड़ गये? लोग कितने रोगों के शिकार हो गये? और समाज में कितना भ्रष्टाचार फैला? इन प्रश्नों पर इधर काफी विचार हुआ है। अमृतलाल नागर ने 'ये कोठे वालियाँ' नामक पुस्तक में इनके खानदानों, मालिकों, दलालों, चकलों और तौर तरीकों की चर्चा करते हुए अवध क्षेत्र में प्राप्त पतुरिया, बेड़िन, डोमिन, भठियारिन, देवदासी, मेलाघुमनी आदि कई श्रेणियों का विवरण दिया है। वेश्यावृत्ति उन्मूलन के बाद अब इनके शहरी चकले और मेले-ठेले वाले डेरे बन्द हो गये हैं, किन्तु होटलों-क्लबों में 'कालगर्ल' का छद्म व्यापार बढ़ गया है। कुछ स्त्रीवादी समाजशास्त्री यौनकर्मी के रूप में इन्हें मान्यता देने की सलाह देते हैं, किन्तु अवधांचल को यह स्वीकार्य नहीं है।

अवध क्षेत्र में वेश्यावृत्ति की प्रथा बड़ी पुरानी है। जायसी ने राजधानी का वर्णन करते हुए इनकी हाट का वर्णन भी किया है—'करि सिंगार तँह बैठी' तथा 'पातर नाचहिं पाँच।' तुलसी ने भी स्थान-स्थान पर गणिकाओं-वारागंनाओं का बहुशः उल्लेख किया है। कलियुग का वर्णन करते हुए उन्होंने वेश्यावृत्ति की निन्दा भी की है। रतननाथ सरसार द्वारा लिखित 'आजाद कथा' और रुसवा रचित 'उमराव जान अदा' में इस परम्परा का विस्तृत विवरण प्राप्त होता है। बुद्धकाल में वारांगना आम्रपाली का जो विवरण मिलता है, उससे वेश्यावृत्ति के इतिहास की काफी जानकारी प्राप्त की जा सकती है। 'चाँद' के वेश्या अंक में इनके विभिन्न प्रकारों की चर्चा की गयी है, जैसे—गणिका, देवदासी, रखैल आदि। यहाँ इनके कई नाम हैं, जैसे—पतुरिया, तवायफ, रंडी, वेश्या, बेगम, बाई, जान आदि। ये मूलतः रूपाजीवा होती हैं। जनजीवन में ये बनावटी प्रेम और धूर्तता की प्रतीक मानी गयी हैं। इस वर्ग में कई जाति की स्त्रियाँ पायी गयी हैं, जिनमें प्रमुख हैं—कथकिन, कस्बिन, डोमिन, मेहतरानी, चमारिन, नाइन, बारिन, भांटिन, अहिरिन आदि। इनमें उच्च कुल से जुड़ी हुई 'रामजनी' कहलाती थीं। कुँवारी को 'नौची' कहा जाता था। पंजाब से आयी 'कंजड़ी' कहलाती थी। मिरासिन मुस्लिम परिवार से होती थी। मध्यवर्ग की 'गौनहारिन' और निम्न परिवार की 'बंधकी' कहलाती थी। इनके साथ कई प्रकार के दलाल रहते थे। सामन्ती युग में रईसों की खिदमत हेतु इन्हें 'इल्मेमजलिसी' की तालीम दी जाती थी। इन्हें शायरी और शतरंज पच्चीसी सिखायी जाती थी। नाच-गाने की तालीम पाकर ये अपने कोठों पर महफिलें सजाती थीं। इन्हें प्रायः मुलम्मे के गहनों से सजाया जाता था और मुजरा, बधावा के गायन के साथ-साथ सामूहिक नृत्य-गान अर्थात् 'जश्न' का प्रशिक्षण दिया जाता था। जश्न के 'गजरा' में दो और 'झूमर' में चार गायिकाएँ भाग लेती थीं। इनको ठुमरी, दादरा, खयाल, टप्पा जैसे पक्के गाने सिखाये जाते थे। महफिल में वह जब किसी रईस को पसन्द आ जाती थीं, तो चकला घर की मालकिन द्वारा उसे 'नज्र' कर दी जाती थी। वह इन्हें जमीन-जायदाद देता था, तनख्वाह बाँध देता था, कभी-कभी निकाहनामा भी हो जाता था और इन्हें खानदानी परिणीता की तरह रखता था। इनसे उत्पन्न औलाद को गुजारा दिया जाता था।

इनकी गायन कला के कारण आल इण्डिया रेडियो में इन्हें काफी अवसर दिया गया। लखनऊ की अल्ला रक्खा, नसीम आरा, जौहरा जान, मुनीर बाई, समीम बानो, छोटी बड़ी जद्दन आदि इस सन्दर्भ में स्मरणीय हैं। अल्ला रक्खा ग्यारह वर्ष की उम्र में कानपुर से लखनऊ आयी थी। वह गायन कला में बेजोड़ थी। ईर्ष्या वश किसी ने उसे पान में सिन्दूर खिला दिया, जिससे उसकी आवाज बैठ

गयी। फ़ैज़ाबाद की अख्तरी बाई को भी गायन के क्षेत्र में बड़ी प्रतिष्ठा प्राप्त थी। इनमें एक से एक डेरेदार अर्थात् उच्चस्तर की लखपती तवायफें थीं, जो कहीं छोटे घरों में मुजरा करने नहीं जाती थीं। प्रायः राजाओं और सेठों के घर विवाहोत्सव, जन्मोत्सव के अवसर पर मान-मनुहार के साथ बधाई देने जाती थीं। इनकी महफिल में यदि कभी कम उम्र का रईसजादा आ जाता था तो यह कहती थी कि 'बेटा तुम हमारी औलाद हो।' छोटे स्तर की तवायफें ज्यादातर देह-धन्धा चलाती थी। उनमें प्रायः बाल विधवाएँ, गरीबी की मारी हुई स्त्रियाँ या फिर पुंश्चली स्त्रियाँ हुआ करती थीं। अधिकतर वेश्याएँ बचपन में ही अपहरण करके लायी जाती थीं। उनकी बाकायदे नीलामी होती थीं। जबरन रंडी बनाने के लिए जाँघों और स्तनों को दागते हुए उन्हें ताड़नाएँ दी जाती थीं। परिस्थिति से परास्त हो जाने के बाद उनकी 'नथ उतारने' की रस्म अदा की जाती थी। इनमें अधिकतर सिफलिस की बीमारी की शिकार हो जाती थीं और अभिशप्त जीवन जीती थीं।

अवध के कई नगरों में तवायफों के प्रसिद्ध केन्द्र थे। इनमें कानपुर का मूलगंज और मछलीमुहाल, लखनऊ का चौक, अकबरी दरवाजा, इलाहाबाद, महमूदाबाद, डलमऊ, बाराबंकी आदि स्थानों के वेश्याबाजार और मेलों के डेरे काफी चर्चित रहे हैं। गाँधी जी ने जब तवायफ सभा की स्थापना की और उस सभा की अध्यक्ष हुस्नाबाई से राष्ट्रीय गान गवाकर वेश्यावृत्ति उन्मूलन का अभियान चलाया तो शासन का ध्यान इस कुप्रथा की ओर गया। इन्हें 'मंगलामुखी' नाम दिया गया। इनका पुनर्वासन शुरू हुआ। वेश्या विवाह को बढ़ावा दिया गया। इनकी कालोनियाँ बसायी गयीं। चकला घरों के लाइसेंस रद्द किये गये। जगह-जगह छापे मारे गये और इस प्रकार वेश्यावृत्ति पर भरसक नियन्त्रण लगाया गया।

हमारे समाज में वेश्याओं की जहाँ बड़ी भर्त्सना की गयी है वहीं इनकी बड़ी जय-जयकार भी की जाती रही है। इस सन्दर्भ में तीखीबाई की महिमा का बखान करते हुए लखनऊ के कवि बेनी का यह छन्द द्रष्टव्य है—

'तिल भर तुलती नहीं तिलोत्तमा रंभा से रूप सवायी है।
है रती का रुतवा रती कहाँ उर्वशी भी सुन सरमायी है
सुन तान पर हाते हैं गलतान सुर तानसेन की पायी है।
नर नाहर के दृग पूतरी सी काशी की तीखी बाई है।।'

इन वेश्याओं में कई अति प्रसिद्ध शायरा हुई हैं। उन्होंने गजलगोई में अपनी विशिष्ट पहचान बनायी है। अब यह पेशा प्रकट रूप से यहाँ विद्यमान नहीं है।

वैवाहिक विसंगतियाँ : इस अंचल में अभी बहुविवाह एवं अनमेल विवाह की स्थिति बरकरार है। जरूरत है, इनको रोकने और विधवा विवाह, वेश्या विवाह तथा अन्तरजातीय विवाह को बढ़ावा देने की। अविवाह एवं समलैंगिकता की समस्या भी विचारणीय है।

सती प्रथा : इस क्षेत्र में इसे पहले बहुत गरिमा मण्डित किया गया था। जायसी के पद्मावत में और आल्हा में जौहर का बड़ा गुणगान किया गया है। यहाँ कई स्थानों पर सती मइया के चौरे बने हुए हैं। अब यह कुप्रथा समाप्तप्राय प्रतीत हो रही है।

समाहार

अवध की सामासिक संस्कृति : अवध की प्राचीन सामाजिक संस्कृति का स्रोत है वाल्मीकि रामायण और संस्कृत रामकाव्य परम्परा, किन्तु अब उसमें आज के अवध को खोज पाना सम्भव नहीं है।

कारण, लाखों वर्षों का अन्तराल। इन कृतियों में अनेक पाठ-भेद हैं, इसलिए अधिकतर विवादास्पद हो गये हैं। वर्तमान अवध का सांस्कृतिक इतिहास मध्यकाल से खोजना अर्थात् मुल्ला दाऊद (चांदायन), जायसी (पद्मावत), तुलसी (रामचरितमानस) आदि से निकालना अपेक्षाकृत ज्यादा विश्वसनीय है। मुल्ला दाऊद तथा जायसी की अपेक्षा तुलसीदास हिन्दू संस्कृति से ज्यादा सुपरिचित थे, अतः उनके काव्यों में निहित अवध की सामासिक संस्कृति इस सन्दर्भ में द्रष्टव्य है।

तुलसी के समकालीन समाज में जो वर्णव्यवस्था प्रभावी थी, जो प्रथाएँ-परम्पराएँ प्रचलित थीं, उनका कहीं समर्थन करते हुए और कहीं उन पर आक्रमण करते हुए गोस्वामी जी ने अवध की तत्कालीन सामाजिक संचेतना का काफी विस्तृत विवरण दिया है। यह सुविदित है कि तुलसी पूर्व वर्ण-विधान कर्माश्रित था, जबकि उनके समकालीन अवध का वर्णविधान जन्माश्रित हो गया था और समाज अनेक छोटी-बड़ी जातियों में विभाजित हो गया था। राम राज्य में मुख्य जातियाँ थीं–देव, दनुज, नर, किन्नर, वानर, ऋक्ष, यक्ष, गन्धर्व, नाग आदि। दूसरी ओर तुलसी युगीन मुख्य जातियाँ थीं–

''स्वपच, सबर, खस, जमन, जड़, पाँवर, कोल, किरात।''

उन दिनों कुछ सक्रिय सम्प्रदाय थे–

''कर्मठ कठमलिया कहैं ज्ञानी ज्ञान बिहीन।''

''साखी, सबदी, दोहरा कहि कीन्हीं उपखान।''

अवध क्षेत्र में कुछ तथाकथित पिछड़ी जातियाँ थीं–

''स्वपच, किरात, कोल, कलवारा। जे बरनाधम तेलि कुम्हारा।।''

यहाँ प्रथम पंक्ति में आदिम और आक्रामक जंगली जातियों का उल्लेख है। 'कठमलिया' कहकर उन्होंने उन निर्गुनियों की ओर संकेत किया है, जो स्वयं को सन्त तथा ज्ञानी कहते थे, बात-बात में 'स्वयंभू' ब्रह्म ज्ञान का दम्भ भरते थे, अपने पल्लवग्राही सतही सहज बोध के सहारे द्विजों को चुनौती देते थे, जिन्होंने अनेक पन्थ खड़े कर लिए थे और मूल मर्म को जाने बिना 'अलख निरंजन' की टेर लगाते रहते थे। तुलसी ने ऐसे नाथों, सिद्धों, तान्त्रिकों, सन्तों और सूफियों का सतर्क सैद्धान्तिक खंडन किया है। ऊपर के तीसरे उद्धरण में प्रयुक्त शब्द 'साखी' का अर्थ है–सन्त कवि। 'सबदी' से तात्पर्य है गोरखनाथ की सबदी परम्परा वाले नाथ कवि। 'दोहरा' से अभिप्राय है–'दोहा कोश' के रचयिता सरह की परम्परा वाले सिद्ध कवि और उपखान का अर्थ है–प्रेमाख्यान वाले सूफी कवि।

अन्तिम उद्धरण में उन्होंने तेली-कुम्हार और कलवार को 'वर्णाधम' कहा है। सम्भव है, 500 वर्ष पूर्व अवध में ऐसी कोई व्यवस्था रही हो। तुलसी ने प्रजावर्ग में बढ़ई, धोबी, कहार, भुजवा, मनिहार, डोम आदि का कहीं उल्लेख नहीं किया है, जबकि ये सब आज अवध के कुशल श्रमिक वर्ग में आते हैं। 'रामलला नहछू' में प्रजा वर्ग की अनेक पेशेवर जातियाँ चित्रित की गयी हैं। वहाँ मालिनि मौर पहनाती है, लोहारिन कलावा (बरासन) बाँधती है, दर्जिन जोड़ा (जामा-पटुका) पहनाती है, मोचिन पनही लाती है, नहछू (नहरनी से नाखून काटकर चित्रांकनपूर्ण महावर लगाने) का कार्य नाइन करती है। इनमें एक से एक रूपसी, प्रेयसी एवं मानिनी नायिकाएँ हैं, दलित या पिछड़े वर्ग की कदापि नहीं। उनके बीच न छुआछूत है, न दासप्रथा और न वर्ग भेद भाव। गोस्वामी जी ने यथासन्दर्भ सामन्तवर्ग का चित्रण किया है, साथ ही जन-साधारण का भी। तत्कालीन सामन्तों का आर्थिक स्तर बहुत ऊँचा बताया गया है। वे सूप में भर-भर कर गजमुक्ता, हीरा, मणि-माणिक्य लुटाते दिखाए गये हैं।

अवधी लोकगीतों में इसी तर्ज पर सोने के थाल में जेवना, सोने के गेडुये में गंगाजल, पान-सुपारी

के बीड़े, डाली भर-भरकर मणि-मुक्ता आदि का सर्वत्र वर्णन किया गया है। तुलसी भी इसी कथारूढ़ि (मोटिव), मंगलाशा एवं 'मिथ' से प्रेरित रहे हैं। वे कहते हैं, अवधवासियों के घर-आँगन मणिमुक्ता-मण्डित हैं, जबकि उस युग में जन-साधारण अवधवासी अकाल-भुखमरी का शिकार भी रहा है।

तुलसी के काव्य में संस्कारों को विशेष महत्त्व दिया गया है। उन्होंने पुत्रेष्टि यज्ञ के बाद राम जन्मोत्सव में नांदीमुख श्राद्ध आदि का विस्तृत वर्णन किया है, यथा–

''नन्दी मुख सराधि करि जात करम सब कीन्ह।''

तुलसी 'गीतावली' में 'सोहिलो' गाते हैं, 'नहछू' में सोहर रचते हैं और छठी-बरहौं मनवाते हैं। अपने चरित-नायक का वे यथावसर नामकरण, अन्नप्राशन, चूड़ाकरण, कर्णबेध और जनेऊ करवाते हैं, जैसे–

''नामकरन कर अवसर जानी।''

''चूड़ाकरन कीन्ह मख जाई''

''दीन्ह जनेऊ गुरू पितु-माता'' आदि।

तुलसी काव्य में सर्वाधिक विस्तार दिया गया है–विवाहोत्सव को। 'जानकी मंगल', 'पार्वती मंगल', 'मानस' आदि में कई वैवाहिक प्रथाओं का उल्लेख है। जैसे–तेल चढ़ाना, सिलपोहनी, चौक पूरना, भाँवर या सप्तपदी के बीच भाई द्वारा काया के आँचल में 'लावा' डालना आदि। गोस्वामी जी के अनुसार, मंगल ग्रह पृथ्वी का पुत्र होने के कारण सीता का भाई बनता है और वह 'दुरिदुराकर' (छिपकर) लावा डाल जाता है। विवाह के पूर्व जो वर-यात्रा निकलती है, उसमें राम घुड़चढ़ी करते हैं-'जेहि बर बाजि राम असवारा।' मिथिला में अवधवासी बरातियों को 'जनवासा' दिया जाता है। द्वारचार के समय दोनों समधियों का मिलन 'सामध' (समधौरा) होता है। साले का नेगचार होता है। कन्यादान के समय होम करके वर-कन्या की गाँठ जोड़ी जाती है–'करि होम विधिवत गाँठि जोरि होन लागी भाँवरी।' फिर श्रीराम सिन्दूर-दान करते हैं। दूसरे दिन वर को 'कलेवा' कराया जाता है, जिसे अवध में 'लहकौरी' कहते हैं। एक दिन शिष्टाचार में दोनों पक्षों के कुलगुरु शाखोच्चार करते हैं, जिसमें वंश-वर्णन एवं शास्त्रार्थ होता है और वर-कन्या-पक्षों के पूर्वजों का यशोगान किया जाता है। विवाह की रात में सम्पन्न होने वाले लोकाचारों का भी गोस्वामी जी ने यथेष्ट उल्लेख किया है। जैसे–

''बर दुलहिन लिवाय सखी कोहबर गहै'' (जानकी मंगल)

''चली कोहबर लाई'' (रामचरितमानस)

इस क्रम में वर-वधू के बीच द्यूत क्रीड़ा सम्पन्न होती है। यथा–

''जुआँ खेलावत कौतुक कीन्ह सयानिन।''

''जीति हारि मिस देहि गारि दोहरावनि।।''

द्यूत क्रीड़ा वर-वधू की बुद्धि परीक्षा (प्रतियोगिता) जैसी होती है। अवध क्षेत्र में एक परात में रंगीन पानी भरकर उसमें नवदम्पति द्वारा छल्ला/अँगूठी खोजी जाती है। वह वर को मिले या वधू को, स्त्रियों द्वारा घोषित यही किया जाता है कि–''हमारि बिटिया जीती, छिनारि पूत हारा।''

गोस्वामी जी ने वैवाहिक 'गारी' गीतों का बहुशः प्रयोग किया है। 'नहछू', दोनों मंगल काव्य, 'गीतावली' और 'मानस' में अनेकत्र 'कलेवा गारी' गवायी गयी हैं। तुलसी काव्य में ये गालियाँ अवधवासी प्रजा द्वारा अयोध्या में, राक्षसिनियों द्वारा लंका में और मैथिली स्त्रियों द्वारा मिथिला में काफी कुछ अलग ढंग से प्रस्तुत की गयी हैं।

विवाह के अवसर पर होने वाला लोकनाट्य-'नकटौरा' (स्वाँग सभा रसकेलि), कन्या-विदाई के

समय होने वाली 'परछनि' (प्रदक्षिणा), दीवारों पर लगाये जाने वाले 'ऐपन' से निर्मित भित्तिचित्र, कंकन-छोरने की प्रथा, जेवनार, मुँह देखाई आदि के कई उल्लेख यथा प्रसंग किये गये हैं। ये प्रथाएँ न्यूनाधिक परिवर्तित रूप में अनेक अंचलों में पायी जाती हैं, किन्तु इन बारीक वर्णनों का अपेक्षाकृत सर्वाधिक सम्बन्ध अवध की लोक संस्कृति से है।

यह ज्ञातव्य है कि मिथिला की संस्कृति अवध से बहुत भिन्न नहीं रही है। वहाँ आज भी अवधी का काफी प्रचलन है। विद्यापति की 'देसिल बयना'—'अवइट्ठ' अवधी से काफी अभिन्न रही है। उनकी 'कीर्तिपताका' मूलतः अवधी की ही रचना है। वस्तुतः मिथिला प्राचीन महाकोसल का सीमावर्ती राज्य रहा है, इसलिए दोनों में काफी सांस्कृतिक अभेद रहा है।

हमारे खानपान, पहनावे और रहन-सहन से हमारे क्षेत्रीय सांस्कृतिक स्तर का सहज बोध प्राप्त होता है। अवध अंचल भात भोजी क्षेत्र है। गोस्वामी जी ने राम की बाल-छवि का जो वर्णन किया है, उसमें दूध-भात और 'दधि ओदन' का वर्णन है—

''भागि चलत किलकत मुख दधि ओदन लपटाई।''

ज्ञातव्य है कि कृष्ण-काव्य-परम्परा में कृष्ण को 'दधि मुख लेप' किये माखन रोटी, चुपरी मीसी रोटी खाते हुए और राम काव्य में राम को दूध-दधि-भात खाते हुए दिखाया गया है। भोज में भी यहाँ चावल-निर्मित इन्हीं पदार्थों का अतिरेक रहा है। जैसे—

''दधि चिउरा उपहार अपारा। भरि भरि काँवरि चले कहारा।''
''सूपोदन सुरभी................................।''
''बिबिध भाँति बिंजन पकवाना।''

अवध-क्षेत्र में पान के पत्तों से बने पत्तल-दोने परोसने की तब प्रथा थी। गोस्वामी जी के शब्दों में स्वर्ण-रजत पात्रों के बावजूद यह व्यवस्था की गयी है—''कनक कील मनि पान सुहाये।''

तुलसी-काव्य में जिन पहनावों (वस्त्राभूषणों) का उल्लेख हुआ है, वे सब मूलतः अवध संस्कृति से सम्बद्ध हैं। गीतावली के एक पद में वानर वृन्द को आकाश मार्ग से सीता द्वारा फेंके गये जो वस्त्राभूषण मिलते हैं, उनमें पैंजनी, किंकिनी, कण्ठा, पायजेब, कंकण आदि आभूषण तथा ओढ़नी, पीताम्बर, लहर-पटोर आदि वस्त्र हैं। अन्य वर्णित प्रसाधन एवं वस्त्राभूषण हैं—सुपेती, कछौठा, तनिया, कुलही, मुँदरी, नथुनी, तरकी, बेसर, हरवा, उपरावा, ओहार आदि। मध्यकाल में स्त्री-परिधान का वर्णन करते हुए प्रायः लहँगा, घाँघरा, ओढ़नी चूनरी का उल्लेख किया गया है, जबकि गोस्वामी जी ने—''सोह नवल तन सुन्दर सारी'' का भी उल्लेख किया है, जो अवध की विशिष्टता रही है। बालकों की वेशभूषा में कवि ने चौतनी (चौकोनी टोपी), टीपारो, झँगुला, पहुँची, कंठा, बघनखा, अनखन आदि का वर्णन किया है। पुरुष-परिधान में अँगरखा, पटुका, साफा आदि का उल्लेख किया गया है। अभिवादन-रूप में जोहार, अरघ, चरण-प्रच्छालन करके पीढ़ा पर बैठाने और बुजुर्ग महिलाओं की पछौरी को सहेजने के जो संकेत किये गये हैं, वे मूलतः अवध-संस्कृति से ही सम्बद्ध हैं। यहाँ 'पाँचों वस्त्र' पहनाना सम्मान का प्रतीक रहा है। सुग्रीव को विदा देते हुए भरत अपने हाथ से बुने वस्त्र पहनाकर उनका अभिनन्दन करते हैं। इन सारे तथ्यों के आधार पर यह स्थापित किया जा सकता है कि तुलसीकृत रामकाव्यों में जो रहन-सहन वर्णित है, वह मूलतः और मुख्यतः अवध का है।

राम काव्य की सर्वोच्च उपलब्धि है—परिवार भावना और अवध क्षेत्र की सर्वाधिक महती परम्परा है—'भायप भगति।' सुग्रीव और विभीषण जब अयोध्या में राम-भरत-मिलाप देखते हैं तो महसूस

करते हैं कि हम कहाँ हैं और ये लोग कितने ऊँचे हैं! अवध में पितृ-भ्रातृ भक्ति को बहुत प्रश्रय दिया गया है। वहाँ आज भी पत्नी की तुलना में भाई की वरीयता अधिक है। लक्ष्मण मूर्च्छा-प्रसंग में श्रीराम इसीलिए कहते हैं—

''जइहौं अवध कौन मुँह लाई। नारि हेतु प्रिय भाय गवाँई।
बर अपजस सहतेऊँ जग माहीं। नारि हानि विशेष छति नाहीं।''

तुलसी का मत है कि सहोदर भाई दुबारा नहीं मिलता है। स्त्री सशक्तीकरण के दौर में यह कथन स्त्री-विमर्श की दृष्टि से आपत्तिजनक हो सकता है, पर अवध-क्षेत्र की यह एक पुरानी मान्यता रही है। तुलसी के शब्दों में सर्वोपरि स्त्री-धर्म है—

''काय बचन मन पति पद प्रेमा।''

यहाँ सत्यनिष्ठा तथा सेवा को स्त्रीत्व का आदर्श घोषित किया गया है। इसका एक उदाहरण देखिए—सीता वनपथ पर राम के पीछे-पीछे चलती हुई इस बात की सतर्कता बरत रही हैं कि श्रीराम के चरण-चिह्नों पर उनके पैर न पड़ने पायें—

''युग पद-रेख बीच बिच सीता।
धरति चरन मग चलति सभीता।''

लक्ष्मण की स्थिति और भी नाजुक है। वे राम-सीता, दोनों के चरण-चिह्नों का निवारण करते हुए चल रहे हैं। केशव ने ठीक उल्टी युक्ति निकाली है। उनकी सीता भूभुल से बचने के लिए राम के पदचिह्नों पर पैर रखकर चलती बतायी गयी है। यह अंतर दो क्षेत्रीय संस्कृतियों के अन्तर का प्रमाण है।

अवधी में माता का अधिकार पिता से बड़ा माना गया है। कौसल्या राम से कहती हैं कि यदि दशरथ ने तुम्हें वनवास की आज्ञा दी हो तो मैं माँ का पद बड़ा होने के कारण (जानि बड़ि माता) उसे खारिज करती हूँ, किन्तु यदि कैकेयी-दशरथ दोनों ने मिलकर यह आदेश दिया है तो वह पालनीय है।

अवध में स्त्री, विशेषतः कुमारी कन्या पुरुषों के चरण-स्पर्श नहीं करती। गोस्वामी जी की सीता के लिए तो 'सासु पग लागी' कहा गया है, ससुर-पिता आदि को केवल नमन करती बतायी गयी हैं। यहाँ 'कुँवारी' को गौरी कन्या (देवी) और सौभाग्यवती को 'सुहागिन' कहते हैं। प्रत्येक मांगलिक आयोजन के पूर्व इन सबकी पूजा होती है।

संस्कृति का मूल प्रयोजन होता है—चित्तवृत्ति का संस्कार अर्थात् उदात्तीकरण। शिश्नोदर तक सीमित रहना प्रकृति है। उसकी अति के कारण अधःपतन की ओर जाना विकृति है। इस चित्तवृत्ति का उन्नयन कर लेना संस्कृति है। इसी के सहारे शृंगारिक चेतना को लोकशीलमयी मर्यादा में परिणत किया जाता है। गोस्वामी जी ने एक प्रसंग में इसका संकेत किया है। सीता और राम की मिलन-रात्रि में जिस समय सखियाँ हास-विलास में व्यस्त हैं, तभी एक सखी उन्हें समझाती हुई कहती है—

'सिय रघुबर के भये उनींदे नैन।' (बरवै रामायण) और तब वहाँ से सब प्रस्थान कर जाती हैं। यही स्थिति पर्दा प्रथा की है। वनपथ पर ग्राम बधूटियाँ सीता से पूछती हैं कि ये साँवरे-सलोने तुम्हारे कौन हैं? तो सीता स्पष्ट नहीं बोल पातीं, मात्र व्यंजना (अनुभावों) द्वारा ही उन्हें सूचित करती हैं। यही नारी का शील है—''बहुरि बदन बिधु अंचल ढाकी''..................''निज पति कहेउ तिनहिं सिय सैननि।'' ये रंग-ढंग निश्चय ही अवध-क्षेत्र के हैं। एकमात्र अपवाद है 'नहछू'।

गोस्वामी जी का काव्य ''लोक वेद मत मंजुल कूला'' है। उन्होंने जगह-जगह लोक-विश्वासों और रीति-रिवाजों की चर्चा की है। कवि ने जिन सगुन-अपसगुनों का उल्लेख किया है, वे आज

भी अवधांचल में प्रचलित हैं। जैसे—सुदिन सोधना, लगन बाँचना आदि। कुछ सगुन हैं—"सम्मुख आये दधि अरु मीना। कर पुस्तक दुइ विप्र प्रवीना।।" यहाँ विदा होते समय दही, मछली, सोने का 'टका' का नारा लिया जाता है। मछली सर्वथा शुभ मानी जाती है। पहले वह अवध के राजचिह्न तक में अंकित रही है। गोस्वामी जी ने मछली को 'सुदर्शिनी' नाम दिया है। उनके शब्दों में—"नकुल, सुदर्शन, दर्सनी, क्षेमकरी चकचाप।"

यहाँ नकुल (नेवला), सुदर्शनी (मछली), दरसनी (दर्पण), क्षेमकरी (चील), चकचाप (चक्रवाक) को शुभ कहा गया है। साथ ही लावा, नीलकण्ठ, बछड़े को दूध पिलाती गाय, दाहिने हाथ मृग समूह, बायीं ओर श्यामा और लोमड़ी का दिखना भी शुभ माना जाता है। दूसरी ओर कौओं का काँव-काँव, सियार का 'फेकरना', रोते हुए श्वान, रेंकता हुआ गधा, लोटता हुआ सर्प, तिजरा का 'टोटक', तेली-दर्शन, बायीं ओर की छींक, उल्कापात आदि को अशुभ माना जाता है। इसके कथन तुलसी के काव्यों में भरे पड़े हैं। इसी प्रकार आँखों-बाहुओं का फड़कना, मुकुट का गिरना, बिल्ली द्वारा रास्ता काट देना आदि अपशकुन हैं।

ज्योतिष एवं सामुद्रिक शास्त्र के अनुसार 'रामाज्ञा प्रश्न' नामक कृति में गोस्वामी जी ने अनेक लोक-विश्वासों के संकेत दिये हैं। तिथि-त्योहार के अन्तर्गत कवि ने झूला, बसन्त और होलिकोत्सव के ही नाम लिए हैं। वर्तमान में प्रचलित अन्य त्योहारों के उल्लेख उनके काव्यों में नहीं हैं।

गोस्वामी जी की उपासना-पद्धतियाँ शास्त्रीय स्तर पर आचार्यद्वय-रामानुज और रामानन्द जी से प्रभावित रही हैं, साथ ही अवध के लोक धर्म से भी। यहाँ अर्से से पंच देवोपासना प्रचलित है। वैष्णव, शैव, शाक्त, सूर्य, गणेश, हनुमान—सबकी पूजा यहाँ प्रायः नवधा भक्ति एवं शोडषोपचारों द्वारा की जाती है। कवि ने मन्त्र, तन्त्र एवं कुछ लोक-देवों को मान्यता दी है तथा नवग्रहों सहित कई वैदिक देवताओं की स्थापना की है, साथ ही यक्ष, प्रेत, नागपूजा आदि का विधान भी बताया है। गोस्वामी जी ने वेद, पुराणों, शास्त्रों, तीर्थों, धर्म-ग्रन्थों, तुलसी, वट, पीपल जैसे वृक्षों, गो, ब्राह्मण, कन्या, सुहागिन, गुरु, सन्त, ऋषि-मुनि, कवि एवं भक्तों को प्रणम्य घोषित किया है। हाँ, तत्कालीन सूफी सन्तों द्वारा प्रचारित झाड़ फूँक की उन्होंने निन्दा की है, यथा—

"लही आँखि कब आँधरो बाँझ पूत कब पाय।
कब कोढ़ी काया लही, जग बहराइच जाय।"

इसके विकल्प के रूप में 'बाहुक' को सर्वब्याधि-बाधा-निवारणार्थ मन्त्र घोषित किया गया है।

अर्थोपार्जन का पक्ष भी गोस्वामी जी से अनदेखा नहीं रहा है। उन्होंने एक ओर कल्पवृक्ष, कामधेनु, चिन्तामणि, कुबेर, लक्ष्मी, पारस, ऋद्धि-सिद्धि, गोधन, गजधन, बाजिधन आदि की चर्चा की है तो दूसरी ओर पन्द्रहवीं शती में उत्तर भारत में प्रायः हर दो वर्ष बाद पड़ने वाले अकालों और भुखमरी से लाखों की संख्या में मरने वाले अभागों का भी वर्णन किया है। कवि के समकालीन युग में लोग जीविका विहीन थे। अधिकतर लोग भीख माँगने लगे थे। राजा भूमिचोर हो गये थे। कर बहुत बढ़ गया था। तस्करी खुले आम हो रही थी। डाके पड़ते रहते थे, यथा—"लूटहिं तस्कर तवधामा।" श्रेष्ठि-सामन्त वर्ग जमाखोरी और मुनाफाखोरी पर आमादा था। (गाँठी बाँधेउ दाम) कर्ज लेते हुए लोगों से लिखा-पढ़ी करायी जाती थी। (रिनिया हूँ धनिक तू पत्र लिखाऊँ) गरीबी के कारण लोग बच्चों को बँधुआ मजदूर बनाते थे—'दाम बाँध के मोल करत करेरो' (विनयपत्रिका-कवितावली) बुद्धिजीवी वर्ग विद्यार्थियों का शोषण कर रहा था। रूपजीवा नारियाँ (अप्सराएँ) ठगने में लगी हुई थीं। याचकों में मागध, सूत, बन्दी, भाट, चारण, मँगता, विप्र-वधू, भाँड-बंड, नट-चेटक आदि की

भीड़ लगी हुई थी। वस्तुतः बाह्य आक्रमणों और प्रशासनिक प्रमाद के कारण अवध क्षेत्र का आर्थिक ढाँचा चरमरा गया था, जिसके कई उल्लेख तुलसी काव्य में सुरक्षित हैं।

गोस्वामी जी ने अनेक कलाओं के भी उल्लेख किये हैं। जैसे—संगीत, नृत्य, शिल्प, स्थापत्य, नाट्य, चित्र, युद्धकला आदि। गोस्वामी जी के काव्य में जो मण्डप बनाये गये हैं और उनमें हरे बाँस, बन्दनवार, बौर, ध्वजा, चामर, पताका, तोरण, मंगल कलश आदि का जो वर्णन किया गया है, वह अधिकतर अवध से सम्बद्ध है। इसी प्रकार मृगया, मल्लयुद्ध, जुआ, चौगान, चंग, गुड़ी (पतंग), शतरंज, भौंरा-चकडोरी जैसे खेल, पशु-पक्षी-पालन, शुक-सारिका-प्रशिक्षण आदि इसी संस्कृति से जुड़े हुए हैं।

कवि ने प्रशासन एवं सेना के विविध अंगों, विभिन्न पदों और राजतन्त्र की विभिन्न व्यवस्थाओं का वर्णन अवध की संस्कृति के अनुसार किया है।

गोस्वामी जी ने लोक संस्कृति के परिप्रेक्ष्य में लोकवाङ्मय का आश्रय लिया है। उन्होंने हर अवसर पर लोकगीत गवाये हैं, केवल अन्त्येष्टि को छोड़कर। उनके राम कई पात्रों की अन्त्येष्टि करते हैं। वे किसी को 'जलांजलि' देते हैं, किसी को 'तिलांजलि' और किसी को दाह करते हैं। दशरथ का जो श्राद्ध वर्णित है, वह अवध में आज भी प्रचलित है। उन्होंने प्रेत-योनि के उद्धार की जो कथा कही है, वह लोकजीवन में बहुव्याप्त है।

यही स्थिति लोकभाषा की है। गोस्वामी जी ने ऐसे कई ठेठ मुहावरों, लोकोक्तियों और देशज शब्दों के प्रयोग किये हैं, जो अपने पूरे लहजे और गूढ़ार्थ के साथ इस अंचल में बहुशः व्यवहृत होते हैं। ये ठेठ अवधी शब्द इस कथन के प्रमाण हैं कि गोस्वामी जी का गहरा नाता इस लोकांचल से रहा है। इन तथ्यों के सहारे यह कहा जा सकता है कि तुलसी के रामकाव्य का देशकाल यों तो त्रेता और महाकोसल का है, पर जाने-अनजाने मध्ययुग का अवधांचल उसमें प्रतिबिम्बित हो उठा है। इसे अवध की समेकित सामासिक संस्कृति कहा जा सकता है।

अर्थ-व्यवस्था

अवधांचल यद्यपि कृषि प्रधान क्षेत्र है, फिर भी यहाँ अनेक पारम्परिक तथा नये-नये उद्योग-धन्धे भी चलाये जा रहे हैं। जनसंख्या अधिक होने, प्रतिपरिवार कृषि योग्य भूमि के कम होने और बेरोजगारी से ग्रस्त होने के कारण यहाँ लोग तरह-तरह की पूरक व्यवस्था कर रहे हैं।

यह क्षेत्र आर्थिक दृष्टि से काफी पिछड़ा हुआ है। इसके अनेक कारण हैं। इनमें मुख्य हैं—कार्य संस्कृति का अभाव। यहाँ आम आदमी अपेक्षाकृत आरामतलब है। वह आपा-धापी से भरसक दूर रहना चाहता है। यहाँ की प्रकृति बहुत उदार है। भूमि काफी उर्वरा है। कम मेहनत करने पर भी काम चलाने भर का अन्न, फल, फूल, साग-सब्जी, जल आदि मिल जाते हैं। लोग प्रकृत्या सन्तोषी प्रवृत्ति के हैं। प्रायः धार्मिक आस्था वाले हैं। भुखमरी को भी व्रत-उपवास बना लेते हैं। अन्नदान एवं भोज भण्डारे का यहाँ काफी चलन है। इसलिए जीवनयापन हेतु अधिक संघर्ष नहीं करना पड़ता। जनसाधारण सुविधाजीवी है। दूसरी ओर प्राचीन सामन्ती, वैभव प्रदर्शन की प्रवृत्ति भी भद्र समाज में विद्यमान है, जिससे वे श्रम युक्त कार्य करने को हेठी समझते हैं। स्त्रियों को काम पर भेजना यहाँ अच्छा नहीं माना जाता। दूसरी ओर भौतिक आभिजात्य प्रदर्शन को लोग कुल मर्यादा मानते हैं। जोखिम उठाना सबको पसन्द नहीं है। अवधवासी जन स्वभावतः यथास्थितिवादी हैं। अपनी प्रचलित परम्पराओं के प्रति वे मोह ग्रस्त हैं, इसलिए खेती या उद्योग क्षेत्र के नये-नये प्रयोगों तथा नव्यतम प्रणालियों का सोत्साह प्रशिक्षण लेना और उन्हें पूरे हौसले के साथ लागू करना इन्हें सहजतः स्वीकार्य नहीं है। यहाँ राजनीतिक सरगर्मी भी किसी न किसी रूप में हर समय छायी रहती है। लोगों ने उसे व्यसन के रूप में अपना रखा है। शहरी जीवन से प्रभावित होकर नयी पीढ़ी खर्चीले खानपान, पहनावे और भड़कीले रहन-सहन में फँस गयी है, जिससे दैनिक जीवन कुछ ज्यादा ही खर्चीला हो गया है। गाँवों में अन्न की बर्बादी अक्सर देखी जाती है। इन सब कारणों से यहाँ गरीबी बरकरार है। लोग इसे नियति का चक्र मानकर अपने प्रमादी स्वभाव की परिपुष्टि कर लेते हैं। यहाँ के नवयुवक नौकरी या मजदूरी की तलाश में शहरों की ओर भागते दिखते हैं। खेत या तो बटाई दे दिये जाते हैं या खाली पड़े रहते हैं। भूमि हीन लोग भी बहुत हैं। ग्रामोद्योग प्रायः समाप्त हो गये हैं। सबकी आवश्यकता की आपूर्ति प्रायः कस्बों, शहरों से होती है। जाति-पाँति की टकराहट से सामुदायिक जीवन बिखर गया है। अब तो खेती का ज्यादातर काम, जैसे—जुताई, सिंचाई, कटाई, मड़ाई आदि किराये की मशीनों द्वारा कराये जा रहे हैं। बैल, भैंसे, घोड़े, खच्चर अर्थात् खेती और परिवहन के काम आने वाले पशु लगभग समाप्त हो गये हैं। मशीनी खेती के कारण लागत खर्च बढ़ गया है। अनाज की बिक्री चूँकि बिचौलियों के हाथ में है, इसलिए उत्पादन का पूरा लाभ कृषकों को नहीं मिल पाता। खेती घाटे का सौदा हो गयी है। किसान हताशा का शिकार होकर, बैंकों की वसूली और सेठों की सूदखोरी से त्रस्त होकर आत्महत्या करने को विवश हैं। यहाँ नगरीय तथा ग्रामीण स्तर में

बड़ा अन्तर है। दस फीट में दूकान चलाने वाला शहर में जल्दी ही लखपती हो जाता है, जबकि दस बीघे की खेती करने वाला किसान प्रायः गरीबी में जीता है। इस ग्राम्य ज्ञान को समझने-समझाने और कृषि को लाभप्रद उद्योग बनाने की आवश्यकता है।

इधर पूँजीपतियों ने कुटीर उद्योगों पर कब्जा कर लिया है। दोने, पत्तल, प्लेटें अब मशीनों से बनायी जाने लगी हैं। कुल्हड़ और मिट्टी के अन्य बर्तनों की जगह प्लास्टिक के बर्तन चल पड़े हैं। गाँव की सारी उपज—साग, भाजी, फल, फूल, दूध शहरी दुकानदार मनचाहे भाव से शहरों की ओर खींच लेते हैं और कई गुना बढ़ाकर बेच लेते हैं। बिजली, पानी, यातायात, सुरक्षा, श्रम आदि से जुड़ी समस्याओं के कारण खेती तथा कुटीर उद्योग दिनोंदिन ध्वस्त होते जा रहे हैं। यह गरीबी का अर्थ शास्त्र है और सही अर्थों में यही ग्रामीण अर्थशास्त्र है।

शहरों का अर्थशास्त्र भी चिन्ता का विषय हो गया है। यहाँ बहुराष्ट्रीय कम्पनियों और सेठ-साहूकारों ने बाजार पर कब्जा कर लिया है। सर्वसामान्य ग्राहक उनके विज्ञापनों के माया जाल में और शोरूमों की चकाचौंध में उलझ गया है। स्वदेशी की भावना समाप्तप्राय है। हमारा खानपान, पहनावा, बोली-बानी अर्थात् सम्पूर्ण रहन सहन पश्चिमी ग्लैमर की चपेट में आ गया है। महँगाई बढ़ती जा रही है। टैक्सों का बोझ बढ़ता जा रहा है। हजारों वर्षों की गुर्बत से निकला हुआ यह क्षेत्र अधिक से अधिक पैसा कमाने को परम पुरुषार्थ मान बैठा है। अर्थ पिशाच से प्रेरित होकर अधिकतर लोग चोरी, डकैती, तश्करी, मिलावट, जमाखोरी, फिरौती, माफियागिरी जैसे अपराधों में फँसे दिखायी देते हैं। मीडिया ने उन्हें बहुत दिग्भ्रमित कर दिया है। नेताओं, नौकरशाहों ने बढ़ावा दे रखा है। सत्ता की राजनीति धन बल और जन बल पर केन्द्रित है। अब कोई बताने वाला नहीं रहा कि इस प्रकार का अर्थ सदैव अनर्थ का कारण होता है। इस रोकथाम के कानून तो बहुत बने, लेकिन न्यायालय की भीड़-भाड़ और संविधान के आत्यन्तिक लोचदार होने के कारण ये आर्थिक अपराध नियंत्रित नहीं हो पा रहे हैं। समाज में ऐसे आदर्शों (रोल मॉडल) की बड़ी कमी हो गयी है, जो अपनी कथनी-करनी से इन सबको प्रेरित-प्रभावित कर सकें। जनसाधारण को प्रबोध देने वाले माध्यम जैसे—साहित्य, कला, अध्यात्म आदि का सही उपयोग हमारे सत्ताधारी नहीं होने दे रहे हैं। धर्मनिरपेक्षता के नारे से आशंकित होकर हम नयी पीढ़ी को अपनी भारतीयता और नैतिकता तक की शिक्षा नहीं दे पा रहे हैं। आर्थिक विकास का नारा देकर सरकार ने हमारी अपेक्षाएँ और महत्त्वाकांक्षाएँ इतनी बढ़ा दी हैं कि अब धर्मभीरुता, लोकभीरुता और आत्मशुचिता की कोई चिन्ता नहीं करता। सात्विक जीवन जीने के लिए आवश्यक है कि प्रोत्साहन और दण्डविधान के बीच सही अनुपात बनाया जाये। अवध क्षेत्र में इस अर्थशास्त्र पर इन दिनों एक नया विमर्श शुरू हुआ है। सम्भव है, इसके माध्यम से इस अर्थव्यवस्था का पुनरुद्धार हो जाये।

इस क्षेत्र में मुनाफाखोरी के उद्देश्य से व्यापारी तरह-तरह की मिलावट करते हैं, जैसे दूध में पानी, पाउडर, सिंथेटिक्स, घी में वनस्पति तेल और चर्बी, कत्थे में मिट्टी, चमड़ा, खोया में आलू-घुइयाँ का पका गूदा, दाल-चावल, गेहूँ में मौरंग माटी पेट्रोल, डीजल में मिट्टी का तेल, मिर्च-पाउडर में ईंट का बुरादा, कालीमिर्च में पपीते के बीज, शहद में चीनी का जलाव, चाय में लीद, छाल, धान में फरहा, खाद्य तेलों जैसे सरसों के तेल में सस्ते रसायन, अरहर की दाल में मटरी, बहुकला तथा खेसरा की दाल। इस मिलावट को रोकने के लिए समय-समय पर छापे मारे जाते हैं। इसी प्रकार जमाखोरी, कालाबाजारी, तश्करी, चोरी, .लूटपाट, धोखाधड़ी, घटतौली, घूसखोरी जैसे अनेक आर्थिक अपराध जनजीवन में व्याप्त हैं।

उद्योग-धन्धे

इस क्षेत्र में कृषि के साथ-साथ कई छोटे-बड़े लघु उद्योग चलाये जा रहे हैं। यहाँ कृषि उद्योग से सम्बन्धित शोध संस्थाएँ हैं।

ऊर्जा की समस्या इस क्षेत्र में वर्षों से दुःसाध्य बनी हुई है। यहाँ ऊर्जा का प्रमुख साधन है बिजली। इस क्षेत्र में तापीय विद्युत एवं जल विद्युत की आपूर्ति विद्युत निगम और पावर कार्पोरेशन करते हैं। कानपुर की बिजली केस्को के अधीन है। लखनऊ में 'लेसा' कार्यरत है। निगम ने इलेक्ट्रानिक्स मीटर की व्यवस्था की है। विद्युत उत्पादन में विश्व बैंक की सहायता से अनुसूचित जाति, जनजाति के लिए ग्रामीण विद्युतीकरण कार्यक्रम चल रहा है। अवध क्षेत्र में विद्युत उत्पादन का बहुत बड़ा केन्द्र है ऊँचाहार ताप विद्युत (थर्मल पावर) केन्द्र, किन्तु उससे बिजली की माँग अधिकांश क्षेत्रों में पूरी नहीं हो पा रही है।

पारम्परिक ऊर्जा के अतिरिक्त यहाँ वैकल्पिक ऊर्जा की आवश्यकता है। इसके कई प्रकार हैं, जैसे—1. सौर ऊर्जा (सोलर) 2. बायो गैस संयन्त्र 3. नगरीय कचरा से उत्पन्न बिजली 4. चीनी मिलों के बैगाज से उत्पन्न बिजली 5. बायो मास गैसीय फायर 6. पवन ऊर्जा 7. जल ऊर्जा 8. जैव ऊर्जा 9. गोबर गैस ऊर्जा 10. पौधों के रसायन (इथोनाल) से उत्पन्न ऊर्जा आदि। इस बीच गन्ने के रस, गोमूत्र, पापुलर वृक्ष आदि से ऊर्जा संचित करने के प्रयोग चल रहे हैं।

अवध क्षेत्र के कई उद्योग उल्लेखनीय हैं। इस क्षेत्र में सर्वाधिक विकसित है—चीनी उद्योग, इसलिए कानपुर, लखनऊ में चीनी सम्बन्धी कई शोध संस्थान खोले गये हैं। यह क्षेत्र मूलतः कृषिपरक है, इसलिए कृषि, बागवानी, उर्वरक, कीटनाशक, भंडारण, वित्त प्रबन्धन, वैकल्पिक ऊर्जा, फूड प्रोसेसिंग आदि के लिए एक ओर कानपुर, फैजाबाद, इलाहाबाद में कृषि विश्वविद्यालय चलाये जा रहे हैं, दूसरी ओर यहाँ कई विशेषीकृत प्रशिक्षण केन्द्र हैं, जैसे—मैंगो रिसर्च संस्थान लखनऊ, दलहन प्रशिक्षण केन्द्र कानपुर, पेट्रोकेमिकल आदि।

बड़े औद्योगिक कारखानों और बड़े उद्योगों में यहाँ का चीनी उद्योग सर्वोपरि है। विद्युत उत्पादन के लिए यहाँ थर्मल पावर तथा जलविद्युत केन्द्र हैं, विशेषतः ऊँचाहार, सोनभद्र में। इनके अतिरिक्त कुछ महत्त्वपूर्ण औद्योगिक प्रतिष्ठान हैं यथा फूलपुर (इलाहाबाद) का उर्वरक कारखाना, अमेठी, भेल (जगदीशपुर) स्टील एथार्टी आफ इण्डिया, कानपुर, आयुध निर्माणी-कानपुर, इलाहाबाद, मोहन मीकिन, लखनऊ, कृभको, कानपुर एग्रो, जूट, स्कूटर इंडिया लिमिटेड, अपट्रान, लखनऊ, एच.ए.एल., भेल, आर.डी.एस.ओ. (लखनऊ), खादी ग्रामोद्योग आदि।

अवध क्षेत्र के पुराने उद्योगों का उल्लेख प्राचीन साहित्य में बहुत हुआ है। यहाँ बाहर के व्यापारी दलों का बराबर आवागमन होता रहा है। दक्षिण दिशा और पूर्व पाटन से प्रायः चन्दन कस्तूरी, अगरु, कुमकुम, पान-सुपारी, जायफल, लौंग, इलाइची, चिरौंजी, सोना, चाँदी, धातु, हाथी, घोड़ा, कम्बल, सिल्क, कपड़ा, ओषधि आदि का व्यापार होता रहा है।

यहाँ के कुटीर उद्योगों एवं कलाकारों में सोनार, कोरी, जुलाहा, कुम्हार, जौहरी, चर्मकार, कसेर, गन्धी, दर्जी, धोबी, शस्त्र निर्माता, पथरकटा, सुतिहार, पटवा, बुनकर, बढ़ई-तमोली, थवई आदि प्रसिद्ध रहे हैं। प्राचीन साहित्य में हाट बाजार, सार्थवाह, बंजारा, व्यापारी, महाजन, मूलधन, ब्याज, श्रेष्ठि, थोक, फुटकल, लाभ, हानि, नगद, उधार, सिक्का आदि पारिभाषिक आर्थिक शब्दावली के उल्लेख भरे पड़े हैं। कबीर के दोहों तथा जायसी के 'पद्‌मावत' में ठग और चोरों तक का उल्लेख हुआ

है। उसमें गोताखोर मरजिया और वेश्याओं की भी चर्चा हुई है। कवि ने गंठिछोरा (ठग), चिरहंटा (बहेलिया), फुलहारी (माली) जैसे कई व्यापारियों के नाम गिनाये हैं।

यहाँ के आधुनिक उद्योगों में महत्त्वपूर्ण हैं–

आभूषण निर्माण : लखनऊ, कानपुर, इलाहाबाद आदि नगरों में सोने-चाँदी की कला काफी विकसित है। यहाँ कई डिजाइनों के गहने बनते हैं। अवध के सर्राफों की चर्चा प्राचीन साहित्य में विशेष रूप से हुई है।

इत्र तेल फुलेल उद्योग : लखनऊ के पुराने कारीगरों में असगर अली, खुदा बख्स आदि के नाम चिरस्मरणीय हैं। ये हिना, केवड़ा, चमेली, जाफरान/खस और गुलाब जल बनाने में विशेषज्ञता प्राप्त हैं। जौनपुर का इत्र उद्योग भी प्रसिद्ध है। तेल के कुछ कारखाने भी यहाँ स्थापित हैं।

कपड़ा एवं बुनाई उद्योग : इसका सबसे बड़ा केन्द्र है कानपुर। वहाँ एक समय दर्जनों टेक्सटाइल्स मिलें चल रही थीं, जिनमें पदमपति, लक्ष्मीपति/सिंहानिया की काटन मिल, जयपुरिया की स्वदेशी मिल, लाल इमली मिल, एल्गिन मिल, विक्टोरिया मिल, कानपुर, टेक्सटाइल्स आदि इतनी प्रसिद्ध थीं कि कानपुर को पहले भारत का 'मैनचेष्टर' कहा जाता था। इस नगर में रेमंड, मोदी, रिलायंस, डी.सी.एम., श्रीराम मिल, रेडीमेड कारखाने, पैरासूट, खादी बोर्ड आदि के अनेक विकसित उद्योग हैं। होजरी गारमेण्ट्स और हैण्डलूम आदि का यहाँ काफी विस्तार है। सीतापुर का मलमल उद्योग काफी विकसित है। उन्नाव में लिहाफ की छपाई का कार्य महत्त्वपूर्ण माना जाता है। फतेहपुर का धागा उद्योग पर्याप्त विकसित है। मिर्जापुर का काटन सिल्क मशहूर है। बाराबंकी की बुनाई मिल सराहनीय है।

खिलौना निर्माण : इस कला में लखनऊ के कारीगर प्रसिद्ध रहे हैं। मिट्टी के खिलौनों के साथ-साथ यहाँ हाथी दाँत के खिलौने अपनी मीनाकारी के कारण चर्चित हैं। पिछले दशकों में चिनहट लखनऊ में पाटरी का उद्योग काफी विकसित हुआ है। हाथी दाँत से निर्मित आभूषण, बटन, चाकू, लैम्प आदि कला के श्रेष्ठ नमूने हैं। फतेहपुर के खिलौने भी चर्चित हैं। सीतापुर में निर्मित मिट्टी के बर्तन उच्च स्तर के माने जाते हैं। यहाँ के कलाकार मोहर्रम के ताजिये में जरी, सोना, चाँदी का प्रयोग करते हैं। यहाँ कागज तथा प्लास्टिक की सहायता से लोग तरह-तरह के पतंगें बनाते हैं। जमघट के दिन यहाँ पतंगबाजी करने का बड़ा शौक है। इसके साथ माँझा निर्माण का धन्धा भी चलता है।

चमड़ा उद्योग : इस क्षेत्र में सर्वोपरि है कानपुर। वहाँ सैकड़ों कारखाने हैं, जो जूते, चप्पल, पर्स, अटैची, पट्टा आदि का व्यापक स्तर पर निर्माण करते हैं। यह उद्योग उन्नाव, फतेहपुर, रायबरेली में भी बहुव्याप्त है।

चावल मिल : अवध का पूर्वी क्षेत्र मुख्यतः धान उत्पादक है। इस क्षेत्र में कई जिलों में चावल मिलें चल रही हैं, मुख्यतः गोंडा, कानपुर, लखनऊ आदि जनपदों में। यहाँ धान की कुटाई के साथ उन पर पालिश का कार्य किया जाता है। अवध में सादे चावल को 'अरिया' और उबले हुए धान से निर्मित चावल को 'भुजिया' कहा जाता है। धान को कूटकर उबालकर 'चूरा' तैयार किया जाता है। धान को भूनकर 'लाई' बनती है। कुटाई में निकलने वाली 'कनकी' और बारीक भूसी से बिस्कुट बनाते हैं। इसकी भूसी जानवरों के चारे में भी प्रयुक्त होती है। इससे लोग शराब तथा तेल निकालते हैं। यह ईंधन के काम भी आती है। चावल को पीसकर 'चौरीठा' बनाया जाता है, जिससे कई प्रकार के व्यंजन बनाये जाते हैं।

चिकन : इसके लिए लखनऊ विश्व प्रसिद्ध है। यह कला यहाँ 17वीं शती से प्रगति पर है। इसके अन्तर्गत जरतार, जरदोजी, जरबुलन्द, कारचोबी, बिदरी, कामदानी, गोटा, बेलबूटे, बखिया,

गिरह, टाके, मुरी, पेंच, धूम, कटवर्क आदि कलाएँ गण्यमान हैं। लखनऊ के कलाकार मूँगा-रेशम के जो फंदे डालते हैं, जूही बेल का जो काम करते हैं, सोने-चाँदी के जो बेलबूटे बनाते हैं और जो 'जलपरी' का जोड़ा तैयार करते हैं, वह अतुलनीय है। चिकन की यह हस्तकला साड़ी, कुर्ता, लहँगा, दुपट्टा, टिकोजी, मेजपोश, तकिया, चादर, कवर आदि में पूरे कला कौशल के साथ की जाती है। ये कलाकार मछली की आकृति बनाने में विशेष सिद्धहस्त हैं। इम्ब्राइडरी (कढ़ाई) उद्योग में इनका विशिष्ट स्थान है। चिकन की यह कला बहराइच और अमेठी में भी प्रचलित है।

चीनी उद्योग : इसमें सम्पूर्ण प्रदेश अग्रणी है। सीतापुर, लखीमपुर खीरी, बहराइच, बाराबंकी, बलरामपुर, श्रावस्ती, गोंडा आदि में कई सरकारी और सहकारी मिलें हैं। जगह-जगह थ्रेसर लगे हुए हैं। इन सबमें बड़ी मात्रा में चीनी, गुड़, खाण्डसारी, शीरा, शराब आदि का निर्माण होता है। इस क्षेत्र की उल्लेखनीय मिलों में शुगर फैक्ट्री कमलापुर, किसान सहकारी शुगर फैक्ट्री बिसवाँ, शुगर फैक्ट्री महमूदाबाद, हरगाँव, रामगढ़ आदि महत्त्वपूर्ण हैं।

राज्य चीनी निगम की कई इकाइयाँ जरबल रोड, बुढ़वल, रायबरेली, महौली आदि में स्थापित हैं। गोंड़ा में गन्ना किसान संस्थान के अन्तर्गत गन्ना विकास प्रशिक्षण दिया जा रहा है। गोला (खीरी), अमहट (सुलतानपुर) में बीज विकास योजना चल रही है। सम्पूर्णानगर (लखीमपुर) की गन्ना मिल में सीरा से सम्बन्धित कई उद्योग चल रहे हैं। लखनऊ में स्थापित गन्ना अनुसंधान संस्थान की भूमिका भी बड़ी महत्त्वपूर्ण है।

तम्बाकू उद्योग : लखनऊ में इसकी कई किस्में तैयार की जाती हैं, जैसे—पान की तम्बाकू (जर्दा), काली पत्ती, पीली पत्ती, जाफरानी, मुश्की दाना, किमाम, हुक्के की तम्बाकू, पूर्वांचल में उत्पन्न चुनही तम्बाकू आदि। कानपुर में मनसुख कोठारी का पान पराग तथा परशुराम का सिगरेट कारखाना प्रसिद्ध है। यहाँ पान मसाले के कई कारखाने हैं।

बर्तन उद्योग : इस क्षेत्र में लखनऊ के कन्हैया लाल प्रागदास परम प्रसिद्ध हैं। उनके पूर्वज नवाबी काल में यहाँ राजस्थान से आये थे। शाहगंज, अहियागंज एवं नखाश में स्थित उनके मुख्य काम थे—चाँदी के हौदे, हाथी का मुकुट, घोड़ों का साज-सामान, चाँदी की कुर्सियाँ, घोड़ों के पैरों के जेवर और चाँदी जड़ी बग्घियों का निर्माण।

इन्होंने बाद में बर्तनों का व्यापार शुरू किया। ताँबा, फूल, पीतल, कसकुट, गिलट, जर्मन, आदि के बर्तनों की इन्होंने 16 शाखाएँ स्थापित कीं, जो आज भी अग्रणी हैं। इनके द्वारा निर्मित पानदान, खासदान, बधना, देगची, पतीली, हण्डे, परातें, बटवे आदि दर्शनीय हैं। लखीमपुर के पीतल के बर्तन भी प्रसिद्ध हैं। स्टील के बर्तनों में फतेहपुर और प्लास्टिक के बर्तनों में कानपुर सबसे आगे हैं। ब्रासवेयर, ताँबा और पीतल में मिर्जापुर सुविख्यात है।

पर्यटन उद्योग : अवध क्षेत्र में अनेक दर्शनीय स्थल हैं, जो ऐतिहासिक, धार्मिक, प्राकृतिक, राजनीतिक एवं औद्योगिक दृष्टि से महत्त्वपूर्ण हैं। इन्हें समय-समय पर विकसित किया गया है। इसमें कुछ राष्ट्रीय हेरिटेज हैं। इनमें महत्त्वपूर्ण हैं—अयोध्या, फैजाबाद, श्रावस्ती, लखनऊ, देवा (बारांबकी), प्रयाग (इलाहाबाद), बिठूर (कानपुर) चित्रकूट, चुनार, देवी पाटन (बलरामपुर) दुधवा नेशनल पार्क, जौनपुर, कौशाम्बी, नैमिषारण्य-मिसरिख, मिर्जापुर, नवाबगंज (कानपुर), डलमऊ, गोला गोकर्णनाथ, सांडी (बर्ड सेंचुरी), हरदोई, कतरनिया घाट (बहराइच), विंध्याचल, समसपुर (रायबरेली), भीतरगाँव (कानपुर), काकोरी (लखनऊ), अमेठी, जगदीशपुर (सुल्तानपुर), भरतकुण्ड, रौनहीं (फैजाबाद), शृंगवेरपुर, लोधेश्वर (बाराबंकी) आदि। अवध के पर्यटन स्थलों तक आवागमन सुविधापूर्वक हो सके, इसलिए 1972 ई.

में यहाँ पर्यटन विभाग की स्थापना की गयी। 1974 ई. में यहाँ राज्य पर्यटन निगम, पर्यटन प्रबन्ध संस्थान और पर्यटन निदेशालय स्थापित किया गया। यहाँ लखनऊ, इलाहाबाद, फैजाबाद, चित्रकूट, बलरामपुर, बाराबंकी, कानपुर आदि स्थानों में पर्यटन कार्यालय तथा पर्यटन सूचना केन्द्र कार्यरत हैं। कई जगहों पर पर्यटक आवास गृह की सुविधा है। यहाँ का बौद्ध परिपथ–श्रावस्ती, कौशाम्बी, कानपुर, लखनऊ और इलाहाबाद से जुड़ा हुआ है। बुन्देलखण्ड परिपथ इलाहाबाद, चित्रकूट को जोड़ता है। अवध परिपथ से बाराबंकी, देवा शरीफ, लखनऊ, नीमसार, मिश्रिख, फैजाबाद, अयोध्या, नवाबगंज, उन्नाव, कानपुर, बिठूर, डलमऊ, रायबरेली, सलोन, इलाहाबाद, जौनपुर आदि स्थान जुड़े हुए हैं। जलविहार परिपथ से इलाहाबाद, विंध्याचल, लखनऊ, नीमसार, कानपुर, बिठूर और डलमऊ सम्बद्ध हैं। वनविहार, इको टूरिज्म एवं साहसिक यात्रा परिपथ से अवध के ये तीन क्षेत्र सम्बन्धित हैं– 1. दुधवा राष्ट्रीय उद्यान 2. नवाबगंज पक्षी विहार उन्नाव 3. कतरनियाँ घाट पक्षी बिहार, बहराइच। यहाँ प्रवासी भारतीयों के लिए 'डिस्कवर योर रूट्स' अर्थात् 'अपने पूर्वजों के बारे में जानिये' नामक एक योजना चलायी जा रही है। लखनऊ एवं दुधवा राष्ट्रीय उद्यान के बीच एक रेल पैकेज प्रारम्भ किया गया है। पर्यटन विकास हेतु कई भवनों की मरम्मत और सुन्दरीकरण का कार्यक्रम चल रहा है।

प्रकाशन उद्योग : यहाँ का प्रकाशन उद्योग लगभग डेढ़ सौ वर्ष पुराना है। अवध के प्रथम प्रकाशक थे मुंशी नवलकिशोर (1836)। उन्होंने 23 नवम्बर 1858 को लाहौर से आकर लखनऊ में नवलकिशोर प्रेस स्थापित किया और अवध अखबार का प्रकाशन शुरू किया। मुंशी जी ने हिन्दी, उर्दू, फारसी, संस्कृत की लगभग 5000 पुस्तकें छापीं। 1898 से यहाँ माधुरी नामक साहित्यिक मासिक पत्रिका शुरू हुई, जिससे प्रेमचन्द, कृष्णबिहारी मिश्र, रूपनारायण पाण्डेय आदि कई सम्पादक जुड़े रहे। अन्य प्रकाशकों में उल्लेखनीय हैं बेलडियर प्रेस, भारती भण्डार, साहित्य भवन, इण्डियन प्रेस, ज्ञानवाणी, किताबघर, लोकभारती प्रकाशन (इलाहाबाद), प्रकाशन केन्द्र, भारत बुक सेंटर, गंगा पुस्तक माला, भुवनवाणी प्रेस (लखनऊ), ग्रन्थम, जागरण प्रेस, नमन प्रकाशन, आराधना प्रकाशन (कानपुर), भवदीय प्रकाशन (फैजाबाद) आदि।

प्रवचन उद्योग : इस क्षेत्र में सैकड़ों कथावाचक, व्यास और उपदेशक हैं, जो सत्संग, कीर्तन द्वारा अर्थोपार्जन करते हैं। इनमें क्रमशः उल्लेखनीय हैं–

महंत अभिलाष दास (प्रयाग), उमाशंकर शर्मा (अयोध्या), महंत कमलनयन दास (अयोध्या), स्व. जगद्गुरु कृपालुजी (प्रतापगढ़), गिरिराज दास रामायणी, (बहराइच), गुरु चरण दास (अयोध्या), महन्त जगदेव दास रामायणी (अयोध्या), ज्ञानशंकर पाण्डेय (मिर्जापुर), त्रिभुवनदास (अयोध्या), दिव्यानन्द (चित्रकूट), जगद्गुरु पुरुषोत्तमाचार्य (अयोध्या), ब्रह्मानंद पाठक (अयोध्या), बाबूलाल गर्ग (चित्रकूट), भगवदाचार्य जी (लखनऊ), मैथिलीशरण जी (अयोध्या), महादेव शास्त्री (अयोध्या), मानस मंदाकिनी (अयोध्या), जगद्गुरु रामनरेशाचार्य रामानन्द आश्रम, रामविलास (रामायणी) (अयोध्या), रघुनाथदास शास्त्री (अयोध्या), जगद्गुरु रामभद्राचार्य (चित्रकूट), जगद्गुरू वासुदेवानन्द (अयोध्या), शिखा सरस्वती जी, सन्त कुमारी (लखीमपुर), रामविलास दास वेदांती (अयोध्या), राममंगल दास, रामअनुग्रह दास (झूँसी, इलाहाबाद), राधेश्याम शास्त्री (अयोध्या), महन्त विश्वनाथ दास (अयोध्या), सुनीता शास्त्री (अयोध्या) आदि।

भट्ठा उद्योग : इस क्षेत्र का अधिकतर निर्माण ईंट द्वारा किया जाता है, इसलिए ईंट पाथने और उसे पकाने वाले भट्ठे जगह-जगह बने हुए हैं। इनके द्वारा ईंटा, रबिश, गिट्टी आदि की आपूर्ति की जाती है।

प्रमुख बड़े उद्योग

1. एग्रो फूट प्रोडक्ट्स
2. बी.बी. फूड्स (भोलेबाबा)
3. डेयरी इण्डस्ट्रीज
4. एफ.सी.एल. टेक्नोलॉजी एण्ड प्रोडक्ट्स
5. एम.आई. इण्डस्ट्रीज
6. दुआ एग्रो
7. रेक्रोन सिंथेटिक्स
8. त्रिवेणी शीट ग्लास वर्क्स इलाहाबाद
9. आई.टी.आई. लिमि.
10. इण्डियन फार्मर्स फर्टिलाइजर्स
11. हिन्दुस्तान केवल्स
12. ट्रेक्टर्स ऐण्ड फार्म इक्विपमेण्ट्स
13. बलरामपुर चीनी मिल्स
14. जे.के. इंडस्ट्रीज कानपुर
15. अपर गैंजेज शुगर इण्डस्ट्रीज
16. जुबिलांट आर्गोनों
17. चड्ढा शुगर्स
18. बजाज हिन्दुस्तान शुगर्स
19. जे.आर. एग्रो इण्डस्ट्रीज
20. सिंथटिक्स एण्ड केमिकल्स
21. रामा-श्यामा पेपर्स
22. केसर इण्टरप्राइजेज
23. जे.के. शुगर्स
24. द्वारकेश शुगर इण्डस्ट्रीज
25. ओसवाल ओवरसीज
26. प्रतापगढ़ शुगर इण्डस्ट्रीज
27. हिन्दुस्तान कोको कोला बाटलिंग
28. पी.बी.एस. फूड्स
29. अहिछन्त्र इंडस्ट्रीज
30. जिन्दल पालीस्टर
31. ए.के.एल. अपोलो ट्यूब्स
32. यू.पी. ग्राइडिंग यूनिट
33. कृष्णमोहन सोलबेण्ट
34. यश पेपर्स
35. श्रीवास्तक इण्टरनेशनल
36. श्री लक्ष्मी काटन
37. फार्म टेक्सटाइल्स
38. खेतान केमिकल्स
39. गोपाल सोप इण्डस्ट्रीज
40. लैक्स इन्जीनियरिंग
41. स्कार्स्ट्स
42. सैमसंग इण्डिया
43. एशियन पेण्ट्स
44. मैजेस्टिक आटो
45. नील कमल प्लास्टिक्स
46. वीडियोक्रॉन
47. ग्रासिंग इण्डस्ट्रीज
48. तोया इंक
49. रॉबिन गारमेण्ट्स
50. हल्दीराम स्नैक्स
51. देलही फ्लोर मिल्स
52. हावेल्स इण्डिया
53. यामहा मोटर्स
54. मून ब्रेवरीज
55. श्री सीमेन्ट्स
56. अजन्ता ट्यूब्स
57. मोदी फोन
58. डाबर इण्डिया
59. भूषण स्टील
60. श्रीराम पिस्टन
61. भारत इलेक्ट्रानिक्स
62. राजी सुपर स्टील
63. सुखबीर एग्रो एनर्जी
64. इण्डो गल्फ इण्डस्ट्रीज
65. बजाज इको टेक प्रोडक्ट्स
66. जालान पोलीटेक्स
67. सराया शुगर मिल्स
68. रिम झिम इस्पात
69. बघौली शुगर मिल्स
70. हिन्दुस्तान लीवर

71. लोहिया मशीनरी
72. नमस्ते इण्डिया
73. स्वदेशी आयल्स
74. ओझा शुगर्स
75. जैस्सनपावन
76. टाटा इंजीनियरिंग
77. वरुण स्पिनिंग मिल्स
78. इण्डियन आयल कारपोरेशन
79. किसान सहकारी चीनी मिल्स
80. डी.सी.एम. श्रीराम स्टील
81. भवन्स शुगर मिल्स
82. जयप्रकाश एसोसिएट्स
83. राना शुगर्स
84. सादीलाल इण्टरप्राइजेज
85. भवानी पेपर मिल्स, रायबरेली
86. उत्तम शुगर मिल्स
87. स्टार पेपर्स
88. डालमिया शुगर्स
89. कृभको
90. डालनिया सीमेण्ट
91. ममलापुर शुगर मिल्स
92. अवध शुगर मिल्स
93. भारत हैवी इलेक्ट्रिकल्स
94. आर्डिनेंस फैक्ट्री, कानपुर
95. मोहन मीकिन, लखनऊ
96. कानपुर टेक्सटाइल्स
97. विक्टोरिया मिल्स, कानपुर
98. एल्गिन मिल, कानपुर
99. पान मसाला उद्योग, कानपुर
100. वनस्पति घी उद्योग, कानपुर आदि।

लघु/कुटीर उद्योग : इस क्षेत्र में हथकरघा, रेशम उद्योग, पालट्री उद्योग, फैशन टेक्सटाइल्स, डिजाइनिंग, दरी निर्माण, सूती वस्त्र, चर्म शिल्प, ग्लास, पाटरी, चीनी पात्र, खादी, हैण्डलूम, मोमबत्ती, माचिस, अगरबत्ती आदि उल्लेखनीय हैं। यहाँ हस्तशिल्प के निर्यात को काफी प्रोत्साहन दिया जाता है। लखनऊ का नेशनल इंस्टीट्यूट आफ डिजाइन, कानपुर का टेक्सटाइल डिजाइन, उन्नाव का चमड़ा उद्योग, कानपुर का हैण्डलूम एक्सपोर्ट इस दृष्टि से उल्लेखनीय हैं। इन उद्योगों के विकास के लिए यहाँ का 'उद्योग बन्धु' काफी सक्रिय है।

स्फुट उद्योग : अवध क्षेत्र में और भी कई प्रकार के उद्योग अपनी विकास प्रक्रिया में हैं, जैसे—इलाहाबाद का त्रिवेणी ग्लास, प्रतापगढ़ का आँवला उद्योग, बलरामपुर का फर्नीचर उद्योग, कानपुर के स्टील के कारखाने तथा डिटर्जेण्ट कारखाना। इनके अतिरिक्त यहाँ फ्लोर मिलें, दलिया कारखाने, तेल मिलें और दाल मिलें जगह-जगह पर स्थापित हैं।

इस क्षेत्र में अनेक बड़े उद्योग भी कार्यरत हैं, जैसे—इलाहाबाद, कानपुर, सुल्तानपुर में स्थापित स्टील एथारिटी, भेल, गल्फ, गैस एथारिटी, रायबरेली की टेलीफोन इण्डस्ट्री, एन.एफ.टी. ऊँचाहार का थर्मल पावर, लालगंज का रेलकोच कारखाना, पनकी स्टील, कानपुर की आर्डिनेंस फैक्ट्री, उर्वरक कारखाना, लखनऊ का मोहन मीकिन और हैवी इलेक्ट्रिकल्स, इलाहाबाद का भारत पेट्रोलियम, जीप, फूड कार्पोरेशन, इलाहाबाद बैंक आदि। यहाँ के बड़े नगरों में केमिकल्स के कई उद्योग हैं। लखनऊ का टाटा उद्योग और इण्डस्ट्रियल हब इन दिनों शिखर पर है। यहाँ रिलायन्स, रेमंड, बिरला, मोदी, गोयनका आदि कई घरानों के उद्योग चल रहे हैं।

इनके अतिरिक्त कानपुर का साबुन उद्योग, फलैक्स शू उद्योग, रूपानी उद्योग, बाराबंकी का केमिकल्स उद्योग, रायबरेली और सुलतानपुर का सीमेण्ट उद्योग, उन्नाव का मशहरी उद्योग, कानपुर का पैराशूट उद्योग, बाराबंकी का रबर उद्योग, सीतापुर और रायबरेली की पेपर मिलें भी स्मरणीय हैं। लखनऊ में हस्तकला की लगभग तीन दर्जन इकाइयाँ हैं। तालकटोरा औद्योगिक संस्थान, लघु उद्योग

विकास बैंक, यू.पी. ट्रेड प्रमोशन एथारिटी, विजय स्कूटर उद्योग, टेरा कोटा आदि भी स्मरणीय हैं।

अवध क्षेत्र में लघु उद्योगों की लगभग ढाई लाख और बड़े, मध्यम उद्योगों की एक हजार इकाइयाँ हैं। प्रवासी भारतीयों की उद्यमिता हेतु यहाँ 'पिकप', उद्यमिता विकास संस्थान, यू.पी.एस.आई.सी., यू.पी.एस., आई.डी.सी., यू.पी.एस.सी. जैसी संस्थाएँ सक्रिय हैं।

इस क्षेत्र में उद्यमिता विकास की कई योजनाएँ चल रही हैं, जैसे—लखनऊ का औद्योगिक ऐग्रो पार्क, औद्योगिक गलियारा, ताज एवं यमुना एक्सप्रेस वे, एग्रो कांप्लेक्स, कानपुर का बायो टेक्नोलाजी विभाग, प्लास्टिक उद्योग, प्रतापगढ़ का आँवला उद्योग, विभिन्न जनपदों का हथकरघा उद्योग, होटल, पर्यटन, खनिज तथा फिल्म उद्योग, विशेषतः इलाहाबाद, लखनऊ एवं कानपुर के नेशनल फैशन डिजाइनिंग उद्योग आदि। यहाँ 'उद्योग बन्धु', एकल मेज व्यवस्था और सीधे संवाद द्वारा पूँजी निवेश, उद्योग स्थापना, ऊर्जा, कच्चा माल आपूर्ति, परामर्श सेवा, प्रसार, प्रशिक्षण और निर्यात का काफी प्रयास कर रहा है। फलस्वरूप यहाँ पाटरी उद्योग, चर्म उद्योग, ईंट भट्ठा उद्योग, साथ ही प्लास्टिक, हैण्डलूम, फलसंरक्षण, चूना, पत्थर, पेण्ट, हाथ कागज, दियासलाई, पटाखा, अगरबत्ती, बाँस-बेंत, कागज-तश्तरी, जूट, मसाला, मोमबत्ती, साबुन, खिलौना, कीटनाशक, ढाबा, मिठाई निर्माण आदि से जुड़े कई छोटे-बड़े उद्योग चल रहे हैं। गन्ना उत्पादन और चीनी मिलें यहाँ की विशिष्ट उपलब्धियाँ हैं। यदि प्रशासनिक भ्रष्टाचार कम हो जाये, जनसाधारण में नयी कार्य संस्कृति का विकास हो जाये, ऊर्जा आपूर्ति और सुरक्षा व्यवस्था सुनिश्चित हो जाये तो यहाँ का औद्योगीकरण कई-कई गुना विकसित हो जाये।

इस क्षेत्र में रियल स्टेट के अन्तर्गत भूखण्ड बिक्री, भवन निर्माण, कालोनी विकास, सड़क और सेतु निर्माण का कार्य ठेकेदारों द्वारा व्यापक स्तर पर चलाया जा रहा है। कानपुर के परशुराम जी का सिगरेट उद्योग और नमस्ते इंडिया नामक दूध, घी उद्योग काफी विकसित है। मनसुख और दीपक का पानमसाला उद्योग इधर काफी बढ़ा है। कानपुर के मुरली बाबू का घड़ी डिटर्जेण्ट, साथ ही घृतकुमारी एवं ग्वार पाठा से निर्मित अवलेह बहुत लोकप्रिय हुआ है। कानपुर के कई व्यापारी कपड़ा उद्योग, चर्म उद्योग, प्लास्टिक और औषधि के क्षेत्र में अग्रणी हैं। लखनऊ, कानपुर, इलाहाबाद आदि नगरों के हलवाइयों द्वारा निर्मित मिठाई, नमकीन, अचार, पापड़ आदि व्यंजन विश्व प्रसिद्ध हो गये हैं, जैसे छप्पन भोग, व्यंजन, रामआसरे, राधेलाल, क्लासिक (लखनऊ), लोकनाथ, नेतराम (इलाहाबाद) आदि।

अवध के कई थोक व्यापारी विभिन्न पदार्थों की आढ़त चलाते हैं। कुछ कमीशन एजेन्ट का काम करते हैं और कुछ फुटकर बिक्री का। ये देश-विदेश से विभिन्न प्रकार के खाद्य, पेय पदार्थ, वस्त्र, आभूषण, इतर, फुलेल, प्रसाधन सामग्री, दवाएँ, मशाले, फल-फूल, मेवे, फर्नीचर, स्टेशनरी, बिजली तथा इलेक्ट्रानिक का सामान—फ्रिज, टी.वी., मोबाइल, कम्प्यूटर, धुलाई मशीन, एअर कंडीशनर, पंखे, भवन निर्माण की फिटिंग सामग्री, हार्डवेयर, रसोई के उपकरण, बर्तन, वाहन, सैनेटरी फिटिंग आदि मँगाते, बेचते रहते हैं, साथ ही उनकी मरम्मत कराते हैं। सेकेण्ड हैण्ड माल की आपूर्ति भी करते रहते हैं। यहाँ यत्र-तत्र अवैध रूप से देशी कच्ची शराब, भाँग, चरस, गाँजा आदि का विपणन देखा जाता है। इन व्यापारियों में कुछ फुटपाथ पर धन्धा करते हैं, कुछ मेले-ठेलों में और कुछ शहर के अलग मुहल्लों में सचल दूकानें लगाते हैं। कुछ ठेका लेते हैं, जैसे- कैटरर्स या साज-सज्जा वाले सीधे घरों में जाकर सप्लाई करते हैं। इन दिनों टिफिन पहुँचाने का धन्धा काफी लोकप्रिय हो गया है। रिक्शा, आटो, टैक्सी, बस आदि से जुड़ा परिवहन व्यापार यहाँ काफी विकसित है। इसी प्रकार के कुछ अन्य छोटे-बड़े उद्योग धन्धे हैं जैसे—

1. आटा चक्की, स्पेलर का धन्धा
2. आरा मशीन का धन्धा
3. कुम्हारों का मिट्टी-पात्र और खिलौना उद्योग
4. दर्जियों का सिलाई, कढ़ाई, जरदोजी कार्य
5. मकान एवं भूखण्ड की खरीद-फरोख्त एवं किरायेदारी की ब्रोकरी
6. फल, सब्जी, अन्न-मण्डी की दलाली
7. सी.ए. विधि परामर्शी और वित्त सलाहकार कम्पनी से जुड़े कार्य
8. वकील, नोटरी, आयकर, बिक्रीकर विशेषज्ञों के कार्य
9. नर्सिंग होम का संचालन और चिकित्सक कर्म
10. कोचिंग, ट्यूशन कर्म
11. पैकर्स मूवर्स का कार्य
12. जिम अखाड़ा, व्यायामशाला संचालन
13. विभिन्न मशीनों की मरम्मत का मैकेनिक कर्म
14. जीवन बीमा निगम और अन्य बीमा कम्पनियों की एजेन्सी
15. विभिन्न उत्पादों की सेल्समैनशिप
16. प्रेस, पत्रकारिता, मुद्रण बाइंडिंग एवं प्रकाशन
17. विज्ञापन एजेन्सी और प्रचार कार्य
18. बेल्डिंग उद्योग
19. मालीगीरी, बागवानी और फूल माला बुके आदि की बिक्री
20. इंटरनेट कैफे और संचार प्रौद्योगिकी का संचालन
21. कुत्ता पालन, बिक्री, प्रशिक्षण, उपचार आदि का व्यवसाय
22. जल, बर्फ, आइसक्रीम, कुल्फी आदि का व्यापार
23. टेंट हाउस एवं पंडाल सज्जा का धन्धा
24. रंगाई, पुताई, पेंटिंग, चित्रकारी और डिजाइनर का कार्य
25. इंटीरियर डिकोरेटर का कार्य
26. पशु चिकित्सा कार्य
27. धुनिया का धन्धा
28. पुस्तक, पत्रपत्रिका एवं स्टेशनरी विक्रेता
29. जनरल स्टोर की दूकानदारी
30. पान, बीड़ी, सिगरेट का धन्धा
31. लोनियागीरी एवं मिट्टी की ढुलाई भराई
32. फल, साग-सब्जी की फुटकल बिक्री
33. जड़ी-बूटी का धन्धा
34. लोहारी का धन्धा
35. वेल्डिंग, फर्नीचर निर्माण आदि
36. बाँस और काँस से बनी वस्तुओं की बिक्री
37. कपड़े की धुलाई, रँगाई, छपाई, रफू और लांड्री उद्योग

38. बढ़ई गीरी और टिंबर उद्योग
39. भवन निर्माण कार्य की ठेकेदारी
40. दोना पत्तल निर्माण
41. पथरकटा उद्योग, मूर्ति निर्माण, शिलापट्ट पर लेखन का कार्य
42. कसगरों का मिट्टी पात्र निर्माण
43. मनिहारी का धन्धा
44. तेल, फुलेल, इत्र, गुलाबजल, निर्माण
45. सर्राफा व्यापार
46. ढाबा, खोमचा, रेस्टोरेंट, टिफिन उद्योग
47. पटवागारी एवं हस्तशिल्प
48. सफाई एजेन्सी का कार्य
49. सुरक्षा एजेन्सी एवं पहरेदारी
50. कथावाचकी, पुरोहिती एवं पंडागीरी
51. परीक्षोपयोगी कुंजी लेखन व्यवसाय
52. बैण्ड एवं म्यूजिक पार्टी का धन्धा
53. शिक्षा संस्था समूह का संचालन
54. बिजली मरम्मत का धन्धा
55. मंचीय कविता, शायरी एवं कव्वाली
56. भिक्षावृत्ति एवं किन्नरों का धन्धा
57. दरी, कालीन निर्माण
58. ब्यूटी पार्लर
59. हथकरघा उद्योग
60. घरेलू सफाई का कार्य
61. ज्योतिषी एवं तांत्रिक का कार्य
62. रसोई निर्माण कार्य
63. टूरिस्ट गाइड कर्म
64. भुजवागीरी
65. सैफ, वेटर का कार्य
66. वितरक (वेन्डर) कार्य

इन धन्धों के अनुसार यहाँ के व्यवसायियों के प्रचलित नाम हैं—

1. खेती करने वाला—खेतिहर/किसान
2. खेत में मजदूरी करने वाला—खेतिहर मजदूर
3. मांस का धन्धा करने वाला—चिकवा, कुरैशी, कसाई
4. चमड़े का काम करने वाला—मोची, चमार
5. परचून (जनरल स्टोर) चलाने वाला—बनिया, बक्काल
6. सामान ढोने वाला—पल्लेदार, कुली
7. पान का धन्धा करने वाला—पनवाड़ी, तंबोली

8. पहरा देने वाला–पहरुआ, गार्ड, चौकीदार
9. साग-सब्जी बोने वाला–मुराई
10. मिर्च मसाले बेचने वाला–काछी
11. लकड़ी फर्नीचर का धन्धा करने वाला–बढ़ई
12. लोहे का काम करने वाला–लोहार (विश्वकर्मा)
13. सोने का काम करने वाला–सोनार
14. बर्तन-विक्रेता–ठठेरा
15. कपड़ों का विक्रेता–बजाज
16. मिट्टी के कुल्हड़, प्याले बनाने वाला–कसगर
17. मृदभांड (घड़े) बनाने वाला–प्रजापति, कुम्भकार, कुम्हार
18. कपड़े की धुलाई करने वाला–बरेठा, धोबी
19. कपड़े की रंगाई करने वाला–रंगरेज
20. रफू करने वाला–रफूगर
21. कपड़ा बुनने वाला–बुनकर, जुलाहा, कोरी
22. बाँस-काँस की टोकरी बनाने वाला–धानुक (बाँसफोड)
23. पत्थर पर काम करने वाला–पथरकटा
24. मकान बनाने वाला–राजगीर, थवई
25. सोने, चाँदी का सामान बनाने वाला–सर्राफ
26. रंगीन धागों के माले गुहने वाला–पटवा
27. बाजा बजाने वाला–बाजदार
28. हजामत करने वाला–नाई, हज्जाम
29. पत्तल उठाने वाला–बारी
30. चबैना भूनने वाले–भुजवा, भड़भूजा
31. मिट्टी ढोने वाला–लोनिया
32. अनाज तौलने वाला–बया
33. फूल माला मौर झालर आदि का काम करने वाला–माली
34. जानवर चराने वाला–चरवाह
35. हल जोतने वाला–हलवाह
36. ब्याज पर पैसा देने वाला–महाजन
37. सफाई कर्मचारी–मेहतर
38. प्रसव कराने वाली–धँगरिन, दाई
39. सिलाई करने वाला–दर्जी, टेलर
40. पालकी ढोने वाला–कहार
41. पानी ढोने वाला–महरा
42. नौका चलाने वाला–केवट, मल्लाह
43. गाड़ी चलाने वाला–गाड़ीवान
44. घोड़े का चालक/सेवक–सईस
45. हाथी-चालक, पालक–महावत

46. पूजापाठ कराने वाला—पुरोहित
47. तीर्थ-स्थलों पर कर्मकांड कराने वाला—पण्डा
48. शहद निकालने बेचने वाला—नट, बनमानुश
49. मछली मारने वाला—मछुआरा
50. दूध का धन्धा करने वाला—घोसी, ग्वाला, दूधिया
51. सन्देशा पहुँचाने वाला—गोड़िया
52. पटाखे बनाने वाला—आतिशबाज
53. गाँवों में भविष्य बताने वाला—भड्डरी
54. रुई धुनने वाला—धुनिया/बेहना
55. कानूनी कार्रवाई करने वाला—नोटरी, वकील, पटवारी, मुंशी
56. अनाज पीसने वाली—पिसनहारी
57. धान कूटने वाली—कुटनहरी
58. रसोईं बनाने वाला—महराज
59. झाड़ फूँक करने वाला—ओझा
60. नाचने गाने वाली—पतुरिया
61. लोहे और लकड़ी का काम करने वाला—लुहार, बढ़इया
62. साग सब्जी बेचने वाला—कुँजड़ा
63. कुश्ती और सरकस दिखाने वाला—नट, बाजीगर
64. स्टाक कीपर-थोक व्यापारी—आढ़तिया
65. मध्यस्थ विक्रेता—दलाल
66. मिट्टी से सोना-चाँदी निकालने वाला—कीमियागर
67. चूड़ी पहनाने वाली—चुरिहारिन, मनिहारिन
68. शराब बनाने वाला—कलाल, कलवार
69. तेल निकालने वाला—तेली
70. सुगन्ध का व्यापारी—गंधी, अत्तार
71. सामान का संग्रहकर्ता—कबाड़ी
72. पशु-पक्षियों, जीवों के खेल दिखाने वाला—मदारी
73. पक्षियों को पकड़ने बेचने वाला—बहेलिया आदि।

प्रमुख व्यापारी एवं उद्योगपति

इस अंचल के अनेक श्रेष्ठि (सेठ) उल्लेखनीय हैं, जैसे—कन्हैयालाल प्रागदास, कुन्दनलाल, किशोरीलाल, खुनखुन जी (लखनऊ), गूजरमल मोदी, जयपुरिया, जुग्गीलाल (कानपुर), दीपक कोठारी, नरेन्द्र मोहन (जागरण), पदमपति सिंहानिया, सत्यपाल, मनसुख जी, हलवासिया, रामरतन गुप्त, लक्ष्मीपति सिंहानिया, रामप्रसाद रामचन्द्र खण्डेलवाल (कानपुर), (ठाकुर) रतनपाल सिंह (लालगंज), कैप्टन वेद रतन मोहन (लखनऊ) आदि।

कराधान

यहाँ खेती पर लगाये गये टैक्स के कई नाम प्रचलित हैं, जैसे—मालगुजारी, पोत, लगान। इसी प्रकार दैनिक जीवन में आयकर, सम्पत्तिकर, चुंगी, तटकर, उत्पादन शुल्क, वेट, सर्विस टैक्स, ड्यूटी, सेस आदि का विधान प्रचलित है। पहले तीर्थों में जजिया कर लगा करता था। इनका प्रत्यक्ष प्रभाव आर्थिक व्यवस्था पर पड़ता है। अवध का जनजीवन पहले अंग्रेजों के शासनकाल में लगाये गये भूमिकर से बहुत पीड़ित था। आज भी नगरनिगमों, नगरपालिकाओं, राज्य और केन्द्र सरकार द्वारा वसूले जाने वाले भवनकर, जलापूर्ति और सीवरकर, पथकर आदि की निरन्तर बढ़ती हुई दरें कष्टकर हैं।

खेतीपाती

अवध कृषि प्रधान क्षेत्र है। यहाँ के बाग-बगीचों में खरीफ और रबी की फसलों में भाँति-भाँति के अन्न, फल, फूल आदि दिखाई देते हैं। लोक गीतों में इनकी ध्वनियाँ अनुगूँजित हैं, जैसे—

'खेतन में झूमै पेर पेर सरसों बाग बीच महुवा अमवा बौराये।
राजा पाँच पेड़ बगिया लगावो बौर हम देखब।
आमु लगावो नीम लगावो और लगावो रस केवड़ा।
फूली है निबुआ अनार सदाफल लटक रहे रतनार।'

अवध में कई प्रकार की कृषि भूमियाँ हैं। जैसे—राँकर (कंकरीली), (2) पडुवा (पीली), (3) कावर (काली) मिट्टी, जिसमें सूखने पर दरारें पड़ जाती है, (4) ढांग (जंगली), (5) भाटा (असमतल), (6) भूड़ (बलुही), तराई (हिमालयी घाटी), (7) कछार (नदी-तट), (8) दोमट, चिकनी (मटियार)।

यहाँ आबादी का बहुत बड़ा प्रतिशत कृषि पर निर्भर है। देश के लगभग 20 प्रतिशत खाद्यान्न का उत्पादन यह क्षेत्र करता है। पूरी उपज को इन भागों में विभाजित किया जा सकता है—(1) खाद्यान्न (2) दलहन (3) तिलहन (4) साग सब्जी (5) फल (6) फूल (7) पेड़ पौधे (8) गन्ना (9) ओषधीय वनस्पतियाँ (10) मसाले (11) स्फुट।

खाद्यान्न में प्रमुख हैं—गेहूँ, धान, जौ, ज्वार, बाजरा, मक्का, चना, मूँग, उड़द, मसूर, अरहर, सोयाबीन, तिल, सरसों, अलसी, सूरजमुखी, सावाँ, कोदों, मटर, आलू, प्याज, कद्दू, लौकी, बैंगन, तोरई, टमाटर, सलजम, चुकन्दर, गाजर, मूली, सेम, गोभी, पत्ता गोभी, गाँठ गोभी, परवल, कुन्दुरू, लोबिया, ग्वारफली, घुइयाँ, सूरन, चिचिण्डा, पालक, सोया, मेथी, बथुवा, सरसों, आम, अमरूद, केला, आँवला, बेर, बेल, कैथा, जामुन, मकोई, अमरख, शहतूत, खिरनी, नीबू, तरबूज, खरबूजा, खीरा, ककड़ी, ड्वाँडा, फूट, कचेलवा, मूँगफली, शकरकंदी आदि।

इन फसलों के लिए बुवाई, रोपनी; सोहनी, सिंचाई, कटाई और मड़नी की व्यवस्था अलग-अलग की जाती है। धान की बुवाई यहाँ दो तरह से होती है (1) पानी से भरे खेत में धान की बेढ़ रोपकर (2) उपयुक्त नमी (ओठ) से युक्त जुते खेत में अंकुरित धान (बेसार) को छिड़क करके। भीगे हुए धान में कुछ दिनों बाद 'जरई' निकल आती है। उसकी बुवाई को 'होंगा' कहते हैं। दूसरी तरह की बुवाई को रोपनी कहते हैं। बीच-बीच में खेत में जो घास फूस उग आती है, उसे निकालने को सोहनी या 'निरावनी' कहते हैं। धान के खेत में लगभग तीन माह तक पानी भरा रहना चाहिए, चाहे वर्षा से मिले या सिंचाई से। यहाँ सिंचाई के कई रूप प्रचलित हैं, यथा—

(1) डाल अर्थात् नहर के पानी को पहले किसी गड्ढे में संचित करके 'दोगला', बेडी द्वारा उलीच करके छपाना अर्थात् खेत में डालना।

(2) तोड़-नहर, रजबहा, माइनर की नाली से पानी सीधे प्राप्त कर लेना। जहाँ नहर का साधन नहीं होता, वहाँ कुएँ और तालाब से निकाल कर पानी नालियों द्वारा खेत में पहुँचाना होता है। इसके लिए चार उपाय किये जाते हैं—(1) चमड़े की बनी हुई मसक (चरस, मोठ, पुढ़) मोटे रस्से की सहायता से पैंढ़ी की ओर बैलों द्वारा खिंचवा कर पुरवाही करना (2) रहट या बलदेव बाल्टी द्वारा कुएँ से पानी निकालना (3) तालाब से ढेकुली द्वारा पानी निकालना (4) बोरिंग करके ट्यूबवेल से पानी खींच कर खेत तक पहुँचाना।

खरीफ की फसल में खेतों में गोबर की खाद डाली जाती है, जिसे 'पाँसना' कहते हैं। अपने घर के घूरे में संचित पाँस किसानों को स्वयं ढोनी पड़ती है। वे खेत में जगह-जगह कूरे लगा देते हैं और जुताई के समय फावड़े से छिड़क देते हैं। आषाढ़ के महीने में पहले दौंगरे (वृष्टि) के बाद जब जमीन नम हो जाती है, तो हल बैल की सहायता से उसकी जुताई की जाती है। खेत के चारों कोनों को फावड़ों से गोड़ा जाता है। एक खण्ड (राउण्ड) की जुताई को 'हराई' कहते हैं। सम्पूर्ण जुताई के बाद खेत में पाटा किया जाता है। पूरी जुताई और 'मयाई' को 'बाँह' कहा जाता है। खेत को पानी से छपाकर उसमें 'बेढ़' की रोपाई की जाती है। इस फसल लगवाई को यहाँ 'अकवारि' कहते हैं। रबी की फसल में गेहूँ बोने के लिए कई बाँहें करनी पड़ती हैं, जिससे मिट्टी भुरभुरी हो जाये। जहाँ पानी कम होता है और जमीन बलुही होती है, वहाँ प्रायः ज्वार, बाजरा, सरसों, चना, तिल्ली आदि की फसलें तैयार की जाती हैं। ये फसलें तीन माह का समय लेती हैं। अरहर की फसल आधे साल का समय ले लेती है। गन्ने की फसल एक साल में तैयार होती है। उसके लिए काफी पानी की जरूरत होती है। इसके गाँठें (पेड़ी) थोड़ी-थोड़ी दूरी पर रोपी जाती हैं। एक बार की रोपाई से गन्ने की तीन फसलें ली जा सकती हैं। सरसों, तिल्ली, उड़द, मसूर, मूँग, अरहर, सोयाबीन, लोबिया आदि फलीदार फसलों की छीमी जब अधपकी हो जाती हैं, तो उन्हें काटकर सुखा कर उनके दाने निकाल लिए जाते हैं। जब ये पौधे बड़े हो जाते हैं तो इनके बीच का खरपतवार निकालने के लिए इनकी निरवही की जाती है। गेहूँ की फसल की कम से कम दो बार सिंचाई करनी होती है। उसके लिए बीच-बीच में मिट्टी की मेंड़ (परवे) बनाये जाते हैं। गन्ना, आलू, प्याज, शकरकन्द आदि के खेतों में पानी पहुँचाने के लिए कूँडे (मेंड़) उठाने पड़ते हैं। धान, गेहूँ, जौ, बाजरा, आदि की बालें जब पक जाती हैं, तो खलिहान में उन्हें इकट्ठा किया जाता है। धान की बालों को पत्थर या लकड़ी पर पीटा जाता है। इससे धान अलग हो जाता और पयाल अलग। जिस धान में दाना नहीं होता, उसे 'फरहा' कहते हैं। गेहूँ के पूलों (बोझ) की लॉक (राशि) को गोलाकार फैलाकर उस 'पैरी' को बैलों-भैसों से रौंदा जाता है, जिसे 'मड़नी' कहते हैं। इससे भूसा अलग हो जाता है और दाना अलग। फिर एक चादर से हवा करके उसे 'ओसाया' जाता है। गेहूँ की तैयार राशि का खलिहान में बँटवारा किया जाता है, जिसे 'लक्नी' कहते हैं। बड़ा हिस्सा खेत के मालिक का होता है और कुछ अंश हरवाह का। वहीं खलिहान से प्रजा जन (नाई, धोबी, डोम आदि) अपना पारिश्रमिक (जेवरा) ले जाते हैं। कुछ अन्न पुरोहित, गंगा पुत्र को देय होता है। अन्न का यह ढेर आँगन के एक कोने में लगा दिया जाता है और टोने टटके के रूप में उस ढेर में एक कंडा तथा भटकटैया का एक सूखा पौधा गाड़ दिया जाता है। कुछ समय बाद अनाज को यथा स्थान बरवारी, डहरी, ड्रम, टंकी आदि में रख दिया जाता है। खरीफ और रबी की फसल जब घर पहुँचती है तो (नवान्न, देवता) का पूजन किया जाता है और 'नवफरी' चढ़ाई जाती है।

विगत दशकों में खेती-पाती के ये पुराने तरीके काफी बदल गये हैं। अब जुताई ट्रैक्टर से होती है। कटाई, मड़नी (दौरी) ओसाई भी अब मशीनों से होने लगी है। सिंचाई प्रायः ट्यूबवेल के सहारे की जाती है। गोबर पाँस और कम्पोस्ट जैव खाद से ज्यादा आज रासायनिक खादों का प्रयोग होने लगा है। पहले पशु-पक्षियों से फसल की रक्षा करने के लिए खेत में आदमी के पुतले (बिझुका या घोरव) लगाये जाते थे। चिड़ियों को उड़ाने के लिए 'खटका' की आवाज की जाती थी। उन पर गुलेल से प्रहार किया जाता था, ताकि वे भुट्टे के दाने न खायें। लोग खेतों में मचान बनाकर रात-रात रखवाली करते थे। फसल की चोरी भी होती थी। लोग गेंहूँ की बालें फाँक ले जाते थे। खलिहान में संचित फसल को अग्निकाण्ड से बचाने के लिए बड़ी सावधानी बरतनी पड़ती थी। गेहूँ की मड़नी में कई महीने लग जाते थे। अब मशीनीकरण के कारण ये कार्य उतने कष्टसाध्य नहीं रहे। सम्प्रति कृषि विभाग, मृदा परीक्षण, सिंचाई, उन्नत बीज, उर्वरक, कीटनाशक दवा और अनाज मण्डी में विपणन आदि कार्यों में काफी सहायता करता है। दलहन, तिलहन, कैश क्राप्स और गन्ने की खेती को विशेष प्रोत्साहन दिया जा रहा है। बाढ़ और सूखे की स्थिति में खेत को 'परती' रखा जाता है। उसकी क्षतिपूर्ति हेतु लगान पोत में छूट तथा यथोचित मुआवजा मिलता है। सहकारी, ग्रामीण विकास बैंक ऋण की व्यवस्था करता है। श्रेष्ठ कृषकों को पुरस्कार और प्रोत्साहन देने की व्यवस्था की गयी है। आकाशवाणी और दूरदर्शन से किसानों के लिए उपयोगी कार्यक्रम प्रसारित किये जाते हैं। कृषि विश्वविद्यालयों में कम से कम समय में अधिक उपज देने वाली प्रजातियों की खोज की जा रही है। सरकार ने फसली ऋण, क्रेडिट कार्ड, कृषक हेल्पलाइन आदि की व्यवस्था की है। बंजर भूमि-विकास, किसान पंचायत, व्यापारी पंचायत, बिजली आपूर्ति, तहसील दिवस, कंप्यूटरीकरण, बीज भण्डारण आदि की भरसक व्यवस्था की गयी है।

इस प्रकार यह कहा जा सकता है कि कृषि के क्षेत्र में यहाँ पर्याप्त विकास हुआ है। यही कारण है कि यहाँ किसानों की आत्महत्याएँ न के बराबर हुई हैं। भूमि हीन किसान और खेतिहर मजदूर प्रायः 'अधिया' पर खेत लेकर ये फसलें पैदा करते है। चकबन्दी के कारण सिंचाई और सुरक्षा व्यवस्था में इधर काफी सुधार हुआ है, किन्तु अधिक आबादी के कारण प्रति परिवार पर्याप्त भूमि सुलभ नहीं है। लागत मूल्य दिनों-दिन बढ़ता जा रहा है। यहाँ अभी कार्य संस्कृति पूर्णतः विकसित नहीं हो पायी है। इस क्षेत्र में अनेक प्रकार के अन्धविश्वास व्याप्त है। श्रमिकों का यहाँ बड़ा अभाव है। लोग परस्पर श्रम के आदान-प्रदान (हूँड़) से सहारे काम चला लेते हैं। अधिकतर श्रमिक शहरों की ओर भागते हुए दिख रहे हैं। उनके लिए केन्द्र सरकार ने 'मनरेगा' नामक स्वरोजगार योजना चलायी है। इस बीच औद्योगीकरण के कारण जमीन काफी महँगी हो गयी है, इसलिए लोग अपने खेत बेचकर शहरों में बसते जा रहे हैं। ग्रामोदय योजना के बावजूद बिजली, पेयजल, चिकित्सा, सुरक्षा, शिक्षा आदि की यथेष्ट सुविधाएँ सबको सुलभ नहीं हो पा रही हैं। जातीय राजनीति और प्रशासनिक भ्रष्टाचार के कारण गाँव का वातावरण विषम हो गया है। नयी पीढ़ी नगरीकरण की चकाचौंध से सम्मोहित है, इसलिए गाँव दिन प्रतिदिन उजड़ते जा रहे हैं। आवश्यकता यह है कि कृषि को उद्योग का दर्जा दिया जाये और उसका सर्वांगीण विकास किया जाये।

खेती की कहावतें

अवधांचल में खेती किसानी के सम्बन्ध में घाघ भड्डरी, विक्रम बैताल जैसे कई लोक पण्डितों ने अनेक नीति वचन अथवा प्रबोध परक निर्देश दिये हैं। जायसी के मसलानामा में भी इस कार्य के

सम्बन्ध में कई व्यावहारिक सुझाव दिये गये हैं। इन कहावतों में से कुछ नमूने निम्नवत हैं–

- अद्रा धान पुनरबस पइया।
- हथिया पूँछ डोलावै। घर बैठे गेंहूँ 'आवै' (हथिया नक्षत्र की वृष्टि लाभप्रद)
- गया किसान जो बोवै चिरइया।
- ईख तिस्सा, गेहूँ बिस्सा (गन्ने से तीस गुना और गेहूँ से बीस गुना लाभ)
- उत्तम खेती जो हरगहा मध्यम खेती जो संग्रहा
- कवित्त सोहै भाट का, खेती सोहै जाट का
- क़दम-कदम पर बाजरा दूर कोदवनी ज्वार। ऐसे जो बौवै कोई तो घर भरै बरवार।
- साझे कै खेती गदहा न खाय।
- कातिक बोय अगहन भरै। ताको हाकिम फिर का करै
- कातिक मास रात हल जोतो। टाँग पसार कै घर मत सूतो।
- खेती करै अधिया। बैल मरै न बधिया।
- गहरे जोतै बोवै धान, तो कोठिला भरै किसान
- गाजर गंजी मूरी। तीनों बोवै दूरी।
- गोबर चकबड़ रूसा। इन्हें छोडि नहिं होये भूसा।
- गेहूँ भवा सोलह बाहें, नौ गाहे, धान बेगाहे।
- ओझा किमिया बैद किसान। जाड़ू बैल खेत मसान।

(अर्थात् यदि किसान कीमियागर और वैद्य हो जाता है, बैल गरियार होता है तो खेत बरबाद हो जाता है, क्योंकि वह चाँदी तथा जड़ी बूटी की खोज में खेत को खोदता रहता है।)

- चारि कोस कै पाही, कूकुर मरिगा आवा जाही।
- 'खेती करै बनिज का धावै। दूनों में एकहू न पावै।'

इसी प्रकार दूर की खेती से सावधान किया गया है। गोस्वामी तुलसीदास ने भी एक सूक्ति के सहारे 'दुइ गावन की पाही' की निंदा की है–

'पाही खेती, लगन वटि, रिन कुव्याज, मग खेत
बैर बड़े सो आपने किये, पाँच दुख देत।' (तुलसी)

- ग्वेडे खेती, गाँव सगाई तिल गुरु भोजन तुरुक मिताई।
  पहले सुख पाछे दुखदाई। मत कर भाई।
- ग्वेंडे खेती हम करी करि धोबिन सो हेत। अपनो करौ कौन सो कहिए चरौ गधन ने खेत।
- खेती सालै पाहि की औ बदरी को घाम। माता सालै दूसरी और परायो काम।
- बटिया खेती साँट सगाई
- खेत बिगरिया दबू कास सो, चुगलन बिगरै गाँव।
- गया खेत जब जामी गोभी। गया राज जब राजा लोभी।
- उत्तम खेती मध्यम बान, नीच चाकरी भीख निदान।
- खेती पाती बीनती औ घोड़े को तंग।
  अपने हाथ सँवारिये, लाख लोग हो संग।।
- परहथ बनिज संदेसन खेती। बिन घर देखे ब्याहत बेटी।
- पूरी खेती जोहर गहै। आधी खेती संगै रहै।

- नित्तै खेती दुसरे गाय। जो न देखै ताकी जाय।
- खेती करि आलस करै, भीख माँग सुस्ताय।
- आलस नींद किसानै नासै। चोरै नासै खाँसी।
  काम क्रोध बैरागी नासै जोगी नासै दासी।।
- खेती करै रात घर सोवै। काटै चोर मूड़ घर रोवै।
- माघ मास की झिर झिर से है और क्वार का घाम।
  पानी डबरन को पियै करै किसानी काम।।
- कंध कुदारी खुरपी हाथ। हँसिया लाठी राखै साथ।
- काटै चारौ खेत निरावै। सो पूरो किसान कहावै।

आदर्श खेती तब होगी जब एक जुट चक हो, बैलों का चारा हो, हल के लिए बबूल हो, गाँव में बढ़ई हो, बीज बनाने वाली स्त्रियाँ हों तथा हलवाहा हो—

बीघा बायर होय बाँध जो होय बधाएँ। भरा भुसौरा होय बबूरा होय बुवाबै।
बढ़ई बसै समीप, बसूला धार धराए। पुरखिन हुवै सुजान, बिया बोउनिया बनाये।
बरद बगौघा होय बरदिया चतुर सुहाए। बेटवा होय सपूत कहै बिन करै कराए।।

किसी भी व्यापार में धैर्य और खेती में त्वरा (तरक) की जरूरत होती है। प्रसिद्ध कहावत है—

'धीरे' बनिज उकलाए खेती।

कृषि कर्म में अग्रणी होना (पहल करना) बेहतर होता है। घाघ का कथन है—

'अगहर खेती अगहर मार। घाघ कहैं दुख कबहुँ न मार।'

अर्थात् सबसे पहले कृषि कर्म और सबसे पहले वार करने वाला कभी विफल नहीं होता। अन्यथा—'डार का चूका वानर, असाढ़ का चूका किसान' अर्थात् लेट लतीफ व्यक्ति कष्ट पाता है।

आषाढ़ में सब इतने व्यस्त हो जाते हैं कि कपड़े सिलाने का किसी को समय नहीं मिलता, इसलिए कहावत बनी कि 'असाढ़ का दर्जी मारा मारा फिरता है।'

कातिक के आरंभिक 3 दिन और आषाढ़ के 3 दिन से ज्यादा जो कृषि कार्य में विलम्ब करता है, उसे पछताना पड़ता है—

'तेरह कातिक तीन असाढ़ जो चूका सो गया बजार।'

खेती पूर्ण समर्पण माँगती है। इसमें प्रमाद करना हानिकारक होता है। यह सन्देश इन कहावतों में निहित है।

कृषि उपकरण

यहाँ मशीनों की सहायता से जो खेती की जाती है, उसमें जुताई के लिए ट्रेक्टर, सिंचाई के लिए ट्यूबवेल, पम्पिंग सेट (इंजन), कटाई के लिए लेजर, दाना निकालने (मड़ाई) के लिए थ्रेसर आदि की आवश्यकता होती है। ट्रैक्टर की सहायता से बुवाई, सिंचाई, ढुलाई आदि के काम भी किये जाते हैं। हाथ से की जाने वाले खेती में पचासों तरह के औजार प्रयुक्त होते हैं, जैसे—हल, नाथ, माची, पाटा, सरावन, फावड़ा, फरुही, बेलचा, खन्ता, बाँका, कुल्हाड़ी, कुदाल, गँड़ासा, हँसिया, खुरपा, खुरपी, आरा-आरी, हथौड़ा-हथौड़ी, बसुली, छेनी, टांकी, तबल, फरसा, पंखा, पहँसुल, दाँती, रेंती, नोई, पगहा, मैगहा, छोर (रस्सी), फिरकी, फुल्ली, मोंगरी, मुस्का, खोच, मेरुवा, मथुलि आदि।

गेहूँ की जब मड़नी की जाती है तो उसे समेटने के लिए पाँच दाँतों वाले 'पँचागुर' का प्रयोग

किया जाता है। सफाई के लिए खरहरा, झाड़ू और पौली-पौला की जरूरत पड़ती है। मड़ाई के बाद गेहूँ और भूसे को अलग करने के लिए दो व्यक्ति जिस कपड़े से हवा झोकते हैं, उसे 'परती' कहते हैं। सिंचाई के लिए पुढ़, पुरवट, मोट, चरस, बँरेत, ढेकुली, दोगला, बेड़ी, बलदेव बाल्टी, पाइप, आदि का तरह-तरह से प्रयोग किया जाता है। फसल की रक्षा करने के लिए खेत में मचान बनाया जाता है, धोख या 'बिजूखा' गाड़ा जाता है, कँटीले तारों से चारों तरफ घेरा बनाया जाता है और खेत को काटों से रूँधा जाता है। गुलेल द्वारा कंकड़ से मारकर या पीपा बजाकर यहाँ चिड़ियों को भगाया जाता है। नील गाय से बचने के लिए खेत के चारों तरफ चमकीली पन्नी बाँधी जाती है। पिपरमेण्ट की खेती करने वाले उसका तेल निकालने के पूर्व उस घास को टंकी में उबालते हुए 'भभका' (यन्त्र विशेष) का प्रयोग करते हैं। सिंघाड़े की खेती करते हुए कहार लोग तालाब में दो उल्टी गागर को बाँस से बाँधकर 'घन्नइया' बनाते हैं अथवा नाव पर बैठकर कीड़े मारने की दवा डालते हैं और सिंघाड़े तोड़ते हैं। अफीम की खेती करने वाले बड़ी युक्ति के साथ उसकी 'बोड़री' का रस एकत्र करते हैं। तम्बाकू की खेती करने वाले उसके पत्तों को तोड़कर उसकी 'गाँज' को दबाकर सुखाते हैं। फूलों की खेती करने वाले बेला, गुलाब, केवड़ा, चमेली, जूही आदि के फूलों को उबालकर उनका अर्क तथा तेल तैयार करते हैं। दालों की खेती करने वाले चना, अरहर, मूँग, मसूर, लोबिया, मटर, बहकला आदि की फलियों को पक जाने के बाद सुखा लेते हैं, फिर उसके दानों से छिलका निकालकर दो भागों में फोड़ लेते हैं। यहाँ अरहर को स्वादिश्ट बनाने के लिए पहले कड़ाही में 'कल्हारा' (भूना) जाता है, फिर पानी में भिगोकर फैला दिया जाता है, जिससे उसका छिलका अलग हो जाता है। इसके बाद उसे दरा जाता है। इसकी चोई-चूनी जानवरों के काम आती है।

निष्कर्ष यह है कि भाँति-भाँति की कृषि-पद्धतियाँ यहाँ प्रचलित हैं। कृषि विषयक दर्जनों पारिभाषिक शब्द भी यहाँ प्रयुक्त होते हैं। जैसे—'ओठ' का अर्थ है जोतने योग्य नम भूमि। 'लेव' का तात्पर्य है यथेष्ट पानी से भरा खेत, जिसमें धान की पौध लगायी जा सकती है। गिलाव का अर्थ है नीचे तक गीली मिट्टी। 'सीला' का अर्थ है खेत के कटने के बाद इधर-उधर बिखरी बालें। 'गठुला' का अर्थ है—गाँठों के साथ लगे हुए गेहूँ के दाने। 'फरहा' का अर्थ है बिना चावल का धान। लाँक एवं गल्ला का अर्थ है खलिहान में एकत्र की गयी राशि। कृषि-कर्म के लिए इस शब्दावली को समझना अति आवश्यक है।

गरीबी

अवधांचल में अमीरी-गरीबी, दोनों अति पर दिखायी देती हैं। ऐतिहासिक साक्ष्यों के आधार पर कहा जा सकता है कि कभी यह अंचल बहुत सम्पन्न था।

अवधी लोक साहित्य में समाज की आर्थिक व्यवस्था का काफी रूपांकन हुआ है। इन गीतों में प्रायः "ऊँची अटारी चितसारी मानिक दिया" (चित्रशाला युक्त अट्टालिका में प्रज्वलित माणिक्य) चन्दन केंवार, गज ओबरि, महल-दुमहला, सूप थाल भर मोती-मोहरें, गजमस्ता हाथी, जड़ाऊ वस्त्र-लहर पटोर आभूषण, सोने का गडुवा, थाला आदि का उल्लेख है, जो समाज की धनाढ्यता का साक्ष्य है, साथ ही इनमें भुखमरी, बेरोजगारी, नवाबी लूट, महाजनी ठगी आदि के संकेत हैं, जो गरीबी के प्रमाण हैं। वस्तुतः मंगलाशाएँ और 'अभिप्राय' इनमें ज्यादा हैं। एक गीत में भाई को अपनी ढाल तलवार बेचकर बहन के घर 'पेरी' ले जाते दिखाया गया है। एक जगह ननद को बरा चुराते दिखाया गया है। जीविका के पीछे परदेश जाते कई नायक यहाँ चित्रित हैं, इसलिए रेल तक को बैरिन 'सपत्नी'

कहा गया है। गरीबी के कारण कन्या जन्म पर गाया जाता है–''फाटौ री धरती बजुर केरी छाती धिया जनम जनि होय।'' यहाँ एक कहावत प्रचलित है–'गरीब की जोय, गाँव भर की भौजाय।' तात्पर्य यह कि गरीब की इज्जत सुरक्षित नहीं रहती। निश्चय ही मध्यकालीन भारत का यथार्थ इन कथनों/गीतों में अंकित हुआ है।

अवध का मुख्य व्यवसाय है, कृषि। चूँकि यहाँ की भूमि उर्वर है, इसलिए पैदावार अच्छी होती है। विडम्बना यह है कि जन सामान्य में श्रम के प्रति प्रतिष्ठा का भाव नहीं है। गाँव में कई लोग भूमिहीन हैं। आबादी बढ़ती जा रही है। प्रति व्यक्ति खेतिहर भूमि कम होती जा रही है। लोग पारस्परिक झगड़ों में फँसे रहते हैं। राजनीतिक षड्यन्त्र के कारण चारों ओर जातीय जहर फैल गया है। सवर्ण समाज पुराने सामन्ती संस्कारों से मुक्त नहीं हो पा रहा है। तथाकथित अनुसूचित एवं पिछड़ा वर्ग प्रतिशोध-प्रतिक्रिया से प्रेरित है। सहकारिता-सामुदायिकता में निरन्तर कमी होती दिखायी दे रही है। खेतिहर मजदूर बाहर पलायन करता जा रहा है, इसलिए श्रमिकों का बड़ा अभाव हो गया है। खेती का पूरा मशीनीकरण हो नहीं पाया है। बिजली, तेल, सिंचाई हेतु जल, बीज, खाद, कीटनाशक दवाई और कृषक मण्डी की उपलब्धता पूर्णतः सन्तोषजनक नहीं हैं।

इसलिए यहाँ कृषि लाभप्रद उद्योग न होकर घाटे का सौदा बन गयी है। लोग जमीन बेचकर शहरों की ओर भाग रहे हैं। गाँव में पारम्परिक ढंग की खेती प्रचलित है। इधर 'कैश क्राप्स' की कुछ शुरुआत हुई है, किन्तु इस खेती से स्तरीय जीवन निर्वाह नहीं हो पा रहा है। ज्यादातर किसान बिजली, सिंचाई, शुल्क और लगान की अदायगी नहीं कर पाते। बहुत बड़ा वर्ग कुपोषित है। यत्र-तत्र भुखमरी की घटनाएँ सुनाई देती हैं। इस बीच उर्वरकों के कारण पैदावार बढ़ी है। किन्तु बाढ़, अकाल और फसली कीड़ों के कारण जब-तब किसानों को बड़ी हानि उठानी पड़ती है। फसल बीमा योजना पूरी तरह प्रभावी नहीं हो पायी है। यहाँ का किसान आभिजात्य और मर्यादा बोध से आक्रान्त है, इसीलिए उसका रहन-सहन अपेक्षाकृत खर्चीला है। आय-व्यय का यह असन्तुलन गरीबी का मुख्य कारण है। इस गरीबी के कारण भिक्षावृत्ति बरकरार है। लोग दान-दक्षिणा को परमधर्म मानते हैं। इससे मुफ्तखोरी को भी बढ़ावा मिलता है। घूस, मुनाफाखोरी, जमाखोरी, मिलावट, तस्करी, कालाबाजार, कमीशनखोरी, घटतौली आदि आर्थिक अपराधों के पीछे यही तर्क दिया जाता है।

गरीबी का यह इतिहास बहुत पुराना है। मध्यकालीन साहित्य से यह साक्ष्य मिलता है कि यहाँ नवाबों की बराबर लूट चलती रहती थी। उनके कारिन्दे किसानों की फसल तक उठा ले जाते थे। यहाँ एक कहावत प्रचलित है कि सावन में सुवा उपास करता है। अर्थात् पालतू तोते को खिलाने के लिए दो चुटकी आटा प्रायः लोग नहीं जुटा पाते थे। कलियुग का वर्णन करते हुए गोस्वामी जी ने लिखा है–

''कलि बारहिं बार अकाल परै। बिनु अन्न दुखी सब लोग मरै।'' कवितावली में वे कहते हैं कि यहाँ किसान के पास खेती नहीं, व्यापारी के पास बनिज नहीं, भिखारी को भीख नहीं, किसी को नौकरी नही, सब जीविका विहीन हैं। वे गरीबी से त्रस्त होकर अपने बेटी-बेटे तक को बेच डालते हैं या उनको कहीं छोड़ आते हैं। स्वयं तुलसीदास का परित्याग ऐसी ही गरीबी के कारण किया गया था। इसी प्रकार के कई प्रकरण अवध में रचे गये साहित्य में प्राप्य हैं।

एक छन्द में कहा गया है कि–

''तीन मास आम खाय, तीन गठुली चबाय, तीन मास काटत ससुरारि के असारे मा।'' लोग सावन और पौष माह में कुछ वृक्ष विशेष की छाल का आटा बनाकर, घास-फूँस, साग-पात के सहारे पेट भरते थे। प्रायः व्रत और उपवास रखते थे। भोज की प्रतीक्षा करते थे और गणेश, लक्ष्मी, कुबेर,

ऋद्धि-सिद्धि, सन्तोषी माता आदि का स्मरण करते हुए जीवन यापन करते रहते थे। अब भुखमरी की वह स्थिति तो नहीं रही, किन्तु यथोचित आर्थिक समृद्धि यहाँ अभी नहीं आ पायी है।

गरीबी का एक अन्य कारण है—जनजीवन में व्याप्त प्रमाद। प्रायः लोग फाकामस्ती में जीते हैं। भौतिक युग के अनुकूल प्रचंड स्पर्धा और आपाधापी उनके जीवन में नहीं आ पायी है। उन्होंने ''सन्तोषम् परम सुखम्'' या ''चना चबैना और गंगाजल'' का सिद्धान्त अपना रखा है। यहाँ की एक कहावत है—''दम बनी रहै घर चुआ करै।'' चूँकि यहाँ की प्रकृति बड़ी सम्पन्न रही है, इसीलिए लोग आलसी हो गये हैं। इस उर्वर धरती में जहाँ जो बीज छिड़क दिया जाता है उससे पेट भरने भर के लिए अन्न मिल जाता है। कोई बड़ी महत्त्वाकांक्षा जन मन को उद्वेलित नहीं करती। 'तरु तल शैया करगत वासम्' यहाँ का जीवन दर्शन रहा है। कबीर ने कहा था—''साईं एता दीजिए जामें कुटुम समाय।'' तुलसी ने लिखा था—''तीन गाँठ कोपीन में बिनु भाजी बिनु लोन''। शहंशाह का कहना था—''जिनको कछू न चाहिए ते शाहन के शाह।'' इन विचारकों का ऐसा प्रभाव पड़ा कि धनदौलत को आम आदमी ने माया, मोह, लोभ की तरह त्याज्य मान लिया। यहाँ अधिक उत्पादन को अनिष्टकारी घोषित कर दिया। यदि खेती में पैदावार औसत से ज्यादा हो गयी, यहाँ तक कि घर के छप्परों पर सेम, लौकी, तोरई, कद्दू आदि आशा से अधिक हो गये तो यह सोचकर पहले लोग घबड़ा जाते थे कि कुछ अमंगल होने वाला है। प्रायः लोग तीर्थाटन और ब्रह्मभोज करके इस अतिरिक्त आय को व्यय कर देते थे। वे संचय और निवेश का साहस नहीं जुटा पाते थे। लखनऊ के नवाबों की देखा-देखी इनके रहन-सहन में रईसी का दिखावा अपेक्षाकृत ज्यादा है। इस मानसिकता के कारण यहाँ का आर्थिक स्तर बहुत कुप्रभावित हुआ है। पिछले दशकों में यह स्थिति बदली है। शिक्षा-साक्षारता-वृद्धि के कारण जो वैज्ञानिक बोध जाग्रत हुआ है, उसके कारण भाग्यवाद की जगह श्रम संघर्ष अर्थात् कर्म की प्रवृत्ति नयी पीढ़ी में विकसित हुई है। कहीं-कहीं इसकी भी अति दिखायी देती है। रातोरात करोड़पति हो जाने की हवस में नवधनाढ्य वर्ग आर्थिक अपराधों में धँसता जा रहा है। आवश्यकता यह है कि पुरानी पीढ़ी की नियतिवादी पलायन वृत्ति और नयी पीढ़ी की संघर्ष वृत्ति के बीच सही सन्तुलन स्थापित किया जाये।

अवध में गरीबी के कारण पहले लोग यहाँ पेड़ों की छाल और जड़ को कूट पीसकर खाते थे। इसी प्रकार नरई की गाँठ, सेरुका, तिन्नी, काँस आदि को भूनकर उससे पेट भरते थे। कुछ लोग चूहों के बिल से अन्न निकाल कर काम चलाते थे। विद्यार्थी दीपक के धुएँ से बने काजल अथवा जले चावल चूर्ण से स्याही बनाते थे। वे पटसन या सेंठे की कलम बनाते थे, छूही (खड़िया) को घोलकर पाटी पर लिखते थे। गोस्वामी जी ने लिखा है—

''धूम कुसंगति कारिख होई।
लिखिए पुरान मंजु मसि सोई।।''

इससे स्पष्ट है कि उस युग में धुएँ से स्याही बनायी जाती थी। यह गरीबी की पराकाष्ठा का प्रमाण है।

नापतौल

अवध में नाप-तौल के प्रमुख माप हैं—

रत्ती : यह घुँघची नामक एक वनस्पति का बीज है। इसकी तौल ढाई जौ या आठ चावल के बराबर होती है। एक तोले में अस्सी रत्ती होती हैं।

मासा, मसक : (8 राती के बराबर) तोले का बारहवाँ भाग।

तोला : बारह मासे और अस्सी रत्ती की तौल।

छटाक : एक सेर का सोलहवाँ हिस्सा अथवा छह 'टंक' के बराबर।

आधपाव : एक सेर का आठवाँ भाग।

पाव : सेर का चौथा हिस्सा या चार छटाँक के बराबर।

आध सेर : आठ छटाँक या दो पाव।

सेर : सोलह छटाँक या चार पाव की एक तौल।

पसेरी : यह कहीं 5 सेर की होती है और कहीं ढाई सेर की मानी जाती है।

धरा/दसेरा : पसेरी से दोगुनी तौल।

मन : चालीस सेर का मान।

कुंतल : सौ किलो की एक तौल।

भार : इसकी तौल बीस पसेरी के बराबर मानी गयी है। 'पद्‌मावत' में जायसी ने दहेज का वर्णन करते हुए लिखा था—'भार सहस दुइ लाडू लावा।' अर्थात् लाखों पसेरी।

इन बाँटों के अतिरिक्त प्राचीन काल में इस क्षेत्र में नाप-तौल के कई मानक प्रचलित थे। किसी पदार्थ की तौल हेतु आज प्रचलित माप हैं—

चुटकी, मूठी, मूठा, अँजुरी, पसर भर, पोटली भर, बकोटाभर, पहुँचा भर, कट्टाभर बोरी-बोरा भर, छछिया भर, कमोरी भर, गट्ठर, बोझ आदि। ऊँचाई चौड़ाई और थाह नापने के माप हैं—पोर, सेन्टीमीटर, इंच, अंगुल, चौवा (चार अंगुल), गज, मीटर, लट्ठा (5 1/2 फीट), बीता भर, कूता भर, हाथ भर, गजभर, मचान भर ऊँचा, गोफा भर (दोनों हाथों का फैलाव), पुरसा भर (अपने कद से चार हाथ ऊँचा), धनुष भर, बाँस भर, हाथी बुड़ाव, मोखा भर, कमर भर, छाती भर, गटई भर आदि।

दूरी (रकबा) नापने के लिए प्रचलित माप हैं—बिस्वा, विस्वांसी, खवांसी, बीघा, एकड़, हेक्टर, फर्लांग, किलोमीटर, मील, कोस, योजन। योजन की दूरी यहाँ चार कोस या आठ मील अथवा 12 किलोमीटर की मानी जाती है। इसकी नपाई का उपकरण है जरीब गुजिया।

प्राचीन काल में लम्बाई की इकाई को क्रमशः परमाणु यव और अंगुल कहते थे। अंगुलों से हस्त (हाथ) बनता था। चार हस्त का एक दण्ड बनता था। दो हजार दण्ड का एक क्रोश बनता था। चार कोस का एक योजन माना जाता था।गणना के लिए यहाँ प्रचलित शब्द हैं—इकाई, दहाई, तिहाई, चौथाई, चौकड़ा, छक्का, छकड़ा, सैकड़ा, दसवाँ, दर्जन, हजार, लाख, करोड़, अरब, खरब, कोटि, अयुत, नील, पद्‌म, शंख आदि। इनके अतिरिक्त आधा, पौन, सवाया, ड्योढ़ा, तिहाई, दूना, दोपट, ढैयाँ, ढ्योंचा (साढ़े चार गुना), चौथाई चार गुना, पौंचा आदि शब्द भी प्रचलन में हैं। यहाँ पहले अयुत (10 हजार), नियुत (1 लाख), प्रयुत (10 लाख), कोटि (करोड़) और अर्वुद (10 करोड़) शब्द भी प्रचलित थे।

गिनती में कुछ अपने स्थानीय शब्द हैं, जैसे—गण्डा (चार), कोड़ी (बीस), जोटा (बीस), केड़ा, ढोली (100 पान), दस्ता (20) आदि। यहाँ सहस्र, लाख और कोटि करोड़ जैसे शब्द निश्चित गणना का अर्थ न देकर मात्रा/संख्या के बाहुल्य का अर्थ देते हैं। तुलसी के 'भूप सहस दस' और 'कोटि-कोटि' से इसी बाहुल्य का अर्थ ध्वनित होता है। इसी भाव से जायसी ने 'पद्‌मावत' में चौबीस लाख छत्रपति, छप्पन करोड़ बाजे, बाईस हजार हाथी, एक हजार सखी और पदम करोड़ रथ का उल्लेख किया है। चित्तौड़गढ़ का वर्णन करते हुए वे लिखते हैं—जो गढ़ साजे लाख दस कोटि उठावै कोट।

नाप-तौल करने वाले को यहाँ 'बया', 'बटखरा' या पल्लेदार कहते हैं। तराजू के पल्लों को टकौरी, पलड़ा तथा सही सन्तुलन को 'पसंगा' कहा जाता है।

पशु-पक्षी एवं जीव-जन्तु पालन

अवधी लोक साहित्य में पशु-पालन का बहुशः वर्णन हुआ है। यहाँ के आभीरों की जीविका के मुख्य साधन पशु (गाय, बैल, भैंस) ही रहे हैं। सामन्ती कथाओं में घोड़ा, हाथी आदि पशुओं के कई उल्लेख हुए हैं। पशुओं के क्रय की चर्चा निम्नांकित गीतों में दर्शनीय है–

- 'बहुती की भँइसी बेसाहो ससुर जी।'
- 'राजा दशरथ हाथी संकल्पैं, बचा हाथी एकु कजरी के बन माँ।'
- 'राजा दशरथ घोड़ा संकल्पै, बचा घोड़ा एक सुरज के रथ माँ।'

हाथियों में 'मकुना' हाथी तथा 'गजमस्ता' का विशेष उल्लेख हुआ है और घोड़ों में लिल्ली घोड़ी का। ऊँट तथा बैल को लदाई हेतु याद किया गया है। पशु पालन से सम्बद्ध दूध, दही, घृत व्यवस्था भी यहाँ वर्णित हुई है। अहीरनों की दूध, दही बिक्री का एक दृश्य इस पंक्ति में द्रष्टव्य है–

'दहिया बेचै न जानै ब्रजनारि बेचन चली गोकुल माँ।'

दहेज स्वरूप यहाँ विवाहादि में गाय भैंस देने का प्रचलन रहा है। यथा–'हँकरे कलोरी के ललरे बछेड़वा, खरिका दुहावन जइहैं ना।' स्पष्ट है कि पशुपालन यहाँ का अतिप्रचलित प्राचीन उद्योग रहा है। महाराज रघु के द्वारा नन्दिनी गाय की सेवा की कथा 'रघुवंश' में सविस्तार वर्णित हुई है। प्राचीन ग्रन्थों में गाय मूल्य या मुद्रा के मानक के रूप में भी चित्रित हुई है।

इस क्षेत्र में पशुपालन को इधर उद्योग के रूप में विकसित किया गया है। यहाँ 1944 ई. से पशुपालन विभाग स्थापित है। यह दूध, अण्डा, मांस, ऊन, शहद, रेशम आदि के उत्पादन में लगा हुआ है। पशु पालन द्वारा ग्रामीणों को स्वरोजगार मिलता है। इसके सम्प्रति अनेक रूप द्रष्टव्य हैं। जैसे–कुक्कुट पालन, भेड़ बकरी पालन, मधुमक्खी पालन, सूअर पालन, रेशम कीड़ा पालन, मत्स्य पालन और गाय-भैंस (दुधारू पशुओं) का पालन। इस विभाग का प्रयास है कि पालतू पशुओं की चिकित्सा-व्यवस्था बढ़ायी जाये, उनके प्रजनन और उत्पादन का विकास हो, स्वदेशी पशु-प्रजातियों की रक्षा की जाये, पशुओं के चारों और पोषण की बेहतर व्यवस्था हो, पशु पालकों को उचित मूल्य मिले और गोवध को बन्द किया जाये। इसके लिए कई प्रशिक्षण तथा अनुसंधान केन्द्र खोले गये हैं। इनमें कुछ पशु खेती तथा परिवहन के काम आते हैं और कुछ दूध, मांस, ऊन, शहद, रेशम आदि देते हैं। इनका क्रमशः विवरण द्रष्टव्य है–

बैल : खेती और परिवहन में बैलों का उपयोग अवध में सर्वाधिक होता रहा है। इनका दूसरा विकल्प हैं, भैंसा, किन्तु उसे यमराज का वाहन समझते हुए यहाँ अनिष्टकर भी माना जाता है। बैलों को सजाना, खूब मस्त रखना और दौड़ प्रतियोगिताओं में भाग लेना यहाँ का व्यसन रहा है। एक लोकोक्ति है–

''बिनु बैलन खेती करै, बिन भैयन के रार।
बिनु मेहरारू घर करै, चौदह साख लबार।।''

अर्थात् बैलों के बिना खेती करना, कई भाइयों के बिना किसी से लड़ाई करना तथा स्त्री के बिना गृहस्थ जीवन बिताना सर्वथा अनिष्टकर होगा। अवध का किसान बैलों को मारता भी है और

गोवर्धन में पूजता भी है। यहाँ अमावस पूनों को उनके कन्धों पर जुआ नहीं रखा जाता। उन्हें पीतल की घंटी, चौरासी माला, कंठी, साफा, झालर आदि से सजाया जाता है। पूँछ और सींगों को कई रंगों से रँगा जाता है। शरीर पर रंगबिरंगी 'झूल' डाली जाती है। मेला ठेला तथा बरात-यात्रा में बैलों को अच्छा दाना चारा दिया जाता है। भूख वृद्धि के लिए नमक, विष शमन के लिए घी, बल वृद्धि के लिए महुवा, खली, चना, गुड़ आदि का सेवन कराया जाता है। शक्ति वर्द्धन के लिए 'बधिया' करना, अपेक्षित मडाई के लिए नाथना तथा मुस्का बाँधना होता है। जुताई एवं परिवहन का इन्हें प्रशिक्षण (निकास) दिया जाता है। इसके साथ ही शरीर में खरहरा करना, चपटी जैसे जीव जन्तु निकालना, खुर काटना, नहलाना, मच्छरों से बचाने के लिए धुवाँ करना, सर्दी से बचाने के लिए टाट ओढ़ाना आदि कार्य इस पशु पालन के अनिवार्य पक्ष हैं।

अवध क्षेत्र में जैसे 'शालिहोत्र' विद्या द्वारा घोड़ा हाथी की पहचान तथा चिकित्सा की जाती थी, उसी तरह बैलों की भी। यहाँ यह धारणा घर कर गयी है कि यदि बैल की पीठ पर 'नागिन' का निशान बना हो तो उसे नहीं रखना चाहिए, क्योंकि उस नागिन का मुख यदि आगे की ओर होता है तो वह बैल को मार देती है और यदि मुख पीछे की ओर हुआ तो किसान को। जिसकी पूँछ जमीन झाड़ती चलती हो, अर्थात् बहुत लम्बी हो, जिसकी खुरी फटी हुई हो, जिसका कन्धा हल्के झटके में फूल जाता हो और जो 'सतदन्ता' (सात दाँतों वाला) हो, उसे भी नहीं लेना चाहिए। दूसरी ओर जिस बैल की पिछली जाँघें कसी हुई हों, पैर छोटे हों, देह यष्टि गठीली हो, चारों पैरों की गाँठें मजबूत हों और दोनों सींगों के पास काले बाल हों तो वह बैल बहुत शुभ होता है। यह भी मान्यता है कि जिसकी पूँछ के आधे बाल सफेद और आधे काले हों, जिसकी पीठ पर भौंरी हो और जिसकी सींगों की नोक घिसी हुई हो, वह पालने योग्य नहीं होता।

इनके खानपान का विशेष विधान भी यहाँ किया जाता है। एक लोकोक्ति है—

'माघ बिनौरा, जेठै खरी। मास असाढ़ नोंन की डरी।'

चूँकि भादों से कार्तिक मास तक बैलों को ज्यादा श्रम करना होता है, इसलिए हरी घास चराना, बिनौला, खरी, चोकर, चना, दाना, महुवा, गुड़ आदि पोषक पदार्थों को डालकर सानी या कोहला बनाना, हरेरी काटकर ज्वार, बाजरा तथा गेहूँ के भूसे के साथ उसे भरपेट खिलाना आवश्यक माना गया है।

इस पशुपालन का अपना एक शास्त्र है। इस बीच पशु चिकित्सालय खुल गये हैं, 'वेटनरी' विशेषज्ञ आ गये हैं। बैलों की जगह मोटरों से परिवहन होने लगा है, इसलिए बैल उपेक्षित हो गये हैं। कसाई उन्हें तेजी से मारते जा रहे हैं। अब गाय से बछिया की जगह बछड़े का जन्म लेना अप्रियकर माना जाने लगा है। साँड़ों को छोड़ना पहले जहाँ गोवंश वृद्धि के लिए पुण्यकर माना जाता था, अब वह व्यर्थ सा लगता है। शिवजी के वाहन रूप में पूज्य और हलधर कहलाने वाले इस बलीवर्द की प्रजाति का भविष्य अब संकटापन्न प्रतीत होता है।

अवध में बैलों की कई प्रजातियाँ प्राप्त होती हैं जैसे—चोंची, बगौधा, पछाँही, दखिना, डिस्टा, साँड़, नाटा आदि। इनकी खरीद-फरोख्त अवध क्षेत्र के मेलों में होती रहती है। जब कोई बैल बेचता है तो खरीददार मुँह खोलकर उसके दाँत गिनता है—जिससे उसकी उम्र का पता चलता है। शरीर की धारियों और उसके काले रंग को विशेष महत्त्व दिया जाता है। 'करिया बैलु औ जेठो पूत' सर्वश्रेष्ठ होते हैं, ऐसा लोकमत है। प्रायः सींगों की बनावट और उसके आकार-प्रकार के अनुसार बैल की कीमत लगती है। प्रसिद्ध कहावत है—''भैंस कुठारी बैल छतारी' अर्थात् बड़ी छाती वाला बैल सर्वोत्तम होता है। बैल की रस्सी (गराँव) खरीददार को सौंपते हुए किसान उसके पैर छूकर भूलचूक के लिए

क्षमा याचना करता है और उसकी पीठ पर हाथ फेरकर 'बरकत' होने की दुआ करता है। घर ले जाकर खरीददार पहले उस बैल या बैल जोड़ी को गुड़ चना युक्त विशेष प्रकार का चारा खिलाता है। इनको कहीं चोट लग जाती है तो चूना, हल्दी, तेल, मुर्दासिंगी आदि से उपचार किया जाता है। कभी-कभी कुछ बैलों को रात्रि में दिखना बन्द हो जाता है, यदा-कदा पैरों में खुरहा रोग हो जाता है। बैल यदि अपना मूत्र पीने लग जाते हैं और कमजोर होने लगते हैं तो उसकी रोकथाम की जाती है। यदि उन्हें पहले दस्त पड़ने लगते हैं, तो कई तरह की देशी दवाएँ दी जाती हैं।

अवध की खेती बैल पर सर्वाधिक निर्भर रही है, इसलिए वह परिवार का प्रिय सदस्य बनकर रहता था। प्रायः मूक संवाद (सम्प्रेषण) करता था। 'मरखना' बैल संकट का कारण भी बन जाता था। उसकी रोकथाम के कई उपाय निकाले गये हैं। युग-युग से बैल की गहरी पहचान अवध के किसानों को थी। उनका आँखों देखा आजमाया अनुभव है कि—

'टाँग पुछियाउर ओछे कान, हिरन पेटिया लगी मुतान।
सींग अँगोइयाँ चौड़ी छाती, बैल न समझौ घोड़ा हाथी।।'

अर्थात् जिसकी पूँछ टाँगों के ऊपर हो, कान छोटे हों, पेट हिरन की तरह का हो और मूत्रेन्द्रिय पेट से चिपकी हो, सींग आगे झुकी हो और छाती चौड़ी हो, वह बैल हाथी-घोड़े जैसा बलवान होता है। अवध में इनके नाम रखे जाते हैं—साँवरिया, धौला आदि। जोड़ी में कोई सुस्त (गरियार) होता है कोई तेज। यह देखकर ही उन्हें दायें-बायें जोता जाता है। यह भी कहावत है कि जिस बैल की एक सींग नीचे, एक ऊपर हो या पीछे मुड़ी हो या ऐंठी हो, जिसकी देह पर सफेद फूल बने हों, जिसके कन्धे पर जटा हो, जिसका बन्दर जैसा रंग हो और जो डूँडा (टूटी हुई सींग वाला) हो, वह हल के लिए बेकार है। वह केवल मड़ाई के काम आ सकता है। इन कार्यों के लिए यहाँ भैंसे का उपयोग किया जा रहा है। भैंसा अपेक्षाकृत ज्यादा ताकतवर होता है। उसका पालन पोषण बैल की तुलना में आसान होता है। अवध में भैंसा पालन सामाजिक दृष्टि से सम्मानजनक नहीं माना जाता। इसका मांस और चमड़ा अवश्य लोकप्रिय है।

अन्य उपयोगी पशु : हमारे दैनिक जनजीवन में काम आने वाले पशुओं में घोड़ा, गधा, खच्चर, ऊँट और हाथी गण्यमान हैं। पहले रजवाड़ों में हाथी पालना गौरव का प्रतीक था। वे युद्ध में काम आते थे और शाही सवारी के लिए भी। इन्हें बाहर से खरीद कर लाया जाता था। ऊँट भी यहाँ पूर्वी जिलों में खेती और सवारी के काम आते थे। इनका आयात राजस्थान से किया जाता था। घोड़े, गधे और खच्चर कहीं-कहीं सवारी का काम करते हैं। इनका प्रयोग दिनोंदिन कम होता जा रहा है। कुत्ता पालन उद्योग अवश्य इधर काफी विकसित हुआ है।

डेरी उद्योग : इस क्षेत्र में 1976 ई. में दुग्ध विकास निगम स्थापित किया गया, जिसने कई जिलों में प्रादेशिक कोआपरेटिव स्टोर खोले हैं। राज्य दुग्ध परिषद् ने यहाँ दुग्ध शाला विकास कार्यक्रम चलाये हैं। लखनऊ, सुलतानपुर, उन्नाव, सीतापुर, रायबरेली, हरदोई, इलाहाबाद, फतेहपुर, कौशाम्बी और कानपुर से कई दुग्ध संघों का संचालन किया जा रहा है। डेरी विकास हेतु यहाँ प्रशिक्षण की विशेष व्यवस्था है। दुग्ध संघों को वित्तीय सहायता देने का भी प्रावधान है। मिनी डेरी और महिला डेरी योजना भी चलायी जा रही है और नस्ल सुधार तथा दुग्ध वृद्धि के उपाय खोजे जा रहे हैं।

इस दृष्टि से महत्त्वपूर्ण पशु हैं गाय, भैंस। भैंस अवध सबसे दुधारू पशु है। उसकी यहाँ कई प्रजातियाँ हैं, जैसे—देशी, मन्दराजी, मुर्रा, भूरा आदि। यहाँ के आम आदमी की यही मनोकामना व्यक्त होती रहती है—

'मुर्रा भैंस का दूध, दण्ड का पेलना।
इतना दो करतार, अधिक नहीं माँगना।'

भैंस का दूध बड़ा गाढ़ा होता है, इसलिए ज्यादा स्वादिष्ट होता है। इससे बने खोये, पनीर, क्रीम, रबड़ी, घी आदि की बड़ी खपत है। इसका मांस और चमड़ा भी काफी लोक प्रचलित है। हिन्दू धर्म में गाय की बड़ी महिमा है। उसे विश्वमाता कहा गया है। गोमाता रुद्रों की माता है, वसुओं की पुत्री और आदित्यों की बहन है। इसीलिए उसे अवध्य कहा गया है। अवध के सनातनधर्मी लोग गोसेवा को सबसे बड़ा धर्म और गोदान को सबसे बड़ा दान मानते हैं। उनकी प्रत्येक वस्तु, जैसे– गोमूत्र, गोबर, गोदुग्ध, गोघृत, अर्थात् समस्त पंचद्रव्य पाप नाशक होते हैं। गौवों के मस्तक से उत्पन्न गोरोचन, गोमूत्र से उत्पन्न गोगुल और गोबर से उत्पन्न अन्न कल्याणकारी माना गया है। इस क्षेत्र के निवासी भोजन से पूर्व गऊ ग्रास निकालते हैं। कुछ लोग गोमूत्र से स्नान करते हैं। दीपावली के बाद गोपाष्टमी में विशेष रूप से गोवर्धन की पूजा की जाती है और गोपाल रूप में परमात्मा के प्रति आस्था व्यक्त की जाती है। गाय एक दुधारू पशु है। इसकी कई प्रजातियाँ पायी जाती हैं, यथा देशी गाय, जर्सी गाय, साहीवाल गाय, अम्बरसरी गाय आदि। इनका दूध अमृत तुल्य माना जाता है। प्रायः गोदुग्ध तथा गोघृत ओषधि के काम आता है। इसके बछड़े खेती, परिवहन, सिंचाई आदि के काम आते हैं। इसका बीफ देश-विदेश में छाया हुआ है। इसका चमड़ा बड़े काम का होता है। इन दिनों जगह-जगह दूध, दही, छाछ, क्रीम, पनीर, चीज, घी आदि की डेरियाँ लगी हुई हैं। दूध पाउडर की भी बड़ी खपत है। गोवंश के विकास के लिए कई तरह की योजनाएँ यहाँ चल रही हैं। दुग्धवर्धक पशु चारे का प्रचलन बढ़ता जा रहा है। इधर गोवध पर पूर्ण प्रतिबन्ध लगाने का आन्दोलन चल रहा है। जगह-जगह गोशालाएँ खोली जा रही हैं। लखनऊ का गँजरिया फार्म इसका एक श्रेष्ठ नमूना है। कानपुर डेरी उद्योग का प्रमुख केन्द्र है। इस क्षेत्र में कृत्रिम गर्भाधान और पशु बीमा तथा पशु सेवा केन्द्रों की यथेष्ट व्यवस्था की जा रही है।

बकरी पालन : यह भी दुधारू पशु है। इसके मांस और चमड़े की काफी खपत है। बकरी एक साथ कई बच्चे देती है। इसका पालन पोषण पर्याप्त सहज है। बकरी का दूध स्वास्थ्यवर्धक होता है। यहाँ बकरीद पर इन दिनों बकरे बहुत महँगे बिकने लगे हैं, इसीलिए यह उद्योग बड़ा लाभप्रद है।

मत्स्य पालन : मछली भोजन का महत्त्वपूर्ण अंग है। उसकी बढ़ती हुई माँग-पूर्ति हेतु 1966 में स्वतन्त्र मत्स्य विभाग स्थापित किया गया। यहाँ कई जिलों में मत्स्य पालन विकास अधिकरण हैं। यह विभाग बहते हुए पानी और बँधे हुए पानी के कई आकार वाले जलाशय तैयार करवाता है। साथ ही प्राकृतिक झीलों और ग्रामीण तालाबों में मत्स्य पालन को बढ़ावा देता है। तालाबों के पट्टे करना, उन्नत मत्स्य बीज देना और बुआना, पोषक आहार, उर्वरक आदि की व्यवस्था करना, बैंक ऋण तथा अनुदान सुलभ कराना, मत्स्य पालन तकनीक का प्रशिक्षण देना, तालाबी मिट्टी और पानी का परीक्षण करना, दुर्घटना बीमा योजना की व्यवस्था करना और विपणन व्यवस्था को नियंत्रित करना इनके प्रमुख कार्य हैं। उसके लिए कई सहकारी समितियाँ कार्यरत हैं। इस क्षेत्र में मछलियों की कई तरह की किस्में पायी जाती हैं। जैसे राहू, मँगरु, टेंगनी, गोंइजा, पढ़िना, पन्ना, हिगुंवारा चनगा, भट्टी, चल्हवा, सिंधरी, कवई आदि। इन्हें पकड़ने के लिए पहले तालाब के अन्दर एक दीवाल बनायी जाती है। उसमें एक गड्ढा तैयार किया जाता है, जिसे 'अख्नहा' कहते हैं। यहाँ झींगा डालकर मछली पकड़ी जाती है। इन दिनों अर्थोपार्जन की दृष्टि से मत्स्य पालन पर बड़ा जोर

है। सांस्कृतिक महत्त्व तो इसी से सिद्ध है कि नवाबों ने इसे अपने राजचिह्न में स्थान दिया था। यहाँ के जनजीवन में मंगलाशा व्यक्त करते हुए कहा जाता है—''दही मछली सोने का टका।''

कुक्कुट पालन : यह निजी क्षेत्र में ज्यादा विकसित है। लखनऊ, कानपुर में सघन कुक्कुट विकास कार्यक्रम चल रहा है। इसके अन्तर्गत कुक्कुट पालकों को प्रशिक्षण दिया जाता है, इनकी चिकित्सा व्यवस्था की जाती है, बैंकों से आर्थिक सहायता दिलायी जाती है और अंडा, चिकन की बिक्री का प्रबन्ध किया जाता है।

भेड़ पालन : भेड़ों से ऊन प्राप्त होता है और दूध तथा मांस भी। इस क्षेत्र में इनकी नस्ल सुधार योजनाएँ चलायी जा रही हैं। यहाँ कई प्रजनन क्षेत्र स्थापित किये गये हैं। इन पशुओं के टीकाकरण, कृत्रिम गर्भाधान, चर्म शोधन आदि के यहाँ कई कार्यक्रम चल रहे हैं।

सूअर पालन : इसके मांस, बाल और चमड़े की बड़ी माँग है। यहाँ की कुछ ग्रामीण जातियाँ—पासी और डोम अरसे से यह व्यवसाय कर रही हैं। इधर शासन की ओर से उन्हें कुछ सुविधाएँ दी जाने लगी हैं, जैसे छौना प्रजनन, पोषक आहार, चिकित्सा व्यवस्था, ऋण अनुदान, विपणन, प्रशिक्षण, अनुसन्धान आदि। इनके लिए सिरकी, चेचर, बाँस की बाड़ बनायी जाती है।

मधुमक्खी पालन : इस बीच शहद उत्पादन के लिए जगह-जगह कृत्रिम रूप से मुधमक्खियों का पालन किया कराया जा रहा है। ऐसे कई केन्द्र हैं, जहाँ कुछ विशेष प्रकार के पारदर्शी बक्सों में शहद की मक्खी पाली जाती है। आस-पास फूलों की खेती की जाती है और बड़ी युक्ति से शहद निकाला जाता है। गाँधी ग्रामोद्योग इस दिशा में काफी सक्रिय है। पहले यह कार्य गाँव की कुछ वनवासी जातियाँ करती थीं, जिन्हें 'वनमानुष' कहा जाता था। वे कमली ओढ़कर और चारों ओर धुआँ फैलाकर पेड़ों या भवनों पर लगे हुए मच्छेह (छत्ते) से शहद निकालते थे। यह उद्योग बहराइच, बलरामपुर, खीरी आदि जिलों के तराई क्षेत्र में काफी प्रचलित है।

रेशम कीड़ा पालन : यह उद्योग भी इधर कुछ विकसित हुआ है। यह कीड़ा शहतूत की पत्तियाँ खाता है और एक विशेष प्रकार के रसायन से रेशमी धागा बनाकर अपने चारों ओर लपेट लेता है, जिसे 'कोवा' कहते हैं। उनको उबालकर रेशमी धागे तैयार किये जाते हैं। इन दिनों कृत्रिम रेशम ज्यादा तैयार की जा रही है, इसलिए इस उद्योग को विशेष संरक्षण देने की आवश्यकता है।

बागवानी

इस क्षेत्र में अनुसूचित जाति, जनजाति के किसानों के हित में स्पेशल कम्पोनेंट प्लान चलाया जा रहा है। इसके अन्तर्गत साग भाजी उत्पादन, आलू की खेती, फूलों की खेती और फल पट्टी विकास योजनाएँ कई जिलों में चल रही हैं। आम की फल-पट्टी लखनऊ के माल, मलिहाबाद, काकोरी, बख्शी का तालाब में, उन्नाव के सफीपुर, हसनगंज, मियाँगज, फतेहपुर चौरासी में, सीतापुर के महमूदाबाद में तथा शाहाबाद (हरदोई), देवा, बंकी (बाराबंकी), कुण्डा, कालाकाँकर (प्रतापगढ़), मसोधा, सुहावल (फैजाबाद) में काफी विकसित है। इसी प्रकार सदर, मंगरौरा (प्रतापगढ़) का आँवला तथा चायल, इलाहाबाद, कौशाम्बी में अमरूद की खेती भी उल्लेखनीय है। यहाँ का बेदाना चित्तीदार लाल अमरूद प्रसिद्ध है।

लखनऊ, मलिहाबाद, काकोरी, माल, बख्शी का तालाब क्षेत्र का दशहरी आम विश्व प्रसिद्ध है। यहाँ रहमान खेड़ा में आम अनुसन्धान केन्द्र स्थापित किया गया है, जिसमें अनेक प्रकार की प्रजातियाँ विकसित की गयी हैं। प्रतापगढ़ को 'आँवला सिटी' कहने लगे हैं। देशी और कलमी आम

की कई प्रजातियाँ उन्नाव, सीतापुर, हरदोई, बाराबंकी, फैजाबाद आदि जिलों में पायी जाती हैं। इस क्षेत्र को आम की पट्टी कहा जाता है। अमरूद की फल पट्टी कौशाम्बी में विकसित की जा रही है। लखनऊ में ओषधीय सगंध पौध उत्पादन की योजना 'सिमैप' के अन्तर्गत चल रही है। यहाँ कई स्थानों पर ग्रीन हाउस बनाये गये हैं। कई पुरानी बागों का जीर्णोद्धार किया गया है। केन्द्र की एक योजना ट्रापिकल एरिड जोन सेंटर में चलायी जा रही है। इसके अन्तर्गत सफेदा, हुश्नहारा, गुलाब खास, गुलाब जामुन, रस पुतिया, लँगड़ा और चौसा नामक आम का पर्याप्त विकास हुआ है।

साग भाजी एवं मसालों की खेती यहाँ नदियों की तहलटी में काफी विकसित है। कई स्थानों पर प्याज गृह भण्डार स्थापित किये गये हैं। आलू भण्डारण का भी प्रबन्ध किया गया है। इलाहाबाद (सैदाबाद), सलोन (अमेठी), बहराइच (बालापुर) सीतापुर (महमूदाबाद), फैजाबाद, गोण्डा, सुलतानपुर, लखीमपुर आदि में आलू बीज संवर्धन के कई प्रक्षेत्र बनाये गये हैं। इस अंचल में कई वाणिज्यिक फसलें तैयार की जाती हैं। इसके अन्तर्गत पिपरमेण्ट, फूलों की खेती और जड़ी-बूटियों की खेती को बढ़ावा मिला है। इस क्षेत्र में जो कृषि विश्वविद्यालय हैं, उन्होंने खेती और बागवानी सम्बन्धी कई खोजें की हैं। इनके विपणन के लिए जगह-जगह कई फल सब्जी मण्डियाँ खोली गयी हैं। अनेक शीतगृह इनके भण्डारण के लिए चलाये जा रहे हैं। यहाँ से आम का निर्यात दिनोंदिन बढ़ता जा रहा है।

वानिकी के विकास हेतु कानपुर में एक वन अनुसन्धान संस्थान कार्यरत है, जहाँ नयी-नयी प्रजातियों की क्लोनिंग करके पौध तैयार की जाती है तथा बीजों का संग्रह किया जाता है। वहाँ पौध रोपण की तकनीक विकसित की जा रही है और लुप्तप्राय जड़ी-बूटियों की खोज की जा रही है। वन विकास के लिए अवैध कटान, अवैध खनन और अतिक्रमण रोकने का प्रयास किया जा रहा है। इस क्षेत्र में आपरेशन ग्रीन योजना शुरू की गयी है। कई जिलों में सामाजिक वानिकी, औद्योगिक वृक्षारोपण, ईंधन एवं चारा प्रोजेक्ट तथा वन्य जीव संरक्षण की योजनाएँ चल रही हैं। इस दृष्टि से लखनऊ एवं कानपुर के प्राणी उद्यान महत्त्वपूर्ण हैं। जैव विविधता के संरक्षण हेतु लखीमपुर खीरी में 'प्रोजेक्ट टाइगर' कार्यरत है। इस उद्देश्य से कई पार्कों और पक्षी विहारों का विकास किया गया है। बहराइच, बलरामपुर, लखीमपुर और श्रावस्ती में चल रहे वन विकास कार्यक्रम पर्याप्त महत्त्वपूर्ण हैं। चित्रकूट तथा मिर्जापुर में जड़ी-बूटी के संचयन का कार्य वन निगम कर रहा है। अवध के कई जिलों में फलों, सब्जियों और मसालों की फसलें तैयार की जा रही हैं, जिनमें प्रमुख हैं आम, अमरूद, आँवला, नीबू, लीची, कटहल, बेर, बेल, फालसा, करौंदा, पपीता, केला, शहतूत, जामुन, खरबूजा, तरबूज, धनिया, मिर्च, लहसुन, मेथी, अदरक, हल्दी, जीरा, अजवाइन, कलौंजी आदि।

सब्जी भाजी की खेती भी इस क्षेत्र में बहुत विकसित है। यहाँ पैदा होने वाली मुख्य सब्जियाँ हैं—आलू, प्याज, परवल, गोभी, कुंदरू, टमाटर, कद्दू, लौकी, बैंगन, सेम, तरोई, करेला, मूली, गाजर, शलजम, चुकन्दर, मटर, भसिण्डा, घुइयाँ, ग्वार फली, पालक, बथुवा, सरसों, चनासाग, सोया मेथी, सूरन आदि।

यहाँ फूलों की खेती दिनोंदिन विकसित होती जा रही है। लोग गुलाब, गेंदा, गुल मेंहदी, गुल दोपहरी, बेला, चमेली, कमल, कोकाबेली, जूही, रातरानी, चम्पा, मालती, सूरजमुखी, कनेर, गुड़हल, गुलाबास, हरसिंगार आदि की खेती व्यावसायिक स्तर पर करने लगे हैं। इधर मसरूम, पिपरमेण्ट, तुलसी, जराकुश आदि कैशक्राप्स का चलन बढ़ा है। कानपुर, इलाहाबाद, फैजाबाद के कृषि विश्वविद्यालयों ने इस क्षेत्र में कई नये प्रयोग किये हैं।

यहाँ पान की खेती तमोलियों द्वारा भीटों में की जाती है। वहीं परवल, पोय जैसी सब्जियाँ भी पैदा की जाती हैं।

बेरोजगारी

अवधांचल में रोजगार की समस्या अत्यन्त दुस्साध्य हो गयी है। खेती, बागवानी, पशुपालन आदि में नयी पीढ़ी की रुचि नहीं है। उद्योग और व्यापार का हौसला भी नहीं है। अधिकतर लोग सुविधाभोगी या यथास्थितिवादी हैं। दूसरे, शहरों की चकाचौंध से वे इतने सम्मोहित हो गये हैं कि गाँव में रहना नहीं चाहते हैं। गाँव का जीवन अपेक्षाकृत दुश्कर भी है, क्योंकि वहाँ पर्याप्त मात्रा में बिजली, पेयजल, आवास, सम्पर्क मार्ग, परिवहन, बाजार, चिकित्सा, सुरक्षा व्यवस्था आदि सुलभ नहीं है। फलतः लोग शहरों की ओर भाग रहे हैं। कानपुर, लखनऊ, इलाहाबाद आदि नगर ग्रामीण मजदूरों से पटे पड़े हैं। वे यहाँ दिहाड़ी पर काम करते हैं, रिक्शा, ठेला चलाते हैं, फुटपाथों और प्लेटफार्मों पर रैन बसेरा करते हैं अथवा गन्दी बदबूदार गलियों की सस्ती कोठरियों में या झुग्गी-झोंपड़ियों में जैसे-तैसे अपना जीवन यापन करते हैं। पाँच बीघे खेत छोड़कर शहर में चतुर्थ श्रेणी कर्मचारी बनने के लिए आज का नवयुवक लालायित है, इसीलिए नौकरियों का बड़ा अभाव हो गया है। सफाई कर्मचारी या चपरासी पद के लिए भी पीएच.डी., एम.बी.ए. उपाधि प्राप्त युवक आवेदन करते हैं। इन नौकरियों के पीछे संयुक्त परिवार, दाम्पत्य जीवन, सामाजिक सामरस्य और स्वयं अपना स्वास्थ्य बिगड़ता जा रहा है। अस्तु, इनके विकल्पों की खोज आवश्यक है। हमारे समाज में कुशल श्रमिकों की कमी है, जैसे—बिजली-मिस्त्री, बढ़ई, कुम्हार, कसगर, धोबी, धानुक, नाई, माली, भुरजी, मोची, मनिहार, दर्जी, तमोली, लोहार, जुलाहा, धुनिया, चिकवा, काछी, मुराई, रंगरेज, थवई, बेहना आदि। पहले मुक्त विपणन बहुत होता था यहाँ। पहाड़ी लोग हींग बेचने आते थे। नट, वनमानुष शहद बेचते थे। बंजारे पशुओं की ब्रिकी करते थे। कुछ लोग बच्चों के खाने-खेलने की वस्तुएँ बेचते थे। जगह-जगह मेले-ठेले लगते थे, जहाँ वस्तुओं की खरीद फरोख्त होती रहती थी। व्यापारी बगुचा में दूर-दूर के वस्त्र लाकर यहाँ बेचते थे। यहाँ से अनाज बाहर जाता था। इसे पुनः शुरू करना होगा। लघु उद्योग शुरू करने होंगे। इसका अच्छा उदाहरण प्रतापगढ़ जनपद ने रखा है। वहाँ की उसरीली जमीन में आँवला उद्योग इतना विकसित हो गया है कि लोग उसे 'आँवला सिटी' कहने लगे हैं। इस अभियान को बढ़ाना होगा। पिछले दशकों में यह ग्रामीण उद्योग व्यवस्था अस्त-व्यस्त हो गयी है। सारे उद्योग शहरों में केन्द्रित हो गये, जिससे गरीबी का अनुपात बिगड़ गया है। इन सबका पुनर्नियोजन अति आवश्यक है। गाँवों की उपज पर तथा यहाँ के प्राकृतिक संसाधनों पर पूँजीपतियों ने कब्जा कर लिया है। आवश्यकता यह है कि इन हस्त निर्मित ग्रामीण उत्पादों को विशेष प्रश्रय दिया जाये।

रोजगार के लिए हमें अपनी मानसिकता में परिवर्तन लाना होगा। जातीय दम्भ छोड़ना होगा। ब्राह्मणों में हल की मुठिया छूना पहले अपमानजनक माना जाता था। खेती-किसानी में स्वयं श्रम करना क्षत्रियों की आन, बान, शान के खिलाफ था। अब इन दुराग्रहों को छोड़ना होगा। यहाँ का मुस्लिम समाज परिवार नियोजन में विश्वास नहीं रखता। वे आज भी पुरानी नवाबी या जमींदारी के भ्रम में जी रहे हैं। उनकी बेगमें पर्दे में रहती हैं। बच्चे छोटी-छोटी नौकरियाँ करते हैं। रहन-सहन खर्चीला है, इसीलिए वे गरीबी में रहने के लिए विवश हैं। यह वर्ग विभिन्न कलाओं में दक्ष है, जिन्हें बुद्धिमत्ता पूर्वक कौशल विकास यानि रोजगार से सुनियोजित किया जा सकता है। इसका एक अच्छा उदाहरण है—पंजाबी, सिख जाति। विभाजन के बाद वे यहाँ शरणार्थी रूप में आये थे। प्रायः फेरी लगाते थे, किन्तु अपनी मेहनत और बुद्धिमत्ता के कारण आज वे काफी सम्पन्न हो गये हैं। तात्पर्य यह है कि हमें श्रमनिष्ठा, दूरदर्शिता, मितव्ययता और जोखिम के साथ कौशल विकास करते हुए स्वरोजगार की खोज करनी होगी।

मजदूरी

यहाँ के श्रमिकों को कई वर्गों में विभाजित किया जा सकता है, जैसे—1. वेतनभोगी, 2. दिहाड़ी 3. अंशकालिक 4. पल्लेदार-कुली (भारवाहक) 5. बँधुवा 6. मनरेगा के अन्तर्गत कार्यरत श्रमिक।

इनमें कुछ कुशल श्रमिक होते हैं, कुछ साधारण, कुछ ठेके पर काम करते हैं और कुछ प्रतिदिन 8 घंटे के हिसाब से। कुशल श्रमिकों को मैकेनिक, मिस्त्री आदि नाम दिये जाते हैं। इन श्रमिकों की अलग-अलग दरें हैं। इधर बाल श्रमिकों पर रोक लगा दी गयी है, फिर भी यह समस्या काफी कुछ विद्यमान है। कहीं-कहीं श्रमिकों के पुनर्वासन की व्यवस्था की गयी है। अवध में पहले श्रम की काफी प्रतिष्ठा थी। इसलिए मजदूरी के लिए जाने वाले व्यक्ति को 'जन' एवं 'काम पर या टहल पर' जाने वाला कहते थे। खेतिहर मजदूरों को यहाँ जलपान, भोजन, बीड़ी, तम्बाकू देने की व्यवस्था थी। यहाँ आज भी बड़े बुजुर्ग को महतो, चौधरी, भगत, बउहरि आदि सम्बोधन दिये जाते हैं। खेतिहर के नगद भुगतान में कुछ लोग प्रमाद बरतते हैं। स्त्रियों और वृद्धों के भुगतान में अन्तर दिखाई देता है। आवश्यकता यह है कि श्रमिक कल्याण योजना का इन्हें लाभ मिले, साथ ही श्रम की प्रतिष्ठा सुनिश्चित की जाये।

महँगाई : यह प्रत्येक देशकाल की समस्या रही है। इसका सम्बन्ध माँग पूर्ति से है, साथ ही वाणिज्य व्यापार नीति से भी। अवध के जनजीवन में प्रायः लोग अतीत का स्मरण करते हुए यह रोमांचक चर्चा करते रहते हैं कि कौन वस्तु पहले कितनी सस्ती थी और आज कितनी महँगी हो गयी है।

वाणिज्य व्यापार

अवध क्षेत्र का शिल्प विश्वविख्यात रहा है। प्राचीन साहित्य और ऐतिहासिक अभिलेखों के सहारे यह कहा जा सकता है कि यहाँ के व्यापारी जल मार्ग द्वारा देश-विदेश के विभिन्न स्थानों की यात्रा करते रहे हैं। वाल्मीकि रामायण के बालकाण्ड के अध्याय छह के अनुसार यहाँ विंध्य प्रदेश से हाथी का व्यापार होता था और कम्बोज, वाल्हीक से घोड़ों की खरीद-फरोख्त होती थी। विगत दशकों तक यहाँ कला राशि घोड़ों का बड़ा चलन था। वैवाहिक शोभा यात्रा में कोतल घोड़ा का प्रदर्शन गौरव का विषय माना जाता था। अवधवासियों की वाणिज्य व्यवसाय व्यवस्था प्रायः वस्त्र, ओषधि, मसाले और अस्त्र शस्त्र को लेकर होती थी। ये जिन देशों को अपने उत्पादों का निर्यात करते थे, उनमें मुख्य थे—सुवर्ण द्वीप, यव द्वीप, चंपा, स्याम (थाईलैण्ड), मलय आदि।

निश्चय ही इस क्षेत्र का विपणन पर्याप्त महत्त्वपूर्ण रहा है। अवधी गीतों में प्राचीन सिक्कों—टका, मोहर, अशर्फी, कौड़ी, रत्ती, पाई, रुपया आदि के कई उल्लेख मिलते हैं, जैसे—

'अन धन सोनवा लुटावैं राजा दशरथ।'
'सोना तो हमरे बहुत है, रुपियन कौन गनै।'
'ननदी एकु टका तुम्है द्याबै कलस क्वार ग्वाँठौ।'

इन गीतों में प्राचीन माप-मन, सेर, पसेरी, पौवा आदि के कई उल्लेख हैं, जैसे—

'दूध पियैं औ नौ मने का कलेउना'
'सेर भर मोती मैं सासू का दीन्हा। लइ गये राजा गगरिया के मोती।'

ये मोती सेर से तौले जाते थे और गगरी में रखे जाते थे। यह मात्र अतिशयोक्ति न होकर एक मंगलाशा है। तौलने का उपकरण तराजू भी यहाँ वर्णित है और व्यापारियों का बचुका (गट्ठर) भी—

'हाथे मा लियौ तरजुवा बगल करौ बचुका
बनिया भेषु धरि भागौ घरै।'

आय-व्यय, कर्जा और बचत का संकेत भी अवध के लोक साहित्य में मिलता है, जो गृहिणी के युक्ति कौशल का साक्ष्य है—'सासू की चोरी, ननद की चिरौरी, खरचु चलावौं राजा वीर।' अवधी लोक साहित्य में व्यवसायियों पर आधारित अनेकानेक कथायें इस अंचल में कही जाती हैं। बजाज, सर्राफा, बनिया आदि का परिचय इन पंक्तियों में द्रष्टव्य है—

'बचुका खोलि मइया मड़वा माँ बइठे जनौ बजजवा के पूत।'
'है कोई सर्राफे का लड़का गहना पहनावै बगियन माँ।'
'जल्दी बोलावों वहि बनिया का पूत मेवा लइ आवै' आदि।

पशुओं के विक्रय का भी उल्लेख इन लोकगीतों में हुआ है। यथा—'बहुती की भँइसी बेसाहो ससुर जी धिया बिनु कउर न देय।'

भ्रमणशील व्यवसायी जाति अर्थात् बनजारों का परिचय भी यहाँ के गीतों में द्रष्टव्य है—

'की तुम आहिउ बनिया महाजन की कोऊ बनजारा।'

एक गीत में जाजमऊ (कानपुर) की हाट से ससुर अपनी बहू के लिए चढ़ाव का लहँगा खरीद रहा है। सोने-चाँदी के आभूषण तथा सोनार कई बाजारों से जुड़े दिखाए गये हैं। इसके साथ ही कई प्रसिद्ध नगरों, बाजारों का उल्लेख भी इस लोक साहित्य में हुआ है। यथा—'दिल्ली शहर की लागी बजरिया' तथा 'लखनऊ की मीना बाजार बन्ना बड़े फैशन ते निकसा।' आटन पाटन गुजरात के उल्लेख बार-बार हुए हैं। गाँव की 'हटिया' 'बजरिया' (छोटी बाजार) भी इन लोक गाथाओं में चित्रित हैं, जैसे—'सबु तौ गुजरिया मिलि एकु मनु कीन्हा चलौ चली हटिया औ बजरिया।' इसके अतिरिक्त परदेश जाकर धनार्जन करने के संकेत यहाँ की कथा-कहानियों में मिलते हैं। जैसे—'बारह बरस राजा गये परदेस। ...तुम तो कमाओ राजा रुपिया ओ पइसा, हमहू कमावा होरिलवा।'

यहाँ गाँवों में बढ़ई, कुम्हार, लोहार, पटवा, तेली, तम्बोली, सोनार आदि ऐसी कई धन्धेवार जातियाँ हैं, जो काष्ठ, मिट्टी, लोहा, रेशम आदि से बने नाना पदार्थों का विपणन करती रही हैं। अवधी लोक गीतों में मण्डपाच्छादन का एक ऐसा 'सोहर' गाया जाता है, जिसमें लघु कुटीर उद्योगों का सरस वर्णन किया गया है। यहाँ प्रजावर्ग में नाऊ, बारी, कहार आदि कुलीन घरों में सेवा करके आजीविका कमाते रहे हैं। अवधी लोक गीतों, लोक गाथाओं में इनका उल्लेख हुआ है, जैसे—

"सुनि लियौ नउवा अउ बारी रे।
दूनउ बेरिया दुलहा नउहाव।
दूनउ बेरिया लागै अब बुकवा रे।"

स्पष्ट है कि वाणिज्य व्यवसाय यहाँ युग-युग से प्रचलित है।

विपणन व्यवस्था

इस क्षेत्र में अनेक प्रकार के विपणन केन्द्र हैं। जगह-जगह पर 'बिग बाजार', 'माल', 'शापर्स', हाट, सेल, स्पेंसर आदि के अन्तरराष्ट्रीय शो रूम हैं। यहाँ मेकडोनाल्ड, पिज्जाहट क्लब, कार्निवाल, प्रदर्शनी मेले आदि भरे पड़े हैं। शहरों में तरह-तरह के मल्टी लेवल पार्क बनाये गये हैं। बहुराष्ट्रीय कम्पनियों जैसे—सुशान्त गोल्फ सिटी, सहारा सिटी, मेट्रो सिटी, एल्डिको, ओमेक्स सिटी आदि ने कई कालोनियाँ विकसित कर ली हैं। कई फुट ओवर ब्रिज और फ्लाई ओवर, अंडर पास, पारगामी

सेतु आदि बनाये गये हैं। यहाँ आवागमन के लिए टैक्सी, रेडियो टैक्सी, लोफ्लोर बस, ओला ऊबर और मेट्रो सेवा सुलभ करायी गयी है। बहुखंडी भवनों का निर्माण, अपार्टमेंट्स, बीच-बीच में पंच सितारा होटल, वाटर पार्क, फार्म हाउस, क्लब, वातानुकूलित बाजार, बड़े-बड़े फाइवस्टार अस्पताल और चमक-दमक भरे दृश्य इन दिनों महानगरों में चारों ओर दिखाई दे रहे हैं। इन सबको 'रियल स्टेट' माना जा रहा है। इस उपभोक्तावादी दर्शन के दौर में बाजारवाद ही सबसे बड़ा मूल्य हो गया है। इस पश्चिमी संस्कृति की चकाचौंध में अवध की अपनी संस्कृति के विलीन हो जाने का खतरा मँडराने लगा है। भौतिक संसाधनों की आपा-धापी के कारण वर्ग भेद बढ़ता जा रहा है। भूमाफिया बढ़ते जा रहे हैं और अपराधों की बाढ़ आ गयी है। इन सबके कारण अवध के समक्ष बहुत बड़ा खतरा उपस्थित हो गया है। आवश्यकता यह है कि आर्थिक विकास और बाजारवाद के इस आतंक के बीच सही समन्वय स्थापित किया जाये।

सिक्के

अवध क्षेत्र में समय-समय पर कई प्रकार के सिक्के चलाये गये हैं, जिनका संक्षिप्त विवरण निम्नवत् है–

कौड़ी : यह शंख और सीपी की प्रजाति के एक समुद्री जीव के निर्जीव हो जाने से उसके बाह्यावरण से बनती है। इसका प्रथम उल्लेख लीलावती (भाष्कराचार्य) में हुआ है। बंगाल में यह 1840 तक सिक्के की तरह चलती रही है।

धातु के सिक्के : इन्हें पिण्ड और 'निकल' कहा जाता है। इन पर गाय, घोड़ा, हाथी आदि की छाप होती थी। इनकी ढलाई सदियों पूर्व भारतीय टकसालों में शुरू हुई। अकबर ने जो सिक्के ढलवाये थे, उनमें नागरी लिपि में राम-सीता के चित्र बने हुए थे।

दाम : यह एक पैसे का पचीसवाँ भाग था।

दमड़ी : यह एक पैसे का आठवाँ/दसवाँ भाग होता था।

छदाम : यह पैसे का छठा भाग होता था।

पाई (पावलण) : यह एक पैसे का चौथाई भाग होता था। प्राचीनकाल में एक रुपये में 192 पाइयाँ होती थीं।

डब्बल : यह बहुत कम मूल्य का सिक्का होता था।

पैसा : इसका एक पुराना मुगलकालीन नाम था दाम। पहले एक रुपये में चौंसठ पैसे होते थे। ये गोलाकार होते थे। जिसमें बीच में छेद होता था, उसे 'छेदहा' कहा जाता था।

ध्याला, अधेला, अधन्ना, अधल्ला : दो पैसे का यह सिक्का ताँबे का बना होता था।

इकन्नी : इसका एक नाम था 'कला'। यह एक आना यानि पुराने 4 पैसे, नये छह पैसे के बराबर होती थी।

दुवन्नी : यह दो आने का सिक्का था।

चवन्नी : चार आने के इस सिक्के को 'धर्म' भी कहा जाता था।

अठन्नी : इसे 'द्रव्य' और आधा रुपया भी कहा जाता था।

रुपा या रुपया (टका) : अंग्रेजों द्वारा चलाए गये रुपये को 'विक्टोरिया' भी कहा जाता था। यह आज भी ब्रिटेन शासित कई देशों में चल रहा है। पहले यह चाँदी का सिक्का था। इसे 'चाँदीक' भी कहा जाता है। नसीरुद्दीन ने एक बार सोने का टका चलाया था। सर्वप्रथम यहाँ फिरोजशाह ने चाँदी का रुपया चलाया था। बाद में यह कागज का नोट बनकर आ गया।

अशर्फी : इसका चलन कुषाण काल से शुरू हुआ था। मुगल शासन में भी यह बहुप्रचलित थी। इनके पूर्व प्राचीन भारत में मासक, कार्षायण, शाण आदि मुद्राओं का उल्लेख मिलता है। अयोध्या में तब 80 करोड़ मुद्रा रखने वाले को 'श्रेष्ठि' कहा जाता था। उसी से सेठ शब्द निकला है। प्राचीनकाल के अन्य मुख्य सिक्के थे–

मुहर या मोहर : सोने का यह सिक्का सर्वप्रथम अलाउद्दीन की टकसाल में बना था। यह राज मुद्रा (सील) की प्रतीक थी। इसे गूँथकर मोहरमाला बनायी जाती थी।

पण : यह पण्य अर्थात् बाजार में चलने वाला सिक्का था। पहले यह ताँबे से बनता था।

निष्क : यह आरम्भिक सिक्का था, जिसे 'हिरण्य पिण्ड' भी कहते थे। इससे बने हार को 'विश्वरूप' कहा जाता था।

सुवर्ण : यह अस्सी रत्ती का सिक्का होता था।

सतमान : प्राचीनकाल में यह पुरोहितों का सिक्का होता था।

टका : यह मध्यकालीन सिक्का (रुपया) था। दाऊद ने लिखा है–'टका सौ लोरिक दीन्हा' (चन्दायन)। अलाउद्दीन ने चांदी का जो टका चलाया था, उसे अदली कहते थे।

पाद : यह दक्षिणा में दिया जाने वाला सिक्का था। इसके प्राप्तकर्ता श्रीपाद कहलाते थे।

पुराण : यह चाँदी का सिक्का होता था।

हुण्डी : यह चेक का प्राचीन रूप है, जिसे 'चित्तौरी' भी कहा जाता था। इसकी शुरुआत वर्धन युग में हुई थी।

तोड़ा : यह उपहार में दी जाने वाली 1 हजार स्वर्ण मुद्राओं की कीमती थैली होती थी।

अलाईदीनार : यह अलाउद्दीन द्वारा ढलाई गयी मोहर थी।

अवध क्षेत्र में ये सिक्के समय-समय पर बदलते रहे हैं। पाषाण काल में ताम्राश्म और 'मूठ' नामक सिक्के चलाये गये थे, फिर धातुओं (सोना, चाँदी, ताँबा, पीतल, निकल एल्युमिनियम) के सिक्के चले। बीच-बीच में लकड़ी, चमड़ा आदि का भी प्रयोग हुआ। अंग्रजों ने कागज के नोट छापे। 1957 ई. से दशमलव प्रणाली अपनायी गयी। बीच-बीच में कई स्मारक सिक्के नेहरू, इन्दिरा गाँधी, राजीव गाँधी, लाल बहादुर शास्त्री, मदन मोहन मालवीय आदि के नाम पर निकाले गये। इन दिनों 1,2,5,10,20,50,100,500 और 1000 के कागजी नोट चल रहे हैं। कभी-कभी छोटे नोटों का संकट आ जाता है, तब 1,2,5,10 के धातु वाले सिक्के ज्यादा चलने लगते हैं। इन दिनों हम प्लास्टिक करेंसी की ओर बढ़ रहे हैं। बैंकिंग सुविधा के पूर्व अवध क्षेत्र में लोग अपनी बचत न्यास के रूप में किसी व्यवहर (महाजन) को सौंप देते थे अथवा हाँड़ी या कलश में भरकर जमीन में गाड़ देते थे। खुदाई करने पर ये गड़ी हुई मुद्रायें मिलती रहती हैं। इन सिक्कों के नमूने संग्रहालयों में सुरक्षित हैं।

सूद एवं बैंकिंग

यहाँ ब्याज पर धन उधार देने की पुरानी परम्परा रही है। ऋण रूप में दिये गये मूलधन पर रकम तथा अवधि के अनुसार अलग-अलग दरों पर ब्याज लिया जाता है। प्रायः इकन्नी टका अर्थात् एक रुपया पर चार पैसे ब्याज का रिवाज रहा है। ब्याज अदा न कर पाने पर उसकी राशि मूलधन में जोड़ दी जाती है। ऋण देने वाला यहाँ महाजन और 'ब्यौहर' कहलाता है। वह कभी तो विश्वास के आधार पर ऋण देता है और कभी 'प्रोनोट' लिखवाकर अथवा कर्ज की धनराशि के बराबर कोई जमीन (खेत या मकान) अथवा आभूषण को 'रेहन' रख करके। शर्तनामे के अनुसार ब्याज सहित

कर्ज न अदा करने पर रेहन रखी वस्तु हजम कर ली जाती है अथवा उसकी नीलामी कर दी जाती है। रेहन के रूप में कभी-कभी बँधुवा मजदूर रख लिए जाते थे। महाजन जबरदस्ती करके ब्याज की जगह खलिहान से सारी पैदावार उठवा लेता था, कुड़की कराता था अथवा उसके जानवर हड़प लेता था। धर्म भीरु जनता ऋण अदा करने के लिए मजबूर थी। यहाँ ऐसा लोक विश्वास है कि जो ऋण नहीं चुकाता वह नरक भोगता है। जब ऋण असाध्य हो जाता है तो ऋणदाता दीवाला घोषित कर देता था। उस स्थिति में दीवालिए के समस्त नागरिक अधिकार निरस्त हो जाते थे। उसकी सामाजिक प्रतिष्ठा और साख समाप्त हो जाती थी। यह दीवाला अधिकतर व्यापारी वर्ग में देखा जाता था। मर्यादा प्रिय किसान इसका साहस नहीं जुटा पाता था। ब्याज की राशि दिन दूनी रात चौगुनी होती जाती है, क्योंकि वह चक्रवृद्धि ब्याज के दर से बढ़ती है। इसलिए यहाँ कहावत प्रसिद्ध है कि अवध का किसान कर्ज में जन्म लेता है, कर्ज में ही जीता है और उत्तराधिकार के रूप यह कर्ज अपनी अगली पीढ़ी को सौंप जाता है। कर्ज की वसूली करते हुए महाजन इन किसानों-मजदूरों को अमानुषिक यातनाएँ देता था। यह भी देखा जाता है कि पास में पैसा होते हुए भी कर्जदार धन न होने का बहाना करता रहता है। प्रेमचन्द के उपन्यास 'गोदान' में और 'सवा सेर गेहूँ' जैसी कई कहानियों में इन स्थितियों का सूक्ष्म समाज मनोवैज्ञानिक विश्लेषण किया गया है।

यहाँ कर्ज की उगाही किस्तों में की जाती है। दैनिक देनदारी को रोजही कहते हैं। नौ दिन बाद किस्त देने को नवदसी कहते हैं। माहवारी, तिमाही, छमाही और सालाना किस्तों की अलग-अलग ब्याज दरें हैं। यहाँ एक कहावत है कि ''अहुवा महुवा ताल तराई। इनके माथे कर्ज न रवाई।'' यहाँ यह भी माना जाता है कि फूस का तापना और उधार का खाना, दोनों अल्पकालिक होते हैं।

अवध में लखनऊ के रस्तोगियों का यह धन्धा पिछले दशकों में बहुत फैला हुआ था। वे गाँव-गाँव में जाकर पहले जरूरतमन्दों को उधार दे आते थे। आवश्यक लिखा-पढ़ी करवा लेते थे। फसल कटने के बाद गाँव में दो तीन दिन रुककर वे अपना ब्याज या मूलधन वसूलते थे। मुनीम के साथ लठैत सिपाही भी रहते थे। पहले कभी पठानों का धन्धा भी यहाँ प्रचलित था। यहाँ हर खाता-पीता आदमी ब्याज पर उधार देने का यह धन्धा करता रहता है। प्राचीनकाल में चूँकि गाँव में बैंकें नहीं थीं, इसीलिए लोग प्रायः अपनी बचत 'न्यास' के रूप में सेठों के पास रखवा देते थे। तब परस्पर बड़ा विश्वास रहता था। आम आदमी अपनी बचत (प्रायः चाँदी के रुपये या मोहरें) हाँड़ी में भरकर घर की दीवाल या जमीन में गाड़ देता था। वक्त जरूरत निकाल लेता था। कभी-कभी गड़े धन को भूल जाता था। मकानों की नींव खोदते हुए उस पुराने धन के प्रकट होने की घटनाएँ यहाँ कभी-कभी सुनाई देती हैं।

इधर गाँव में सांधन सहकारी समितियों, ग्रामीण विकास बैंकों और अग्रणी बैंकों का बड़ा परिविस्तार हुआ है। महाजनों और रस्तोगियों का धन्धा समाप्तप्राय है। सरकारी विभागों द्वारा कम दरों पर ऋण तथा तकाबी मिल जाती है। किन्तु प्राप्त धन का सदुपयोग न करने के कारण ऋणग्रस्तता की समस्या यहाँ बरकरार है। कभी-कभी कर्जमन्दों द्वारा आत्महत्या करने की घटना भी सुनने में आती है, किन्तु महाराष्ट्र, आन्ध्रप्रदेश आदि की तुलना में यहाँ आत्महत्या का अनुपात बहुत कम है, क्योंकि अवध का किसान अपेक्षाकृत ज्यादा सहनशील और आस्थावान है। आवश्यकता यह है कि प्रधानमन्त्री द्वारा प्रवर्तित बैंक योजना का अधिकाधिक विस्तार हो। यदि बैंकों के माध्यम से सारा लेन-देन होगा तो भ्रष्टाचार बहुत कम हो जायेगा। ऋण का सदुपयोग किया जायेगा तो उससे बेहतर आर्थिक विकास होगा।

इस विवरण के आधार पर कहा जा सकता है कि अवध की अर्थ-व्यवस्था बड़ी वैविध्यपूर्ण है।

लोक प्रशासन

अवध एवं कोसल राज्य की सीमाएँ समय-समय पर घटती-बढ़ती रही हैं। प्राचीन काल में इसे उत्तर कोसल, दक्षिण कोसल नाम से विभाजित किया गया था। दोनों को मिलाकर 'महाकोसल' कहा जाता था। उत्तर कोसल नेपाल की तराई से लेकर सिलियाना तक व्याप्त था। इसमें बहराइच, गोण्डा, लखीमपुर खीरी जैसे जिले आते हैं। ह्वेनसांग और कनिंघन के अनुसार कोसल के ये दो सीमान्त थे।

इसके उस भू-भाग को जो घाघरा-गोमती के बीच है, पश्चिम रथ कहा जाता था।

पूर्व रथ में मिर्जापुर-जौनपुर जिले रखे गये थे। गोमती के दक्षिण सई नदी तक का क्षेत्र पहले अलग माना जाता था।

कोसल की सीमा रेखा को लेकर बड़ा मतभेद है। ह्वेनसांग के अनुसार अयोध्या क्षेत्र लखनऊ, कुरसी (बाराबंकी) और सुजान कोट (उन्नाव) तक व्याप्त था। इसका घेरा 12 योजन (100 मील) का था। ह्वेनसांग ने 667 मील की लम्बाई-चौड़ाई लिखी है। मनु के अनुसार यह क्षेत्र 12'32 कोस का लिखा गया है।

ऐसी जनश्रुति है कि श्रीराम की पूर्ववर्ती 18 वीं पीढ़ी में कौशल्य नामक एक राजा हुए थे। उन्हीं के कारण इस क्षेत्र को कोसल कहा गया। इस क्षेत्र में घना जंगल था, जिसमें अनेक जंगली सूअर थे, इसलिए इस क्षेत्र को बाराहवन (सूकर खेत) कहा गया। यही शब्द बिगड़कर बाराबंकी बन गया है।

महात्मा गौतम बुद्ध के समय भारत को जिन 16 महाजनपदों में विभक्त किया गया था, उनमें एक कोसल है। वाल्मीकि रामायण के अनुसार इसे सरयू के किनारे स्थित बताया गया है। जैन साहित्य में इसे 'कुणाल' कहा गया है। कोसल के पश्चिम में पांचाल और पूर्व में सदानीरा (गण्डक और विदेहनीरा), दक्षिण में तमसा (टोंस), गोमती, सई और गंगा नदी है। इसमें अयोध्या या साकेत, श्रावस्ती, कपिलवस्तु, रामग्राम, कुसीनारा, पंया आदि बस्तियाँ मिलती हैं। इस क्षेत्र के मुख्य वन हैं—मधुवन, जेतवन, अन्धकवन, कण्टकी आदि। इसके प्रथम शासक थे सूर्यवंशी राजा इक्ष्वाकु जो सृष्टिकर्ता भगवान मनु के पुत्र थे। उनकी राजधानी थी—अयोध्या। इनके वंशजों में बिकुक्षि श्रावस्त, मानधाता, सगर, दिलीप, रघु, दशरथ, श्रीराम, लवकुश आदि उल्लेखनीय हैं। महाभारत काल में कोसल राज्य लगभग नष्ट हो गया था। बौद्धकाल में महाकोसल का राजा प्रसेनजित हुआ। यह राज्य नन्द, मौर्य, शुंग, गुप्त, हर्ष आदि राजाओं का अधीनस्थ रहा। कालान्तर में कोसल पर पठानों, मुगलों एवं नवाबों का आधिपत्य रहा। रामायण में ऐसा उल्लेख है कि श्रीराम ने कोसल को अपने दो पुत्रों के बीच इस प्रकार विभाजित किया था—कुश का राज्य कोसल और लव का राज्य उत्तर कोसल। कुश की राजधानी कुसावती या कुशस्थली और लव की राजधानी श्रावस्ती। इसी वंश में ऋषभ राजा हुए, जिन्होंने अयोध्या का पुनः उद्धार किया था।

वाल्मीकि ने कोसल नगरी (अयोध्या) का बड़ा गौरव गान किया है। उसकी प्राकृतिक शोभा के साथ यहाँ वैवस्वत मनु, इक्ष्वाकु, हरिश्चन्द्र, सगर, रघु, दशरथ, राम-जैसे राजाओं का यश विश्व के कोने-कोने में व्याप्त है। कोसल-नरेश दाशरथि राम की गाथा जापान से अमेरिका तथा मध्य एशिया से हिन्द महासागर के टापुओं में लोकप्रिय है। इण्डोनेशिया के लोग आज भी वनवासी राम और सीता के कष्टों पर आँसू बहाते हैं। अमेरिका के पेरूवासी रामसीतोत्सव (दशहरे) का त्योहार मनाते हैं। जापान के निवासी अपने को अम्मा (राम) की सन्तान मानते हैं।

वस्तुतः कोसल अन्तरराष्ट्रीय ख्याति-लब्ध महाजनपद था। उत्तर कोसल को 'अवध' कहा जाता रहा है। इस कोसल से भिन्न दक्षिण भारत में महाकोसल था, जिसमें विलासपुर, रायपुर, छत्तीसगढ़, दुर्ग आदि जनपद सम्मिलित थे। विचारणीय विषय है कि कनिंघम, एन.एल.डे., बी.सी.ला एवं कतिपय अन्यान्य इतिहासकारों ने उत्तर भारत में दो कोसलों का अस्तिव स्वीकार किया है। कनिघम का विचार है कि सरयू (घाघरा) नदीं दोनों कोसलों को विभाजित करती थी। इसके उत्तरी भाग को उत्तर कोसल, श्रावस्ती अथवा गौड कहा जाता था। सरयू के दक्षिण वाले भाग को 'बनौघा' कहा जाता था। बनौघा के पूर्वी भाग को पूर्वराट तथा पश्चिमी भाग को पश्चिम राट कहा जाता था। इन विद्वानों का मत बौद्धग्रन्थ अवदान शतक में वर्णित उत्तर कोसल एवं दक्षिण कोसल के राजाओं के पारस्परिक युद्ध के विवरण पर आधारित है। श्रावस्ती उत्तर कोसल की द्वितीय राजधानी थी।

वैदिक साहित्य एवं बौद्ध साहित्य में कोसल विषयक विभेद नहीं है। भागवतपुराण में कोसल को उत्तर कोसल तथा महा कोसल बतलाया गया है। वाल्मीकि रामायण से ज्ञात होता है कि कोसल महाजनपद सरयू के दोनों तटों पर बसा हुआ था। यह भारत के पूर्वोत्तर में फैला हुआ था। पुष्यमित्र शुंग के अयोध्या अभिलेख, जयचन्द्र गहडवाल एवं गोविन्दचन्द्र के बनारस ताम्रपत्र में कोसल तथा उत्तर कोसल का उल्लेख किया गया है। समुद्रगुप्त के गया ताम्रफलक अभिलेख में उत्तर प्रदेश की सरयू (घाघरा) नदी के तट पर स्थित अयोध्या नगरी में गुप्तों के स्कन्धावार का वर्णन मिलता है। ऐसा लगता है कि अयोध्या नगरी शुंगों, गुप्तों तथा परवर्ती कई शासकों की राजधानी के रूप में शताब्दियों तक प्रतिशिठत रही। उत्तर प्रदेश कोसल एवं उसकी राजधानी अयोध्या की लोक प्रियता तथा महत्त्व से प्रभावित होकर दक्षिण भारत में दक्षिण कोसल या महाकोसल का जन्म गुप्तकाल में हुआ, जिसे अभिलेखों में कोसल भी कहा गया है।

कोसल की पूर्वी सीमा पर सदानीरा (गण्डकी) नदी प्रवाहित होती थी, जो कोसल को विदेह से अलग करती थी। इस तथ्य की पुष्टि ऐतरेय ब्राह्मण से होती है। ज्ञातव्य है कि राम ने लक्ष्मण के पुत्र चन्द्रकेतु मल्ल को मल्लभूमि का जागीरदार बनाया था। भले ही परवर्तीकाल में मल्ल लोगों ने स्वतन्त्र रूप से शासन किया, मगर कोसल के अधीनस्थ अन्य गणराज्यों के समान वे भी कोसल के अधीनस्थ राज करते थे। बौद्धकालीन गणराज्यों का राज्य बस्ती जनपद की राप्ती नदी से सदानीरा (गण्डकी) नदी तक था। इससे स्पष्ट है कि कोसल की पूर्वी सीमा सदानीरा नदी थी। चीनी यात्री ह्वेनसांग के गंगाघाटी यात्रा के विवरण के आधार पर भी कोसल की पूर्वी सीमा गण्डकी नदी ही ठहरती है।

ऐतरेय ब्राह्मण से ज्ञात होता है कि कोसल की पश्चिमी सीमा पांचाल को स्पर्श करती थी। आज पांचाल की पहचान रुहेलखण्ड के रूप में की जा सकती है। वाल्मीकीय रामायण से विदित होता है कि दशरथ की मृत्यु के पश्चात् अयोध्या के दूत भरत-शत्रुघ्न को बुलाने के लिए केकय गये थे। इन दूतों तथा राजकुमार भरत के अयोध्या वापस होने की पथ पद्धति के सूक्ष्म अवलोकन से ज्ञात होता है कि कुष्टिकोशिला (रामगंगा) नदी कोसल की पश्चिमी सीमा थी।

बौद्धयुग में भी कोसल की पूर्वी सीमा गंडक को पश्चिमी सीमा पांचाल को तथा उत्तरी सीमा हिमालय को स्पर्श करती थी। गुप्त एवं राजपूत काल में भी कोसल की पश्चिमी सीमा सीतापुर (जनपद) तक थी। सीतापुर जनपद में आज भी रघुवंशी क्षत्रिय पाये जाते हैं। स्मरणीय है कि राजपूतों के पहले अवध में भर लोग रहते थे। भरों का साम्राज्य पश्चिम में सीतापुर से पूर्व में गोरखपुर तक तथा उत्तर में श्रावस्ती से लेकर दक्षिण में तुशारन (बिहार) तक फैला हुआ था। कोसल की उत्तरी सीमा हिमालय को स्पर्श करती थी। लक्ष्मण के पुत्र अंगद तथा चन्द्रकेतु मल्ल ने हिमालय की तलहटी में अंगदीया तथा कारापथ नगरियों की स्थापना की थी। बौद्ध युग में कोसल की उत्तरी सीमा हिमालय को स्पर्श करती थी। हिमालय की तराई में स्थित कपिलवस्तु के शाक्य भी उसकी अधीनता स्वीकार करते थे। कोसल की दक्षिणी सीमा का निर्धारण वाल्मीकीय रामायण से किया जा सकता है। इस दिशा में राम वनगमन पथ से विशेष सहायता मिलती है। राम ने दण्डकारण्य के लिए अयोध्या से यात्रा आरम्भ करके दक्षिण दिशा की ओर प्रस्थान किया था। उन्होंने यात्रा की पहली रात्रि तमसा (वर्तमान टोंस) के बायें तट पर बितायी थी। दूसरे दिन प्रातःकाल ही लोगों को सोया हुआ छोड़कर तमसा पार करने के पश्चात् वे दक्षिण की ओर गये। उसके बाद गोमती नदी पार की। गोमती के पश्चात् स्यन्दिका (आधुनिक सई) नदी पार की। वहाँ राष्ट्रों से घिरे हुए सुविस्तृत भूखण्ड को सीता को दिखलाया, जिसे मनु ने इक्ष्वाकु को दिया था। उस समय राम ने स्वदेश से बिछुड़ने की व्यथा प्रकट की थी। वाल्मीकि के विवरणानुसार इस प्रकार उन्होंने पूरा कोसल पार किया। इन सन्दर्भों से ऐसा प्रतीत होता है कि गोमती और गंगा के दोआबे में स्थित कई लघु राज्य कोसल की अधीनता स्वीकार करते थे। वहाँ से शृंगवेरपुर जाकर वे निषादराज गुह से मिले। निषादराज गुह के प्रकरण से ऐसा ज्ञात होता है कि वह कोसल नरेश दशरथ की अधीनता स्वीकार करता था। शृंगवेरपुर से थोड़ी दूर पर स्थित गंगा को पार करने के पश्चात् वे प्रयाग पहुँचे। वहाँ से वत्स महाजनपद से गुजरते हुए वे आगे बढ़े थे।

स्पष्ट है कि कोसल की दक्षिणी सीमा गंगानदी को स्पर्श करती थी। गंगा नदी कोसल और वत्स जनपदों की स्रीमा निर्धारित करती थी। अन्तिम सूर्यवंशी सम्राट् सुमित्र, सम्राट चन्द्रगुप्त मौर्य तथा नन्दराज के मध्य हुई राज्यक्रान्ति में मार डाला गया। उसकी मृत्यु के पश्चात् कोसल मगध साम्राज्य में मिला लिया गया। कुछ समय पश्चात् पुष्यमित्र का अभ्युदय हुआ। उसने शुंग वंश की नींव डाली। शुंगों के शासनकाल से परवर्ती गुप्तों के शासनकाल तक कोसल का राजनीतिक दृष्टिकोण से विशेष महत्त्व रहा है। अयोध्या नगरी शुंगों की राजधानी रही। डॉ. वी.पी. सिन्हा तथा हैवेल ने अपने सबल तर्कों से यह प्रमाणित किया है कि अयोध्या नगरी अर्से तक गुप्तों की राजधानी रही। खोनोन्जन विश्वविद्यालय, हालैण्ड के अनुसन्धानकर्ता डॉ. हसंबेकर ने अपने शोध पत्र में प्रतिपादित किया है कि गुप्त सम्राट कुमारगुप्त अथवा उसके उत्तराधिकारी स्कन्दगुप्त के शासनकाल में उनकी राजधानी पाटलिपुत्र से अयोध्या लायी गयी थी। कालिदास ने रघुवंश के 16वें सर्ग में राजधानी परिवर्तन का यह वर्णन किया है। गुप्तों के पश्चात् मौखिरियों ने उत्तर कोसल पर शासन किया था। मौखिरियों के कुछ सिक्के फैजाबाद तहसील के भिटौरा नामक स्थान से प्राप्त हुए हैं। बाराबंकी जनपद के हरहा नामक स्थान से एक अभिलेख प्राप्त हुआ है, जिससे उनके अवध क्षेत्र पर शासन करने की पुष्टि होती है। सम्राट हर्षवर्धन ने मौखिरियों की शासनसत्ता को समाप्त करने के पश्चात् इस भूभाग पर शासन किया। हर्ष के काल में चीनी यात्री ह्वेनसांग के यात्रावृत्तान्त से ज्ञात होता है कि ह्वेनसांग गंगा नदी पार करने के पश्चात् कौशाम्बी से 600 ली यानी 140 मील उत्तर-पूर्व तक बढ़ने के पश्चात्

क-सि-पु-लो (काशपुर) नगर में पहुँचा था। यह नगर 2 मील के घेरे में था। इतिहासकार कनिंघम क-सि-पु-लो (काशपुर) को कुशपुर, कुशभवनपुर मानते हुए इसकी पहचान वर्तमान सुलतानपुर नगर से करते हैं। सुल्तानपुर नगर से बाहर पुराने नगर के ध्वंसावशेष अभी देखे जा सकते हैं। राजधानी का क्षेत्रफल 16 ली यानी 3.3 मील था। ह्वेनसांग के अनुसार पिशोका राज्य का क्षेत्रफल 4000 ली यानी 800 मील था।

इससे स्पष्ट है कि 'पिशोका' राज्य प्राचीन कोसल ही था। हर्ष के काल में कोसल की दक्षिणी सीमा गंगा तक थी। इस समय तक श्रावस्ती, कपिलवस्तु, रामगाम (व्याघ्रपुर) भी कोसल के अंग थे, जिनका शासन श्रावस्ती से होता था। वर्धनवंश के पश्चात् अवध में भरों ने शासन किया। भरों के डीह आज भी सुलतानपुर, प्रतापगढ़, सीतापुर, फैजाबाद, रायबरेली, बहराइच, गोण्डा, बस्ती आदि जिलों में देखे जा सकते हैं। तात्पर्य यह है कि उनके राज्यकाल में अवध सीतापुर तथा गंगा के उत्तरी काँठे से हिमालय की तलहटी तक फैला हुआ था। कोसल की उक्त सीमा राजपूत काल में भी रही। मध्ययुगीन भारत में मुस्लिम राजवंशों का बोलबाला होने के कारण अवध पर भी मुसलमानों का शासन हो गया, जिसके परिणामस्वरूप अवध एक सूबा बन कर रह गया।

अवध प्रान्त की राजधानी के रूप में अयोध्या 1226 ई. में गौरवान्वित हुई। बलवन के काल में भी अवध एक स्वतन्त्र प्रदेश के रूप में रहा। यह उल्लेखनीय है कि 1364 ई. में दिल्ली सल्तनत का पतन होने लगा। उस समय दिल्ली के सुल्तान महमूद द्वितीय के वजीर ख्वाजा जहाँ ने जौनपुर में एक नवीन मुस्लिम राजवंश की स्थापना की थी, जिसे शर्की राजवंश कहा गया। उसका राज्य लखनऊ, उन्नाव तथा दक्षिण में गंगातट तक फैला हुआ था। अस्तु, अवध (प्राचीन कोसल) शर्की साम्राज्य में मिल गया। तब अवध प्रान्त की राजधानी स्थानान्तरित होकर जौनपुर हो गयी। कुछ समय पश्चात् बहलोल लोदी ने जौनपुर की शर्की सत्ता का उन्मूलन कर दिया। फलस्वरूप अवध पर उसका कब्जा हो गया। उसका शासन अधिक दिनों तक टिकाऊ नहीं रहा। 1525 ई. तक अवध पर दिल्ली सल्तनत का शासन रहा। कुछ समय पश्चात् मुगल शासक बाबर ने लोदी वंश का नाश किया। सन् 1527 में बाबर ने अवध पर हमला किया। उस समय अवध में बहलोल लोदी का प्रतिनिधि बीबन शासन कर रहा था। उसे बाबर ने पराजित करके लखनऊ में कैद कर लिया। इस प्रकार अवध पर बाबर का शासन हो गया। अकबर के काल में अवध एक सूबा मात्र रहा। तत्कालीन भारत के मानचित्र को देखते हुए मालूम पड़ता है कि अवध की पूर्वी और पश्चिमी सीमाएँ सीतापुर एवं उत्तरी-दक्षिणी सीमाएँ हिमालय और गंगा के उत्तरी काँठे तक थीं। मुगलों के पतन के पश्चात् नवाबों ने यहाँ शासन किया। उसके पश्चात् अवध में अंग्रेजों का शासन हुआ। निष्कर्ष यह है कि सीतापुर, खीरी, बहराइच, गोण्डा, बस्ती, फैजाबाद, सुलतानपुर, उन्नाव, बाराबंकी, लखनऊ, प्रतापगढ़, रायबरेली, जौनपुर, फतेहपुर, कानपुर, हरदोई आदि जिले राजनीतिक श्रृंखला के रूप में विभिन्न कालों में प्राचीन कोसल अथवा अवध कहे जा सकते हैं।

आवास व्यवस्था

अवध क्षेत्र के नगरों और गाँवों की आवासीय समस्या के समाधान के लिए लखनऊ में 'आवास एवं विकास परिषद्' की स्थापना की गयी है। साथ ही यहाँ कई नगरीय प्राधिकरण खोले गये हैं। यहाँ 'आवास बन्धु' तथा 'सहकारी आवास संघ' जैसी कई संस्थाएँ कार्यरत हैं। लखनऊ, इलाहाबाद, कानपुर, रायबरेली और फैजाबाद में जो विकास प्राधिकरण गठित किये गये हैं, उन्होंने कई कालोनियाँ

विकसित की हैं। भूमि और भवन के आवंटन के साथ-साथ ये प्राधिकरण बिजली, पानी की आपूर्ति, मल निस्तारण, सड़क निर्माण, भवन सुरक्षा, सड़क, सफाई आदि की व्यवस्था करते हैं। 'आवास बन्धु' आवास से जुड़ी समस्याओं का भरसक समाधान करता है। इन संस्थाओं द्वारा सबके लिए आवास सुलभ कराने हेतु आश्रय योजना, भाउराव देवरस योजना तथा लोहिया और काशीराम के नाम पर कई योजनाएँ चलायी जा रही हैं। पार्कों के विकास और सुन्दरीकरण के क्षेत्र में भी ये सक्रिय हैं। लखनऊ का जनेश्वर मिश्र पार्क इन दिनों एशिया का सर्वोत्तम पार्क माना जा रहा है। अवध क्षेत्र के कई नगरों में अनेक विशाल कालोनियाँ विकसित की गयी हैं, जिनकी टाउनशिप सराहनीय है।

यहाँ गाँवों में प्रायः कच्चे घर होते हैं। गीली मिट्टी को गूँध करके उसकी दीवालें उठायी जाती हैं। एक दीवाल प्रायः चार रद्दों (तहों) से बनती है। दीवाल के सूख जाने के बाद उस पर चिकनी मिट्टी का लेपन किया जाता है। ऊपर धन्नी, पतवार की बीड़ या लकड़ी की झापें (लगहर) डालकर मिट्टी की छत बनायी जाती है। पूर्वी जिलों में खपरैल छाये जाते हैं। इन घरों को 'बखरी' भी कहा जाता है। कुछ लोग अरहर, ज्वार, बाजरा, पतवार, बाँस आदि की डंडियों की सहायता से झोंपड़ी बनाते हैं और छप्पर की छत तैयार करते हैं। दरवाजे खिड़की की जगह टट्टर या टटिया का प्रयोग करते हैं। कुछ घर पथी हुई कच्ची-पक्की ईंटों से बने होते हैं और कुछ कंकरीट के सहारे बनते हैं। गाँव में शौचालय बनवाने का रिवाज बहुत कम है। मवेशियों के लिए जो परिसर तैयार किया जाता है, उसे 'गोण्डा' कहते हैं। इसमें अधिकतर छप्परों का प्रयोग किया जाता है। कण्डों के स्तूपाकार ढेर को कडौर/कण्डहुरा भिटहरा कहा जाता है। भूसा रखने की जगह 'भुसैला' कहलाती है। पयाल के ढेर को 'खरही' कहते हैं। जिसमें पालतू पशु चारा खाते हैं उसे चरही या नाँद कहते हैं। पानी पीने की जगह पोशाला कहलाती है। बकरी के बच्चों को बाँस या अरहर की डंडियों से बनी जालीदार खचुली में बन्द करके रखा जाता है। सूअर पालन करने वाले लोग छोटे-छोटे छप्पर डालकर झोंपड़ियाँ बनाते हैं और कुछ भाट भी बना देते हैं।

अवध के गाँवों में हरिजनों की व्यवस्था प्रायः बस्ती के बाहर होती है। यहाँ अलग-अलग जातियों के 'थोक' और टोले होते हैं। हर गाँव में कुछ सार्वजनिक स्थल होते हैं, जैसे मन्दिर, चबूतरा, मढिया आदि। बीच-बीच में तालाब और कुएँ होते हैं। बस्ती के किनारे घूर लगे रहते हैं। हर गाँव का एक प्रमुख गलियारा होता है। अधिकतर गाँव गोलाकार बनाये जाते हैं। सँकरे रास्तों को 'कोलिया' कहा जाता है। घरों के सामने प्रायः खुली जगह छोड़ी जाती है, जिसे सहन कहते हैं।

गाँव के घरों में खिड़की तथा रोशनदान का प्रयोग कम होता है। इनमें दालानें अधिक होती हैं। तीन दालानों को तिदरी और दो को दुगही कहा जाता है। इनमें प्रायः पच्चीकारी से युक्त लकड़ी के खम्भे लगाये जाते हैं। रसोई घर के सामने परदे के रूप में छोटी दीवार (ड्योढ़ी) बनी होती है। ऊपर धुआँ निकलने हेतु धुँवारा बनता है। बरामदों के बीच में लम्बा-चौड़ा चौकोर आँगन होता है। उसके किनारे-किनारे 'नहा' बनाये जाते हैं। एक किनारे नापदान होता है। छत पर जाने के लिए जीना या सीढ़ी की व्यवस्था की जाती है। छत का पानी उतारने के लिए पनारा लगाया जाता है या खपरैल की बनी नाली डाउन पाइप की तरह लगायी जाती है। घर के अगले हिस्से में चौपाल और उसके सामने बड़ा चबूतरा होता है। ऊपर 'तरवाहा' (बड़ा छप्पर) छवाया जाता है। प्रतिवर्ष घर की बाहरी दीवालों, छतों तथा छप्परों की मरम्मत करनी होती है। यहाँ दक्षिण मुखी प्रवेश-द्वार अच्छा नहीं माना जाता है। इन घरों में पर्दे का विशेष ध्यान रखा जाता है। कुछ घरों के आगे लम्बे-चौड़े 'बँगले' छवाए जाते हैं।

यहाँ आवास विषयक कई शब्द प्रचलित हैं, जैसे—ड्योढ़ी (प्रवेश-द्वार) डाड़े, ग्वेंड़े (निकट), परछत्ती (मिट्टी की बनी दीवाल पर वर्षा से बचाने वाली छपरी), सहनची (भीतरी कोठरी), दुछत्ती (दुहरी छत), फरका (छोटा दरवाजा) बड़ेर, वैशाखी (सहायक स्तम्भ रूप में लगे बाँस), पंडोह, नरदवा (नाबदान), कोठिला (भुसैला), कुरिया (कुटी, झुग्गी, ढेर), कोल्हार (गन्ना पेरने और गुड़ बनाने का स्थान), खरिका (चरागाह में पशुओं का विश्राम स्थल), गौरवा, अहरा (ताख), सरिया (पशुशाला), मड़ई (बखरी, घर), अँबारी (छज्जा), कंगूरा, परिखा (दुर्ग के चारों और की खाई)।

अवध में प्राचीनकाल में रजवाड़ों ने अनेक प्रकार के दुर्ग बनवाए थे, जिनके ध्वंसावशेष अभी विद्यमान हैं। प्राचीन साहित्य में इनका उल्लेख प्राप्त होता है। अयोध्या के दुर्ग का वर्णन कई ग्रन्थों में हुआ है। इनमें स्मरणीय हैं, रामकोट, हनुमान गढ़ी, लक्ष्मण किला, सुग्रीव किला (अयोध्या), बिठूर, जाजमऊ (कानपुर), डलमऊ, शंकरपुर (रायबरेली), डौंडियाखेरा (उन्नाव), किला इलाहाबाद, अमेठी आदि।

शहरी आवास प्रायः पक्के बनाये जाते हैं। इनके कई रूप हैं, जैसे—कोठी, बंगला, महल, हवेली, बहुखण्डी भवन, डूप्लेक्स, अपार्टमेण्ट, काम्प्लेक्स, क्वार्टर आदि। ये प्रायः ईंट, सीमेण्ट, बालू, मौरंग, चूना, गिट्टी, स्टील, लकड़ी, शीशा आदि की सहायता से बनाये जाते हैं। इनमें कई सरकारी, सहकारी कालोनियाँ होती हैं और कई निजी आवास। ये भवन स्थापत्य कला के श्रेष्ठ नमूने हैं। नगर प्राधिकरणों, निगमों, नगर पालिकाओं तथा बिल्डर्स की ओर से यहाँ जो आवास व्यवस्था की गयी है, वह सराहनीय है।

ऊर्जा : ऊर्जा की समस्या इस क्षेत्र में वर्षों से दुःसाध्य बनी हुई है। यहाँ ऊर्जा का प्रमुख साधन है बिजली। इस क्षेत्र में तापीय विद्युत तथा जल विद्युत आपूर्ति निगम और पावर कार्पोरेशन करते हैं। कानपुर की बिजली केस्को के अधीन है। लखनऊ में लेसा कार्यरत है। निगम ने इलेक्ट्रानिक्स मीटर की व्यवस्था की है। विद्युत उत्पादन में विश्व बैंक से सहायता अनुसूचित जनजाति के लिए ग्रामीण विद्युतीकरण कार्यक्रम चल रहा है। अवध क्षेत्र में विद्युत उत्पादन का बहुत बड़ा केन्द्र है। ऊँचाहार में ताप विद्युत (थर्मल पावर) केन्द्र है, किन्तु बिजली की माँग अधिकांश क्षेत्रों में पूरी नहीं हो पा रही है।

पारम्परिक ऊर्जा के अतिरिक्त यहाँ वैकल्पिक ऊर्जा की आवश्यकता है। इसके अनेक प्रकार हैं, जैसे—1. सौर ऊर्जा (सोलर एनर्जी) 2. बायो गैस संयन्त्र 3. नगरीय कचरा से उत्पन्न बिजली 4. चीनी मिलों के बगाज से उत्पन्न बिजली 5. बायो मास गैसीय फायर 6. पवन ऊर्जा 7. जल ऊर्जा 8. जैव ऊर्जा 9. गोबर गैस 10. पौधों के रसायन (इथोनाल) से उत्पन्न ऊर्जा आदि। इस बीच गन्ने के रस, गोमूत्र, पापुलर वृक्ष आदि से ऊर्जा संचित करने के प्रयोग चल रहे हैं।

खेलकूद

इस अंचल में खेलकूद की परम्परा दीर्घकाल से चली आ रही है। राम और कृष्ण की कथाओं से सम्बन्धित प्राचीन खेलों के कई नाम यहाँ मिलते हैं। अवध के पुराने खेलों में उल्लेखनीय हैं—चौगान, कुश्ती, कबड्डी, खो-खो, रस्साकसी, दौड़, शतरंज, चौसर, पच्चीसी, ताश, फड़, पतंग, पकिल्हौ, तल्ममल, हिरनी हिरना, बैजल्ला, चका, चौगान, गंजफा, चकई, जुआ (पंसासारी), जल क्रीड़ा, हिंडोला, पखण्डी (कठपुतली), सुरबग्घी, लुकाछिपी, छुई-छुअल्ला, मतूल नवारा (नौकायन), संकरी सहितल्ला, गुड़िया, भँवरा, चकडोरी आदि।

आधुनिक युग में यहाँ जो खेल प्रचलित हुए हैं, उन्हें क्षेत्र के स्तर पर ग्रामीण तथा शहरी खेल कहा जाता है। कालक्रमानुसार उन्हें प्राचीन और नवीन खेल कहा जा सकता है। लिंग भेद के अनुसार

जनाना एवं मर्दाना खेल नाम दिया जा सकता है और शैली के आधार पर इन्हें आउटडोर, इनडोर नाम दिया जाता है। इस क्षेत्र में कुछ ग्रामीण स्टेडियम स्थापित किये गये हैं। यहाँ ग्राम पंचायत स्तर पर भी खेलकूद को बढ़ावा दिया जाता है। शहरों में कहीं-कहीं खिलाड़ियों के लिए क्लब और प्रशिक्षण शिविर बनाये गये हैं। अवध में 1955 ई. में क्रीड़ा परिषद् की स्थापना की गयी थी, जो खेल निदेशालय के साथ मिलकर प्रतियोगिताएँ आयोजित करती है। यह परिषद् क्रीड़ा संकुल, क्रीड़ाहाल, एस्ट्राटर्फ, फिजियो थेरपी सेंटर आदि की व्यवस्था करती है। इस क्षेत्र में स्पोर्ट्स एथलेटिक्स से सम्बन्धित कई खेलों का आयोजन होता है, जैसे—बाक्सिंग, जूडो, कराटे, तैराकी-जिमनास्टिक्स, फुटबाल, हॉकी, वालीबाल, क्रिकेट, कुश्ती, बास्केटबाल, हैंड बाल, साइकिलिंग, रोइंग, टेबुल टेनिस, भारोत्तोलन, खो-खो, कबड्डी, थ्रोबाल, मलखंभ, गोल्फ, शतरंज, कैरम आदि। कई खेलों में स्त्री-पुरुष दोनों भाग लेते हैं। खिलाड़ियों के लिए लखनऊ के स्पोर्ट्स कालेज में कई पाठ्यक्रम चल रहे हैं। कई खेल ओलम्पिक खेलों से सम्बद्ध हैं। यहाँ के कई खिलाड़ियों ने अन्तरराष्ट्रीय टूर्नामेंट, विश्व चैम्पियन शिप, एशियन चैम्पियनशिप, राष्ट्रीय चैम्पियनशिप तथा भारतीय एवं राज्य स्तरीय स्मारक प्रतियोगिताओं में सफलतापूर्वक भाग लिया है। यहाँ नवाब क्लब, लखनऊ, कोल्टस, क्रिकेट क्लब, रास बिहारी स्टेड्यिम, एल.डी.ए. स्टेडियम, चौक स्टेडियम, के.डी. सिंह स्टेडियम, अम्बेडकर स्टेडियम आदि में कई खेलों की व्यवस्था है।

अवध में शिकार खेलने (मृगया) का बड़ा रिवाज रहा है। राजाओं के महलों में शेर, चीता, जंगली सूअर, चीतल आदि की ट्राफी लगी हुई हैं। यहाँ कई शिकार काव्य लिखे गये हैं, जिनमें हाका लगाने, जाल बिछाने यानी आखेट कला का संज्ञान भी कराया गया है।

यहाँ के कई खेल पशु-पक्षियों से सम्बन्धित हैं, जैसे—तीतर, मुर्गा, बटेर, तोता, बुलबुल, मोर लवा, लाल, कबूतर, भेड़, ऊँट, हाथी, बकरा, साँड़ और भैंसा की लड़ाई। अवध के पहलवान कुश्ती (मल्ल विद्या) के बड़े शौकीन हैं। बहुतों ने अपने अखाड़े खोल रखे हैं। इनकी ओर से सावन में जगह-जगह दंगल होते हैं, जिनमें कुश्ती के कई दाँव सिखाए जाते हैं, जैसे—उतार, कलाजंग, बरछावाना, बाँक, नाग फाँस, धोबीपाट, फेंकना, कलइया, फरी, बनेठी, बनवट, कटार, आदि। मुगदर बाजी और लाठी का भी यहाँ शौक है। इस क्षेत्र में कबूतरानट या करनट तरह-तरह के सर्कस (करतब) दिखाते हैं। यह इतिहास में दर्ज है कि आसफउद्दौला के पास तीन लाख लड़ाकू कबूतर थे। इस कला का विवरण 'गुजस्ता लखनऊ' (अब्दुल हलीम शरर) में द्रष्टव्य है। शरर के अनुसार नवाबों के पास लडाकू कबतूरों की कई प्रजातियाँ थीं, जैसे—गिरहबाज, गोला, लक्का, लोटन, सीराजी, नसूरे आदि।

खेल प्रशिक्षण के लिए लखनऊ में 1975 ई. में गुरु गोविन्द सिंह स्पोर्ट्स कालेज नामक जो संस्था स्थापित की गयी है, उसमें एथलेटिक्स, हॉकी, क्रिकेट, फुटबाल, वालीबाल, लान टेनिस आदि के प्रशिक्षण की अच्छी व्यवस्था है। यहाँ के कई खिलाड़ियों ने लक्ष्मण पुरस्कार, रानी लक्ष्मीबाई पुरस्कार, अर्जुन पुरस्कार, यश भारती सम्मान आदि प्राप्त किया है। यहाँ गाँवों में कुछ खास तरह के खेल प्रचलित थे, जैसे—पेड़ों पर खेला जाने वाला लच्छी डाली वाला लेखनी पकिल्हौ, पानी (सरोवर) में खेले जाने वाले खेल जैसे—दुमक्का, घुसरी, परइया, वाटरपोलो आदि। तीसरे आकाश में खेले जाने वाले खेल, जैसे—पतंगबाजी, जिसके लिए तरह-तरह के माँझे तथा पतंगें यहाँ प्रचलित हैं। मैदानी खेलों में खेले जाने वाले खेल हैं—गदान (गदा भाँजना), बंगा, जमई आदि। इसी प्रकार बेंतबाजी, लावनी और नटों के खेल भी यहाँ लोकप्रिय रहे हैं। इनके स्थान पर नये खेल, विशेषतः टेनिस बाल और कंप्यूटर गेम्स दिनोंदिन ज्यादा लोकप्रिय होते जा रहे हैं।

अवध क्षेत्र के कई खिलाड़ियों ने विश्व स्तर पर इस अंचल का नाम रोशन किया है। इनमें प्रथमतः उल्लेखनीय हैं हॉकी के जादूगर बाबू के.डी. सिंह तथा ध्यानचन्द्र। इन्होंने कई बार ओलंपिक में अपने विशिष्ट चमत्कार का प्रदर्शन किया। ध्यानचन्द्र ने 29 अगस्त 1905 को विश्व हॉकी में जो कीर्तिमान स्थापित किया था, वह चिर स्मरणीय है। अन्य खिलाड़ियों में उल्लेखनीय हैं–

(1) वेटलिफ्टिंग चैम्पियन (एशियन) और कामन वेल्थ सीनियर वेटलिफ्टिंग विजेता पूनम।

(2) मुनब्बर अंजार जो यू.पी. ओलंपिक के संयुक्त सचिव और इंडियन ब्लाइंड पैरा जूडो एसोसियेशन के संस्थापक सचिव रहे हैं। इन्होंने पच्चीस बार भारत का प्रतिनिधित्व किया है। जूडो, गोल्फ, हॉकी, क्रिकेट और बैडमिंटन की कई प्रतियोगिताएँ इन्होंने आयोजित की हैं। कई जगह कोच भी रहे हैं। इन्हें 2013 में यश भारती सम्मान दिया गया है।

(3) युगान्त शेखर (बाराबंकी) ये लांग जम्प के विख्यात खिलाड़ी हैं।

(4) रीतू धीमान जो हैमर थ्रो के प्रसिद्ध खिलाड़ी हैं।

(5) नन्दनी गुप्ता 300 मीटर की दौड़ में राष्ट्रीय चैम्पियन रही हैं।

(6) सुरेश पटेल (लखनऊ) ये राष्ट्रीय चैम्पियन और एशियाई चैम्पियन रह चुके हैं।

(7) महिला धावकों में सुधासिंह (रायबरेली) और सुमन देवी चैम्पियन घोषित हुई हैं।

(8) पहलवानों में जहीर प्यारेजन (लखनऊ) ने काफी ख्याति अर्जित की है।

इसके अतिरिक्त उल्लेखनीय हैं–

(1) आर.पी.सिंह. (बाराबंकी) क्रिकेट खिलाड़ी।

(2) एन.एन. मुकर्जी (आबुल) हाकी-प्रशिक्षक।

(3) प्रफुल्लचन्द्र बन्द्योपाध्याय (पीरू) हाकी-खिलाड़ी।

(4) प्रकाशचन्द्र बन्द्योपाध्याय (हारू) आदि।

स्पष्ट है कि खेलकूद में अवध का विशिष्ट स्थान है।

चिकित्सा एवं जनस्वास्थ्य

इस अंचल में चिकित्सा की बड़ी महिमा रही है। समुद्र मन्थन से प्रकट होने वाले आदि चिकित्सक धन्वंतरि को यहाँ भगवान माना गया है। वे अपने साथ अमृत कलश लेकर धरती पर आये थे। प्रसिद्ध चिकित्सक और शल्य क्रिया (सर्जरी) के जनक सुश्रुत उन्हीं के वंशज थे। 'सुश्रुत संहिता' भारतीय आयुर्वेद का प्रस्थान ग्रन्थ है। जीवक को भी यहाँ का महान रसायन शास्त्री और जड़ी-बूटी का विशेषज्ञ माना गया। इस विद्या को भारत में 'आयुर्वेद' कहा गया। इसमें आरोग्य के साथ-साथ आयु को बढ़ाने का विधान है। यहाँ बराबर यही कामना की गयी है–'जीवेम् शरदः शतम्' अर्थात् हम सौ वर्षों तक जिएँ। यह भी शुभ कामना व्यक्त की गयी है कि–''सर्वे सन्तु निरामयाः'' अर्थात् सब नीरोग रहें। भारतीय चिकित्सकों ने यह अनुभव किया था कि यह शरीर 'रोग मन्दिर' है। अधिकतर प्राणी किसी न किसी आधि-व्याधि से ग्रस्त रहते हैं। प्रायः तीन प्रकार के विकार शरीर में उत्पन्न होते रहते हैं–वात, पित्त, कफ। इनसे बचने के लिए आहार-विहार, विचार, व्यवहार में संयम बरतना होगा। मन को स्वस्थ रखना तन के स्वास्थ्य के लिए अति आवश्यक है। इसके लिए प्राकृतिक जीवन अपनाना उपयोगी है। योगाभ्यास बहुत जरूरी है और रुग्णावस्था में रोग का निदान, उपचार, अनुपान, परहेज आदि अनिवार्य हैं। इसके लिए अवध के जनजीवन में वैद्यों की व्यवस्था की गयी थी। ये वैद्य जहाँ राजरोगों की महँगी से महँगी दवाओं की खोज हीरक भस्म, स्वर्ण भस्म

आदि द्वारा करते थे, वहीं जनसाधारण के लिए इन्होंने काष्ठ चिकित्सा वाली वनौषधियों की खोज की थी। आयुर्वेद में पंचतत्वों के आधार पर, विभिन्न ऋतुओं के अनुकूल, विभिन्न रोगों की उपचार पद्धति खोजी गयी थी। यही कारण है कि यहाँ वैद्यों को परमवेदवेत्ता, भिषगाचार्य, राजवैद्य, कविराज आदि कहा जाता था। इस क्षेत्र में ऐसे कई वैद्यों की कथाएँ प्रचलित हैं, जिनके पास अद्‌भुत नाड़ी ज्ञान था। इन्हें एक नाम दिया गया था 'फील'। उसी से 'फिलास्फर' शब्द विकसित हुआ है।

इस क्षेत्र में मुगल शासनकाल में यूनानी चिकित्सा का प्रचलन हुआ। इन चिकित्सकों को हकीम कहा जाता है। अवध क्षेत्र में एक से एक प्रसिद्ध हकीम हुए हैं। उनके चमत्कारों के किस्से दूर-दूर तक व्याप्त हैं। लखनऊ में यूनानी चिकित्सा के कई संस्थान और निजी केन्द्र अभी देखे जा सकते हैं। इनकी दवा दारू के एक से एक विचित्र तरीके सुनाई देते हैं।

चिकित्सा की एक पद्धति है प्राकृतिक चिकित्सा। इसके अन्तर्गत मिट्‌टी, जल, आग, वनस्पति, खनिज पदार्थ आदि का उपयोग किया जाता है और पूर्णतः प्राकृतिक जीवन जीने का अभ्यास कराया जाता है। ये चिकित्सक किसी प्रकार की बनी बनायी दवा का प्रयोग नहीं करते। इनका प्रयास रहता है कि शारीरिक शक्ति का इतना विकास हो जाये कि रोगाणु-विषाणु का प्रतिकूल प्रभाव शरीर पर न पड़े। इस प्रकार के कई केन्द्र अवध क्षेत्र में विद्यमान हैं।

असाध्य रोगों के उपचार के लिए यहाँ तन्त्र-मन्त्र का भी प्रयोग किया जाता रहा है। गाँवों में ऐसे कई तांत्रिक, ओझा, पंडित, मुल्ला, फकीर आदि दिखाई देते हैं, जो झाड़-फूँक द्वारा रोग दूर कर देते हैं। स्वास्थ्य लाभ के लिए गण्डा, ताबीज बाँध देते हैं। मन्दिर, मस्जिद, दरगाह आदि उपासना स्थलों पर मनौती कराते हैं। ये मरीज कथा वार्ता, व्रत, पूजन, यज्ञ, भण्डारा, दान, तीर्थाटन, धर्मग्रन्थ-पारायण आदि के सहारे रोग मुक्त हो जाते हैं। कुछ रोग भूत-प्रेत-बाधा के कारण होते हैं, जिनके निवारण हेतु तांत्रिक, ओझा लोग तरह-तरह के अभिचार करते हैं। यहाँ कई जगहों पर आस्तीक बाबा के चौरे बने हुए हैं, जहाँ सर्प-दंश वाले मरीजों को लिटा दिया जाता है और मन्त्रोच्चारण करके उनका विष झाड़ दिया जाता है। जहर झाड़ते हुए मरीज की नंगी पीठ पर फूल की एक थाली चिपका दी जाती है और उस थाली पर मन्त्र पढ़-पढ़ कर मिट्‌टी के ढेले फेंके जाते हैं। लोगों को विष की लहरें उतरती हुई प्रतीत होती हैं। कभी-कभी दंशित व्यक्ति को लगातार काफी देर तक नहलाया जाता है और खूब सारा देशी घी पिला दिया जाता है, जिससे विष शान्त हो जाता है। कुछ लोग जहर मुहरा का प्रयोग करते हैं। ऐसी मान्यता है कि वह सारा विष चूस लेता है। इस प्रकार की कई जनश्रुतियाँ भी यहाँ सुनी जाती हैं कि मन्त्र के बल पर काटने वाला साँप स्वयं खिंचा चला आता है और अपना जहर वापस चूस लेता है। पिछली सदी में संक्रामक रोगों, जैसे—हैजा (कालरा), ताऊन (प्लेग) जैसी महामारियों का यहाँ बड़ा आतंक छाया हुआ था। प्लेग चूहों में पाये जाने वाले कीटाणु पेप्सू से फैलता है, इसलिए चूहों से दूर रहने के उद्‌देश्य से लोग अपनी बस्ती को छोड़कर जंगल के किसी बाग-बगीचे में दो, तीन माह के प्रवास हेतु एक डेरा (शिविर) बनाकर चले जाते थे और महामारी के बाद लौट आते थे। यहाँ चेचक का प्रकोप भी पहले बहुत ज्यादा था। चूँकि उसका कोई उपचार नहीं था, इसलिए इस रोग को नाम दे दिया गया था 'देवी माता का निकलना'। दवा करते हुए लोग डरते थे कि इससे देवी रुष्ट हो जायेंगी। लोग सुबह-शाम महारानी मैया से क्षमा याचना करते थे। दुर्गा सप्तशती का पाठ, होम, देवी पूजन, कन्या भोज आदि करते हुए यह संकल्प कर लेते थे कि इस बीच क्षौर कर्म नहीं करेंगे, जूते चप्पल नहीं पहनेंगे और घर में छौंका नहीं लगेगा। चेचक के फफोलों पर कभी-कभी नीम की छाल का लेप लगा लिया जाता था। नीम की पत्ती को उबालकर उस पानी

से शरीर पोंछा जाता था और चेचक के दानों को 'नीम टूयोरा' (पल्लव) के स्पर्श से सहलाया जाता था। ये तरीके आज भी किसी न किसी रूप में अपनाये जा रहे हैं। यहाँ चोट लगने पर हल्दी मिश्रित दूध पीना, चोट पर हल्दी चूना लगाना, कच्ची शराब और सूअर की चर्बी की मालिश करना, स्नायु रोग में कबूतर के खून का लेप करना, नपुंसकता की स्थिति में ऊसर सँड़वा नामक जन्तु का सेवन करना, हड्डी टूट जाने पर किसी पहलवान से खपच्चे बँधवाना और मिर्गी का दौरा पड़ने पर मरीज को जूता सुँघाना आज भी न्यूनाधिक प्रचलित है।

इस क्षेत्र में होम्योपैथी का काफी प्रचलन है। इसका एक कालेज लखनऊ में है। होम्योपैथ तो जगह-जगह मिल जाते हैं। इस बीच यहाँ पोलो क्लीनिक अर्थात् मिलीजुली चिकित्सा और इंटीग्रेटेड कोर्स का प्रचलन बढ़ा है। इस समन्वित चिकित्सा प्रणाली में ऐलोपैथी के साथ-साथ अष्टांग आयुर्वेद, हकीमी इलाज, होम्योपैथी, नैचुरोपैथी, आक्यूपंचर, हर्बल ट्रीटमेंट, जल चिकित्सा, ध्वनि चिकित्सा, मन्त्र-तन्त्र, देशी चिकित्सा आदि का उपयोग किया जाता है। शासन की ओर से गाँवों में प्राइमरी हेल्थ सेंटर, जिला चिकित्सालय, जच्चा-बच्चा केन्द्र, आँगनबाड़ी, आशाबहू योजना, सामुदायिक स्वास्थ्य केन्द्र आदि की व्यवस्था सुलभ करायी गयी है। लखनऊ की कई संस्थाएँ जैसे—किंग जार्ज मेडिकल यूनिवर्सिटी, संजय गाँधी पी.जी. चिकित्सा संस्थान, लोहिया अस्पताल, डफरिन हास्पिटल, क्वीनमेरी, बलरामपुर हास्पिटल, सरस्वती डेंटल कालेज, रानी लक्ष्मीबाई हास्पिटल, लोक नायक हास्पिटल, मेयो हास्पिटल, अपोलो/सहारा हास्पिटल, ग्लोब हास्पिटल, विवेकानन्द पॉली क्लीनिक, बाल चिकित्सालय, इन्दिरा गाँधी आई हास्पिटल, सिविल हास्पिटल, कानपुर का हैलेट हास्पिटल, इलाहाबाद का स्वरूप रानी हास्पिटल, खैराबाद (सीतापुर) में स्थित आँखों का अस्पताल आदि महत्त्वपूर्ण हैं।

इस जन स्वास्थ्य और चिकित्सा सुविधाओं का सुफल यह हुआ है कि यहाँ औसत आयु अब लगभग 65 वर्ष हो गयी है। शासन की ओर से इस बीच परिवार नियोजन, परिवार कल्याण, पर्यावरण प्रदूषण मुक्ति, साफ-सफाई, स्वास्थ्य सम्बन्धी जागरूकता और चिकित्सा की दिशा में काफी प्रयास हुए हैं। इस बीच चूँकि मेडिकल प्रैक्टिस बहुत लाभप्रद धन्धा हो गयी है, इसलिए यहाँ शहरों में, कस्बों में बड़े-बड़े अस्पताल, क्लीनिक, ट्रामासेंटर, नर्सिंग होम, जाँच (परीक्षण) केन्द्र, परामर्श केन्द्र, डाइटीशियन, फार्मेसी, केमिस्ट, योग केन्द्र, पैरामेडिकल सेंटर्स, ब्लड बैंक आदि खुल गये हैं। कई अस्पतालों में गरीब मरीजों को भर्ती करके मुफ्त भोजन, फल, दवा दारू और जाँच की सुविधा दी जाती है। यहाँ बाल रोग, स्त्रीरोग, दन्त रोग, संक्रामक रोग, मनोरोग आदि के लिए कई विशेषज्ञ, (फिजिशियन, सर्जन, एनेस्थेटिस्ट, रेडियोलाजिस्ट आदि) सुलभ हैं। मरीजों को लाने-ले जाने के लिए एम्बुलेंस सेवा शुरू की गयी हैं। यहाँ कई ट्रामा सेंटर्स खोले गये हैं। अधिकतर सूचनायें आनलाइन हैं। मेडिकल बीमा भी काफी लोकप्रिय हो गया है। सरकारी अस्पताल की देख-रेख हेतु स्वास्थ्य निदेशालय भरसक सक्रिय है। यहाँ सुपर स्पेशलिटी अस्पताल, साथ ही नर्सिंग सेंटर्स आदि खुल गये हैं। लखनऊ की संस्थाएँ—के.जी.एम.यू, पी.जी.आई. और लोहिया संस्थान इन खोजों की दिशा में सक्रिय हैं। सरकार समय-समय पर इसका सर्वेक्षण कराती रहती है। कानपुर और इलाहाबाद के मेडिकल कालेज भी मेडिकल शिक्षण से जुड़े हुए हैं।

उपर्युक्त सुविधाओं के बावजूद इस क्षेत्र में जनजीवन बहुत बड़ी मात्रा में रोगाक्रान्त है। सरकारी अस्पतालों की भीड़ अनियंत्रित हो गयी है। महीनों पहले रजिस्ट्रेशन कराने के बावजूद विशेषज्ञ इतमीनान से नहीं देख पाते, इसलिए कि वहाँ सिफारिश और घूस का दबाव है। अधिकतर सरकारी डाक्टर निजी प्रैक्टिस में जुटे रहते हैं। आउटडोर और जनरल वार्ड रेजीडेण्ट जूनियर डाक्टरों के सहारे चल रहे

हैं। बाजार में नकली दवाइयाँ चल पड़ी हैं। सरकारी ओषधि भण्डार की दवाइयाँ कमीशन के आधार पर ली जाती हैं और उनकी कालाबाजारी होती रहती है। रोग परीक्षण बहुत महँगे हो गये हैं। निजी अस्पताल अधिकाधिक मुनाफाखोरी पर आमादा हैं। सरकारी कर्मचारियों में कार्य संस्कृति का अभाव है। इन दिनों चिकित्सकों का बड़ा अभाव हो गया है। गाँवों के चिकित्सालय प्रायः कम्पाउण्डर, नर्स, वार्ड ब्वाय, मिडवाइफ और झोला छाप डाक्टर (प्रेक्स) चलाते हैं। यहाँ संक्रामक बीमारियाँ बढ़ती जा रही हैं। अस्पतालों की सफाई व्यवस्था बड़ी निराशाजनक है। चूँकि मानवीय संवेदना दिनोंदिन घटती जा रही है, इसलिए यहाँ का जनजीवन परेशान है। लोगों की कमाई का बड़ा हिस्सा इन दिनों दवा दारू पर खर्च हो रहा है। अब लोग आयुर्वेद, होम्पोपैथी और योग की ओर जाने के लिए बाध्य हैं।

यहाँ की असाध्य बीमारियों में तपेदिक या राजयक्ष्मा (टी.बी.) को पहले जानलेवा माना जाता था। इसको राज रोग कहा गया था, क्योंकि यह प्रायः विलासी कामुक राजाओं को होता था और इसका उपचार भी बहुत महँगा होता था। विगत सदी तक जनसाधारण को त्रस्त करने वाले रोग थे—मलेरिया, फाइलेरिया (फील पाँव)। पहले मलेरिया के कुछ विचित्र रूप प्रचलित थे, जैसे तिजारी, जिसमें हर तीसरे दिन बुखार चढ़ता था। इधर मलेरिया उन्मूलन अभियान के कारण यह रोग नियन्त्रित हो गया है, किन्तु दूसरी ओर लू, डेंगू, चिकन गुनिया, मष्तिक ज्वर, बर्ड फ्ल्यू, कैंसर, ऐड्स आदि कई घातक संक्रामक बीमारियाँ प्रचलित हो गयी हैं। अवधांचल में पहले जड़ी-बूटियों का बाहुल्य था। लोगों को एक-एक पेड़-पौधे की पत्ती, फल, जड़, छाल आदि की पर्याप्त जानकारी थी। मन में गहरी आस्था थी। शरीर में काफी नैसर्गिक क्षमता थी, मन में धैर्य, इतमीनान तथा सुदृढ़ चेतना विद्यमान रहती थी। इन देशी दवाओं से प्रायः काम चल जाता था। फोड़ा होने पर महुए, शहतूत, बरगद, मदार आदि के पत्तों को तेल के साथ गरम करके अथवा अलसी की पुलटिस बाँध करके उसको पका देते थे। खुजली होने पर भंगरैया की पत्ती का रस-लेप करते थे। पेचिश होने पर अमलतास की पत्ती पीसकर पिला देते थे। उदर पीड़ा होने पर हींग, अजवाइन, मेथी, लहसुन आदि के चूर्ण और 'शाही' नामक जन्तु की सूखी आँतों से बने पानी का सेवन करते थे। सिर दर्द होने पर कई तरह के मलहम लगाते थे। यहाँ जनजीवन में कई स्वास्थ्यवर्धक लोक विश्वास प्रचलित हैं, जैसे—कौए का मांस खाने वाला दीर्घजीवी होता है। गूलर के पके फल (जिसमें भुनगे होते हैं) आँखों की ज्योति बढ़ा देते हैं।

निष्कर्ष यह है कि स्वास्थ्य और चिकित्सा व्यवस्था को सुदृढ़ करने के लिए शासन के और जनता के स्तर पर मिला-जुला प्रयास अपेक्षित है। यदि दक्षिण भारत, विशेषतः केरल राज्य की पद्धति पर यहाँ अधिकाधिक आयुर्वेदिक चिकित्सालय खोल दिये जायें और देशी चिकित्सा, यूनानी, होम्योपैथी, योग, प्राकृतिक चिकित्सा आदि को बढ़ावा दे दिया जाये, यदि प्राइवेट प्रैक्टिस पर रोक लगा दी जाये तथा साफ-सफाई की अच्छी व्यवस्था कर दी जाये, साथ ही पर्यावरण-प्रदूषण, आपाधापी, मुनाफाखोरी, मिलावट आदि कुप्रवृत्तियों को नियंत्रित कर लिया जाये तथा दूसरी ओर फास्टफूड को रोककर पुष्टाहार, व्यायामशाला, खेलकूद-मैदान आदि की उपलब्धता सुनिश्चित कर दी जाये, तो यह जनता पहले की तरह औसत सुखी जीवन प्राप्त कर सकती है। इस क्षेत्र के कई शोध संस्थान, जैसे—सी.डी.आर.आई., आई.टी.आर.सी. (लखनऊ) ने कई देशी दवाओं की खोज की है। चूँकि इस क्षेत्र में नीम, तुलसी, आँवला जैसी वनस्पत्तियाँ भरी पड़ी हैं, यहाँ पर्याप्त जल है (बशर्ते वह प्रदूषित न होने पाये) और मुक्त वातावरण है, इसलिए यहाँ जनस्वास्थ्य की सम्भावनाएँ निःशेष नहीं हुई हैं।

प्रमुख चिकित्सक : यहाँ के प्रसिद्ध चिकित्सकों में सर्वोपरि रहे हैं—पद्म विभूषण डॉ. एम.पी. मेहरा, (आँख विभाग, के.जी.एम.सी. लखनऊ) तथा डॉ. के.सी. गर्ग (सर्जन), डॉ. ए.एस. पेण्टल,

पद्मभूषण डॉ. पी.एन. टंडन। डेन्टल के विशेषज्ञ डॉ. आर.के. करौली और डॉ. अनिल कोहली। किंग जार्ज मेडिकल कालेज लखनऊ के सर्जन पद्मश्री डॉ. आर.बी.सिंह, पद्मश्री डॉ. एस.सी. राय। प्रसूति विज्ञान में पद्मश्री डॉ. इंजीनियर, डॉ. चन्द्रावती, डॉ. कल्याणीदास। हड्डी रोग विशेषज्ञ पद्मश्री डॉ.बी.एन. सिन्हा, डॉ. एम.के. गोयल, डॉ. यू.के. जैन (लखनऊ), डॉ. नदीम फारुकी (कानपुर)। एंकोलाजी के प्रवर्तक डॉ. एन.सी. मिश्र, डॉ. आर.पी. शाही। हृदय रोग विशेषज्ञ डॉ. त्रेहन, डॉ. ए. चरन, डॉ. श्याम नाथ चक, डॉ. आर.सी. आहूजा, डॉ. आर.के. सरन, डॉ. वी.के. पुरी। मेडिसिन के महारथी डॉ. बी.बी. भाटिया, डॉ. एस.एस. अग्रवाल, डॉ. एस.एस. मिश्र, डॉ. महेशचन्द्र, डॉ. एम.के. मित्रा, डॉ. सी.जी. अग्रवाल। गुर्दा रोग तथा यूरोलाजी विशेषज्ञ डॉ. दिवाकर दलेला। एनोटामी के विद्वान डॉ. ए.सी. दास, डॉ. डी.आर. सिंह। रेडियोलाजी के डॉ. एम.सी. पंत। पैथोलाजी के विशेषज्ञ डॉ. आर.एम.एल. मेहरोत्रा, डॉ. यू.सी. चतुर्वेदी, डॉ. ए.के. सरकार। प्लास्टिक सर्जन डॉ. रमेश चन्द्र, डॉ. एस.के. भटनागर। टी.बी. विशेषज्ञ डॉ. एम.एस. अग्निहोत्री, डॉ. आर.के. खन्ना। बालरोग विशेषज्ञ डॉ. पी.के. मिश्रा और डॉ. शैली अवस्थी। मनोरोग चिकित्सक डॉ. बी.बी. सेठी, न्यूरोलाजी विशेषज्ञ डॉ. देविका नाग, डॉ. एम.कार., डॉ. राकेश शुक्ल आदि। यहाँ के प्राचीन एवं प्रख्यात अन्य चिकित्सकों में बद्रीनाथ वर्मा, सर्जन काली सहाय आदि प्रशंस्य हैं/रहे हैं। चेस्ट फिजिशियन डॉ. ताराचन्द्र, डॉ. हरगोविन्द सहाय, डॉ. नारायण, प्रिवेंटिव मेडिसिन के डॉ. जी. प्रसाद, संजय गाँधी पी.जी.आई. के संस्थापक डॉ. महेन्द्र भण्डारी, कानपुर मेडिकल कालेज के प्राचार्य डॉ. संकटा नारायण माथुर, के.जी. एम.सी. के डॉ. रघुनन्दन लाल, कानपुर चेस्ट विभाग के डॉ. एस.के. कटियार, पी.जी.आई. लखनऊ के गेस्टो सर्जरी विभागाध्यक्ष पद्मश्री राजन सक्सेना, हृदय रोग विशेषज्ञ डॉ. नकुल देव सिन्हा (पी. जी.आई. लखनऊ), डॉ. मेंहदी हसन, डॉ. मोहन चन्द पंत, डॉ. नित्यानन्द, डॉ. मोहनलाल, डॉ. ज्योति भूषण बनर्जी, डॉ. राजेन्द्र वीर सिंह, प्रदीप कुमार दवे, डॉ. सी.जे. अग्रवाल आदि भी उल्लेखनीय हैं।

इस क्षेत्र में होम्योपैथी भी काफी विकसित है। यहाँ के पुराने होम्योपैथों में डॉ. कामतानाथ, डॉ. प्यारे लाल, डॉ. गिरिजादयाल, डॉ. गौरी टंडन, कानपुर होम्योपैथी कालेज के उपनिदेशक डॉ. अविनाश चन्द्र सक्सेना आदि काफी चर्चित हैं।

अवध के पुराने राजवैद्यों में पंडित बद्री विशाल त्रिपाठी (कानपुर), मार्तण्ड वैद्य, डॉ. सी. पाठक, डॉ. पी.सी. दुबे, रसायन विभाग के कालीप्रसाद सक्सेना, डॉ. लक्ष्मी सहाय सक्सेना, प्रजावैद्य मुरारी लाल (लखनऊ), डॉ. गौरी नाथ टंडन (कानपुर), शिव शर्मा, राममूर्ति पाठक, दयाराम अवस्थी, परमेश्वर शर्मा, नगेन्द्रनाथ, आनंद कुमार बरनवाल, डॉ. घिल्डियाल, कुन्दन लाल जैन, आशुतोष मजूमदान, सत्यनारायण शास्त्री आदि चिर स्मरणीय हैं। अवध के लोक जीवन में ऐसी कई कहावतें और सूक्तियाँ प्रचलित हैं, जिनमें खानपान परहेज, उपचार आदि के बारे में सूत्र रूप में निर्देश दिये गये हैं, जैसे–

खाय कै मूतै सुतै बाम।
काहे वैद बसावे ग्राम।।

यहाँ 'कम खाओ गम खाओ' लोकोक्ति बहुत प्रसिद्ध है। अवधी में ऐसी कई कहावतें हैं, जिसमें कब क्या खाना चाहिए, क्या नहीं खाना चाहिए, इसका सूचीकरण किया गया है, जैसे चैते गुरु बैशाखे तेलु। जेठे लोनु आषाढ़े बेलु। इसमें बारहो महीने का विधान किया गया है।

यहाँ के जनजीवन में पहले कुछ रोग ऐसे प्रचलित थे, जो अब काफी बदल गये हैं या कम हो गये हैं। कुछ नये रोग भी जुड़ गये हैं। पुराने कुछ रोगों का उल्लेख तुलसीदास ने किया है, जैसे–छातीजार,

सूल, कंडू, सन्निपात, डमरूवा, नेहरूवा, तिजारी घेघा आदि (मानस उत्तरकाण्ड, दोहा-121)। यहाँ इन रोगों के कई देशी उपचार आज भी प्रचलित रहे हैं, जिसे 'वनौषधि चिकित्सा' कहा जाता है। अवधी कवि वंशीधर शुक्ल ने इनके कुछ नाम गिनाये हैं—

> **''त्रिफला, त्रिकुटी, सौंफ, कासनी, लाललोन अमलोनिया।**
> **यह किसान कै दुनिया।।''**

अवध के जनजीवन में सुख-स्वास्थ्य की जो कामना की गयी है, उसमें क़सरत, दूध का सेवन, गंगा-स्नान और चना चबैना को विशेष महत्त्व दिया गया है। समय-समय पर यहाँ प्राकृतिक चिकित्सा, योग चिकित्सा, मनोचिकित्सा, यूनानी चिकित्सा, झाड़-फूँक वाली मन्त्र चिकित्सा अर्थात् अनेकानेक चिकित्सा प्राणलियों का प्रचलन हुआ है, किन्तु आज सर्वाधिक व्याप्त है ऐलोपैथी। सम्प्रति अवध क्षेत्र तो एक मेडिकल हब बन गया है।

प्रमुख प्रशासक : इस क्षेत्र के शासन द्वारा सम्मानित, समाज में अच्छी छवि वाले कुशल और यशस्वी प्रशासकों में गण्यमान हैं—सर्वश्री रामकृष्ण त्रिवेदी, त्रिभुवन प्रसाद तिवारी, माता प्रसाद, भगवान सहाय, आदित्य नाथ झा, सुमति किशोर जैन, जगदीश प्रसाद, भोलानाथ झा, शान्ति प्रसाद, शारदा प्रसाद वर्मा, घनानन्द पाण्डेय, कुमार नन्दन प्रसाद, जयकृष्ण, हिमांशु चौधरी, भुवनचन्द्र पाण्डेय, पीताम्बर पाण्डेय, त्रिलोकीनाथ शर्मा, अर्जुन सिंह, रघुराज, सतीश चन्द्र काला, प्रकाश सिंह, अफरोज अहमद आदि।

प्रशासन प्रणाली

मध्ययुगीन भारत की प्रशासनिक व्यवस्था का उल्लेख तत्कालीन सूफी काव्यों में हुआ है। मुल्लादाऊद ने फीरोज शाह तुगलक कालीन भारत (1436 विक्रमी) का वर्णन करते हुए उसके वजीर, सेनापति, जागीरदार, सलाहकार तथा अधीनस्थ शासकों के विभिन्न पदों का उल्लेख किया है। उस समय के प्रमुख विभाग थे—सेना, न्याय, पत्राचार, अपील, कृषि, राजस्व, पेंशन, धर्मादा, टकसाल आदि। कवि ने राज्यसभा, ब्राह्मण सभा, नगर सभा और जनसभा के कर्तव्य-अधिकार गिनाये हैं। दुर्ग की रक्षा के लिए दिन में दौवासिक की और रात में कोतवाल की जो व्यवस्था रहती थी, राजस्व शुल्क की वसूली शोल्विक के द्वारा की जाती थी और राजन्य वर्ग, मन्त्रीगण, पुरोहित, कलाकार, दूत तथा प्रजा वर्ग के लिए आय तथा कर की जो दरें लगायी गयी थीं, साथ ही न्याय पालिका ने जो दण्ड की व्यवस्था की थी, उन सब के संकेत मुल्लादाऊद और जायसी के ग्रन्थों में प्राप्य हैं। इन कवियों ने सुरक्षा व्यवस्था की दृष्टि से दुर्ग तथा सिंह द्वार का विस्तृत वर्णन किया है। उन्होंने अश्व, रथ, गज सेनाओं और पैदल सिपाहियों की ये चार श्रेणियाँ बतायी हैं। इसके साथ चिकित्सा व्यवस्था, राजखजाना और दौत्य कर्म का भी काफी उल्लेख किया गया है। जायसी ने अलाउद्दीन, रतनसेन, राजा गढछेका आदि के सन्धि विग्रह का यथेष्ट विवरण दिया है। इन कवियों ने दरबारों का विस्तृत वर्णन किया है। तुलसी ने रामकथा से सम्बन्धित कई राज्यों की गतिविधियों पर प्रकाश डाला है और साथ ही अपना राज्यादर्श भी प्रस्तुत किया है। अपने समकालीन शासकों को उन्होंने 'भूमि चोर' और 'प्रजा भक्षक' कहते हुए रामराज्य का नमूना पेश किया है। इससे स्पष्ट है कि हमारा प्राचीन एवं मध्ययुगीन समाज प्रशासनिक प्रणाली के ऋणात्मक एवं धनात्मक पक्षों से सुपरिचित रहा हैं।

प्रमुख पद

अवध में जनजीवन पर मुगलों का अधिकार अनेक वर्षों तक रहा, इसलिए उन्होंने कई प्रशासनिक पदों और कार्यप्रणालियों का विकास किया। कुछ महत्त्वपूर्ण पद आज भी कायम हैं, जैसे—अमीन, कानूनगो, मुंशिफ, काजी नायब, दफादार, मिरदहा (कानूनगो का सहायक) कोतवाल, तहसीलदार, दरोगा, हाकिम आदि।

मुगल काल में यात्रियों से जजिया (तीर्थ यात्रा कर), राजाओं, नवाबों से मालगुजारी लगान और सामन्तों से नजराना (उत्कोच) आदि की शुरुआत हुई थी। तभी अमीर, उमरा, मीर, सरजा, वकील, मलिक, जमींदार तालुकेदार, सूबेदार, हवलदार, चौकीदार, रिसालदार, फौजदार, चकलेदार आदि पद गठित हुए। सुरक्षा के लिए जो सैन्य व्यवस्था बनाई गयी थी और जिन अस्त्रों का प्रबन्ध किया गया था उनका काफी नामोल्लेख यहाँ के प्राचीन साहित्य में प्राप्त होता है, जैसे—कुन्त, हरि सांगि, सिंगिनी, बैलक, जमदाढ़, डांग, टाटर, जोडन, कवच आदि जायसी ने इनका वर्णन करते हुए लिखा है—

'लेह पहिरि सब ठाढ़े इति इक भूपन देह।'

लोक जीवन में प्रजा राजा के बीच सीधा सम्बन्ध स्थापित करने के उपाय भी सुझाये गये हैं। एक कहावत है कि साहब के अगाड़ी और घोड़े के पछाड़ी प्रायः नहीं रहना चाहिए। ऐसा लोक मत है कि घूसखोर अफसर और प्रायः रुष्ट रहने वाला नौकर अच्छा नहीं होता—

'घुसिया हाकिम रुसिया चाकर।'

ये जब बिगड़ते हैं तो अनियन्त्रित हो जाते हैं। अवध की इप प्रशासन प्रणालियों का प्रमाण प्राचीन इतिहास द्वारा प्राप्त किया जा सकता है। नया प्रशासन संविधान चालित है। उसके विभिन्न पदों और निकायों का संज्ञान अपेक्षित है।

प्रधानमन्त्री : अवध से जुड़े भारत के ये प्रधानमन्त्री स्मरणीय हैं—

1. जवाहरलाल नेहरू : स्वतन्त्रता के उपरान्त देश के लोकतांत्रिक स्वरूप को बनाये रखने की चुनौती संसदीय व्यवस्था पर थी। इसके लिए जरूरी था कि सरकार में स्थायित्व हो। देश के पहले प्रधानमन्त्री के तौर पर पंडित जवाहरलाल नेहरू के रूप में देश को एक तेजस्वी नेता मिला, जिनकी देश की आजादी की लड़ाई में महत्त्वपूर्ण भूमिका रही। स्वतन्त्रता प्राप्ति के पश्चात् पंडित नेहरू के नेतृत्व में देश में अनेकानेक महत्त्वाकांक्षी परियोजनाओं की नींव रखी गयी और उनमें से कई पंडित नेहरू के कार्यकाल में ही पूरी हुईं। दरअसल, पंडित नेहरू ने देश में विकास की जिस धारा को शुरू किया था, उसके अन्तर्गत देश में ज्ञान-विज्ञान, साहित्य-संस्कृति व कला के जितने संस्थान अस्तित्व में आये, उतने उनके कार्यकाल के बाद बहुत समय तक नहीं देखे गये। नेहरू जी समाजवादी सोच को तरजीह देते थे और देश की जनता के समग्र उत्थान के लिए सरकार की सबसे बड़ी भूमिका मानते थे।

2. इन्दिरा गाँधी : शास्त्री जी की मृत्यु के बाद इन्दिरा गाँधी ने प्रधानमन्त्रित्व का पदभार सँभाला। इनके शासनकाल में 1974 में पहली बार देश में परमाणु परीक्षण किया गया। पाकिस्तान के साथ 1971 के संघर्ष के बाद दोनों देशों के बीच 1972 में शिमला समझौता किया गया, जिसे आज तक पाकिस्तान के साथ शान्ति स्थापना के प्रयासों का मूलाधार माना जाता है। इन्दिरा गाँधी के शासनकाल में देश में तीन पंचवर्षीय योजनाएँ भी अमल में लाई गयी थीं। चूँकि पाकिस्तान के साथ 1965 की लड़ाई के बाद लम्बे समय तक देश आर्थिक तंगी से गुजरा था, इसलिए 1970 के

उनके 'गरीबी हटाओ' के नारे की गूँज पूरे देश में सुनाई दी। 1969 में बैंकों का राष्ट्रीयकरण इन्दिरा गाँधी के शासनकाल की एक बड़ी उपलब्धि थी।

3. राजीव गाँधी : वर्ष 1984 में इन्दिरा गाँधी की हत्या के बाद उनके पुत्र राजीव गाँधी को आम चुनाव में भारी सफलता मिली। राजीव गाँधी द्वारा पारित नीतियाँ नेहरूवादी समाजवाद से विपरीत मुक्त अर्थव्यवस्था के मार्ग पर चल निकलीं। इनके कार्यकाल के बाद कांग्रेस की जगह संयुक्तदल की सरकार बनी और लिट्टे द्वारा इनकी हत्या कर दी गयी। देश की कम्प्यूटर क्रान्ति का श्रेय प्रथमतः राजीव जी को दिया जा सकता है।

4. विश्वनाथ प्रताप सिंह : इन्होंने 1989 से दो वर्षों तक कार्यभार सँभाला। इस बीच मण्डल कमीशन को महत्त्व मिला। सन् 1991 में कांग्रेस पार्टी पुनः सत्तारूढ़ हो गयी। ये आजीवन जनतादल से सम्बद्ध रहे।

5. अटल बिहारी वाजपेयी : वाजपेयी जी का प्रधानमन्त्रित्व काल अनेक उतार-चढ़ावों से गुजरा। उन्होंने एक ओर यदि पोखरण परमाणु परीक्षण करके देश को एक बड़ी शक्ति के रूप में स्थापित करने की शुरुआत की, वहीं दूसरी ओर पाकिस्तान से 'बस डिप्लोमेसी' के जरिए सम्बन्ध सुधारने की भी कवायद की। हालाँकि इस प्रयास में उन्हें कारगिल युद्ध का सामना करना पड़ा था। 1999 के आम चुनाव के बाद वे कार्यकाल पूरा करने वाले पहले गैर-कांग्रेसी प्रधानमन्त्री बने। राष्ट्रीय राजमार्ग विकास परियोजना, प्रधानमन्त्री ग्राम सड़क योजना, व्यापार और निवेश के क्षेत्रों में इस दौरान काफी काम हुआ।

राज्यपाल : अवध क्षेत्र में राज्यपाल के रूप में कार्यरत व्यक्तियों में सर्वप्रथम उल्लेखनीय हैं—सर्वश्री सरोजनी नायडू। उनके बाद समय-समय पर अनेक महानुभाव इस पद पर आरूढ़ हुए, जैसे—कन्हैया लाल माणिक लाल मुंशी, वाराह गिरि वेंकट गिरि, रामकृष्ण राव, विश्वनाथ दास, गोपाल रेड्डी, अकबर अली खान, चेन्ना रेड्डी, गनपतराव देव जी तपासे, चन्द्रेश्वर प्रसाद नारायण सिंह, मोहम्मद उस्मान आरिफ, सत्यनारायण रेड्डी, मोतीलाल बोरा, शफी कुरैशी, सूरजभान, रोमेश भण्डारी, विष्णु कान्त शास्त्री, श्री जोशी, राम नाइक आदि।

अवध के कई महानुभाव दूसरे राज्यों में राज्यपाल हैं/रहे हैं जैसे : राजा बजरंग बहादुर सिंह (हिमाचल), त्रिभुवन प्रसाद तिवारी (पाण्डिचेरी), रामकृष्ण त्रिवेदी, महिपाल शास्त्री (गुजरात), माताप्रसाद (अरुणाचल), केशरीनाथ त्रिपाठी (प. बंगाल), कल्याण सिंह (राजस्थान) आदि।

मुख्यमन्त्री : अवध से सम्बन्धित उत्तर प्रदेश के मुख्यमन्त्री (कालक्रमानुसार) हैं—

हेमवती नन्दन बहुगणा (1973-1975), नारायण दत्त तिवारी (1976-1977, 1984, 1995, 1988, 1989), रामनरेश यादव (1977-1979), बनारसीदास (1979-1980), विश्वनाथ प्रताप सिंह (1980-1982), जगदम्बिकापाल।

पुस्तकालय वाचनालय

इस क्षेत्र में एक से एक प्राचीन प्रसिद्ध पुस्तकालय हैं, यथा—

1. हिन्दी साहित्य सम्मेलन पुस्तकालय, इलाहाबाद
2. गंगा प्रसाद वर्मा स्मारक पुस्तकालय, अमीनाबाद, लखनऊ (स्थापित 1925)
3. मारवाड़ी पुस्तकालय, कानपुर
4. अमीरुद्दौला पब्लिक लाइब्रेरी, कैसरबाग, लखनऊ

5. टैगोर पुस्तकालय, लखनऊ विश्वविद्यालय
6. आचार्य नरेन्द्र देव पुस्तकालय, अशोक मार्ग, लखनऊ (1959)
7. हिन्दुस्तानी अकादमी पुस्तकालय, इलाहाबाद
8. हिन्दी सभा, लालबाग, सीतापुर
9. लाला लाजपत राय पुस्तकालय, कैसरबाग, लखनऊ (1971)
10. मौरावाँ पुस्तकालय, मौरावाँ (उन्नाव)
11. गाँधी भवन पुस्तकालय, लखनऊ (1973)
12. राज्य सूचना केन्द्र, हजरतगंज, लखनऊ
13. माँ शारदा पब्लिक लाइब्रेरी, निरालानगर, लखनऊ (1999) आदि।

यातायात व्यवस्था

अवध क्षेत्र उत्तर प्रदेश का मध्य देश है, अतएव चारों दिशाओं से जुड़ा हुआ है। यहाँ शासन की ओर से मार्ग विकास की एक नीति लोक निर्माण विभाग की ओर से बनायी गयी है, जिसके अन्तर्गत सड़कों का विस्तार, ग्रामीण सम्पर्क मार्गों और पुलों का निर्माण होता रहता है। यह नीति परिवहन, पर्यटन और कृषि उत्पाद के विपणन से सम्बन्धित है। इस नीति के अन्तर्गत सड़कों का चौड़ीकरण और उच्चीकरण किया जा रहा है। शहरों में कई उपरिगामी और अधोगामी पुल इसी नीति द्वारा बनाये गये हैं। घनी आबादी वाले शहरों में बाईपास, रिंग रोड और एक्सप्रेस वेज इस बीच बहुत बने हैं। यहाँ नहर की पटरियों को पक्का करके यातायात की सुविधा बढ़ायी गयी है। यातायात विकास के लिए पं. दीनदयाल उपाध्याय सम्पर्क मार्ग योजना, डॉ. श्यामा प्रसाद मुखर्जी नगरीय मार्ग सुधार योजना, जिला योजना, राज्य योजना, केन्द्रीय मार्ग निधि, प्रधानमन्त्री ग्राम सड़क योजना, नाबार्ड वित्त पोषित योजना, एशियन डवेलपमेण्ट बैंक पोषित परियोजना, विश्वबैंक पोषित स्टेट रोड प्रोजेक्ट यमुना एक्सप्रेस-वे आदि कार्यरत हैं।

परिवहन की व्यवस्था इस क्षेत्र में हवाई जहाज, रेल, सरकारी या प्राइवेट बस, प्राइवेट टैक्सी, टैम्पो और निजी वाहनों पर निर्भर है। नगरों में भीड़भाड़ को नियन्त्रित करने की कोशिश की जा रही है। लखनऊ, इलाहाबाद, कानपुर जैसे बड़े नगरों तथा आस-पास के कई राज्यों में ए.सी. डिलक्स तथा वाल्बो बसें चलायी जा रही हैं। लखनऊ मेट्रो का कार्य भी प्रगति पर है।

परिवहन निगम का मुख्यालय लखनऊ में है। मण्डल कार्यालय कानपुर और इलाहाबाद में स्थित हैं। निगम ने छोटी दूरी के लिए उपनगरीय शटल समाजवादी बस योजना तथा अन्तरराज्यीय यात्राओं के लिए अच्छी बसें चलायी हैं। लोक सभा, राज्य सभा के सदस्यों, विधायकों, पत्रकारों, स्वतन्त्रता संग्राम सेनानियों, सैनिकों, पुलिस, विकलांग और बच्चों के लिए उसने निःशुल्क यात्रा अथवा छूट की व्यवस्था कर रखी है। यात्रियों के लिए बस स्टेशनों में कम्प्यूटरीकरण, विश्राम स्थल आदि की व्यवस्था है। लखनऊ, इलाहाबाद, कानपुर से कई नगरों के बीच हवाई उड़ानें उपलब्ध हैं। इसके साथ-साथ रायबरेली और फैजाबाद में हवाई पट्टियाँ भी हैं।

अवध क्षेत्र में परिवहन के कई प्राचीन रूप प्रचलित थे। पहले अधिकतर यात्रायें नदी मार्ग से होती थीं। इसमें साथ चलने वाले 'सार्थवाह' कहलाते थे। लोग पैदल चलने के अभ्यस्त थे। मुगलकाल में इन्हें पादातिक (पाजी) कहा गया। तब मेले-ठेले की ओर 'मेल्हारी' या पंथक गीत गाते हुए चलने का बड़ा रिवाज था। यात्रियों के लिए जगह-जगह पंथक शालाएँ या मुसाफिरखाने बने हुए थे। जंगली

पशुओं, ठगों-ठगनियों और दस्युओं से बचने के कई उपाय किये जाते थे। रामवनगमन और रत्नसेन, लोरिक आदि की यात्राओं में इस प्राचीन यातायात व्यवस्था के कई सूत्र सुरक्षित हैं।

रजवाड़े एवं ताल्लुके

अवध में अंग्रेजी सत्ता द्वारा स्वीकृत अकारादि क्रम से प्रमुख रजवाड़े रहे हैं—

अमेठी, अयोध्या, अकबरपुर (उन्नाव), ओयल (खीरी), अमावाँ (रायबरेली), इटौंजा (लखनऊ), ईसानगर (खीरी), इचौली (उन्नाव), उतरौला (गोंड़ा), उसमानपुर, करदहा (उन्नाव), कंतित (मिर्जापुर), कटेसर (सीतापुर), कुर्री सुदौली (रायबरेली), कोरिहर, सताँव (रायबरेली), कुरी, कुण्डा, कालाकाँकर (प्रतापगढ़), काँथा (उन्नाव), करखा (बाराबंकी), कसमण्डा (सीतापुर), कमलापुर, कटारी (सुल्तानपुर), कोटवारा (हरदोई), मुजफर अली, कैथोला (सुलतानपुर), कटियारी (हरदोई), कठवारा (रायबरेली), खैरागढ़ (खीरी), खपराडीह (फैजाबाद), खजूर गाँव (रायबरेली), गौरा (रायबरेली), गंगवल (बहराइच), गोंडा, गुलरिया (रायबरेली), चहलारी (बहराइच), चदापुर (रायबरेली), जहँगीराबाद (बाराबंकी), जगदीशपुर, जाजमऊ (उन्नाव), जरवल (बहराइच), जामू (सुलतानपुर), जैतपुर, टिकैत नगर, टिकरा (सीतापुर), टिकारी (रायबरेली), तिलोई (अमेठी), तरौल/तिऊल (प्रतापगढ़), दलीपपुर (प्रतापगढ़), दरियाबाद (सुलतानपुर), देवली (गोंडा), दियारा (सुलतानपुर), धौरुवा (फैजाबाद), धनवाँ (गोंडा), नरौली (बाराबंकी), नानपारा (बहराइच), निमादीपुर (बहराइच), नवाबगंज (फैजाबाद), नानेमऊ (सुलतानपुर), पैंतेपुर विल्हरा (बाराबंकी), पखरा (बाराबंकी), पवाँया (हरदोई), पट्टी (प्रतापगढ़), पीरपुर (फैजाबाद), पेंदेपुर (बाराबंकी), फतेहपुर (बाराबंकी), परेवाँ (प्रतापगढ़), परेदां (उन्नाव), पुरसेनी (लखनऊ), पयागपुर (बहराइच), पटकापुर (कानपुर), परसपुर (गोंडा), पसका (गोंडा), पहरेमऊ (रायबरेली), पिलखा (रायबरेली), परहत (सुलतानपुर), परथीगंज (प्रतापगढ़), बस्ती नगर (हरदोई), बाँसी (बस्ती), बलरामपुर, बारा (इलाहाबाद), बेहटा (रायबरेली), बाँगरमऊ (उन्नाव), बेहार (उन्नाव), बौंडी (बहराइच), बनौटी (बहराइच), बादोसराँय, बाई, बनवार, भिनगा (बहराइच), भदरी (सुलतानपुर), भरावन (हरदोई), भीरा, खीरी, भिलसर, महमूदाबाद (सीतापुर), माड़ा, मल्लापुर (खीरी), महोना (लखनऊ), मौरावाँ (उन्नाव), मियाँगंज, मोहम्यदी (खीरी), महेवा (खीरी), मनकापुर (गोंडा), मझगौला (गोंडा), मुरारमऊ (रायबरेली), मनियारपुर (सुलतानपुर), मसौली, मझगँवा (गोंडा), रौनी (बाराबंकी), रामनगर (बाराबंकी), धमेड़ी, रसूलपुर (फैजाबाद), रेहुवा, बढ़नापुर (बहराइच), राजामऊ (रायबरेली), रुदौली (बाराबंकी), लोरपुर (खीरी), शिवगढ़, बरसिंहपुर (रायबरेली), सिसेन्डी (लखनऊ), सतरिख, सआदतनगर (बाराबंकी)। सवाऐजपुर (हरदोई), शमनपुर, सिंगहा (गोंडा), शाहपुर (गोंडा), सेमरपहा (रायबरेली), सहगाँव या कुम्हरावाँ, शंकरपुर (रायबरेली), सलेमपुर (लखनऊ), सेमरी (रायबरेली), सूरजपुर (बाराबंकी), हरदोई, हरदासपुर (रायबरेली) आदि।

इनमें कहीं मुस्लिम शासक थे और कहीं हिन्दू राजा। इन राजाओं में कुछ नवाबों के वंशज थे, जैसे बस्ती नगर के करीम खाँ, पीरपुर के आबूजफर, पैंतेपुर के अलीहुसैन, जहाँगीराबाद के रसूल खाँ, महमूदाबाद के मोहम्मद अली-सलेमपुर के राज खानबहादुर आदि। कुछ राजाओं ने ईस्ट इण्डिया कम्पनी की सहायता करके यानी गदर के विरुद्ध अंग्रेजों के पक्ष में युद्ध करके चकलेदारी की जगह ताल्लुकेदारी प्राप्त की थी, जैसे—सिसेंडी के राजा चन्द्रशेखर। इनके पूर्वज मोहनलाल जी बैसवारा के चकलेदार थे। काशीदास जी पुरवा के चकलेदार थे। इनके पास 28 गाँव और 4 पट्टियाँ थीं। इन्होंने गदर में कम्पनी की सहायता की। उसके कारण इन्हें खिलअत मिली और लार्ड कैनिंग के 6

श्रेष्ठ वफादारों में इन्हें स्थान दिया गया। इनमें कुछ राजवंश बाहर से आये थे जैसे—राजा महमूदाद के पूर्वज शेख बगदाद के वंशज थे। वे गोरी के साथ भारत आये थे। अवध के कुछ राजवंशों का विस्तार राजपूताना तक रहा है, जैसे—राठौड़ राजपूत जोधपुर नरेश स्वयं को राम का वंशज मानते हैं। अमेठी के राजा बघेल गोत्री राजपूत हैं। वे सूरजवंशी और नखलगढ़, जयपुर के वंशज कहे जाते हैं। बघेल राजपूत रीवाँ राज्य से जुड़े रहे हैं। इलाइबाद के 70 जिले इनके अधिकार में थे। इन्होंने गदर में अंग्रेजों की बड़ी सहायता की थी। जहाँगीराबाद के राजा पहले ताल्लुकेदार थे। कम्पनी के प्रति निष्ठा के कारण इन्हें राजा बनाया गया और ब्रिटिश एसोसियेशन का अध्यक्ष भी।

यहाँ के कई राजाओं को उनकी राजभक्ति के कारण बड़े-बड़े पद कंपनी सरकार ने दिये। दलीपपुर के ताल्लुकेदार अमरपाल सिंह को रायबहादुर की उपाधि अंग्रेज सरकार ने दी, साथ ही पट्टी प्रतापगढ़ का रजवाड़ा भी। वर्षों तक ये ब्रिटिश इण्डियन एसोसियेशन की कार्यकारिणी के सदस्य रहे। बलरामपुर के महाराजा भागवत प्रसाद सिंह को के.सी.आई.ई. उपाधि प्राप्त हुई थी। ये स्वंय को अर्जुन का वंशज मानते थे। इन्होंने गदर में कम्पनी की बड़ी सहायता की थी। विक्टोरिया मेमोरियल के लिए एक लाख रुपये इन्होंने दिये थे। ये ब्रिटिश एसोसियेशन, औध के सदस्य, लेजिसलेटिव काउंसिल के सदस्य, आनरेरी मजिस्ट्रेट और म्युनिस्पैलिटी के चेयरमैन बनाये गये थे। बाँगरमऊ (उन्नाव) के रायबहादुर महेन्द्र सिंह अकबरी सेवा के सिपहसलार थे। अंग्रेज सरकार ने चौधरी उपाधि और स्वार्ड ऑफ आनर के साथ 19 गाँवों का राज्य उन्हें प्रदान किया था। राजा महमूदाबाद आनरेरी मुंशिफ मजिस्ट्रेट और एम.एल.सी. थे। इनका वैभव गोंडा बहराइच से लखनऊ तक व्याप्त था। प्रतापगढ़ के राजा प्रताप बहादुर सिंह सोमवंशी क्षत्रिय थे। इनकी बड़ी रानी एक विदुषी कवयित्री थी। सलेमापुर काकोरी के राजा खानबहादुर और कटारी के राजा प्रतापबहादुर सिंह को भी बड़ी-बड़ी पदवियाँ मिली थीं।

अवध के कई राजाओं ने जनहित के काम भी किये हैं, जैसे—महाराजा बलरामपुर ने कैनिंग कालेज लखनऊ के लिए तीन लाख, मेडिकल कालेज के लिए तीन लाख और 1907 के दुर्भिक्ष हेतु पाँच लाख रुपये दिये थे। कुर्री सुदौली के राजा रामपाल सिंह ने इलाहाबाद के हिन्दू बोर्डिंग और काशी हिन्दू विश्वविद्यालय में पढ़ रहे क्षत्रिय विद्यार्थियों के लिए काफी धनराशि दी थी। राजा महमूदाबाद ने काल्विन कालेज और मेडिकल कालेज के लिए काफी दान दिया था। हरदोई के राजा रामगुलाम सिंह ने इलाहाबाद यूनिवर्सिटी को सहायता राशि दी थी और बंग दुर्भिक्ष में लोगों की सेवा की थी। इनमें कुछ राजाओं के पास बड़ी अच्छी फौज रहा करती थी। बलरामपुर के महाराजा के पास सौ हाथी थे। उनका राज्य 1300 वर्ग मील और 100 गाँवों में (गोंडा-बहराइच तक) फैला हुआ था।

अवध के जो ताल्लुकेदार सत्ता से जूझते रहे हैं, उनमें हैं एक अमेठी राज्य जिसने राम मन्दिर की रक्षा के लिए युद्ध किया और गदर के समय कम्पनी सरकार का विरोध भी किया। चहलारी नरेश बलभद्र सिंह बराबर क्रान्तिकारियों के साथ रहे। शंकरगढ़ के राना बेनी माधौ व डौंडियाखेरा के राजा राव राम बक्स सिंह, सीतापुर के राजा देवी बक्स सिंह, कानपुर के नाना साहब ने बेगम हजरत महल का बहुत साथ दिया। बाँसी बस्ती के राजा रायबहादुर अष्टभुजा प्रसाद ने अयोध्या में कई मन्दिर बनवाये। पीरपुर रियासत के सैयद जफर ने अपने राज्य में कई शिक्षा संस्थाएँ स्थापित कीं। तात्पर्य यह है कि अवध के इन राजाओं को कई श्रेणियों में रखा जा सकता है, जैसे—कुछ भारत भक्त, कुछ राजभक्त कुछ विलासी और कुछ जनसेवी। इनके राजपरिवारों की अन्तः कथाएँ रहस्य-रोमांच से भरी हुई हैं। जमींदारी उन्मूलन के बाद इनके अधिकार क्षेत्र और आय से स्रोत में काफी कटौती हो गयी। इनमें से कुछ ने वर्तमान सत्ता के अनुकूल अपने को राजनीति में ढाल लिया

तथा कुछ उद्योग व्यापार की ओर चले गये। चूँकि शहरी क्षेत्र में इनके पास जमीन काफी थी और चूँकि जमीन की कीमत इस बीच कई गुना बढ़ गयी है, इसलिए इनके भौतिक संसाधन यथावत बने रहे। जो समय के साथ समझौता नहीं कर पाये, वे बिखर गये, जैसे—लखनऊ के नवाब। यहाँ के नवाब इक्का-ताँगा चलाते अथवा साधारण कार्य करते देखे जाते हैं और आज भी बड़े ठाठ-बाट से एक दिन कचेहरी में अपना वसीका लेने जाते हैं। इन राजाओं के महल प्रायः ध्वस्त हो गये हैं। कहीं-कहीं उनमें सार्वजनिक संस्थाएँ चल रही हैं। कुछ महलों को 'हेरिटेज बिल्डिंग' बना दिया गया है।

राजकीय सम्मान

अवध के विशिष्ट पुरुषों को प्राचीनकाल में भी समय-समय पर कई राजकीय सम्मान और उपाधियाँ दी गयी हैं, जैसे मतिराम और भूषण को 'राजकवि' की उपाधि। आचार्य शुकदेव मिश्र, बेनी बन्दीजन, बेनी प्रवीन, जगन्नाथ दास 'रत्नाकर', मिश्रबन्धु आदि को उनके आश्रयदाताओं की ओर से कई उपाधियों से नवाजा गया था। पुराने दरबारों में राजसम्मान देने के कई प्रतीक प्रचलित थे, जैसे राजपट्ट, श्रीपट्ट, दुशाला, उत्तरीय, उष्णीष, मणिमुक्ता, तलवार, मणिमाला, हाथी-घोड़े, हाथी सिरोपाव, घोड़ा सिरोपाव, ताम्बूल प्रदान करना, पालकी पर बिठाना, उसमें कन्धा लगाना, गजारोहण, अश्वारोहण, रथारोहण कराना, माल्यार्पण करना, अगवानी करना, अर्घ्यदान करना, प्रासाद प्रवेश की खुली छूट देना, दरबार में विशिष्ट आसन एवं ताम्बूल देना, ताम्रपत्र और स्वर्णपदक देना, अभिनन्दन ग्रन्थ या प्रशस्ति पत्र प्रदान करना, रचना का 'धूपदान' करना आदि। प्राचीन दस्तावेजों से यह संकेत मिलता है कि अवध के अनेक रचनाकारों को समय-समय पर इस प्रकार के सम्मान एवं उपाधियाँ मिलती रही हैं। अकबर के नवरत्नों में से एक थे असनी के कवि नरहरि, जिन्हें अकबर ने 'महापात्र' की उपाधि प्रदान की थी। अंग्रेजी शासन काल में सम्मान के कई नये-नये रूप प्रचलित हुए, जैसे—खड्ग का सम्मान (स्वार्ड ऑफ आनर), रेड कारपेट, अंत्येष्टि सम्मान (स्टेट फ्यूनरल), तोपों की सलामी, श्रद्धांजलि, सोने-चाँदी, जवाहरात के मुकुट, अभिषेक, सिक्कों से तौलना आदि।

अंग्रेजों ने अवध के राजाओं और नवाबों को समय-समय पर कई उपाधियाँ और सोने-चाँदी के मेडल प्रदान करने की परम्परा शुरू की। इनको दी गयी प्रमुख उपाधियाँ थीं—के.सी.एस.आई., जी.सी.आई.ई., सी.आई.ई., नाइट हुड, केसरे हिन्द, महामहोपाध्याय, शम्सउलउल्मन, दीवान बहादुर, सरदार बहादुर, रायबहादुर, साहब बहादुर, खान साहब, सरदार साहब, रायसाहब, रावसाहब, सितारे हिन्द (स्टार ऑफ इण्डिया), महाराजा आदि। इनके सम्मान हेतु इम्पीरियल सैलूट की परम्परा शुरू हुई, जिसमें 101 तोपों की सलामी देने का विधान था। उन दिनों रायल सैलूट में 34 तोपों की सलामी दी जाती थी। स्तर के अनुसार छोटे राजाओं को 21, 19, 17, 15, 13, 11 तोपों की सलामी सम्मान स्वरूप दी जाती थी। विशिष्ट पुरुषों को शहर के अंग्रेजी क्लबों में सम्मिलित होने का अधिकार दिया गया था। स्वतन्त्र भारत में विशिष्ट व्यक्तियों को भारत रत्न, पद्‌म विभूषण, पद्‌मभूषण, पद्‌मश्री जैसे राष्ट्रीय सम्मान प्राप्त हुए। भारतीय सेना के विशिष्ट व्यक्तियों, प्रमुख खिलाड़ियों, साहित्यकारों, फिल्मी कलाकारों और वैज्ञानिकों के लिए शासन की ओर से तथा विभिन्न संस्थाओं की ओर से भाँति-भाँति की सम्मानोपाधियाँ, पुरस्कार राशि और राजकीय सुविधाएँ प्रदान की जाती हैं। इनसे अवध के भी अनेक महानुभाव समय-समय पर अलंकृत किये गये हैं।

राजधानियाँ

अवध क्षेत्र में समय-समय पर अनेक प्रकार की प्रशासनिक व्यवस्थाएँ लागू हुई हैं। हर प्रशासन ने अलग-अलग तरह के पद बनाये हैं, अलग-अलग विभाग बनाये हैं और अलग-अलग क्षेत्रों में अपनी-अपनी राजधानियाँ बनायी हैं। उदाहरण के लिए जब महाकोसल का विभाजन उत्तर कोसल और दक्षिण कोसल में हुआ तो श्रावस्ती (पिसोकिया) उत्तर कोसल की राजधानी बनी और अयोध्या कोसल की। प्राचीन काल में बाराबंकी का कस्बा 'सतरिख' को राजधानी बनाया गया। कभी दरियाबाद तथा नवाबगंज अवध की राजधानी हुई। बौद्धकाल में श्रावस्ती को राजधानी का गौरव मिला। शुंगवंश के पुष्यमित्र ने पिसोकिया को ज्यादा महत्त्व दिया। ऐसी जनश्रुति है कि कौशाम्बी कुश की राजधानी थी और लाहौर लव की राजधानी थी। यहाँ जब दिल्ली के सुल्तानों का राज्य हुआ तो उन्होंने जौनपुर को महत्त्व दिया। वहाँ बहुत दिनों तक शर्की बादशाह काबिज रहे। अवध जब नवाबों के अधिकार में आया तो उन्होंने पहले फैजाबाद को राजधानी बनाया, बाद में लखनऊ को। अंग्रेजी शासन काल में यू.पी. की राजधानी पहले इलाहाबाद हुई, फिर लखनऊ। तात्पर्य यह है कि ये राजधानियाँ अवध में बराबर बदलती रही हैं। महाकोसल के क्षेत्र चूँकि घटते-बढ़ते रहे हैं, इसलिए राजधानियों में बराबर परिवर्तन होता रहा है। जैसे वत्सराज्य जब अलग हो गया तो उसकी राजधानी कौशाम्बी बन गयी। बैसवारे की राजधानी डलमऊ हो गयी। कुछ समय तक इलाहाबाद भी अवध से पृथक् रहा। उसी तरह काशी राज्य अवध से अलग हो गया। यों कुल मिलाकर अयोध्या को अवध का केन्द्र माना जाना चाहिए।

विभिन्न पद एवं प्रभाग : विभिन्न युगों में अवध पर अनेक शासकों ने राज्य किया है। उन्होंने समय-समय पर राजकाज के सही संचालन के लिए कई विभाग बनाये और कई पद सृजित किये। इस प्रशासनिक व्यवस्था का पहला-पहला उल्लेख वाल्मीकि रामायण में प्राप्त होता है।

मध्य युग में जब यहाँ लोदी, तुगलक, मुगल, दिल्ली सुल्तान और नवाबों ने राज्य किया तो उन्होंने कई नये विभाग स्थापित किये, जैसे–

(1) सैन्य विभाग
(2) पत्र व्यवहार विभाग
(3) अपील विभाग
(4) न्याय विभाग
(5) कृषि विभाग
(6) आय विभाग

कुछ राजाओं ने सफाई, रक्षा नियन्त्रण, हाट नियन्त्रण, जल व्यवस्था, धर्मशाला और गुप्तचर व्यवस्था के साथ गणिका अध्यक्ष की व्यवस्था की। इनके द्वारा सृजित किये गये पदों का उल्लेख जायसी के 'पद्मावत' में हुआ है। उन्होंने गजपति, अश्वपति, नरपति और गणपति ये चार पदाधिकारी बताये हैं। नगर सुरक्षा व्यवस्था के लिए नियुक्त किये गये शहर कोतवाल का वर्णन कई कृतियों में हुआ है। पुरोहित की व्यवस्था हर राज्य में रही है। मन्त्री, वजीर या महामात्य, सेनापति और कोषाध्यक्ष के पद भी न्यूनाधिक परिवर्तन के साथ प्रत्येक राज्य में पाये जाते हैं। शेरशाह सूरी ने यहाँ जो नयी राजस्व व्यवस्था स्थापित की थी, उसमें जिलेदार, जागीरदार जैसे पद सृजित हुए। किले के अधिकारी, सैनिक, प्रतिहारी, बसीठी (दूत), दण्डनायक, जल्लाद आदि पद हर शासनकाल में दिखाई

देते हैं। राज परिवार में महाराज, राजकुमार, बादशाह, महारानी, पटरानी, ताम्बूल वाहिनी, चमर धारिणी, दरोगा ए हरम, कंचुकी, दूतिका आदि पद भी समय-समय पर सृजित किये जाते रहे हैं।

राजनीतिक दल

इस क्षेत्र में समय-समय पर अनेक राजनीतिक संस्थाएँ स्थापित हुई हैं। यहाँ की सबसे पुरानी पार्टी है भारतीय राष्ट्रीय कांग्रेस। 1916 ई. में काँग्रेस और मुस्लिम लीग का एक सम्मेलन यहाँ हुआ था, जिसमें मुसलमानों के पृथक् निर्वाचन मण्डल की माँग रखी गयी थी। उसमें लोक मान्य तिलक ने सभा को सम्बोधित किया था। 1922 ई. में साइमन कमीशन का बहिष्कार यहाँ जवाहर लाल नेहरू, गोविन्द बल्लभ पन्त के नेतृत्व में किया गया था। 1936 ई. में कांग्रेस का 49 वाँ अधिवेशन नेहरू जी की अध्यक्षता में सम्पन्न हुआ था। 26 दिसम्बर 1916 ई. को लखनऊ में पहली बार गाँधी जी का पदार्पण हुआ था। उन्होंने अपने भाषणों में गिरमिटिया समस्या की ओर ध्यानाकर्षण करते हुए एक भाषा, एक लिपि (हिन्दी देवनागरी) और हिन्दू-मुस्लिम एकता की अपील की थी। 10 मार्च 1919 ई. को यहाँ 'रोलेट ऐक्ट' के विरोध में जगह-जगह भारी प्रदर्शन किये गये थे। 15 अक्टूबर 1920 ई. को यहाँ गाँधी जी का विशेष कार्यक्रम हुआ था। अपनी 7 अगस्त 1921 ई. की लखनऊ यात्रा में उन्होंने शराबबन्दी की आवाज उठायी थी। 17 अक्टूबर 1925 ई. को लखनऊ के अमीरुद्दौला पार्क में दिये गये अपने भाषण द्वारा हिन्दुस्तानी भाषा तथा खद्दर को अपनाने की अपील की थी। 25 जुलाई 1934 ई. को लखनऊ में एक महिला सभा में भाग लेने के लिए जब गाँधी जी आये तो उन्होंने हरिजन कल्याण का भी नारा दिया। अप्रैल 1936 ई. के कांग्रेस अधिवेशन के समय वे 15 दिन लखनऊ में रहे। बाद में कांग्रेस से गाँधी जी का मतभेद हो गया और उन्होंने इस दल की सदस्यता से त्यागपत्र दे दिया।

इस क्षेत्र में स्वातन्त्र्य आन्दोलन की गतिविधि से सहजानन्द जी का बड़ा गहरा सम्बन्ध था। उन्होंने 1936 ई. में अखिल भारतीय किसान सम्मेलन का आयोजन करके लगान में छूट और सामन्तवाद के उन्मूलन की माँग की थी। उस समय नेहरू जी पर वामपन्थ का गहरा प्रभाव था और सरदार पटेल पर दक्षिण पन्थ का। 1937 ई. में यहाँ पहला प्रान्तीय मन्त्रिमण्डल गठित हुआ था। राजा छतारी के नेतृत्व में जो सरकार बनी थी, उसमें मुस्लिम लीग शामिल नहीं थी। उस मन्त्रिमण्डल में सम्मिलित हुए थे—रफी अहमद किदवई, कैलाश नाथ काटजू, गोविन्द बल्लभ पन्त, विजयलक्ष्मी पंडित, प्यारे लाल वर्मा, मोहम्मद इब्राहिम आदि। इस सरकार ने गाँधी जी के प्रस्ताव पर मद्य निषेध और बेसिक शिक्षा के प्रभावी कार्यक्रम शुरू किये। नेहरू जी पर समाजवाद का चूँकि गहरा प्रभाव पड़ा था, इसलिए वे कांग्रेस के 30 वें और 49 वें अधिवेशन में यहाँ दो बार अध्यक्ष चुने गये। दूसरी ओर इस क्षेत्र ने नेता सुभाष चन्द्र बोस को भी अपना आदर्श माना, जिससे 1939 के अधिवेशन में गाँधी जी के वीटो के बावजूद वे अध्यक्ष निर्वाचित हुए। 1943 के 'भारत छोड़ो आन्दोलन' में इस क्षेत्र ने विशेष सक्रियता दिखाई। मुस्लिम लीग की स्थापना, विभाजन एवं एकीकरण दोनों में अवध क्षेत्र की महत्त्वपूर्ण भूमिका रही है। यहाँ समय-समय पर लोकमान्य तिलक, महात्मा गाँधी, सरदार पटेल, सुभाष चन्द्र बोस, नेहरू जी, डॉ. लोहिया, आचार्य नरेन्द्र देव आदि को महत्त्व मिलता रहा है। यों अपेक्षाकृत मोतीलाल नेहरू और जवाहर लाल नेहरू का यहाँ ज्यादा प्रभाव पड़ा। नेहरू जी के प्रयास से यहाँ पहली बार किसान आन्दोलन शुरू हुआ और 1946 ई. में उनके नेतृत्व में यहाँ

नयी सरकार गठित हुई। इसके पूर्व 1916 ई. में अंग्रेज सरकार के साथ जो लखनऊ समझौता हुआ था, उसके अनुसार कांग्रेस और मुस्लिम लीग ने मिलजुल कर यहाँ होमरूल की स्थापना की थी।

इस क्षेत्र में सक्रिय राजनीतिक दल हैं अथवा रहे हैं—सोशलिस्ट पार्टी, प्रजा समाजवादी दल, कम्युनिस्ट पार्टी, जनसंघ, भारतीय जनता पार्टी, समाजवादी पार्टी, बहुजनसमाज पार्टी, रिपब्लिकन पार्टी, स्वतन्त्र पार्टी, जनता दल, लोकवादी कांग्रेस, संयुक्त विधायक दल, अपना दल, राजग, आप, रामराज्य परिषद्, हिन्दू महासभा आदि।

उपर्युक्त राजनीतिक दलों में परिवर्तन, परिवर्द्धन, विघटन और पुनर्गठन होता रहा है। इन पार्टियों में काँग्रेस ने बहुत लम्बे समय तक यहाँ राज किया। बीच-बीच में संयुक्त दल, सपा, भाजपा, बसपा आदि को भी अवसर मिला। इनमें कुछ चुनाव ऐतिहासिक महत्त्व के सिद्ध हुए, जैसे 1957 ई. में जो आम चुनाव हुआ, उसमें हिन्दू कोड बिल का विरोध करते हुए प्रयाग के महात्मा प्रभुदत्त ब्रह्मचारी स्वयं पंडित जवाहर लाल नेहरू के खिलाफ खड़े हो गये। स्वामी करपात्री जी ने रामराज्य परिषद् की ओर से नेहरू की धर्म निरपेक्षता को चुनौती दी। धर्मतन्त्र और राजतन्त्र के बीच ये निर्णायक युद्ध थे। इसी प्रकार आपातकाल के पश्चात् हुए चुनाव में आम जनता ने जो आक्रोश प्रकट किया और इन्दिरा गाँधी तथा राजीव गाँधी की हत्या पर जो संवेदना व्यक्त की। यही नहीं, काँग्रेस सरकार के भ्रष्टाचार से पीड़ित लोगों ने विगत चुनाव में मोदी जी के पक्ष में जो समर्थन व्यक्त किया, उससे इस कथन की पुष्टि होती है कि अवधांचल में जाति, सम्प्रदाय, क्षेत्र और चुनावी भ्रष्टाचार से प्रभावित हुए बिना जनसाधारण मतदाता मुख्य मुद्दों पर मतदान करता है और प्रायः व्यक्तिगत शुद्धता तथा विकास की नीति को वरीयता देता है। पिछले वर्षों में निरक्षरता के कारण राजनीतिज्ञों की प्रपंच बुद्धि को कुछ लोग नहीं समझ पाये। वे उनके तुष्टीकरण, जातीय विद्वेष और विघटनकारी षड्यन्त्र के शिकार भी हो गये, किन्तु अब यह क्षेत्र काफी जाग्रत तथा सतर्क हो गया है। उत्तर प्रदेश केन्द्र को सर्वाधिक सांसद देता है और यह क्षेत्र उत्तर प्रदेश का केन्द्रीय भू भाग है, इसीलिए पूरे देश की राजनीतिक गतिविधियों के निर्धारण में इसकी प्रमुख भूमिका रहती है।

यह राजनीतिक चेतना यहाँ हर युग से विद्यमान दिखती है। इतिहास में ऐसे कई प्रकरण प्राप्त होते हैं, जिनमें जनमत को महत्त्व दिया गया है। रामराज्य की अवधारणा मूलतः लोकतन्त्र पर टिकी हुई थी। अयोध्या के राममन्दिर का इतिहास वस्तुतः जनसंघर्ष का इतिहास है। 1857 ई. का गदर यहाँ की जनक्रान्ति का बहुत बड़ा उदाहरण है। आजादी की लड़ाई में यहाँ जनसाधारण ने काफी सहभागिता की थी। बाबा रामचन्द्र के नेतृत्व में गाँव-गाँव में यहाँ एक नारा गूँज रहा था—

''जासु राज प्रिय प्रजा दुखारी।
सो नृप अवसि नरक अधिकारी।।''

इससे प्रेरित होकर यहाँ किसान आन्दोलन शुरू हुआ और पूरे देश में क्रान्ति की ज्वाला फैल गयी। 1857 के गदर में यहाँ हर गाँव में रोटी और कमल का वितरण किया गया, जिससे कम्पनी सरकार के विरुद्ध जनता उठ खड़ी हुई। विद्रोहियों ने बेनी माधव, रामबक्स, देवीवक्स सिंह चहलारी नरेश, तात्याटोपे, नाना साहब आदि के नेतृत्व में रेजीडेंसी पर अपना झंडा फहरा दिया। ये सभी घटनाएँ इसी कथन की साक्षी हैं कि अवध अंचल राजनीतिक क्षेत्र में निरन्तर सक्रिय रहा है।

अवध क्षेत्र की यह राजनीति साधक भी रही है और बाधक भी। चूँकि यह क्षेत्र कई राष्ट्रीय घटनाओं का केन्द्र रहा है, इसलिए भारतीय स्वातन्त्र्य आन्दोलन में यहाँ के राजनीतिकों की अग्रणी भूमिका रही है। आजादी की लड़ाई के बीच यहाँ काँग्रेस के सात अधिवेशन हुए थे। पहली

बार काँग्रेस का चौथा अधिवेशन यहाँ आयोजित किया गया था। दूसरी बार 1892 ई. में इलाहाबाद में पुनः काँग्रेस का अधिवेशन बुलाया गया। तीसरी बार 1899 ई. में लखनऊ अधिवेशन सम्पन्न हुआ। चौथी बार 1910 ई. में इलाहाबाद अधिवेशन आयोजित किया गया। अवध में अगला काँग्रेस अधिवेशन 1916 लखनऊ में बुलाया गया। 1925 ई. में एक अधिवेशन श्रीमती सरोजिनी नायडू की अध्यक्षता में कानपुर में सम्पन्न हुआ। इस क्षेत्र का सातवाँ अधिवेशन नेहरू जी की अध्यक्षता में लखनऊ शहर में 1936 ई. में आहूत किया गया। इस विवरण से स्पष्ट है कि इलाहाबाद, कानपुर एवं लखनऊ स्वतन्त्रता आन्दोलन के केन्द्र रहे हैं। यह उल्लेखनीय है कि लखनऊ से ही भारत पाक विभाजन की पहली-पहली माँग उठी थी। लखनऊ म्युनिसपैलिटी के तत्कालीन चैयरमैन खली कुज्जमा ने जिन्ना की यह आवाज यहाँ बुलन्द की थी कि "हिन्दुओं के साथ हम नहीं रह सकते"। अंग्रेज सरकार ने इस पृथक्तावाद को बढ़ावा दिया और लन्दन की गोल मेज परिषद् में जिन्ना को मुस्लिम प्रतिनिधि और डॉ. अम्बेडकर को दलित प्रतिनिधि के रूप में आमन्त्रित किया। आजादी के बाद साम्प्रदायिकता और जातीयता की प्रवृत्ति को इन राजनेताओं ने बढ़ावा दिया, जिससे साम्प्रदायिक सौहार्द को आघात लगा और इस क्षेत्र का अपेक्षित विकास नहीं हो पाया।

राजनीतिक विचारधाराएँ

अवध क्षेत्र में समय-समय पर अनेक प्रकार के राजनीतिक सिद्धान्तों को समर्थन मिला है। यथा—

1. गाँधीवाद : आधुनिक युग में यहाँ सर्वाधिक प्रभाव पड़ा है गाँधीवाद का। गाँधी जी के चिन्तन सूत्रों में महत्त्वपूर्ण हैं—सत्य, अहिंसा, सादगी, कुटीर उद्योग, खादी, बड़ी मशीनों का विरोध, बुनियादी शिक्षा, सत्ता का विकेन्द्रीकरण, साम्प्रदायिक एकता, हृदय परिवर्तन में आस्था, पूँजीपतियों का आह्वान, ट्रस्टीशिप, महिला कल्याण, मद्य निषेध, राजनीति और अध्यात्म का समन्वय, गीता का अनासक्ति योग, जन सामान्य की सेवा, हरिजन कल्याण आदि। गाँधी जी ने समय-समय पर असहयोग आन्दोलन, सविनय अवज्ञा आन्दोलन, नमक आन्दोलन, जेल भरो आन्दोलन, भारत छोड़ो आन्दोलन खिलाफत आदि का संचालन किया। यहाँ उन्हें व्यापक जनसमर्थन मिला। तत्कालीन साहित्यकारों ने भी उनकी विचारधारा को दूर-दूर फैलाने में सक्रियता दिखाई। यह गाँधीदर्शन लोकगीतों में भी गूँजने लगा, फलतः उन्हें लोगों ने लोकोत्तर शक्ति मान लिया। आज भी गाँधी जी का गहरा प्रभाव यहाँ विद्यमान है।

2. समाजवादी विचारधारा : इस सिद्धान्त का जन्म 1827 ई. में हुआ था। यह व्यक्तिवाद की प्रतिक्रिया में स्थापित एक समष्टिवादी विचारधारा है जो वर्ग वैषम्य का विरोध करती है, साथ ही समान अवसर, कर्त्तव्य कर्म और न्याय को महत्त्व देती है तथा समाज के नये आदर्शों की खोज हेतु तत्पर रहती है। इस क्षेत्र में कार्ल मार्क्स, ऐंगेल्स, लेनिन, हीगेल, स्टालिन, आचार्य नरेन्द्र देव, जयप्रकाश नारायण, जवाहर लाल नेहरू, राममनोहर लोहिया आदि ने समय-समय पर बड़ा चिन्तन किया है। राजनीतिक क्षेत्र में इससे प्रेरित कई दल अवध में भी सक्रिय हैं। इलाहाबाद की संस्था 'परिमल' से जुड़े साहित्यकारों पर लोहिया की विचारधारा का काफी प्रभाव पड़ा है।

समाजवादी विचारधारा से प्रभावित आचार्य नरेन्द्र देव ने ग्रामीण व्यवस्था और खेती में केन्द्रित योजना पर बल दिया। उन्होंने उपयोगी शिक्षा, हिन्दी भाषा, समान नागरिक आचार संहिता, युवा नेतृत्व, जातिविहीन तथा परमाणु शक्ति विहीन व्यवस्था की माँग की। आचार्य जी ने गाँधीवादी नैतिकता और मार्क्सवादी आर्थिक रचना का समन्वय करते हुए 1939 ई. में गया में जिस प्रजातान्त्रिक समाजवाद की स्थापना की, उसका काफी प्रभाव अवध पर पड़ा।

डॉ. राममनोहर लोहिया ने समाजवादी चिन्तन में और कई पक्ष जोड़े। उन्होंने पिछड़े वर्ग के उन्नयन की चर्चा की और रामराज्य की पुनः स्थापना के ध्येय से रामायण मेलों की शुरुआत करायी। वे गाँधी जी को ऐटम से कहीं ज्यादा शक्तिशाली मानते थे, किन्तु उनके हृदय परिवर्तन सिद्धान्त से सहमत नहीं थे। उन्होंने आय नियन्त्रण पर जोर दिया और जनभाषा हिन्दी का आन्दोलन चलाया। राष्ट्रीयकरण तथा भूमि के पुनर्वितरण के वे हिमायती थे।

इस क्षेत्र पर पं. दीनदयाल उपाध्याय के एकात्म मानवतावाद, भारतीयकरण, सांस्कृतिक राष्ट्रवाद आदि का भी काफी प्रभाव पड़ा है। राष्ट्रीय स्वंय सेवक संघ की शाखाएँ यहाँ जगह-जगह स्थापित हैं। मुसलमान, सिक्ख, ईसाई, बौद्ध, जैन, आर्यसमाज, सनातन धर्म आदि कई सम्प्रदायों की विचारधारा पर केन्द्रित कार्यकलाप यहाँ होते रहते हैं।

3. दलित चेतना : इधर अनुसूचित जाति जनजाति डॉ. अम्बेडकर, कांसीराम, ज्योतिबा फुले, नारायण आदि के चिन्तन दर्शन से काफी प्रभावित हुई हैं। राजनीतिक चिन्तन प्रक्रिया में इन विचारधाराओं की विशिष्ट भूमिका दिखाई देती है।

4. साम्यवाद : यह वाद 'कम्युनिज्म' के रूप में यहाँ पश्चिम से आया है। यों भारतीय संस्कृति में समता, सहअस्तित्व, मानवतावाद आदि की चर्चा पहले से होती रही है। यूरोप में हीगल, काल मार्क्स, लेनिन, स्तालिन, ट्राटस्की, माओ आदि ने समता के सिद्धान्त को कई वर्गों में विभाजित कर दिया है, जैसे ऐतिहासिक भौतिकवाद, द्वन्द्वात्मक भौतिकवाद, यथार्थवाद, मार्क्सवाद, जनवाद, माओवाद आदि। यह विचारधारा सशस्त्र क्रान्ति के द्वारा पूँजीवाद, सामन्तवाद, अधिनायकवाद, उपनिवेशवाद, पुरोहितवाद, उपभोक्तावाद और महाजनी सभ्यता को नष्ट करने हेतु प्रतिबद्ध है। इसमें धर्म, अध्यात्म, वर्ण, जाति, वर्ग तथा आभिजात्य के लिए कोई स्थान नहीं है। किसी की व्यक्तिगत सम्पत्ति भी मान्य नहीं है। इसमें शोषण विहीन किसान मजदूर समाज की कल्पना की गयी है। अवध में जमींदारी प्रथा से पीड़ित समाज ने इसे पहले काफी अपनाया, किन्तु हिंसक क्रान्ति, धर्म विहीनता तथा मुस्लिम तुष्टीकरण के कारण लोग इसे पूर्णतः अपना न सके। यहाँ लखनऊ में 1936 ई. में प्रगतिशील लेखक संघ का पहला अधिवेशन हुआ था, किन्तु स्वतन्त्रता के आन्दोलन में इस पार्टी की उदासीनता से क्षुब्ध होकर लोग इससे अलग हो गये। चीनी आक्रमण, आपातकाल और माओवादी नक्सली आन्दोलन ने इस विचारधारा को बदनाम कर दिया है। दूसरी ओर इसके सामाजिक न्याय, सर्वहारा क्रान्ति आदि का सन्निवेश गाँधीवाद, समाजवाद आदि में हो गया। प्रदेश में सत्तारूढ़ समाजवादी पार्टी में भी इसके कई सूत्र समाहित हो गये हैं।

राजनेता

इस क्षेत्र के अग्रणी राजनेताओं में उल्लेखनीय हैं—

1. रफी अहमद किदवई (1894-1954, मसौली, बाराबंकी) : ये प्रदेश सरकार के साथ ही केन्द्र सरकार में गृहमन्त्री, संचार मन्त्री और खाद्य मन्त्री रहे हैं। 1952 ई. में खाद्यान्न की समस्या को सुलझाने में इन्होंने अपूर्व सफलता प्राप्त की थी।

2. श्रीमती विजय लक्ष्मी पंडित : इन्होंने प्रथम महिला मन्त्री होने का गौरव प्राप्त किया। देश-विदेश में समय-समय पर इन्होंने कई पदों को सुशोभित किया।

3. बाबू लाल गौड़ (प्रतापगढ़) : इन्होंने मध्यप्रदेश के मुख्यमन्त्री का पदभार वहन किया है।

4. द्वारका प्रसाद मिश्र : आधुनिक चाणक्य कहे जाने वाले मिश्र जी मध्यप्रदेश के यशस्वी मुख्यमन्त्री रहे हैं। वू मूलतः पड़री (उन्नव) के थे।

5. नेहरू और गाँधी परिवार के कई सांसद : (फीरोज गाँधी, इन्दिरा गाँधी, राजीव गाँधी, सोनिया गाँधी, राहुल गाँधी, प्रियंका वाड्रा) यहाँ रायबरेली और अमेठी क्षेत्र के जनप्रतिनिधि हैं।

इनके अतिरिक्त जननेताओं में स्मरणीय हैं–

विश्वम्भर नाथ त्रिपाठी, उमाशंकर दीक्षित (उन्नाव), राजा दिनेश सिंह (कालाकांकर), राजनारायण (रायबरेली), जगदीशचन्द्र दीक्षित (स्पीकर), केशवदेव मालवीय, प्रो. मुरली मनोहर जोशी, रीता बहुगुणा (इलाहाबाद), नरेशचन्द्र चतुर्वेदी (कानपुर), लक्ष्मीकान्त बाजपेयी, डॉ. दिनेश शर्मा, लाल जी टण्डन (लखनऊ), प्रमोद तिवारी, वासुदेव सिंह (प्रतापगढ़), मोहसिना किदवई, बेनी प्रसाद वर्मा (बाराबंकी) आदि। ये अपने-अपने समय में और अपने-अपने क्षेत्र में अग्रगण्य रहे हैं। लखनऊ में प्रायः प्रत्येक नेता का आवास है।

योजनाएँ

अवध क्षेत्र में लगभग 20 प्रतिशत जनता शहरों में रहती है। उसके आवास, यातायात, सड़क परिवहन, बिजली, पानी-आपूर्ति, स्वास्थ्य, सुरक्षा और चिकित्सा की व्यवस्था स्थानीय निकायों को करनी पड़ती है। अवध क्षेत्र में तीन नगर निगम हैं–(1) कानपुर (2) लखनऊ (3) इलाहाबाद। इस क्षेत्र से जुड़े हुए आठ मण्डल हैं–(1) कानपुर (2) चित्रकूट धाम (3) इलाहाबाद (4) मिर्जापुर (5) लखनऊ (6) फ़ैज़ाबाद (7) देवीपाटन (8) बस्ती। इनके अन्तर्गत कई-कई जिले हैं। इन मण्डलों में सरकारी स्तर पर 'सूडा' की ओर से अनेक कार्यक्रम चलाये जा रहे हैं, जैसे–

अनौपचारिक शिक्षा कार्यक्रम, औद्योगिक प्रशिक्षण संस्थान, अल्पसंख्यक कोचिंग योजना, आदर्श कारागार, अखिल भारतीय संस्कृत परिषद, अम्बेडकर ग्राम विकास योजना, अम्बेडकर विशेष रोजगार योजना, अल्पसंख्यक कल्याण, अनुसूचित जाति, जनजाति छात्रावास एवं भागीदारी, आवश्यक वस्तु निगम, आशा जननी योजना, आपदा राहत सूखा एवं बाढ़ नियन्त्रण, आवास बन्धु, अंत्योदय कार्यक्रम, आँगनबाड़ी, आपरेशन ब्लैक बार्ड, इन्दिरा आवास योजना, ईंधन चारा प्रोजेक्ट, इको फ्रेंडली, एकल मेज व्यवस्था, उ.प्र. राज्य चर्म विकास एवं विपणन निगम, उर्वरक निगम, ऊसर सुधार कार्यक्रम, उद्योग बन्धु, उद्यमिता विकास, उपभोक्ता सहकारी संघ, उन्नत बीज निगम, उत्तर प्रदेश निर्यात निगम, उत्तर प्रदेश राज्य औद्योगिक विकास निगम, उत्तर प्रदेश खनिज विकास निगम, उ.प्र. राज्य वस्त्र निगम, कपास विकास, कृषि विविधीकरण योजना, कुक्कुट विकास, कौशल विकास, कन्या विधा धन योजना, किसान मित्र योजना, किसान फसल बीमा योजना, कीटनाशक योजना, कर्मचारी बीमा योजना, कम्प्यूटरीकरण एवं प्रौद्योगिकी विकास, कांसीराम आवास योजना, कृषक मंडी, कृषि अनुसंधान, खाद्यान्न भण्डारण, खादीग्राम उद्योग योजना, ग्रामीण स्वच्छता कार्यक्रम, गोशाला विकास, ग्रामीण विकास बैंक, गन्ना विकास एवं चीनी निगम, ग्रामीण जलापूर्ति योजना, ग्रामीण अभियन्त्रण सेवा, ग्लास पाटरी उद्योग, चकबन्दी एवं बन्दोबस्त, जैन विद्या शोध संस्थान, जवाहर विकास योजना, जल विद्युत आपूर्ति निगम, जल सम्पूर्ति, जल निकासी रिसाइक्लिंग, जलसंभरण एवं सीवर व्यवस्था, जैविक रासायनिक खाद, जड़ी-बूटी एकत्रीकरण, डेरी योजना, डॉ. श्यामा प्रसाद मुखर्जी नगरीय मार्ग सुधार योजना, तहसील दिवस, तिलहन एवं वनस्पति तेल विकास, थारू जनजाति योजना, दृष्टिहीनता निवारण, दीनदयाल सम्पर्क मार्ग योजना, दीनदयाल हथकरघा प्रोत्साहन योजना, दीनदयाल किसान

ऋण योजना, दीनदयाल नगरोदय योजना, नगरीय महिला बाल विकास, नगरीय मजदूरी रोजगार, नदी प्रदूषण गंगा, गोमती सफाई, परिवहन निगम, पिछड़ा वर्ग कल्याण, पावर ग्रिड, पंचवर्षीय योजना, प्रशासनिक सुधार, पौधशाला विकास, पिकप, प्रधानमन्त्री ग्रामोदय योजना, परिवार नियोजन, पशुपालन निगम, पुष्टाहार एवं मिड डे मील योजना, प्रौढ़ शिक्षा योजना, पुस्तकालय-वाचनालय विकास, पर्यटन विकास, पंछी विहार, पेय जल योजना, पटसन उत्पादन, पंचायती राज्य कार्पोरेशन, प्रधानमन्त्री ग्राम सड़क योजना, फखरुद्दीन मोहम्मद मेमोरियल कमेटी, फिल्म निगम, बंजर भूमि विकास, बालिका शिक्षा योजना, वृद्ध पेंशन योजना, बाल श्रमिक योजना, बायोगैस कार्यक्रम, भाषा निधि (1992) भारतीय भाषा केन्द्र (1990) भाषा संस्थान भेड़ बकरी विकास भूमि विकास, भू अभिलेखों का कम्प्यूटीकरण, भूगर्भ विकास, भाऊराव देवरस योजना, मद्य निषेध, मलेरिया उन्मूलन, मत्स्य पालन, मधुमक्खी पालन, मातृ एवं शिशु कल्याण, मृदा विकास, मेट्रो रेल योजना, युवा कल्याण और खेल, राज्य नियोजन, राष्ट्रीय दलहन विकास योजना, राज्य भण्डारण निगम, राष्ट्रीय मलिन बस्ती सुधार कार्यक्रम, रोजगार पंजीयन, राजकीय नलकूप, राष्ट्रीय बचत योजना, रेशम कीड़ा पालन, राष्ट्रीय सेवा योजना, लोहिया आवास योजना, लघु सिंचाई योजना, वन विकास, वृक्षारोपण, बृहत् सिंचाई, वैकल्पिक ऊर्जा, विकलांग कल्याण, पुनर्वास विकास प्राधिकरण, वाल्मीकि अम्बेडकर मलिन बस्ती आवास योजना, सैनिक कल्याण, स्वतन्त्रता संग्राम सेनानी विधवा पेंशन योजना, श्रमिक कल्याण, स्वर्ण जयन्ती शहरी ग्राम रोजगार योजना, स्वच्छकार विमुक्त योजना, स्वरोजगार प्रशिक्षण, श्रमिक दुर्घटना योजना, स्वच्छ भारत अभियान, शारदा नहर विकास, सूअर पालन, सर्वजन हिताय बस सेवा, स्मार्ट सिटी योजना, सतर्कता अधिष्ठान, साक्षरता कार्यक्रम, सिनेमा घर निर्माण, सामुदायिक स्वास्थ्य केन्द्र, स्टेडियम विकास, श्वेत क्रान्ति, सौर ऊर्जा, संघन कृषि, सर्वशिक्षा अभियान, स्पेशल कंपोनेंट प्लान, सेवायोजन एवं स्वतः नियोजन कार्यक्रम, सामाजिक वानकी, शौचालय निर्माण योजना, शीत गृह विकास, साग भाजी मसाला विकास, शैक्षिक अनुसंधान एवं प्रशिक्षण, हस्त शिल्प एवं कुटीर उद्योग, हथकरघा विकास, हज समिति, क्षय नियन्त्रण आदि।

इनके आधार पर यह सहज स्वीकार्य है कि अवध का लोक प्रशासन सर्वांग सम्पन्न है।

इनके अतिरिक्त अन्य अनेक प्रकार की छोटी-बड़ी योजनाएँ प्रदेश सरकार, केन्द्र सरकार, विश्व बैंक, यूनीसेफ, यूनेस्को तथा एन.जी.ओ., ट्रस्टों आदि की ओर से चलायी जा रही हैं। इनका उद्देश्य है—सर्वांगीण विकास। इनमें से अधिकतर योजनाएँ विभिन्न मन्त्रालयों, निदेशालयों, संस्थानों और विभागों के अन्तर्गत चल रही हैं। कुछ स्वतन्त्र रूप से चल रही हैं। केन्द्र और राज्यसरकार से उन्हें अनुदान मिलता है। कुछ स्ववित्त पोषित भी हैं।

जलापूर्ति : इस क्षेत्र में पेय जल के लिए कई नलकूप, इंटेक वेल, ट्रीटमेण्ट प्लाण्ट, रिसाइकलिंग, भू जलाशय और बैराज की व्यवस्था की गयी है। इस दृष्टि से गंगा बैराज, कानपुर, गोमती बैराज, लखनऊ आदि कार्यक्रम महत्त्वपूर्ण हैं। सूखा जनित पेय जल निर्वाण हेतु यहाँ कई योजनाएँ चलायी जा रही हैं। कई नगरों के स्थानीय निकाय सीवेज और ड्रेनेज की योजनाएँ चला रहे हैं। गोमती का प्रदूषण कम करने के लिए यहाँ लखनऊ, कानपुर, जौनपुर तथा सुलतानपुर में सीवेज ट्रीटमेण्ट प्लांट (गोमती ऐक्शन प्लांट) प्रगति पर है। ग्रामीण जलापूर्ति योजनाएँ यहाँ लखनऊ और मिर्जापुर क्षेत्र में सक्रिय हैं। राजीव गाँधी राष्ट्रीय पेय जल मिशन के अन्तर्गत हैंडपम्पों के रखरखाव, शौचालय निर्माण और प्रशिक्षण के कार्यक्रम चल रहे हैं। जलनिगम द्वारा इलाहाबाद के कुम्भ मेले की जलापूर्ति एवं जल निकासी की विशेष व्यवस्था की गयी है।

इस बीच 'स्वच्छ भारत अभियान' के अन्तर्गत गंगा, यमुना, गोमती तथा सरयू की सफाई के विशेष कार्यक्रम शुरू किये गये हैं। जलापूर्ति के लिए इन्दारा कुओं तथा तालाबों का पुनरुद्धार किया जा रहा है। इण्डिया मार्का नलों और नलकूपों की योजना प्रगति पर है। सिंचाई के लिए नहरों की पर्याप्त व्यवस्था है। गाँवों में इस बीच कई सरोवर बनाये गये हैं। कई नदियों में बाँध बनाये गये हैं, जिनमें रिहन्द बाँध (मिर्जापुर) उल्लेखनीय है।

नागरिक आपूर्ति : इस क्षेत्र में 1997 ई. से सार्वजनिक वितरण प्रणाली के अन्तर्गत ए.पी. एल. योजना, बी.पी.एल. योजना, अंत्योदय योजना और अन्नपूर्णा योजना चलायी जा रही है। इनके अन्तर्गत गरीबी रेखा के नीचे रह रहे लोगों और वरिष्ठ नागरिकों के लिए निःशुल्क और सस्ते मूल्य पर खाद्यान्न, कपड़ा, मिट्टी का तेल, खाद्य तेल, कोयला, सीमेंट, गैस आदि सुलभ कराया जाता है। यहाँ उपभोक्ताओं को कम लागत में शीघ्र न्याय सुलभ कराने के लिए लखनऊ, अम्बेडकर नगर, बलरामपुर, कौशाम्बी जैसे जिलों में उपभोक्ता फोरम गठित किये गये हैं। तोलने और मापने के यन्त्रों में एकरूपता लाने के लिए मानक बाट, माप अधिनियम बनाया गया है। खाद्य एवं आवश्यक वस्तु निगम उपभोक्ताओं के हित में आवश्यक खाद्यान्नो—दलहन, तिलहन तथा अन्य कृषि उत्पादों की वितरण-भण्डारण-व्यवस्था सँभालता है। लखनऊ, हरदोई, लखीमपुर, सीतापुर, गोंडा, बहराइच, बलरामपुर, श्रावस्ती, इलाहाबाद में इस प्रकार के कई गोदाम खोले गये हैं। राज्य कर्मचारियों के कल्याणार्थ 'राज्य कर्मचारी कल्याण' डिपो हैं। निर्माण सामग्री जैसे—सीमेण्ट, स्टील, रोड़ी, कोयला आदि की उपलब्धता के लिए संचरण निदेशालय ने कई योजनाएँ बनायी हैं। इस क्षेत्र में क्वापरेटिव फेडरेशन और लघु उद्योग निगम भी सक्रिय हैं।

प्रशासनिक ढाँचा

इस क्षेत्र का प्रशासनिक ढाँचा ग्राम पंचायत से लेकर विधान मंडल (प्रदेश सरकार) और केन्द्र सरकार के अनेक निकायों तथा संस्थाओं से जुड़ा हुआ है। मुख्य निकाय इस प्रकार हैं—

1. ग्राम सभा : प्रत्येक गाँव को ग्राम सभा एवं ग्राम समाज की संज्ञा दी गयी है। छोटे-छोटे पुरवे बड़े मजरे के साथ जोड़ दिये गये हैं। इसके संचालन के लिए ग्राम पंचायत का गठन किया जाता है। इसका प्रमुख होता है ग्राम प्रधान या सभापति। इसका चयन गाँव के निवासी करते हैं। यह पंचायत 5 वर्षों तक कार्यरत रहती है। पंचायतों में कुछ स्थान अनुसूचित वर्ग, पिछड़ा वर्ग और महिलाओं के लिए आरक्षित होते हैं। इनकी सहायता के लिए पंचायती राज्य विभाग एक सेक्रेटरी की व्यवस्था करता है। इस विभाग के अधिकारी समय-समय पर पंचायत के कार्यकलाप का निरीक्षण करते रहते हैं। वे ही राजस्व की व्यवस्था करते हैं और वित्तीय सहायता की संस्वीकृति देते हैं।

न्याय पंचायत के लिए पंचों के साथ-साथ एक सरपंच का चयन किया जाता है। इसके माध्यम से स्थानीय वादों का निस्तारण होता रहता है। अवध के गाँवों में यह प्रणाली बहुत दिनों से चल रही है। यह उल्लेखनीय है कि हिन्दी के महान साहित्यकार आचार्य महावीर प्रसाद द्विवेदी 'सरस्वती' पत्रिका के सम्पादन से मुक्त होकर जब अपने गाँव दौलतपुर (रायबरेली) आये तो जनता के आग्रह पर सरपंच के रूप में वहाँ की पंचायत अदालत से जुड़ गये और 1918 ई. से लगभग 20 वर्षों तक उसमें सक्रिय रहे। इस बीच उन्होंने जो कार्य किये, वह ग्रामीण प्रशासन का प्रादर्श सिद्ध हुआ। आज भी गाँवों में जगह-जगह स्थापित ये पंचायतें/अदालतें स्थानीय मामले, मुकदमे निपटाती रहती हैं। पिछले वर्षों में वहाँ श्रमदान द्वारा गाँधी चबूतरे बनाये गये थे, जिसे ग्रामोत्थान का प्रतीक कहा

जा सकता है। इन पंचायतों के प्रयास से समय-समय पर अनेक सड़कों, गलियों, नालियों और सार्वजनिक भवनों का निर्माण हुआ है। ग्रामीण मेले-ठेले और धार्मिक, सांस्कृतिक आयोजन इनके माध्यम से होते रहते हैं।

2. नोटीफाइड एरिया/टाउन एरिया : इनका निर्धारण जनसंख्या के अनुसार किया जाता है। इन कस्बों में समय-समय पर बाजारें लगती हैं। वहाँ छोटे-बड़े कारखाने चलते हैं। उनसे टैक्स के रूप में राजस्व मिलता है। इनका प्रशासन एक ओर सरकारी स्थानीय निकाय के अधिकारी चलाते हैं, दूसरी ओर जनता द्वारा चुने गये जनप्रतिनिधि। इसका सर्वोच्च अधिकारी होता है चैयरमैन। वह चुने गये सदस्यों को जोड़कर एक कार्यकारिणी बनाता है। यह संस्था प्रारम्भिक, माध्यमिक शिक्षा, स्वास्थ्य चिकित्सा, सफाई, सड़क, जलसम्पूर्ति, सुरक्षा, सांस्कृतिक विकास आदि के लिए विभिन्न प्रकार के कार्यक्रम चलाती है। विकास कार्यक्रमों के लिए इसे यथोचित अनुदान और वित्तीय सहायता मिलती है।

3. विकास खंड : पंचवर्षीय योजना के अन्तर्गत इस क्षेत्र को कई विकास खण्डों में बाँटा गया है। इनमें अनेक क्षेत्र विकास अधिकारी कार्यरत हैं। वे क्षेत्र के समग्र विकास, विशेषतः कृषि, कुटीर उद्योग, पशुपालन, बागवानी, शिक्षा, स्वास्थ्य, सफाई, सम्पर्क मार्ग आदि की व्यवस्था विभिन्न विभागों के साथ मिलकर करते हैं। विकास खंड में जनप्रतिनिधि भी चुने जाते हैं। वे सरकारी कर्मचारियों और क्षेत्रीय जनता के बीच समन्वय स्थापित करते हैं।

4. नगर पालिका एवं नगर निगम : इस क्षेत्र के विभिन्न नगरों एवं जिला मुख्यालयों में जनसंख्या के आधार पर नगर पंचायतें स्थापित की गयी हैं। नगर के विभिन्न वार्डों से चुने गये सभासद अपना एक अध्यक्ष अथवा महापौर चुनते हैं। इनके साथ जिला मजिस्ट्रेट, ए.डी.एम. आदि भी नगर के विकास कार्यक्रम निष्पादित करते हैं। इनकी आय के मुख्य स्रोत हैं भवनकर, जलकर, पथकर, अनुदान आदि। इनके माध्यम से शिक्षा, स्वास्थ्य, पानी, बिजली, सफाई, आवास, सुरक्षा एवं सामुदायिक कार्यक्रम चलाये जाते हैं।

5. जिला बोर्ड : प्रत्येक जिले में जनता की ओर से इस परिषद् का गठन किया जाता है। जिला बोर्ड का निर्वाचित अध्यक्ष जिला अधिकारी, विकास अधिकारी, पुलिस अधीक्षक, विद्यालय निरीक्षक, मुख्य चिकित्सा अधिकारी, वन अधिकारी, नियोजन अधिकारी आदि के साथ सामंजस्य स्थापित करके जिले के बहुमुखी विकास हेतु कार्य करता है। प्रत्येक जिले में अलग-अलग कस्बों में और नगरों के प्रमुख मोहल्लों में पुलिस चौकी, थाना तथा कोतवाली की स्थापना की गयी है। एक जिले में कई तहसीलें और एक तहसील में कई-कई परगने बनाये गये हैं। इनमें परगना अधिकारी, तहसीलदार, एस.डी.एम., कलेक्टर आदि कई अधिकारी नियुक्त किये जाते हैं। कई जिलों को मिलाकर एक मण्डल (कमिश्नरी) का गठन किया जाता है, जिसका सर्वोच्च अधिकारी होता है कमिश्नर (आयुक्त)। अवध क्षेत्र में लखनऊ, इलाहाबाद, फैजाबाद, बस्ती, देवीपाटन, कानपुर मण्डल कार्यरत हैं।

6. विधान मण्डल : उपर्युक्त सभी स्थानीय निकाय विधायिका के निर्देशानुसार कार्य करते हैं। उत्तर प्रदेश में इसके दो प्रभाग हैं—एक विधान सभा और दूसरी विधान परिषद्। विधान सभा का गठन प्रति पाँच वर्ष बाद चुने गये विधायकों द्वारा होता है। ये अभ्यर्थी विभिन्न राजनीतिक दलों की ओर से खड़े किये जाते हैं। कुछ स्वतन्त्र रूप से चुनाव लड़ते हैं। यह चुनाव निर्वाचन आयोग के नियन्त्रण में होता है। जिस दल की संख्या सबसे ज्यादा होती है, वह अपना एक नेता चुनता है। उसे राज्यपाल जी मन्त्रिमण्डल बनाने के लिए आमन्त्रित करते हैं। वह मुख्यमन्त्री के रूप में विधान सभा और विधान परिषद् के सदस्यों को मन्त्री, उपमन्त्री बनाकर विभिन्न मन्त्रालयों एवं विभागों

का दायित्व सौंपता है। वह राज्य के विभिन्न निगमों, संस्थानों, आयोगों और समितियों के लिए अर्ह अधिकारियों की संस्तुति करता है। विधान सभा के सत्र समय-समय पर आहूत किये जाते हैं, जो नीतियाँ निर्धारित करते हैं। इसके अन्तर्गत कई समितियाँ कार्य करती हैं, जैसे—प्रवर समिति, प्राक्कलन समिति, लोक सेवा समिति, सार्वजनिक उपक्रम एवं निगम समिति, आश्वासन समिति, विशेषाधिकार समिति, याचिका समिति, संसदीय अध्ययन समिति, परामर्शदात्री समिति, हाउस कमेटी आदि। परामर्श के लिए इसमें दर्जनों समितियाँ कार्य करती हैं। यह विधानसभा उत्तर प्रदेश में 1948 ई. में प्रथम बार अस्तित्व में आयी थी। आरम्भ में इसके मुख्यमन्त्री को 'प्रीमियर' कहा जाता था। इससे बड़े-बड़े महापुरुष सम्बद्ध रहे हैं। इसका इतिहास बड़ा गौरव पूर्ण है।

विधान मण्डल का दूसरा सदन है विधान परिषद्। यह 1937 ई. में प्रथम बार गठित हुई थी। इसे उच्च सदन कहा जाता है। इसके सदस्य कुछ राज्यपाल द्वारा मनानीत किये जाते हैं, कुछ स्वायत्त शासी संस्थाओं और विधायकों द्वारा चुने जाते हैं, और कुछ अध्यापकों तथा स्नातकों की ओर से चुन कर आते हैं। इन सदस्यों का कार्यकाल छह वर्षों तक होता है, जिनमें एक तिहाई सदस्य प्रति वर्ष निवृत्त होते जाते हैं। विधान सभा और विधान परिषद् के संयुक्त सत्र भी आवश्यकता के अनुसार आहूत किये जा सकते हैं। इन सत्रों के संचालन हेतु स्पीकर, पीठासीन अधिकारी, उपसभापति, नेता विरोधीदल, सचिव आदि की व्यवस्था की जाती है। यह विधान मण्डल (विधायिका) कार्यपालिका के साथ मिलकर नियमानुसार कार्य करे, इसलिए न्यायपालिका का विधान किया गया है। सरकार ने विभिन्न प्रयोजनों के लिए राज्यपाल के साथ-साथ मुख्य सचिव, प्रमुख सचिव, संयुक्त सचिव, विशेष सचिव, उपसचिव, अनुसचिव, मण्डलायुक्त, जिला अधिकारी, मुख्य न्यायाधीश, न्यायाधीश, सत्र न्यायाधीश, मजिस्ट्रेट, मुंशिफ जैसे अनेक पद बना रखे हैं। इनमें न्यायपालिका, उच्चशिक्षा, लोक सेवा प्राधिकरण, वैज्ञानिक संस्थान आदि को पर्याप्त स्वायत्तता दी गयी है।

वाहन व्यवस्था

इस क्षेत्र में सार्वजनिक वाहन और निजी वाहन के अनेक रूप प्रचलित रहे हैं और आज भी हैं। जायसी के 'पद्मावत' में एक ओर रतनसेन के जहाजी बेड़े का उल्लेख हुआ है और दूसरी तरफ हाथी, घोड़ा, पालकी आदि का भी। जायसी का एक पात्र बादल सोलह सौ पालकियों सहित दिल्ली पहुँचा था। उसी में पद्मावती की पालकी थी, जिसमें एक लोहार बैठाया गया था। उसी ने बन्दी रतन सेन की बेड़ियाँ काटी थीं। इस दल के साथ तीस हजार घोड़े, कई हाथी और रथवाह थे। यहाँ प्राचीन काल में प्रचलित सुखपाल नामक वाहन प्रतिष्ठा का प्रतीक माना जाता था। संत चरनदास ने लिखा है—"एकै पग पनहीं नहीं एक चढे सुखपाल।"

कुछ पुराने ग्रन्थों में 'प्रवहण', सिकरम आदि वाहनों के नाम आये हैं।

इसी प्रकार कबीर ने 'कडरियाचारी', नामक एक वाहन का संकेत किया है। उनके शब्दों में—'साज समाज पिया लै आये और कडरियाचारी।'

मुल्लादाऊद ने 'चन्दायन' में 'सुखासन' नामक डोली का वर्णन किया है। यहाँ पालकी के कई रूप दिखते रहे हैं, जैसे—डोली, पीनस, मियाना। इन्हें चार-चार कहार उठाते थे। इनके चारों ओर पर्दा रहता था, जिसे 'वाढ़र' और 'ताम-झाम' कहा जाता था। इन पालकी वाहकों की अपनी विशिष्ट शैली और विशिष्ट कोड भाषा होती थी। जायसी ने 'कहरानामा' या 'महरीबाईसी' में उसके दार्शनिक प्रतीकों पर प्रकाश डाला है। प्राचीन काल में यहाँ रथों का बड़ा प्रचलन था। उसमें कई-कई घोड़े

जोते जाते थे। उसके चालक को सारथी कहा जाता था और सवार को रथी। 'रामचरितमानस' में तुलसी ने कई रथों का वर्णन किया है, जिनमें 'धर्म रथ' सर्वोत्तम है। इस रथ का ही एक रूप है बग्घी, फिटन या हवा गाड़ी, जिसका प्रचलन अंग्रेजी शासन काल में शुरू हुआ। आज भी गणतन्त्र दिवस पर राष्ट्रपति जी के लिए यही वाहन प्रयुक्त होता है। अन्य वाहनों में उल्लेखनीय हैं—ऊँट गाड़ी, बैलगाड़ी और भैंसागाड़ी। बैलगाड़ियों में कुछ सवारी के काम आती हैं और कुछ ढुलाई के। उन्हें आकार के अनुसार कई नाम दिये गये हैं, जैसे—लढ़ा, लढ़िया, फिरकी, रहकला, अद्धा, रब्बा आदि। बड़ी गाड़ी (छकड़ा, मँझोली, लहड़ू) ढुलाई के काम आती है। घोड़े या टट्टू को जोत करके इक्के, ताँगे और खड़खड़े चलाये जाते हैं। सवारी के काम आने वाले पशुओं में प्रमुख हैं—हाथी, घोड़ा, गधा, खच्चर आदि। लोग हाथी पर हौदा, ऊँट तथा घोड़े पर काठी, जीन और गधे-खच्चर पर लादी, गोनी रखते हैं। हाथी चालक को 'महावत' कहा जाता है, जो अंकुश के सहारे उसे नियंत्रित करता है। घोड़े को लगाम लगायी जाती है। उसके चालक को 'सईस' कहते हैं। बैलगाड़ी के चालक को गाड़ीवान कहा जाता है। इन दिनों आटो, कार, टैम्पो, स्कूटर, बाइक (फिटफिटी), रिक्शा आदि की बहुव्याप्ति है। वाइसाइकिल यहाँ का लोकप्रिय वाहन है। गाँवों में अभी कहीं-कहीं 'काँवर' और 'बँहगी' भी दिख जाती है। जल मार्ग में चलने वाले वाहन हैं—नाव, डोंगी, भेला, गुदारा, मोटरबोट आदि। लखनऊ, इलाहाबाद, कानपुर आदि नगरों में हवाई सेवा भी उपलब्ध है, जहाँ एअर इण्डिया, इंडिगो, जेट एअर, जेट एलाइट, जेट कनेक्ट, गो एअर, टाटा, एशियन, गल्फ, विस्तार आदि एअर लाइन्स की सुविधा प्राप्त है। रामकथा में पुष्पक विमान का उल्लेख हुआ है, जिससे वायु सेवा की प्राचीनता की पुष्टि होती है। इसके अतिरिक्त उड़न खटोला, गरुड़, हंस, मयूर, मूषक, श्वान, बैल, गर्दभ आदि वाहनों का जो वर्णन प्राचीन ग्रन्थों में प्राप्त होता है, उससे यही सिद्ध होता है कि यहाँ वाहनों का बड़ा बाहुल्य रहा है।

विधि-व्यवस्था

इस प्रदेश में कानून व्यवस्था के लिए कई योजनाएँ कार्यरत हैं। जन सामान्य की सुरक्षा के साथ-साथ साम्प्रदायिक समारोहों, मेलों-ठेलों और हिन्दू-मुस्लिम त्योहारों पर विशेष सतर्कता बरती जाती है। कर्मचारियों, श्रमिकों, छात्र-छात्राओं, राजनीतिक पार्टियों के आन्दोलनों, चुनावों और विशिष्ट व्यक्तियों की सुरक्षा से सम्बन्धित भरसक सावधानी बरती जाती है। चोरी, डकैती, हत्या, दंगा, फिरौती, बलात्कार, दहेज हत्या जैसे अपराधों का नियंत्रित करने के लिए पुलिस का यह प्रयास रहता है कि कोई अवैध औजार न रखे। यहाँ पुलिस व्यवस्था को तेजी से आधुनिकीकरण किया जा रहा है। कारागार सुधार व्यवस्था के कार्य भी चल रहे हैं। इस उद्देश्य से लखनऊ का आदर्श कारागार, नारी बन्दी निकेतन, सम्पूर्णानन्द कारागार प्रशिक्षण संस्थान आदि संस्थाएँ अग्रगण्य हैं। यहाँ के कई कारागारों में सिलाई, कढ़ाई, बुनाई, लौह, कागज, काष्ठकला आदि के कई उद्योग चल रहे हैं। कारागारों में कृषि, चिकित्सा व्यवस्था, साक्षरता आदि का स्तर भी सन्तोषप्रद है।

न्याय प्रशासन की दृष्टि से इलाहाबाद उच्च न्यायालय न केवल अवध का गौरव है, बल्कि पूरे देश में गण्यमान है। इसका एक खण्डपीठ लखनऊ में है। इसमें अनेक न्यायाधीश कार्यरत हैं। इसकी देखरेख में अनेक सत्र न्यायाधीश, अतिरिक्त जिला न्यायाधीश, सिविल जज, जूनियर, सीनियर तथा लघु वाद न्यायाधीश कार्य करते हैं। दण्ड न्यायालयों में कानपुर का मुख्य मेट्रोपालिटन मजिस्ट्रेट तथा अन्य जिलों के न्यायिक मजिस्ट्रेट न्यायालय सक्रिय हैं, जो फौजदारी, दीवानी और माल सम्बन्धी

वादों-विवादों पर कार्रवाई करते हैं। लखनऊ, कानपुर में स्थापित पारिवारिक न्यायालय घरेलू वादों का फैसला करते हैं। आर्थिक अपराधों, भ्रष्टाचार, महिला उत्पीड़न, अनुसूचित जाति, जनजाति अत्याचार निवारण और मानवाधिकार संरक्षण हेतु यहाँ कई विशिष्ट न्यायालय बनाये गये हैं। ऐसी कई लोक अदालतें भी हैं जो लम्बित वादों का निस्तारण करती हैं। समाज के निर्बल वर्गों को सहायता और सलाह देने का प्रावधान भी है।

राज्य के विधि आयोग, उपभोक्ता संरक्षण, एजूकेशनल ट्रेबुनल और लोक सेवा अधिकरण की भूमिकाएँ कानून-व्यवस्था की दृष्टि से महत्त्वपूर्ण हैं। आम आदमी को न्याय सुलभ कराने के लिए यहाँ 2000 ई. से लोक आयुक्त तथा उपभोक्ता फोरम की व्यवस्था की गयी है। इनके अतिरिक्त लोक शिकायत निदेशालय भी यहाँ है। सतर्कता आयोग एवं प्रशासनाधिकरण की भी इस क्षेत्र में महती भूमिका रही है। ग्रामीण क्षेत्र में यहाँ पंचायत अदालत की व्यवस्था है। कहीं-कहीं जातीय पंचायतें भी यह कार्य करती हैं। इन दिनों जनहित याचिका और सूचनाधिकार (आर.टी.आई.) का काफी चलन है।

अवध क्षेत्र की न्यायपालिका का अपना ऐतिहासिक महत्त्व है। यहाँ उच्चन्यायालय से जुड़े हुए न जाने कितने सुयोग्य न्यायाधीश, जज, मुंसिफ, मजिस्ट्रेट, बैरिस्टर, एडवोकेट, वकील जूरी आदि हुए हैं और आज भी विद्यमान हैं, जिन्होंने अनेक नजीरें कायम की हैं। ऐसे प्रबुद्ध विधिवेत्ताओं में स्मरणीय हैं पं. पृथ्वीनाथ, मोतीलाल नेहरू, तेज बहादुर सप्रू, मदनमोहन मालवीय, कैलाशनाथ काटजू, गिरिधर मालवीय, एन.एन. गांगुली, अंशुमान सिंह, सुनील अम्बवानी, उमालोक वासु, जनार्दन सहाय, बाबू बाँके बिहारी सिंह, गनपत सहाय, शैलेन्द्र सिंह, अरविन्द सिंह (सुल्तानपुर), ए.पी. सिंह, डी.वाई. चन्द्रचूड़, पी.के. शुक्ल, अशोक मेहता, डी.एस. सिन्हा, के.एन. सिन्हा, एन.डी. ओझा, गोपाल स्वरूप पाठक, विमल चन्द्र तिवारी, सत्यप्रकाश मालवीय, जनेश्वर मिश्र, आनन्द देव गिरि, मिलन बनर्जी, भरत जी अग्रवाल, कन्हैया लाल मिश्र, केसरी नाथ त्रिपाठी, जस्टिस देवीप्रसाद सिंह (फ़ैज़ाबाद) आदि।

न्यायपालिका : अवध क्षेत्र में न्याय व्यवस्था का इतिहास बड़ा पुराना है। प्राचीन साहित्य में उल्लेख है कि तब पुरस्कार के साथ-साथ दण्ड देने के कई विधान भी प्रचलित थे। पद्मावत (जायसी) में राजा रतन सेन को अलाउद्दीन द्वारा जब बन्दी बनाया जाता है तो उसके हाथों में हथकड़ी, पैरों में बेड़ी डालकर, जंजीर से बाँधकर उसे एक गड्ढे में डाल दिया जाता है, जहाँ बहुत से साँप बिच्छू हैं। उसे पानी तक नहीं दिया जाता है। एक जल्लाद गर्म सलाखों से उसे सात जगह दागता है। अर्थात् तरह-तरह से यातनायें देता है।

इस अंचल में आधुनिक न्याय व्यवस्था के अन्तर्गत इलाहाबाद में जब उच्च न्यायालय की स्थापना की गयी तो उससे अनेक वरिष्ठ न्यायविद्, बैरिस्टर और वकील सम्बद्ध हो गये। इनमें उल्लेखनीय हैं—कलकत्ता हाईकोर्ट के प्रथम जज शम्भूनाथ जी, इलाहाबाद हाईकोर्ट के जज पी.सी. बनर्जी, विसननारायण दर, जस्टिस शम्भू दयाल, मुबासिर हुसैन किदवई (बाराबंकी), आनन्द नारायण मुल्ला (लखनऊ), कालीप्रसाद, हैदर अब्बास, कानपुर के प्रसिद्ध विधिवेत्ता पं. पृथ्वी नाथ चक, सुलतान नियाजी, रामनाथ श्रीवास्तव, बाबू शीतलाचरण, डॉ. वीरेन्द्र स्वरूप, बैरिस्टर नरेन्द्रजीत, ब्रजेन्द्र बिहारी माथुर, सुलतानपुर से बाबू गणपत सहाय, बाबू बांकेबिहारी सिंह, शैलेन्द्र सिंह, अरविन्द सिंह राजा, फ़ैज़ाबाद से बाबू राम सकल सिंह, लखनऊ के राधाकृष्ण, गुरु शरण लाल, उमेश चन्द, एस.एन. सहाय, वीरेन्द्र भाटिया, राबिन मित्रा, उमाशंकर श्रीवास्तव, के.एस. वर्मा, मोहन लाल सक्सेना, रायबहादुर सुन्दर लाल, इलाहाबाद के कैलाश नाथ काट्जू, मोतीलाल नेहरू, तेज बहादुर सप्रू आदि। इनमें मोतीलाल नेहरू तो एक 'लीजेण्डरी पुरुष' बन गये हैं।

शिक्षा व्यवस्था

यह अंचल शिक्षा की दृष्टि से बहुत विकसित रहा है। चौंसठ विद्याओं में चौदह को यहाँ सर्वाधिक महत्त्व दिया गया था—चार वेद, छह वेदांग, अठारह पुराण, मीमांसा और धर्मशास्त्र। प्राचीन काल में यहाँ वशिष्ठ का गुरुकुल एवं विश्वामित्र का सिद्धाश्रम था। कोंडर (गोंडा) में महर्षि पतंजलि रहते थे। प्रयाग में भरद्वाज थे। वहीं मण्डन मिश्र तथा भारती जैसे ज्ञानी रहते थे, जिनके आश्रम के पालतू पक्षी भी शिष्यों द्वारा किये गये अशुद्ध उच्चारणों में संशोधन लगा देते थे। प्रयाग में नागेश भट्ट जैसे गणितज्ञ हुए। नैमिषारण्य में अट्ठासी हजार सूतों ने कई सत्र आयोजित करके विश्व कल्याण के उपायों की खोज की। वहाँ के विश्वविद्यालय में हजारों मनीषियों ने शिक्षा प्राप्त की। यहाँ दूर-दूर से शिक्षार्थी आते रहे हैं। इन तथ्यों के आधार पर कहा जा सकता है कि प्राचीन काल से ही अवध क्षेत्र शिक्षा का एक सुप्रसिद्ध केन्द्र रहा है।

वर्तमान में अवध क्षेत्र में प्रारम्भिक (बेसिक) शिक्षा, माध्यमिक शिक्षा, उच्च शिक्षा, चिकित्सा शिक्षा, तकनीकी शिक्षा आदि की व्यवस्था के लिए अनेक संस्थाएँ कार्यरत हैं जैसे—बेसिक शिक्षा निदेशालय, माध्यमिक शिक्षा परिषद्, इलाहाबाद, उच्च शिक्षा सेवा चयन आयोग, राज्य शिक्षा अनुसन्धान एवं प्रशिक्षण परिषद् आदि। उर्दू शिक्षा, भारतीय भाषाओं की शिक्षा एवं प्राच्य भाषाओं, विशेषतः संस्कृत शिक्षा, साथ ही व्यावसायिक शिक्षा के लिए यहाँ अनेक कार्यक्रम चल रहे हैं। सम्पूर्ण साक्षरता अभियान, उत्तर साक्षरता कार्यक्रम और सतत शिक्षा की योजना कई जिलों में लागू है। बालिकाओं, अपवंचितों, दलित वर्ग, विकलांग और कामगार बच्चों के लिए सर्वशिक्षा अभियान चलाया जा रहा है। इस दिशा में अनेक शासकीय तथा निजी संस्थान कार्यरत हैं। इनके अन्तर्गत कंप्यूटर शिक्षा, विज्ञान शिक्षा, खेल कूद-प्रशिक्षण और शिक्षकों के प्रशिक्षण की अनेक इकाइयाँ हैं। पंचवर्षीय योजनाओं में विद्यालय भवन-निर्माण, प्रयोगशालाओं के उपकरणों और पुस्तकों की खरीद का यथेष्ट प्रावधान है। केन्द्र और राज्य सरकार ने यहाँ अनेक केन्द्रीय विद्यालय, जवाहर नवोदय विद्यालय, साक्षरता निकेतन, आँगनबाड़ी, प्रौढ़ शिक्षा योजना आदि की व्यवस्था कर रखी है। कई संस्थाएँ छात्रों को छात्रवृत्ति तथा आर्थिक सहायता देती हैं। अराजकीय विद्यालयों को वे भी मान्यता सहित अनुदान देती हैं। अनौपचारिक शिक्षा के रूप में इलाहाबाद में पत्राचार शिक्षा संस्थान और राजर्षि टण्डन मुक्त विश्वविद्यालय सक्रिय हैं, जहाँ दूरस्थ शिक्षा की व्यवस्था है। उर्दू शिक्षा के लिए यहाँ माध्यमिक स्तर तक के कई मदरसे चल रहे हैं। उर्दू के प्रचार-प्रसार हेतु उत्तर प्रदेश उर्दू अकादमी, फखरुद्दीन अली मेमोरियल कमेटी, हिन्दी-उर्दू एवार्ड कमेटी, मौलाना आजाद कमेटी तथा एक विश्वविद्यालय कार्यरत हैं। राज्य शैक्षिक अनुसन्धान और प्रशिक्षण परिषद् ने प्रारम्भिक शिक्षा, उच्च शिक्षा, हिन्दी तथा भारतीय भाषा, अंग्रेजी तथा विदेशी भाषा शिक्षण, विज्ञान, गणित, मनोविज्ञान, शैक्षिक प्रशासन, नियोजन, पाठ्यक्रम-मूल्यांकन, शिशु प्रशिक्षण, दीक्षा विद्यालय, डायट, शिक्षा-प्रशिक्षण आदि के कई कार्यक्रम चलाये हैं।

उच्च शिक्षा के विकास हेतु इस क्षेत्र में कई विश्वविद्यालय खोले गये हैं। इलाहाबाद विश्वविद्यालय पूरे देश के प्राचीनतम चार विश्वविद्यालयों में से एक हैं। सम्प्रति वह केन्द्रीय विश्वविद्यालय है। इन दिनों अवध क्षेत्र में उच्च शिक्षा संस्थाओं की स्थिति इस प्रकार है—

1. इलाहाबाद विश्वविद्यालय, 1887 ई.
2. लखनऊ विश्वविद्यालय, 1921 ई.

3. क्षत्रपति शाहू जी महाराज विश्वविद्यालय, कानपुर, 1965 ई.
4. डॉ. राममनोहर लोहिया अवध विश्वविद्यालय, फैजाबाद, 1975 ई.
5. वीर बहादुर सिंह पूर्वांचल विश्वविद्यालय, जौनपुर, 1987 ई.
6. डॉ. भीमराव अम्बेडकर विश्वविद्यालय, लखनऊ, 1989 ई.
7. राजर्षि टण्डन मुक्त विश्वविद्यालय, इलाहाबाद, 1998 ई.
8. आचार्य नरेन्द्र देव कृषि एवं प्रौद्योगिक विश्वविद्यालय, फैजाबाद, 1974 ई.
9. चन्द्रशेखर आजाद कृषि एवं प्रौद्योगिक विश्वविद्यालय, कानपुर, 1974 ई.
10. इलाहाबाद एग्रीकल्चरल इंस्टीट्यूट, नैनी, इलाहाबाद, 2000 ई.
11. इंडियन इंस्टीट्यूट ऑफ इन्फारमेशन टेक्नोलाजी, इलाहाबाद, 2000 ई.
12. भातखण्डे म्यूजिक इंस्टीट्यूट (डीम्ड विश्वविद्यालय) लखनऊ, 2001 ई.
13. डॉ. ए.पी.जे. अब्दुल कलाम प्राविधिक विश्वविद्यालय, लखनऊ
14. ख्वाजा मोइनिद्दीन चिस्ती उर्दू-फारसी विश्वविद्यालय, लखनऊ
15. किंग जार्ज मेडिकल यूनिवर्सिटी, लखनऊ
16. डॉ. लोहिया विधि विश्वविद्यालय, लखनऊ
17. शकुन्तला मिश्र पुनर्वास विश्वविद्यालय, लखनऊ
18. राजकीय चर्म संस्थान, कानपुर
19. इंट्रीगल विश्वविद्यालय, लखनऊ
20. बाबू बनारसीदास विश्वविद्यालय, लखनऊ
21. श्रीराम स्वरूप मेमोरियल विश्वविद्यालय, लखनऊ

तकनीकी शिक्षा के क्षेत्र में यहाँ कई संस्थाएँ स्नातक, स्नातकोत्तर और डिप्लोमा शिक्षा के पाठ्यक्रम चला रही हैं। जैसे–

1. मोतीलाल नेहरू रीजनल इंजीनियरिंग कालेज, इलाहाबाद
2. आर.के. वस्त्र संस्थान, कानपुर
3. एच.बी.टी.आई., कानपुर
4. के.एन.आई. आफ साइंस एण्ड टेक्नोलाजी, सुलतानपुर
5. राजकीय वास्तुकला महाविद्यालय, लखनऊ

डिप्लोमा स्तर की संस्थाओं में अवध क्षेत्र के राजकीय पालीटेक्नीक लखनऊ, कानपुर, बस्ती, गोण्डा, फैजाबाद, जगदीशपुर, बहराइच, प्रतापगढ़, लखीमपुर खीरी, बाराबंकी, जौनपुर, उन्नाव, हरदोई, घाटमपुर, फतेहपुर, हरदोई आदि नगरों में कार्यरत हैं। डिप्लोमा स्तर की कई संस्थाएँ सीतापुर, कानपुर, गोंडा आदि नगरों में हैं। यहाँ कुछ संस्थाएँ विकलांगों के लिए तथा ग्रामीण अंचल के लिए चल रही हैं। यहाँ कम्युनिटी पालीटेक्नीक स्कीम, कानपुर, बहराइच, बाराबंकी, फैजाबाद, लखनऊ, अमेठी, फतेहपुर, जौनपुर, हरदोई, सीतापुर और लखीमपुर में चल रही हैं। यहाँ के कई नगरों में अल्पसंख्यक समुदाय तथा अनुसूचित जाति-जनजाति के लिए तकनीकी संस्थाओं की व्यवस्था की गयी है।

अवध क्षेत्र में शिक्षा का स्वरूप गर्व का विषय है और ग्लानि का भी। गर्व तो इसलिए कि विश्व का सबसे बड़ा परीक्षा केन्द्र माध्यमिक शिक्षा परिषद् (यू.पी. बोर्ड) यहाँ इलाहाबाद में स्थित है। यहाँ से प्रतिवर्ष लाखों परीक्षार्थी निकलते हैं। इस क्षेत्र में देश के प्राचीनतम चार विश्वविद्यालयों में से एक इलाहाबाद विश्वविद्यालय कार्यरत है। लगभग 95 वर्ष पूर्व स्थापित लखनऊ विश्वविद्यालय

का भी देश में अपना विशिष्ट स्थान रहा है। आज इस क्षेत्र में हजारों की संख्या में महाविद्यालय चल रहे हैं। यहाँ से निकल कर कई शिक्षा शास्त्री और विद्वान पूरे विश्व में फैल गये हैं। लखनऊ की मेडिकल यूनिवर्सिटी, यहाँ स्थापित आई.आई.एम., संगीत विश्वविद्यालय, विधि विश्वविद्यालय, यहाँ मैडम फिशर द्वारा 1953 में स्थापित 'साक्षरता निकेतन' और इस अंचल में स्थापित शोध संस्थान निःसंदेह उच्च स्तरीय हैं। लखनऊ अरबी, फारसी और उर्दू का प्रसिद्ध केन्द्र है। इलाहाबाद प्राच्य संस्कृति की तीर्थ स्थली है और कानपुर उद्योग टेक्नोलाजी का केन्द्र है। इसीलिए शिक्षा का त्रिकोणात्मक विकास यहाँ हुआ है। इधर कई सरकारी योजनाएँ शुरू की गयी हैं, जैसे- उत्तर साक्षरता कार्यक्रम, सम्पूर्ण साक्षरता अभियान और सतत शिक्षा योजना। इनके अन्तर्गत कन्याओं, दलित, वंचित वर्ग के बच्चों और विकलांग कामगार बच्चों के लिए 'सर्वशिक्षा अभियान' चलाया जा रहा है। केन्द्र और राज्य सरकार के इन कार्यक्रमों के अतिरिक्त यहाँ हजारों की संख्या में नर्सरी, मान्टेसरी, के.जी., बेसिक शिक्षा, कान्वेन्ट स्कूल, माध्यमिक शिक्षा, उच्च शिक्षा आदि से जुड़े हुए अनेकानेक पब्लिक स्कूल, मिशनरी स्कूल और विभिन्न संस्थाओं द्वारा संचालित स्कूल चलाये जा रहे हैं। इनमें महत्त्वपूर्ण हैं—कैथोड्रल, सेण्ट जोजेफ, केन्द्रीय विद्यालय, नवोदय विद्यालय, भारतीय विद्या भवन, दिल्ली पब्लिक स्कूल, जयपुरिया स्कूल आदि।

ग्रामीण क्षेत्र में जो शिक्षा संस्थाएँ स्थापित हैं तथा नगरों में जो महापालिकाओं द्वारा चलायी जा रही हैं, उनकी स्थिति बहुत सन्तोषजनक नहीं है। वहाँ भौतिक साधनों की बड़ी कमी है जैसे—पर्याप्त भवनों, छात्रावासों, पुस्तकालयों, प्रयोगशालाओं और खेलकूद के मैदानों का अभाव है। पाठ्यक्रम कालातीत है। वह प्रकाशकों की बाजारू वृत्ति और अधिकारियों की मर्जी से चलते हैं। शिक्षक ट्रेड यूनियन में फँसे हैं। प्रायः दलीय राजनीति से आक्रान्त हैं। सरकार ने संविदा के सहारे काम चलाऊ शिक्षामित्रों की नियुक्ति कर रखी है। बड़े-बड़े धन्नासेठों और शिक्षा माफिया ने शिक्षा को एक उद्योग बना लिया है। आरक्षण नीति ने शिक्षा के स्तर को बहुत गिरा दिया है। संख्यात्मक वृद्धि के बावजूद ये संस्थाएँ उच्च स्तर पर नहीं पहुँच पायी हैं। यहाँ पारम्परिक शिक्षा पद्धति हावी है। अतः प्रौद्योगिकी का बड़ा अभाव है। यहाँ का परीक्षा तन्त्र नकल कराने और झूठे प्रमाण पत्र बनाने के अभियोग के कारण संदिग्ध बना हुआ है। आवश्यकता यह है कि उच्च शिक्षा को शोध परक, रोजगार परक, आधुनिक 'स्मार्ट' पद्धति से जोड़ा जाये और इसे केन्द्र से सम्बद्ध किया जाये। इस क्षेत्र में इंजीनियरिंग से जुड़े लगभग दो दर्जन कालेज हैं। कई पालीटेक्नीक हैं। यू.पी. बोर्ड के कालेजों की संख्या 2000 के ऊपर है। सी.बी.एस.ई. और आई.सी.एस.ई. से सम्बद्ध संस्थाएँ 1000 के आस-पास हैं। किन्तु इनमें व्याप्त इन विसंगतियों को दूर करना अत्यावश्यक है।

चिकित्सा शिक्षा के अन्तर्गत यहाँ पाँच प्रकार की संस्थाएँ हैं—

1. आधुनिक चिकित्सा (ऐलोपैथी) मेडिकल एवं डेंटल
2. आयुर्वेदिक शिक्षा
3. यूनानी शिक्षा
4. होम्योपैथिक शिक्षा

इस क्षेत्र के प्रमुख मेडिकल कालेज हैं—

1. हैलेट मेडिकल कालेज, कानपुर।
2. संजय गाँधी पी.जी. इंस्टीट्यूट (डीम्ड विश्वविद्यालय) लखनऊ।
3. कमला नेहरू मेडिकल कालेज, इलाहाबाद।

4. आर.एम.एल.आई., लखनऊ।
5. कैंसर संस्थान कानपुर, इलाहाबाद।
6. कार्डियोलाजी संस्थान, कानपुर।
7. नर्सिंग कालेज, कानपुर।
8. डॉ. लोहिया, संस्थान (हास्पिटल) चिकित्सा विश्वविद्यालय (निर्माणाधीन) लखनऊ।
9. राजकीय आयुर्वेदिक महाविद्यालय, लखनऊ।
10. मोहन होम्योपैथिक कालेज, लखनऊ।
11. यूनानी कालेज, लखनऊ।
12. मानसिक रोग चिकित्सालय कानपुर, इलाहाबाद, लखनऊ।

उच्च शिक्षा के क्षेत्र में यहाँ के महाविद्यालयों का ऐतिहासिक महत्त्व है। अकेले लखनऊ विश्वविद्यालय से 146 डिग्री/पी.जी. कालेज सम्बद्ध हैं, जिनमें विशेष उल्लेखनीय हैं—आई.टी. कालेज, नेशनल कालेज, जय नारायण पी.जी. कालेज, शिया पी.जी. कालेज, क्रिश्चियन कालेज, बप्पा श्री नारायण पी.जी. कालेज, नवयुग कन्या महाविद्यालय, महिला महाविद्यालय, डी.ए.वी कालेज, विद्यान्त कालेज, अवध गर्ल्स कालेज, ए.पी. सेन बालिका महाविद्यालय, खुन खुन जी गर्ल्स कालेज, इस्लामिया गर्ल्स कालेज, कृष्णा देवी गर्ल्स कालेज आदि। इनमें नेशनल कालेज 2009 से स्वायत्त महाविद्यालय हो गया है।

इलाहाबाद इस क्षेत्र का बहुत बड़ा विद्या-केन्द्र है। आधुनिक भारत में स्थापित देश के चार विश्वविद्यालयों में से इलाहाबाद विश्वविद्यालय (1887) एक है। पहले लखनऊ का कैनिंग कालेज भी इसी विश्वविद्यालय से सम्बद्ध था। इस विश्वविद्यालय ने अनेक सिविल सर्वेण्ट्स दिये हैं। यहाँ के अनेक विद्वान अपने-अपने विषय के विशेषज्ञ रहे हैं, जैसे—संस्कृत के आचार्य गंगा नाथ झा, इतिहास में डॉ. ताराचन्द, डॉ. ईश्वरी प्रसाद, डॉ. तारापुरवाला, डॉ. बेनी प्रसाद सक्सेना, अंग्रेजी में प्रोफेसर देव, हिन्दी में डॉ. धीरेन्द्र वर्मा, डॉ. रामकुमार वर्मा, डॉ. माता प्रसाद गुप्त, डॉ. रामशंकर शुक्ल 'रसाल', डॉ. ब्रजेश्वर वर्मा, डॉ. वार्ष्णेय, पं. उमाशंकर शुक्ल, डॉ. उदय नारायण तिवारी, डॉ. धर्मवीर भारती, डॉ. रामस्वरूप चतुर्वेदी, डॉ. जगदीश गुप्त आदि। इसी प्रकार भौतिक शास्त्र में प्रोफेसर कृष्णा जी, रसायनशास्त्र में प्रो. रामचरण मेहरोत्रा, गणित में प्रोफेसर गोरख प्रसाद, दर्शन में प्रो. संगम लाल आदि प्रसिद्ध रहे हैं। यहाँ स्थापित महिला महाविद्यालय, प्रयाग महिला विद्यापीठ, इरविंग कालेज, कायस्थ पाठशाला पी.जी. कालेज आदि का भी अपना विशिष्ट स्तर रहा है।

अवध क्षेत्र ने बड़े-बड़े विशेषज्ञ दिये हैं, यथा—इलाहाबाद के प्रोफेसर मेघनाद साहा, विज्ञान परिषद् के संस्थापक डॉ. सत्यप्रकाश, पुरावनस्पति शास्त्र के प्रवर्तक और पोलियो बाटनी संस्थान, लखनऊ के अध्यक्ष प्रो. वीरवल साहनी, प्राणिशास्त्र विभाग, लखनऊ विश्वविद्यालय के गौरव प्रो. के. एन. भाल, अर्थशास्त्र एवं समाजशास्त्र विभाग, लखनऊ विश्वविद्यालय के पुरस्कर्ता प्रो. राधा कमल मुकर्जी, डॉ. डी.पी. मुकर्जी, मानव शास्त्र विभाग, लखनऊ विश्वविद्यालय के प्रो. डी.एन. मजूमदार, आई.आई.टी. कानपुर के गणितज्ञ डॉ. जगत नारायण कपूर, रसायनशास्त्र के प्रो. जार्ज मनपुरुथ वर्गीज (कानपुर), संस्कृत एवं प्राच्य विद्या विशेषज्ञ रुद्रप्रसाद अवस्थी, आनंद झा, प्रो. अय्यर, प्रो. के. सी. पाण्डेय (लखनऊ), हिन्दी विद्वान प्रो. पीताम्बर दत्त बड़थ्वाल तथा डॉ. भगीरथ मिश्र (लखनऊ), पुराविद् डॉ. राधा कुमुद मुखर्जी, प्रो. कालिका रंजन कानूनगो, राजनीति-विशारद प्रो. शिव राम, बौद्ध दर्शन के विशेषज्ञ और लखनऊ विश्वविद्यालय के कुलपति आचार्य नरेन्द्र देव, अंग्रेजी के विद्वान

प्रो. निर्मल कुमार सिद्धान्त, वाणिज्य के विद्वान वी.एन. दासगुप्त आदि।

इस क्षेत्र के प्रसिद्ध वैज्ञानिकों में विशेषतः उल्लेखनीय हैं–

प्रो. एन. सत्यमूर्ति (रसायन) आई.आई.टी., कानपुर, डॉ. नित्यानन्द, पूर्व निदेशक, सी.डी.आर. आई., लखनऊ, डॉ. महेन्द्र नाथ बोस, पूर्व निदेशक, बीरबल साहनी संस्थान, लखनऊ, डॉ. रत्नशंकर मिश्र, सापेक्षतावाद, ज्यौमेट्री के विशेषज्ञ एवं लखनऊ विश्वविद्यालय के पूर्व कुलपति। डॉ. रघुनाथ प्रसाद रस्तोगी, रसायनशास्त्र विभागाध्यक्ष, लखनऊ विश्वविधालय एवं बी.एच.यू. के कुलपति। डॉ. भोलानाथ सिंह, विशेषज्ञ प्लांट फिजियोलाजी आदि।

वैज्ञानिक क्षेत्र में विशिष्ट सम्मान प्राप्त अवध की इन विभूतियों का नाम अकारादिक्रम से स्मरणीय हैं–

1. अमिताभ भट्टाचार्य, पूर्व निदेशक, आई.आई.टी., कानपुर
2. अनिमेष चक्रवर्ती (रसायन), आई.आई.टी., कानपुर
3. अख्तर हुसेन, पूर्व निदेशक सिमैप, लखनऊ
4. अभिभूषणसेन (पैरासिटोलाजी), सी.डी.आर.आई., लखनऊ
5. डॉ. इन्द्र बहादुर सिंह (भूगर्भ शास्त्र), लखनऊ विश्वविद्यालय
6. उमाशंकर श्रीवास्तव (प्राणिशास्त्र), इलाहाबाद विश्वविद्यालय
7. डॉ. एच.आर. मेहरा (प्राणिशास्त्र) इलाहाबाद विश्वविद्यालय
8. कृष्ण प्रसाद भार्गव (न्यूरो साइको), के.जी.एम.सी., लखनऊ
9. डॉ. कैलाश नारायण सक्सेना (प्राणिशास्त्र), इलाहाबाद विश्वविद्यालय
10. गोविन्द सिंह थापर (प्राणिशास्त्र), लखनऊ विश्वविद्यालय
11. गुरु प्रसाद दत्त (माइक्रो बायो.), सी.डी.आर.आई., लखनऊ
12. गणेश प्रसाद (गणित), इलाहाबाद विश्वविद्यालय
13. डॉ. चक्रवर्ती (गणित), कुलपति, लखनऊ विश्वविद्यालय
14. जनेश्वर दास (इलेक्ट्रिकल्स), आई.आई.टी., कानपुर
15. जगत नारायण कपूर (गणित), आई.आई.टी., कानपुर
16. डॉ. डी.एन. मजूमदार (नृतत्व), लखनऊ विश्वविद्यालय
17. डॉ. दीवान सिंह भाकुनी (रसायन शास्त्र), सी.डी.आर.आई., लखनऊ
18. दिव्य दर्शन पंत (वनस्पति शास्त्र), इलाहाबाद विश्वविद्यालय
19. नरेन्द्र नाथ सेन गुप्त (मनोविज्ञान), लखनऊ विश्वविद्यालय
20. नीलरतन धर, इलाहाबाद विश्वविद्यालय
21. डॉ. भीम शंकर त्रिवेदी (प्लाण्ट मारफोलाजी), लखनऊ विश्वविद्यालय
22. डॉ. परांजपे (गणित), लखनऊ विश्वविद्यालय
23. डॉ. प्यारे लाल श्रीवास्तव (गणित), इलाहाबाद विश्वविद्यालय
24. डॉ. पी.एस. मैकमोहन (रसायन शास्त्रीय शिक्षा के प्रवर्तक), लखनऊ विश्वविद्यालय
25. प्रो. के.एन. भाल (प्राणिशास्त्र), लखनऊ विश्वविद्यालय
26. डॉ. महेन्द्र नाथ बोस, निदेशक बीरबल साहनी संस्थान, लखनऊ
27. डॉ. मेघनाद शाहा (भौतिकशास्त्री), इलाहाबाद
28. डॉ. मुकुन्द बिहारी लाल (प्राणिशास्त्र), लखनऊ विश्वविद्यालय

29. डॉ. ब्रजनाथ सिंह (माइक्रो बायोलाजी), सी.डी..आर.आई., लखनऊ
30. डॉ. बद्रीनाथ प्रसाद सिंह (गणित), इलाहाबाद विश्वविद्यालय
31. डॉ. महेन्द्र सिंह सोढा (भौतिकी), पूर्व कुलपति, लखनऊ विश्वविद्यालय
32. डॉ. मोती लाल धर (रसायन शास्त्र), निदेशक, सी.डी.आर.आई., लखनऊ
33. डॉ. भोलानाथ धवन, सी.डी.आर.आई., के.जी.एम.सी., लखनऊ
34. डॉ. रामसिंह कुशवाहा (स्ट्रोफिजिक्स), इलाहाबाद विश्वविद्यालय
35. डॉ. राजेन्द्र लखन पाल, बीरबल साहनी पुरा वनस्पति संस्थान, लखनऊ
36. डॉ. रमेश चन्द्र मिश्र (खनिज-खोज), लखनऊ विश्वविद्यालय
37. डॉ. रामचरण (इलेक्ट्रिक्ल), आई.आई.टी., कानपुर
38. डॉ. रामकुमार सक्सेना (वनस्पति शास्त्र), इलाहाबाद विश्वविद्यालय
39. डॉ. राधा कमल मुकर्जी (समाज विज्ञान), लखनऊ विश्वविद्यालय
40. प्रो. रंजन (वनस्पति शास्त्र), इलाहाबाद विश्वविद्यालय
41. डॉ. रामनारायण टंडन (वनस्पति शास्त्र), इलाहाबाद विश्वविद्यालय
42. डॉ. वनमाली शरण मांगलिक (पैथोलाजी), के.जी.एम.सी., लखनऊ
43. प्रो. बीरबल साहनी (पुरावनस्पति विज्ञान), लखनऊ
44. शिखीदत्त भूषण (रसायन शास्त्र), इलाहाबाद विश्वविद्यालय
45. सत्येश्वर घोष, इलाहाबाद विश्वविद्यालय
46. डॉ. सर्वज्ञ कटियार (रसायन शास्त्र), आई.आई.टी., कानपुर, पूर्व कुलपति, कानपुर विश्वविद्यालय
47. डॉ. शिवकान्त पाण्डेय, एन.बी.आर.आई., लखनऊ
48. डॉ. सिब्ते हसन रिज्वी, आई.टी.आर.सी., सी.डी.आर.आई., लखनऊ
49. डॉ. सुखदेव प्रसाद (वनस्पति शास्त्र), विज्ञान प्रतिष्ठान, इलाहाबाद
50. सैयद जहूर कासिम, (मेरीन साइंस विशेषज्ञ)
51. डॉ. शिव गोपाल मिश्र, विज्ञान परिषद्, इलाहाबाद
52. डॉ. हरिश्चन्द्र, (गणितज्ञ), कानपुर
53. डॉ. हीरा लाल निगम (रसायन शास्त्र), इलाहाबाद विश्वविद्यालय आदि।

समाज कल्याण

समाज सुधार की दिशा में यहाँ कई प्रयास हुए हैं और हो रहे हैं। इस क्षेत्र में 'हरिजन सहायक विभाग' की स्थापना 1948 ई. में की गयी थी। इसके पूर्व 1940 ई. में यहाँ 'रिक्लेमेशन विभाग' खोला गया था, जो जरायम पेशा जातियों के उद्धार में सक्रिय था। 1955 ई. में यहाँ समाज कल्याण विभाग की स्थापना हुई। 1995 में यहाँ अल्पसंख्यक विभाग, विकलांग कल्याण और पिछड़ा वर्ग कल्याण विभाग गठित किये गये। इनके अन्तर्गत असहाय लोगों के हित में प्राथमिक पाठशालायें, छात्रावास तथा आश्रम पद्धति विद्यालय खोले गये हैं। बच्चों को छात्रवृत्ति, उत्पीड़ित व्यक्तियों के लिए आर्थिक सहायता, कन्या विवाह और बीमारी के लिए अनुदान, साथ ही स्वरोजगार की कई योजनाएँ संचालित की जा रही हैं। सरकार माध्यमिक शिक्षा तक के इन छात्रों को निःशुल्क शिक्षा और छात्रवृत्ति प्रदान करती है। उच्च शिक्षा हेतु भी कई सुविधाएँ हैं–जैसे विशेष कोचिंग, प्राविधिक शिक्षा, बुक बैंक आदि। लखनऊ में स्थित भागीदारी भवन विभिन्न प्रतियोगिताओं के लिए इन्हें तैयार

करता है। इनके लिए आरक्षण की व्यवस्था है। इनकी बस्तियों का रखरखाव भी यह विभाग करता है। छुआ-छूत को समाप्त करने के लिए यहाँ कई अधिनियम बनाये गये हैं। विमुक्त जातियों के लिए लखनऊ, हसनपुर (सुलतानपुर), गोंडा आदि में आश्रम पद्धति के विद्यालय खोले गये हैं। अनुसूचित जाति के लिए स्वतन्त्र वित्त विकास निगम बनाया गया है, जो स्वतः रोजगार, स्वच्छकार-पुनर्वासन और टंकण, आशुलिपि, हथकरघा, कुटीर उद्योग आदि के लिए योजनाएँ चला रहा है। लखनऊ में दुर्बलों, वृद्धों और भिक्षुकों के लिए वृद्ध गृह तथा भिक्षुक गृह खोले गये हैं। स्कूली बच्चों के लिए मिड्डे मील और आवास व्यवस्था उपलब्ध करायी जा रही है। प्रदेश सरकार अकिंचन मृतकों के दाहसंस्कार हेतु, विधवा पेंशन प्राप्त महिलाओं की कन्याओं की शादी हेतु तथा कश्मीरी विस्थापितों के पुनर्वासन हेतु वित्तीय सहायता देती है। वृद्धावस्था पेंशन योजना भी यहाँ चल रही है।

मद्य निषेध विभाग ने लखनऊ, इलाहाबाद, कानपुर में नशा बन्दी के लिए कई कार्यक्रम चलाए हैं। इसके लिए कई प्रचारक नियुक्त किये गये हैं। कुछ निर्व्यसन केन्द्र खोले गये हैं और समाजोत्थान विषयक कई सचल इकाइयाँ (जैसे प्रदर्शनी, शिक्षा प्रद साहित्य, फिल्म, नाटक रंगमंच आदि) कार्यरत हैं।

जनजातियों के कल्याण हेतु लखीमपुर खीरी, बलरामपुर, गोंडा, बहराइच, श्रावस्ती आदि जिलों में थारू विकास परियोजना तथा बिखरी या एकीकृत जनजाति विकास परियोजना चलायी जा रही है। यहाँ इनको निःशुल्क शिक्षा दी जाती है, साथ ही छात्रवृत्ति, मुफ्त छात्रावास और आर्थिक सहायता भी। कुछ जगहों पर कृषि तथा बागवानी, कुटीर उद्योग और चिकित्सा के लिए इन्हें अनुदान दिया जाता है। खीरी और बलरामपुर में इनके लिए 'पाकेट प्लान' एवं प्रिमिटिव ग्रुप्स योजना चलायी जा रही है। केन्द्र सरकार के सहयोग से यहाँ जनजाति शोध एवं प्रशिक्षण संस्थान इनके प्रामाणिक अन्वेषण और सर्वेक्षण में काफी सक्रिय है। इस संस्थान ने भर तथा राजभर नामक जनजाति का प्रामाणिक अध्ययन किया है।

महिलाओं के कल्याण के लिए 1988 ई. में यहाँ महिला कल्याण निगम की स्थापना की गयी। यह निगम गर्भवती महिलाओं को पुष्टाहार प्रदान करता है। उनकी शिक्षा के लिए केन्द्र 'आँगन बाड़ी' चलाता है। गरीबी रेखा से नीचे वाले परिवारों को बालिका के जन्म पर शासन वित्तीय सहायता देता है। किशोरी विकास योजना भी यह निगम चलाता है। वह दहेज पीड़ित महिलाओं को सहायता देता है और किशोरियों के लिए राजकीय संरक्षण गृह खोलता है। इस निगम के अन्य कार्य हैं–

1. निराश्रित विधवाओं को अनुदान
2. विधवा विवाह पर पुरस्कार
3. अनैतिक व्यापार निरोधक संगठनों की स्थापना
4. महिलाओं का पुनर्वासन
5. तकनीकी शिक्षा से जुड़ी महिलाओं को छात्रवृत्ति
6. श्रमजीवी महिलाओं के लिए आवास
7. अनाथालयों, आश्रमों और महिला सदनों की स्थापना
8. प्रौढ़ महिलाओं की शिक्षा व्यवस्था
9. महिला मण्डल कार्यक्रम
10. प्रसूति सेवाएँ और स्वास्थ्य सुविधाएँ
11. परिवार परामर्श केन्द्र
12. महिला आरक्षण व्यवस्था

13. परिवार नियोजन कार्यक्रम
14. ऐंबुलेंस व्यवस्था
15. समाजवादी पेंशन आदि।

अल्पसंख्यकों के कल्याण के लिए धर्म निरपेक्षता की नीति यहाँ लागू है। इसके लिए अल्पसंख्यक आयोग गठित किया गया है, जिसमें मुस्लिम, सिक्ख, बौद्ध, जैन, ईसाई और पारसी समुदाय अधिसूचित हैं। मुस्लिम समुदाय के विकास हेतु यहाँ मदरसों/मकतबों का आधुनिकीकरण करते हुए गणित, विज्ञान, अंग्रेजी, हिन्दी, कम्प्यूटर और व्यावसायिक शिक्षा की व्यवस्था की गयी है। इस समुदाय के लिए वक्फ विकास निगम, हज समिति, सिया, सुन्नी सेण्ट्रल बोर्ड और अल्पसंख्यक आयोग कार्यरत हैं। अल्पसंख्यक कल्याण विभाग अरबी, फारसी पढ़ाने वाले मदरसों को संरक्षण प्रदान करता है तथा मुस्लिम छात्रों के व्यावसायिक प्रशिक्षण हेतु कोचिंग योजना चलाता है।

पिछड़े वर्ग के कल्याण हेतु यहाँ नौकरियों में 27 प्रतिशत आरक्षण है। यह निदेशालय उनके विकास के लिए कई प्रकार के कार्यक्रम संचालित कर रहा है, जैसे—विद्यार्थियों को छात्रवृत्ति, बुक-बैंक योजना, छात्रावास, प्रतियोगात्मक परीक्षा, पूर्व प्रशिक्षण केन्द्रों की योजना, शैक्षिक ऋण योजना, प्रशिक्षण योजना, महिलाओं के लिए 'स्वर्णिमा' योजना आदि। राज्य पिछड़ा वर्ग आयोग ने 79 जातियों को इस वर्ग में शामिल किया है।

विकलांगों के कल्याण हेतु यहाँ 1995 ई. में विकलांग कल्याण विभाग का गठन किया गया है। इसके अन्तर्गत विकलांगों को आरक्षण दिया जाता है और व्यावसायिक प्रशिक्षण तथा वित्तीय व्यवस्था भी। इनके लिए मूक बधिर विद्यालय खोले गये हैं, जहाँ ब्रेल पद्धति से शिक्षा दी जाती है। अविकसित बच्चों के लिए लखनऊ तथा इलाहाबाद में मनोवैज्ञानिक पद्धति से शिक्षा देने वाले विद्यालय चल रहे हैं। शारीरिक रूप से अक्षम बच्चों के लिए लखनऊ तथा प्रतापगढ़ में कुछ विद्यालय खोले गये हैं, जहाँ उनका भरण पोषण निःशुल्क रूप से किया जाता है। बेरोजगार विकलांगों के लिए इलाहाबाद, मिर्जापुर और उन्नाव में राजकीय कर्मशालाएँ स्थापित हैं, जहाँ वे हस्तकलाएँ सीखते हैं। विकलांगों के लिए पेंशन, छात्रवृत्ति, निःशुल्क यात्रा सुविधा, विवाह सम्बन्धी प्रोत्साहन, पुनर्वासन, कृत्रिम अंग क्रय करने हेतु अनुदान एवं आरक्षण की विशेष व्यवस्था लखनऊ, कानपुर और इलाहाबाद के सेवा योजन कार्यालयों में की गयी है। इनके लिए बीमा योजना और इनके बच्चों के विवाह हेतु अनुदान देने की योजना आयुक्त विकलांग जन के माध्यम से चलायी जा रही है।

सैनिक कल्याण योजना के अन्तर्गत यहाँ अवकाश प्राप्त सैनिकों, अपंग सैनिकों और शहीदों के आश्रितों के लिए पुनर्वासन, पुनर्नियोजन, स्वतः रोजगार तथा पुरस्कार की कई योजनाएँ चलायी जा रही हैं। वीर चक्र प्राप्त सैनिकों को केन्द्र और राज्य के द्वारा अनेक प्रकार की सुविधाएँ प्रदान की जाती हैं।

स्वतन्त्रता संग्राम सेनानियों के लिए 1973 ई. में यहाँ सेनानी कल्याण परिषद् की स्थापना की गयी। यह परिषद् 1947 ई. के सेनानियों को मासिक पेंशन देती है, उनके बच्चों को दो प्रतिशत आरक्षण देती है और उनकी स्मृति में स्मारकों का निर्माण कराती है। इन्हें प्रदेश की बसों से निःशुल्क यात्रा करने की सुविधा प्राप्त है। लखनऊ में वृद्धों, निराश्रितों और स्वतन्त्रता संग्राम सेनानियों के लिए 'सेवा सदन' की स्थापना की गयी है, जहाँ भोजन, आवास की निःशुल्क व्यवस्था है।

बाल कल्याण के उद्देश्य से यहाँ बाल विकास परियोजना लागू की गयी है, जो बच्चों के लिए पुष्टाहार, टीकाकरण, स्वास्थ्य जाँच, स्कूल पूर्व शिक्षा और समृद्धि की योजनाएँ चलाती है। भ्रूण

हत्या रोकने के लिए यहाँ 'बेटी बचाओ' अभियान चल रहा है। बाल कल्याण के लिए 'यूनी सेफ' भी बहुत सक्रिय है। बाल श्रमिकों के कल्याणार्थ यहाँ अनेक संस्थाएँ सक्रिय हैं।

श्रमिकों के कल्याण हेतु कानपुर में श्रमायुक्त संगठन स्थापित किया गया है। यहाँ बँधुवा मजदूरों की मुक्ति के कई आन्दोलन चले हैं। श्रमिकों को उचित पारिश्रमिक दिलाने हेतु कई अधिनियम बनाये गये हैं। यह संगठन सेवा योजकों, श्रमिकों और ट्रेड यूनियनों के बीच समन्वयन करता है। इस उद्देश्य से श्रमिक आवास, पुनर्वास, वेतन, भत्ता, स्वास्थ्य, सुरक्षा आदि से सम्बन्धित कई प्रयास किये गये हैं। इस निदेशालय ने लखनऊ, रायबरेली, कानपुर में औद्योगिक प्रशिक्षण संस्थान खोले हैं। यहाँ कई जिलों में कर्मचारी बीमा योजना और श्रम प्रकोष्ठ की व्यवस्था की गयी है।

युवा कल्याण की दृष्टि से यहाँ युवा आन्दोलन संगठन की स्थापना की गयी है, साथ ही एक निदेशालय की भी। प्रान्तीय रक्षक दल इसमें बड़ी सहायता करता है। युवा कल्याण हेतु यहाँ कई व्यायाम शालाओं और खेलकूद प्रतियोगिताओं का आयोजन होता रहता है। युवकों के हित में इस क्षेत्र में युवा छात्र संघों की स्थापना की गयी है, युवक महिला दलों का गठन किया गया है तथा कुछ ग्रामीण स्टेडियम बनाये गये हैं। इस बीच कई नये युवा पुरस्कार शुरू किये गये हैं और विवेकानन्द की जयन्ती को युवा उत्सव एवं संगोष्ठी के आयोजन से परिपूर्ण युवा दिवस मान लिया गया है। लखनऊ में निर्माणाधीन अन्तरराष्ट्रीय क्रिकेट स्टेडियम की योजना उच्चस्तरीय है।

इस प्रकार स्पष्ट है कि समाज के अनेक वर्गों के हित में अवध क्षेत्र के अन्तर्गत अनेक योजनाएँ पिछले कई वर्षों से चलायी जा रही हैं, जिनसे अवध अंचल के सांस्कृतिक विकास को पर्याप्त प्रश्रय प्राप्त हुआ है।

अन्यान्य प्रमुख केन्द्र : हैंडी क्राफ्ट बोर्ड, आकाशवाणी, पुरातत्व सर्वेक्षण, ट्रिब्यूनल, सी.बी.आई., नारकोटिक्स, सेंट्रल एक्साइज, हार्टीकल्चर, प्लास्टिक इंजीनियरिंग, सी.पी.डब्ल्यू.डी., रिजर्व पुलिस फोर्स, कस्टम डिवीजन, सिल्क बोर्ड, दूरदर्शन, फिल्म डिवीजन, जियोलोजिकल सर्वे, होम्योपैथिक ड्रग रिसर्च इस्टी., आयुर्वेदिक रिसर्च, इनकम टैक्स, एअरफोर्स, केन्द्रीय विद्यालय संगठन, रेवन्यू बोर्ड, संस्कृत विद्यापीठ, खादी ग्रामोद्योग, श्रम मन्त्रालय, वैकल्पिक ऊर्जा, सड़क परिवहन निगम, पर्यटन निदेशालय, राष्ट्रीय बचत संगठन, जल विकास बोर्ड, लोकायुक्त, पासपोर्ट कार्यालय, चीफ पोस्टमास्टर जनरल, उत्तर पूर्वोत्तर रेलवे मण्डल कार्यालय (लखनऊ), इंस्टीट्यूट ऑफ इंजीनियरिंग ऐण्ड रूरल टेक्नोलाजी (इलाहाबाद), स्टील एथारिटी आफ इण्डिया (कानपुर एवं इलाहाबाद), इफको (इलाहाबाद), फूड कार्पोरेशन (इलाहाबाद), बटलर टेक्नोलाजी इंस्टी (कानपुर), आर्डीनेंस फैक्ट्री (कानपुर), टेक्सटाइल टेक्नोलाजी (कानपुर), इण्डियन टेलीफोन इन्डस्ट्री (रायबरेली), थर्मल पावर (ऊँचाहार), रेल डिब्बा कारखाना (लालगंज), गल्फ फर्टिलाइजर्स (सुलतानपुर), भेल, एच.ए.एल., भारत गैस, के.एन.आई. इंजीनियरिंग कालेज (सुलतानपुर), हिन्दुस्तान ऐरोनाटिक्स लिमिटेड (लखनऊ), लेदर इन्स्टीट्यूट (कानपुर), पुलिस निदेशालय, एकाउंटेण्ट जनरल कार्यालय इलाहाबाद आदि। इस विवरण से स्पष्ट है कि यह क्षेत्र संस्थाओं के क्षेत्र में अग्रगण्य है।

सरकारी संस्थाएँ

इस क्षेत्र में विभिन्न प्रकार की संस्थाएँ कार्यरत हैं, जिनमें प्रमुख संस्थाओं का परिचय अकारादि क्रम से प्राप्य है।

अयोध्या शोध संस्थान : उत्तर प्रदेश शासन द्वारा 1986 में स्थापित इस स्वायत्त संस्था का

मुख्यालय तुलसी स्मारक भवन अयोध्या में है। संस्कृति विभाग के सचिव इसके पदेन अध्यक्ष होते हैं। सम्प्रति डॉ. योगेन्द्र प्रताप सिंह इसके निदेशक हैं। 'शोध विकास समिति' इसके संचालन में सहायता करती है। इस संस्थान ने देश-देशान्तर में अनेक संगोष्ठियाँ एवं प्रदर्शनियाँ आयोजित की हैं। यहाँ संगीत, चित्र, मूर्तिकला, साहित्य एवं लोकजीवन में सन्निहित रामकथा तथा अवध संस्कृति के अन्वेषण, सर्वेक्षण, संरक्षण आदि की अनेक परियोजनाएँ चल रही हैं। संस्थान द्वारा 'साक्षी' पत्रिका के साथ-साथ लगभग सवा सौ ग्रन्थों का प्रकाशन किया गया है, जो उच्चस्तरीय हैं।

आई.आई.टी. (कानपुर) : यह देश का एक प्राचीन प्रतिष्ठित संस्थान है। नवीनतम सरकारी मूल्यांकन के अनुसार पूरे देश में इसे पाँचवाँ स्थान प्राप्त हुआ है। इसमें टेक्नोलॉजी की कई शाखाएँ हैं, जिनमें प्रशिक्षित तकनीकी विशेषज्ञों ने अन्तरराष्ट्रीय स्तर पर ख्याति प्राप्त की है।

आचार्य नरेन्द्र देव अन्तरराष्ट्रीय बौद्ध विद्या शोध संस्थान : इसका गठन वर्ष 1985 में संस्कृति विभाग के अन्तर्गत स्वायत्तशासी संस्थान के रूप में सोसाइटी एक्ट के अन्तर्गत पंजीकृत कराकर किया गया था। संस्थान का उद्देश्य भारत सहित विश्व के विभिन्न देशों में प्रचलित बौद्ध विद्या के अध्ययन एवं तसम्बन्धी शोध के साथ सम्पूर्ण भारतीय दर्शन तथा धर्मों का तुलनात्मक एवं समीक्षात्मक अध्ययन है।

औद्योगिक विज्ञान अनुसन्धान केन्द्र : लखनऊ में 4 नवम्बर 1965 को स्थापित भारत सरकार का यह संस्थान विभिन्न प्रकार के जहरीले पदार्थों की खोज करता है। इसके पास विकसित प्रयोगशाला और पुस्तकालय है। इससे बड़े-बड़े वैज्ञानिक जुड़े हैं।

इन्दिरा गाँधी नक्षत्रशाला (लखनऊ) : सूरज कुण्ड लखनऊ में स्थापित यह नक्षत्रशाला 2002-03 से जनसामान्य के लिए खुली हुई है। इसमें खगोल के सारे दृश्य दिखाए जाते हैं।

इलाहाबाद संग्रहालय : यह एक अत्यन्त प्राचीन एवं सुव्यवस्थित संग्रहालय है, जिसमें अत्यन्त दुर्लभ अभिलेख सुरक्षित है। यहाँ समय-समय पर प्रदर्शनकारी कलाओं के कार्यक्रम होते रहते हैं।

उच्च न्यायालय (इलाहाबाद) : यह देश का अत्यन्त प्राचीन (1934 में स्थापित) प्रतिष्ठित न्यायालय है। इसका एक खण्डपीठ लखनऊ में है। यहाँ कई जिला स्तरीय न्यायालय और परिवारिक न्यायालय है। भ्रष्टाचार निवारण हेतु लखनऊ में मण्डल स्तर का न्यायालय है। अनुसूचित जाति, जनजाति अत्याचार निवारण हेतु कई जिलों में विशेष न्यायालय हैं। आर्थिक अपराध निवारण और मानव अधिकार संरक्षण हेतु कई न्यायालयों की व्यवस्था की गयी है। राज्य विधि आयोग यहाँ 1999 से कार्य कर रहा है।

उत्तर प्रदेश संगीत नाट्य अकादमी : लखनऊ में 13 नवम्बर 1963 ई. को स्थापित यह अकादमी संगीत, नृत्य, नाटक, लोक संगीत, लोक नाट्य और अन्यान्य लोक कलाओं के संरक्षण, कलाकारों को प्रोत्साहन, प्रशिक्षण, प्रकाशन और नवोदित कलाकारों हेतु सचेष्ट है। यहाँ से 'छायानट' नाम की एक पत्रिका निकलती है। कलाकारों की श्रृव्य-दृश्य रिकार्डिंग होती है। यहाँ शोध सन्दर्भ पुस्तकालय की भी व्यवस्था है। इससे बड़े कलाकार जुड़े हुए हैं।

केन्द्रीय ओषधि अनुसन्धान संस्थान : लखनऊ में 7 फरवरी 1951 को स्थापित यह संस्थान नयी ओषधियों की खोज की दिशा में सक्रिय है। इसके अन्तर्गत 18 अनुसन्धान प्रभाग कार्य कर रहे हैं। बड़े-बड़े वैज्ञानिक शरीर क्रिया विज्ञान, रोग की पहचान, बचाव के टीकों के विकास में लगे हुए हैं। इसने मलेरिया, फैलेरिया, कालाजार, प्रजनन क्षमता नियन्त्रण, उच्च रक्त चाप नियन्त्रण, थाइराइड आदि से सम्बन्धित अनेक महत्त्वपूर्ण शोध किये हैं।

केन्द्रीय ओषधीय एवं सगंध पौधा संस्थान (सिमैप) : लखनऊ में स्थित इस संस्थान के पाँच केन्द्र हैं। यह संस्थान गंधयुक्त पौधों का विकास करता है, जैसे पिपरमेण्ट, गुलाब, ब्राह्मी, लवेन्डर, सर्पगन्धा आदि। यहाँ से कई पुस्तकें और शोध पत्र प्रकाशित हुए हैं। फूलों की खेती का विकास इसका मुख्य उद्देश्य है।

गन्ना अनुसन्धान संस्थान : लखनऊ में स्थित इस संस्थान ने गन्ने की विभिन्न प्रजातियों के विकास अनुसन्धान के साथ-साथ कृषि सम्बन्धी अनेक महत्त्वपूर्ण खोजें की हैं। इनके पास कई विकसित प्रयोगशालाएँ हैं और किसानों से सम्बन्धित कई कार्यक्रम हैं।

जनपदीय संग्रहालय (सुल्तानपुर) : सुल्तानपुर जनपद के महत्त्वपूर्ण पुरास्थलों जैसे—शमिचरा, कुड, भांटी, सोमनाभार, कालूपाठक का पुरवा, अहिरन पलिया, सोहगौली, महमूदपुर आदि स्थलों पर प्राकृतिक सम्पदा बिखरी दिखाई देती है। इनके विविध पक्षों से सम्बन्धित सामग्रियों और बिखरी सांस्कृतिक पुरा सम्पदा को संकलित, सुरक्षित, प्रदर्शित, प्रलेखीकृत व प्रकाशित कर उन पर अध्ययन व अनुसन्धान करने-कराने के उद्देश्य से वर्ष 1998-99 में इस संग्रहालय की स्थापना की गयी थी।

निदेशालय : इस क्षेत्र में चिकित्सा एवं स्वास्थ्य, परिवार कल्याण, चिकित्सा, शिक्षा, संचरण निदेशालय आदि कई निदेशालय हैं।

प्रकाशन ब्यूरो : इसके अन्तर्गत मुख्यमन्त्री के चुने हुए भाषणों के साथ-साथ उपयोगी पुस्तकें, पत्र-पत्रिकाएँ, फोल्डर, पोस्टर आदि प्रकाशित होते रहते हैं। यहाँ से नया दौर, उत्तर प्रदेश मासिक, उत्तर प्रदेश संदेश, सूचना डायरी आदि का प्रकाशन किया जाता है। उत्तर प्रदेश का सूचना एवं जनसम्पर्क निदेशालय कई योजनाएँ चला रहा है जैसे—गीत एवं नाट्य योजना, प्रदर्शनी, ग्रामीण प्रसारण राष्ट्रीय समारोह, सन्दर्भ पुस्तकालय, फिल्म बन्धु, सामूहिक दूरदर्शन, मीडिया सेंटर आदि।

फिल्म बन्धु : इसके अन्तर्गत फिल्म निर्माताओं को वित्तीय सुविधा दी जाती है, साथ ही फिल्म इंस्टीट्यूट पुणे में अध्ययनरत प्रदेश के छात्रों को छात्रवृत्ति प्रदान की जाती है। लखनऊ में स्थित यह संस्था फिल्म सोसाइटीज को फिल्म निर्माण हेतु ऋण और अनुदान देती है।

भारतीय प्रबन्ध संस्थान : लखनऊ की यह संस्था इस वर्ष के आकलन में चौथे स्थान पर रखी गयी है। तकनीकी शिक्षा में इसका विशिष्ट स्थान है।

वीरबल साहनी पुरावनस्पति विज्ञान संस्थान : लखनऊ विश्वविद्यालय के प्रो. वीरबल साहनी ने इस विद्या की खोज की थी। उनके प्रयास से 10 सितम्बर 1946 को इस संस्थान की स्थापना हुई। इसकी एक शाखा लखनऊ विश्वविद्यालय से जुड़ी है और दूसरी शाखा स्व. साहनी के आवास में है, जिसका संचालन श्रीमती साहनी करती हैं।

भारतेन्दु नाट्य अकादमी : यह नाट्य प्रशिक्षण का एक विशिष्ट प्राचीन केन्द्र है। लखनऊ में स्थित यह अकादमी नाट्यकला का द्विवर्षीय डिप्लोमा चलाती है और फिल्म टी.वी. की निर्माण प्रक्रिया सिखाती है।

मोतीलाल नेहरू इंजीनियरिंग कालेज : इलाहाबाद में स्थित इस कालेज की बड़ी प्रतिष्ठा है। नवीनतम आकलन के आधार पर इसे देश के इंजीनियरिंग कालेजों में 23 वां स्थान प्राप्त हुआ है।

राजकीय अभिलेखागार : इसकी स्थापना सन् 1949 में सेण्ट्रल रिकार्ड ऑफिस के रूप में हुई थी। इसका मुख्य उद्देश्य उत्तर प्रदेश सरकार के विभिन्न विभागों, मण्डलीय एवं जिला स्तर के कार्यालयों एवं अर्द्धशासकीय स्रोतों पर उपलब्ध अभिलेखों का स्थानान्तरण एवं समुचित संरक्षण करना तथा स्थानान्तरित अभिलेखों का वैज्ञानिक संरक्षण करना, शोध छात्रों को सुविधा देना, शासन को

आवश्यक सूचनाएँ उपलब्ध कराना, दुर्लभ पाण्डुलिपियों एवं प्रपत्रों का प्राप्त करना है।

राज्य ललित कला अकादमी : इसकी स्थापना लखनऊ में 8 फरवरी 1962 को संस्कृति विभाग की पूर्णतः वित्त पोषित स्वायत्तशासी इकाई के रूप में हुई। यह अकादमी छतर मंजिल और हाईकोर्ट के मध्य लाल बारादरी भवन में स्थित है। इस भवन का निर्माण वर्ष 1778 से 1814 के बीच हुआ था। यहाँ मूर्ति, चित्र, संगीत, स्थापत्य आदि कलाओं के विकास से सम्बन्धित कार्यक्रम होते रहते हैं।

राज्य लोक सेवा अधिकरण : प्रदेश के कतिपय श्रेणियों के लोक सेवकों के सेवा सम्बन्ध विवादों को शीघ्र निपटाने हेतु राज्य लोक सेवा अधिकरण का पुनर्गठन करते हुए एकीकृत न्यायाधिकरण की स्थापना की गयी। पुनर्गठित न्यायाधिकरण में बारह पीठों का प्राधिकरण है।

राज्य संग्रहालय (लखनऊ) : इसकी स्थापना सन् 1865 में लखनऊ डिवीजन के तत्कालीन कमिश्नर कर्नल एल्बर्ट द्वारा हुई। सन् 1883 में लाल बारादरी में यह संग्रहालय व्यवस्थित हुआ। इसमें लगभग एक लाख से अधिक कलाकृतियाँ हैं। इसमें एक पुस्तकालय है, जिसमें दुर्लभ पुस्तकें हैं, जो विशेष रूप में शोधार्थियों के लिए उपयोगी हैं।

राज्य सूचना केन्द्र : लखनऊ में स्थित इस केन्द्र में पुस्तकालय, वाचनालय, वीडियो गेम, टी.वी., वीडियो रामा कैसेट लाइब्रेरी आदि की व्यवस्था है।

रामकथा संग्रहालय, अयोध्या (फैजाबाद) : इसकी स्थापना वर्ष 1988 में तुलसी स्मारक भवन, अयोध्या में की गयी थी। इस संग्रहालय में रामकथा विषयक चित्र, पाण्डुलिपियाँ, मूर्तियाँ, रामलीला व अन्य कलाओं से सम्बन्धित सामग्री एवं छायाचित्रों का संकलन है। इसमें अब तक एक हजार कलाकृतियों का संकलन हो चुका है।

राष्ट्रीय कथक संस्थान : इसकी स्थापना 1984 ई. में संस्कृत विभाग के एक स्वतन्त्र अनुभाग के रूप में गयी थी। इसके अन्तर्गत कथक के विभिन्न घरानों का अभिलेखीकरण, युवा कलाकारों के प्रोत्साहन, वरिष्ठ कलाकारों के संरक्षण और कथक नृत्य के संवर्द्धन के कार्यक्रम चलाये जा रहे हैं। इसमें बिरजू महाराज का विशेष योगदान है।

राष्ट्रीय वनस्पति अनुसन्धान संस्थान : इसकी स्थापना 1948 में प्रदेश सरकार ने की थी। 1954 ई. में ये वैज्ञानिक एवं औद्योगिक अनुसंधान परिषद् के अन्तर्गत आ गयी। वनस्पतियों के क्षेत्र में अनेक महत्त्वपूर्ण कार्य किये हैं। इसकी प्रयोगशाला सिकन्दर बाग उद्यान में स्थित है।

लोक एवं जनजातीय कला तथा संस्कृति संस्थान (लखनऊ) : इस संस्था द्वारा लोक संस्कृति की लुप्त होती विधाओं को मंच प्रदान करना, इनसे सम्बन्धित सर्वेक्षण, दस्तावेजीकरण आदि का महत्त्वपूर्ण कार्य किया जाता है। संस्थान द्वारा 'प्रयाग : अतीत, वर्तमान और भविष्य' नामक एक स्मारिका का प्रकाशन किया गया है।

लोककला संग्रहालय : प्राचीन लोक कलाओं, परम्पराओं के मूल स्वरूप को अक्षुण्ण बनाये रखने एवं भविष्य के लिए इनको सुरक्षित रखने के उद्देश्य से संस्कृति विभाग, उ.प्र. द्वारा फरवरी, 1989 में लोककला संग्रहालय की स्थापना कैसरबाग, लखनऊ में की गयी है। अवध की लोक कलाओं के संरक्षण और संवर्धन में इसकी भूमिका महत्त्वपूर्ण है।

लोक सेवा आयोग : यह इलाहाबाद में स्थित है। वहीं माध्यमिक शिक्षा आयोग, उच्चतर शिक्षा आयोग, प्राविधिक शिक्षा निदेशालय आदि भी कार्यरत हैं।

संस्कृत संस्थानम् : संस्कृत भाषा और विकास हेतु लखनऊ में यह संस्थान स्थापित किया गया है। इसके अन्तर्गत पौरोहित्य कर्म प्रशिक्षण, पुरस्कार, प्रकाशन आदि योजनाएँ चलायी जा रही हैं।

हिन्दी, उर्दू साहित्य एवार्ड कमेटी : लखनऊ में स्थित यह कमेटी साहित्यिक गोष्ठियों, मुशायरों का आयोजन करती और साहित्यकारों को पुरस्कार देती है।

सहकारिता आन्दोलन

इस आन्दोलन की शुरुआत यों तो महाजनी व्यवस्था से पीड़ित किसानों के उत्थान के लिए 1904 ई. में हुई थी, पर व्यवस्थित रूप से इसका विकास आजादी के बाद हुआ। इससे अवध के अस्सी प्रतिशत छोटे किसान लाभान्वित हो रहे हैं। यह श्वेत क्रान्ति, हरित क्रान्ति और लघु उद्योग में ज्यादा कारगर है। इसके अन्तर्गत साधन सहकारी समितियाँ उर्वरक, बीज तथा फसली ऋण का वितरण करती हैं। खादी ग्रामोद्योग, हथकरघा, गन्ना उद्योग, दूध, रेशम, मछली उत्पादन, आवास प्रबन्धन आदि भी इसकी परिधि में आते हैं। इस क्षेत्र में कई मिनी बैंक योजनाएँ चल रही हैं, जो खेती, बागवानी, सिंचाई आदि के लिए तथा कृषि सम्बन्धी मशीनों और जानवरों की खरीद हेतु ग्रामीण निर्धन व्यक्तियों को ऋण और क्रेडिट कार्ड देती हैं तथा रोजगार भी दिलाती हैं। इस क्षेत्र में कई कोपरेटिव बैंक हैं। यह संस्था हर उपज का मूल्य तय कराती है, उपभोक्ता संघ का संचालन करती है तथा जगह-जगह कोल्ड स्टोरेज और भण्डारण की व्यवस्था करती है। इधर जल प्रबन्धन, दीनदयाल किसान ऋण योजना, सूखा राहत, नलकूप, पंप सेट, लिफ्ट सिंचाई आदि कार्य भी इसके माध्यम से हुए हैं। स्पष्ट है कि ग्रामीण विकास, नगरीय और अर्द्धनगरीय युवकों के लिए सहकारिता आन्दोलन की भूमिका महत्त्वपूर्ण है। यदि यहाँ सहकारी खेती का प्रावधान हो जाता तो किसानों का आर्थिक-सामाजिक स्तर कई गुना बढ़ जाता, किन्तु जाति, सम्प्रदाय, वर्ग, क्षेत्र, दलीय विचारधारा आदि से सम्बन्धित विघटन मूलक तत्वों से आक्रान्त यह क्षेत्र सहकारिता यानि भावात्मक एकता को मन, वचन, कर्म से पूरी तरह आत्मसात नहीं कर पाया है। पहले ग्रामीण व्यवस्था में जो सहकारिता थी, वह व्यक्तिवाद और नगरीकरण के इस दौर में अस्त-व्यस्त हो गयी है। इसे सुचालित करना सर्वहितकारी होगा।

सुरक्षा व्यवस्था

शासन का मुख्य दायित्व होता है जनजीवन की सुरक्षा। इसीलिए मात्स्य न्याय की जगह राजन्य व्यवस्था लागू की गयी थी। इस क्षेत्र के इतिहास से यह जानकारी मिलती है कि बाहरी आक्रमणकारियों से अपने राज्य को सुरक्षित रखने के लिए बड़े-बड़े दुर्ग बनवाये जाते थे। पहरा देने के लिए शहर कोतवाल की देखरेख में जगह-जगह चौकियाँ होती थीं। वहाँ सशस्त्र रक्षक नियुक्त किये जाते थे। रात में घड़ी-घड़ी पर राज घड़ियाल बजाये जाते थे। लोग टोलियाँ बनाकर रात भर पहरा देते थे और घरों में बारी-बारी से रात्रि जागरण करते थे। चोर, डकैत, तस्कर और रहजन को पकड़ने तथा उन्हें दण्डित करने की विशेष व्यवस्था प्राचीन काल में भी थी। इसके बावजूद डाके पड़ते रहते थे। चोर सेंध काटकर सामान चुरा ले जाते थे। अंग्रेज सरकार ने उनसे बचने के लिए पुलिस चौकी, थाना और कोतवाली स्थापित की। न्यायालय और कारागार प्रक्रिया शुरू हुई। जरायम पेशा वर्ग को चिह्नित किया गया। जनता को चोरों-डकैतों का सामना करने हेतु प्रशिक्षित किया गया। सम्प्रति प्रान्तीय रक्षक दल, होम गार्ड, पुलिस और पैरा मिलिट्री फोर्स इस बचाव कार्य में संलग्न हैं। प्राकृतिक प्रकोप, जातीय दंगा, आगजनी, महामारी, आतंकी हमला आदि से जनता को बचाने के लिए इधर कई नयी तकनीकें विकसित की गयी हैं। फिर भी जनजीवन अभी पूरी तरह से सुरक्षित नहीं हो पाया है।

सूचना एवं जनसंचार

अवधांचल में सूचना एवं जनसम्पर्क से सम्बन्धित अनेक प्रकार की प्रणालियाँ युग-युग से प्रचलित हैं। प्राचीन काल में एक स्थान से दूसरे स्थान तक दूतों द्वारा सूचनाएँ भेजी जाती थीं। रामकथा में हनुमान जी लंका में सीता जी और रावण के पास दूत बनकर गये थे, इसीलिए 'रामदूत' शब्द उनका एक पर्यायवाची बन गया है। अंगद को दौत्य कर्म का आदर्श माना जाता है। हमारी पौराणिक कथाओं में दूतों की इस भूमिका से जुड़े हुए अनेक प्रकरण प्राप्त होते हैं। संदेशवाहक के रूप में सबसे ज्यादा चर्चित रहे हैं नारद जी। वे यथा समय हर स्थान पर पहुँच कर नयी सी नयी घटनाओं की जानकारी देने में समर्थ थे। जो इन दैविक चमत्कारों पर विश्वास नहीं करते, वे मानते हैं कि नारद कोई एक व्यक्ति नहीं, बल्कि कोई अखबार या न्यूज चैनल अथवा सूचना एजेन्सी थे। प्राचीन काल में सन्देश प्रेषण के लिए सचेतकों का सहारा लिया जाता था। जैसे सुरक्षा व्यवस्था के लिए राजमहलों में लगे हुए घंट-घड़ियाल हर आधे-आधे घंटे (घटी, घड़ी) के बाद बजाये जाते थे, जिससे सुरक्षा व्यवस्था की पुष्टि होती थी। ऐसे साक्ष्य मिले हैं कि जहाँगीर के महल में फरियादियों के लिए घंटा लटकाया गया था, जिसे बजाने पर बादशाह स्वयं प्रकट होकर तत्काल न्याय करते थे। जायसी ने सिंहल दुर्ग में लगे घड़ियाल का जो वर्णन किया है, वह अवध पर भी लागू होता है—'घरी-घरी घरियार पुकारा।'

कालान्तर में रजवाड़ों ने धावकों की व्यवस्था की। मुगल काल में इसके लिए साँडिनी सवार नियुक्त किये गये थे, जो तेज दौड़ने वाले ऊँटों या घोड़ों से रिले रेस शैली द्वारा दूर-दूर तक समाचार पहुँचाते/लाते थे। इनके लिए जगह-जगह सराय बनाये गये थे। अवध में सम्भ्रान्त लोग समाचार सम्प्रेषण के लिए कुछ कर्मचारी नियुक्त करते थे, जो प्रायः पासी जाति के होते थे और जिन्हें 'गोडइत' कहा जाता था। ये बहुत तेज दौड़ते थे और बहुत लम्बी पद यात्रा करने में सक्षम थे। इन्हीं से मिलते-जुलते थे डाक विभाग के डाकिये। डाक का अर्थ है उछलना, कूदना, फाँदना। जो दीवाल लाँघ कर घुस आये, वह डाकू। उन दिनों तेज दौड़ने वाले रहजन जो लूटमार करते थे, उनसे बचने के लिए डाक विभाग ने सुदूर गाँव तक मनीआर्डर पहुँचाने के लिए ऐसे डाकियों की नियुक्ति की थी। वे अपने बल्लम पर घुँघरू बाँधकर उसी झमाझम की लय में उछलते हुए चलते थे, जिनको पकड़ पाना सम्भव न था।

ग्रामीण व्यवस्था में सन्देश प्रेषण या जन सम्पर्क का यह कार्य नाई, पंडित, कुट्टिनी, दूती आदि के द्वारा भी कराया जाता था।

अवधी लोकसाहित्य इस कथन का प्रमाण है कि गाँव की विरहिणी स्त्रियाँ परदेश गये हुए अपने पतियों को पथिकों के माध्यम से अपना सन्देश भिजवाती थीं। तब उस व्यक्ति तक सन्देश पहुँचाना लोक धर्म माना जाता था। 'बिदेसिया' में इनका विस्तृत विवरण प्राप्य है।

हमारे साहित्य में प्रकृति के माध्यम से सन्देश भेजने की घटनाएँ बहुशः चित्रित हुई हैं, जैसे—मेघदूत में कालिदास ने बादलों द्वारा यक्ष का सन्देश अलकापुरी तक भिजवाया था। उन्हीं की देखा-देखी किसी ने वायुदूत की कल्पना की और किसी ने नदी (लहर) दूत की। पक्षियों द्वारा सन्देश भेजने की प्रथा तो यहाँ बहुत दिनों तक प्रचलित रही है। कबूतर, हंस और तोते द्वारा प्रायः बाहर सन्देश/पत्र भेजे जाते थे। काग द्वारा हमें आने वाले पाहुन के सन्देश आज भी मिलते हैं। इसी दृष्टि से यहाँ कुछ प्रतीकों का प्रयोग किया जाता था, जैसे—पुत्र के विवाह में सुपारी भेजना और पुत्री के विवाह में हल्दी भेजना। भागवत कथा का निमन्त्रण तुलसी दल भेजकर दिया जाता है। 1857 ई. में अवध

में कमल और रोटी भेजकर गाँव-गाँव से क्रान्तिकारियों का आवाहन किया गया था। पान भेजकर यहाँ युद्ध या प्रेम का सन्देश प्रेषित किया जाता था। आज भी कुछ सन्देश यहाँ ध्वनि द्वारा प्रसारित होते हैं, जैसे—थाली बजाकर पुत्री जन्म की और तवा बजाकर पुत्र जन्म की सूचना दी जाती है। कुछ सूचनाएँ लोगों को दैवी विधान (आकाशवाणी, स्वप्न, टेलीपैथी आदि) द्वारा प्राप्य हैं। इस प्रकार स्पष्ट है कि पारम्परिक सम्प्रेषण के विविध रूप यहाँ प्रचलित रहे हैं।

वर्तमान युग में ये सूचनाएँ रेडियो, टी.वी., मोबाइल, राडार आदि द्वारा बड़ी तीव्र गति से दी जाती हैं। इस क्षेत्र में इलेट्रानिक्स उद्योग के विकास के साथ-साथ कुछ साफ्टवेयर पार्क्स बनाये गये हैं। लखनऊ, रायबरेली, इलाहाबाद आदि नगरों को स्मार्ट सिटी बनाने की योजना है। कम्प्यूटर साक्षरता और कम्प्यूटर शिक्षा योजना ग्रामीण क्षेत्र तक पहुँचे, इसके लिए प्रतापगढ़, मिर्जापुर में केन्द्र खोले गये हैं। यहाँ कम्प्यूटर नेटवर्किंग, केबलिंग, साइबर कम्युनिकेशन, माइक्रोसाफ्ट सेंटर, ई गवर्नेंस, वीडियो कॉन्फ्रेंसिंग की कई योजनाएँ शुरू की गयी हैं। आई.टी. उद्योग के विकास हेतु यहाँ डाटाबेस प्रणाली को बढ़ावा दिया जा रहा है। ई गवर्नेंस के लिए बेवसाइटों का हिन्दी अनुवाद, मेगा पोर्टल और डिजिटल लाइब्रेरी का विकास आई.आई.टी कानपुर के माध्यम से कराया जा रहा है। इस क्षेत्र के कई विश्वविद्यालय विज्ञान प्रौद्योगिकी की दिशा में सक्रिय हैं। बख्शी का तालाब (लखनऊ), टाण्डा (फैजाबाद) और बिलग्राम में विज्ञान प्रौद्योगिकी समन्वित योजना चलायी जा रही। इस क्षेत्र में शोध को प्रोत्साहन देने का प्रस्ताव है। उद्यमिता का विकास करने के लिए उद्यमिता पार्क, गँजरिया फार्म तथा एच.बी.आई.टी. कानपुर के कई कार्यक्रम प्रगति पर हैं। लखनऊ की नक्षत्रशाला, बाल विज्ञान प्रदर्शनी, इको फ्रेंडली, बायो टेक्नोलाजी पार्क, बस्ती की बेट लैण्ड मानचित्रीकरण योजना आदि कार्यरत हैं। लखनऊ में सूचना एवं जन सम्पर्क विभाग जन संचार माध्यमों द्वारा समस्त योजनाओं, कार्यक्रमों एवं निर्णयों की जानकारी प्रसारित करने के लिए पत्र-पत्रिकाओं, रेडियो, टी.वी., फिल्म, प्रदर्शनी, गीत नाट्य, लोककला आदि का माध्यम अपनाता है। इन दिनों कम्प्यूटर, इंटरनेट, वीडियो टेक्स्ट, रेडियो कॉन्फ्रेंसिंग, वाई फाई, मोबाइल, फेसबुक, वाट्सअप, ट्विटर इत्यादि का उपयोग किया जा रहा है। जगह-जगह होल्डिंग, बैनर, पोस्टर, स्टिकर और प्रचार साहित्य का प्रयोग किया जाता है। विज्ञान प्रभाग, फिल्म बन्धु, पत्र सूचना शाखा, प्रेस प्रभाग, राज्य सूचना केन्द्र, मीडिया सेंटर, प्रकाशन ब्यूरो, सन्दर्भ पुस्तकालय, फोटो फिल्म शाखा आदि के द्वारा यहाँ सूचनाओं का आदान-प्रदान होता रहता है।

सैन्य संचालन एवं अस्त्र-शस्त्र

अवध क्षेत्र में युद्ध के समय अनेक प्रकार के शस्त्रास्त्रों का प्रयोग होता रहा है। सूफी कवियों ने इस क्षेत्र में हुए कई युद्धों का वर्णन किया है और कई प्रकार के औजारों के नाम गिनाये हैं। मुल्ला दाऊद के 'चन्दायन' काव्य में कई प्रकार के अस्त्रों का उल्लेख हुआ है, जैसे—

तबल (कुल्हाड़ी), खंदगी (चिनार की लकड़ी से बना लम्बा तीर), लेजिम (लोहे की रस्सी अर्थात् धनुष की प्रत्यंचा), खोलि (लोहे का टोप या शिरस्त्राण), जीभा (जिरह बख्तर), राग (पैरों को ढकने वाला लौह आवरण) आदि। जायसी ने चित्तौड़ पर अलाउद्दीन द्वारा किये गये आक्रमण का विस्तृत वर्णन किया है। उन्होंने इस युद्ध में 'जम्बुर' अर्थात् ऊँट पर लदी हुई तोप का उल्लेख किया है और ऐसे 'एराकिन' अर्थात् इराकी घोड़ों का वर्णन किया है, जिन पर 'पाखर' (झूल) पड़ी हुई थी। रणवाद्यों में इन्होंने भेरी, तुरही, सरंग, दुंदुभी, दमामा, नगाड़ा, चंग आदि नाम गिनाए हैं और फरहर (ध्वजा पताका) के कई पर्यायवाची शब्द दिये हैं।

जायसी के पद्‌मावत में कई औजारों का प्रयोग दिखाया गया है, जैसे—बरछी, तलवार, कटार, सिंग, खड्ग, तोप, कृपाण, फरसा, धनुष-बाण, कमान, सिरोही, भाला, बल्लम, गोला-बारूद, गदा, मुगदर, गँड़ासा, पास आदि। रत्नसेन-देवपाल का जो युद्ध हुआ था, उसमें रत्नसेन को 'साँग/साँगी' मारी गयी थी, जिससे उसकी मृत्यु हो गयी थी। सूफी काव्यों में 'डाँग' (बड़ा लट्ठ) का प्रायः प्रयोग दिखाया गया है, साथ ही ओढन (ढाल), कवच आदि का भी। इन कवियों ने घोड़े की काठी, हाथी का हौदा, फीलगन, साँडनी सवार और रथ सेना की भी चर्चा की है। पैदल सेना को उन्होंने 'पाजी' (पादातिक) कहा है। उन्होंने कई प्रकार के दुर्गों का वर्णन करते हुए कबन्ध युद्ध की 'कथा-रूढ़ि' का भी सहारा लिया है। पद्‌मावती, रत्नावली आदि चौदह हजार सतियों ने जो जौहर व्रत लिया था, उसका पद्‌मावत में मार्मिक वर्णन किया गया है।

जायसी ने 'पद्‌मावत' में कई युद्धों का वर्णन किया है। उनमें हाथी द्वारा खींची जाने वाली तोप, बड़े-बड़े 12 मन के बारूदी गोले और भाँति-भाँति के औजार, जैसे खदंगी, जेवा, राग, लेजिम आदि वर्णित हैं। जायसी ने अलाउद्‌दीन के युद्ध में शकों की एक प्रथा 'शाका' (युद्ध में हारने के पूर्व सामूहिक रूप से आत्म बलिदान करने की प्रथा) का उल्लेख भी रत्नसेन की सेना के सन्दर्भ में किया है।

तुलसी ने अनेक युद्धों का वर्णन किया है, किन्तु उन काव्यों में प्रयुक्त अस्त्रों में अधिकतर दिव्य अस्त्र हैं। गोस्वामी जी ने नौ सेना के लिए 'गुदारा' शब्द का प्रयोग किया, जो अवधी का स्थानीय शब्द है, 'भा भिनसार गुदारा लीना।'

इन मध्ययुगीन शस्त्रों में कुछ के नाम बदल गये हैं या वे अप्रचलित हो गये हैं। जैसे कुंत, जमदाढ़, फरी, बिजुरी, जिरहबख्तर आदि। इनकी जगह आज नये अस्त्र-शस्त्र प्रचलित हैं, जैसे—छुरी, चाकू (हलब्बी, रामपुरी), बन्दूक, तमंचा, पिस्तौल, रायफल, रिवालवर, बम, स्टेनगन (कारबाइन), ऐके-47, एस.एल.आर. आदि। इनमें कुछ वैध हैं और कुछ अवैध। अवध क्षेत्र चूँकि वीर भूमि रही है, इसलिए यहाँ के जनजीवन में इन उपकरणों की भरमार है। आज भी यहाँ लाठी, मल्लयुद्ध, छुरी, हँसिया, बाँका, गंडासा, कुल्हाड़ी, तलवार, भाला, फरसा और कई प्रकार के धारदार या आग्नेय अस्त्र देखे जा सकते हैं। कुश्ती कला सीखने के लिए लोग अखाड़ों में पहलवानी करते हैं तथा दण्ड बैठक लगाते हैं। बाहुबली लोग या अधिकारी प्रायः शूटर और अंगरक्षक रखते हैं। आत्मरक्षा के लिए वे बुलेट प्रूफ वस्त्रों तथा वाहनों की व्यवस्था करते हैं। युद्ध कला के शौक वश यहाँ हाथियों, भैंसों, बैलों, मुर्गों एवं कुत्तों के दंगल आयोजित किये जाते हैं। यहाँ अवैध देशी तमंचे बनाने वाले कई कलाकार गाँव-गाँव में विद्यमान हैं।

इस प्रकार स्पष्ट है कि अवध का लोक प्रशासन बड़ा विशद है।

❑❑